Fedor Dostoyevski

CRIMEN
Y CASTIGO

PANAMERICANA
EDITORIAL

Editor
Panamericana Editorial Ltda.

Dirección e ditorial
Alberto Ramírez Santos

Edición
Gabriel Silva Rincón

Diseño e ilustración de la carátula
Diego Martínez Celis

Prólogo
Henry Luque Muñoz

Primera edición en Panamericana Editorial Ltda., noviembre de 1993
Quinta reimpresión, febrero de 2001

© 1993 Panamericana Editorial Ltda.
Calle 12 No. 34-20, Tels.: 3603077 - 2770100
Fax: (57 1) 2373805
Correo electrónico: panaedit@panamericana.com.co
www.panamericanaeditorial.com.co
Bogotá, D. C., Colombia

ISBN: Tapa dura: 958-30-0172-4
ISBN: Rústica: 958-30-0115-5

Impreso por Panamericana Formas e Impresos S. A.
Calle 65 No. 95-28, Tels.: 4302110 - 4300355, Fax: (57 1) 2763008
Quien sólo actúa como impresor.

Impreso en Colombia   Printed in Colombia

PRÓLOGO

Cuando Fedor Mijáilovich Dostoyevski vino al mundo, Rusia desempeñaba papel preponderante en Europa, luego de vencer a Napoleón en la Guerras de 1812, y convertirse más tarde en gendarme del continente por mediación de la Santa Alianza. Nacer y crecer, mientras Alejandro Pushkin, el más alto poeta ruso de todos los tiempos, escribía y desplegaba su talento, atizó tempranamente el ánimo literario del joven Fedor, dotándolo de una vehemencia y una perplejidad que trascenderían a sus obras. No por casualidad el escritor participó, ya en la agonía de sus años, en aquel evento en el cual Pushkin fue declarado poeta nacional.

Crimen y castigo, novela que centró la atención rusa en 1866, guarda nexos con *Papá Goriot,* de Honorato de Balzac, y es sabido que también se nutrió de la *Historia de Julio César,* escrita por Napoleón III. El hecho de que Dostoyevski leyera atentamente los Archivos judiciales de Francia y dominara las circunstancias que rodearon el asesinato de Benjamín Constant, le ayudó a aprovisionarse de materiales para plasmar su idea inicial: una novela de confesión, en la que el protagonista fuese un filósofo aficionado, con preocupaciones éticas y sociales. El poema *Gitanos,* de Pushkin, sirvió, así mismo, de inspiración para *Crimen y castigo.* La huella de Nikolái Gógol es palpable, sobre todo cuando el autor introduce el recurso del sueño. El editor Katkov, al conocer el plan de la novela, envió a Dostoyevski un anticipo de trescientos rublos. A mayor cantidad de páginas, mayores honorarios. Ello ayuda a explicar la extensión de algunas creaciones rusas –como lo han hecho notar investigadores–, aunque en tal sentido Dostoyevski aclaró que nunca comprometió un escrito sin haber concebido la idea total de la obra.

La atmósfera de hospital que se respira desde los inicios de *Crimen y castigo,* pareciera reproducir en algo el ámbito en el cual pasó su niñez el escritor, en el Hospital de Pobres, en Moscú. Vivir niñez y adolescencia allí, en un cuarto estrecho y oscuro, presidido por un padre autoritario –médico del establecimiento–, puso, sin duda, en la memoria de Fedor Mijáilovich una huella grave e indeleble. Existe una correspondencia entre la estrechez espacial que debió soportar entonces el futuro narrador, y la estrechez física y psicológica que acompaña a su personaje, Rodión Románovich Raskólnikov. Aunque hasta hoy no existe certeza irrefutable en el sentido de que el padre del genial escritor hubiera caído asesinado a manos de sus propios siervos, como una venganza por su opresión, esta conjetura pudo introducir en Fedor adolescente, la idea del crimen como una preocupación literaria. Se ha registrado el hecho de que, dadas las relaciones conflictivas con su padre, al enterarse de la muerte de éste, vivió serios accesos de culpabilidad, y hasta se afirma que, a consecuencia de ello, su frágil nerviosidad cedió a la epilepsia.

Está claro que la epilepsia surgió en la primera época de su vida, e interesa destacar aquí, cómo, sin asomo de duda, Dostoyevski extrajo de esa dramática experiencia elementos y rasgos

que atravesarán las páginas de *Crimen y castigo*. Un rasgo que
se repite de manera notable, como recurso para pintar la reac-
ción de algunos personajes es la palidez. La palidez que suele
acompañar la convulsión epiléptica y que fue usual en la descripción de personajes románticos, por ejemplo en la exaltación de la tuberculosis. Así, con el recurso de la palidez,
Dostoyevski trabaja elementos del romanticismo imperante en
sus tiempos de juventud a la vez que le permite reflejar manifestaciones de su famosa afección personal: la epilepsia. En la
novela, la palidez de algunos personajes no es meramente física, como resultado de una conmoción fisiológica, sino que implica la manifestación exterior de una mentalidad vacilante, y a
veces el presagio de un deterioro general de la persona.

Del arsenal del vocabulario epiléptico, inherente a su propia vida, Dostoyevski extrae ricos matices que aplica a sus personajes: mareos, desmayos, convulsiones, alucinaciones,
vértigos, vacíos de la memoria, gesticulación desfiguradora,
nerviosidad compulsiva, apego enfermizo al dolor y, en últimas, propensión al suicidio. La palidez constituye, así mismo,
un homenaje narrativo al sufrimiento y un anticipo de la amari-
llez mortuoria. Raskólnikov estuvo enamorado de una muchacha enferma porque le atraen las insinuaciones de la muerte.
Tampoco es extraña aquella afirmación suya: "de ser ella tulli-
da o jorobada la hubiera amado más". ¿Por qué? Él amaría la
deformación porque, de una parte constituiría un enfermizo reflejo narcisístico de su alma descompuesta y, de la otra, le permitiría cultivar la cristiana piedad. ¿Cómo puede darse el lujo
de hacer donativos, siendo tan pobre? ¿Lo hace por sentimiento
cristiano o por equilibrar la balanza sintiéndose culpable de cometer un crimen?

Otra cara de las correspondencias, presente en el Dostoyevski inconforme, que ingresa en distintos círculos de intelec-
tuales, antes de ser enviado a la prisión siberiana, por supuesto

se refleja en este Raskólnikov vengador, que anhela emanciparse por medio de la autoafirmación y que ejerce rencores seguros contra el régimen social a la mano. Aunque, en últimas, el personaje se nos muestra como un individualista, es evidente que, como prolongación de las ideas del joven Dostoyevski, ejerce el idealismo romántico al suponer que con matar a una usurera liquidará el mal que ella representa. En literatura es un recurso válido el tomar lo particular por lo general. Y así cada autor puede "crear" o "liquidar" el mundo en sus páginas. La ilusión del personaje de suprimir para siempre aquel vicio constituye un reflejo vivo de su mirada alucinatoria, un reflejo que se asemeja a la mirada artística, allí donde la ficción se hace más intensamente convincente en la medida en que es capaz de conmover y persuadir.

La experiencia personal de la cual extrajo Dostoyevski la metáfora gigante de ese redentor y sufridor que es Raskólnikov, proviene de su inaudita reclusión siberiana. Allí, el contacto con transgresores de toda laya le permitió tener a la mano un laboratorio humano, en plena ebullición, para construir ardientes extremos que conforman el cuadro clínico de *Crimen y castigo*. Raskólnikov representa, de algún modo, a aquellos violadores de la ley que ya le pasaron, a su modo, una factura al orden vigente, en nombre de todos los que sueñan transformarlo. Aquí comenzamos a esbozar una de las sinrazones coherentes de la obra: el asesinato como una acción moral.

Si se advierte que el tiempo de la novela se ubica cuando no hacía mucho se había oficializado la abolición del Sistema de servidumbre (1861), Dostoyevski estaría condenando a la vez los rezagos de la usura del viejo régimen y el riesgo probable de legitimar una nueva forma de explotación, en el marco de uno más liberal. En no pocas ocasiones Raskólnikov pareciera hacer suya la consigna del socialista y fourierista Petrachevski –a cuyo círculo perteneció Dostoyevski– cuando afirmaba:

"Condenamos a muerte el actual sistema social y tenemos que cumplir esta condena". Raskólnikov no es a lo largo de la novela un individualista total. Nótese que Dostoyevski tuvo una evolución que al parecer le aplica a su personaje: de un socialismo utópico, a un individualismo místico. El escritor tuvo su purgatorio en Siberia, adonde también irá su personaje en *Crimen y castigo*. Raskólnikov tendrá allí, bajo su almohada de presidiario, el Evangelio que le regaló Sonia porque desea revivir el pasaje de Lázaro que ella le leyó. Al purgar su pena en reclusión, ¿se sentirá él un Lázaro que quiere resucitar con la redención de su alma? Y Sonia, esa prostituta dotada de pureza y que es símbolo de abnegación, ¿será un reflejo de la bíblica María Magdalena? Son preguntas que el lector podrá responderse.

Siguiendo en la ruta de las correspondencias se pueden encontrar nuevas semejanzas entre autor y obra. Como si fuera un homenaje a sus jóvenes intentos de creación literaria, Dostoyevski hace de Raskólnikov un escritor en cierne que alcanzó a publicar a sus veintitrés años de edad un sugestivo artículo en el que polemizaba: ¿Puede un ser humano detentar la facultad de matar? En otro sentido, como el autor, el personaje fue acechado desde siempre por las penurias económicas y las deudas. Si el escritor practicó el juego como una salida en falso a sus carencias pecuniarias, Rodión Románovich practica otro juego no menos riesgoso y deplorable: el de acudir a una prestamista dejando objetos en empeño. Nótese que esta afición o recurso, entraña un oculto sentido religioso: el supuesto de que una salvadora mano invisible, en un golpe sobrenatural de suerte cambiará el destino de la persona, eximiéndola de la pobreza, porque a la manera romántica los jugadores suelen creer en un Destino. Por supuesto, estamos lejos de afirmar que ni Raskólnikov ni los personajes de *Crimen y castigo* sean reflejos exactos de su autor. Los personajes son mucho más que eso. Y como siempre ocurre, en toda literatura plenamente configurada, los actores adquieren su propia estatura y se independizan de su creador hasta llegar a imponerle su ley.

La obra se inscribe en la óptica del realismo psicológico y el autor documenta casi milimétricamente los hechos, sin perder su contextura verosímil. Usa el sueño, no para fantasear, sino para ahondar todavía más en la realidad y para hacer súbitos cambios espacio-temporales. Por el método de las historias paralelas la obra podría descomponerse en piezas que forman un perfecto rompecabezas, anudadas por un eje central: el mundo, las obsesiones, las teorías, culpas y sueños de Raskólnikov. Como corresponde al género realista el autor tiene muy en cuenta al lector, aunque sus páginas están de continuo impregnadas de mensajes entre líneas que dotan la obra de un misterio vehemente, así como de notables sugerencias.

El monólogo interior ocupa lugar significativo en la novela. El detalle psíquico alcanza un vigor tal que un mero gesto podría delatar el crimen tan celosamente guardado. Así la apariencia banal adquiere rango de trascendencia y la exageración narrativa facilita desentrañar hilos de la realidad ficcionalizada. La tensión de la novela surge de un formidable manejo del ajedrez argumental y de una calculada maniobra del detalle, que se torna enfático por la espectacular asociación de datos. En *Crimen y castigo,* a medida que se aclaran los hechos, el enigma crece: un interrogante conduce a otro, en un despliegue sin fin de caja china. Hay un recurso que podría llamarse *espejo múltiple:* consiste en que un hecho al reproducirse termina trocándose. Es decir, reflejarse en ese espejo es cambiar la imagen. Así, cuando los personajes se remiten al espejo de su memoria, reproducen un hecho modificándolo, pues lo colocan bajo la (des) carga emocional con que lo recuerdan.

Un entregado amor a la madre y la pérdida del padre son también vivencias en el pasado de Dostoyevski. Abandonando las semejanzas existen otras opciones de visualización e interpretación. La apasionada tendencia de los personajes a discutir y ahondar en diversos problemas, refleja de algún modo el ímpetu de sectores medios alfabetizados de la Rusia de entonces por resolver interrogantes de la vida y de la sociedad.

Raskólnikov es una especie de alegoría doliente de la Rusia atrasada, agresiva y generosa a la vez, como expresión de los extremos del alma rusa. Dostoyevski nos propone, por mediación de Raskólnikov la purificación y redención del hombre ruso. Es muy revelador el hecho de que, premonitoriamente, Porfiri Petróvich le anuncie a Raskólnikov su real destino: que preferirá confinarse en un presidio ruso a marcharse al extranjero. En otras palabras: es preferible una cárcel en Rusia que la libertad en el extranjero. Ello armoniza con cierta xenofobia, finamente puesta en la novela. Por ejemplo, cuando Arcadi Ivánovich Svidrigáilov dice que se va "a América" (Parte VI, Cap. VII) y acto seguido se pega un tiro, se entiende que el exterior es la muerte y, por oposición, Rusia la salvación. Aquí están de cuerpo presente la barba mesiánica de Dostoyevski, su ancestro eslavo ortodoxo y su eslavofilia. Está claro por qué Rodión Románovich no acepta huir al extranjero, aunque Svidrigáilov le ofrezca a la mano dinero y pasaporte.

Uno de los interrogantes centrales de *Crimen y castigo* radica en si resulta legítima la impunidad excelsa de los héroes, legisladores y superhombres de la humanidad. El autor muestra a un Raskólnikov que se siente a veces como un Napoleón, no sólo como síntoma de la aproximación del personaje a la locura, sino para hacer ver, satíricamente, que si ejerciera el poder su crimen se convertiría en hecho glorioso.

Uno de los eficaces recursos que preside la narración es la paradoja. Tal recurso literario le permite al autor manejar un amplio teclado psicológico y moral, de finos matices, no pocas veces ambivalentes y contradictorios. Los personajes que rodean a Raskólnikov a menudo son dueños de rasgos contrarios y parecen filiales de su personalidad. El espíritu huraño del propio Raskólnikov está presente en su hermana Dunia y en Sonia, su novia; Porfiri Petróvich, juez de instrucción, se le asemeja en su lúcida malicia y en su imaginación puntual; Pulkeria Alexándrovna, su madre, en la ternura y en la nobleza; reflejos de cierta entereza moral y de su lealtad en su amigo Razumijin; su nerviosidad constante en la última Katerina Ivánovna; su irritabilidad y altivez en Luchin. En el lento calvario que se va forjando se le aparecerán situaciones como surgidas de su imaginación trágica: una mujer que intenta suicidarse, un hombre atropellado por un coche, el relato de una niña violada, episodio éste que parece repetir aquel vivido por Dostoyevski en su niñez, cuando en el Hospital de Pobres una pequeña amiguita suya aparece violentada y muere después. La paradoja sigue: la asombrosa belleza de Dunia es la majestad invicta en medio del fango moral. Símbolo de la perfección, nada la corrompe, nada la toca y hasta su pobreza le confiere una aureola de dignidad. Si las mujeres creadas por Iván Turguéniev son tan fuertes que podrían irse a hacer la guerra, la proeza de mujeres dostoyevskianas como Dunia, es la abnegación valiente y sin mácula. O la rara timidez de Sonia, que se sonroja al hablar, pero es capaz de una osadía increíble: acompañar, en obediencia a su amor, a un hombre en el presidio por casi una decena de años, sin doblegarse ni ante la enfermedad. Tal experiencia en *Crimen y castigo,* remite sin falta a ese capítulo de la historia rusa, tan dolorosamente bella y ejemplar, cuando más de un centenar de mujeres de noble estirpe, no vacilaron en acompañar durante muchos años a sus maridos y parientes a las prisiones de Siberia, después que el zar Nicolás I los confinó por acciones subversivas contra el régimen.

En el contexto de las paradojas, puede observarse, que Raskólnikov no es, en modo alguno un criminal a secas. El lector podrá dar sus propias respuestas a los numerosos interrogantes que la novela plantea: ¿Es Raskólnikov un intelectual que mata para poner a prueba una teoría? ¿Al asesinar a una usurera, quiere, en nombre de la sociedad, ejercer una labor de limpieza? ¿Es un pobretón que acude al asesinato para robar? ¿Será un salvador puesto por la mano de Dios? ¿Acaso un pequeño Napoleón redivivo? ¿Será un engendro típico de la sociedad rusa? ¿Un enfermo que simplemente cede a sus desarreglos mentales? ¿O será el otro yo de la parte oscura de su artífice Dostoyevski?

En ninguna parte se dice con exactitud cuál es la afección psíquica que padece el protagonista. Esta calculada imprecisión facilita ampliar el campo imaginativo de la obra, dotándola de ambigüedad. Es seguro que vive a mitad de camino hacia la locura y que no pocas veces se comporta con mayor lucidez que los tenidos por normales. Posee rasgos de monomaníaco –sabe cuántos pasos exactos hay de un lugar que le interesa a otro–, ostenta casi todas las manifestaciones de un neurótico crónico, pero ello no es suficiente para descifrar su personalidad. Se supone que es un nihilista y, sin embargo, cree que la cárcel, como si se tratara de un monasterio, lo transformará. Y como si fuera poco maneja una facultad adivinatoria, no tan explícita en la obra: sabe, por ejemplo, acaso por un profundo conocimiento de los vicios y las propensiones humanas, que Luchin desea convertir a su hermana en una mercancía. Y que Svidrigáilov, a su vez, intentaría chantajearla.

La enorme paradoja de esta novela radica en que el hacha del crimen se sugiere, así mismo, como hacha de la ley, de una ley privada.

Al aplicar esta ley, Raskólnikov cede a su afán personal de perfección: purificar el mundo. A lo largo de la obra se encuentran cabos calculadamente sueltos que el lector anudará con ayuda de su intuitiva imaginación. Una respuesta sobre la probable demencia de Rodión Románovich ofrece la propia obra

cuando afirma que no existe el hombre armónico en absoluto y
que los enfermos sólo están un poco más locos que su prójimo.
Ello concuerda con la certeza enunciada en alguna parte de
Crimen y Castigo, en el sentido de que la lucidez suele acompañar a la locura.

Henry Luque Muñoz

PRIMERA PARTE

CAPÍTULO I

La noche era calurosa en extremo. Eran los comienzos de julio, cuando, dejando el estrecho cuarto amoblado que ocupaba en una enorme casa de cinco pisos, en el Pereulok S..., salió a la calle un joven, que, lentamente, con aire irresoluto, se dirigió hacia el puente de X...

Contó con mucha suerte, pues no se encontró en la escalera con la patrona. Ésta habitaba en el piso inferior, y su cocina, con puerta siempre abierta, daba a la escalera. Cuando tenía que salir, el joven se veía obligado a pasar bajo el fuego del enemigo, experimentando en tales ocasiones una sensación de malestar que le humillaba y le ponía de muy mal genio. Debía bastante dinero a la dueña del lugar y por ello temía siempre llegar a encontrársela en cualquier momento. No le desconcertaba ni le intimidaba la desgracia; lejos de esto, hacía algún tiempo se hallaba en estado de irritabilidad, vecina a la hipocondria. Aislándose, encerrándose en sí mismo, había llegado a huir, no sólo del encuentro con su patrona, sino de toda relación con sus semejantes. Estaba aniquilado por la pobreza; mas sin embargo había llegado a ser insensible a ella. Habiendo abandonado los trabajos que hubieran podido procurarle la alimentación diaria, no hacía el menor esfuerzo por encontrar otra ocupación.

Le tenían sin cuidado, muy dentro de sí, las medidas que la dueña de la casa tomara. Pero verse detenido en la escalera, oír una sarta de necedades, sufrir reclamaciones, quejas, responder con evasivas, excusas y mentiras...

¡No! Era mejor esquivarla sin ser visto por nadie y deslizarse como un gato, escaleras abajo. En el fondo, no tenía ningún miedo de su patrona, por más que ésta maquinara algo contra él. Esta vez, empero, al salir a la calle hasta él mismo se sorprendió de haber temido encontrarse con su acreedora.

"¡Con lo que estoy preparando y tener miedo de semejantes pequeñeces!", pensó, sonriendo de modo extraño. "¡Hum…! Es cierto…, todo está en manos del hombre, y por cobardía deja que todo se le escape; sólo por cobardía… Es axiomático, no hay duda; resulta curioso. ¿Qué es lo que más teme el hombre? Un nuevo paso, una nueva palabra suya, eso es. Pero divago demasiado. He aquí por qué no hago nada; porque divago tanto. Aunque quizá la cosa sea que divago precisamente porque no hago nada. Ha sido durante este último mes cuando he aprendido a divagar de este modo, pasándome días enteros tumbado en un rincón y pensando… en las musarañas. Bueno, ¿por qué voy allí ahora? ¿Acaso soy capaz de hacer *esto*? ¿Acaso es serio esto? No lo es, ni mucho menos. Mas procuro consolarme por el gusto de fantasear, de entretenerme con unos juguetes. ¡Esto es, con unos simples juguetes!".

El calor de la calle era espantoso. El aire sofocante, la muchedumbre, la cal, los andamios, los ladrillos, el polvo y el especial mal olor tan conocido de los petersburgueses que no tienen medios para alquilar una casa de campo, todo sacudió de golpe, desagradablemente, los nervios ya alterados del joven. El insoportable tufo de las tabernas, muy numerosas en aquella zona de la ciudad, y los borrachos que salían por todas partes, a pesar de ser aquel un día de trabajo, coronaban el aspecto repugnante y triste del cuadro. En los finos rasgos del joven se dibujó durante un instante una mueca de profundo asco. Digamos, de paso, que tenía muy buena presencia, hermosos ojos negros, pelo rubio oscuro y talla superior a la mediana, y era delgado y esbelto. Mas pronto cayó en profundo ensimismamiento o, mejor dicho, en un estado semejante al de la inconsciencia, y prosiguió su camino sin preocuparse de lo que le rodeaba, sin querer siquiera darse cuenta. De vez en cuando, balbuceaba algo entre dientes, lo que se debía a su costumbre de monologar, como acababa de confesarse. En aquel momento descubrió que sus pensamientos se enturbiaban y que estaba muy débil: hacía dos días que apenas comía.

Iba tan mal vestido, que otra persona, incluso acostumbrada a vestir mal, se habría avergonzado de salir a la calle en pleno día con aquellos andrajos. Cierto es que en aquel barrio resultaba difícil sorprender a nadie por el modo de vestir. La proximidad de la Plaza del Heno, la abundancia de ciertas instituciones y el carácter casi exclusivamente obrero de la población hacinada en las calles y callejuelas del centro de Petersburgo, salpicaban a veces el panorama general con individuos extravagantes, y hubiera sido sorprendente que alguien se extrañara de encontrar un espantapájaros como aquel joven. Pero en el alma del joven se había acumulado tanto despecho rencoroso, que a pesar de su susceptibilidad, a veces infantil, no le avergonzaba, ni mucho menos, salir a la calle con su harapos. La cosa hubiera sido distinta si se hubiese topado con un conocido o un antiguo compañero suyo. No le gustaba encontrarlos. No obstante, cuando un borracho, al que llevaban en aquel momento por la calle, no se sabe por qué ni adónde, en una enorme carreta arrastrada por un enorme percherón, empezó a gritar a pleno pulmón, señalándole con la mano: "¡Eh tú, el del sombrero alemán!", el joven se detuvo de pronto y se quitó nerviosamente el sombrero: era alto, redondo, a lo Zimmermann, completamente desteñido, lleno de agujeros y de manchas, sin ala, ridículamente torcido a un lado, muy torcido. Lo que experimentó el joven no fue vergüenza, sino un sentimiento muy distinto, parecido más bien a la alarma.

–¡Ya me lo temía! –balbuceó turbado–. ¡Me lo figuraba! ¡Esto es lo peor ! ¡Cualquier tontería por el estilo, la pequeñez más estúpida, puede dar al traste con todo! Claro, este sombrero llama demasiado la atención. Es ridículo y por eso llama la atención. Llevando estos harapos, lo que necesito es una gorra, aunque esté vieja y rota, y no un adefesio, que nadie lleva, que se distingue y llama la atención a una legua de distancia. Además, se graba en la memoria. He aquí lo peor; lo recuerdan y ya tienen una pista. En estos casos es necesario pasar inadvertido siempre que se pueda. ¡Los detalles! Lo más importante son los detalles. Las pequeñas cosas son las que echan todo a perder...

No tenía que andar mucho; sabía incluso cuántos eran los pasos desde la puerta de su casa: setecientos treinta; ni uno más. Los había contado una vez que se dejó arrastrar por sus quimeras. Entonces no creía en sus devaneos, entonces sólo lograban irritarle por su monstruosa, aunque seductora, insolencia. Pero, al cabo de un mes, el joven comenzaba a ver las cosas de otro modo y, a pesar de sus cáusticos soliloquios acerca de su impotencia y su indecisión, sin darse cuenta y hasta sin querer se había acostumbrado a considerar como una empresa realizable su "monstruosa" quimera, aun cuando no confiase todavía en sí mismo. Iba entonces incluso a verificar un *ensayo* de su empresa y, a cada paso que daba, la inquietud se apoderaba más y más de él.

Con el corazón en el puño y un nervioso temblor, llegó frente a una casa enorme, una de cuyas paredes daba a un canal, y otra a la calle de X. El edificio, dividido en pequeños pisos, estaba habitado por gente de todos los oficios: sastres, cerrajeros, cocineras, alemanes de ocupaciones diversas, mozas de partido, pequeños funcionarios, etc. La gente iba y venía sin cesar por sus dos portales y sus dos patios. Prestaban servicio tres o cuatro porteros. El joven se alegró mucho de no cruzarse con ninguno de ellos y se escabulló sin ser visto por la escalera de la derecha de un portal, una escalera oscura y estrecha, "negra". Él ya sabía que era así, había estudiado aquellos pormenores y le gustaban: en aquella oscuridad ni siquiera las miradas curiosas eran de temer. "Si ahora tengo tanto miedo, ¿qué ocurriría si la cosa fuera de verdad?", pensó, a pesar suyo, al llegar al cuarto piso. Unos mozos de cuerda, soldados licenciados, le cerraron allí el camino; sacaban muebles de un piso. El joven estaba enterado de que allí vivía con su familia un funcionario alemán. "Así, pues, el alemán se va; por consiguiente, en la cuarta planta de esta escalera, en este rellano, no habrá durante cierto tiempo más piso ocupado que el de la vieja. Está bien, por si acaso…". Llamó a la puerta de enfrente. La campanilla sonó débilmente, como si fuese de hojalata y no de cobre. En los pequeños pisos de semejantes viviendas, las campanillas son casi siempre así. Había olvidado el timbre de la campanilla y su sonido especial le recordó algo, le hizo ver claramente… Se estremeció; tenía los nervios excesivamente débiles. Poco después, la puerta se entreabrió, formando una estrecha rendija por la que la vieja inquilina miró al recién llegado con manifiesta desconfianza. Sólo se le veían los ojillos, que brillaban en la oscuridad. Al darse cuenta de que en el rellano de la escalera había mucha gente, se sintió animada y abrió la puerta del todo. El joven cruzó el umbral y entró en un oscuro recibidor, dividido por un tabique, detrás del cual había una exigua cocina. La vieja permaneció de pie, silenciosa ante el joven, interrogándole con la mirada. Era menudita, seca, de unos sesenta años de edad, de pequeños ojos agudos y malignos, y breve nariz afilada; llevaba la cabeza descubierta. Tenía muy untados de aceite los escasos cabellos rubios, en los que aún se veían pocas canas. Llevaba envuelto con un trapo de franela el largo y delgado cuello, semejante a una pata de gallina; a pesar del color, se cubría los hombros con una chaqueta forrada de piel, raída y amarillenta; tosía y carraspeaba sin cesar. El joven debió mirarla de un modo raro, pues en los ojos de la vieja reapareció la anterior desconfianza.

—Soy Raskólnikov, el estudiante; estuve aquí hará un mes —tartamudeó precipitadamente el joven, a la vez que se inclinaba, recordando que debía mostrarse amable.

–Me acuerdo, señor; recuerdo muy bien que estuvo usted aquí –dijo la vieja recalcando las palabras y sin dejar de observar con ojos interrogadores el rostro del visitante.

–Pues ya ve… Aquí me tiene por el mismo asunto –prosiguió Raskólnikov, algo turbado y sorprendido por la desconfianza de la mujer.

"Quizá sea siempre así y la otra vez no me diese cuenta", pensó, desagradablemente impresionado.

La viejecita permanecía callada, como si meditara; luego, se apartó y señaló la puerta de la habitación.

–Pase, señor.

La pequeña habitación en que entró el joven, empapelada de color amarillo, con geranios y cortinitas de muselina en las ventanas, estaba en aquel momento brillantemente iluminada por el sol poniente. "¿También *entonces* brillará el sol de la misma manera?". La idea cruzó de súbito la imaginación de Raskólnikov, quien dirigió una rápida mirada a la estancia a fin de estudiar y recordar, en la medida de lo posible, su disposición. No había nada especial. Los muebles, de madera amarilla, eran muy viejos y se reducían a un sofá con un enorme respaldo combado, una mesa ovalada delante de él, una mesita tocador con su espejo, entre dos ventanas, unas sillas adosadas a las paredes y dos o tres grabados sin valor, de marcos amarillentos, que representaban a unas jovencitas alemanas con pájaros en las manos. Nada más. En un ángulo, ante una pequeña imagen, ardía una lámpara. La habitación estaba muy limpia: habían sacado lustre tanto a los muebles como al suelo y todo relucía. "Es obra de Lizaveta", pensó el joven. No se habría podido encontrar ni un átomo de polvo en todo el piso. "Una pulcritud así sólo puede darse en las casas de las viejas mezquinas y viudas", prosiguió diciéndose Raskólnikov, y lanzó una mirada curiosa a la cortina de percal que colgaba ante la puerta de la segunda y diminuta habitación, donde la vieja tenía la cama y la cómoda y a la que él aún no se había asomado ni una vez. El piso constaba sólo de esas dos piezas.

–¿Qué se le ofrece? –preguntó la viejecita, entrando en la habitación y situándose frente al joven para mirarle cara a cara.

–Traigo un objeto que empeñar. ¡Mire!

Sacó del bolsillo un reloj de plata, viejo y aplastado, en cuya tapa posterior había un globo grabado. La cadena era de acero.

–Ya ha vencido el plazo de lo que trajo a empeñar la otra vez. El mes se acabó hace tres días.

–Le pagaré los intereses de otro mes; tenga paciencia.

–Eso de que tenga paciencia o venda el objeto ahora mismo, es cosa mía, señor.

–¿Cuánto me da por el reloj, Aliona Ivánovna?

–¡Es que no me trae más que baratijas que no valen nada, señor! La otra vez le di dos billetitos por el anillo, y por rublo y medio se puede comprar uno nuevo al joyero.

–Déme usted cuatro rublos por el reloj. Lo desempeñaré, es un recuerdo de mi padre. Dentro de poco recibiré dinero.

–Si quiere, rublo y medio, pagando el interés por adelantado.

–¡Rublo y medio! –exclamó el joven.

–Como usted guste.

Y la vieja le devolvió el reloj. El joven lo tomó tan enojado, que iba a marcharse en seguida, pero reflexionó al recordar que no podía dirigirse a ninguna parte y que había acudido allí aún con otro propósito.

–¡Venga! –dijo con cierta grosería.

La vieja sacó las llaves del bolsillo y entró en la otra habitación, detrás de la cortina. Solo, en medio de la habitación, el joven prestó oído aguijoneado por la curiosidad y reflexionando. Oyó abrir la cómoda. "Probablemente es el cajón de arriba –se dijo–. Por lo visto guarda las llaves en el bolsillo derecho… Todas en un manojo, en una anilla de acero… La llave de paletón dentado, tres veces mayor que las otras, no es de la cómoda, claro. La vieja posee, pues, algún cofre o algún pequeño baúl. ¡Es curioso! Todos los baúles tienen llaves de esta clase… Pero ¡qué vil es todo esto!…"

Reapareció la vieja.

–Bueno, señor. A diez kopeks por rublo al mes, ha de darme usted por rublo y medio quince kopeks, con pago adelantado. Además, por dos rublos anteriores he de descontarle, también por adelantado, otros veinte kopeks. En total son, pues, treinta y cinco. Usted cobra ahora, por el reloj, un rublo y quince kopeks. Tome, aquí los tiene.

–¡Cómo! ¡Ahora me da usted sólo un rublo y quince kopeks!

–Así es.

El joven tomó el dinero sin discutir. Se quedó mirando a la vieja, sin apresurarse a salir, como si todavía quisiera decir o hacer algo, aunque sin saber exactamente qué era.

–Dentro de pocos días, Aliona Ivánovna, quizá le traiga otro objeto, una pitillera… de plata… muy buena… cuando me la devuelva un amigo mío…

Se turbó y no pudo decir nada más.

–Bueno, entonces hablaremos de ello, señor.

–Adiós…¿Está usted siempre sola en casa?¿Y su hermana?–preguntó el joven, con la mayor indiferencia posible, cuando salieron al recibidor.

–¿Y qué tiene usted que ver con mi hermana, señor?

–¡Nada de particular! Se lo he preguntado porque sí, y usted ahora imagina… ¡Adiós, Aliona Ivánovna!

Raskólnikov salió profundamente trastornado. Su confusión no hacía más que aumentar. Al bajar la escalera, se detuvo varias veces, como si de pronto algo le sorprendiera. Por fin, ya en la calle, exclamó: "¡Dios mío, qué repugnante es todo esto! ¿Es posible? ¿Es posible que yo…? ¡No! ¡Es estúpido, es absurdo! –añadió con energía–. Pero, ¿cómo se me ha podido ocurrir una idea tan horrible? ¡De qué bajeza no es capaz mi corazón! ¡Es vil, bajo, repugnante, repugnante…! Y yo desde hace un mes…".

Pero ni con palabras ni con exclamaciones podía expresar la agitación que le turbaba. La sensación de repugnancia infinita que había comenzado a oprimirle y torturarle el corazón, cuando se dirigía a la casa de la vieja, alcanzaba en aquel instante tal magnitud y se manifestaba con tal nitidez, que el joven no sabía dónde meterse para librarse de su congoja. Caminaba por la acera como si estuviera ebrio, sin ver a los transeúntes, chocando con ellos. Sólo volvió en sí al llegar a la calle siguiente. Al mirar a su alrededor, se dio cuenta de que se encontraba cerca de una taberna, en la que se entraba por una escalera que llevaba desde la acera al sótano del edificio. En aquel preciso momento salían por la puerta del establecimiento dos borrachos que a duras penas lograban subir hacia la calle sosteniéndose mutuamente y blasfemando. Sin pensarlo mucho, Raskólnikov bajó. Nunca había entrado en una taberna, pero en aquel instante la cabeza le daba vueltas y una sed abrasadora le atormentaba. Tenía ganas de beber cerveza fresca, tanto más cuanto que atribuía al hambre su repentina debilidad. Tomó asiento en un rincón oscuro y sucio, ante una mesita pegajosa, pidió cerveza y bebió ávidamente el primer vaso. Al instante se sintió aliviado y con la cabeza despejada. "¡Todo esto es absurdo! –se dijo esperanzado–. ¡No hay motivo para preocuparse! ¡No era más que malestar físico! ¡Basta un vaso de cerveza, un trozo de galleta, y al instante se vigoriza la mente, se aclaran los pensamientos, se consolidan las intenciones! ¡Uf! ¡Qué mezquino es todo esto!…" A pesar de su salivazo despectivo, el joven tenía ya un aspecto alegre, como si repentinamente se hubiese librado de un peso terrible, y miraba con ojos benévolos a los presentes. Pero incluso en aquel momento presintió vagamente que su buena disposición también era morbosa.

Poca gente quedaba en la taberna a aquella hora. Aparte de los borrachos que había encontrado en la escalera, salieron después en tropel otros cinco individuos con una moza y un acordeón. Cuando se hubieron ido, el local pareció silencioso y despejado. Quedaron un hombre algo bebido, sentado ante un vaso de cerveza, un menestral por su aspecto, y un compañero suyo, borracho como una cuba, gordo, enorme, con una especie de caftán y barba blanca, que se había quedado medio dormido en el banco, y de vez en cuando, repentinamente, como en sueños, hacía chasquear los dedos, extendía los brazos y, sin levantarse, imprimía rápidos movimientos a su torso, a la vez que canturreaba, esforzándose por recordar la letra, una canción insulsa por el estilo de:

> *Un año entero a mi esposa acaricié,*
> *Un año entero a mi es–po–sa aca–ri–cié...*

O bien se despertaba de pronto y se ponía a cantar:

> *En la calle de Podiácheskaia,*
> *Con la otra me encontré…*

Pero nadie compartía su felicidad; su silencioso camarada acogía estas manifestaciones con cara de pocos amigos y hasta con desconfianza. Había además otra persona que, por su aspecto, parecía un funcionario retirado. Se mantenía apartado de los demás, con un vaso delante; de vez en cuando, bebía un sorbo y miraba a su alrededor. Parecía también algo inquieto.

CAPÍTULO II

Raskólnikov no estaba acostumbrado a la multitud y, desde hacía algún tiempo, huía de sus semejantes. Pero, de pronto sintió una atracción hacia los demás. Una especie de revolución parecía operarse en él; el instinto de sociabilidad volvía a recobrar sus derechos. Entregado durante un poco más de un mes a los malsanos ensueños que engendra la soledad, nuestro héroe estaba tan cansado de su aislamiento, que deseaba volver a verse, aun cuando no fuera más que por un minuto, entre los hombres, ávido de trato humano. Así que, aunque la taberna era de ínfimo orden, se sentó junto a una mesa con verdadero placer.

Aunque el dueño del establecimiento se hallaba en otra habitación, aparecía frecuentemente por el salón. En cuanto se presentaba en el umbral, sus hermosas botas de anchos dobleces rojos, atraían las miradas. Todo su rostro parecía estar cubierto de aceite. Un mozo de catorce años estaba tras el mostrador; otro, más joven aun, atendía a los clientes. Las vituallas expuestas como muestra eran tajadas de pepino, panecillos negros y trozos de pescado. Todo ello exhalaba un olor que apestaba. El calor era insoportable y la atmósfera se hallaba tan cargada de insoportables vapores, que parecía que sólo bastaba respirar cinco minutos de ese aire para emborracharse.

A veces uno se encuentra con personas que le son totalmente desconocidas y se interesa por ellas desde la primera mirada, de repente, antes de haber cambiado una palabra. Una impresión así fue la que produjo a Raskólnikov el hombre con aspecto de funcionario retirado sentado ahí cerca. Más tarde, el joven recordaría aquella primera impresión y hasta la consideraría como un presentimiento. Otro motivo que impulsaba a Raskólnikov a fijarse sin cesar en el funcionario era que éste también tenía los ojos fijos en él con deseos evidentes de entablar conversación. El funcionario miraba a las demás personas del local, sin excluir siquiera al dueño, como si estuviera acostumbrado a verlas y con cierto altivo desprecio, como si se tratara de gente de condición social y de educación inferiores y nada tuviera que hablar con ellos. Era un hombre que pasaba de los cincuenta años, de estatura mediana y robusta complexión, cabello entrecano y gran calva, edematosa la cara, amarillenta, incluso verdosa por el abuso de la bebida; tenía hinchados los párpados, entre los que brillaban dos ojos rojizos, pequeñitos, como dos rendijas, pero llenos de vivacidad. Algo muy raro se notaba en él; en su mirada, que no carecía de expresión ni de inteligencia, parecía fulgurar cierta exaltación, y al mismo tiempo se habría dicho que se percibían en ella reflejos de locura. Llevaba un viejo frac negro completamente roto; se le habían caído todos los botones, menos uno, que por lo visto llevaba abrochado, aunque apenas se le sostenía, para dar a entender que no era enemigo de la compostura. De debajo del chaleco de nankín le salía una pechera arrugada, sucia, salpicada de manchas. La falta de barba denotaba en él al funcionario, pero hacía tiempo que no se afeitaba y tenía las mejillas cubiertas de abundante pelo grisáceo. En su porte y en sus modales había algo de la gravedad burocrática. Estaba inquieto, se enmarañaba el cabello y a veces se sostenía la cabeza con ambas manos, abrumado, apoyando los agujereados codos del frac en la mesa, mojada y pegajosa. Por fin, clavó la vista en Raskólnikov y dijo en voz alta y firme:

—¿Me permite, señor mío, que me dirija a usted para entablar una conversación decente? Aunque su aspecto no es muy imponente, mi experiencia me permite comprender que usted es una persona instruida, no acostumbrada a beber. Siempre he tenido en gran estima la instrucción unida a los buenos sentimientos, y además soy consejero titular. Me llamo Marmeládov. ¿Me permite preguntarle si es usted funcionario?

—No, estudio... —respondió el joven, algo sorprendido por el tono rebuscado de aquel lenguaje y porque le dirigiera la palabra de manera tan inesperada.

A pesar de su reciente y momentáneo deseo de entrar en relación con alguien, no importaba cómo, a la primera palabra que le dirigieron, Raskólnikov volvió a experimentar al instante su habitual sensación, desagradable y molesta, de repugnancia hacia toda persona extraña que se interesara o deseara interesarse por él.

–Así, usted es estudiante o lo ha sido –exclamó el funcionario–. Es lo que me figuraba. ¡La experiencia, señor mío, la repetida experiencia! –y en señal de encomio, se llevó el dedo a la frente–. Ha sido estudiante, tiene estudios. Pero permítame…

Se levantó tambaleándose, tomó su vaso y se sentó un poco de lado a la mesa del joven. Aunque borracho, hablaba con elocuencia y soltura; sólo de vez en cuando perdía un poco el hilo del discurso y se hacía prolijo. Abordó a Raskólnikov como si hubiera pasado también un mes entero sin cambiar una palabra con nadie.

–Señor mío –comenzó a decir, casi solemnemente–, la pobreza no es una deshonra, he aquí una verdad. Asimismo sé que la embriaguez no es una virtud, lo cual es todavía más cierto. Pero la miseria, señor mío, la miseria, sí es una deshonra. En la pobreza aún se conserva la nobleza de los sentimientos innatos: en la miseria jamás la conserva nadie. Por la miseria nos apartan de la compañía humana, no ya a palos, sino barriendo con una escoba, para que sea más humillante; y es justo, pues en la indigencia yo soy el primero dispuesto a afrentarme a mí mismo. ¡Entonces, a beber! Señor mío, hace un mes el señor Lebeziátnikov pegó a mi esposa, ¡y mi esposa no es como yo! ¿Comprende? Permítame que le pregunte, aunque sólo sea por curiosidad, ¿ha pasado usted la noche, alguna vez, en el heno de las barcazas del Nevá?

–No, no lo he hecho –respondió Raskólnikov–. ¿Por qué?

–Pues yo vengo de allí, y ya es la quinta noche…

Se llenó el vaso, bebió y se quedó pensativo. Efectivamente, en sus ropas y hasta en sus cabellos había briznas de heno. Era muy probable que no se hubiera desnudado ni lavado desde hacía cinco días. Las manos, sobre todo, las tenía sucias, sebosas, rojas, con las uñas negras.

Sus palabras, al parecer, habían despertado la atención general, aunque sin sacar a nadie de su indolencia. Tras el mostrador, los muchachos empezaron a soltar risitas. El dueño del establecimiento bajó del aposento superior como a propósito para escuchar al "gracioso" y se sentó a cierta distancia, bostezando perezosamente y dándose tono. Por lo visto, conocían a Marmeládov desde hacía mucho tiempo. Probablemente, este había adquirido su estilo engolado al hablar en la taberna con gente desconocida. Tal costumbre se convierte en necesidad para ciertos borrachos, sobre todo para los que son tratados en su casa con despotismo y mano dura. De ahí que procuren siempre, como quien dice, justificarse y, si es posible, recabar consideración para sí mismos cuando encuentran a otras personas aficionadas a la bebida.

–¡Maula! –exclamó el dueño en voz alta–. ¿Por qué no trabajas? ¿Por qué no estás en tu oficina, si eres funcionario?

–¿Por qué no estoy en mi oficina, señor mío? –repitió Marmeládov, dirigiéndose exclusivamente a Raskólnikov, como si fuera éste quien le hubiera formulado la pregunta–. ¿Por qué no estoy en mi oficina? ¿Acaso no me duele el corazón al ver que me arrastro inútilmente? ¿Acaso no sufrí cuando hace un mes el señor Lebeziátnikov pegó con sus manos a mi esposa, mientras yo estaba tumbado borracho? Permítame, joven, ¿le ha ocurrido alguna vez… ¡ejem!… pedir dinero prestado sin esperanza?

–Me ha ocurrido… Pero ¿qué quiere decir eso de sin esperanza?

–Quiero decir, sin esperanza alguna, sabiendo de antemano que la petición es inútil. Por ejemplo, a usted le consta con seguridad absoluta que cierto hombre, un ciudadano muy honrado y bellísima persona, no le dará dinero por nada del mundo, pues ¿a santo de qué debe dárselo?, pregunto yo. Sabe perfectamente que no se lo devolverá. ¿Habría de darlo por compasión? Pues bien; el señor Lebeziátnikov, que está al corriente de las nuevas ideas, ha declarado hace muy poco que en nuestros días hasta la ciencia prohíbe tener compasión, y que así ocurre en Inglaterra, donde se cultiva la economía política. ¿Por qué, pues, pregunto yo, ha de dar el dinero ese hombre? Ahora bien, sabiendo perfectamente que no lo dará, se pone usted en camino y…

–Entonces, ¿para qué ir? –objetó Raskólnikov.

–¿Y si no hay a quien dirigirse? ¿Y si no hay a donde dirigir los pasos? Es necesario que toda persona pueda acudir a algún sitio, ¡a cualquiera que sea! Cuando mi hija única salió por primera vez con el *carnet* amarillo, yo también tuve que salir (pues mi hija es de las que viven del *carnet* amarillo)... –añadió entre paréntesis, mirando con cierta inquietud al joven–. ¡No importa, señor mío, no importa! –se apresuró a declarar en seguida y, por lo visto, sin inmutarse cuando los dos muchachos estallaron en risas tras el mostrador y sonrió incluso el dueño del establecimiento–. ¡No importa! Esas risas me tienen sin cuidado, pues todo es conocido de todos y lo que era secreto pasa a ser público, y ante lo ocurrido no siento desprecio, sino resignación. ¡No importa! ¡No importa! El hombre es así. Permítame, joven, ¿puede usted…? Pero hace falta una expresión más fuerte y más gráfica: No digo *puede* usted, sino ¿se *atreve* usted a mirarme ahora y declarar que no soy un cerdo?

Raskólnikov no respondió una sola palabra.

–Bueno –prosiguió el orador gravemente, incluso con recalcada dignidad, después de esperar a que terminaran las risas que de nuevo habían resonado en el local–. Bueno, admitamos que yo sea un cerdo, pero ¡ella es una dama! Yo soy como una bestia, pero Katerina Ivánovna, mi esposa, es una persona bien educada, hija de un oficial de Estado Mayor. Yo seré un infame, lo seré; pero ella es una mujer de elevado corazón y de sentimientos ennoblecidos por la educación que ha recibido. Sin embargo... ¡Oh, si tuviera compasión de mí! ¡Señor mío, señor mío! ¡Todo el mundo necesita de alguien que le compadezca! Katerina Ivánovna, aunque magnánima, es injusta... Comprendo que, cuando me tira del pelo, lo hace movida por la piedad de su corazón (pues, no me importa repetirlo, mi esposa me tira del pelo, joven) –insistió con auténtica dignidad al sonar de nuevo las risas burlonas–. Pero ¡oh, Dios mío! Qué ocurriría si una vez... Pero no, ¡no! Es inútil y no hay por qué hablar de ello, ¡no hay por qué hablar de ello!... Pues más de una vez lo deseado se ha hecho realidad, más de una vez han tenido compasión de mí, pero soy así. ¡Soy un cerdo de nacimiento!

–¡Y que lo digas! –contestó el dueño, bostezando.

Marmeládov dio un fuerte puñetazo a la mesa.

–¡Así soy! ¿Sabe usted, sabe usted, señor mío, que hasta he vendido sus medias para beber? No los zapatos, lo que sería más o menos natural, sino las medias, ¡sus medias! ¡Las he vendido para beber! También he vendido su toquilla de pelo de cabra, un regalo que le hicieron antes de casarnos y que era propiedad suya, no mía. Vivimos en un rincón, en un rincón frío. Este invierno Katerina Ivánovna se ha resfriado, ha comenzado a toser y a escupir sangre. Tenemos tres hijos pequeños y ella pasa el día entero ocupada, fregando, lavando, procurando que los niños vayan limpios, pues de pequeña se ha acostumbrado a la limpieza, pero tiene el pecho débil y es propensa a la tisis, lo noto, me doy cuenta. ¿Acaso no lo siento? Y lo siento tanto más cuando más bebo. He aquí por qué bebo, porque busco en la bebida compasión y sentimiento... ¡Bebo porque quiero sufrir de verdad!

Con un gesto de desesperación, el hombre inclinó la cabeza sobre la mesa.

–Joven –prosiguió, levantándola–. Leo en su rostro que sufre usted alguna pena. Lo he leído en cuanto ha entrado; por eso le dirigí la palabra. Al contarle la historia de mi vida, no pretendo convertirme en objeto de escarnio para estas personas ociosas, que ya lo saben todo, sino que busco al hombre sensible e instruido. Sepa usted, pues, que mi esposa se educó en un instituto provincial para jóvenes de la nobleza y, al acabar sus estudios, bailó envuelta en un chal ante el gobernador y otras personalidades, por lo que recibió una medalla de oro y un diploma con distinción honorífica. La medalla... bueno, la medalla… la vendimos hace mucho tiempo... ¡Ejem... El diploma lo conserva mi esposa en el baúl, y aún no hace mucho lo mostró a la dueña de la casa, mujer con la que siempre anda a la greña; pero Katerina Ivánovna quería vanagloriarse ante alguien de los felices días pasados. No se lo censuro, no se lo censuro. Es lo único que le ha quedado de sus recuerdos; todo lo demás, ¡se ha esfumado! Sí, sí; es una dama de carácter vehemente, orgullosa e inflexible. Friega el suelo, come pan negro, pero no tolera que le falten al respeto. Por eso no quiso aguantar las groserías de Lebeziátnikov, y cuando éste, en venganza, le pegó, ella tuvo que guardar cama, no tanto por los golpes cuanto por el disgusto. Cuando yo la tomé por esposa, era viuda con tres hijos, a cual más pequeño. Con su primer marido, un oficial de infantería, se casó por amor y por él huyó de la casa paterna. Lo quería extraordinariamente, pero él se aficionó al juego, fue reclamado por la justicia y falleció poco después. En los últimos tiempos solía pegarle, y aunque ella no se quedaba corta, lo cual me consta de manera cierta y documentada, hoy le recuerda con lágrimas en los ojos y me lo pone como modelo. Yo me alegro, me alegro, pues, por lo menos en la imaginación se ve feliz en otro tiempo… Muerto su marido, Katerina Ivánovna se quedó con tres hijos pequeños en un distrito lejano y salvaje, donde entonces me encontraba yo; y fue tal su desamparo, que no me siento capaz de describirlo, a pesar de haber sido testigo de muy diversas y penosas aventuras. Todos sus parientes la abandonaron. Además, era muy orgullosa, excesivamente orgullosa… Entonces, señor mío, yo, también viudo y con una hija de catorce años, de mi primera mujer, le pedí la mano, pues no podía verla sufrir tanto. Tendrá usted idea de cuántas serían sus calamidades, si piensa que ella, mujer culta, educada y de noble apellido, accedió a casarse conmigo. Accedió llorando, pero accedió. Lloraba a lágrima viva, se retorcía las manos, pero aceptó, pues no tenía adónde acudir. ¿Comprende usted? ¿Comprende, señor mío, lo que significa no tener adónde acudir? ¡No! Usted todavía no lo comprende… Durante un año entero cumplí honrada y santamente mi obligación, sin tocar esto –señaló con el dedo la media botella–, pues no me faltan buenos sentimientos, pero ni así acerté. Entonces me quedé cesante, no por mi culpa, sino por cambios de plantilla. ¡Fue entonces cuando comencé a beber!… Después de rodar de la Ceca a la Meca y de sufrir mil calamidades, llegamos, hace año y medio, a esta magnífica capital, adornada con numerosos monumentos. También aquí encontré colocación… Me coloqué y otra vez perdí el empleo. ¿Comprende? Esta vez lo perdí por mi culpa, pues se manifestó mi inclinación a la bebida… Ahora vivimos en un rincón, en casa de Amalia Fiódorovna Lippevechsel; pero de qué vivimos y con qué pagamos, son cosas de las que no tengo ni idea. En la casa, además de nosotros, viven muchos otros inquilinos. Es una verdadera Sodoma… ¡ejem!… Sí… entretanto creció mi hija, la de mi primera mujer; prefiero no hablar de lo que su madrastra hizo sufrir a mi hija. Pues aunque Katerina Ivánovna tiene muy nobles sentimientos, es una dama arrebatada e irascible, y se sulfura con frecuencia… ¡Sí, es mejor no recordarlo! Como puede usted figurarse, Sonia no ha recibido mucha instrucción. Hará unos cuatro años, intenté enseñarle geografía e historia universal; pero, como yo mismo no estoy muy fuerte en estas disciplinas, ni teníamos buenos libros, pues los que habíamos tenido… ¡hum!…, bueno, ahora ya no tenemos esos libros, aquí se acabó toda la enseñanza. Nos detuvimos en Ciro, el rey persa. Luego, siendo ya una muchacha adulta, leyó unos libros más, de contenido novelesco, y no hace mucho, gracias al señor Lebeziátnikov, ha leído otro, la *Fisiología* de Louis. ¿La conoce usted? Le ha interesado mucho, y hasta nos ha leído a nosotros unos fragmentos en voz alta. A esto se reduce su instrucción. Ahora me dirijo a usted, señor mío, en mi propio nombre, y le hago una pregunta de carácter privado: ¿Cree usted que una doncella pobre, honesta, puede ganar mucho trabajando honradamente? Si es honrada y no posee ningún talento especial, no gana, señor, ni quince kopeks al día, ¡y ello poniendo los cinco sentidos en su trabajo! Figúrese que incluso un hombre como el consejero de Estado Klopstok, Iván Ivánovich (¿no ha oído usted hablar de él?), todavía debe a Sonia la confección de media docena de camisas de tela de Holanda, y no sólo se las debe, sino que la ha ofendido y se la ha quitado de delante dando patadas en el suelo e insultándola con el pretexto de que le había hecho los cuellos torcidos y se había equivocado en la medida. Mientras tanto, los pequeños pasan hambre… A Katerina Ivánovna, que se pasea desesperada de un extremo a otro de la habitación, le salen manchas rojas en las mejillas, como ocurre siempre cuando se tiene esa enfermedad. "¡Parásita! (le dice a Sonia), vives en nuestra casa, comes, bebes y tienes un rincón caliente". ¡Qué iba a comer, ni qué iba a beber la pobre, cuando los pequeños llevaban tres días sin ver una corteza de pan! Entonces yo estaba tumbado… ¡bueno! Estaba borracho y oí decir a mi Sonia (apocada, hasta la vocecita tiene humilde… Es rubia, de carita siempre pálida, delgada), le oí decir: "Pero ¡Katerina Ivánovna! ¿Quiere usted que me eche a la mala vida?". Resulta que Daria Fránzovna, una mujer de malas intenciones, bien conocida por la policía, había tanteado el terreno unas tres veces por mediación de la dueña de la casa. "¡Pues qué! (respondió Katerina Ivánovna en son de burla). ¿Qué quieres guardar? ¡Vaya tesoro!". Pero no la culpe; no la culpe, señor mío, no la culpe. Esas palabras las dijo con la razón ofuscada, los sentimientos agitados, el cuerpo enfermo, oyendo el llanto de los hijos hambrientos, y las dijo más para mortificar que para darles su sentido exacto… Katerina Ivánovna es así, y tan pronto como los pequeños empiezan a llorar, aunque sea de hambre, les pega. Serían algo más de las cinco. Vi que Sonia se levantaba, se ponía un pañuelo en la cabeza, tomaba el abriguito y se iba. Regresó después de las ocho, se dirigió a Katerina Ivánovna y, sin decir palabra, puso ante ella, sobre la mesa, treinta rublos de plata. No despegó los labios, no miró a nadie; sólo tomó nuestro pañuelo de paño verde (tenemos un pañuelo de esta clase que sirve para todos), se tapó la cabeza y la cara con él, y se tumbó en la cama, de cara a la pared; el llanto le agitaba convulsivamente los pequeños hombros y hasta todo el cuerpo… Yo continuaba tumbado, como antes…Entonces, joven, vi cómo Katerina Ivánovna, también sin decir una palabra, se acercó a la camita de Sonia y permaneció largo rato de rodillas besándole los pies, sin querer levantarse; luego se durmieron las dos abrazadas… las dos… sí y yo… yo… seguía tumbado, borracho.

Marmeládov se calló como si se le hubiera cortado la voz. Luego, de pronto, se llenó el vaso, lo bebió y carraspeó.

–Desde entonces, señor mío –prosiguió–, por una circunstancia desdichada y por la denuncia de personas mal intencionadas (a ello contribuyó no poco Daria Fránzovna, pretextando que se le había faltado al respeto), desde entonces mi hija Sonia Semiónovna se vio obligada a usar *carnet* amarillo, y por este motivo ya no pudo permanecer entre nosotros. Pues la dueña de la casa, Amalia Fiódorovna, tampoco quiso permitirlo, a pesar de que ella misma había desbrozado el camino a Daria Fránzovna. Además, el señor Lebeziátnikov... ¡hum!... Pues por Sonia tuvo esa historia con Katerina Ivánovna. Antes solicitaba con insistencia a Sóniechka, y luego se sintió picado en el honor: "¿Cómo voy a vivir yo, un hombre instruido, en la misma casa en que vive una mujerzuela así?", dijo. Katerina Ivánovna salió en defensa de Sonia y se armó la gorda… Ahora mi hija suele venir a vernos al oscurecer, ayuda a Katerina Ivánovna y trae el dinero que puede. Ha alquilado una habitación en casa del sastre Kapernaúmov, que es cojo y tartamudo, como toda su numerosa familia, incluso su mujer… Viven todos ellos en una sola habitación, pero Sonia tiene otra para sí, separada de la

primera por un mal tabique... ¡Hum!, sí, gente pobrísima y tartamuda. Sí…
Al día siguiente me levanté por la mañana, me puse mis harapos, elevé los
brazos al cielo y me dirigí a casa de Su Excelencia Iván Afanásievich. ¿Conoce usted a Su Excelencia Iván Afanásievich? ¿No? Pues no ha visto usted
nunca a un bendito de Dios. Es un pedazo de pan. Hasta las lágrimas le
saltaron a los ojos al escuchar mi relato. "Marmeládov (me dijo), ¡defrau-
daste mis esperanzas una vez! Te tomo de nuevo bajo mi responsabilidad
personal (así me lo dijo), no lo olvides. ¡Puedes retirarte!". Le cubrí de
besos los pies, mentalmente, claro; Iván Afanásievich no habría permitido
que lo hiciese de verdad, pues es un alto funcionario, hombre de ideas modernas e ilustrado. Volví a casa, y cuando declaré que de nuevo me habían
admitido en la oficina y que cobraría un sueldo, ¡cuánta alegría, Dios
mío!...

Marmeládov volvió a interrumpirse, fuertemente conmovido. En
aquel momento entró en la taberna un grupo de borrachos; sonaron a la
puerta las notas de un organillo y la quebrada vocecita de un niño de siete
años que cantaba *El pequeño caserío*. Se alborotó el local. Dueño y criados se apresuraron a atender a los recién llegados. Sin preocuparse de
ellos, Marmeládov prosiguió su relato. Parecía que se encontraba muy
débil, pero cuanto más le dominaba la borrachera, tanto más locuaz se
volvía. Habríase dicho que los recuerdos de su éxito reciente con el empleo le habían reanimado; hasta se reflejaba en su cara una especie de
gozoso resplandor. Raskólnikov le escuchaba atentamente.

–Ocurrió esto, señor mío, hará unas cinco semanas. Sí… ¡Dios mío!
No bien Katerina Ivánovna y Sonia lo supieron, pareció que me había
trasladado al paraíso. Antes solía estar tumbado como una bestia, y no oía
más que insultos; desde aquel día andaban de puntillas, hacían callar los
niños: "Semión Zajárich se ha fatigado en la oficina y ahora descansa.
¡Chist!". Antes de que me fuera al despacho, me servían café con nata.
¡Figúrese, empezaron a comprar nata auténtica! ¡No puedo comprender
de dónde sacaron los once rublos y cincuenta kopeks para que no me faltara ropa decente! Botas altas, una espléndida pechera de indiana y un uniforme, todo en perfectas condiciones, por once rublos y medio. Cuando
regresé de la oficina el primer día, me encontré con que Katerina Ivánovna
había preparado dos platos: sopa y carne salada con mostaza, de lo que
hasta entonces no teníamos ni idea. Ella carece de vestidos… y de pronto
se presentó como si se dispusiera a ir de visita; no se puso nada nuevo,
claro; pero con muy poca cosa hace maravillas: se peina, se pone cuello y
unos puños limpios, y ya parece otra, más joven y más hermosa. Sonia, mi

palomita, ayudó con dinero, y decía que durante cierto tiempo no estaría bien que viniese a casa, si no era al oscurecer, para que nadie la viera. ¿Lo oye, lo oye? Después de comer me acosté a dormir un poco, ¿y qué se figura usted?, Katerina Ivánovna no pudo esperar: hacía sólo una semana que había reñido a más no poder con la dueña de la casa, con Amalia Fiódorovna, y he aquí que la invita a una taza de café. Se pasaron dos horas cuchicheando: "Ahora Semión Zajárich trabaja en la oficina y gana un sueldo. Él mismo se presentó a Su Excelencia; Su Excelencia salió y mandó esperar a todo el mundo, hizo pasar a Semión Zajárich delante de todos y lo llevó del brazo a su gabinete. ¿Lo oye? ¿Lo oye? Y Su Excelencia le dijo: "Yo, Semión Zajárich, me acuerdo de sus servicios, naturalmente, aunque ha tenido usted esa imprudente debilidad; pero como usted promete ahora corregirse, y, además, sin usted las cosas aquí van de mal en peor (¡fíjese, fíjese!), confío, dijo Su Excelencia, en su palabra de honor". Le digo que todo esto lo inventó ella y no por ligereza, sino sólo por afán de vanagloria. Ella misma lo cree, se consuela con sus propias fantasías, palabra. No lo censuro; no, no lo censuro… Cuando, hace seis días, le entregué entero mi primer sueldo (veintitrés rublos cuarenta kopeks), me llamó gorrioncito: "¡Qué gorrioncito tengo yo aquí!", me dijo. Me lo dijo a solas, ¿comprende? Dígame, ¿qué tengo yo de hermoso? ¿Qué marido soy? Pues me dio un pellizco en la mejilla: "¡Qué gorrioncito tengo yo aquí!", repitió.

Marmeládov se calló; quiso sonreír, mas de pronto empezó a temblarle la barbilla. La verdad es que se dominó. La taberna, el aspecto depravado de Marmeládov, las cinco noches pasadas en las barcazas del heno, la botella y, a la vez, aquel amor enfermizo a la esposa y la familia, desconcertaban a Raskólnikov. El joven era todo oídos, pero experimentaba una sensación de malestar. Sentía haber entrado allí.

—¡Señor mío, señor mío! –exclamó Marmeládov recobrándose–. ¡Oh, señor mío! Quizá esto le haga reír como a los demás, y le molesto contándole los estúpidos y miserables detalles de mi vida familiar, mas para mí no es cosa de risa. No soy insensible a ellos… Pasé aquel día celestial de mi vida y aquella velada en sueños alados: cómo pondría las cosas en orden, vestiría a los niños, le daría a ella reposo, salvaría del oprobio a mi hija única y la volvería al seno de la familia… Muchas cosas, muchas. Era natural, señor. ¡Oh, señor! –Marmeládov, de pronto, se estremeció, levantó la cabeza y miró fijamente a su interlocutor–. Pues al día siguiente, después de aquellos sueños (hace de ello exactamente cinco días), al oscurecer, mediante un ardid, como ladrón nocturno, sustraje a Katerina Ivánovna la llave del baúl y tomé lo que quedaba del sueldo que había cobrado, no recuerdo cuánto era, y ahora, contempladme, ¡contempladme todos! Hace cinco días que me he marchado de casa; me buscan, nada saben de mí; he perdido el empleo, he dejado el uniforme en la taberna del puente de Egipto, donde he recibido a cambio esta ropa… ¡todo ha terminado!

Marmeládov se dio un puñetazo en la frente, apretó los dientes, cerró los ojos y apoyó los codos en la mesa; pero, pasado un momento, la expresión de su rostro se transformó de repente y miró a Raskólnikov con afectada picardía y forzada desfachatez, al mismo tiempo que decía riéndose:

–Hoy he ido a ver a Sonia. ¡Le he pedido dinero para beber! ¡Je, je, je!

–¿Es posible que te lo haya dado? –exclamó uno del grupo que había entrado hacía poco; lo dijo gritando, y estalló en una sonora carcajada.

–Esta media botella la he pagado con su dinero –continuó Marmeládov, dirigiéndose exclusivamente a Raskólnikov–. Me ha dado treinta kopeks, con sus propias manos; era todo lo que tenía, lo he visto yo mismo… No me ha dicho nada; se me ha quedado mirando en silencio… así no se mira en la tierra, sino allí… donde sufren y lloran por los hombres, pero no les reprochan nada, ¡no les reprochan nada! ¡Y cuando no reprochan nada, duele más, duele más!… Treinta kopeks, sí. Y ahora a ella le hacen falta, ¿eh? ¿Qué cree usted, mi querido señor? Ahora ha de ir aseada. Y ese aseo especial cuesta dinero, ¿comprende? ¿Comprende? Además, ha de comprar cosméticos, no puede pasar sin ellos, faldas almidonadas, los zapatos más atractivos, para lucir el pie cuando haya que salvar un charco. ¿Comprende? ¿Comprende, señor, lo que significa ese aseo? Pues bien; aquí tiene a su padre que le ha sacado treinta kopeks para bebérselos. ¡Y se los bebe! ¡Ya me los he bebido!… Bueno, ¿quién va a tener compasión de un hombre como yo? ¿Tiene usted ahora compasión de mí, señor? ¡Hable, señor! ¿Tiene compasión de mí, señor? ¡Hable, señor! ¿Tiene compasión de mí, o no? ¡Je, je, je!

Quiso servirse más bebida, pero la media botella estaba vacía.

–¿Compadecerte a ti? ¿A santo de qué? –gritó el dueño de la casa, que estaba de nuevo cerca.

Se oyeron risas e incluso algunas blasfemias. Se reían y juraban los que habían escuchado y los que no lo habían hecho; para reírse bastaba contemplar la figura del funcionario.

–¡Compadecerme! ¿Por qué me han de compadecer? –vociferó de repente Marmeládov, levantándose con una mano extendida hacia delante, exaltado, como si hubiera esperado aquellas palabras–. ¿Por qué me han de compadecer, preguntas? ¡Cierto! ¡No hay por qué tener compasión de mí!

¡Lo que merezco es que me crucifiquen, que me claven en una cruz y no que me compadezcan! Crucifica, Señor, crucifica; pero al crucificar, ¡compadece al hombre! Entonces yo mismo te pediré que me crucifiques, pues mi sed no es una sed de alegría, sino de dolor y de lágrimas. ¿Crees acaso, traficante, que he encontrado dulce esta media botella tuya? En su fondo he buscado dolor, dolor y lágrimas; y al beberla, los he encontrado. De nosotros tendrá compasión aquel que la tuvo de todos: es el Único, es el Juez. Vendrá el último día y preguntará: "¿Dónde está la hija que se ha sacrificado por una madrastra rencorosa y tísica, por unos niños ajenos? ¿Dónde está la hija que ha tenido compasión de su padre terrenal, borracho perdido, sin horrorizarse de sus bestialidades?". Y dirá: "¡Ven! Te he perdonado una vez, te he perdonado una vez... También ahora se te perdonan tus muchos pecados por haber amado tanto...". Y perdonará a mi Sonia, la perdonará, la perdonará, sé muy bien que la perdonará... ¡Lo he sentido así, en mi corazón, no hace mucho, cuando estuve en su casa! Juzgará y perdonará a todos, a buenos y a malos, a los prudentes y a los humildes. Y cuando los haya perdonado, entonces también nos llamará a nosotros: "¡Salid vosotros!", nos dirá. "¡Que salgan los borrachos, que salgan los miedosos, que salgan los impúdicos!". Saldremos todos, sin avergonzarnos, y nos pondremos de pie. Dirá: "Sois unos cerdos. Tenéis la imagen y el sello de la Bestia; pero ¡acercaos también vosotros!". Exclamarán los sensatos, exclamarán los razonables: "¡Señor! ¿Por qué admites a éstos?". Y dirá: "Pues los acepto, sensatos; los acepto, razonables, porque ninguno de ellos se ha considerado digno de ser recibido..." Extenderá los brazos hacia nosotros, nosotros acudiremos, nos echaremos a llorar... y lo comprenderemos todo. ¡Entonces lo comprenderemos todo!...Y todos comprenderán, Katerina Ivánovna también comprenderá... ¡Señor, venga a nos tu Reino!

Se dejó caer en el banco, agotado, sin fuerzas, sin mirar a nadie, como si se olvidara de lo que tenía en torno, profundamente absorto en sí mismo. Sus palabras causaron cierta impresión; por un instante se hizo el silencio, mas pronto volvieron a oírse risas y juramentos como antes.

–¡Se ha despachado a gusto!

–¡Trolero!

–¡Chupatintas!

Y así por el estilo.

–Marchémonos, señor –dijo de pronto Marmeládov, levantando la cabeza y dirigiéndose a Raskólnikov–. Acompáñeme a la casa de Kozel, al patio. Es hora de volver al lado de Katerina Ivánovna...

Hacía mucho rato que Raskólnikov tenía ganas de salir y ya había pensado en ayudar a aquel hombre. Marmeládov resultó mucho más débil de piernas que de palabras y se apoyó fuertemente en el joven. Tenían que andar doscientos o trescientos pasos. La inquietud y el miedo se iban apoderando del borracho a medida que se acercaba a su casa.

–Ahora no es a Katerina Ivánovna a quien tengo miedo –balbuceaba–, ni me asusta que me tire del pelo. ¡Qué me importan los cabellos!… ¡Al cuerno con ellos! ¡Lo digo yo! Incluso es mejor si me tira del pelo; no es eso lo que me espanta. Lo que yo temo son sus ojos… sí, sus ojos. También tengo miedo a las manchas rojas de sus mejillas. Y además me aterra su respiración…¿Te has fijado de qué modo respiran los que tienen su enfermedad cuando se excitan? Tengo miedo al llanto de los niños. Porque, si Sonia no les ha dado de comer, entonces no sé lo que ocurrirá, ¡no lo sé! Pero los golpes… no los temo. Has de saber, señor, que los golpes a veces no sólo no me duelen, sino que me causan placer. No puedo pasarme sin los golpes. Es mejor. Que me pegue, así se desahoga. Es mejor… Aquí está la casa. Es la casa de Kozel, un cerrajero alemán, un hombre rico. ¡Acompáñame!

Entraron en el patio y subieron al cuarto piso. Cuanto más subían, más oscura se hacía la escalera. Eran casi las once y, aunque a esa hora en Petersburgo no es auténticamente de noche, la parte alta de la escalera quedaba muy oscura.

En lo más alto, la ahumada puertecita que daba al rellano estaba abierta. Un cabo de vela iluminaba una estancia pobrísima, de unos diez pasos de longitud, que se abarcaba por entero con la mirada desde el zaguán. Todo estaba esparcido por el suelo en el mayor desorden, especialmente la ropa de los niños. El ángulo del fondo quedaba oculto por una vieja y rota sábana. Probablemente tenían allí una cama. En la habitación no había más que dos sillas y un sofá tapizado de hule, ya muy roto; delante de él, una vieja mesa de cocina, de madera de pino sin pintar y sin nada que la cubriera. En un extremo de la mesa se consumía el cabo de una vela puesto en una palmatoria de hojalata. Los Marmeládov tenían una habitación para ellos solos, en vez de ocupar un rincón como él había dicho, pero era de paso. La puerta de acceso a los otros aposentos o celdas, en que se dividía el piso de Amalia Lippevechsel, estaba entreabierta. Se oían gritos, ruido y carcajadas. Probablemente jugaban a cartas o tomaban el té. A veces salían de aquel lugar vocablos procaces.

Raskólnikov reconoció en seguida a Katerina Ivánovna. Era una mujer terriblemente flaca, delgada, bastante alta y esbelta, de cabello rubio oscuro, todavía muy hermoso, y tenía, en efecto, las mejillas cubiertas de manchas rojas. Caminaba de un extremo a otro de su pequeña habitación, apretadas las manos sobre el pecho, secos los labios e irregular y entrecortada la respiración. Los ojos le brillaban febrilmente; su mirada, dura e inmóvil, y su rostro hético, excitado, iluminado por los últimos reflejos temblorosos del cabo de vela, causaba una dolorosa impresión. Raskólnikov supuso que Katerina Ivánovna no tendría más allá de treinta años; realmente no hacía buena pareja con Marmeládov. La mujer no se dio cuenta de la llegada de los dos hombres; parecía sumida en la inconsciencia, como si no oyera ni viera. No abría la ventana, aunque el aire de la habitación era sofocante; de la escalera subía un olor apestoso, pero la entrada estaba abierta; de las habitaciones interiores llegaban nubes de humo de tabaco y Katerina Ivánovna tosía, pero no cerraba la puerta. La niña menor, de unos seis años, dormía sentada en el suelo, encogida y con la cabeza apoyada en el sofá. El niño, que tendría un año más que la pequeña, temblaba y lloraba en un rincón. Probablemente acababan de pegarle. La niña mayor, de unos nueve años, alta y delgada como una cerilla, llevaba una camisa rota por todas partes, y de los desnudos hombros le colgaba un viejo abrigo que le habían hecho probablemente dos años atrás, porque ya no le llegaba ni a las rodillas. De pie en el rincón, abrazaba al niño por el cuello con su largo brazo, seco como un mondadientes. Sin duda procuraba tranquilizar a su hermanito, le hablaba en voz baja al oído y recurría a todos los medios para evitar que volviera a llorar; al mismo tiempo seguía con mirada temerosa a su madre. Sus grandes ojos oscuros parecían aún mayores en su carita flaca y medrosa. Marmeládov se puso de rodillas en el umbral de la puerta, sin entrar en la habitación, pero empujó hacia delante a Raskólnikov. Al ver a un desconocido, la mujer se detuvo distraída ante él; por un instante volvió en sí, como preguntándose: "¿A qué viene este hombre?". Pero imaginó que el joven iba a alguna otra habitación, ya que la suya era de paso. Entendiéndolo así, sin prestar más atención a aquel hombre, se acercó a la puerta de entrada para cerrarla. Lanzó un grito repentino al ver a su marido de rodillas en el umbral.

–¡Ah! –gritó con frenesí–. ¡Has vuelto! ¡Presidiario! ¡Monstruo! ¿Dónde está el dinero? ¡Muéstrame lo que tengas en el bolsillo! ¡Esta ropa no es la tuya! ¿Qué has hecho de tu traje? ¿Dónde está el dinero? ¡Habla!...

La mujer se apresuró a registrarle los bolsillos. Marmeládov apartó los brazos, obediente y sumiso, para facilitarle la tarea. No le quedaba un solo kopek.

–Pero ¿dónde está el dinero? –gritó la mujer–. ¡Oh, Dios mío! ¿Es posible que se lo haya bebido todo? ¡Si en el baúl quedaban doce rublos!

De pronto, enfurecida, le agarró por los cabellos y le arrastró por la habitación. Marmeládov no ofrecía resistencia; la seguía de rodillas, sumisamente.

–¡Esto me causa placer! ¡Esto no es para mí un dolor, sino un placer, muy se-ñor mí-o! –gritaba, sacudido por el pelo.

Una vez dio con la frente en el suelo. La niña que dormía con la cabeza apoyada en el sofá, se despertó y rompió a llorar. El pequeño del rincón no pudo resistir más tiempo; se estremeció, se puso a chillar y se arrojó a los brazos de su hermana terriblemente asustado, como si fuera a darle un ataque. La niña mayor temblaba como una hoja de árbol.

–¡Se lo ha bebido! ¡Se lo ha bebido todo! ¡Todo! –vociferaba desesperadamente la pobre mujer–. ¡Y el traje no es el mismo! ¡Están hambrientos! –dijo, señalando a los niños retorciéndose las manos–. ¡Oh vida, tres veces maldita! ¿Y a usted no le da vergüenza? ¡Venir aquí de la taberna! –gritó de pronto, dirigiéndose a Raskólnikov–. ¿Has bebido con él? ¡Tú también has bebido con él! ¡Fuera de aquí!

El joven se apresuró a irse, sin decir una palabra. La puerta interior se abrió de par en par y se asomaron a ella varios curiosos. Avanzaron algunas cabezas tocadas con gorros, burlona la mirada, con cigarrillos o pipas en los labios. Viéronse figuras en bata y con vestidos de verano indecorosamente desabrochados; había quien llevaba cartas en la mano. Se rieron con particular regocijo cuando Marmeládov, arrastrado por los cabellos, gritaba que aquello le causaba placer. Algunos comenzaron a entrar en la habitación. Por fin se oyó un grito siniestro; era la propia Amalia Lippevechsel que acudía a poner orden a su modo y a amedrentar, por centésima vez, a la pobre mujer ordenándole con grosería que abandonara la casa al día siguiente por la mañana. Al salir, Raskólnikov tuvo tiempo de meterse la mano en el bolsillo, recoger unas monedas de cobre que le habían devuelto en la taberna al cambiar el rublo, y las dejó sin ser visto en la ventanilla. Luego, en la escalera, se arrepintió y por poco volvió sobre sus pasos.

"¡Qué estupidez la mía! –pensó–. Ellos tienen a Sonia, y yo estoy necesitado". Pero, considerando que no le era posible recobrar el dinero y que, de todos modos, no lo cogería aunque pudiera, se resignó y se dirigió hacia su casa. "Sonia necesita cosméticos –reflexionó, sonriendo sarcásticamente, mientras caminaba por la calle–. Este decoro cuesta dinero… ¡Hum! Sonia también puede encontrarse hoy en bancarrota, pues corre un riesgo como el que va a la caza de animales de piel fina o a la busca de oro… Así que mañana se quedarían a dos velas sin mi dinero… ¡Ah, Sonia, Sonia! Pero, en verdad, ¡vaya mina que han sabido encontrar! ¡Y se aprovechan! ¡Vaya si se aprovechan! Se han acostumbrado. Al principio lloriquearon, pero se han acostumbrado. El hombre es vil, a todo se acostumbra".

Se quedó pensativo.

–¿Y si he mentido? –gritó de pronto, a pesar suyo–. ¿Y si el hombre, el hombre en general, es decir, el género humano, no es en realidad *vil*? Entonces, eso serán prejuicios, falsos temores, no hay barreras de ninguna clase y las cosas han ocurrido como deben ocurrir.

CAPÍTULO III

Al día siguiente se despertó bastante tarde, luego de un sueño que por lo agitado no restauró sus fuerzas. Al despertar, se sintió de muy mal humor y miró su aposento con aire enfadado. Aquella pequeña habitación, de seis pasos de longitud, ofrecía un aspecto bastante lastimoso debido al empapelado que ya estaba amarillento, lleno de polvo y estropeado; era además tan baja, que una persona de no muy elevada estatura se encontraba incómoda y temía dar con la cabeza en el techo. El mobiliario respondía al local: tres viejas sillas más o menos cojas, en un rincón una mesa de madera pintada, sobre la que se podían distinguir varios libros y cuadernos cubiertos de polvo, prueba evidente de que hacía mucho tiempo se encontraban intactos; por último, un grande y feo sofá, cuyo forro estaba hecho trizas. Este sofá, que ocupaba casi la mitad del cuarto, servía de cama a Raskólnikov.

El joven solía acostarse en él vestido, sin cubrirse con nada, en ocasiones extendía sobre sí, a guisa de cobertor, su viejo gabán de estudiante, y con un cojín se hacía una almohada, bajo el que ponía, para levantarlo un poco, toda su ropa interior, la limpia y la sucia. Ante el sofá había una mesita.

La misantropía de Raskólnikov se acomodaba perfectamente a la suciedad que reinaba en aquel tabuco. Había tomado aversión a todo rostro humano, hasta tal punto que la presencia de la criada encargada de arreglar los aposentos, le causaba una especie de exasperación. Esto es lo que suele ocurrirles a algunos monomaníacos preocupados por una idea fija.

Hacía ya dos semanas que la patrona no le daba de comer, y a él todavía no se le había ocurrido ir a verla para poner las cosas en claro. Nastasia, cocinera y única criada de la casa, en parte se alegró de aquel estado de ánimo del pupilo, pues dejó de ocuparse de la limpieza de aquella habitación, y a lo sumo pasaba la escoba por el suelo, de prisa y corriendo, una vez por semana. Fue la criada quien le despertó.

—¡Levántate! ¿Cómo duermes tanto? –le dijo a gritos–. Son más de la nueve. ¿Quieres té? Aquí lo tienes, estarás muerto de hambre.

El inquilino abrió los ojos, se estremeció y reconoció a Nastasia.

—¿El té me lo manda la patrona? –preguntó, incorporándose en el sofá lentamente y con cara de enfermo.

—¡Qué te va a mandar la patrona!

Nastasia puso ante él su propia tetera desportillada, en la que no quedaba más que té aguado, y dos trocitos de azúcar amarillo.

—Toma, Nastasia, haz el favor –dijo Raskólnikov, rebuscando en su bolsillo (también esta vez se había acostado vestido) y sacando unas monedas de cobre–. Vete a buscar un panecillo. Pasa por la tienda y tráeme un poco de embutido, del barato.

—En seguida te traigo el panecillo. Pero ¿no prefieres sopa de col en vez de embutido? Es buena, de ayer. Te guardé un plato, pero viniste tarde. Es muy buena.

Cuando le hubo servido la sopa y él se puso a comerla, Nastasia se sentó a su lado, en el sofá, y comenzó a hablar. Era una aldeana muy habladora.

—Praskovia Pávlovna quiere denunciarte a la policía –dijo.

Raskólnikov frunció el ceño.

—¿A la policía? ¿Por qué?

—Ni le pagas ni te largas. Está claro lo que quiere.

—¡Diablo! ¡Sólo me faltaba eso! –murmuró Raskólnikov, rechinando los dientes–. No, ahora es muy inoportuno… Es una boba –añadió en voz alta–. Iré a verla hoy mismo; le hablaré.

—Será tan boba como yo, pero tú que eres tan listo, ¿por qué te pasas las horas tumbado como un saco, sin hacer nada? Dices que antes dabas lección a unos niños; ¿por qué no haces nada ahora? –Algo hago –repuso el joven, de mala gana y serio.

—¿Qué?

—Un trabajo…

–¿Qué trabajo?

–Pienso –respondió Raskólnikov gravemente, después de un rato de silencio.

Nastasia se echó a reír. Era una de esas mujeres que tienen la risa a flor de labio; cuando algo le hacía gracia, se reía silenciosamente, balanceando y sacudiendo el cuerpo, que no podía más.

–¿Qué? ¿Te da mucho dinero eso de pensar? –logró preguntar al fin.

–Sin botas no puedo ir a dar clase a los niños. Además, no me importa.

–¿Qué es lo que no te importa?

–Por enseñar a los niños dan una miseria. ¿Qué hago yo con unos kopeks? –prosiguió el joven de mala gana, como si explicase sus propios pensamientos.

–¿Qué quieres? ¿Hacerte rico de golpe?

Raskólnikov la miró de una manera extraña.

–Sí, de golpe –respondió con firmeza, después de unos momentos de silencio.

–No corras tanto, que asustarás a la gente. Bueno, ¿te voy a buscar el panecillo, o no?

–Como quieras.

–¡Ah, se me olvidaba! Ayer, cuando estabas fuera, te trajeron una carta.

–¡Una carta! ¡Para mí! ¿De quién?

–De quién, no lo sé. Di tres kopeks de mi bolsillo al cartero. Me los devolverás, ¿no?

–¡Tráela, tráela, por Dios! –exclamó Raskólnikov muy excitado–. ¡Dios mío!

Unos instantes después aparecía la carta. Como había supuesto, era de su madre, de la provincia de R. Al tomarla, Raskólnikov se puso pálido. Hacía mucho tiempo que no recibía cartas. Sin embargo, había aún otra cosa que, de pronto, le oprimió el corazón.

–¡Nastasia, por Dios, vete! Aquí tienes los tres kopeks, pero ¡por Dios!, sal cuanto antes.

No quería abrir el sobre, que le temblaba en las manos, en presencia de la criada: quería permanecer *a solas* con la carta. Cuando Nastasia hubo salido, se llevó rápidamente el papel a los labios y lo besó; luego se quedó largo rato contemplando la escritura de la dirección, aquel entrañable carácter de letra pequeña e inclinada de su madre, que en otro tiempo le había enseñado a leer y a escribir. No se apresuraba; habríase dicho que temía algo. Por fin rasgó el sobre. La carta era larga: dos pliegos grandes de papel, escritos por ambos lados con letra pequeña y apretada.

"Mi querido Rodia: hace ya más de dos meses que no he conversado contigo por carta, lo que me ha hecho sufrir tanto que hasta me he pasado algunas noches sin poder cerrar los ojos. Pero seguramente me perdonarás este silencio involuntario. Sabes muy bien cuánto te quiero. Dunia y yo no tenemos a nadie más que a ti; para nosotras tú lo eres todo, tú eres nuestra esperanza, nuestro consuelo. ¡No sabes lo duro que fue para mí enterarme de que hace ya varios meses que has abandonado la Universidad por falta de medios y que te has quedado sin lecciones y sin otros recursos! ¿Cómo podía yo ayudarte con mi pensión de ciento veinte rublos al año? Los quince rublos que te envié hace cuatro meses, los pedí prestados a cuenta de la pensión, como tú sabes muy bien; me los dejó el tendero de nuestra ciudad, Afanasi Ivánovich Vajrushin, que es una buena persona y que además fue amigo de tu padre. Pero al cederle el derecho a cobrar la pensión por cuenta mía, yo debía esperar a que la deuda quedara totalmente liquidada, lo cual no ha ocurrido hasta ahora, de modo que durante todo este tiempo no he podido enviarte nada. Pero ahora, gracias a Dios, creo que estoy en condiciones de poder mandarte algo, y me apresuro a comunicarte que ahora podemos incluso alegrarnos de nuestra suerte. En primer lugar, ¿adivinas, mi querido Rodia, que tu hermana hace ya mes y medio que vive conmigo y que no volveremos a separarnos en el futuro? Gracias a Dios se han acabado sus tormentos. Pero voy a contarte las cosas por orden, para que sepas lo que ha ocurrido, y lo que hasta hoy te habíamos ocultado. Cuando me escribiste, hará unos dos meses, porque, según habías oído decir, Dunia era tratada con muy poca consideración en casa de los señores Svidrigáilov y me pedías de ello explicaciones, ¿qué podía entonces contestarte? Si te hubiera explicado la verdad, estoy segura de que lo habrías abandonado todo y venido, aunque hubiera sido andando, pues conozco tu carácter y tus sentimientos, y no habrías tolerado que ofendieran a tu hermana. Yo misma estaba desesperada, pero ¿qué iba a hacer? Entonces no sabía la verdad. La dificultad principal estaba en que al entrar de institutriz en esa casa, el año pasado, Dúniechka pidió un anticipo de cien rublos, que le concedieron con la condición de que se los irían descontando mensualmente de su sueldo y ella se comprometiera a no abandonar el puesto sin haber liquidado la deuda. Esa cantidad (ahora ya te lo puedo explicar todo, hijo de mis entrañas) la tomó sobre todo para enviarte los sesenta rublos que tanto necesitabas y que recibiste de nosotras el año pasado. Entonces te engañamos, te dijimos que eran ahorros de

Dúniechka, pero no era así, y te digo la verdad porque ahora, gracias a la voluntad divina, todo ha mejorado repentinamente, y para que sepas cuánto te quiere Dunia, que tiene un corazón de oro. Al principio el señor Svidrigáilov la trataba con mucha grosería y se burlaba de ella cuando estaban a la mesa… Mas no quiero contarte esos penosos detalles para no inquietarte en vano, puesto que todo ha pasado. En pocas palabras, a pesar del trato bondadoso y noble de Marfa Petrovna, esposa del señor Svidrigáilov, y de la otra gente de la casa, Dúniechka sufría mucho, sobre todo cuando el señor Svidrigáilov, según una antigua costumbre suya de regimiento, se encontraba bajo la influencia de Baco. Pero ¿qué ocurrió después? Imagínate que ese insensato sentía pasión por Dunia desde hacía tiempo y lo disimulaba mostrándose grosero y despectivo con ella. Quizá se sentía avergonzado y se horrorizaba al verse metido en tales devaneos a sus años y siendo padre de familia; por esto se irritó a pesar suyo contra Dunia. También es posible que, con la rudeza de su trato y con sus burlas, pretendiera que los demás no se dieran cuenta de la verdad. Al fin no se contuvo y se atrevió a hacer proposiciones inequívocas e infames a Dunia, prometiéndole toda clase de compensaciones y hasta abandonarlo todo para huir con ella a otro pueblo e incluso al extranjero. ¡Puedes imaginarte lo que sufriría la pobre! No podía dejar la colocación a causa de la deuda y también por compasión hacia Marfa Petrovna, que había podido sospechar algo, con lo que se habría introducido la semilla de la discordia en la familia. Además, también para Dúniechka hubiera sido forzosamente un gran escándalo. A ello se sumaban muchas otras causas, de suerte que Dunia no podía pensar en librarse de aquella terrible casa antes de seis semanas. Naturalmente, tú ya conoces a Dunia, sabes lo que vale y que tiene firme el carácter. Dúniechka es capaz de sufrir mucho, y en los casos más extremos encuentra en sí generosidad suficiente para no perder su firmeza. No me contaba todo lo que le pasaba para no disgustarme, a pesar de que nos escribíamos a menudo. El desenlace se produjo inesperadamente. De modo casual, Marfa Petrovna oyó las súplicas que su marido dirigía a Dúniechka en el jardín, y entendiendo las cosas al revés, echó las culpas a Dunia, creyendo que ella era la causa de aquello. Allí mismo, en el jardín, hubo una escena terrible. Marfa Petrovna llegó incluso a golpear a Dunia; no quiso escuchar nada, se pasó una hora entera gritando, y por fin ordenó que la acompañaran a mi casa en una simple carreta de campesinos, a la que arrojaron sus cosas, la ropa y los vestidos, de cualquier modo, en un montón. Empezó a llover a raudales, y Dunia, ofendida y vejada, tuvo que recorrer diecisiete verstas hasta la ciudad, en compañía de un mujik, en una carreta descubierta. Piensa ahora qué habría podido escribirte y de qué te habría podido hablar en respuesta a la carta que recibí hace dos meses. Yo estaba desesperada. No me atrevía a escribirte la verdad porque te hubieras sentido muy desgraciado, lleno de amargura e indignación. Además, ¿qué habrías podido hacer? Quién sabe si ello no hubiese servido para perderte a ti mismo. Por otra parte, Dúniechka me lo prohibió. Yo no podía llenar la carta de trivialidades cuando tenía tanta amargura en el alma. Durante un mes entero fuimos la comidilla de la ciudad y las cosas llegaron hasta el punto de que Dunia y yo no podíamos ir a la iglesia por culpa de las miradas despectivas y las murmuraciones; llegaron a hablar del suceso en voz alta delante de nosotras mismas. Nuestros conocidos nos volvieron la espalda y hasta nos negaron el saludo; me enteré de que algunos empleados de comercio y algunos oficinistas querían ultrajarnos villanamente embadurnando con pez la puerta de nuestra casa, por lo que los dueños empezaron a exigirnos que nos fuéramos del piso. De todo tuvo la culpa Marfa Petrovna, que se apresuró a recorrer las casas de la ciudad acusando y vilipendiando a Dunia. Marfa Petrovna conoce aquí a todo el mundo y durante un mes ha venido infinidad de veces; como que es algo charlatana, y le gusta hablar de sus asuntos familiares, y sobre todo quejarse de su marido al primero que encuentra, cosa muy reprochable, en poco tiempo extendió la historia, no ya por la ciudad, sino por todo el distrito. Caí enferma. Dúniechka era más fuerte que yo. ¡Si hubieras visto con qué entereza lo soportaba todo y de qué modo me consolaba y animaba! ¡Es un ángel! Pero la misericordia divina puso fin a nuestras torturas: el señor Svidrigáilov se arrepintió y confesó lo que había ocurrido; probablemente tuvo compasión de Dunia y presentó a Marfa Petrovna pruebas convincentes de su inocencia: una carta que Dunia había escrito antes de que Marfa Petrovna los encontrara en el jardín y que había hecho llegar al señor Svidrigáilov declinando las explicaciones personales y las citas secretas que él pedía con insistencia; la carta quedó en manos del señor Svidrigáilov cuando Dúniechka tuvo que abandonar la casa. En ella le reprochaba con la mayor vehemencia e indignación la falta de nobleza de su conducta respecto a Marfa Petrovna; le recordaba que era padre de familia; le decía, finalmente, que era una bajeza por parte suya, atormentar a una joven ya de por sí bastante desgraciada e indefensa. En una palabra, mi querido Rodia, la carta es tan noble y tan enternecedora, que lloré al leerla y todavía no puedo hacerlo sin que se me llenen de lágrimas los ojos. Hubo, por fin, a favor de Dunia el testimonio de los criados, que habían visto y sabían muchas más cosas de las que suponía el

propio señor Svidrigáilov, como suele ocurrir en tales casos. Marfa Petrovna quedó atónita y 'medio muerta otra vez', como nos confesó ella misma;
pero se convenció totalmente de la inocencia de Dúniechka y, al día siguiente, que era domingo, se fue directamente a la catedral, donde de rodillas y con los ojos llenos de lágrimas pidió a la Reina de los cielos que le
diera fuerzas para soportar aquella nueva prueba y cumplir con su deber.
Luego, al salir de la catedral, sin ir a ver a nadie, se encaminó a nuestra casa
y nos contó lo que había ocurrido llorando amargamente, abrazando a Dunia y suplicándole que la perdonara. Aquella misma mañana, sin perder
tiempo, se fue por todas las casas de la ciudad y en todas partes, bañada en
lágrimas y en los más lisonjeros términos, vindicó la inocencia de Dúniechka y se hizo lenguas de la nobleza de sentimientos y de la conducta de tu
hermana. Es más; a todo el mundo mostraba la carta escrita de puño y letra
de Dúniechka al señor Svidrigáilov, la leía en voz alta y hasta permitía que
sacaran copia (lo que ya me parece excesivo). Así, pues, tuvo que dedicar
varios días seguidos a visitar a toda la gente, ya que hubo quien se ofendía
de que se hubiera dado preferencia a otros, de suerte que se establecieron
turnos, y en cada casa se esperaba y se sabía que en tal día Marfa Petrovna
iría a leer en tal sitio la carta, y acudía gente, incluso quien ya había oído
varias veces por turno la lectura de la carta, en su casa y en las casas de sus
conocidos. Mi opinión es que muchas de esas cosas fueron superfluas,
muchas; pero así es el carácter de Marfa Petrovna. Por lo menos, ha restablecido por completo el honor de Dúniechka, y todo el oprobio ha caído de
modo inequívoco sobre el principal culpable, sobre el marido de Marfa
Petrovna, de modo que hasta siento compasión por él; han sido demasiado
severos con este insensato. Invitaron inmediatamente a Dunia a dar lecciones en varias casas, pero ella se negó a aceptarlas. Todos, en general, empezaron a tratarla con especial respeto y ello es, fundamentalmente, lo que ha
dado origen al inesperado acontecimiento que ahora va a cambiar, podemos decir, toda nuestra suerte. Has de saber, querido Rodia, que a Dunia le
ha salido un pretendiente y que ella le ha aceptado, lo cual me apresuro a
comunicarte. Y aunque se haya hecho sin tu consejo, probablemente no lo
reprocharás ni a mí ni a tu hermana, pues tú mismo comprenderás, por lo
que te contaré, que no había modo de esperar y aplazar la respuesta hasta
haber recibido carta suya. Además, sin estar aquí no habrías podido tener
en cuenta las circunstancias. Las cosas han ocurrido así. El pretendiente,
Piotr Petróvich Luzhin, es consejero de séptima categoría, y pariente lejano de Marfa Petrovna, lo cual ha contribuido mucho a que las cosas suce-
dieran como han sucedido. Empezó manifestando a través de Marfa

Petrovna que desearía trabar conocimiento con nosotras; le recibimos como se debe, tomó café, y al día siguiente nos escribió una carta en la que, con suma cortesía, hacía su proposición y rogaba se le contestara pronto y categóricamente. Es un hombre práctico y está muy ocupado; ahora tiene prisa en ir a Petersburgo, de modo que no puede perder un solo minuto. Claro que al principio nos quedamos como quien ve visiones, puesto que todo había ocurrido demasiado aprisa y sin que lo esperáramos. Nos pasamos el día examinando y sopesando la cuestión. Piotr Petróvich es un hombre que inspira confianza y de brillante porvenir, está empleado en dos sitios y dispone ya de cierto capital. Verdad es que ha cumplido ya cuarenta y cinco años, pero su aspecto es bastante agradable y aún puede gustar a las mujeres. Además, es un hombre sensato y formal, aunque quizá un poco taciturno y un algo altanero. Quizá sólo lo parezca a simple vista. Y te advierto, mi querido Rodia, que cuando lo veas en Petersburgo, lo cual será dentro de poco, no te apresures a juzgarle, ni lo hagas con la vehemencia que te es propia, si de momento encuentras en él algo que no te guste. Te lo digo por si acaso, aunque estoy convencida de que te causará una impresión agradable. Además, para conocer a una persona es necesario tratarla y juzgar de ella con circunspección, a fin de no caer en errores y prevenciones que luego resulta muy difícil corregir. Por lo que he observado, Piotr Petróvich es sumamente respetable. En su primera visita nos declaró que es un hombre positivo, pero que comparte, como dijo él mismo, no pocas de 'las ideas de las generaciones más jóvenes' y es enemigo de los prejuicios. Aún dijo muchas cosas, pues parece ser algo vanidoso y muy amigo de que le escuchen; pero esto casi no es un defecto. Naturalmente, no entendí gran cosa de lo que dijo. Dunia me ha explicado que es inteligente, aunque no muy culto, y, al parecer, bueno. Ya conoces a tu hermana, Rodia. Es animosa, sensata, paciente y magnánima, aunque impetuosa, según he podido observar. Claro es que ni ella ni él obran en este caso movidos por singular amor, pero Dunia, además de inteligente, es una criatura noble como un ángel, y se propone como un deber labrar la felicidad de su marido, si éste, a su vez, se preocupa de la felicidad de ella. Sobre este último punto no tenemos por ahora grandes motivos de duda, si bien es forzoso reconocer que todo ha ocurrido muy aprisa. Piotr Petróvich, un hombre tan prudente, se dará cuenta de que su felicidad conyugal será tanto mayor cuanto más dichosa sea Dunia a su lado. Algunas desigualdades de carácter, algunas viejas costumbres y cierto desacuerdo en las ideas (son cosas inevitables aun en los matrimonios más felices), no preocupan demasiado a Dunia. Me ha dicho que en este particular confía en sí misma, que no hay motivo alguno de inquietud y que es mucho lo que puede sobrellevar a condición de que sus relaciones sean correctas y justas. Por ejemplo, Piotr Petróvich se me antojó al principio algo brusco, lo cual puede deberse a su franqueza, y no hay duda de que es así. En su segunda visita, por ejemplo, ya aceptada su petición, nos dijo que, antes de conocer a Dunia, había decidido casarse con una joven honrada, sin dote y que hubiera sufrido verdaderas privaciones, pues, opina, el marido no ha de estar obligado en nada a su mujer, y es mucho mejor que la mujer considere al esposo como su bienhechor. Se expresó de modo bastante más suave y delicado de como lo hago yo al escribirte, pero he olvidado los términos en que se manifestó y no recuerdo más que la idea; además no habló con premeditación, ni mucho menos, sino que lo dijo sin querer, llevado por el calor de la conversación, y luego procuró corregir y atenuar sus palabras. Sin embargo, me pareció algo brusco, y así lo comenté luego con Dunia. Tu hermana me respondió algo enojada que 'las palabras todavía no son hechos', lo cual es justo, naturalmente. Antes de decidirse, Dunia pasó la noche despierta y, suponiendo que yo dormía, se levantó de la cama y estuvo horas enteras paseando de un extremo a otro de la habitación; por fin, se hincó de rodillas y rezó fervorosamente largo rato ante la imagen sagrada. Por la mañana me declaró que se había decidido.

Piotr Petróvich, repito, va ahora a Petersburgo, donde le reclaman asuntos de mucha importancia, y quiere abrir en la capital un bufete de abogado. Hace tiempo que interviene en pleitos y juicios, y recientemente ha ganado una causa importante. Otro motivo que le llama ahí es un asunto de mucho peso en el Senado. Así, pues, querido Rodia, Piotr Petróvich puede serte muy útil en todo. Dunia y yo hemos pensado que desde hoy podrás empezar tu carrera con seguridad y considerar tu porvenir claramente decidido. ¡Oh, si fuera así! Esto significaría una suerte tan grande, que habría que considerarla como un favor de la divina Providencia. Dunia no sueña más que en ello. Ya nos hemos atrevido a decir unas palabras a Piotr Petróvich sobre este particular. Se expresó con mucha circunspección y dijo que, como necesitará un secretario, era mejor naturalmente pagar los honorarios a un pariente que a un extraño, mientras fuera ese capaz de desempeñar el cargo (¡como si tú no fueses capaz de desempeñarlo!); aunque en seguida manifestó dudas de que las clases de la Universidad te dejen tiempo para trabajar en su despacho. Esta es la situación, pero Dunia no piensa en otra cosa. Desde hace varios días está bajo el efecto de la fiebre y hasta ha ideado un proyecto, convencida de que más adelante puedes ser compañero e incluso socio de Piotr Petróvich en el ejercicio de la abogacía, tanto más cuanto que tú estudias en la facultad de Derecho. Yo, querido Rodia, estoy completamente de acuerdo con ella y comparto sus planes y esperanzas, que considero plenamente realizables; y a pesar de la actual reserva, perfectamente explicable, de Piotr Petróvich (porque todavía no te conoce), Dunia está convencida de que logrará lo que se propone gracias al influjo bienhechor que ejercerá sobre su futuro marido. Lo cree a pies juntillas. Claro es que, hablando con Piotr Petróvich, hemos procurado no dejar traslucir estos sueños, sobre todo en lo de que tú llegues a ser su socio. Piotr Petróvich es un hombre muy positivo y es probable que lo hubiera tomado con reserva, pues le habría parecido que hablamos de simples quimeras. Ni Dunia ni yo le hemos dicho tampoco media palabra sobre nuestro deseo de que te ayude mientras estés en la Universidad; en primer lugar, porque luego todo se arreglará de la manera más natural del mundo y él mismo, probablemente, ofrecerá su ayuda económica no bien Dúniechka se lo indique (¿cómo podría negárselo?), tanto más cuanto que puedes convertirte en su mano derecha en el despacho y recibirías dicha ayuda no como un favor, sino como retribución merecida. Así quiere Dúniechka que sea, y yo estoy completamente de acuerdo con ella. No le hemos hablado, en segundo lugar, porque yo tengo especial empeño en que estés a buena altura durante la entrevista que ahora hemos de celebrar. Cuando Dunia le habló de ti con entusiasmo, respondió él que para juzgar a una persona debe examinarla uno personalmente y de cerca, y que espera conocerte para formarse de ti una opinión propia. ¿Sabes lo que me parece, mi querido Rodia? Por ciertas razones (de todos modos no se refieren de ningún modo a Piotr Petróvich, sino que se deben simplemente a algunas de mis manías de vieja), creo que, después del enlace, lo mejor será vivir aparte, como hasta ahora, y no con ellos. Tengo la certeza absoluta de que será tan noble y delicado, que me llamará a su casa y me propondrá no separarme más de mi hija; si hasta ahora no lo dijo, se debe a que eso se sobreentiende. Pero yo me negaré. Más de una vez he observado que las suegras no suelen ser muy del agrado de los maridos, y yo no quiero ser una carga para nadie; al contrario, quiero conservar por completo la libertad mientras no me falte un pedazo de pan y tenga dos hijos tan buenos como tú y Dúniechka. Si es posible, me trasladaré a vivir cerca de vosotros, pues, mi querido Rodia, he dejado para el fin de la carta lo más agradable: has de saber, hijo mío, que probablemente muy pronto volveremos a reunirnos y a abrazarnos, después de tres años de separación. Está decidido que Dunia y yo nos traslademos a Petersburgo, no sabría decirte cuándo, pero en cualquier caso pronto, muy pronto, quizá

dentro de una semana. Depende de las providencias que tome Piotr Petróvich, que no bien haya puesto en orden sus asuntos de Petersburgo, nos lo
comunicará. Por ciertas razones, Piotr Petróvich desea casarse cuanto antes, si es posible ahora, por Cuaresma, y si no puede ser por la brevedad del
plazo, inmediatamente después de Pascua. ¡Qué felicidad estrecharte otra
vez contra mi corazón! Dunia está emocionada, pensando en la alegría de
verte, y una vez me dijo bromeando que, aunque sólo fuera por eso, se
casaría con Piotr Petróvich. ¡Es un ángel! No añadirá nada a esta carta,
pero me manda escribirte que tiene tanto que hablar contigo, tanto, que no
le vale la pena tomar la pluma, pues en pocas líneas uno no puede contar
nada y se pone de mal humor; me dice también que te mande un fuerte
abrazo y un sinfín de besos. A pesar de que quizá muy pronto nos encontremos, dentro de unos días, te mandaré el dinero que pueda. Al saberse que
Dúniechka es la prometida de Piotr Petróvich, mi crédito ha subido de
repente, y sé a ciencia cierta que Afanasi Ivánovich me prestará a cuenta
de la pensión hasta setenta y cinco rublos, de modo que te enviaré unos
veinticinco o treinta. Te mandaría más si no fuera por nuestros gastos de
viaje; y aunque Piort Petróvich ha sido tan bondadoso que ha tomado a su
cargo parte de lo que nos costará el traslado a la capital, concretamente el
envío de nuestro bagaje (a través de unos conocidos suyos), hemos de pensar en la llegada a Petersburgo, donde no es posible presentarse sin un céntimo, por lo menos para los primeros días. Por otra parte, Dunia y yo hemos
calculado todo con exactitud, y resulta que el viaje no costará mucho. Desde aquí a la estación hay en total noventa verstas, y ya nos hemos puesto de
acuerdo con un mujik conocido nuestro para que nos lleve en su carro.
Dunia y yo viajaremos la mar de bien en tercera. Así, pues, tal vez te mande
no veinticinco rublos, sino treinta. Pero ya basta; he llenado dos pliegos de
papel por las dos caras y no me queda más espacio. Te he contado toda
nuestra historia; no eran pocos los acontecimientos que se habían acumulado. Ahora, entrañable Rodia mío, te abrazo hasta nuestro próximo encuentro y te envío mi bendición maternal. Quiere a tu hermana Dunia, Rodia;
quiérela tanto como ella te quiere a ti, y has de saber que te quiere infinitamente más que a sí misma. Es un ángel, y tú, Rodia, tú lo eres todo para
nosotras: eres nuestra esperanza y nuestro consuelo. Si eres feliz, lo seremos nosotras. ¿Rezas, hijo mío, como antes y crees en la bondad de nuestro
Creador y Redentor? En el fondo de mi corazón temo que también se haya
apoderado de ti la falta de fe que está de moda. Si es así, rezaré por ti. ¡Recuerda, hijo mío, que en tu infancia, en vida de tu padre, balbuceabas las
oraciones en mis piernas, y cuán felices éramos entonces todos! ¡Adiós, o

mejor dicho, hasta pronto! Te abrazo fuerte, muy fuerte, muy fuertemente, y te beso una infinidad de veces.

Tuya hasta la tumba,

Pulkeria Raskólnikova"

En cuanto empezó a leer la carta, las lágrimas rodaron casi sin cesar por su rostro. Cuando terminó la lectura, Raskólnikov estaba pálido, tenía el rostro convulso y en sus labios se dibujaba una sonrisa dura, biliosa y maligna. Recostó la cabeza en su mal rellena y sucia almohada y se quedó pensativo durante largo rato. El corazón le latía con fuerza y con fuerza se agitaban sus pensamientos. Por fin le faltó aire y espacio en aquel tugurio amarillento, parecido a un armario o a un baúl. Su vista y su mente reclamaban espacio. Tomó el sombrero y salió. No temía encontrarse con alguien en la escalera; se había olvidado de ello. Encaminó sus pasos hacia la isla de Vasíliev, pasando por la avenida de V., apresurándose como si le reclamara algún asunto urgente. Como era su costumbre, iba por la calle sin darse cuenta de nada, hablando consigo mismo entre dientes e incluso en voz alta, lo cual sorprendía en gran manera a los transeúntes. Muchos lo tomaban por borracho.

CAPÍTULO IV

Le había impresionado mucho la carta de su madre, pero, en cuanto al punto principal, no había tenido la menor vacilación. Desde el primer instante, antes de concluir la lectura de la carta, su resolución estaba ya tomada.

"Mientras yo exista, no se celebrará ese matrimonio. ¡Que el señor Luzhin se vaya al mismo diablo!".

"Es que el asunto está claro –murmuraba para sí, al mismo tiempo que sonreía con gran aire de victoria, y como si ésta fuera un hecho–. ¡No, mamá! No, no Dunia. No lograréis engañarme...! y se excusan por no haberme consultado y por decidir la cosa sin mí. ¡Cómo no! Piensan que en la actualidad no hay medios para romper la unión proyectada. ¡Veremos si los hay! ¡Vaya razón que alegan! Piotr Petrovich es un hombre tan ocupado que tiene que casarse a toda prisa. ¡No, Dunia! Lo comprendo todo, sé lo que deseabas comunicarme, sé lo que pensaste toda la noche, paseándote por la alcoba, sé lo que pediste a la santa imagen. La subida al monte Gólgota es bastante penosa... Así, todo lo han arreglado de manera definitiva. Tú, Avdokia Románovna[1], te casas con un hombre de negocios que ya tiene alguna fortuna, que sirve en dos lugares y que profesa, según dice mamá, las ideas propias de nuestras modernas generaciones. La misma

---

[1] Nombre completo y patronímico de Dunia.

Dúniechka observa que *parece* bueno. ¡Este *parece* es soberbio! Confiando en esta *apariencia* se casa Dunia con él... ¡Increíble...! ¡Increíble...!". Sería curioso saber por qué mamá me ha escrito lo de las 'generaciones más modernas'. ¿Simplemente para caracterizar al señor Luzhin, o con algún otro objetivo, como el de predisponer mi ánimo en su favor? ¡Qué listas! Me gustaría también aclarar otra circunstancia: ¿Hasta qué punto fueron las dos sinceras entre sí aquel día, aquella noche y los días sucesivos? ¿Dieron a sus *palabras* un sentido recto, o comprendieron que una y otra sentían y pensaban lo mismo, de suerte que nada tenían que expresar en voz alta y que era inútil hablar de ello? Probablemente, así fue en parte, como se ve por la carta: a mamá le pareció brusco, *un poco* brusco, y mi cándida mamá se puso a contar sus observaciones a Dunia. Naturalmente, Dunia se airó y 'respondió enojada'. ¡Cómo no! ¿Quién no se irrita cuando la cuestión está clara sin necesidad de preguntas cándidas, cuando está decidida y las palabras sobran? ¿Por qué me escribe: 'Quiere a Dunia, Rodia, que ella te quiere más que a sí misma'? ¿No será que le remuerde la conciencia por haber accedido a sacrificar la hija por el hijo? '¡Tú eres nuestro consuelo, tú lo eres todo para nosotras!' ¡Oh mamá...!".

Su irritación era cada vez más intensa. Si en aquel momento hubiera encontrado al señor Luzhin, habría sido capaz de matarle.

"¡Hum! Es verdad –continuó, siguiendo el torbellino de pensamientos que se le agitaban en la cabeza–, es verdad que 'para conocer a una persona es necesario estudiarla con calma y circunspección'; pero el señor Luzhin es diáfano. Ante todo 'es un hombre práctico y *parece* bueno'. ¡No es una broma encargarse del bagaje y pagar el transporte de un baúl grande! ¿Cómo no ha de ser buena persona? La novia y la madre contratarán a un mujik, un carro cubierto con arpillera (así viajé yo). ¡Qué importa! Total, el trayecto es de noventa verstas, y luego 'viajaremos la mar de bien en tercera clase', durante unas mil verstas. Hacen muy bien; no hay que estirar más el brazo que la manga; pero ¿qué le parece, señor Luzhin? Se trata de su novia... ¿Acaso ignora que la madre pide dinero prestado sobre su pensión para este viaje? Está claro; para usted se trata de una operación comercial en común, de una empresa a beneficio de las dos partes y con participaciones iguales; por tanto, los gastos corren por partes iguales. Cuanto más amigos, más claros, según dice el refrán. Pero en este caso el hombre práctico ha sabido también nadar y guardar la ropa: el transporte del equipaje cuesta menos que los billetes, y aun es posible que le salga gratis. ¿No lo ven ni la una ni la otra, o simulan que no se dan cuenta? ¡Dicen que están contentas, muy contentas! ¡Y pensar que esto sólo son las primeras florecillas, y que los verdaderos frutos vendrán después! Lo grave no es la avaricia; no es la tacañería lo importante, sino el *tono* que todo ello presenta. Así será el que siga al casamiento…, como si lo viera… ¿En qué piensa mamá? ¿Con qué se viene a Petersburgo? ¡Con tres rublos de plata o con dos 'billetitos' como dice aquélla… la viejuca… ¡Hum! ¿Con qué espera vivir después en la ciudad? Ya ha adivinado que después del casamiento *le será imposible* vivir con Dunia, incluso al principio. Ese simpático hombre sin duda se dio maña para dar a entender lo que piensa, aunque mamá afirma que es ella la que se niega. ¿De qué piensa vivir? ¿De los ciento veinte rublos de pensión, menos el descuento de lo que deba a Afanasi Ivánovich? Se fatiga los ojos tejiendo toquillas y bordando puños, pero con ello no añade más allá de veinte rublos al año a los ciento veinte. Eso significa que, a pesar de todo, confían en los nobles sentimientos del señor Luzhin: 'Ofrecerá su ayuda', piensa; 'me rogará que la acepte'. ¡Fíate y no corras! Siempre ocurre lo mismo con las magníficas almas schillerianas: hasta el último momento adornan a las personas con plumas de pavo real, hasta el último instante confían en los buenos sentimientos y no quieren ver lo malo; aunque intuyan el reverso de la medalla, por nada del mundo se permiten reconocerlo. El simple hecho de pensar en lo malo, les repugna; cierran los ojos a la verdad hasta que el hombre idealizado les rompe las narices con las propias manos. ¡A saber si Luzhin ha sido condecorado ya con alguna orden! Apostaría cualquier cosa a que no le falta la Orden de Santa Ana en el ojal y que la luce en los banquetes con aparejadores y mercaderes. ¡Seguramente se la pondrá también para la boda! Bueno, ¡que el diablo se lo lleve…!

Mamá, a quien Dios bendiga, es así; pero ¿qué piensa Dunia? ¡Dúniechka, mi querida Dúniechka, te conozco bien! Habías cumplido diecinueve años cuando nos vimos por última vez; entonces comprendí tu carácter. Mamá escribe que 'es mucho lo que Dúniechka puede sobrellevar'. Lo sabía. Hace dos años y medio que lo sé, hace dos años y medio que no pienso en otra cosa más que en lo mucho que 'Dúniechka puede sobrellevar'. En verdad que no le falta aguante si soportó al señor Svidrigáilov con todas las consecuencias. Y ahora ella y mamá se han imaginado que podrán soportar al señor Luzhin, quien sostiene la teoría de que son preferibles las esposas tomadas de la miseria y que todo lo deban a los maridos, y la expresa poco menos que en la primera entrevista. Admitamos que se le 'haya escapado' el decirlo, aunque es un hombre calculador (de modo que quizá no se le escapó, sino que quería precisamente exponer su criterio cuanto antes). Pero ¿qué dice Dunia? No se engaña en lo que se refiere a la manera de ser de este individuo y, sin embargo, ¿se dispone a vivir con él? Si no vendería el alma, aunque estuviera condenada a pan negro y agua, ni renunciaría a su libertad moral por ninguna comodidad del mundo, ni por todo el Schleswig-Holstein la cedería, ¿cómo va a hacerlo por un señor Luzhin? No, la Dunia que yo conocí no era así, y… claro que no ha cambiado. ¡Estoy seguro! ¡Los Svidrigáilov eran duros! Es duro pasarse la vida de provincia en provincia trabajando de institutriz por doscientos rublos al año, pero me consta que mi hermana iría a trabajar a una plantación entre los negros, o entre los lituanos en la finca de un alemán del Báltico, antes que envilecer su espíritu y su sentido moral casándose con un hombre a quien no estima y con quien no tiene nada de común, ligándose con él para siempre, movida sólo por el interés personal. Aunque el señor Luzhin fuese de oro puro, o de diamante, no estaría dispuesta a convertirse en su concubina legal. ¿Por qué, pues, accede? ¿Qué significa eso? ¿Cómo explicar el enigma? La cosa está clara; para sí, para su comodidad, no se vendería, ni para salvarse de la muerte; pero se vende para otro, ¡esa es la cuestión! ¡Se vende por un ser querido, divinizado! He aquí la clave del enigma. Se vende por el hermano, por la madre. ¡Lo vende todo! ¡Oh! En casos semejantes ahogamos nuestro sentido moral. Llevamos al Rastro la libertad, el sosiego, hasta la conciencia, todo. ¡Que se hunda nuestra vida! Nos basta que los seres queridos sean felices; es más, inventamos una casuística propia, y llegamos hasta a tranquilizarnos, nos convencemos de que ha de ser así, de que es realmente necesario que sea así, en aras de un noble fin. Somos así; todo está claro como la luz del sol. Es evidente que Rodión Románovich Raskólnikov entra aquí en juego y figura en primer plano. ¿Cómo no? Hay que labrar su dicha, pagarle los estudios en la Universidad, convertirlo en socio, asegurar su porvenir; luego, será rico, sin duda, será honrado, respetado, y, ¿quién sabe? puede que termine la vida siendo famoso. ¿Y la madre? No ve más que a Rodia, a su entrañable Rodia, a su primogénito. ¡Cómo no sacrificar por un primogénito semejante a una hija, aunque sea Dunia! ¡Oh, corazones adorables e injustos! Pues ¿qué? No retrocedemos ni ante el destino de Sonia. ¡Sóniechka, Sóniechka Marmeládov, la eterna Sóniechka, que no desaparecerá mientras el mundo sea mundo! El sacrificio… ¿Habéis examinado bien las dos el sacrificio? ¿Sí? ¿Podréis soportarlo? ¿Vale la pena hacerlo? ¿Es razonable? ¿Sabes, Dúniechka, que el destino de Sóniechka no es peor que vivir con el señor Luzhin? 'Aquí no puede haber amor', escribe mamá. ¿Qué pasa si, el amor aparte, no hay tampoco respeto, y sí repugnancia, desprecio y aversión? Resulta entonces que otra vez será necesario '*mantener el aseo*'. ¿No es así? ¿Comprendéis vosotras, comprendéis, comprendéis, o no, lo que ese aseo significa? ¿Comprendéis que ese aseo de Luzhin es exactamente igual al de Sóniechka, y aun quizá peor, más abyecto y vil, porque en tu caso, Dúniechka, se trata de alcanzar algo más de comodidad, mientras que para Sonia la cuestión está en luchar contra la muerte por hambre? '¡Cuesta caro, cuesta caro, Dúniechka, ese aseo!'. Y si luego os faltan fuerzas, ¿os arrepentiréis? ¡Cuántos serán los sufrimientos, cuánto el dolor, cuántas las maldiciones y las lágrimas escondidas del mundo, pues vosotras no sois como Marfa Petrovna! ¿Qué será entonces de nuestra madre? Ahora está intranquila y se atormenta. ¿Qué pasará cuando vea todo como es? ¿Y qué será de mí…? Pero ¿qué es lo que en realidad habéis pensado de mí? ¡Yo no quiero tu sacrificio, Dúniechka; no lo quiero, mamá! ¡Eso no sucederá mientras yo viva, no sucederá, no sucederá! ¡No lo admito!".

De pronto volvió en sí y se detuvo.

"¿No sucederá? Pero ¿qué harás para evitarlo? ¿Prohibirlo? ¿Con qué derecho? ¿Qué puedes prometerles para tener ese derecho? ¿Consagrarles tu vida y tu futuro *cuando termines los estudios y obtengas una colocación*? No es la primera vez que se habla de eso, pero son pamemas del mañana. ¿Y ahora? Se trata de hacer algo ahora mismo, ¿entiendes? ¿Qué haces tú ahora mismo? Las estás desvalijando. El dinero para ti lo han obtenido pidiendo anticipos sobre una pensión de cien rublos y un préstamo a los señores Svidrigáilov. ¿De qué modo las pondrás a salvo de los Svidrigáilov, de los Afanasi Ivánovich Vajrushin, tú, futuro millonario, Zeus que pretendes disponer de su suerte? ¿Que podrás hacerlo dentro de unos diez años? Pero en diez años le sobra tiempo a la madre para quedarse ciega haciendo toquillas, y quién sabe si ciega por las lágrimas; el hambre la consumirá. ¿Y la hermana? Piensa un poco, ¿qué puede ocurrirle a tu hermana dentro de diez años o durante estos diez años? ¿Lo adivinas?".

Sentía hasta cierto placer atormentándose, hiriéndose el alma con semejantes preguntas. Por lo demás, no se trataba de cuestiones nuevas y repentinas, sino que eran viejas, remotas, y exigían una solución perentoria. Hacía mucho que habían comenzado a torturarle y le desgarraban el corazón. Hacía mucho tiempo que había germinado en él la angustia que ahora le consumía y que había ido aumentando, acumulándose, hasta que por último había madurado y se había concentrado en forma de problema espantoso, bárbaro y fantástico, que le carcomía el alma y la mente, y exigía de modo imperioso una solución. La carta de su madre acababa de fulminarle como un rayo. Estaba claro; lo que hacía falta en aquellos momentos no era afligirse, ni sufrir pasivamente, pensando que los problemas eran insolubles, sino hacer algo cuanto antes, inmediatamente. Costara lo que costara, debía decidirse a hacer lo que fuese; o bien…

–¡O bien renunciar por completo a la vida –exclamó de pronto, frenético–, aceptar sumisamente el destino tal como es, de una vez para siempre, ahogarlo todo en mí, renunciando al derecho de obrar, de vivir y de amar!

De pronto recordó las palabras que le había dicho Marmeládov el día anterior: "¿Comprende, comprende usted, señor mío, lo que significa no tener ya adónde ir? Pues es necesario que toda persona pueda acudir a un sitio u otro…".

Se estremeció. Una idea tenida la víspera apareció de nuevo en su mente. Mas no le estremeció su reaparición. Sabía, *presentía*; que la idea "volvería" y hasta la esperaba; ni siquiera era del día anterior. La diferencia estaba en que un mes antes, e incluso el día anterior, la idea no era más que un sueño, mientras que en aquel momento… En aquel momento se presentó de repente no como un sueño, sino con un aspecto nuevo, amenazador, completamente desconocido para él, y de pronto Raskólnikov se dio cuenta de la diferencia… Sintió como un mazazo en la cabeza y se le enturbió la vista.

Miró apresuradamente en torno suyo buscando algo. Quería sentarse y buscaba un banco. Entonces pasaba por la avenida de K. Divisó un banco a unos cien pasos de él. Aceleró la marcha cuanto pudo, pero, mientras se acercaba, sucedió algo que absorbió por completo su atención durante varios minutos.

Distinguió a una mujer a unos veinte pasos de distancia. De momento, no se fijó en ella, como no había reparado hasta entonces en los objetos que encontraba al paso. Muchas veces le había ocurrido, por ejemplo, regresar a su casa y no recordar en absoluto el camino que había seguido; estaba acostumbrado a caminar de aquel modo. Pero en la mujer que le precedía había algo raro que llamaba la atención a la primera mirada, de suerte que Raskólnikov atendió a ella al principio de mala gana y como lamentándolo, y luego con creciente interés. Repentinamente sintió deseos de comprender qué la singularizaba. Debía ser muy joven, y a pesar del extremado calor iba con la cabeza descubierta, sin sombrilla y sin guantes, moviendo los brazos de manera ridícula. Llevaba un leve vestidito de seda, puesto de manera muy extravagante, apenas abrochado y desgarrado por la espalda, junto a la cintura y en el comienzo mismo de la falda. Le colgaba un jirón que oscilaba. Llevaba al cuello un pañuelito mal puesto, torcido a un lado. Caminaba con paso ligero, tropezando y hasta tambaleándose. Acabó por atraer la atención de Raskólnikov, quien la alcanzó, al pie del banco. La joven se dejó caer en un extremo, recostó la cabeza en el respaldo y cerró los ojos, por lo visto extenuada. Raskólnikov comprendió que estaba completamente borracha. Resultaba extraño y doloroso presenciar aquel espectáculo. Raskólnikov llegó a pensar si no se equivocaría. Veía ante sí la carita de una muchacha que tendría unos dieciséis años, o quizá quince. Era el suyo un rostro pequeño, coronado de rubios cabellos, hermosos, pero enrojecido y como algo hinchado. La muchacha, al parecer, casi no se daba cuenta de nada; puso una pierna sobre otra, dejando al descubierto mucho más de lo que correspondía; todo inducía a pensar que no tenía conciencia de hallarse en calle.

Raskólnikov ni se sentaba ni quería irse; permaneció ante ella desconcertado. Era más de la una de la tarde, y a esa hora, en un día de tanto calor, aquella avenida, en general poco concurrida, estaba casi desierta. Sin embargo, se detuvo un señor que, por lo visto, deseaba acercarse a la muchacha con ciertas intenciones. Probablemente la había visto también de lejos y quiso darle alcance, pero Raskólnikov le estorbó. Aquel hombre le lanzaba miradas de ira, si bien procuraba que Raskólnikov no se diera cuenta de ello, y esperaba impaciente que le llegara el turno cuando el inoportuno harapiento se fuera. La cosa estaba clara. El individuo frisaría en los treinta años; era macizo, seboso, rojo de cara, de labios sonrosados y finos bigotes; iba elegantemente vestido. Raskólnikov se puso furioso; de pronto sintió deseos de insultar a aquel gordo presumido. Dejó por un momento a la joven y se acercó al caballero.

–¡Oiga, Svidrigáilov! ¿Qué se le ha perdido a usted por aquí? –gritó, apretando los puños y entreabriendo con una risa sardónica los labios, que la ira cubría de espuma.

–¿Qué significa esto? –preguntó el caballero, frunciendo el ceño, altanero y sorprendido.

–¡Pues que se largue de aquí, ni más ni menos!

–¿Cómo te atreves, canalla…?

Levantó el bastón. Raskólnikov se arrojó contra él, con los puños cerrados, sin calcular siquiera que aquel macizo individuo habría podido mantener a raya hasta a dos adversarios como él. En aquel mismo instante, empero, alguien le agarró por el hombro y entre ellos se interpuso un guardia municipal.

–Basta, señores, hagan el favor de no pelearse en la vía pública. ¿Qué quiere? ¿Quién es usted? –interrogó con dureza a Raskólnikov, al verle tan derrotado.

Raskólnikov le miró con atención. El guardia, de bigotes y patillas blancas e inteligente mirada, tenía cara de soldado bueno.

–Llega usted a tiempo –gritó aquél, agarrándole del brazo–. Soy un ex–estudiante, me llamo Raskólnikov– Puede usted tomar nota –añadió, dirigiéndose al señor–. Pero usted venga conmigo, que voy a enseñarle algo…

Llevó el guardia hacia el banco, sin soltarle el brazo.

–Mire, está completamente borracha. Hace un momento caminaba por la avenida. Vaya usted a saber qué clase de muchacha es, mas no parece una profesional. Lo más probable es que la hayan emborrachado en alguna parte y la hayan engañado…, por primera vez, ¿comprende? Luego la han arrojado a la calle. Fíjese. Tiene el vestido roto. ¡Cómo lo lleva! No se ha vestido ella misma; la han vestido otras personas, manos poco hábiles, manos de hombre. Se nota. Ahora mire a ese presumido con quien iba a pelearme. No sé quién es, le veo por vez primera; también la ha visto caminar por el paseo y ha notado que está borracha. Está deseando acercarse y llevarla a algún sitio aprovechándose de su estado… Es así, créame; no me equivoco. He visto con mis ojos cómo la observaba y la seguía, pero he desbaratado sus proyectos. Ahora está esperando a que me marche. Mírelo; se ha apartado un poco y se ha parado como para liar un cigarrillo. ¿Qué podemos hacer para que no caiga en sus manos? Deberíamos conducirla a su casa. ¿Qué dice usted?

El guardia municipal se hizo cargo en seguida de la situación. En cuanto al señor gordo, estaba claro; quedaba la muchacha. El guardia se inclinó para verla mejor y en su cara se reflejó una sincera compasión.

–¡Ah! ¡Qué pena, qué pena! –dijo moviendo la cabeza–. ¡Pero si casi es una niña! La han engañado, seguro. Oiga, señorita –empezó a decir–, ¿dónde vive usted?

La muchacha abrió los cansados y soñolientos ojos, miró inexpresivamente a los que la estaban interrogando e hizo como si los apartara de sí con un ademán.

–Oiga, tome –dijo Raskólnikov, rebuscando en el bolsillo, y sacó veinte kopeks; aún los tenía–. Tome, alquile un coche y llévela a su casa. Pero nos hace falta saber la dirección.

–¡Señorita! ¡Eh, señorita! –gritó el guardia después de haber tomado el dinero–. Ahora mismo llamo a un cochero y la llevo a su casa. ¿Adónde he de conducirla? ¿Dónde vive usted?

–¡Fuera…! Dejadme en paz… –balbuceó la muchacha, repitiendo el ademán.

¡Ay, ay! ¡Qué mal está eso! ¡Ay, qué vergüenza, señorita! ¡Qué vergüenza! –Volvió a menear la cabeza, recriminador, compasivo e indignado–. ¡Vaya lío! –exclamó, dirigiéndose a Raskólnikov, a la vez que volvía a examinarlo de pies a cabeza.

Le parecía raro, sin duda. Un hombre tan astroso repartiendo dinero.

–¿La ha encontrado lejos de aquí? –quiso saber.

–Ya le he dicho que iba delante de mí por el paseo, tambaleándose. Al llegar al banco se ha dejado caer en él.

–¡Qué cosas más vergonzosas ocurren ahora en el mundo, Dios mío! ¡Una mocosa, y ya anda borracha! La han engañado, está claro. Mire cómo lleva el vestido… ¡A qué relajamiento hemos llegado! Quizá sea de buena familia venida a menos… Ahora es frecuente. Por su aspecto parece una muchachita delicada, una señorita…

Y volvió a inclinarse hacia ella. Tal vez tenía hijas semejantes, "como señoritas, delicadas", educadas en buenas maneras y aficionadas a las novedades…

–Lo importante –añadió Raskólnikov– es evitar que caiga en manos de ese miserable. ¿Por qué tiene que hacer aún escarnio de ella? ¡Está a la vista lo que quiere! ¡No se va, el miserable!

Raskólnikov hablaba en voz alta, señalando al caballero, quien le oía y estuvo a punto de irritarse otra vez; pero se contuvo. Se limitó a lanzarle una mirada despectiva, se apartó unos diez pasos más y se detuvo nuevamente.

–Es posible evitarlo –respondió el guardia, pensativo–. ¡Si ella nos dijera adónde hay que llevarla! Si no… ¡Señorita! ¡Eh, señorita! –repitió, inclinándose otra vez.

Por fin la muchacha abrió completamente los ojos. Miró atenta, como si comprendiera algo, se levantó del banco y se puso a andar en sentido contrario al que antes había seguido.

–¡Uf! ¡Sinvergüenzas! ¡No me dejan en paz! –dijo, moviendo una vez más la mano como para apartar a alguien.

Caminaba aprisa, pero tambaleándose, como antes. El presumido la siguió desde el otro lado del paseo, sin perderla de vista.

–No se preocupe, no permitiré que se haga con ella –dijo firmemente el guardia, y partió tras ellos, suspirando–. ¡A qué relajamiento hemos llegado!

En aquel instante, Raskólnikov creyó que se le clavaba un aguijón; fue como si de repente se le revolvieran las entrañas.

–¡Oiga! –gritó al guardia de grandes bigotes.

Éste se volvió.

–¡Déjelo! ¿Qué más da? ¡No se preocupe! Que se divierta –dijo, señalando al petrimetre–. ¿A usted qué más le da?

El guardia no comprendió sus palabras y se quedó como quien ve visiones. Raskólnikov se rió.

–¡Ay, ay! –balbuceó el guardia municipal.

Después de mover el brazo en un gesto de resignación, se fue tras el elegante y la muchacha, probablemente tomando a Raskólnikov por loco o por algo peor aún.

"Se me ha llevado los veinte kopeks –pensó Raskólnikov, irritado, al quedarse solo–. Bueno; del otro también sacará algo y dejará que se lleve a la muchacha. Así terminará el asunto… ¿Y a santo de qué me he metido a redentor? ¿Quién soy para ayudar a los demás? ¿Tengo derecho a hacerlo? Que se coman vivos entre sí, si quieren; ¿a mí qué me importa? ¿Cómo me he permitido dar los veinte kopeks? ¿Eran míos acaso?".

A pesar de estas extrañas ideas, la congoja se apoderó de él. Se sentó en el desierto banco. No podía concentrar los pensamientos… En aquel momento le era difícil pensar en algo. Habría deseado sumirse en un profundo sueño, olvidarlo todo, luego despertarse y empezar una vida completamente nueva…

–¡Pobre muchacha! –dijo, mirando el extremo abandonado del banco–. Volverá en sí, llorará, se enterará su madre… Primero le dará unas bofetadas, luego le pegará con el látigo para que sea más doloroso y humillante. Quizá la arroje de su casa. Y, aunque no la eche, las Daria Fránzovna estarán al acecho y la pobre chica rodará de un lado a otro… Después el hospital, muy pronto (como ocurre siempre a las que se ven obligadas a hacer de las suyas a escondidas y viven con gran recato al lado de sus madres), luego…, luego otra vez el hospital, la bebida, las tabernas, de nuevo el hospital, y, a los dos o tres años, será una inválida, sin contar más allá de diecinueve o quizá dieciocho años en total… ¿No he visto otras así? Así empezaron todas… ¡Bah! Bueno, ¿y qué? Dicen que ha de ser así. Un tanto por ciento, dicen, ha de salir todos los años, ha de irse al diablo, es de suponer que para dulcificar y sosegar a los demás. ¡Un tanto por ciento! Palabritas encantadoras, ¿verdad? Tan apaciguadoras, científicas… Se dice "un tanto por ciento", y no hay por qué inquietarse. Si se emplearan otras palabras, entonces quizá habría motivos para preocuparse. ¿Qué pasa si Dúniechka entra de uno u otro modo en este tanto por ciento? Si no en este, en otro semejante…

"Pero ¿adónde iba? –pensó de pronto–. ¡Es extraño! He salido por algún motivo. He salido al terminar la lectura de la carta… ¡Ah, sí! Recuerdo. Iba a la isla de Vasíliev a ver a Razumijin. Bueno, pero ¿por qué? ¿Por qué se me ha ocurrido de pronto la idea de ir a ver a Razumijin? Es extraordinario".

Estaba asombrado de sí mismo. Razumijin era uno de sus excondiscípulos. Lo sorprendente era que cuando Raskólnikov frecuentaba la Universidad casi no tenía ningún camarada, eludía el trato de sus compañeros, no visitaba a nadie, y si a alguno recibía en su casa, era contra su propia voluntad. Por lo demás, todos le volvieron pronto la espalda. No participaba en las reuniones, ni en las pláticas, ni en los esparcimientos, ni en nada. Estudiaba con ardor, sin regatear esfuerzo, por lo que le respetaban, aunque nadie le quería. Era muy pobre y poco comunicativo, y tenía cierto aire de altanero orgullo, como si ocultara algún secreto. Sus condiscípulos imaginaban que él los miraba de arriba abajo, como si fuesen niños, como si se hubiera adelantado a los demás tanto por su desarrollo como por su saber y sus convicciones, y tuviera por inferiores las convicciones y los intereses de los demás.

Sin embargo, llegó a trabar amistad con Razumijin; mejor dicho, no es que fueran amigos, sino que, sin saber por qué, con él se mostraba más comunicativo, más abierto. Verdad es que con Razumijin no cabían otras relaciones. Era un joven alegre como pocos, comunicativo y bueno hasta parecer cándido. Su sencillez encubría una naturaleza profunda y digna. Así lo comprendían sus mejores camaradas y le querían. No tenía un pelo de tonto, si bien a veces, en verdad, resultaba un poco simple. Su aspecto llamaba la atención. Era alto, cenceño, de pelo negro e iba siempre mal afeitado. A veces le gustaba armar camorra y tenía fama de hercúleo. Una noche, hallándose con un grupo de amigos, derribó de un puñetazo a un guardia que medía casi diez palmos de altura. Era capaz de beber sin tasa, pero podía asimismo no probar una gota de alcohol; en ocasiones llevaba sus bromas hasta más allá de lo tolerable, pero asimismo podía prescindir totalmente de ellas. Razumijin era extraordinario, además, porque no había fracaso que hiciera mella en su ánimo, ni circunstancia, por desagradable que fuera, que al parecer le deprimiese. Podía cobijarse hasta en el tejado, soportar un hambre canina e incluso el frío más riguroso.

Era muy pobre; subvenía a sus necesidades dedicándose a toda clase de trabajos. Conocía un sinfín de lugares donde ganar unos kopeks. En cierta ocasión se pasó el invierno sin calentar su cuarto y afirmaba que ello era hasta agradable, pues con la habitación fría se dormía mejor. Entonces se había visto obligado a abandonar la Universidad, pero por poco tiempo, y aplicaba sus fuerzas a hacer frente a las circunstancias, a fin de poder continuar los estudios. Hacía unos cuatro meses que Raskólnikov no le había visitado y Razumijin no sabía siquiera dónde vivía su compañero. Una vez, haría cosa de dos meses, se habían encontrado en la calle, mas Raskólnikov volvió la cabeza e incluso cambió de acera para que su amigo no se fijara en él. Razumijin lo notó, aunque pasó de largo sin decirle nada, porque no quería incomodar a su *amigo*.

CAPÍTULO V

Así es, "no hace mucho tiempo que me proponía ir a casa de Razumijin; quería rogarle que me procurase algunas lecciones o un trabajo cualquiera –decíase Raskólnikov–. Pero, ahora ¿en qué puede serme útil? Suponiendo que me procure lecciones; suponiendo que de tener algunos kopeks, sea capaz de compartirlos conmigo, de darme lo preciso para comprar las botas y el traje propios de un profesor... ¡Humm...! Bueno, ¿y qué? ¿Qué haré yo con algunos céntimos? ¿Es eso lo que ahora necesito? En verdad, es necio ir a casa de Razumijin…".

Le atormentaba muchísimo la preocupación de saber por qué en aquel momento iba a casa de su amigo; ansiosamente buscaba algún sentido, siniestro para él, en semejante determinación, aparentemente la más sencilla del mundo.

¿Será que por mi apuro, deposité toda mi confianza en Razumijin? ¿Será que en verdad espero en él mi salvación? Se preguntaba como con extrañeza.

Reflexionaba, frotábase la frente, y, de pronto, después de mucho tiempo de torturarse, una idea extravagante brotó súbitamente en su cerebro.

–Iré a ver a Razumijin, claro –balbuceó totalmente sosegado, como si se tratara de una decisión firme–; iré a verle, pero no ahora... *Iré* a verle al día siguiente de *eso*, cuando *eso* haya terminado y vaya todo por nuevos caminos.

De pronto volvió en sí.

—Después de *eso* —gritó, levantándose bruscamente del banco—; pero ¿será, *eso*? ¿Pasará realmente?

Se apartó del banco y echó a andar aprisa, casi corriendo. Habría deseado volver a su casa; mas el pensamiento de hacerlo le produjo una terrible repugnancia, porque allí, en aquel rincón, en aquel horrible tugurio, había madurado *aquello* hacía más de un mes. Se puso a caminar a la buena de Dios, sin rumbo fijo.

El temblor nervioso que se había apoderado de él se hizo febril. A pesar del mucho calor de la hora, Raskólnikov llegó a sentir escalofríos. Casi inconscientemente, y como haciendo un gran esfuerzo, impelido por una especie de necesidad interior, comenzó a fijarse en los objetos que encontraba a su paso, como buscando distracción. Pero no lo lograba, y a cada instante recaía en su desvarío. Cuando, estremeciéndose, volvía a levantar la cabeza y miraba a su alrededor, se olvidaba en seguida de lo que estaba pensando e incluso del lugar por donde acababa de pasar. Así cruzó toda la isla de Vasíliev, salió al Pequeño Nevá, fue por el puente y regresó a la isla. Al principio, los verdes macizos y el aire fresco resultaron como una caricia para sus cansados ojos, habituados al polvo de la ciudad, a la cal y a las enormes cosas que cohíben y agobian. Allí el aire no era pesado, ni maloliente, y no había tabernas. Pronto las nuevas y agradables sensaciones se hicieron morbosas e irritantes. Raskólnikov se detenía ante alguna casita rodeada de verdor, miraba por la cerca y, a lo lejos, veía mujeres elegantemente vestidas en balcones y terrazas, o niños correteando por el jardín. Le atraían especialmente las flores; eran lo que contemplaba más tiempo. Se cruzaba con lujosos coches, jinetes y amazonas; los seguía con mirada curiosa y se olvidaba de ellos antes de que desaparecieran de su vista. Una vez se detuvo y contó el dinero que le quedaba: tenía cerca de treinta kopeks. "Veinte al guardia, tres a Nastasia por la carta... Resulta, pues, que a los Marmeládov les di ayer unos cuarenta y siete o cincuenta kopeks" pensó; no tardó en olvidarse incluso de lo que le había inducido a sacar el dinero. Se acordó de ello al pasar por delante de una casa de comidas, una especie de tabernucho, y notar que tenía hambre. Entró, bebió una copita de vodka y tomó una empanadilla rellena no sabía de qué. Terminó de comerla después de reemprender el camino. Hacía mucho tiempo que no había bebido vodka, y en seguida le hizo efecto, a pesar de haber tomado una sola copita. Notó una pesadez en las piernas y la fuerte llamada del sueño. Se dirigió a su casa; pero, al llegar a la isla de Petrov, se detuvo extenuado, se apartó del camino, se metió entre unos arbustos, se tumbó sobre la hierba y al instante quedó dormido.

Cuando uno no está bien, los sueños se caracterizan a menudo por su extraordinario detalle, su transparencia y su singular parecido con la realidad. A veces el cuadro resulta monstruoso, pero las circunstancias y el proceso de la presentación suelen ser tan verosímiles y se presentan con pormenores tan sutiles e inesperados, tan en armonía, desde el punto de vista artístico, con el conjunto, que, en estado de vigilia, la persona que sueña, aunque se tratara de un artista como Pushkin o Turguéniev, sería incapaz de imaginarlos. Tales sueños enfermizos se recuerdan durante mucho tiempo y dejan una profunda huella en el organismo desquiciado y excitado del hombre.

Raskólnikov tuvo un sueño espantoso. Soñó que era niño y que vivía aún con su familia en la localidad donde nació. Tenía unos siete años. Se paseaba con su padre por los alrededores de la pequeña ciudad al atardecer de un día de fiesta. El ambiente era gris, el aire sofocante, el lugar exactamente igual a como lo recordaba; en su memoria aparecía incluso más borroso que en el sueño. La población se levantaba ante ellos totalmente desnuda, como en la palma de la mano, sin un árbol en torno; en la lejanía, junto a la línea misma del cielo, se veía la mancha oscura de un bosquecillo. A pocos pasos del último huerto, había una taberna, una taberna grande, que le producía siempre una impresión desagradable e incluso le daba miedo cuando paseaba por allí con su padre. Estaba constantemente llena; la gente gritaba, reía a carcajadas, juraba y cantaba con voces roncas y destempladas, y muy a menudo se peleaba. En los alrededores vagaban borrachos de cara espantosa. Al verlos, el niño se apretujaba contra su padre, temblando de pies a cabeza. Cerca de la taberna, el camino vecinal estaba cubierto de negro polvo. Continuaba luego serpenteando, y a unos trescientos pasos de distancia torcía a la derecha para circundar el cementerio de la localidad. En el centro del cementerio había una iglesia de piedra, de cúpula verde; allí iba el niño con sus padres unas dos veces al año a oír la misa de difuntos en sufragio del alma de su abuela, muerta hacía mucho tiempo, a la que no había visto nunca. En aquellas ocasiones llevaba un pastel en un plato blanco, envuelto con una servilleta: era de arroz y azúcar, con unas pasas dispuestas en forma de cruz. El pequeño sentía cariño por aquella iglesia y sus viejos íconos, casi todos sin aplicaciones metálicas, y por el viejo sacerdote de temblorosa cabeza. Junto a la tumba de la abuela, cubierta con una losa, había la de su hermano, muerto cuando tenía seis meses, al que Raskólnikov tampoco había conocido ni, por tanto, recordaba; le habían dicho que había tenido un hermanito y, cada vez que visitaba el cementerio, se persignaba piadosamente ante la peque-ña tumba, se inclinaba y la besaba. Y he aquí lo que soñó Raskólnikov: pasa con su padre, camino del cementerio, por delante de la taberna; va asido de la mano del padre y mira con mucho miedo. Una circunstancia especial le llama la atención: parece que se está celebrando una fiesta; hay una muche-dumbre de mujeres endomingadas, menestrales y campesinas, acompaña-das de sus maridos, y gente de baja estofa. Todos están borrachos. Frente a la puerta de la taberna, se encuentra un vehículo muy extraño. Es uno de esos carros grandes a los que enganchan poderosos caballos de tiro para transportar mercancías y barriles de vino. Al niño siempre le ha gustado contemplar los enormes percherones de largas crines y recias patas, que caminan pausadamente, con paso igual, arrastrando una montaña de fardos sin dar señales de fatiga, como si les resultara más fácil caminar con la carga que sin ella. Pero cosa rara, a uno de esos enormes carros se ha enganchado esta vez un pequeño matalón roano, flaco, uno de esos rocines que –él lo ha visto– sacan fuerzas de flaqueza para arrastrar ingentes cargas de leña o de heno, sobre todo cuando el carro se atasca en el barro o en una rodada, y los mujiks los golpean con sus látigos cruelmente, muy dolorosamente, en el hocico y los ojos, y al niño le da tanta pena verlo, tanta, que poco le falta para romper a llorar, y mamá suele apartarlo de la ventana. De repente se produce un gran alboroto: salen de la taberna, gritando, cantando y tocando la balalaica, unos mujiks fornidos, borrachos como cubas, con camisas ro-jas y azules, y llevando en hombros sus chaquetones de grueso paño.

–¡Subid todos, subid! –grita uno, todavía joven, de macizo cuello, mo-fletudo y rojo como una zanahoria–. ¡Os llevo! ¡Subid!

En seguida se oyen risas y exclamaciones.

–¿Que nos va a llevar un penco como éste?

–Mikolka, ¿has perdido la chaveta? ¡Enganchar un caballejo como éste a un carro tan grande!

–¡Este animal, amigos, tiene por lo menos veinte años cumplidos!

–¡Subid, que os llevo a todos! –grita de nuevo Mikolka.

Es el primero en saltar al carro; toma las riendas y se pone de pie, cuan alto es, en la parte delantera del carruaje.

–El caballo bayo ha salido hace poco con Matvéi –chilla entonces–, y este rocín me atormenta, os lo aseguro. Nada me costaría acabar con él; no vale ni lo que come. ¡Subid, os digo! ¡Iremos al galope! ¡Le haré galopar!

Toma el látigo y con manifiesta voluptuosidad se dispone a azotar al animal.

–¡Subid! ¿Qué esperáis? –exclaman entre la muchedumbre, riéndose a carcajadas–. ¿No habéis oído? ¡Correrá al galope!

–No ha ido al galope lo menos hace diez años.

–¡Irá, irá!

–¡Sin compasión, hermanos! ¡empuñad los látigos, preparaos!

–¡Bien! ¡Dale fuerte!

Trepan al carro de Mikolka entre risas y chirigotas. Han subido ya seis hombres, pero aún caben más. Toman consigo a una mujer gorda y colorada. Lleva un vestido rojo de algodón, una cofia adornada con abalorios, y botas; casca avellanas con los dientes y se ríe. La gente que rodea al carruaje corea sus risotadas. ¿Cómo no reírse? ¿Cómo va a llevar un rocín tan flaco un peso tan grande? ¡Y nada menos que al galope! Dos de los mozos subidos al carro toman sendos látigos para ayudar a Mikolka. Se oye un grito: "¡Arre!" El rocín mueve las piernas en cortos pasos, jadea y se dobla bajo los golpes de los tres látigos que se le abaten sobre los lomos implacablemente. Las risas en el carro y entre la muchedumbre se hacen más sonoras, pero Mikolka se enfada y azota furioso al caballo con fuerza redoblada, como si creyera que el animal se lanzará al galope.

–Dejadme subir, amigos –grita un mozo.

–¡Subid todos! –vocifera Mikolka–. Nos llevará a todos o le mato.

Y azota sin descanso; ciego de furia, no sabe ya cómo pegar al animal.

–¡Papaíto, papaíto! –gime el niño–. ¿Qué hacen, papaíto? ¡Papaíto, están pegando al pobre caballo!

–Vámonos, vámonos –responde el padre–. Están borrachos y se divierten así, los estúpidos. Vámonos; no lo mires –quiere apartarle, mas el pequeño se le escapa de la mano y, sin saber lo que hace, corre hacía el caballejo.

La pobre bestia no puede más. Resuella, se ahoga, se detiene, vuelve a tirar y casi se cae.

–¡Azotad, hasta matarlo! –grita Mikolka–. Se lo merece. ¡Lo mato a golpes!

–¡Salvaje! ¿Es que no temes a Dios, salvaje? –grita un viejo, entre los mirones.

–Es imposible que un caballejo como este arrastre un carro tan grande –añade otro.

–Lo martirizas –acusa un tercero.

–No te metas. Es cosa mía. Hago con él lo que quiero. ¡Que suba más gente! ¡Subid todos! ¡Digo que irá al galope!...

Sueltan a coro una enorme carcajada, que ahoga los demás ruidos: el caballo no soporta más tiempo la granizada de latigazos y en su impotencia comienza a dar coces. Ni siquiera el viejo puede contenerse, y se ríe. No es para menos: ¡un rocín tan desmedrado dando coces!

Dos mozos del grupo se arman de látigos y corren hacia el animal para golpearlo por los costados.

–¡Dale en el morro! ¡A los ojos, a los ojos! –grita Mikolka.

–¡A cantar, amigos! –exclama alguien en el carro.

Los que están con él rompen a cantar una canción soez, acompañada de golpes en los maderos y de silbidos. La mujer casca avellanas y se ríe.

...El niño corre al lado del caballo, se pone ante él, ve que lo golpean en los ojos, ¡en los mismos ojos!... Llora. El corazón se le rebela, las lágrimas le corren por el rostro. Uno de los verdugos le alcanza en la cara, pero la criatura no nota el dolor; se desespera, grita, se lanza hacia el viejo de barba y cabellos blancos, que mueve la cabeza en señal de reprobación. Una campesina le toma de la mano y quiere apartarle; el pequeño se escapa y corre otra vez hacia el caballo. El animal está agotado, aunque otra vez se pone a dar coces.

–¡Verás lo que es bueno, salvaje! –grita fuera de sí Mikolka.

Arroja el látigo, se inclina y saca del fondo del carro una vara; la agarra por un extremo con ambas manos y la enarbola con fuerza encima del animal.

–¡Que lo aplasta! –claman por todas partes.

–¡Lo mata!

–¡Es mío! –vocifera Mikolka, y descarga la vara con todo su vigor. Suena un duro golpe.

–¡Golpéalo, golpea! ¡Por qué te paras! –gritan algunos de los numerosos mirones.

Mikolka levanta el grueso palo otra vez y lo descarga sobre el lomo del desgraciado rocín, al que se le doblan las patas traseras. El pobre animal da un salto y tira, tira con sus últimas fuerzas en todos sentidos para arrastrar la carga. Seis látigos lo persiguen, sin perdonarle. La vara se levanta y cae por tercera, por cuarta vez, acompasadamente. Mikolka está furioso porque no puede matar a su víctima de un solo golpe.

–Es duro de pelar –gritan.

–Ahora caerá, no tiene escape, amigos. ¡Se acabó! –comenta un espectador.

–Hay que darle con un hacha para acabar de una vez –vocifera un tercero.

–¡Maldito seas! ¡Apartaos! –brama frenético Mikolka; arroja la vara, se inclina otra vez y saca una barra de hierro–. ¡Cuidado!

Reuniendo todas sus potencias, asesta un tremendo golpe a su pobre caballo. Suena el baque; el caballo se tambalea, se dobla de patas, quiere tirar. La barra cae implacable sobre el espinazo y el animal se desploma como si le hubiesen seccionado las cuatro patas de una vez.

–¡Rematadlo! –grita Mikolka, y salta del carro como loco.

Algunos mozos, colorados y borrachos, empuñan lo primero que encuentran: látigos, bastones, la vara, y corren hacia el caballo, ya agonizante. Mikolka se acerca a uno de los costados del animal y, con innecesario celo, le golpea la espalda con la barra de hierro. El rocín alarga el morro, respira pesadamente y muere.

–¡Se acabó! –gritan entre la gente.

–Por terco. ¿Por qué no ha galopado?

–¡Es mío! –grita Mikolka con la barra en las manos y los ojos inyectados de sangre.

Parece que le duele no tener ya a quién pegar.

–¡Ya se ve que no tienes temor de Dios, hereje! –acusan entonces numerosas voces.

El niño no sabe lo que hace. Gritando, se abre paso a través de la gente hacia el caballo roano, le echa los brazos al morro exánime, ensangrentado, y lo besa, besa los ojos, los labios… Luego, de pronto, salta y, apretando los puños, se lanza furioso contra Mikolka. En aquel instante su padre, que le había seguido, lo agarra y lo saca de la muchedumbre.

–Vamos, vamos –le dice–. ¡A casa!

–¡Papaíto! ¿Por qué han matado al pobre caballo? –pregunta sollozando; pero como el aire le falta, las palabras le salen a gritos del oprimido pecho.

–Están borrachos y hacen disparates. Allá ellos. ¡Vamos!

El niño se agarra a su padre con ambas manos, pero le falta aire, le falta aire. Quiere tomar aliento, quiere chillar… y se despierta.

Raskólnikov se despertó bañado en sudor, empapados los cabellos, jadeante. Se incorporó horrorizado.

–¡Gracias a Dios que no es más que un sueño! –dijo, sentándose debajo de un árbol y respirando profundamente–. Pero ¿qué me pasa? ¿Tendré fiebre? ¡Qué sueño más horrible!

Se sentía con el cuerpo quebrantado y con el alma turbia y confusa. Puso los codos sobre las rodillas y se agarró la cabeza con las manos.

–¡Dios mío! –exclamó–. ¿Será posible que coja yo un hacha, y que golpee la cabeza hasta partirle el cráneo? ¿Será posible que pise la sangre pegajosa, tibia, que haga saltar el candado, que robe y tiemble, que me esconda, empapado en sangre, con el hacha?... ¡Señor, Señor! ¿Será posible?

Al decir estas palabras temblaba como una hoja.

–¡Qué locura! –profirió irguiendo la cabeza, como si estuviese profundamente sorprendido–. ¡Ya sabía que no lo resistiría! ¿Por qué, pues, me he torturado hasta ahora? Ayer mismo, ayer, cuando quise hacer el… *ensayo*, ayer comprendí que no lo resistiría... ¿Por qué hago esto? ¿Por ventura he dudado hasta este momento? Si ayer, al salir de la escalera, me dije que era vil, repugnante, bajo, muy bajo; si *estando despierto*, la mera idea me dio náuseas y me llenó de horror... ¡No! ¡No lo resistiré, no lo resistiré! Supongamos, supongamos incluso que mis cálculos no tienen una sola falla; supongamos que cuanto he decidido este mes es claro como el día, exacto como la aritmética... ¡Qué más da, Señor! ¡Si no voy a decidirme! ¡No lo soportaré, no lo soportaré!... ¿A qué viene, pues, a qué viene todavía ahora?...

Se puso en pie, miró a su alrededor, maravillado de haber dirigido sus pasos a aquel lugar, y se encaminó hacia el puente de T. Estaba pálido, le ardían los ojos, apenas le sostenían las piernas. De repente notó que respiraba con más facilidad. Tenía la sensación de haberse librado del terrible peso que le abrumaba desde hacía tiempo, y la paz invadió su alma. "¡Señor! –imploró–. ¡Muéstrame el camino y renunciaré a... este maldito sueño mío!".

Al cruzar el puente contempló, sosegado, el Nevá y la roja puesta del sol. A pesar de la debilidad, no notaba cansancio alguno. Era como si se le hubiera reventado el tumor que se le había enquistado en el corazón durante todo aquel mes. ¡Libertad, libertad! ¡Estaba libre de los hechizos, del sortilegio, del encanto, de la alucinación!

Más tarde, al recordar minuto tras minuto, punto por punto, detalle sobre detalle, cuanto le había ocurrido aquellos días, le sobrecogía supersticiosamente una circunstancia que, sin ser en esencia extraordinaria, predeterminó su destino. Era la siguiente: no comprendía por qué encontrándose fatigado y atormentado, en vez de regresar a su casa por el camino más corto, como le convenía, fue, sin necesidad alguna, por la Plaza del Heno. El rodeo, aunque pequeño, era innecesario. Desde luego, muchas veces había vuelto a su domicilio sin recordar las calles que había recorrido. Pero se preguntaba siempre por qué un encuentro tan importante, tan decisivo para él y, al mismo tiempo, casual en tan alto grado se había producido en la Plaza del Heno (por la que pasó sin necesidad) aquel día, en aquella hora y en aquel minuto de su vida, hallándose en tal estado de ánimo y siendo las circunstancias tales, que únicamente dicho encuentro podía ejercer una influencia decisiva en su destino. Diríase que le esperaba allí adrede.

Serían cerca de las nueve cuando llegó a la Plaza del Heno. Los vendedores cerraban sus establecimientos y tiendecitas, o recogían las mercancías y se retiraban a sus hogares, como los compradores. En las inmediaciones de los figones instalados en los bajos de los edificios de la plaza, de patios sucios y malolientes, y más aún junto a las tabernas, pululaban una caterva de mercaderes, traficantes y desharrapados. Raskólnikov, cuando salía sin rumbo fijo, acudía de preferencia a aquellos lugares y a las callejuelas inmediatas, donde sus harapos no llamaban la atención y se podía ir como se quisiera sin escandalizar a nadie. En la esquina del callejón de K. tenían sus puestos un tendero y su mujer, quienes vendían en sus mesas hilos, cintas, pañuelos de indiana, etc. También se disponían a retirarse, pero se entretuvieron hablando con una conocida suya, que se les había acercado hacía poco. Era Lizaveta Ivánovna, o Lizaveta, como solía llamarla la gente, hermana de la vieja Aliona Ivánovna, viuda de un funcionario del registro y usurera, a la que Raskólnikov había visitado el día anterior para empeñar un reloj y realizar su *ensayo*... Hacía tiempo que conocía la vida de Lizaveta, e incluso había llegado a conocer un poco a aquella mujer. Era una solterona de unos treinta y cinco años, alta, patosa, tímida y pacífica, poco menos que idiota, esclavizada totalmente por su hermana, que la hacía trabajar día y noche en su provecho y de la que lo soportaba todo, hasta los golpes. Temblaba ante ella. Con un atadijo de ropa en la mano, estaba de pie ante el tendero y su mujer, a quienes escuchaba atenta y reflexiva. Los tenderos se esforzaban para explicarle algo. Cuando Raskólnikov la vio, experimentó una rara sensación, semejante a la de un profundísimo asombro, aunque el encuentro nada tenía de sorprendente.

–Lo que debe usted hacer, Lizaveta Ivánovna, es decidir por sí misma –dijo el tendero en voz alta–. Venga mañana a las siete. Los otros también estarán aquí.

–¿Mañana? –dijo lentamente y pensativa Lizaveta, como si no se decidiera.

–Le ha metido el miedo en el cuerpo Aliona Ivánovna –saltó la tendera, mujer muy vivaracha–. La miro y me parece una niña. Aliona Ivánovna no es hermana suya, sino hermanastra, pero la tiene metida en el puño.

–Esta vez no diga nada a Aliona Ivánovna –añadió el marido, interrumpiéndola–; ese es mi consejo. Venga a vernos sin pedir permiso. El asunto vale la pena. Después, su misma hermana lo comprenderá.

–¿Iré, o no?

–Mañana, a las siete. De la otra parte también irán; decídalo por sí misma.

–Tomaremos el té –añadió la mujer del tendero.

–Está bien, iré –dijo Lizaveta, aún pensativa, y se fue lentamente.

Raskólnikov no oyó nada más. Pasó por allí despacio, sin llamar la atención, procurando no perder una sola palabra. Su extrañeza inicial se fue transformando poco a poco en horror. Un escalofrío le recorrió la espalda. Se había enterado de que al día siguiente, a las siete de la tarde, Lizaveta no estaría en su casa. Se había enterado de ello súbitamente, por una absurda casualidad. No estaría en casa de la vieja su hermana, la única persona que con ella vivía; a las siete de la tarde en punto, la vieja *estaría sola en el piso*.

Raskólnikov se encontraba pálido como un condenado a muerte a pocos pasos de su casa. Entró en su tugurio. No pensaba en nada, le era totalmente imposible pensar; pero sintió en todas las fibras de su ser que había perdido la libertad de razonar, la voluntad, y que todo estaba resuelto de modo definitivo.

Una cosa resultaba clara: aunque esperara durante años enteros una ocasión favorable, difícilmente daría un paso más prometedor para el éxito de su empresa que el que acababa de dar de modo completamente inesperado. En todo caso, sería muy difícil saber con mayor exactitud y menor riesgo, sin preguntas ni investigaciones peligrosas, que un día después, a una determinada hora, la vieja contra la que se estaba planeando un atentado, se hallaría en casa sola, completamente sola.

CAPÍTULO VI

Más tarde, y de modo casual, Raskólnikov pudo saber la causa por la cual el vendedor y su mujer habían invitado a Lizaveta a que pasara por su casa. El asunto no podía ser más baladí, no tenía nada de particular. Una familia recién llegada a Petersburgo, y venida a menos, vendía algunos objetos, un vestido y otras prendas de mujer. Como en el mercado no iban a sacar gran cosa por ellas, buscaban alguna revendedora. Lizaveta lo era: tomaba objetos a comisión, compraba y vendía, y había adquirido una gran experiencia. Era honrada y siempre fijaba el último precio: el que señalaba era el justo. En general hablaba poco y, como ya hemos dicho, tenía un carácter muy humilde y asustadizo...

Pero, desde hacía algún tiempo, Raskólnikov se había tornado un ser bastante supersticioso, y, por ello, en cuanto se refería a aquel asunto creía ver la acción de causas extrañas y misteriosas. El anterior invierno, un estudiante conocido le había dado las señas de la vieja Aliona Ivánovna para el caso de que tuviera que empeñar algo. Mucho tiempo tardó en ir a su casa, porque el producto de sus lecciones le permitía ir viviendo. Seis semanas antes de los acontecimientos que referimos, recordó de pronto las señas; poseía dos objetos por los cuales podían darle algo: un antiguo reloj de plata que heredara de su padre, y un anillo de oro, adornado con tres piedras rojas, que su hermana le había dado, como recuerdo en el momento de separarse. Raskólnikov se decidió a llevar la sortija a la casa de la prestamista. A primera vista, y antes de que supiera nada de particular respecto a ella, la vieja le inspiró una violenta aversión. Luego de recibir de su mano dos "billetitos" entró a un modesto café que se encontró de paso. Allí ordenó café; se sentó y comenzó a reflexionar. Una idea extraña, todavía en embrión, ocupaba exclusivamente su cerebro, como pollito que sale del huevo, y se apoderaba de su ánimo.

A otra mesita inmediata estaban sentados un estudiante, a quien no conocía ni recordaba haber visto, y un joven oficial. Habían jugado una partida de billar y se habían puesto a beber té. De pronto, Raskólnikov oyó que el estudiante hablaba al oficial de la usurera Aliona Ivánovna, viuda de un funcionario del registro, y le daba su dirección. Le pareció rara la coincidencia: acababa de estar en aquella casa y en el figón hablaban precisamente de la vieja. Se trataba de una casualidad, naturalmente; pero no podía librarse de una impresión sumamente extraordinaria y en aquel momento fue como si alguien acudiera servilmente a prestarle su concurso. El estudiante comenzó de pronto a explicar a su camarada un montón de detalles acerca de Aliona Ivánovna.

—Es una vieja estupenda –decía–; siempre presta dinero. Puede prestar de una vez hasta cinco mil rublos. Es rica como un judío; pero no creas que desprecie los préstamos de rublo. Muchos de los nuestros conocen el camino de su casa. Eso sí, es un mal bicho.

Se puso a contar que era una mujer de mal corazón y caprichosa, y que bastaba un día de retraso para perder el objeto empeñado. Daba por los objetos cuatro veces menos de lo que valían y cobraba el cinco y el siete por ciento mensual, etc. El estudiante dio rienda suelta a su lengua y explicó, además, que la vieja, a pesar de ser tan pequeña y tan poca cosa, pegaba cada tres por cuatro a una hermana suya, Lizaveta, a la que esclavizaba y trataba como si fuera una niña, ¡y Lizaveta medía por lo menos ocho palmos de altura!...

—¡Es fenomenal! –gritó el estudiante, y se echó a reír.

Siguieron hablando de Lizaveta. El estudiante se refería a ella con singular delectación y los dos amigos se reían; el oficial escuchaba con mucho interés y pidió al estudiante que le mandara a Lizaveta a su casa para que le remendara la ropa interior. Raskólnikov no perdía una sola palabra y se enteró de todo. Lizaveta era la hermana menor, hermanastra (de distinta madre) de la vieja, y contaba treinta y cinco años. Trabajaba para su hermana día y noche, era su cocinera y lavandera, confeccionaba ropa para venderla, iba a fregar los suelos de otras casas y todo cuanto ganaba era para la vieja. Sin el permiso de su hermana, no se atrevía a aceptar encargo o trabajo alguno. Sabía que la vieja había hecho testamento y no le dejaba ni un céntimo, sólo le tocarían los bienes muebles, como sillas y cosas por el estilo; el dinero se legaba a un monasterio de la provincia de N., para eterno sufragio del alma de Aliona Ivánovna. Lizaveta no pertenecía a una familia de funcionarios, sino al estamento de los mercaderes; soltera, terriblemente desgarbada, alta en demasía, de grandes pies, largos y torcidos, calzados siempre con zapatos de piel de cabra más gastados por una parte que por otra, era muy limpia. Pero lo que más sorprendía y provocaba la hilaridad del estudiante era que Lizaveta a cada toque de campana estuviera encinta...

–¿No dices que es un monstruo? –replicó el oficial.

–Eso no. Es muy morena y parece un soldado disfrazado de mujer; pero no creas, no es un monstruo ni mucho menos. La cara y los ojos tienen expresión de bondad, de gran bondad. La prueba está en que a muchos gusta. Es tan calladita, tan sumisa, tan sufrida, tan obediente, tan obediente, en todo… Hasta la sonrisa tiene muy simpática.

–¿A ti también te gusta? –preguntó el oficial riéndose.

–Por lo que tiene de rara. Pero te digo una cosa: a esa maldita vieja la mataría y la robaría sin el menor remordimiento de conciencia, te lo aseguro –añadió el estudiante con vehemencia.

El oficial soltó otra carcajada, y Raskólnikov se estremeció. ¡Qué extraño era aquello!

–Permíteme; quiero hacerte una pregunta muy en serio –prosiguió el estudiante, acalorándose–. Ahora he hablado en broma, naturalmente; pero fíjate en una cosa: por una parte tenemos a una viejuca enferma, maligna, ruin, absurda, estúpida, que no es buena para nadie sino mala para todos, que no sabe siquiera para qué vive y que el día menos pensado morirá de muerte natural. ¿Comprendes? ¿Comprendes?

–Sí, hombre; comprendo –respondió el oficial, mirando fijamente a su exaltado camarada.

–Sigue escuchando. Por otra parte, se pierden fuerzas jóvenes y frescas, se pierden en vano, sin apoyo de nadie, ¡se pierden a millares y en todas partes! ¡Con el dinero de la vieja, legado a un monasterio, podrían iniciarse o mejorarse cien o mil obras buenas! Serían centenares, quizá millares de existencias vueltas al camino recto; decenas de familias salvadas de la miseria, de la dispersión, de la ruina, del vicio, de los hospitales para enfermedades venéreas, y todo ello gracias al dinero de la vieja. Matarla, tomar su dinero y consagrarse luego con él al servicio de la humanidad y al bien general… ¿Crees que no se borra un pequeño crimen con miles de buenas obras? Por una vida, miles de vidas salvadas de la podredumbre y de la descomposición. Una muerte, y a cambio, cien vidas; ¡sí es una cuestión de aritmética! Además, ¿qué valor tiene en las balanzas de la existencia esa viejuca tísica, estúpida y maligna? No vale más que la vida de un piojo o de una cucaracha; y ni siquiera eso vale, pues la vieja es perniciosa. Carcome la vida de otra persona: hace sólo unos días, rabiosa, le mordió un dedo a Lizaveta. ¡Por poco se lo corta!

—Claro, no es digna de vivir –replicó el oficial–; pero ¿qué quieres? Eso es cosa de la naturaleza.

—¡Eh, amigo! A la naturaleza se la rectifica y se la orienta, y sin ello no tendríamos más remedio que hundirnos en los prejuicios. Sin ello no habría ningún gran hombre, ni uno. Se dice: "El deber, la conciencia"…Nada quiero decir contra el deber ni contra la conciencia; pero ¿cómo los entendemos? ¡Un momento! Aún quiero hacerte otra pregunta. ¡Escucha!

—No, espera tú un momento. Soy yo quien quiere hacerte una pregunta. ¡Escucha!

—Bueno, tú dirás.

—Te has puesto a hablar y declamar como si fueras un orador, pero dime: ¿Matarías o no matarías *tú mismo* a la vieja?

—¡Claro que no! Hablo pensando en la justicia… Aquí no se trata de mí…

—¡Pues me parece que si tú mismo no te decides, no hay en esta cuestión ni pizca de justicia! ¡Vamos a echar otra partida!

Raskólnikov se encontraba extraordinariamente agitado. Claro, conversaciones e ideas semejantes eran de lo más normal y corriente entre gente joven, y en más de un ocasión las había oído, si bien en otras formas y aplicadas a otros temas. Mas ¿por qué precisamente en aquel momento había oído tal conversación y aquellos razonamientos, en aquel momento en que en su propia cabeza acababan de germinar *exactamente las mismas ideas*? ¿Por qué precisamente en aquel momento, cuando, salido de casa de la vieja con el germen de su idea, la primera conversación que oía trataba de la misma vieja?… Siempre le pareció rara tal coincidencia. La insignificante conversación oída en un fonducho de mala muerte ejerció sobre Raskólnikov una extraordinaria influencia a medida que fueron desarrollándose los acontecimientos, como si, en efecto, hubiera habido una especie de predeterminación, una señal.

· ·

De vuelta de la Plaza del Heno, se dejó caer en el sofá y permaneció sentado, inmóvil, durante una hora entera. Entretanto oscureció. No tenía ninguna vela, pero, si la hubiera tenido, ni se le habría ocurrido encenderla. Jamás pudo recordar si pensó en algo durante ese tiempo. Por fin, notó que la fiebre volvía a apoderarse de él, sintió escalofríos, y, con verdadera satisfacción, cayó en la cuenta de que podía acostarse en el sofá. Pronto se apoderó de él un sueño profundo, plúmbeo, como si le aplastara.

Durmió mucho tiempo y sin soñar. A las diez de la mañana del siguiente día, entró Nastasia en su habitación y a duras penas consiguió despertarle. Le llevaba té en su tetera –también aquella vez era del suyo– y pan.

–¡Todavía duerme! –exclamó indignada–. ¡No hace más que dormir!

Él se incorporó con gran esfuerzo. La cabeza le dolía; llegó a levantarse, dio unos pasos por su cuchitril y volvió a caer en el sofá.

–¡Otra vez a dormir! –gritó Nastasia–. ¿Es que estás enfermo?

Él no respondió nada.

–¿Quieres té?

–Más tarde –balbuceó Raskólnikov penosamente, volviendo a cerrar los ojos y poniéndose de cara a la pared.

Nastasia seguía de pie junto al sofá.

–Debe estar enfermo –dijo ella.

Dio media vuelta y salió. Volvió a las dos con un plato de sopa. Él seguía echado como antes. No había tocado el té. Nastasia se sintió ofendida y comenzó a sacudirle enojada.

–¡Qué es eso de dormir como una marmota! –exclamó, mirándole con repugnancia.

Él se incorporó, se sentó, pero no dijo nada; tenía la mirada puesta en el suelo.

–¿Estás enfermo, o qué? –preguntó Nastasia, mas se quedó sin respuesta otra vez.

–Por lo menos sal un poco a la calle –le dijo después de unos momentos de silencio–; que te dé un poco el aire. ¿Vas a comer, o no?

–Luego –contestó él con débil voz, y añadió, haciendo un gesto de impaciencia con la mano–: ¡Vete!

Ella permaneció de pie unos momentos, mirándole con compasión y salió.

Unos minutos después, Raskólnikov levantó la mirada y se quedó largo rato contemplando el té y la sopa. Después tomó el pan y la cuchara y se puso a comer.

Comió sin apetito tres o cuatro cucharadas, maquinalmente. La cabeza le dolía menos. Cuando hubo comido, se tendió otra vez en el sofá, pero ya no pudo dormirse; permaneció echado, boca abajo, hundido el rostro en la almohada. Soñaba despierto y sus sueños no podían ser más raros:cada vez con más frecuencia imaginaba hallarse en alguna parte de África, en Egipto, en un oasis. La caravana descansa, los camellos están quietos, echados al suelo; en torno crecen las palmeras; todos comen. Pero él no hace más que beber agua; la toma directamente del arroyo que corre y murmura allí mismo, a un lado. Allí hace fresco; el agua maravillosa, tan azul y tan fría, corre por las multicolores piedrecitas y por la límpida arena de dorados reflejos… De pronto oyó claramente que daban horas en un reloj. Se estremeció, abrió los ojos, volvió en sí, levantó la cabeza, miró a la ventana, calculó la hora que sería y se levantó de un salto, vuelto en sí por completo, como si alguien le arrancara del sofá. Se acercó de puntillas a la puerta, la entreabrió y con mucho sigilo puso oído atento en dirección a la escalera. Le latía el corazón de modo terrible. Pero en la escalera el silencio era absoluto, como si todo el mundo durmiera… Le parecía absurdo y raro haber podido dormir como un tronco desde la víspera y no haber hecho todavía nada ni haber preparado nada... ¿Quién sabe? A lo mejor ya eran las seis... De pronto, en vez del sueño y del embotamiento, se apoderó de él una insólita y confusa agitación. Lo que debía preparar era muy poco. Hizo un gran esfuerzo para repasar todo y no olvidar nada; el corazón le seguía latiendo terriblemente, los golpes eran tan fuertes, que se le hizo difícil respirar. En primer lugar, había que preparar un lazo y coserlo al abrigo, cuestión de un momento. Hundió la mano debajo de la almohada y buscó entre la ropa interior allí apelotonada una camisa vieja, ruinosa y sin lavar. De los jirones de la camisa arrancó una tira de una pulgada de anchura y unas ocho de longitud. La dobló por la mitad; se quitó el abrigo de verano (era el único que poseía), de gruesa tela de algodón, holgado y fuerte, y se puso a coser los dos extremos de la tira bajo la manga izquierda por el interior. Le temblaban las manos al coser, pero consiguió su propósito, de modo que cuando volvió a ponerse el abrigo nada se notaba por la parte exterior. Tenía preparados desde hacía tiempo aguja e hilo; los guardaba en la mesita, envueltos en un papel. Lo del lazo era una idea suya, muy ingeniosa: el lazo se destinaba al hacha. No iba a salir a la calle con el hacha en la mano. De haberla escondido simplemente debajo del abrigo, habría tenido que sostenerla con la mano, y se habría notado. Pero así, con el lazo, bastaba colocar en él la pala del hacha y el instrumento colgaría tranquilamente debajo del brazo, por el interior del abrigo, todo el camino. Con la mano en el bolsillo del abrigo podía sostener el extremo del mango de modo que el hacha no oscilara, y como el abrigo era muy holgado, un auténtico saco, exteriormente no había modo de notar que él sostenía algo con la mano a través del bolsillo. El lazo lo había ideado también dos semanas atrás.

Acabados estos preparativos, metió la mano en el estrecho espacio que quedaba entre su sofá "turco" y las tablas del piso, buscó en el ángulo izquierdo y sacó la *prenda* que tenía preparada y escondida desde hacía mucho tiempo. En realidad la prenda no era tal, sino que se trataba de una simple tablita de madera, alisada a cepillo, de tamaño y grosor parecidos a los de una pitillera de plata. Había encontrado la tablita casualmente, durante uno de sus paseos, en un patio con un pabellón en que se hallaba un taller de carpintería. Luego añadió a la pequeña tabla de madera una plaquita de hierro, fina y lisa, probablemente un trocito que había sobrado de algo; la había encontrado en la calle el mismo día. Juntó las dos piezas, de las cuales la de hierro era menor, y las ató fuertemente con un hilo en cruz; después las envolvió con sumo cuidado y con cierta gracia en un papel blanco, limpio, y lo ató todo de suerte que no fuera fácil desatarlo. Aquello era para distraer la atención de la vieja unos momentos, mientras procuraba deshacer el paquetito, y él podría aprovechar el instante más propicio. Había atado la plaquita de hierro considerando su peso, a fin de que la vieja no adivinara de momento que la "prenda" era de madera. Guardaba aquello debajo del sofá para cuando llegara el día. Acababa de alcanzar el objeto, cuando en aquel momento se oyó gritar en el patio:

–Son más de las seis. ¡Hace mucho que han dado!

–¡Hace mucho! ¡Dios mío!

Se lanzó hacia la puerta, escuchó atentamente, tomó el sombrero y se puso a descender los trece peldaños con cautela, sin hacer ruido, como un gato. Faltaba lo más difícil: robar el hacha de la cocina. Que debía emplear el hacha era cosa decidida por él hacía tiempo. Tenía una podadera de jardinero, pero no confiaba en la podadera y menos aún en sus fuerzas, y por eso eligió definitivamente el hacha. Será oportuno observar ahora una particularidad en lo tocante a todas las decisiones finales tomadas por él en el asunto. Poseían todas una rara propiedad: cuanto más definitivas se hacían, tanto más estrambóticas y absurdas aparecían a sus ojos inmediatamente. A pesar de su martirizadora lucha interior, durante todo aquel tiempo nunca, ni por un instante, pudo creer que sus proyectos fueran realizables.

Si alguna vez se hubiera dado el caso de tenerlo todo examinado y resuelto definitivamente hasta el más pequeño detalle, y no le hubieran quedado dudas de ningún género, entonces, probablemente habría renunciado en seguida a todo como si se tratara de algo absurdo, monstruoso e imposible. Pero todavía quedaban infinidad de puntos y dudas por resolver. Lo de hacerse con el hacha era una pequeñez que no le inquietaba en lo más mínimo, pves nada había más fácil. El caso era que Nastasia, sobre todo por las tardes, salía constantemente y se iba a casa de los vecinos o a la tienda, dejando siempre la puerta abierta de par en par. La patrona siempre tenía que reñirla por lo mismo. Bastaba, pues, entrar cautelosamente en la cocina, llegada la hora, tomar el hacha, y luego, una hora más tarde (cuando todo estuviera terminado), volver a ponerla en su sitio. Pero surgían algunas dudas: supongamos que él regresaba una hora después para dejar el hacha y que Nastasia estuviera allí, de regreso. Naturalmente, habría que pasar de largo y esperar a que saliera. Puede que entonces se diera cuenta de que faltaba el hacha, empezara a buscarla y a gritar, y entonces surgiría la sospecha o, por lo menos, un motivo de sospecha.

Mas todo eso no eran sino pequeñeces en las que no se detuvo a pensar siquiera, aparte de que no le quedaba tiempo para hacerlo. Pensaba en lo principal y dejaba las pequeñeces para el momento en que él mismo *estuviera convencido de todo*, cosa que parecía decididamente inasequible. Por lo menos así se lo parecía a él mismo. No podía imaginar, por ejemplo, que llegara el momento en que dejase de pensar, se levantase y se fuera hacia allí… Ni siquiera su reciente ensayo (es decir, la visita hecha con el propósito de examinar definitivamente el terreno), había constituido una prueba real; él se había dicho, simplemente: "Voy a probar, a modo de ensayo, ¡a qué cavilar más!", y en seguida le falló el ánimo, abandonó su propósito y huyó, furioso consigo mismo. El caso era, sin embargo, que, al parecer, había acabado ya el análisis del problema en el sentido de la solución moral: su casuística se había afilado como una navaja de afeitar y en sí mismo no encontraba ya objeciones conscientes. Pero en último término, simplemente no creía en sí mismo y buscaba objeciones en uno y otro lado, a tientas, tenaz y servil, como si alguien le obligara y le empujara a ello. El último día, llegado de manera tan imprevista y decidiendo de golpe todas las cosas, influyó en él de modo casi mecánico, como si alguien le hubiese tomado de la mano y le hiciera seguir irresistible, ciegamente, con fuerza sobrenatural, sin objeción posible. Era como si la rueda de una máquina le hubiera alcanzado un extremo del vestido y empezara a arrastrarle.

Al principio –de aquello hacía mucho– le preocupaba una cuestión: ¿por qué se descubren tan fácilmente casi todos los crímenes y aparecen de modo tan manifiesto las huellas de casi todos los criminales? Poco a poco llegó a diversas y curiosas conclusiones. En su opinión, la principal causa radica no tanto en la imposibilidad material de ocultar el crimen, cuanto en el propio criminal. Casi siempre, el criminal, en el momento del crimen, sufre una relajación de la voluntad y de la razón, obra con sin igual ligereza infantil, precisamente en el momento en que más necesarias le son la razón y la prudencia. Estaba convencido de que tal eclipse del entendimiento y tal caída de la voluntad se apoderan del hombre como si se tratara de una dolencia, se desarrollan gradualmente y alcanzan su punto culminante poco antes de dar cumplimiento al crimen; persisten con el mismo aspecto en el instante del crimen y aún durante cierto tiempo, según los individuos; luego pasan, como pasa toda enfermedad. Aún no se sentía con fuerzas para resolver el problema de si es la enfermedad la que da origen al crimen o si es el crimen, debido a alguna particularidad de su naturaleza, el que va siempre acompañado de alguna enfermedad.

Al llegar a esas conclusiones consideró que en su caso personal no podían darse semejantes transmutaciones morbosas; ni la razón ni la voluntad iban a abandonarle en todo el tiempo que verificara lo que tenía proyectado, y ello sería así porque lo pensado por él "no era un crimen". No vamos a referir el proceso que le llevó a esta última conclusión; ya sin ello nos hemos adelantado demasiado. Añadiremos sólo que las dificultades efectivas, puramente materiales, desempeñaban en su mente un papel muy secundario. "Basta conservar íntegras la voluntad y la lucidez mental, y a su hora las dificultades serán vencidas, cuando haya que estudiar el asunto escrupulosamente y en todos sus detalles…". Pero la empresa no daba comienzo. Cada vez creía menos en su decisión definitiva, y cuando sonó la hora ocurrió todo como el azar, casi inesperadamente, de modo distinto a como se había imaginado.

Una circunstancia insignificante lo situó en un callejón sin salida, ya en la escalera. Al llegar ante la puerta de la cocina, abierta de par en par, como siempre, echó un vistazo a su interior, con cautela, para ver si estaba allí la patrona en ausencia de Nastasia y, en caso negativo, si estaba bien cerrada la puerta que daba a su habitación, para que no pudieran verle entrar a recoger el hacha. Cuál no sería su sobresalto al encontrarse, de pronto, con que Nastasia no sólo se hallaba en la cocina, sino que, además, estaba ocupada en sacar ropa de una cesta y colgarla en una cuerda. Nastasia se dio cuenta de su presencia y dejó de colgar la ropa; se lo quedó mirando hasta que él hubo pasado. Raskólnikov apartó la vista y siguió su camino como si no se hubiera dado cuenta de nada. Pero ¡adiós empresa! ¡No había hacha! Estaba terriblemente decepcionado.

"¿De dónde había sacado yo –pensaba al llegar al portal–, de dónde había sacado que ella no iba a estar en casa de ningún modo, en este instante? ¿Por qué lo había creído así, con tanta certidumbre? ¿Por qué? ¿Por qué?". Se sentía anonadado y, hasta cierto punto, humillado. Quería reírse de sí mismo, furioso… Una rabia obtusa y feroz hervía en su pecho.

Se detuvo pensativo en el portal. Le repugnaba salir a la calle y pasear sin más ni más, sólo para disimular; entrar de nuevo en su casa, le repugnaba más todavía.

–¡Qué ocasión he perdido para siempre! –balbuceó, de pie en el portal, sin saber qué hacer, frente al oscuro tabuco, también abierto, del portero.

De pronto se estremeció. Allí, a dos pasos de él, debajo del banco del tabuco, a la derecha, vio brillar un objeto… Miró en torno, no había nadie. Se acercó de puntillas a la portería, bajó dos peldaños y llamó con débil voz. "¡Me lo figuraba; no está en casa, aunque no andará lejos de aquí, en el patio, pues ha dejado la puerta abierta de par en par!". Se lanzó como un relámpago a coger el hacha (era, en efecto, un hacha), la sacó de debajo del banco, donde estaba entre dos leños. Allí mismo, sin salir al patio, la afianzó al lazo; metió las manos en los bolsillo y salió de la portería. ¡Nadie se había dado cuenta! "¡Fallaron mis cálculos, pero me ayudó el diablo!", pensó, sonriendo de modo extraño, y se sintió animado en gran manera.

Caminaba despacio, *como persona grave*, para no despertar sospechas de ninguna clase. Casi no miraba a los transeúntes, se esforzaba incluso en no verles la cara y en pasar inadvertido en todo lo posible. Se acordó, entonces, del sombrero. "¡Dios mío! Anteayer tenía dinero y no se me ocurrió cambiarlo por una gorra!". Una maldición le brotó del pecho.

Al lanzar un vistazo casual y de reojo a una tienda, vio un reloj de pared que señalaba ya las siete y diez minutos. Debía apresurarse y, al mismo tiempo, dar un rodeo, llegar a la casa por el otro lado...

Antes, cuando imaginaba aquello, se figuraba a veces que tendría mucho miedo. Pero ahora tenía poco, casi nada. En aquellos instantes le venían a la imaginación incluso pensamientos ajenos a su empresa, si bien por poco tiempo. Al pasar por delante del jardín de Yusúpov, pensó, incluso, en la necesidad de instalar altos surtidores y en lo mucho que refrescarían el aire en todas las plazas. Poco a poco llegó a la conclusión de que sería magnífico y útil para la ciudad extender el Jardín de Verano por todo el Campo de Marte hasta unirlo con el parque del palacio de Mijáilov. Al llegar a este punto, le interesó, de pronto, otra cuestión: ¿Por qué en todas las grandes ciudades el hombre está singularmente inclinado, no sólo por necesidad, a vivir y a establecerse donde no hay jardines ni fuentes, y sí suciedad, malos olores e inmundicias de toda clase? Recordó, entonces, sus paseos por la Plaza del Heno y por un momento volvió en sí. "¡Vaya tontería! –pensó– ¡No! ¡Es preferible no pensar en nada! Aquellos a quienes conducen al cadalso se aferran, sin duda, con el pensamiento a todos los objetos que encuentran en su camino". La idea le cruzó la mente un instante, nada más que un instante, rauda como un relámpago; él mismo se apresuró a apagarla… Ya se acerca, ahí está la casa, ahí el portal. De pronto, un reloj cercano dio una campanada. "¡Cómo! ¿Las siete y media? ¡No es posible! ¡Ese reloj debe ir adelantado!".

Tuvo suerte: de nuevo cruzó el portón sin contratiempo alguno. Es más, en el mismísimo instante en que él llegaba, entró un enorme carro cargado de heno que le ocultó por completo mientras él entraba; no bien el carro hubo penetrado en el patio, Raskólnikov se escabulló hacia la derecha en un abrir y cerrar de ojos. Se oían voces que gritaban y discutían al otro lado del carro, pero Raskólnikov no se cruzó con nadie, ni le vio persona alguna.

Muchas de las ventanas que daban al enorme patio cuadrado estaban abiertas en aquel momento; pero no levantó la cabeza, le faltaron fuerzas para ello. La escalera de la vieja se encontraba cerca, allí mismo, a la derecha del portón. Raskólnikov estaba ya en la escalera…

Después de haber tomado aliento y de haberse apretado el corazón, que le latía con fuerza, con la mano; después de haber palpado el hacha y de haberla colocado bien una vez más, empezó a subir sin hacer ruido, con cautela, deteniéndose a cada instante y aguzando el oído. A aquella hora, empero, la escalera estaba completamente desierta; todas las puertas estaban cerradas. No se cruzó con nadie. Verdad es que, en el segundo piso, una de las puertas se hallaba abierta de par en par, pues en aquella vivienda estaban trabajando unos pintores; pero no se dieron cuenta de él. Raskólnikov se detuvo un momento, reflexionó y siguió adelante. "Claro, sería mejor que no estuvieran aquí, pero… encima de ellos aún hay dos pisos".

Ahí está el cuarto piso, ahí la puerta de la vivienda deshabitada. Según todas las apariencias, la situada debajo del domicilio de la vieja, en el tercer piso, también está vacía: faltaba la tarjeta de visita clavada con unos clavos a la puerta. ¡Se habían marchado!… Raskólnikov se sofocaba. Por un instante le cruzó la mente una idea: "¿Y si me fuera?". Pero no respondió a la pregunta y se puso a escuchar a la puerta del piso de la vieja: silencio sepulcral. Después, una vez más escuchó en la escalera, hacia abajo; escuchó largo rato, atentamente… Miró a su alrededor por última vez, procuró dar a su aspecto la mayor naturalidad posible, volvió a comprobar si el hacha estaba bien colocada en el lazo. "¿No estoy… muy pálido? –pensó–. ¿No me encuentro excesivamente agitado? La vieja es desconfiada… ¿No sería preferible esperar aún… a que el corazón deje de dar estos martillazos?…".

Pero el corazón no se le sosegaba. Al contrario, como si lo hiciera adrede, cada vez le daba golpes más fuertes, más fuertes, más fuertes, más fuertes… No pudo dominarse, extendió lentamente la mano hasta alcanzar el cordón de la campanilla y tocó. Medio minuto después, volvió a llamar con mayor fuerza.

No respondía nadie. No tenía por qué tocar en vano; además, habría sido tonto. La vieja estaba en casa, sin duda alguna; pero era desconfiada y se encontraba sola. Él conocía algunas de sus costumbres… y volvió a aplicar el oído a la puerta. Fuese que tuviera los sentidos hiperexcitados (lo cual era difícil de admitir, en general), o que, en verdad el ruido resultara bastante perceptible, Raskólnikov distinguió, de pronto, el roce cauteloso de una mano que agarraba el pestillo de la puerta y el rumor de un vestido junto a la misma. Alguien estaba de pie, invisible, escondido en el interior, escuchando con el oído pegado a la puerta, exactamente como él lo hacía en el exterior.

Raskólnikov hizo, adrede, algunos movimientos y pronunció algunas palabras en voz alta, a fin de que no pudiera parecer que se escondía; luego llamó por tercera vez, de manera sosegada, aunque con firmeza, y sin impaciencia alguna. Más tarde, al recordar su acción, se dio cuenta de que aquel instante se había grabado en su ánimo para siempre, con claridad y relieve singularísimos; no podía comprender de dónde había sacado tanta astucia, sobre todo teniendo en cuenta que la razón a veces se le ofuscaba por momentos y casi había perdido la sensación del propio cuerpo… Un momento después se oyó que corrían el cerrojo.

CAPÍTULO VII

T al como en su anterior visita, Raskólnikov observó que la puerta se abría poco a poco, y que por la estrechísima rendija, dos ojos brillantes se fijaban en él con expresión de desconfianza. Su sangre fría le abandonó en aquel instante, y cometió un error que hubiera podido dar al traste con todo.

Temiendo que Aliona Ivánovna experimentara miedo de estar sola con un visitante de aspecto no muy tranquilizador, asió la puerta y empujó, para que la vieja no volviera a cerrarla. La prestamista no lo intentó, pero tampoco soltó el seguro de la cerradura, aunque poco faltó para que cayera cuando Raskólnikov empujó. Ya que continuaba de pie en el umbral y obstinada en no dejarle paso, avanzó rectamente hacia ella. Espantada, la vieja dio un salto hacia atrás e intentó decir algo, pero, sin hablar, miró al joven con ojos excesivamente abiertos.

–Tenga buenas tardes, Aliona Ivánovna –dijo con tono forzadamente tranquilo, pues en vano trataba de parecer despreocupado y su voz era entrecortada y temblorosa–. Le traigo... una cosa... pero entremos... para que la examine... Es mejor que la pueda ver a la luz, entremos...

Soltó la puerta y, sin esperar a que le invitaran a pasar, entró en la habitación. La vieja corrió tras él y con voz alterada le dijo:

–¡Señor! Pero ¿qué quiere?– ¿Quién es usted?, ¿en qué le puedo servir?

–Perdone, Aliona Ivánovna…, soy un conocido suyo… Raskólnikov… Le traigo una prenda que le prometí hace unos días… –y le tendió el objeto que llevaba preparado.

La vieja echó un vistazo al paquetito, pero en seguida volvió a clavar la mirada en los ojos del inesperado visitante. Le miraba atentamente, con rencor y desconfianza. Transcurrió cosa de un minuto. Raskólnikov creyó distinguir en los ojos de la vieja una expresión sarcástica, como si lo hubiera adivinado todo. Tenía la sensación de que perdía la serenidad, de que el miedo se apoderaba de él, un miedo horrible, hasta el punto de que si la vieja continuaba mirándole de aquel modo, sin decir una palabra, un minuto más, huiría de allí corriendo.

–Pero ¿por qué me mira de ese modo, como si no me hubiese reconocido? –exclamo él, de pronto, también con rencor–. Si lo quiere, tómelo; si no, lo llevaré a otro sitio. No tengo tiempo que perder.

Ni siquiera había pensado decir aquello; estas palabras le salieron como por sí mismas. La vieja volvió en sí; por lo visto, el tono decidido del recién llegado le dio ánimos.

–¿Por qué te pones de ese modo, señor? Así, sin más ni más– ¿Qué me traes? –preguntó mirando la prenda.

–Una pitillera de plata. Ya le hablé de ella la última vez.

La vieja tendió la mano.

–¿Qué le pasa, que está usted tan pálido? Le tiemblan las manos. ¿Viene del baño, acaso?

–Son las fiebres –respondió Raskólnikov con voz cascada–. ¿Y quién no se pone pálido, si no tiene nada que comer? –añadió, articulando a duras penas las palabras.

Otra vez las fuerzas le abandonaban. Mas la respuesta parecía verosímil. La vieja tomó la prenda.

–¿Qué es esto? –preguntó, sopesándola con la mano y mirando otra vez fijamente a Raskólnikov.

–Este objeto es… una pitillera… de plata… mírela.

–No parece de plata. ¡Vaya modo de atarla!

Para desatar el cordoncito, se volvió hacia una ventana, hacia la luz (tenía todas las ventanas cerradas, a pesar del calor asfixiante), y por unos segundos se apartó de él, dándole la espalda. Raskólnikov se desabrochó el abrigo y descolgó el hacha del lazo, pero no la sacó del todo; la sostenía con la mano derecha debajo del abrigo. Tenía las manos enormemente débiles; se daba cuenta de que a cada momento se le entorpecían y se le agarrotaban más y más, temía que se le escapara el hacha y se

le cayera al suelo… De pronto le pareció que el vértigo se apoderaba de
él.

—¡Vaya lío que ha armando con esto! —exclamó la vieja, malhumora-
da, e hizo un movimiento como para dirigirse hacia él.

No podía perder ni un solo instante más. Acabó de sacar el hacha, la
levantó con ambas manos sin apenas darse cuenta de lo que hacía, y casi
sin esforzarse, como quien dice maquinalmente, la dejó caer de lomo sobre la cabeza. Parecía que se había quedado sin fuerzas, mas no bien hubo
dado un golpe, las recobró.

Como de costumbre, la vieja iba con la cabeza descubierta. Llevaba
sus rubios cabellos entrecanos, escasos y abundantemente engrasados de
aceite, como siempre, trenzados en raquítica coleta y recogidos con un
trozo de peineta de cuerno mal puesta sobre la nuca. El hacha la tocó en la
misma coronilla, lo que en parte se debió a la poca estatura de la vieja.

Aliona Ivánovna lanzó un grito, pero muy débil, y se desplomó; quedó sentada en el suelo, y aún tuvo tiempo de llevarse las manos a la cabeza.
Con una de ellas continuaba sosteniendo la "prenda". Entonces él le ases-
tó varios golpes con toda su fuerza, todos con el lomo del hacha y en el
cráneo. Brotó la sangre como de un vaso tumbado y el cuerpo cayó de
espaldas. Raskólnikov retrocedió un paso, dejó que cayera y se inclinó
inmediatamente sobre la cara de la anciana: estaba muerta; tenía los ojos
muy abiertos, como si quisieran saltarle de las órbitas, la frente y la cara
contraídas y desfiguradas por las convulsiones.

Puso el hacha en el suelo, al lado de la muerta, y en seguida, cuidando
mucho de no ensuciarse con la sangre que fluía, le metió la mano en el
bolsillo, en el mismo bolsillo del costado derecho, del que ella había sacado las llaves la última vez. Raskólnikov estaba en plena posesión de sus
facultades mentales, habían desaparecido ya las confusiones y los vértigos, pero aún le temblaban las manos. Recordó más tarde que puso en todo
mucha atención y cuidado, procurando no mancharse… Sin perder tiempo, sacó las llaves, que formaban un manojo en una anilla de acero, como
la otra vez. Se precipitó al dormitorio, una habitación muy pequeña con un
gran estante y vitrina para las imágenes sagradas, una amplia cama enfrente, muy limpia, con un edredón enguatado hecho con retales de seda;
junto al tercer paño de pared, estaba la cómoda. Cosa rara; no bien comenzó a aplicar las llaves a la cómoda y oyó su ruido, sintió como escalofríos
en todo el cuerpo. El deseo de abandonarlo todo e irse volvió a punzarle.
Pero fue sólo por un segundo; ya era tarde para irse. Hasta se rió de sí
mismo, mas otra idea alarmante le asaltó de pronto. Se figuró que la vieja

aún vivía y podía volver en sí. Dejó llaves y cómoda, corrió hacia el cuerpo
tendido, empuñó el hacha y la enarboló nuevamente sobre la anciana, pero
no la dejó caer. No había duda, la vieja estaba muerta. Inclinándose y
observándola otra vez desde más cerca, vio con toda claridad que el cráneo había quedado roto e incluso algo torcido hacia un lado. Quiso palpar-
lo con el dedo, pero retiró la mano; no hacía falta, estaba claro. Entretanto,
la sangre había formado ya un charco. De pronto, Raskólnikov vio un
cordoncito en el cuello de la vieja; tiró de él, pero el cordoncito era fuerte,
no se rompió; además, estaba empapado en sangre. Quiso sacarlo estiran-
do simplemente a lo largo del pecho, pero algo estorbaba y no lo dejaba
salir. En su impaciencia, estuvo tentado de blandir otra vez el hacha y
cortarlo de un golpe sobre el mismo cuerpo, pero no se atrevió y sólo logró
segarlo, con mucho trabajo, después de dos minutos de aplicarle el filo del
hacha, sin tocar el cuerpo, pero manchándose las manos y manchando el
hacha; por fin lo sacó. No se había equivocado, había un portamonedas.
Del cordón pendían dos cruces, una de ciprés y otra de cobre, y una medallita esmaltada, y junto a ellas, un pequeño y sobado portamonedas de
gamuza, con reborde de acero y una anilla. El portamonedas estaba repleto. Raskólnikov se lo metió en el bolsillo sin abrirlo; arrojó las cruces
sobre el pecho de la vieja y se lanzó de nuevo al dormitorio, llevando esta
vez consigo el hacha.

Tenía prisa, una prisa horrible; volvió a probar las llaves, pero sin
acertar: no entraban en la cerradura. No es que las manos le temblaran
mucho, pero se equivocaba a cada momento: se daba cuenta, por ejemplo, de que una llave no era la que correspondía, pero se empeñaba en
meterla. De pronto recordó y comprendió que la llave grande, de paletón dentado, que colgaba entre las pequeñas, no podía ser de ningún
modo de la cómoda (así lo pensó ya la otra vez), sino que debía de ser
de algún baúl, y en él quizá estaba todo escondido. Raskólnikov dejó la
cómoda y se deslizó inmediatamente debajo de la cama, pues sabía
que, por lo general, las viejas suelen guardar los baúles en tal sitio. Así
era; debajo de la cama había un baúl bastante grande, de más de una
vara de largo, de tapa combada, y revestido de cordobán rojo clavetea-
do con tachuelas de acero. La llave dentada encajó bien y abrió. Primero, debajo de una sábana blanca, había un abrigo de piel de liebre con
guarniciones rojas, debajo había un vestido de seda, luego un chal, y
después, en el fondo, al parecer no había más que trapos. Lo primero
que se le ocurrió fue secarse las manos teñidas de sangre con las rojas
guarniciones del abrigo. "Con lo rojo la sangre se nota menos", se dijo,

mas de golpe se sobresaltó. "¡Señor! ¿Es que me vuelvo loco?", pensó atemorizado.

No bien comenzó a revolver los trapos, resbaló un reloj de oro de debajo del abrigo. Raskólnikov se apresuró a revolverlo todo. En efecto, entre los trapos había objetos de oro –probablemente eran todos prendas de empeño, y de algunas de ellas había vencido ya el plazo en que debían ser retiradas–, brazaletes, cadenitas, pendientes, agujas, etc. Algunos de los objetos conservaban su estuche, otros estaban simplemente envueltos en papel de periódico, aunque con mucho cuidado, en hojas dobles, muy bien atados con bramante. Sin perder un minuto, empezó a llenarse con ellos los bolsillos de los pantalones y del abrigo, sin elegir y sin abrir los paquetes ni los estuches; pero no tuvo tiempo de recoger muchos...

De pronto se oyeron pasos en la habitación donde yacía la vieja. Él se detuvo y permaneció inmóvil, como muerto. Mas todo estaba en calma; había sido, pues, una alucinación. De repente se oyó con toda claridad un grito apagado, o pareció como si alguien gimiera débil y entrecortadamente, y luego se callara. Después, otra vez el silencio sepulcral, durante un minuto o dos. Raskólnikov estaba en cuclillas junto al baúl y esperó sin atreverse a respirar; pero de pronto se levantó de un salto, agarró el hacha y salió corriendo del dormitorio.

En medio de la habitación estaba Lizaveta con un gran atadijo en la mano; blanca como la pared, miraba, petrificada, a la hermana muerta, y como si no tuviera fuerzas para gritar. Al verle presuroso, tembló con breve temblor, como hoja de árbol, y contrajo el rostro convulsivamente; levantó una mano, entreabrió la boca, mas no gritó, y empezó a apartarse de él lentamente, caminando de espaldas, hacia un ángulo de la habitación, mirándole fijamente, pero sin gritar, como si le faltara aire para hacerlo. Raskólnikov se lanzó contra ella blandiendo el hacha; a Lizaveta se le contrajeron los labios lastimeramente, como a los niños muy pequeños cuando empiezan a tener miedo de algo y se disponen a gritar sin apartar la mirada del objeto que los asusta. La desgraciada Lizaveta tenía el miedo tan metido en el alma, estaba tan oprimida y era tan simple, que ni siquiera levantó los brazos para cubrirse la cara, a pesar de que ése era el gesto más necesario y natural en aquel momento, pues el hacha pendía directamente sobre su rostro. No hizo más que levantar un poco la mano izquierda, que tenía libre, sin llegar ni mucho menos a la altura de la cara, y la extendió hacia él como si quisiera apartarle de allí. El golpe cayó directamente sobre el cráneo, de filo, y hendió de una vez toda la parte anterior de la frente, casi hasta el occipucio. La víctima se desplomó muerta en el acto.

Raskólnikov estuvo a punto de desconcertarse, agarró el atadijo, lo tiró en seguida y corrió hacia el recibidor.

El miedo se apoderaba de él cada vez más y más, sobre todo después del segundo asesinato, totalmente inesperado. Quería huir de allí cuanto antes. Si, en aquel momento, hubiese estado en condiciones de ver y razonar con mayor lucidez; si hubiese podido comprender hasta qué punto era difícil y desesperada su situación, cuánto había en ella de repelente y absurdo; si hubiera podido darse cuenta, al mismo tiempo, de cuántas eran las dificultades que aún debía superar y cuántas las atrocidades que quizá aún debería cometer para salir de allí y llegar a su casa, con toda probabilidad habría abandonado todo y sin dilación alguna se habría presentado a las autoridades, no por miedo siquiera de sí mismo, sino movido sólo por el horror y la repugnancia de lo que acababa de hacer. La repugnancia, sobre todo, se le acrecentaba y le iba dominando por instantes. Por nada del mundo se habría acercado entonces al baúl, ni siquiera a la habitación.

Poco a poco se le fue dispersando la atención y hasta pareció que cierta melancolía se apoderaba de él; había momentos en que parecía olvidarse de dónde estaba o, mejor dicho, se olvidaba de lo fundamental y se agarraba a las pequeñeces. No obstante, al echar un vistazo a la cocina y ver en el banco un cubo mediano de agua, tuvo la ocurrencia de lavarse las manos y el hacha. Tenía las manos pegajosas de sangre. Metió el hacha por la hoja en el cubo; tomó un pedacito de jabón de un platillo rajado que había en el ventanuco y empezó a lavarse las manos en el mismo cubo. Cuando hubo terminado, sacó el hacha, lavó el hierro y luego, durante dos o tres minutos, quitó las huellas de sangre coagulada del mango, para lo que hasta empleó el jabón. Después lo secó todo con la ropa que había colgada allí mismo de una cuerda a lo largo de la cocina; acto seguido examinó el hacha detenidamente y con mucha atención junto a la ventana. No quedaba ninguna huella; sólo el mango estaba todavía algo húmedo. Con el mayor cuidado colgó el hacha del lazo, en la parte interior del abrigo. Después se examinó el abrigo, los pantalones y las botas, cuanto lo permitía la débil claridad de la cocina, sumida a la penumbra. Exteriormente y a primera vista, no parecía que se notara nada; sólo había manchas en las botas. Mojó un trapo y las frotó. Sabía, no obstante, que su examen era imperfecto y que quizá no notaba algo que saltaba a la vista. Se quedó meditabundo en medio de la cocina. Una idea atormentadora y sombría crecía en él, la idea de que se volvía loco y de que en aquel momento no tenía fuerzas ni para razonar ni para defenderse; quizá no debía hacer en absoluto lo que estaba haciendo... "¡Dios mío! ¡Hay que huir! ¡Huir!", balbuceó, y se lanzó al recibidor. Allí le esperaba algo tan horroroso como no había experimentado jamás.

Atónito, de pie, no creía a sus ojos: la puerta, la puerta exterior, la que daba del recibidor a la escalera, la misma puerta a la que hacía poco había llamado y por la que había entrado, estaba abierta con una abertura hasta de media mano: ¡durante tanto tiempo, durante todo aquel tiempo, ni se había cerrado con llave ni se había pasado el cerrojo! La vieja no cerró tras él, quizá como medida de precaución. ¡Oh Dios! Él había visto después a Lizaveta! ¿Cómo no se dio cuenta? ¿Cómo no se dio cuenta de que había entrado por alguna parte? ¡No podía haberlo hecho por la pared!

Se arrojó a la puerta y corrió el cerrojo.

–¡Pero, no! ¡Otra vez no hago lo que debo! He de irme, he de irme...

Sacó el cerrojo, entreabrió la puerta y se puso a escuchar hacia la escalera.

Estuvo así mucho rato. A lo lejos, abajo, probablemente en el portal, dos voces desconocidas, fuertes y chillonas, discutían y se insultaban. "¿Qué les pasará?". Esperó pacientemente. Por fin, de golpe, todo quedó en silencio como por encanto; se había ido cada uno por su lado. Ya se disponía a salir, cuando en el piso inferior se abrió ruidosamente la puerta que daba a la escalera y alguien empezó a bajar tarareando una canción. "¡Cuánto ruido arman!", centelló en su mente. Cerró la puerta y esperó. Por fin, todo quedó silencioso; no había ni un alma. Se dirigía a la escalera, cuando de pronto volvieron a oírse pasos.

Se oían muy lejos, en el comienzo mismo de la escalera, mas recordó luego muy bien y con toda precisión, que tan pronto oyó el primer ruido, inmediatamente, empezó a sospechar, sin saber por qué, que alguien se dirigía sin falta *hacia allí*, al cuarto piso, a casa de la vieja. ¿Por qué? ¿Acaso el ruido de aquellos pasos tenía algo de particular y distintivo? Eran fuertes, acompasados, calmosos. *Él* ya ha subido el primer piso, continúa subiendo, ¡cada vez se oye mejor, cada vez se oye mejor! Se percibió el pesado jadear del que subía. Ha empezado ya el tercer piso... ¡Viene aquí! Entonces Raskólnikov tuvo la sensación de haber quedado petrificado, de que le ocurría exactamente lo que en sueños, cuando parecía que le iban a dar alcance, que se le acercaban para matarle y él se quedaba clavado en el suelo sin poder mover siquiera las manos.

Por fin, cuando el visitante comenzó a subir al cuarto piso, Raskólnikov sintió como una sacudida y tuvo tiempo de volver rápida y ágilmente sobre sus pasos, entrar en la casa y cerrar tras sí la puerta. Cogió luego la aldabilla y, con mucho cuidado, sin hacer ruido, la deslizó en la armella. Le ayudaba el instinto. Hecho esto, se quedó pegado a la puerta, conteniendo la respiración. El visitante inesperado había llegado también allí. Se encontraban los dos frente a frente, como habían estado hacía poco él y la vieja, cuando la puerta los separaba y él procuraba percibir el menor ruido.

El visitante respiró varias veces pesadamente. "Será gordo y alto, no hay duda", pensó Raskólnikov, apretando el hacha. En verdad, todo aquello parecía un sueño. El recién llegado agarró el cordón de la campanilla y tiró con fuerza.

Tan pronto como se oyó el tañido de hojalata de la campanilla, Raskólnikov tuvo la impresión de que en el interior se movían. Durante algunos segundos llegó incluso a escuchar seriamente. El desconocido tocó por segunda vez, esperó un poco más y de pronto, impaciente, empezó a mover el asidero de la puerta con todas sus fuerzas. Raskólnikov miraba horrorizado cómo saltaba el gancho en la armella y esperaba con obtuso miedo que de un momento a otro saltara la aldabilla misma. La verdad, no parecía imposible: tanta era la fuerza con que tiraban del asidero. Tuvo la idea de sostenerla con la mano, pero *el otro* habría podido adivinar. De nuevo le pareció que el vértigo se apoderaba de él. "¡Me voy a caer!", pensó por un instante, mas el desconocido se puso a hablar y Raskólnikov en seguida volvió en sí.

—¡Qué hacen ésas ahí! ¿Es que duermen, o que alguien les ha arrancado el alma? ¡Malditas sean! —bramó aquel hombre con voz de trueno—. ¡Eh, Aliona Ivánovna, vieja bruja! ¡Lizaveta Ivánovna, belleza sin igual! ¡Abran! ¡Malditas sean! ¿Dormirán o qué?

De nuevo, furioso, agitó la campanilla con todas sus fuerzas una docena de veces seguidas. No había duda; aquel era un hombre de peso y muy metido en la casa.

En aquel mismo instante se oyeron no lejos, por la escalera, unos pasos diminutos y presurosos. Se acercaba alguien más. Raskólnikov al principio ni le había oído.

—¿Es posible que no haya nadie? —preguntó con sonora y alegre voz el recién llegado, dirigiéndose al primer visitante, que seguía aún tirando del cordón de la campanilla—. ¡Muy buenas Koj!

"A juzgar por la voz, deber ser muy joven", pensó Raskólnikov.

—¡El diablo lo sabe! Por poco no arranco la cerradura —respondió Koj—. ¿Y usted de qué me conoce?

—¡Vaya pregunta! Anteayer en el "Gambrinus", le gané tres partidas seguidas al billar.

–¡Ah...!

–¿Así, pues, no están? ¡Qué raro! Además, es estúpido y me parten por la mitad. ¿Adónde puede haber ido la vieja? Vengo por un asunto.

–¡Y yo, amigo, también vengo por un asunto!

–Entonces, qué, ¿damos la vuelta? ¡Vaya mala pata! ¡Y yo que creía hacerme con algo de dinero! –gritó el joven.

–Naturalmente, hay que dar la vuelta, pero ¿por qué me citó a esta hora? Ella misma, la bruja, me dijo que viniera a esta hora. ¡La vuelta que he de dar para venir aquí! Pero ¿adónde diablos puede haber ido a zanganear? ¡No lo entiendo! ¡En todo el año no sale de casa esa bruja, se enmohece aquí, enferma de las piernas, y ahora se le ocurre irse de paseo!

–¿Si lo preguntáramos al portero?

–¿Qué quiere preguntar?

–Adónde ha ido y cuándo vuelve.

–¡Hum! ¡Diablo! Preguntar... El caso es que ella no va a ninguna parte... tiró una vez más del asidero… ¡Diablo! No hay nada que hacer. ¡Vámonos!

–¡Aguarde! –gritó de pronto el joven–. Fíjese. ¿Ve cómo la puerta cede un poco si tira de ella?

–¿Y qué?

–Eso quiere decir que no está cerrada con llave, sino con cerrojo, es decir, con un gancho. ¿Oye qué estrépito arma el cerrojo?

–¿Y qué?

–¿No comprende todavía? Significa que alguna de ellas está en casa. Si hubieran salido, habrían cerrado por fuera con llave y no con el cerrojo, desde dentro. ¿No oye el ruido que hace el cerrojo? Para cerrar con él es necesario estar en casa, ¿comprende? ¡Así, pues, están en casa y no abren!

–¡Hola! ¡Es verdad! –exclamó Koj, sorprendido–. ¡En qué estarán pensando ésas ahí dentro!

Y se puso a dar tirones a la puerta furiosamente.

–¡Espere! –gritó de nuevo el joven–. ¡No haga más fuerza! Aquí pasa algo raro... Usted se ha hartado de llamar, ha movido la puerta... Entonces las dos se han desmayado o...

–¿Qué?

–Verá, llamemos al portero. Que las despierte él mismo.

–¡Andando!

Los dos comenzaron a bajar la escalera.

–¡Un momento! Quédese usted aquí y yo voy corriendo a buscar al portero.

–¿Para qué quiere que me quede?

–¡Vaya a saber...!

–Quizá sí...

¡Sepa usted que me preparo para juez de instrucción! ¡Es evidente! ¡Es evidente que aquí pasa algo! –gritó con calor el joven, y bajó corriendo por la escalera.

Koj se quedó, movió una vez más el cordón de la campanilla, débilmente, y le arrancó un tañido; luego, despacio, como si meditara y se fijara en lo que hacía, el hombre movió el asidero de la puerta, estirándola y soltándola, para convencerse una vez más de que estaba cerrada sólo con cerrojo. A continuación se inclinó, jadeando, y se puso a mirar por el agujero de la cerradura; pero la llave estaba puesta por el interior y, por lo tanto, no podía verse nada.

Raskólnikov, de pie, apretaba el hacha. Era como si delirara. Estaba dispuesto incluso a pelearse con ellos cuando entraran. Mientras llamaban y hablaban entre sí, varias veces le asaltó la idea de acabar con todo de golpe y gritarles desde detrás de la puerta. Tenía ganas de insultarles, de hacerles rabiar hasta que consiguieran abrir. "¡Que sea cuanto antes!", pensó.

–Pero ese diablo...

Pasaba el tiempo. Transcurrió un minuto, otro; no regresaba nadie. Koj comenzó a inquietarse.

–Pero ¡qué diablos hace! –gritó de pronto y, abandonando, impaciente, su puesto de guardia, se puso a bajar la escalera, apresurándose y haciendo resonar sus altas botas.

Los pasos se apagaron.

–¡Dios mío! ¿Qué hacer?

Raskólnikov saco la aldabilla, entreabrió la puerta; no se oía nada y, de súbito, sin pensar en ninguna cosa, salió, cerró la puerta cuanto pudo y comenzó a bajar.

Había recorrido tres rellanos, cuando más abajo se dejó oír fuerte ruido. ¿Dónde meterse? No había modo de encontrar un escondite. Volvió a subir corriendo, otra vez hacia el piso de la vieja.

–¡Eh, salvaje, demonio! ¡Espera!

Así gritó alguien que salía de alguno de los pisos inferiores; se habría dicho no ya que corría, sino que caía escalera abajo, gritando a pleno pulmón.

–¡Mitka! ¡Mitka! ¡Mitka! ¡Mitka! ¡Mitka! ¡Mal rayo te parta!

El grito acabó en un chillido; las últimas voces se oyeron en el patio y todo quedó en silencio. En el mismo instante, empero, varias personas empezaron a subir hablando en voz alta, apresuradamente, armando gran alboroto. Eran tres o cuatro. Raskólnikov distinguió la sonora voz del joven. "¡Son ellos!".

Loco de desesperación, fue directamente a su encuentro. "¡Que sea lo que Dios quiera! Si me detienen, todo está perdido; si me dejan pasar, también está todo perdido: me reconocerán". Ya estaban cerca. De ellos no le separaban más que un tramo de escalera. De pronto, ¡ahí estaba la salvación! A pocos peldaños de donde él se hallaba, a la derecha, tenía abierta de par en par la puerta de un piso vacío, el mismo piso que en el segundo rellano estaban pintando los obreros, quienes ahora, como hecho adrede, habían salido. Probablemente eran ellos los que acaban de salir corriendo y gritando. El tillado estaba recién pintado; en medio de la habitación había una barrica y un cacharro con pintura y con una brocha. En un abrir y cerrar de ojos, Raskólnikov se coló por la puerta; los demás ya alcanzaban el mismo rellano. Pasaron por delante y subieron hacia el cuarto piso, hablando en voz alta. Esperó un poco, salió de puntillas y corrió hacia abajo.

No encontró a nadie en la escalera. En el portón, tampoco. Lo cruzó con ligero paso y dobló a la izquierda, en la calle.

Sabía muy bien, perfectísimamente bien, que en aquel momento los otros estaban en el piso, que se habían quedado muy sorprendidos al encontrarlo abierto, pues hacía sólo un momento que estaba cerrado, que contemplaban los cadáveres y que no transcurría ni un minuto sin que adivinasen y comprendiesen con toda claridad que hacía unos instantes se encontraba allí el asesino, quien había tenido tiempo de esconderse en alguna parte, de escabullirse ante ellos mismos y de huir; adivinarían, sin duda, que se había agazapado en el piso vacío, mientras ellos subían la escalera. Por nada del mundo, empero, se decidía Raskólnikov a acelerar la marcha, a pesar de que hasta la primera esquina aún tenía que recorrer un centenar de pasos. "¿No sería mejor que me metiera en algún portal y esperara un rato en alguna escalera desconocida? ¡No! ¡Sería catastrófico! ¿No debería arrojar el hacha? ¿No me convendría subir a un coche? ¡Catastrófico! ¡Catastrófico!".

Ahí estaba, por fin, la callejuela; dobló por ella más muerto que vivo. Podía considerarse medio salvado, y así lo comprendió: allí despertaba menos sospechas, la afluencia de gente era mayor y él desaparecía entre la muchedumbre como un grano de arena. Tantas angustias, empero, le habían agotado de tal modo que apenas podía caminar. Sudaba a chorros, tenía el cuello empapado.

–¡Éste ya ha empinado el codo! –le gritó alguien, cuando llegaba al canal.

Apenas sabía lo que hacía; cuanto más tiempo pasaba, peor. Recordó, empero, que de pronto, al llegar al canal, se asustó al notar que había menos gente y que llamaría más la atención; estuvo tentado a dar la vuelta hacia la callejuela. A pesar de que apenas se sostenía y estuvo a punto de caer, dio un rodeo y llegó a su casa por la parte completamente opuesta.

No se había recobrado aún por completo al cruzar el portal; había conseguido llegar a la escalera, cuando se acordó del hacha. Aún tenía que llevar a cabo una importante tarea: devolver el hacha a su sitio sin que se notara. Naturalmente, no tenía fuerzas para comprender que quizá habría sido mucho mejor no colocarla donde estaba antes, sino arrojarla, aunque hubiera sido más tarde, en algún patio distante.

Mas todo salió bien. La portería estaba cerrada, aunque no con candado; lo más probable era, pues, que el portero estuviese dentro, en su casa. Pero Raskólnikov había perdido hasta tal punto la facultad de razonar, que se dirigió a la puerta y la abrió sin más. Si el portero le hubiese preguntado: "¿Qué quiere usted", es muy probable que Raskólnikov le hubiese entregado sencillamente el hacha. Pero el portero no estaba, y pudo colocarla en su sitio, debajo del banco; hasta le puso encima un tronco, como antes. Luego, no encontró a nadie, ni un alma, y llegó sin ser visto a su habitación; la puerta de la patrona estaba cerrada. Al entrar en su cuartucho, se arrojó vestido sobre el sofá. No se durmió, pero estuvo amodorrado. Si alguien hubiese entrado entonces en su habitación, Raskólnikov se habría puesto en pie como movido por un resorte y habría empezado a gritar. Le hormigueaban en la cabeza trozos y jirones de pensamientos; pero no podía hacerse con ninguno de ellos, no podía concentrarse en nada, a pesar de sus esfuerzos...

SEGUNDA PARTE

CAPÍTULO I

Raskónikov pasó mucho tiempo echado en el diván. Parecía, en ocasiones, como que salía de aquel sueño y entonces notaba que la noche había avanzado; pero no se le ocurría levantarse. Vio al fin, que el día apuntaba. Tendido sobre el sofá, todavía no había logrado sacudirse la especie de letargo que le cubría. Gritos terribles, desesperados, que subían de la calle, llegaron a sus oídos; eran, por lo demás, los que todas las noches, hacia las dos, oía resonar bajo su ventana. El ruido le despertó. "¡Ah, son los borrachos que salen de la taberna! –pensó–, ¡son las dos!". Y experimentó un brusco sobresalto, como si alguien le arrancara del diván. "¡Imposible! ¡Las dos ya!".

Sentándose en el sofá, lo recordó todo. Creyó que iba a volverse loco. Experimentaba una terrible sensación de frío, efecto de la fiebre que le invadiera durante el sueño. Tiritaba de tal manera que sus dientes castañeteaban. Todos en la casa dormían, ni un ruido. Paseó una mirada de sorpresa por su persona y en torno de su aposento y no comprendía cómo el día anterior, al entrar, se había arrojado al sofá sin cerrar la puerta con la aldabilla, y no sólo sin desnudarse, sino, incluso, sin quitarse el sombrero, que había caído al suelo cerca de la almohada. "Si hubiera entrado alguien, ¿qué habría pensado? Que estaba borracho, pero…". Se precipitó hacia la ventana. Había bastante luz y se apresuró a examinar toda su ropa, de pies a cabeza. ¿No habrían quedado huellas? Pero, estando vestido, eran inútiles sus esfuerzos: sacudido por los escalofríos, se desnudó y volvió a inspeccionar todo. Registró hasta el último hilo, hasta el más pequeño pliegue y, sin confiar en sí mismo, llevó a cabo el análisis tres veces. Por lo visto, no había nada, no quedaba ninguna huella; sólo en el extremo de los pantalones, en los hilos colgantes, quedaban restos de espesa sangre seca. Tomó la navaja y cortó el fleco. Al parecer, no había nada más. De pronto recordó que aún tenía en los bolsillos el portamonedas y los objetos que había sacado del baúl de la vieja. ¡No se le había ocurrido esconderlos! ¡No se había acordado de ellos ni siquiera hacía un instante al examinarse la ropa! ¿Qué le pasaba? En un santiamén los cogió y los arrojó sobre la mesa. Recogió todo, después de haber vuelto al revés los bolsillos a fin de comprobar que no quedaba nada en ellos, llevó los objetos a un rincón.

Allí abajo, en el rincón mismo, el empapelado se había despegado de la pared formando una cavidad. En seguida comenzó a meterlo todo en el hueco, debajo del empapelado. "¡Ha cabido! ¡Está todo fuera de la vista, y el portamonedas también!", pensó gozoso, de pie y contemplando el rincón y la cavidad, que aún se había hecho mayor. Se estremeció horrorizado.

–¡Dios mío! –balbuceó con desesperación–. ¿Qué estoy haciendo? ¿Acaso puede decirse que esté escondido? ¿Acaso es así como se esconden las cosas?

Verdad es que no había pensado en los objetos; creía que habría sólo dinero y por ello no había preparado un escondite de antemano. "Pero ¿de qué me alegro ahora? –pensó–. ¿Es así como se esconden las cosas? ¡Verdaderamente, el juicio me abandona". Se sentó agotado en el sofá y en seguida los escalofríos volvieron a estremecerle. Maquinalmente agarró su antiguo y roto capote de estudiante, de mucho abrigo, que tenía al alcance de la mano, en una silla, y se lo echó encima. De nuevo el sueño y el desvarío se apoderaron de él. Quedó amodorrado.

No habían transcurrido cinco minutos, cuando volvió a ponerse en pie de un salto y se lanzó furioso sobre sus ropas. "¡Cómo he podido dormirme otra vez sin arreglar nada! Eso es, eso. ¡Todavía no he quitado el lazo del interior del abrigo! ¡He olvidado una cosa como esta! ¡He olvidado un indicio como éste!". Arrancó el lazo de un tirón y lo rompió febrilmente en trozos que metió bajo la almohada, donde tenía la ropa interior.

–Trozos de tela en ningún caso van a despertar sospechas. ¡Parece que ha de ser así, parece que ha de ser así! –repitió, de pie en medio del cuchitril.

Y poniendo tensa la atención, hasta sentir dolor, volvió a examinar cuidadosamente el suelo y todos los rincones. ¿No se habría olvidado de

ninguna otra cosa? La convicción de que iba perdiendo la memoria, incluso
la simple capacidad de razonar, comenzaba a atormentarle de manera insoportable. "¿Es posible que empiece? ¿Es posible que llegue el castigo?
¡Eso, eso, así es!". En efecto, trozos del fleco que había cortado de los pantalones estaban tirados en el suelo, en medio de la habitación, como para
que los viera el primero que entrase.

–¡Qué estoy haciendo! –gritó, como atontado.

En aquel instante tuvo una idea rara. Quizá toda su ropa estaba man-
chada de sangre, sus vestidos estaba salpicados de manchas, pero él no
las veía, no las distinguía, porque se le había debilitado la razón, se le
había quebrado... la mente se le había ofuscado... De pronto recordó
que también en el portamonedas había manchas de sangre. "¡Claro! En
el bolsillo habrá huellas, porque el portamonedas estaba mojado cuando
lo tomé". En un momento volvió el bolsillo al revés. Era como había
supuesto: ¡en el forro había huellas, manchas! "Así, pues, todavía no he
perdido la razón; aún me queda imaginación y memoria, si yo mismo me
he dado cuenta de esa posibilidad –pensó con una sensación de triunfo,
respirando, satisfecho, a todo pulmón–; nada, es la debilidad que produce la fiebre, es la alucinación de un momento", y arrancó, de una vez,
todo el forro del bolsillo izquierdo de los pantalones. En aquel mismo
instante, un rayo de sol le iluminó la bota izquierda: le pareció distinguir
señales de sangre en el calcetín, que se veía por un roto de la bota. Se
descalzó. En efecto, había señales. Toda la punta del calcetín estaba
empapada en sangre. Probablemente puso el pie en aquel charco, sin
darse cuenta de ello... "¿Qué hacer, ahora, con todo esto? ¿Dónde meter
este calcetín, este fleco y este bolsillo?".

Estaba de pie, en medio de la habitación, con los objetos entre las
manos.

–¿En la estufa? En la estufa es donde primero comenzarán a hurgar.
¿Quemarlo? Bien, pero ¿con qué? Ni cerillas tengo. No, es preferible salir
y tirarlo todo a alguna parte. ¡Sí! ¡Es mejor tirarlo –repitió, sentándose
otra vez en el sofá–, tirarlo ahora, en este mismo instante, sin perder un
momento...!

En vez de hacerlo, se le inclinó de nuevo la cabeza sobre la almohada;
de nuevo un escalofrío insoportable le agarrotó el cuerpo; de nuevo se
cubrió con el viejo capote.

Y largo rato, durante varias horas, le cruzó la mente, como a ramalazos,
la misma idea: "¡Ahora mismo, sin esperar más, he de ir a alguna parte y
arrojar todo, para quitarlo de la vista, cuanto antes, cuanto antes!". Varias

veces trató de levantarse, pero no pudo. Un fuerte golpe a la puerta le despertó definitivamente.

–¡Abre de una vez! ¿Estás vivo o no? ¡Siempre durmiendo! –gritaba Nastasia, dando puñetazos a la puerta–. ¡Se pasa los días durmiendo, como un perro! ¡Y es un verdadero perro! ¡Abres, o qué! ¡Son ya más de las diez!

–Quizá no esté en casa –dijo una voz de hombre.

"¡Cómo! Es la voz del portero... ¿Qué querrá?".

Se incorporó de súbito y se sentó en el sofá. El corazón le daba tales golpes que hasta le dolía.

–¿Quién habrá cerrado con la aldabilla? –replicó Nastasia–. ¡Qué listo! ¡Ahora cierra por dentro! ¿Tendrá miedo de que se lo lleven? ¡Abre, cabezota, despiértate!

"¿Qué querrán? ¿Por qué está el portero? Se sabe todo. ¿Resisto, o abro? Que sea lo que Dios quiera...".

Se levantó un poco, se inclinó hacia delante y sacó el gancho. Su habitación eran tan pequeña que desde la cama se podía abrir la puerta sin moverse. Estaban a la puerta el portero y Nastasia. No se había equivocado.

Nastasia le contempló de manera extraña. Raskólnikov lanzó una mirada retadora y desesperada al portero, quien, sin preámbulos, le tendió un papel gris, doblado por la mitad, sellado con cera.

–Una citación de la oficina –le dijo, al entregarle el papel.

–¿De qué oficina...?

–Le llaman a la policía, a la oficina. Ya se sabe qué oficina es.

–¡A la policía…! ¿Por qué...?

–Yo qué sé. Te llaman, pues ve.

Le miró atentamente, pasó la vista por el cuchitril y dio la vuelta para salir.

–¿No estás enfermo de veras? –preguntó Nastasia, sin apartar la mirada de Raskólnikov; el portero volvió también la cabeza un momento. Desde ayer tiene fiebre –añadió la mujer.

Raskólnikov no respondió; tenía el papel en las manos, sin abrirlo.

–No te levantes –prosiguió Nastasia, compasiva, al ver que ponía los pies al suelo–. Si estás enfermo no vayas. ¿Qué tienes en la mano?

Raskólnikov se miró las manos: tenía en la derecha los trozos de fleco, el calcetín y los jirones del bolsillo arrancado. Había dormido con ellos. Más tarde, al meditar sobre aquello, recordó que, cuando se despertaba un poco, consumido por la fiebre, apretaba los objetos en la mano con todas sus fuerzas y volvía a sumirse en el sueño.

–¡Vaya pingajos que ha recogido! ¡Y duerme con ellos como si fueran un tesoro...!

Y Nastasia se echó a reír con su risa enfermiza y nerviosa. Al punto Raskólnikov lo metió bajo el capote y se la quedó mirando fijamente a los ojos. Aunque en aquel momento le era difícil coordinar los pensamientos, se daba cuenta de que no le tratarían de aquel modo si fueran a detenerle. "Pero... ¿Y la policía?".

–¿Beberías té? ¿Quieres? Te lo traigo, ha quedado...

–No... Voy a la policía; voy ahora –balbuceó levantándose.

–Cuidado, a lo mejor ni puedes bajar la escalera.

–Iré ahora...

–Allá tú.

Nastasia salió tras el portero. Raskólnikov se acercó inmediatamente a la luz para examinar el calcetín y el fleco. "Hay manchas, pero casi no se notan. Todo se ha ensuciado, se ha borrado y ya ha perdido el color. Quien no lo sepa, no lo distinguirá. ¡Así, pues, gracias a Dios, Nastasia no ha podido notar nada, de lejos!". Entonces abrió con ansiedad la citación y se puso a leer; estuvo haciéndolo un buen rato, hasta que por fin llegó a comprender. Era una simple citación para que se presentara aquel mismo día a las nueve y media en la oficina del inspector de policía del barrio.

"¿Cuándo mandan estas citaciones? Así, sin más ni más, no tengo nada que solventar con la policía. ¿Por qué precisamente hoy?", pensó con dolorosa perplejidad. "¡Dios mío, que termine todo como sea, pero cuanto antes!". Iba a ponerse de rodillas para rezar, pero se echó a reír, no de los rezos, sino de sí mismo. Empezó a vestirse apresuradamente. "¡Si me pierdo, que me pierda! ¡Me da lo mismo! ¡Hay que ponerse el calcetín!", se le ocurrió de pronto. "Así las huellas se borrarán aún más con el polvo y desaparecerán". Pero no bien se lo hubo puesto, se lo quitó de un tirón, lleno de repugnancia y horrorizado. Se lo quitó, pero después de pensar que no tenía otro, volvió a ponérselo y a reír. "Todo es convencional, todo es relativo, todo no es más que pura forma", pensó de modo fugaz, sólo con una parte del pensamiento, a la vez que temblaba de pies a cabeza. "¡Al fin y al cabo, me lo he puesto! ¡Al fin he acabado poniéndomelo!". Pero la risa se trocó en seguida en desesperación. "No, es superior a mis fuerzas...". pensó; le vacilaban las piernas. "Es miedo", dijo para sus adentros. La cabeza le daba vueltas y le dolía a causa de la fiebre. "¡Es una treta! Lo que quieren es atraerme por la astucia y de pronto sacar a relucir todo". Siguió razonando interiormente al salir a la escalera. "Lo peor es que casi deliro... puedo soltar cualquier estupidez...".

En la escalera se acordó de que había dejado los objetos en la cavidad del empapelado. "Vete a saber si lo que quieren no es hacer un registro durante mi ausencia"; se acordó de ello y se detuvo. Mas de pronto se apoderó de él tal desesperación, tal cinismo de catástrofe, si así puede decirse, que hizo un gesto de indiferencia con la mano y prosiguió su camino.

"¡Que se termine cuanto antes...!".

En la calle hacía otra vez un calor insoportable; en aquellos días no había caído ni una gota de agua. Otra vez el polvo, los ladrillos y la cal, otra vez el mal olor de las tiendas y de las tabernas, otra vez borrachos a cada paso, vendedores ambulantes y coches de punto semidesvencijados. El sol le hirió la vista, de modo que hasta le resultaba doloroso mirar y la cabeza le daba vueltas, más que nunca, sensación que es corriente en las personas que tienen fiebre y salen de pronto a la calle un día de claro sol.

Al llegar a la esquina de la calle de la *víspera*, miró con atormentadora inquietud hacia *la casa* y en seguida apartó la vista de aquel lugar.

"Si me lo preguntan, quizá confiese", pensó al entrar en la oficina.

De su casa a la oficina no había más allá de un cuarto de versta. Acababan de trasladarla al cuarto piso de un nuevo edificio. Raskólnikov había pasado una vez, rápidamente, por el antiguo local, pero de ello hacía ya mucho tiempo. Al cruzar el portal, vio a la derecha una escalera de la que salía un mujik con un gran cuaderno en la mano. "Debe ser el portero; aquí estará, pues, la oficina", y empezó a subir la escalera, al azar. No quería preguntar nada a nadie.

"Cuando entre, me pondré de rodillas y lo contaré todo", pensó al llegar al cuarto piso.

La escalera, estrecha y empinada, estaba mojada y llena de basuras. Las cocinas de todas las viviendas de los cuatro pisos daban a ella y permanecían abiertas casi todo el día. De ahí que el aire fuera muy sofocante. Subían y bajaban porteros con grandes cuadernos debajo del brazo, empleados, agentes de policía y visitantes de uno y otro sexo.

La puerta de la oficina estaba así mismo abierta de par en par. Raskólnikov entró y se detuvo en el vestíbulo, donde unos mujiks estaban de pie, esperando. El calor también era asfixiante, y además hería el olfato hasta provocar náuseas la pintura fresca del local, pintado con aceite secante que olía a podrido. Después de esperar un poco, decidió avanzar hasta la habitación inmediata. Todos los cuartos eran diminutos y muy bajos de techo. Una impaciencia terrible le empujaba a avanzar más y más. Nadie se daba cuenta de su presencia. En la segunda habitación estaban sentados algunos escribientes, poco mejor vestidos que el propio Raskólnikov, todos de aspecto raro. Se dirigió a uno de ellos.

–¿Qué quieres?

Raskólnikov mostró la citación.

–¿Es usted estudiante? –le preguntó el escribiente, después de haber lanzado una mirada al documento.

–Sí, exestudiante.

El escribiente le miró, aunque a decir verdad sin curiosidad alguna. Era un individuo desgreñado, con una idea fija en la mirada.

"De éste nada sacarás en limpio, porque todo le da lo mismo", pensó Raskólnikov.

–Diríjase allí, al encargado de la oficina –dijo el escribiente, y señaló con el dedo hacia la última habitación.

Raskólnikov entró en la pieza indicada (era la cuarta, contadas por orden), estrecha y repleta de gente algo más aseada que la de las otras. Entre los visitantes había dos señoras. Una de luto y pobremente vestida, estaba sentada a la mesa frente al encargado de la oficina y escribía algo que éste le dictaba. La otra, una dama de notable aspecto, rolliza y con manchas rojas en el rostro, vestida de manera sumamente aparatosa, con un broche grande como un platito de té en el pecho, estaba de pie, algo apartada, esperando. Raskólnikov presentó la citación a aquel oficinista, quien dio un vistazo al papel, dijo "espere", y continuó atendiendo a la dama enlutada.

Raskólnikov respiró con mayor libertad. "¡Probablemente no se trataba de eso!". Poco a poco empezó a animarse; se exhortaba con todas sus fuerzas a confortarse y a recobrarse.

"¡Una tontería cualquiera, un descuido cualquiera, por pequeño que sea, y me delato a mí mismo! ¡Hum...! Es una pena que se respire aquí tan mal –pensó–, que el aire sea tan sofocante... La cabeza me da vueltas y el entendimiento también...".

Notaba en todo su ser un desorden terrible. Tenía miedo de no dominarse. Procuraba agarrarse mentalmente a algo, pensar en alguna cosa completamente distinta; pero no lo lograba. Por otra parte, el encargado de la oficina había despertado vivamente su interés. Raskólnikov tenía enormes deseos de adivinar algo por su cara, intuir qué clase de hombre era. Se trataba de un individuo muy joven, de unos veintidós años, de rostro moreno y móvil. Parecía mayor de lo que realmente era, vestido a la moda y presumido, con el cabello cuidadosamente peinado, sin regatear fijapelo, y la raya en medio, hasta la coronilla; llevaba los dedos, blancos y pulidos con cepillo, cargados de sortijas y anillos, y lucía cadenita de oro en el chaleco. Dijo incluso un par de palabras en francés, bastante satisfactoriamente, a un extranjero que se encontraba allí.

–Por qué no se sienta usted, Luisa Ivánovna? –dijo dirigiéndose por un momento a la señora emperifollada, encarnada de rostro, la cual seguía de pie, como si no se atreviera a sentarse, a pesar de que tenía una silla al lado.

–*Ich danke*[1] –respondió la dama, y tomó asiento suavemente, con ruido de sedas.

Su vestido de color azul claro, con adornos de encaje, se extendió en torno a la silla como si fuera un globo y ocupó, valga la palabra, media habitación. Se esparció un olor a perfumes. Habríase dicho, no obstante, que a la dama le resultaba algo violento ocupar medio cuarto y despedir tal olor, y se la oía sonreír temerosa e insolente a la vez, con manifiesta inquietud.

La señora vestida de luto terminó por fin y se dispuso a levantarse. De pronto entró, armando cierto revuelo, un oficial que movía los hombros de modo muy peculiar a cada paso que daba; arrojó a la mesa la gorra con escarapela y se sentó en un sillón. La dama emperifollada saltó del asiento al verle y con singular arrobamiento se inclinó para saludarle, con una reverencia, mas el oficial no le hizo el menor caso, y ella ya no se atrevió a volver a ocupar su silla en presencia suya. Aquel oficial era ayudante del inspector del barrio. Las puntas de su bigote pelirrojo sobresalían horizontalmente por ambos lados, y tenía los rasgos de la cara extraordinariamente pequeños sin que, por lo demás, se reflejara en ellos nada particular, a no ser cierta petulancia. Miró de reojo y en parte con indignación a Raskólnikov: su vestido resultaba excesivamente andrajoso y, a pesar de toda la humillación sufrida, su porte no era el que correspondía a los harapos; Raskólnikov, por imprudencia, se quedó demasiado tiempo mirando fijamente al joven oficial, quien hasta se sintió ofendido por ello.

–¿Qué quieres? –le preguntó gritando, sorprendido probablemente de que un andrajoso como aquél no se mostrara dispuesto a bajar los ojos ante su fulminante mirada.

–Me han mandado venir por esta citación...–respondió, bien que mal, Raskólnikov.

–Es por el asunto del dinero que se reclama al *estudiante* –se apresuró a decir el encargado de la oficina, dejando por un momento sus papeles–.

[1]Gracias. (En alemán en el original.)

¡Aquí está! –al decir esto alargó un cuaderno a Raskólnikov, señalando en él un determinado lugar–. ¡Lea!

"¿Dinero? ¿Qué dinero? –pensó Raskólnikov–. Pero... ¡Así, pues, no se trata de *aquello*!". Se estremeció de alegría. De pronto tuvo una horrible, una inexpresable sensación de alivio. Se quedó libre de la pesada carga que le aplastaba.

–Pero ¿a qué hora le ordena presentarse este escrito, señor mío? –gritó el oficial, cada vez más ofendido sin saber por qué–; le escriben que venga a las nueve, y ahora son más de las once.

–No hace más de un cuarto de hora que me han traído el documento –contestó Raskólnikov en voz alta, por encima del hombro, irritado inesperadamente consigo mismo, y encontrando en ello cierta satisfacción–. Bastante he hecho con venir, estando enfermo y con fiebre.

–Haga el favor de no gritar.

–Yo no grito; hablo con mucha calma. Es usted quien grita; soy estudiante y no tolero que nadie me grite.

El ayudante montó en cólera hasta tal punto, que, de momento, no pudo articular las palabras y de su boca no salieron más que gotas de saliva. De un salto se levantó de su asiento.

–¡Cállese! ¡Se encuentra en una oficina del Estado! ¡No diga groserías, señor!

–Sí, usted también se encuentra en una oficina del Estado –exclamó Raskólnikov–; y, además de gritar, fuma, con lo que nos falta a todos.

Después de haber hablado en estos términos, Raskólnikov experimentó una satisfacción indescriptible.

El encargado de la oficina se los quedó mirando con la sonrisa en los labios. El fogoso teniente estaba perplejo.

–¡Eso no es cosa suya! –gritó por fin, con voz afectadamente alta–. Lo que usted tiene que hacer es dar la explicación que le piden. Muéstreselo, Alexandr Grigórievich. ¡Hay una denuncia contra usted! ¡Usted no paga lo que debe! ¡Vaya aguilucho que se nos ha presentado aquí!

Pero Raskólnikov ya no escuchaba y tomó ávidamente el papel, buscando la solución del enigma. Lo leyó y releyó sin llegar a comprender nada.

–¿Qué es esto? –preguntó al encargado de la oficina.

–Una reclamación, exigiendo de usted el pago de un préstamo. Usted ha de pagarlo incluidos todos los gastos, multas y demás, o ha de declarar por escrito cuánto podrá pagar; además, se ha de obligar a no salir de la capital antes de liquidar la deuda, a no vender ni esconder sus bienes. El acreedor es libre de vender lo que usted posea y puede obrar con usted según dicta la ley.

–Pero…¡si yo no debo nada a nadie!

–Eso ya no es cosa nuestra. A nosotros ha llegado, para la correspondiente reclamación, una letra de cambio de ciento quince rublos, prorrogada y prestada de acuerdo con la ley; la entregó usted hace nueve meses a la señora Zarnítsina, viuda de un asesor provincial de hacienda, y la señora Zarnítsina la ha pasado para efectos de pago al consejero de Estado Chebárov, y por eso le llamamos a usted a declarar.

–Pero ¡la señora Zarnítsina es mi patrona!

–¿Qué importa que sea su patrona?

El encargado de la oficina le miraba con condescendiente sonrisa de compasión y al mismo tiempo con cierta solemne complacencia, como se mira al novato a quien están empezando a tirotear, como diciendo: "¡Qué! ¿Cómo te encuentras ahora?". Pero ¡qué le importaban ahora a Raskólnikov la letra de cambio y la reclamación! ¿Acaso valía la pena preocuparse lo más mínimo por ello y prestarle la menor atención? Raskólnikov estaba de pie; leía, escuchaba, respondía, incluso él mismo preguntaba, pero todo lo hacía maquinalmente. El victorioso sentimiento de autoconservación, de haberse salvado del peligro que pesaba sobre él, era lo que llenaba por completo su ser en aquel instante, sin conjeturas, sin análisis, sin cábalas sobre el futuro, sin dudas y sin problemas. Fue un minuto de alegría plena, inmediata, puramente animal. Pero en aquel mismo instante se produjo en la oficina algo así como una tempestad de truenos y rayos. El oficial, alterado aún por la falta de consideración de que había sido objeto, rojo de ira, y, por lo visto, afanoso de sostener su reputación vulnerada, descargó toda su cólera sobre la "emperifollada dama", que no había dejado de mirarle con la más estúpida de las sonrisas desde que él había entrado.

–¡Y tú, hija de tal y de cual! –gritó el teniente, desgañitándose (la señora de luto ya había salido)–. ¿Qué ha pasado esta noche en tu casa? Otra vez has armado escándalo en la calle. Otra vez peleas y borracheras. ¡Te estás empeñando en que te meta en chirona! No dirás que no te haya advertido. ¡Te he dicho y repetido diez veces que a la undécima no te lo perdono! ¡Y tú otra vez, dale que dale, hija de tal y de cual!

Raskólnikov, a quien hasta el papel se le cayó de las manos, miró asombrado a la dama tratada con tan pocas consideraciones; pero no tardó en darse cuenta de lo que se trataba y en seguida aquella historia empezó a hacerle gracia. Escuchaba con placer, tanto, que hasta sintió deseos de reír, de reír, de reír… Los nervios le saltaban.

–¡Iliá Petróvich! –exclamó solícito el encargado de la oficina, pero se detuvo, dejando que pasara el tiempo, pues sabía por experiencia propia que al teniente, cuando estaba furioso, no había manera de contenerle si no era agarrándolo por el brazo.

En cuanto a la emperifollada dama, al principio se quedó temblando bajo la tempestad de truenos y rayos que le vino encima, pero cosa rara: cuanto más numerosos y duros se hacían los insultos, tanto más amable se mostraba ella, tanto más encantadora era la sonrisa que dirigía al terrible oficial. Daba pasitos cortos sin moverse de su sitio y hacía incesantes reverencias, esperando impaciente que le permitieran tomar la palabra, lo que al fin consiguió.

–No ha habido en casa ni alborotos ni peleas, señor capitán –soltó de pronto, como si le hubieran dado cuerda, hablando con soltura el ruso, aunque con acusadísimo acento alemán–, ni escándalos. ¡Ningún escándalo! Él vino borracho; lo contaré todo, señor capitán, yo no tengo la culpa... Mi casa es una casa respetable, señor capitán, y el trato es correcto, señor capitán, y yo no quiero nunca ningún escándalo. Pero él vino completamente borracho y luego pidió tres botellas más, y luego levantó los pies, y con un pie se puso a tocar el piano, y eso está muy mal en una casa respetable, y rompió el piano *ganz*[2] y yo le dije que aquello no era correcto. Él tomó una botella y empezó a empujarnos a todos por detrás. Entonces llamé al portero. Karl vino y él le hinchó un ojo, y a Henriette también le hinchó un ojo, y a mí me dio cinco bofetadas. Eso es tan poco delicado en una casa respetable, señor capitán, que yo grité. Él abrió la ventana que da al canal y se puso a gruñir como un cerdo; y esto es una vergüenza. ¿Cómo es posible gruñir como un cerdo en una ventana que da a la calle? ¡Fu-fu-fu! Entonces Karl le tiró del frac para arrancarlo de la ventana, y la verdad, señor capitán, al tirar, le rasgó *sein rock*[3]. Entonces él se puso a gritar que *man muss*[4] pagarle quince rublos de plata para reparar el frac, y yo misma, señor capitán, le pagué cinco rublos por *sein rock*. Es un cliente mal educado, señor capitán, quien ha armado todo el escándalo. Y dijo: "Escribiré una gran sátira sobre vosotros, porque en todos los periódicos puedo escribir lo que quiera".

–¿Así, pues, es de los que escriben en los periódicos?

---

[2] Por completo, totalmente. (En alemán en el original.)

[3] Su chaqueta. (Ídem.)

[4] Había que. (En alemán en el original.)

–Sí, señor capitán. Ya ve qué mal educado ha de ser, cuando, en una casa respetable, señor capitán…

–¡Bueno, bueno! ¡Basta! Ya te he dicho, te he dicho y repetido…

–¡Iliá Petróvich! –volvió a decir el encargado de la oficina, con grave expresión.

El teniente le dirigió una rápida mirada y el otro hizo un leve movimiento de cabeza.

–…Pues bien, mi muy respetable *Lavisa* Ivánovna, te hago la última advertencia, y ésta sí que es la última –continuó el teniente–. Si en tu respetable casa se produce otro escándalo, uno solo, te meto en chirona, como se dice con palabras finas. ¿Lo has oído? ¡Resulta que ese literato, ese escritorzuelo, en una "casa respetable" se ha metido cinco rublos de plata en el bolsillo por un roto en el faldón! ¡Valientes tipos, esos escritorzuelos! –y al pronunciar estas palabras, dirigió una despectiva mirada a Raskólnikov–. Anteayer, en un fonducho, hubo otra historia. Uno de esos comió y luego no quiso pagar. "Os voy a sacar a todos en una sátira", decía. Otro de ellos, la semana pasada, en un banco, insultó con las palabras más bajas a la honorable familia de un consejero de Estado, a su mujer y a su hija. Hace muy poco echaron a otro de una pastelería a golpes. ¡Valientes pajarracos son los escritorzuelos, literatos, estudiantes, charlatanes…! ¡Bah! ¡Ya puedes largarte! Yo mismo daré una vuelta por tu casa… ¡y mucho cuidado entonces! ¿Está claro?

Luisa Ivánovna, con apresurada amabilidad, empezó a hacer reverencias en todas direcciones, a la vez que iba retrocediendo hacia la puerta. Al llegar al umbral dio con la parte posterior contra un brillante oficial de cara abierta y fresca, con soberbias patillas rubias, muy pobladas. Era el propio Nikodim Fómich, el inspector del barrio. A Luisa Ivánovna le faltó tiempo para hacerle una reverencia, inclinándose poco menos que hasta el suelo, y se fue de la oficina con paso rápido y breve.

–¡Otra vez estruendo, otra vez truenos y rayos, una tromba, un huracán! –dijo en tono amable y amistoso Nikodim Fómich, dirigiéndose a Iliá Petróvich–. Otra vez te han sacado de tus casillas, otra vez te has puesto furioso. Desde la escalera te he oído.

–¿Qué quiere usted? –respondió Iliá Petróvich, con generosa displicencia (alargando incluso afectadamente la palabra "quiere"), a la vez que se dirigía a otra mesa con unos papeles en la mano, moviendo los hombros de modo pintoresco cada vez que daba un paso, avanzando en el mismo sentido hombro y pierna–. Figúrese: este señor, que es de los que escriben, exestudiante, y no paga lo que debe, ha firmado letras de cambio, no se va del cuarto que ocupa, llueven contra él las quejas y aún se ha permitido echarme en cara el que yo haya encendido un pitillo en su presencia. ¡A cada paso cometen ruindades ellos mismos! Y ahora, sírvase usted echar un vistazo a éste. ¡Ahí los tiene en su aspecto más atractivo!

–La pobreza no es una deshonra, amigo mío. ¡Bah! Ya se sabe que quien es como la pólvora no puede soportar la menor ofensa. Y usted –prosiguió Nikodim Fómich, dirigiéndose amablemente a Raskólnikov–, con toda probabilidad se ha sentido molesto contra él por alguna cosa y tampoco ha sabido contenerse. Pero, en tal caso, se ha ofendido usted en vano. Le digo que no hay hombre tan noble como él, es nobilísimo, se lo digo yo; pero ¡es pura pólvora, pólvora! Se inflama, chisporrotea, se consume ¡y nada! ¡Todo ha pasado! ¡En el fondo, un corazón de oro! En el regimiento ya le llamaban "el teniente pólvora"...

–¡Y qué regimiento aquél! –exclamó Iliá Petróvich, más que satisfecho de que le dedicaran tales cumplidos, aunque no por ello dejaba de mostrarse enojado. De pronto, Raskólnikov sintió vivos deseos de decir a todos algo extraordinariamente agradable.

—Con su venia, capitán –empezó a decir, con suma desenvoltura, dirigiéndose de pronto a Nikodim Fómich–; póngase usted en mi situación… Estoy dispuesto incluso a rogar que me perdonen si por mi parte he faltado en algo. Soy un estudiante pobre y enfermo, abatido –lo dijo así: "abatido"– por la pobreza. Ahora no estudio, porque no puedo subvenir a mis necesidades, pero recibiré dinero… Tengo a mi madre y a mi hermana en provincias… Me lo enviarán y pagaré. Mi patrona es una buena mujer, pero le ha irritado tanto que yo haya perdido las lecciones que daba y que le deba cuatro meses de pensión, que ni siquiera me da de comer… No entiendo qué letra de cambio es ésa. Ahora me viene con este documento de crédito; pero ¡cómo quiere que le pague; júzguenlo ustedes mismos!...

—Eso no es cosa nuestra… –observó de nuevo el encargado de la oficina.

—Permítanme, permítanme; estoy completamente de acuerdo con usted, pero permítanme que les explique –continuó diciendo Raskólnikov, dirigiéndose no al encargado de la oficina, sino a Nikodim Fómich, como antes, aunque procurando con todas sus fuerzas dirigirse también a Iliá Petróvich, a pesar de que éste, terco, hacía como si estuviera ocupado con sus papeles y como si no le prestara ninguna atención, despectivamente–; permítanme explicarles, por mi parte, que vivo en casa de mi patrona hace ya casi tres años, desde que vine de provincias, y antes… antes… y por qué no he de reconocer, a mi vez, que a poco de llegar prometí casarme con su

hija. La promesa fue de palabra, completamente libre... Era un muchacha...
Por lo demás, hasta me gustaba, a pesar de que no estaba enamorado... En
una palabra, cosas de la juventud, eso es; quiero decir que la patrona me
concedía entonces mucho crédito y yo en parte llevaba una vida... Entonces era yo muy ligero de cascos...

–Nadie le pide a usted que cuente tales intimidades, señor mío, aparte
que no tenemos tiempo para escucharle –le dijo, interrumpiéndole, Iliá
Petróvich, con grosería y arrogancia.

Pero Raskólnikov le detuvo vivamente, a pesar de que, de pronto, se le
hizo muy penoso seguir hablando.

–Permítanme; permítanme, se lo ruego, que les cuente en parte... lo
que ocurrió, y a mi vez..., aunque estoy de acuerdo con ustedes en que es
superfluo contarlo. Pero hace un año esa doncella murió del tifus, y yo
continué siendo huésped de su casa, como antes; cuando pasamos a este
piso, la patrona me dijo, y me lo dijo amistosamente, que tenía plena confianza en mí, pero que me pedía le diera esta letra de cambio, si no tenía
ningún inconveniente en ello, que su importe era de ciento quince rublos,
a lo que ascendía mi deuda, según sus cálculos.

–Permítanme. Me dijo entonces con toda claridad que, no bien le diera yo ese papel, ella volvería a concederme todo el crédito que yo quisiera
y que a su vez, nunca, nunca (éstas fueron sus palabras), haría uso del
documento mientras no se lo pagara yo por voluntad propia... Y ahora que
he perdido las lecciones y no tengo de qué comer, me reclama el pago de la
letra. ¿Qué quieren ustedes que diga yo ahora?

–Todos esos detalles sentimentales, señor mío, no nos importan nada
–dijo Iliá Petróvich, interrumpiendo insolentemente Raskólnikov–. Lo
que usted debe hacer es dar por escrito la declaración y la promesa que se
le exige, y todo eso de si se enamoró o no, y todos esos pasajes trágicos, son
cuestiones de las que no nos ocupamos en absoluto.

–¡Hombre, tanto como eso!...Tú eres muy duro... –balbuceó Nikodim
Fómich, sentándose a su mesa y poniéndose también a firmar documentos. Tenía cierta sensación de vergüenza.

–Escriba usted –dijo el encargado de la oficina a Raskólnikov.

–¿Qué he de escribir? –preguntó este último, con particular brusquedad.

–Se lo dictaré.

Después de su confesión, a Raskólnikov le pareció que el encargado
de la oficina le trataba con mayor negligencia y más despectivamente;
pero, cosa extraña, de pronto notó que le importaba verdaderamente un

comino la opinión de todos, y el cambio se produjo en él en un instante, en un abrir y cerrar de ojos. Si se hubiera decidido a reflexionar un poco, se habría sorprendido, naturalmente, de haber podido hablar con ellos hacía unos instantes en los términos en que acababa de hacerlo y de haberles incluso comunicado sus sentimientos. ¿Y de dónde había sacado él aquellos sentimientos? En cambio, si de pronto la oficina se hubiera llenado de sus amigos más íntimos y no de empleados y policías, no habría encontrado para ellos ni una sola palabra humana, hasta tal punto le quedó vacía, de repente, el alma. Una sensación tenebrosa de soledad y aislamiento, infinitos y dolorosos, se manifestó de pronto con toda conciencia en su alma. No fue la bajeza de sus efusiones cordiales ante Iliá Petróvich, ni la bajeza ni la altanería con que el teniente acababa de tratarle, lo que, de pronto, provocó tan radical mudanza en su corazón. ¡Oh! ¡Qué le importaban ahora su vileza, todas las ambiciones, todos los oficiales, alemanas, reclamaciones, oficinas, etc.! Si en aquel momento le hubiesen condenado a la hoguera, tampoco se habría movido; hasta es dudoso que hubiera escuchado la sentencia con atención. Se estaba produciendo en él algo totalmente desconocido, nuevo, repentino, sin precedentes. Experimentaba, mejor que comprendía, con toda la fuerza la sensación de que no podría dirigirse a las personas de la oficina, no ya con manifestaciones sentimentales como las de hacía unos instantes, sino de ninguna manera; aunque en vez de policías del barrio hubieran sido hermanos suyos, tampoco tendría él por qué dirigirse a ellos nunca, en ninguna circunstancia; jamás había experimentado una sensación tan rara y espantosa como la de aquel instante. Se trataba de una sensación más que de una idea consciente, clara, y aquello resultaba infinitamente más doloroso aún; era una sensación directa, la más angustiosa de cuantas sensaciones había experimentado en la vida.

El encargado de la oficina comenzó a dictarle los términos de la declaración corriente en tales casos, es decir, no puedo pagar, prometo hacerlo en tal fecha (cuando sea), no salir de la ciudad, no vender ni regalar mis bienes, etc.

–Pero usted ni siquiera puede escribir, se le cae la pluma de la mano –observó el encargado de la oficina, contemplando lleno de curiosidad a Raskólnikov–. ¿Está usted enfermo?

–Sí... La cabeza me da vueltas... ¡Continúe dictando!

–Ya he terminado. Firme.

El encargado de la oficina recogió el documento y atendió a otras personas.

Raskólnikov devolvió la pluma, pero, en vez de levantarse y salir, se apoyó de codos en la mesa y se apretó la cabeza con las manos. Era como si le estuvieran clavando un clavo en la coronilla. Se le ocurrió de pronto una idea insólita: levantarse inmediatamente, acercarse a Nikodim Fómich y contarle todo lo del día anterior hasta el último detalle; iría luego a su cuchitril, acompañado del mismo Nikodim Fómich, y le mostraría los objetos escondidos en el rincón, en la cavidad, debajo del empapelado. El deseo era tan vivo, que Raskólnikov se levantó del asiento para ponerlo en ejecución. "¿No es preferible reflexionar, aunque sea un instante? –se dijo–. ¡No, es mejor no pensarlo, y echar fuera esta carga de los hombros!". De repente, se detuvo como petrificado. Nikodim Fómich hablaba con vehemencia, dirigiéndose a Iliá Petróvich, y hasta él llegaron unas palabras.

–Es imposible. Hay que poner a los dos en libertad. En primer lugar, resulta inverosímil, y juzgue usted mismo. ¿A santo de qué iban a llamar al portero si hubiera sido obra suya? ¿Para denunciarse a sí mismos? ¿Por astucia? ¡No, de ninguna modo! ¡Eso sería pedir demasiado! Finalmente, al estudiante Pestriakov le vieron en el portal de la casa dos porteros y una tendera en el instante mismo en que él entró: iba con tres amigos y se despidió de ellos en el portal mismo, después de haber preguntado al portero dónde vivía la vieja. ¿Quién va a preguntar dónde vive una persona si lleva tales intenciones en la cabeza? En cuanto a Koj, antes de subir a casa de la vieja, pasó media hora abajo, en la tienda del joyero, y de allí se fue exactamente a las ocho menos cuarto. Ahora dígame usted...

–Perdone, pero ¿cómo es posible que hayan caído en esta contradicción? Ellos mismos afirman que llamaron y que la puerta estaba cerrada, y tres minutos más tarde, cuando llegaron con el portero, la puerta estaba abierta.

–Ahí está la madre del cordero: el asesino estaba dentro, sin duda alguna, y corrió el cerrojo y no hay duda de que allí le habrían echado el guante si Koj no hubiera cometido la estupidez de ir él mismo a buscar al portero. Y *él*, durante esos minutos, tuvo tiempo de bajar la escalera y de escurrirse ante sus narices de una u otra manera. Koj se persigna con ambas manos. "Si me quedo allí –dice–, él habría salido de golpe y me habría dejado seco de un hachazo". Hasta quiere hacer cantar unas misas, ¡je, je!...

–¿Y al criminal no lo vio nadie?

–¿Quién iba a verle? La casa es una auténtica Arca de Noé –comentó el encargado de la oficina, que había estado escuchando la conversación desde su asiento.

–¡El asunto está claro, muy claro! –repitió vivamente Nikodim Fómich.

–No, el asunto no está nada claro –replicó Iliá Petróvich.

Raskólnikov tomó el sombrero y se dirigió hacia la puerta, mas no llegó al umbral...

Cuando volvió en sí, se dio cuenta de que estaba sentado en una silla, que una persona le sostenía por la derecha y que a su lado izquierdo había otra con un vaso amarillo en la mano lleno de agua también amarilla. Nikodim Fómich estaba de pie frente a él mirándole muy fijamente. Raskólnikov se levantó de la silla.

–¡Qué le pasa! ¿Está usted enfermo? –le preguntó Nikodim Fómich, con bastante sequedad.

–Ya cuando ha firmado apenas podía sostener la pluma –indicó el encargado de la oficina, sentándose en su lugar y volviendo a ocuparse de sus papeles.

–¿Y hace mucho tiempo que está usted enfermo? –gritó Iliá Petróvich desde su asiento, meneando también papeles.

Naturalmente, él también había estado contemplado al enfermo, mientras le duró a éste el desmayo, pero se apartó cuando Raskólnikov recobró el sentido.

–Desde ayer... –balbuceó en respuesta Raskólnikov.

–¿Salió usted de su casa ayer?

–Salí.

–¿Enfermo?

–Enfermo.

–¿A qué hora?

–A las siete y pico de la tarde.

–Permítame una pregunta. ¿Adónde fue usted?

–A la calle.

–A eso se le llama ser breve y claro.

Raskólnikov contestaba de manera brusca, entrecortada. Estaba blanco como la pared y no bajaba sus negros ojos inflamados ante la mirada de Iliá Petróvich.

–Apenas se sostiene sobre las piernas, y tú... –observó Nikodim Fómich.

–¡No importa! –replicó con cierto retintín Iliá Petróvich.

Nikodim Fómich quiso añadir algo más, pero se contuvo al mirar al encargado de la oficina, quien tenía, a su vez, la vista fija en él. De pronto se callaron todos. Era muy raro.

–Bueno, está bien –acabó por decir Iliá Petróvich–. Nosotros no le retenemos.

Raskólnikov salió. Aún tuvo tiempo de oír, cuando salía, que en la oficina empezaba una viva discusión. Por encima de todas las voces, se distinguía la interrogadora voz de Nikodim Fómich… Una vez en la calle se recobró por completo. "¡Ahora mismo habrá un registro, un registro!", repetía él para sus adentros, apresurándose para llegar a su casa. "¡Bandidos! ¡Sospechan!". El miedo que había sentido no hacía mucho le invadía otra vez de pies a cabeza.

CAPÍTULO II

Y si ya hubiese comenzado la diligencia y, al llegar, los encontrara
en mi aposento.

Llegó a su cuarto. Nadie había entrado en él; *todo* estaba en orden. Ni la
misma Nastasia había tocado nada. ¡Pero, Señor! ¿cómo pudo dejar todo
eso en semejante escondrijo?

Corrió al rincón, y, metiendo las manos en el hueco, saco de él las
alhajas, que resultaron ser ocho piezas. Había dos cajitas, que conte-
nían pendientes o algo por el estilo –él no sabía qué–, y además cuatro
estuches. Una cadena de reloj estaba simplemente envuelta en un pedazo de periódico, e igualmente otro objeto, que parecía ser una condecoración.

Raskólnikov guardó todo en los bolsillos, tratando de que no parecie-
ran demasiado abultados. Tomó también la bolsa y salió de su aposento,
cuya puerta dejó entonces abierta.

Caminaba con paso rápido y firme; aunque se sentía quebrantado
no le faltaba su presencia de espíritu. Temía una persecución, temía que
dentro de media o quizá un cuarto de hora se iniciara el proceso contra
él; por consiguiente, necesitaba que toda huella desapareciera cuanto
antes.

Tenía que evitar cualquier rastro mientras le quedasen fuerzas y sangre
fría... Pero ¿adónde ir?

Lo había decidido hacía mucho: "Lo arrojaré todo al canal y, con los indicios en el agua, se terminará el asunto". Así lo había decidido ya por la noche, durante su delirio en los instantes en que, repetidamente, como recordaba muy bien, había pugnado por levantarse y salir: "De prisa, de prisa, y arrojarlo todo". Pero arrojarlo resultaba muy difícil.

Llevaba media hora o más vagando por las orillas del canal de Ekaterina, y cada vez que encontraba una de las pendientes que llevaban al propio canal, se detenía a examinarlas. Mas no cabía pensar en llevar a cabo su propósito; o bien había balsas al pie de las escaleras, o lavanderas lavando ropa, o unas barcas amarradas, y por todas partes hormigueaba la gente. Además, podían verle desde las orillas, de todas partes, y podían darse cuenta: es sospechoso ver que un hombre se acerca al agua, se detiene y arroja algo en ella. "¿Y si los estuches no se hunden y flotan? Seguro que es así . Todo el mundo lo verá". Ya sin esto todos le miraban, como si no tuvieran otra cosa que hacer sino preocuparse de él. "¿Por qué me miran así? O quizá me lo parece", pensó.

Por fin, se le ocurrió la idea de si no sería mejor dirigirse a alguna parte del Nevá. "Allí hay menos gente, resulta más disimulado y, en todo caso, más cómodo; y, lo que es más importante, está más lejos de estos lugares". De pronto se quedó perplejo: ¿Cómo se había pasado media hora vagando, preocupado y lleno de zozobra, por aquellos lugares peligrosos sin que pensara antes irse a otra parte? Si acababa de perder totalmente media hora entera, era sólo porque así lo había resuelto en sueños y delirando. Se iba volviendo extraordinariamente distraído y olvidadizo, y él lo sabía. ¡Decididamente necesitaba darse prisa!

Se dirigió hacia el Nevá por la avenida de V.; mas por el camino tuvo de pronto otra idea: "¿Por qué al Nevá? ¿Por qué al agua? ¿No sería preferible ir a alguna parte, muy lejos, aunque fuera otra vez a la isla, y allí, en algún lugar solitario, entre los árboles , debajo de un arbusto enterrarlo todo y fijarme en alguna señal?". Aunque él tenía la impresión de que en aquel momento no estaba en condiciones de razonar con claridad, la idea le pareció totalmente acertada.

Pero estaba predestinado que no llegaría tampoco a la isla. Al salir de la avenida de V. y desembocar en la plaza, vio de pronto, a la izquierda, la entrada a un patio rodeado de paredes totalmente ciegas. A la derecha del portón se extendía hasta el fondo la pared lisa y sin blanquear, de una casa inmediata de cuatro pisos. A la izquierda, paralelamente a la pared lisa y también desde la altura del mismo portón, se levantaba una valla de madera que penetraba en el patio unos veinte pasos y luego torcía a la izquierda.

Era un lugar cercado, donde se veían algunos materiales en el suelo. Más allá, en el fondo del patio, sobresalía por detrás de la valla el ángulo de una dependencia de ladrillo, baja y ahumada, que, por lo visto, pertenecía a algún taller de carpintería, de cerrajería o algo por el estilo; en todas partes, casi desde la misma entrada, el suelo estaba cubierto de polvo de carbón. "¡Este sí es un buen lugar para dejarlo todo y marcharse!", pensó de súbito. No viendo a nadie en el patio, se acercó al portón y en seguida descubrió, cerca del mismo y pegado a la valla, un canalón (como a menudo se colocan en las casas donde viven muchos obreros, artesanos, cocheros, etc). Por encima del canalón, en la misma valla, habían escrito con tiza las palabras burlonas que nunca faltan en tales casos: "Se prohíbe detenerse aquí". "Así pues, ya es una ventaja el que no despierte ninguna sospecha el haber entrado y haberme detenido. Hay que arrojarlo aquí todo junto en un montón y marcharse".

Miró una vez a su alrededor, y ya había metido la mano en el bolsillo, cuando de pronto, junto a la misma pared que daba a la calle, entre el portón y el canalón, donde la distancia no pasaba de una vara, divisó una gran piedra sin labrar, de unas dos arrobas y media de peso. Al otro lado de la pared estaba la calle, la acera. Se oía pasar a los transeúntes, siempre numerosos en aquel lugar; pero, desde el otro lado del portón, nadie podría verle y nadie le vería, a no ser que entrara desde la calle, lo cual, por otra parte, era perfectamente posible, por lo que debía darse prisa.

Se agachó, agarró la parte superior de la piedra con ambas manos, empujó con todas sus fuerzas y le dio la vuelta. Debajo se había formado un pequeño hoyo. En seguida Raskólnikov se puso a vaciar en él los bolsillos. El portamonedas quedó encima; aún había sitio libre en el hoyo. Luego, Raskólnikov volvió a agarrar la piedra y dándole una sola vuelta la colocó en el lugar que ocupaba antes: encajó perfectamente. Quizá parecía que estaba un poquitín más alta. Pero Raskólnikov escarbó un poco la tierra y la apretó por los bordes de la piedra con el pie. No se notaba nada.

Entonces salió y se dirigió hacia la plaza. De nuevo una alegría profunda, casi insoportable, como antes en la oficina, se apoderó de él por un instante. "¡Las huellas están borradas! ¿Y a quién, a quién se le puede ocurrir buscar algo debajo de esa piedra? Quizá está ahí desde que se construyó la casa y allí seguirá otro tanto. Y aunque lo encontraran, ¿quién va a sospechar de mí? ¡Todo ha terminado! ¡No hay indicios!", y se echó a reír. Sí, más tarde se acordó de que se había reído con una risita nerviosa, silenciosa, prolongada, y que se rió mientras estuvo cruzando la plaza. Pero cuando llegó a la avenida de K., donde tres días antes se había encontrado con aquella muchacha, la risa se le cortó en seco. Otros pensamientos acudieron a su mente. De súbito le pareció que le resultaría terriblemente repulsivo pasar por delante del banco en que entonces, después de que la muchacha se hubo ido, se sentó y se quedó meditando; también sería terrible encontrar de nuevo al guardia de grandes bigotes, a quien había dado veinte kopeks. "¡Que el diablo se lo lleve!".

Caminaba mirando a su alrededor, distraído y rencoroso. Todos sus pensamientos giraban en aquel momento en torno a un mismo punto, que era el principal. Tenía la sensación de que realmente existía aquel punto y que él, entonces, se había quedado solo frente a frente con aquel punto capital y ello por primera vez después de los dos últimos meses.

"¡Que el diablo se lo lleve todo! –pensó súbitamente, en un ataque de furioso rencor–. ¡Si ha empezado, que haya empezado, al diablo con ello y con la nueva vida! ¡Oh, Señor, qué estúpido es todo esto!… ¡Qué modo de mentir hoy, el mío, y cuántas bajezas he cometido! ¡De qué manera más vil he fingido y he halagado hace un rato a ese miserable de Iliá Petróvich! ¡Ah! ¡También eso es una necedad! ¡Ni ellos ni el haber fingido y halagado me importa un comino! ¡No es eso! ¡No es eso ni mucho menos!…".

De súbito se detuvo. Otra pregunta nueva, completamente inesperada y extraordinariamente sencilla, le dejó perplejo y lleno de amargura:

"Si todo ha sido hecho de manera consciente, y no a tontas y a locas; si perseguías realmente un fin determinado y preciso, ¿cómo es posible que hasta ahora ni siquiera hayas mirado qué contiene el portamonedas, y no sepas lo que te ha tocado ni a cambio de qué has aceptado todas esas torturas y has verificado conscientemente un acto tan ruin, tan asqueroso y tan bajo? Hace un momento querías echar al agua ese portamonedas, junto con los demás objetos, que tampoco has visto… ¿Cómo es posible?"

Es así: así son las cosas. Por lo demás, ya sabía antes que las cosas son así y la pregunta no resultaba nueva para él; cuando por la noche había decidido arrojar los objetos al agua, lo hizo sin la menor duda y sin ninguna objeción, como si tuviera que ser de aquel modo, como si obrar de otro modo resultara imposible… Sí, sabía ya antes todo aquello y lo recordaba todo; lo había decidido ya casi ayer, en el mismo instante en que estaba sacando los estuches de la arqueta… ¡Así era pues!…

"Todo esto se debe a que estoy muy enfermo –se dijo por fin, lúgubremente–. Yo mismo me he atormentado y torturado sin saber lo que hago… Ayer, anteayer y durante todo este tiempo, me he estado torturando… Recobraré la salud y no me torturaré más… ¿Y qué pasará si no me pongo bien? ¡Oh, señor! ¡Qué harto estoy de todo esto…!". Caminaba sin detenerse. Sentía deseos vivísimos de distraerse como fuera, mas no sabía qué hacer ni qué emprender. Una sensación nueva, casi invencible, se iba apoderando de él cada vez más, de minuto en minuto. Eran un especie de repugnancia infinita, casi física, hacia cuanto encontraba y le rodeaba, una repugnancia tenaz, rencorosa, empapada de odio. Todas las personas con quienes se encontraba le parecían repugnantes, sus rostros, su manera de andar, sus movimientos. Si alguien le hubiera dirigido la palabra, con toda probabilidad, le habría escupido a la cara sin más ni más, le habría mordido.

Se detuvo, de pronto, al llegar a la avenida del Pequeño Nevá, en la isla de Vasíliev, junto al puente. "Aquí, en esta casa, vive él –pensó–. ¿Cómo se explica? ¡He venido nada menos que a casa de Razumijin! Otra vez lo mismo entonces... Sin embargo, es muy curioso: ¿He venido voluntariamente, o simplemente he llegado aquí por casualidad, vagando por las calles? ¿Qué más da? Ya lo dije... anteayer, que vendría a verle al día siguiente de *aquello*. Bueno, ¡allá voy! ¿Por qué no he de poder ir ahora mismo...?".

Subió al quinto piso, donde vivía su amigo.

Razumijin se hallaba en casa, en su cuchitril, y en aquel momento estaba ocupado escribiendo; él mismo abrió a Raskólnikov. Haría unos cuatro meses que no se habían visto. Razumijin llevaba un batín viejo y roto, zapatos sin calcetines, e iba desgreñado, sin afeitar y sin lavar. En su rostro se reflejó la sorpresa.

–¿Qué te pasa? –exclamó, contemplando de pies a cabeza al camarada que acaba de llegar; luego guardó silencio unos momentos y lanzó un silbido–. ¿Tan mal te van las cosas? Amigo, hasta a mí me ganas con tu elegancia –añadió, mirando los harapos de Raskólnikov–. ¡Pero siéntate, hombre! ¡Estarás fatigado!

Cuando Raskólnikov se dejó caer en el sofá turco, tapizado de hule, un sofá peor aún que el suyo, Razumijin se dio cuenta de que el visitante estaba enfermo.

–Estás enfermo de verdad, ¿lo sabes?

Quiso tomarle el pulso; Raskólnikov apartó la mano bruscamente.

–Déjalo –exclamó–, he venido... Verás, no tengo ni una lección..., quería pedirte..., aunque no, no necesito lecciones...

–Pero ¡si estás delirando! ¿Te das cuentas? –dijo Razumijin, que le estaba observando con la mayor atención.

–No, no deliro...

Raskólnikov se levantó del sofá. Al subir a casa de su amigo no había pensado que debería encontrarse cara a cara con él. Ahora, en un instante, y sobre su experiencia, se dio cuenta de que en aquel momento a lo que menos estaba dispuesto era a encontrarse cara a cara con nadie. Toda la bilis le subió por el pecho. Por poco se atraganta de ira contra sí mismo al cruzar el umbral de la puerta de Razumijin.

—¡Adiós! —exclamó de pronto, y se dirigió hacia la puerta.

—¡Espera, hombre, espera! ¡Estás loco!

—¡Déjame…! —repitió aquél, librando otra vez la mano, que su amigo le retenía.

—¿A qué demonios has venido entonces? ¿Es que te has bebido los sesos, o qué? Esto casi es una ofensa. No te dejaré salir así como así.

—Bueno, escucha. He venido a verte, porque, fuera de ti, no conozco a nadie que pueda ayudarme… a comenzar, porque tú eres mejor que todos, es decir, más inteligente, y puedes juzgar. Pero ahora veo que no me hace falta nada, ¿oyes?, absolutamente nada… ni los servicios ni la compasión de nadie… Yo mismo… solo… ¡Bueno, basta! ¡Déjame en paz!

—¡Espera un momento, estrafalario! ¡Has perdido completamente la chaveta! De mí piensa lo que quieras. Verás, ahora no tengo lecciones, ni me importan, pero hay en el Rastro un librero, Jeruvímov, que es en su género una estupenda lección. No le cambio ni por cinco lecciones en casa de mercaderes. Publica ahora unas ediciones y unos folletos sobre ciencias naturales que se venden como no tienes idea. ¡Lo que valen ya los títulos de por sí! Oye, tú siempre has afirmado que soy un zoquete; pues te digo que aún hay otros más zoquetes que yo, ¡créeme! Ahora yo también he dado en el clavo; el librero no entiende ni jota de lo que estos libros dicen, pero yo, como comprenderás, le empujo. Aquí tengo dos pliegos y medio de texto alemán que son, a mi modo de ver, charlatanería pura; en pocas palabras, se examina el problema de si la mujer es o no una persona. Claro, se demuestra solemnemente que lo es. Jeruvímov prepara la publicación de este texto porque se refiere a la cuestión femenina; yo traduzco; él alargará estos dos pliegos y medio hasta seis poco más o menos, inventaremos un título muy ampuloso de media página y lanzaremos el folleto a cincuenta kopeks. ¡Se venderá estupendamente! Me paga la traducción a seis rublos el pliego, así que por todo el texto me corresponderán unos quince rublos, y he tomado seis por adelantado. Cuando terminemos esto, traduciremos algo acerca de las ballenas, luego algunos de los aburridísimos comadreos de la segunda parte de las *Confessions*[1]. Ya hemos elegido algunos trozos, que también traduciremos; alguien ha dicho a

---

[1] Es decir, de las *Confesiones*, de J.J. Rousseau.

Jeruvímov que Rousseau es una especie de Radíshev. Naturalmente, yo no le contradigo. ¡Allá él! ¿Quieres traducir el segundo pliego de "¿Es persona, la mujer?". ¿Si quieres, toma ahora mismo el texto, plumas y papel (esto es del Estado), y además tres rublos, pues yo he recibido un anticipo por toda la traducción, por el primer pliego y por el segundo, así es que los tres rublos te corresponden por tu participación. Cuando termines de traducir el pliego, recibirás otros tres rublos. Y otra cosa: no consideres que con esto te hago algún favor. Al contrario, tan pronto como te he visto entrar me he dicho que podías serme útil. En primer lugar, porque no ando muy bien de ortografía, y en segundo lugar, porque en alemán sencillamente estoy flojo, de modo que, en vez de traducir, invento y me consuelo pensando que así el libro sale mejor. Aunque, vete a saber, quizá no resulta mejor, sino peor… ¿Aceptas, o no?

Raskólnikov tomó sin decir palabra las hojas del texto alemán, aceptó los tres rublos y salió. Razumijin se lo quedó mirando asombrado. Raskólnikov había llegado ya a la primera esquina de la calle, cuando, de pronto, dio media vuelta, subió de nuevo a casa de su amigo y, después de poner sobre la mesa las hojas de texto alemán y los tres rublos, volvió a salir sin pronunciar una sola palabra, como la otra vez.

–¿Es que deliras como los borrachos, o qué? –gritó por fin, fuera de sí, Razumijin–. ¡Qué comedia estás representando! ¡Hasta a mí me sacas de quicio…! ¿Por qué has vuelto después de llevarte esto, demonio?

–No me hacen falta traducciones… balbuceó Raskólnikov, descendiendo ya la escalera.

–¿Qué es, pues, lo que necesitas, cabezota? –gritó Razumijin; pero el otro siguió descendiendo sin responder.

–¡Eh, tú! ¿Dónde vives?

No siguió respuesta.

–¡Bueno! ¡Vete a los mil diablos…!

Raskólnikov ya salía a la calle. En el puente de Nikoláiev volvió a recobrar del todo los cinco sentidos, debido a un acontecimiento sumamente desagradable para él. Un cochero le midió con buena mano las costillas de un latigazo. Raskólnikov por poco había caído atropellado por el coche, a pesar de que el cochero le había advertido a gritos tres o cuatro veces que se apartara. El latigazo le enfureció de tal modo, que saltó hasta la baranda (no se sabe por qué caminaba por el centro del puente, por donde van los carruajes y no los peatones), rechinando los dientes de rabia. Naturalmente, alrededor suyo la gente se echó a reír.

–¡Bien merecido!

–Será un vivales.

–No es el primero que se hace el borracho y se mete adrede bajo las ruedas. Y tú, responde por él.

–Así algo pescan, respetable señor, algo pescan…

Raskólnikov estaba aún de pie junto a la baranda, frotándose la espalda, siguiendo con estólida y colérica mirada al coche que se alejaba, cuando notó que alguien le ponía una moneda en la mano. Se volvió. Tenía a su lado a una mujer ya entrada en años, tocada con cofia y calzada con zapatos de piel de cabra, que debía de pertenecer, por su aspecto, a una familia de mercaderes; la acompañaba una muchacha con sombrero y sombrilla verde, probablemente hija suya. "Tómalo, hermano, por el amor de Dios". Él aceptó y ellas prosiguieron su camino. Era una moneda de veinte kopeks. Por sus ropas y por su aspecto nada tenía de extraño que le tomaran por un mendigo de los que van pidiendo por la calle, y el que le hubieran dado nada menos que una moneda de veinte kopeks lo debía, probablemente, a que el latigazo despertó la compasión de aquellas mujeres.

Apretó la moneda en la mano, caminó unos diez pasos y se volvió cara al Nevá, en dirección al palacio. No había en el cielo ni la más pequeña nubecilla y el agua del río era casi azul, lo que en el Nevá ocurre muy raras veces. Resplandecía la cúpula de la catedral, que de ninguna parte resulta tan hermosa como vista desde ese lugar, desde el puente, a unos veinte pasos antes de llegar a la capilla, y a través del aire límpido era posible distinguir claramente cada uno de sus adornos. El dolor del latigazo fue pasando y Raskólnikov se olvidó del golpe que le habían asestado; ahora se ocupaba exclusivamente de una idea que le intranquilizaba y que no resultaba del todo clara. Estaba de pie, mirando fijamente y durante largo rato hacia la lejanía; aquel sitio le era familiar. Cuando iba a la Universidad, y sobre todo de regreso a su casa, solía detenerse en aquel mismo lugar; más de cien veces había contemplado, absorto, aquel panorama verdaderamente espléndido y casi cada vez quedaba sorprendido por la impresión que sentía, imprecisa e inefable. Del magnífico panorama se desprendía para él un hálito frío e inexplicable; aquel esplendoroso cuadro se le aparecía como saturado de un espíritu mudo y sordo… Cada vez le extrañaba experimentar una sensación sombría y enigmática, y desconfiando de sí mismo aplazaba para un día futuro el descifrar el enigma. Recordó súbita y vivamente esos interrogantes y perplejidades suyos de otros días y tuvo la impresión de que, en aquellos momentos, tal recuerdo no era casual. Una cosa le parecía insólita y sorprendente, y era el haberse detenido en el mismo sitio que otras veces, como si se figurara que podía pensar en las mismas cosas que antes y que podía interesarse por los mismos temas y por los mismos lugares que le interesaban aún no hacía mucho. Casi sintió ganas de reír, al mismo tiempo que algo raro le apretaba dolorosamente el pecho. Todo lo que pertenecía al pasado, los pensamientos de antes, sus proyectos, sus temas, sus impresiones anteriores, todo ese panorama, él mismo, todo, todo le parecía entonces como hundido en una sima muy honda, apenas visible en algún lugar impreciso, bajo los pies... Era como si él hubiera volado a alguna parte, hacia lo alto, y todo hubiera desaparecido a sus ojos... Hizo un movimiento involuntario con la mano y notó en el puño cerrado la moneda de veinte kopeks. Abrió la mano, contempló la moneda con mirada fija, levantó el brazo y la arrojó al agua; luego dio media vuelta y se encaminó a su casa. Tenía una rara impresión, como si en aquel momento hubiera cortado con unas tijeras cuantos lazos podían unirle con los hombre y con las cosas.

Llegó a su casa al atardecer. Estuvo, pues, vagando por las calles unas seis horas. No recordaba lo más mínimo de qué modo había vuelto ni por qué calles había pasado. Se desnudó y, temblando de pies a cabeza, como caballo derrengado, se tumbó en el sofá, se cubrió con el capote y en seguida se quedó dormido...

Un terrible griterío le despertó sumido en una densa penumbra. ¡Santo Dios! ¡Qué gritos eran aquéllos! Jamás había oído gritos tan horribles, ni tales lamentos, gemidos y rechinar de dientes. Jamás había visto tantas lágrimas, tantos golpes, ni que blasfemaran de modo semejante. No habría podido imaginar tanta brutalidad ni tanto furor. Horrorizado, se incorporó y se sentó en su cama, sintiéndose desfallecer a cada instante, atormentándose. Pero los golpes, los gemidos y los juramentos se iban haciendo cada vez más fuertes. Y he aquí que de pronto, en el colmo de su estupefacción, distinguió la voz de su patrona que chillaba, aullaba y se lamentaba soltando las palabras a torrentes, apresuradamente, de modo que era imposible descifrar lo que decía, aunque suplicaba, naturalmente, que dejaran de pegarle, pues la estaban golpeando sin compasión en la escalera. La voz del que le pegaba se hizo tan espantosa de rencor e ira, que se había convertido ya en un ronquido; mas, pese a ello, el que le pegaba decía también alguna cosa rápidamente, como la patrona, de modo ininteligible, apresurándose y atragantándose. De pronto, Raskólnikov se puso a temblar como una hoja de árbol. Acababa de reconocer esa voz; era la de Iliá Petróvich. ¡Iliá Petróvich allí, pegando a la patrona! ¡Le da patadas, le golpea la cabeza contra los peldaños, no hay duda, se nota por los ruidos, por los gemidos, por los golpes! ¡Qué significa esto! ¿Se ha vuelto el mundo al revés, por ventura? Se oía cómo en todos los pisos, en toda la escalera, se reunía la gente, percibíanse voces, exclamaciones, pasos, golpes, portazos, carreras. "Pero ¿por qué, por qué? ¿Cómo es esto posible?", repitió Raskólnikov, pensando seriamente que había perdido la razón. Pero no; lo oía todo con excesiva claridad. Así, pues, se llegarían hasta donde él se encontraba, "porque, no hay duda... eso se debe todo a lo mismo... a lo de ayer... ¡Oh, Señor!". Quería cerrar la puerta con la aldabilla, pero no pudo alargar el brazo... Además, era inútil. El miedo, como capa de hielo, le envolvió el alma; le torturaba, le agarrotaba el cuerpo... Por fin, el horroroso estrépito, que se había prolongado durante más de diez minutos, empezó a remitir gradualmente. La patrona gemía y se lamentaba, Iliá Petróvich aún amenazaba y juraba... Mas he aquí que, según parecía, también él se sosegaba; ya no se le oía.

"¿Es posible que se haya ido? ¡Oh, Señor!". También se iba la patrona, gimiendo y llorando; también su puerta se había cerrado de golpe... La gente volvía a sus casas lamentándose, quejándose, discutiendo, ya elevando la voz hasta gritar, ya bajándola hasta el susurro. Debía de haber muchas personas; habría acudido poco menos que toda la casa. "Pero ¡Dios mío! ¡Cómo es posible! ¿Y por qué, por qué ha venido él aquí?".

Raskólnikov cayó sin fuerzas en el sofá, pero ya no pudo volver a cerrar los ojos; estuvo media hora tumbado sufriendo, experimentando una sensación insoportable de horror infinito, como nunca había experimentado. De pronto una luz clara iluminó su habitación. Entró Nastasia con una vela encendida y un plato de sopa. Le miró atentamente y, al darse cuenta de que no dormía, puso la vela en la mesa y empezó a colocar en ella lo que había traído: pan, sal, el plato de sopa y una cuchara.

–Seguro que desde ayer no has comido nada. Te has pasado el día vagando por la ciudad y la fiebre te consume.

–Nastasia, ¿por qué pegaban a la patrona?

Ella le miró fijamente.

–¿Quién ha pegado a la patrona?

–No hace mucho, cuestión de media hora, Iliá Petróvich, el ayudante del inspector de policía, en la escalera. ¿Por qué la golpeaba de ese modo? Y... ¿por qué ha venido?

Nastasia se lo quedó mirando largo rato, en silencio y con el ceño fruncido. A él le resultaba muy desagradable que le miraran de aquel modo; hasta le daba miedo.

–Nastasia, ¿por qué callas? –dijo por fin tímidamente, con débil voz.

Eso es la sangre –respondió ella, por fin, en voz baja y como si hablara para sí misma.

–¡La sangre…! ¿Qué sangre? –balbuceó Raskólnikov, palideciendo y apartándose hacia la pared.

Nastasia seguía contemplándole en silencio.

–Nadie ha pegado a la patrona –replicó con voz severa y firme.

Él la miró casi sin respirar.

–Yo mismo lo he oído… No dormía, estaba sentado en la cama –dijo más tímidamente aún–. He estado escuchando largo rato…Ha venido el ayudante del inspector de policía… Todos han acudido a la escalera, de todos los pisos…

–No ha venido nadie. Lo que te pasa se debe a la sangre, que te grita. Esto es, la sangre no encuentra salida y empieza a cuajarse en el hígado; entonces comienzas a ver visiones. ¿Vas a comer, o no?

Raskólnikov no respondió. Nastasia siguió de pie a su lado, mirándole fijamente, y no salía.

–Dame de beber… Nastásiushka.

Nastasia se fue abajo y unos dos minutos más tarde volvió con un jarro blanco lleno de agua; pero Raskólnikov ya no recordaba nada más. Se acordaba sólo de haber bebido un sorbo de agua y de haber vertido sobre el pecho un poco de agua del jarro. Luego perdió el conocimiento.

CAPÍTULO III

D urante el tiempo que su enfermedad duró, nunca se vio privado por completo del conocimiento: era el suyo un estado febril con delirio y semiinconsciencia. Andando el tiempo, recordó muchas cosas. A veces le parecía que la multitud le rodeaba, queriendo cogerle y llevarle a alguna parte, que discutían por su causa; y a veces se veía solo en el aposento, se habían marchado todos, le temían; de vez en cuando abrían la puerta para examinarle a hurtadillas; las gentes le amenazaban, se consultaban, reían, le encolerizaban. A menudo se daba cuenta de la presencia de Nastasia, cuando la aldaba denotaba, con su ruido, que alguien franqueaba la puerta.

También veía a un hombre que debía serle muy conocido, pero ¿quién era? Quizá logró colocar un nombre sobre aquel rostro, cosa que le desolaba hasta el punto de arrancarle lágrimas. Había ocasiones en que se figuraba estar en cama hacía un mes; en otras, todos los incidentes de su enfermedad le parecían ocurridos en un mismo día. Pero *aquello*, ¡*aquello*!, estaba completamente olvidado; a cada instante, es cierto, se decía que no recordaba algo de lo que hubiera debido acordarse, y se atormentaba, hacía terribles esfuerzos de memoria, gemía, tornábase furioso, o le acometía un indecible terror. Entonces se incorporaba en la cama e intentaba huir, pero siempre alguien le estaba teniendo con fuerza. Estas crisis le debilitaban, concluyendo siempre en un desvanecimiento.

Al fin recobró por completo el uso de sus sentidos.

Ocurrió ello una mañana, hacia las diez. A esa hora, en los días claros, el sol formaba siempre una larga franja en la pared de su derecha e iluminaba el rincón cerca de la puerta. De pie, junto a su cama, estaban Nastasia y una persona totalmente desconocida, que le contemplaba con mucha curiosidad. Era un joven que vestía caftán, llevaba barba y por su aspecto parecía miembro de alguna cuadrilla de operarios. Por la puerta entreabierta, la patrona asomaba la cabeza. Raskólnikov se incorporó.

–¿Quién es, Nastasia…? –preguntó, señalando al mozo.

–¡Vaya! Ha vuelto en sí –exclamó Nastasia.

–Ha vuelto en sí –repitió el operario.

Adivinando que Raskólnikov había recobrado el conocimiento, la patrona cerró en seguida la puerta y se escondió. Era una mujer tímida, a la que abrumaban las conversaciones y las explicaciones; tendría unos cuarenta años, era gorda y sebosa, de cejas y ojos negros, bondadosa como suelen serlo las personas gordas y perezosas, y resultaba hasta muy agradable por su aspecto. Era extraordinariamente vergonzosa.

–¿Usted… quién es? –siguió preguntando Raskólnikov, dirigiéndose al joven.

En aquel momento, la puerta volvió a abrirse de par en par y entró Razumijin, un poco encorvado, pues era muy alto.

–Esto es peor que el camarote de un barco –exclamó al entrar–. Siempre doy con la cabeza en el techo. ¡A cualquier cosa llaman vivienda! ¿Y tú, amigo, has recobrado el conocimiento? Me lo acaba de decir Páshenka.

–Acaba de volver en sí –dijo Nastasia.

–Acaba de volver en sí –repitió el joven, sonriendo.

–¿Y quién es usted, si me permite la indiscreción? –preguntó Razumijin, dirigiéndose a él–. Yo, tal como me ve, soy Vrazumijin, estudiante, hijo de familia aristocrática, y el enfermo es mi amigo. ¿Y usted quién es?

–Soy un empleado de las oficinas de Shelopáiev, el mercader, y he venido aquí por un asunto.

–Tenga la bondad de sentarse en esta silla –el propio Razumijin se sentó en otra, a la otra parte de la mesita–. Has hecho bien, amigo, de volver en tus cabales –prosiguió, dirigiéndose a Raskólnikov–. Hace cuatro días que apenas comes ni bebes. Figúrate, han tenido que darte el té a cucharaditas. Te he traído aquí a Zosímov dos veces. ¿Te acuerdas de Zosímov? Te ha examinado muy atentamente y en seguida ha dicho que no era nada grave, un ataque a la cabeza o algo así, una alteración de los nervios. La alimentación era escasa, ha dicho, con poca cerveza y sin rábanos picantes, y de ahí la enfermedad; pero no es nada, todo pasará. ¡Es estupendo Zosímov! Se está haciendo un nombre como médico. Bueno, no voy a retenerle a usted –prosiguió, dirigiéndose nuevamente al empleado–. ¿Tiene algún inconveniente en explicar lo que le trae aquí? Fíjate, Rodia; es la segunda vez que vienen de esas oficinas; pero la primera vez no vino este joven, sino otro, y nos entendimos con él. ¿Quién era el que vino aquí antes que usted?

–Supongo que fue anteayer. Sí. Era Alexéi Semiónovich, que también es de nuestras oficinas.

–Parece más despabilado que usted, ¿no cree?

–Sí; tiene más presencia, sin duda.

–Bien contestado; bueno, prosiga.

–Verá, a través de Afanasi Ivánovich Vajrushin, del cual, supongo, ha oído usted hablar en más de una ocasión, y, por medio de nuestras oficinas, le envía un giro su madre –comenzó a explicar el empleado, dirigiéndose directamente a Raskólnikov–. Si usted ha recobrado el conocimiento, le entregaré treinta y cinco rublos que Semión Semiónovich ha recibido de Afanasi Ivánovich a petición de la mamá de usted, como en otras ocasiones. Estará usted al corriente del asunto, ¿verdad?

–Sí… recuerdo… Vajrushin… –balbuceó Raskólnikov, pensativamente.

–¿Oyen ustedes? ¡Conoce al mercader Vajrushin! –exclamó Razumijin–. Esto demuestra que ya está en sus cabales. Me doy cuenta, además, de que también usted es una persona despabilada. ¡Vaya! Siempre es agradable escuchar palabras sensatas.

–Sí, es el mercader Vajrushin, Afanasi Ivánovich, quien , a petición de la mamá de usted, que otra vez le hizo un envío por el mismo conducto, tampoco se ha negado esta vez a servir de intermediario y hace unos días Semión Semiónovih ha comunicado desde su localidad que se le entregaran a usted treinta y cinco rublos en espera de mejores tiempos.

–Mire, eso de "en espera de mejores tiempos" es lo que mejor le ha salido; tampoco ha estado mal eso de "la mamá de usted". Bien, ¿qué le parece? Está completamente en sus cabales, ¿eh?

–A mí me parece que sí. Lo que hace falta es que firme.

–¡Unos garrapatos los pondrá! ¿Trae usted algún libro de cuentas?

–Aquí está.

–Ven acá. A ver, Rodia, levántate. Te sostendré yo mismo. Échale la firma, Raskólnikov; toma la pluma, que ahora, amigo mío, el dinero, para nosotros, es mejor que el arrope.

–No quiero –dijo Raskólnikov apartando la pluma.

–¿Qué es lo que no quieres?

–No quiero firmar.

–¡No seas bruto! ¿Cómo quieres que se arregle sin tu firma?

–No me hace falta... el dinero...

–¡Que no te hace falta el dinero! Esta vez, amigo, mientes, ¡lo sé muy bien! No se preocupe, por favor, lo ha dicho así, sin pensar. Otra vez anda por las nubes. Aunque a veces le ocurre incluso cuando está completamente despierto. Usted, que es una persona razonable, nos dejará que le guiemos, sencillamente le conduciremos la mano y firmará. Verá usted, acérquese...

–No se preocupe; volveré otra vez.

–No, no. ¿Por qué ha de molestarse usted? Usted es una persona razonable... Venga, Rodia, no hagas esperar a este señor. ¿No ves que espera?

Y muy seriamente se dispuso a conducir la mano de Raskólnikov.

–Déjame, yo mismo... –musitó este último, que tomó la pluma y firmó en el libro.

El empleado puso el dinero sobre la mesa y se fue.

–¡Bravo! ¿Y ahora, amigo, quieres comer?

–Quiero –respondió Raskólnikov.

–¿Tienen sopa?

–De ayer –contestó Nastasia, que no se había movido de allí.

–¿Es sopa de patatas y arroz?

–Es de patatas y arroz.

–Me la conozco de memoria. Trae la sopa y té.

–Ahora mismo.

Raskólnikov lo miraba todo con profunda extrañeza y lleno de miedo, un miedo sordo y sin sentido. Decidió callar y esperar. ¿Qué iba a ocurrir? "Parece que no estoy delirando –pensaba–. Parece que todo esto pasa en realidad...".

A los dos minutos regresó Nastasia con la sopa y dijo que en seguida estaría preparado el té. Con la sopa aparecieron dos cucharas, dos platos y las demás piezas del servicio de mesa: salero, pimentero, mostaza para la carne y otras cosas que no se habían servido desde hacía mucho tiempo. El mantel era limpio.

–No estaría mal, Nastásiushka, que Praskovia Pávlona nos mandara un par de botellas de cerveza. La tomaríamos de buena gana.

–¡Tú no te pierdes! –musitó Nastasia, y se fue a cumplimentar la orden.

Raskólnikov seguía observando todo con mirada arisca y tensa. Entretanto, Razumijin se sentó en el sofá torpemente, como un oso, sostuvo con la mano izquierda la cabeza de su amigo, a pesar de que éste habría podido incorporarse por sí mismo, y con la mano derecha le acercó a la boca varias cucharadas de sopa, soplando previamente para enfriarla. Pero la sopa sólo estaba tibia. Raskólnikov tragó ávidamente una cucharada, luego otra y otra. Pero después de haber dado varias cucharadas de sopa a su amigo, Razumijin se detuvo y declaró que antes de seguir era necesario aconsejarse con Zosímov.

Entró Nastasia con dos botellas de cerveza en la mano.

—¿Quiere té?

—Sí, quiero.

—Venga el té pronto, Nastasia, pues me parece que el té se lo podemos dar sin necesidad de autorización médica. ¡Bien venida sea la cervecita!

Razumijin se sentó en su silla, se acercó el plato de sopa, la carne y se puso a comer con tanto apetito como si no hubiera tomado nada en tres días.

—Ahora, Rodia, cada día almuerzo en tu casa —masculló en la medida que se lo permitía la boca llena de carne—, y es Páshenka, la buena de tu patrona, la que todo lo dispone y me obsequia de todo corazón. Naturalmente, yo no insisto, pero tampoco protesto. Aquí tenemos a Nastasia con el té. ¡Es muy despabilada! Nástienka, ¿quieres cerveza?

—Tú sí que… ¡vaya guasón!

—¿Y té?

—El té ya es otra cosa.

—Llena la taza. Espera, te lo serviré yo mismo; siéntate a la mesa.

Razumijin llenó en seguida una taza, luego otra, dejó su almuerzo y se sentó de nuevo en el sofá. Volvió a sostener con la mano izquierda la cabeza del enfermo y empezó a darle cucharaditas de té, soplando sin cesar y con extraordinario celo la cucharadita, como si en ese acto de soplar radicara el punto más importante para el restablecimiento del enfermo. Raskólnikov callaba y no ofrecía resistencia, a pesar de sentirse con fuerzas más que suficientes para incorporarse y sentarse en el sofá, sin ayuda de nadie, para sostener la cucharita o la taza y hasta, quizá, para andar. Pero movido por una rara astucia, poco menos que de fierecilla salvaje, tuvo de pronto la idea de disimular sus fuerzas, de encerrarse en sí mismo, de aparentar, si era preciso, que todavía no comprendía bien las cosas y, entretanto, escuchar atentamente y enterarse de lo que allí ocurriera. Por otra parte, no podía vencer su repugnancia. Cuando hubo bebido unas cucharaditas de té, se desprendió de la mano que le sostenía la cabeza, rechazó caprichosamente la cucharita y se dejó caer otra vez sobre la almohada. Entonces tenía bajo la cabeza una almohada auténtica, de plumón y con la funda limpia; también notó el detalle y lo tuvo en cuenta.

—Es necesario que Páshenka nos mande hoy confitura de frambuesa para ponérsela a Roda en la bebida —dijo Razumijin, sentándose en su sitio y volviendo otra vez a la sopa y a la cerveza.

—De dónde quieres que saque la frambuesa? —preguntó Nastasia, sosteniendo con los cinco dedos de la mano extendidos el platito y sorbiendo el té a través del terrón de azúcar.

—La frambuesa, amiga mía, la encontrará en la tienda. Bueno, Rodia, tú no sabes qué historia ha pasado aquí. Cuando te fuiste de mi casa como un verdadero canalla, sin decirme dónde vivías, me puse tan furioso, que decidí buscarte y cantarte las cuarenta. Empecé las pesquisas el mismo día. ¡Lo que tuve que andar y preguntar! Me había olvidado del lugar en que ahora vives, mejor dicho, nunca lo supe, porque no había estado aquí. Del piso donde vivíais antes, recordaba sólo que estaba en las Cinco Esquinas, en la casa de Jarlámov. Me harté de buscar esa casa de Jarlámov, y luego resultó que no se llamaba así, sino que era la casa de Buj. ¡Ya ves, qué líos se hace uno a veces con los nombres! Bueno, me puse furioso. Muy enojado, me fui al día siguiente, por si acaso, al registro de direcciones y, figúrate, en dos minutos dieron con tu paradero. Estás inscrito allí.

—¡Inscrito!

—¡Ya lo creo! En cambio, mientras estuve yo allí no pudieron encontrar la dirección del general Kóbelev. En fin, la historia es larga de explicar. Te diré sólo que tan pronto como me planté aquí, me enteré en seguida de todos tus asuntos, de todos, amigo mío, de todos. Lo sé todo. Que te lo diga Nastasia. He conocido a Nikodim Fómich, me han mostrado a Iliá Petróvich, y también he conocido al portero, y al señor Zamétov, Alexandr Grigórievich, el encargado de la oficina de este barrio y, por fin, a Páshenka, y esto ha sido el mejor remate. Nastasia lo sabe…

—La ha puesto como el almíbar —musitó Nastasia, con bribona sonrisa.

—No añada una cucharada más, Nastasia Nikíforovna.

—¡Buen pieza estás hecho! —exclamó de repente Nastasia, riéndose con toda el alma—. Soy Petrova y no Nikíforovna —añadió cuando acabó de reírse.

—Lo tendremos en cuenta. Bueno; pues, amigo, para no alargar demasiado la historia, te diré que al principio vine con muchos humos, decidido a extirpar de una vez todos los prejuicios que por aquí hubiera, pero

Páshenka ha vencido. De ningún modo esperaba yo, amigo mío, que fuera tan… amable… ¿eh? ¿Qué te parece?

Raskólnikov callaba, a pesar de que ni por un instante apartaba de él su inquieta mirada.

–Y lo es mucho –prosiguió Razumijin, sin inmutarse por el silencio de su amigo, y como si replicara a una respuesta–; es una mujer estupenda en todos sentidos.

–¡Vaya pájaro! –exclamó otra vez Nastasia, a la que, por lo visto, las palabras de Razumijin le proporcionaban un inexplicable placer.

–Lo malo está, amigo, en que tú, desde el principio, no supiste ver claro. Con ella había que proceder de otro modo. Su carácter es, por decirlo así, de lo más inesperado. Bueno, del carácter hablaremos luego… ¿Cómo es posible, por ejemplo, que llevases las cosas hasta el punto de que ella se atreviera a no hacerte servir el almuerzo? ¿O que te saliera, por ejemplo, con esa letra de cambio? ¡Firmar una letra! ¿Es que te habías vuelto loco? O, por ejemplo, ese proyecto de matrimonio cuando aún vivía su hija, Natalia Egórovna… ¡Lo sé todo! Aunque ya veo que ésta es una cuerda delicada y que soy un asno. Perdóname. Pero, a propósito de la tontería, dime, ¿no te parece, amigo, que Praskovia Pávlona no es tan tonta como podría parecer a primera vista? ¿Eh?

–Sí… –murmuró Raskólnikov, mirando hacia otro lado, aunque comprendiendo que le interesaba mantener la conversación.

–¿Verdad? –exclamó Razumijin, alegrándose a todas luces de que su amigo le hubiera contestado–. Pero tampoco es una mujer inteligente, ¿eh? ¡Es un carácter inesperado, completamente inesperado! A veces hasta me desconcierto, amigo, te lo aseguro. Cuarenta años no hay quien se los quite. Ella dice que son treinta y seis y tiene perfecto derecho a afirmarlo así. Ahora que, te lo juro, la juzgo con la cabeza, con metafísica pura; nos hemos metido en tal laberinto ella y yo, que me río de tu álgebra, amigo. ¡No entiendo nada! Bueno; todo eso no son más que tonterías. El caso es que ella, al ver que abandonabas los estudios, que te habías quedado sin lecciones y sin ropa y que, muerta la señorita, ya no tenía por qué tratarte como a un pariente, se asustó; y como tú te agazapaste en un rincón, en vez de mantener con ella las buenas relaciones de antes, decidió echarte de casa. Hace mucho tiempo que lo pensaba hacer, pero le dolía perder la letra de cambio. Además, tú mismo le habías asegurado que tu madre pagaría…

–Cuando lo dije cometí una villanía… Mi madre casi pide limosna… yo mentí para que no me echaran de la habitación y me dieran de comer

—dijo Raskólnikov con voz alta y clara.

—Tú obraste muy cuerdamente. Lo grave fue que se metió en el asunto el Señor Chebárov, consejero de Estado y hombre práctico. Sin él, a Páshenka no se le habría ocurrido dar un paso, porque es demasiado tímida; el hombre práctico, claro, no es tímido y lo primero que hizo fue preguntar si había esperanzas de cobrar la letra. La respuesta fue que sí, porque hay una madre que cobra una pensión de ciento veinticinco rublos y se quedará sin comer antes de dejar solo a Rodia en un apuro, y hay una hermanita que por su hermano hasta se haría esclava. En esto se basó él… ¿Qué te pasa? ¿Por qué te agitas? Ahora, amigo, me he enterado de todo el intríngulis de tu vida; no en vano abriste tu corazón a Páshenka, cuando os considerabais ya parientes, y ahora te digo como amigo… pues eso: el hombre honesto y sensato dice lo que siente y el hombre práctico le escucha y luego se lo come. Así Páshenka cedió la letra de cambio a Chebárov para que se presentara al cobro, y éste lo exigió según todos los requisitos de la ley, sin inmutarse lo más mínimo. Cuando me enteré de ello quise también ajustarle cuentas para limpiarle la conciencia; pero entonces Páshenka y yo estábamos ya en buena armonía y mandé cortar el asunto en su misma raíz, dando palabra de que tú pagarías. Yo, amigo, he respondido por ti, ¿me oyes? Llamamos a Chebárov y, a cambio de diez rublos de plata a toca teja, devolvió el papel que tengo el honor de presentarle a usted, amigo mío. Ahora le creen bajo palabra; tome, aquí está el papel, inutilizado por mí mismo, como es de rigor.

Razumijin extendió la letra sobre la mesa. Raskólnikov le echó un vistazo y sin decir palabra se volvió de cara a la pared. Hasta Razumijin se quedó sorprendido.

—Veo, amigo —prosiguió un poco después—, que otra vez me he pasado de listo. Pensaba distraerte y divertirte con mis cuentos, y me parece que no he hecho sino revolverte la bilis.

—¿Era a ti a quien no reconocía yo cuando deliraba? —preguntó Raskólnikov sin volver la cabeza, después de haber permanecido también unos momentos callado.

—A mí. Hasta te ponías furioso por ello, sobre todo una vez, cuando traje a Zamétov.

—¿A Zamétov?… ¿Al encargado de la oficina?… ¿Por qué? —Raskólnikov se volvió rápidamente y clavó la mirada en Razumijin.

—¿Por qué te pones así?… ¿Qué te alarma? Quería conocerte, lo dijo él mismo, porque hablamos mucho de ti… ¿Quién podía informarme de tantas cosas de tu vida, si no él? Es un tío que vale, amigo; es magnífico… en su género, se entiende. Ahora somos amigos; nos vemos casi todos los días. Me he trasladado a este barrio. ¿No te lo había dicho aún? Acabo de trasladarme. Hemos estado un par de veces en casa de Lavisa. ¿Te acuerdas de Lavisa, de Lavisa Ivánovna?

–¿Es que decía alguna cosa cuando deliraba?

–¡Ya lo creo! No eras dueño de ti mismo.

–¿Qué decía?

–¡Ya puedes figurártelo! ¡Quién no sabe las cosas que se dicen cuando uno delira!… Ahora, amigo, para no perder tiempo, es cuestión de arreglar algún asunto.

Se levantó de la silla y tomó la gorra.

–¿Que decía?

–¡Pues sí que eres terco! ¿No será que temas por algún secreto? No te preocupes, sobre la condesa no dijiste ni una palabra. De lo que hablaste mucho fue de un bulldog, de unos pendientes, de unas cadenitas y también de la isla de Krestov, de cierto portero, de Nikodim Fómich y de Iliá Petróvich, el ayudante del inspector de policía. ¡Ah, sí! Te mostraste muy interesado por uno de tus propios calcetines, ¡mucho! Lo pedías suplicando. Zamétov en persona se puso a buscar tus calcetines por todos los rincones y con sus manos, lavadas con perfumes y cargadas de sortijas, te dio esa porquería. Sólo así te tranquilizaste, y guardaste en la mano esta porquería días enteros; era imposible arrancártela. Probablemente ahora mismo la tienes en alguna parte, debajo de la manta. Y aun flecos de pantalón pedías; ¡oh, y cómo llorabas! Nosotros bien nos esforzamos. ¿A qué flecos se referirá? Pero era imposible sacar nada en limpio… ¡Bueno, ahora a resolver los asuntos! Mira, aquí hay treinta y cinco rublos; me llevo diez y dentro de un par de horitas te rendiré cuentas de lo gastado. Al mismo tiempo avisaré a Zosímov, aunque ya debiera estar aquí hace rato, pues son más de las once. Y usted, Nástienka, no estando yo aquí, suba con más frecuencia por si nuestro amigo ha de beber o necesita alguna otra cosa… A Páshenka yo mismo le diré ahora lo que hace falta. ¡Hasta pronto!

–¡Le llama Páshenka! ¡Qué zorro! –dijo Nastasia, mientras él se iba; luego ella abrió la puerta y se puso a escuchar, pero no pudo contenerse y bajó la escalera.

Tenía muchas ganas de saber lo que Razumijin iba a decirle a la patrona; además se veía bien claro que estaba fascinada por él.

Tan pronto como la puerta se cerró tras Nastasia, el enfermo se quitó la manta de encima y salió de la cama como medio loco. Había esperado con candente y convulsa impaciencia que se marcharan pronto todos para poner manos a la obra al instante. Pero ¿a qué obra? ¿Qué pensaba hacer? Parecía como si lo hubiera olvidado adrede. "¡Oh, Señor! Dime sólo una cosa: ¿lo saben todo, o no lo saben aún? Quién me asegura que no lo saben todo y lo disimulan, que fingen, mientras estoy enfermo, y que luego, de repente, entrarán y me dirán que hace mucho se habían enterado de todo, sólo que, sencillamente, no decían nada... ¿Qué he de hacer ahora? Lo he olvidado como adrede; lo he olvidado de golpe y hace un momento lo recordaba...".

Estaba de pie en medio de la habitación y miraba a su alrededor con atormentadora perplejidad; se acercó a la puerta, la entreabrió, escuchó con atención, pero no era aquello. De súbito, como si hubiera recordado, se lanzó al rincón donde había una cavidad, debajo del empapelado, y se puso a examinar todo, metiendo la mano en el agujero, rebuscando; pero tampoco era aquello. Fue a la estufa, la abrió y empezó a remover la ceniza; los pedazos del fleco de los pantalones y los trozos del bolsillo roto estaban allí, tal como él los había arrojado. ¡Nadie, pues, había mirado! Se acordó del calcetín al que se había referido Razumijin. Era cierto. Estaba en el sofá, debajo de la manta; pero se había restregado tanto, desde entonces, y se había puesto tan sucio, que Zamétov no había visto nada, naturalmente.

–¡Bah, Zamétov!... ¡La oficina! ¿Por qué me llaman a la oficina? ¿Dónde tengo la citación? ¡Bah! Me confundo. Fue entonces, cuando me llamaron. Entonces también estaba examinando el calcetín, mientras que ahora... ahora he estado enfermo. ¿Por qué ha venido por aquí Zamétov? ¿Por qué lo ha traído Razumijin? –musitó desfallecido, sentándose de nuevo en el sofá–. ¿Qué me pasa? ¿Continúo delirando, o vivo la realidad? Me parece que vivo la realidad... ¡Ahora recuerdo! ¡He de huir cuanto antes, he de huir sin falta! ¡Sin falta! Sí, pero ¿adónde? Y mi ropa, ¿dónde está? Faltan las botas. Lo han recogido todo ¡Lo han escondido! Está claro. Pero el abrigo aquí está; se han olvidado de él. El dinero lo han dejado sobre la mesa, ¡menos mal! También está la letra de cambio... Tomaré el dinero y me iré, alquilaré otra habitación, no podrán encontrarme... Pero ¿y el registro de direcciones? ¡Me encontrarán! Razumijin me encontrará. Será preferible huir lejos, a América, ¡y que se vayan todos al diablo! Tomaré la letra de cambio. Allí me será útil. ¿Qué más he de llevarme? Creen que estoy enfermo. Ni siquiera saben que puedo andar. ¡Je, je, je!... ¡Les he adivinado en los ojos que lo saben todo! ¡Si pudiera escabullirme por la escalera! ¡A lo mejor han apostado guardia, policías! ¿Qué es esto? ¿Té? ¡Ah, también han dejado cerveza, media botella! ¡Cerveza fresca!

Tomó la botella, en la que quedaba aún un buen vaso de cerveza, y se la bebió con auténtica fruición de un trago, como si apagara fuego en su pecho. No transcurrió un minuto, empero, sin que la cerveza se le subiera a la cabeza; un escalofrío leve y hasta agradable le recorrió la espalda. Se acostó y se cubrió con la manta. Sus pensamientos, ya sin ello febriles e incoherentes, empezaron a confundirse más y más; muy pronto se apoderó de él un dulce y agradable sueño. Acomodó con deleite la cabeza en la almohada, se envolvió apretadamente con la suave manta de guata, que entonces le cubría en vez del andrajoso capote, respiró con el mayor sosiego y se quedó dormido, con un sueño profundo y reparador.

Se despertó al oír que alguien entraba a verle. Abrió los ojos y vio a Razumijin de pie en el umbral de la puerta, abierta de par en par, perplejo, como dudando de si debía entrar o no. Raskólnikov se incorporó rápidamente en el sofá y se quedó mirando a su amigo como si se esforzara por recordar algo.

–¡Ah, ya no duermes! Pues aquí me tienes. ¡Nastasia, sube el fardo! –gritó Razumijin hacia abajo–. Ahora te diré cómo he gastado el dinero…

–¿Qué hora es? –preguntó Raskólnikov, mirando inquieto en torno suyo.

–Esta vez, amigo, has dormido como Dios manda. El sol ya se retira; serán las seis. Has estado durmiendo seis horas y pico…

–¡Dios mío! ¡Cómo he podido dormir tanto!…

–¿Y qué ¡Buen provecho! ¿Es que tienes prisa para ir a alguna parte? ¿A alguna cita? Ahora, amigo, todo el tiempo nos pertenece. Te he estado esperando unas tres horas, he entrado un par de veces y dormías. Dos veces he ido a preguntar por Zosímov y las dos veces me han dicho que no estaba en casa. No importa; vendrá… También he salido por mis asuntos. Hoy me he mudado de piso, con mi tío. No te había dicho aún que ahora tengo un tío… Bueno, basta, ¡al grano! Acerca el fardo, Nástienka. Ahora mismo vamos a… ¿Cómo estás, amigo?

–Bien, no estoy enfermo… Razumijin, ¿hace mucho que estás aquí?

–Ya te he dicho que he estado esperando tres horas.

–Bueno, ¿y antes?

–¿Qué quieres decir, antes?

–¿Desde cuando vienes aquí?

–Te lo he contado hace poco, ¿no lo recuerdas?

Raskólnikov se quedó pensativo. Veía como en sueños todo el pasado reciente. Por sí solo no podía recordar nada y contemplaba a Razumijin con mirada interrogadora.

–¡Hum! –gruñó éste–. Lo has olvidado. Ya me pareció que aún no habías vuelto en ti por completo. Ahora, después de haber dormido, estás mejor. Te juro que tienes mucha mejor cara. ¡Eres un hacha! Bueno, al grano. Ahora mismo lo recordarás todo. ¡Atento, querido amigo!

Comenzó a desatar el fardo por el que, al parecer, se interesaba enormemente.

–Créeme, amigo. Tenía una espina clavada en el corazón. Hay que hacer de ti una persona; así que, manos a la obra, comenzaremos por arriba. ¿Ves esta gorra? –empezó sacando del paquete una gorra de bastante buen aspecto, si bien muy corriente y barata–. ¿A ver cómo te sienta?

–Luego, más tarde –repuso Raskólnikov, gruñón, haciendo un gesto de desagrado.

–¡Eso no, Rodia! No te niegues, que luego sería tarde; además, no podría dormir en toda la noche, porque la he comprado a ojo, sin saber cuál es tu número. ¡Como anillo al dedo! –exclamó entusiasmado, después de habérsela probado–. ¡Como hecha a la medida! El tocado, amigo, es la primerísima pieza en el vestir, es una especie de recomendación. Mi amigo Tolstiakov se considera obligado a quitarse el tejadillo siempre que entra en algún lugar público, donde los demás permanecen con sus sombreros o sus gorras. Todos piensan que lo hace así movido por un servil sentimiento, pero lo que ocurre es que se avergüenza de su nido de pájaros, y nada más. ¡Es un hombre tan vergonzoso! Mira, Nástienka; aquí tienes dos piezas, un *palmerston* –alcanzó de un rincón el deforme sombrero redondo de Raskólnikov y se le ocurrió llamarlo *palmerston*– y esta joya, ¿cuál prefieres? ¿Adivinas cuánto he pagado por la gorra, Rodia? ¿Qué te parece, Nastásiushka? –preguntó a esta última, al ver que su amigo no decía nada.

–¿Veinte kopeks? No te habrá costado más –respondió Nastasia.

–¿Veinte kopeks? ¡Estás buena! –replicó Razumijin, indignado–. Hoy por veinte kopeks no se puede comprar ni a ti. Ochenta me ha costado. Me la han dado a ese precio porque ya está usada. Además, dan garantía: si en un año se te gasta, te regalan otra, ¡palabra! Ahora pasemos a los Estados Unidos de América, como decíamos en el gimnasio. Te advierto que me siento orgulloso de haberte comprado estos pantalones –y al decir esto, extendió ante Raskólnikov unos pantalones grises de verano, de ligera tela de lana–, sin un agujerito, sin una mancha, y bastante buenos, aunque usados; lo mismo digo del chaleco, del mismo color, como exige la moda. El que esté usado, en verdad, aún es mejor; así resulta más blando, más suave... Verás, Rodia, a mi juicio, para hacer carrera en este mundo, basta no olvidar nunca la estación del año en que se vive. Si en enero no pides espárragos, conservarás en el bolsillo algunas monedas de plata; lo mismo ocurre con esta ganga. Ahora estamos en verano. Yo te he comprado ropa veraniega, pues para otoño hace falta ropa de más abrigo y habrá que dejar ésta de lado, tanto más cuanto que entonces ya habrá tenido tiempo de sacar hilachas, si no por aumento de elegancia, por desarreglo interior. A ver, adivina. ¿Cuánto crees que me han costado? ¡Dos rublos veinticinco kopeks! Y, no lo olvides, en las mismas condiciones: si no te llegan al año próximo, te dan otros pantalones gratis. En la tienda de Fediáev no venden de otro modo; una vez has pagado, te quedas harto para toda la vida y ya no vuelves a poner los pies allí. Aquí tienes ahora las botas. ¿Qué tal? Ya se ve que están usadas, pero servirán muy bien un par de meses, pues el material y la mano de obra son extranjeros; las vendió en el Rastro la semana pasada el secretario de la Embajada inglesa. Sólo las había llevado seis días, pero se encontraba apuradillo de dinero. Su precio ha sido de un rublo cincuenta kopeks. ¿Buena compra?

–¿Y si no le van bien? –observó Nastasia.

–¡Cómo no le van a ir bien! ¿Para qué sirve esto? –y sacó del bolsillo una bota vieja de Raskólnikov, maltrecha, agujereada y cubierta de barro reseco–. Me lo he llevado de muestra, y gracias a este fenómeno hemos restablecido el verdadero número. Todo se ha hecho con evidente buena voluntad. En cuanto a la ropa interior, he cambiado impresiones con la patrona. Aquí tienes, en primer lugar, tres camisas de lienzo con cuello a la moda. En resumen, ochenta kopeks de la gorra y dos rublos cinco kopeks de la otra ropa, con tres rublos cinco kopeks; un rublo cincuenta kopeks de las botas, porque son muy buenas... Total: cuatro rublos cincuenta y cinco kopeks. La ropa interior ha costado cinco rublos (hemos convenido un precio global por toda ella), de modo que todo junto suma exactamente nueve rublos cincuenta y cinco kopeks. Los cuarenta y cinco kopeks de vuelta están aquí, en monedas de cobre; tómalos. Así, pues, amigo Rodia, estás equipado ahora como Dios manda, porque, a mi modo de ver, tu abrigo no sólo puede servirte, sino que además tiene un aire de calidad. ¡Lo que significa encargar una prenda a Charmer! En lo que toca a los calcetines y todo lo de más, lo dejo de tu cuenta; nos quedan veinticinco rublos; no tienes que preocuparte por Páshenka, ni por el pago del alquiler. Ya te he dicho que el crédito es ilimitado. Ahora, amigo, permíteme que te cambiemos la ropa interior; a lo mejor, la enfermedad ya no está más que en la camisa...

–¡Déjame! ¡No quiero! –replicó Raskólnikov, que había estado escuchando, con tensa expresión de repugnancia, las explicaciones de Razumijin acerca de la ropa y calzado.

–¡Imposible, amigo! ¿Para qué he estado gastando suelas de zapatos? –insistió Razumijin–. Nastásiushka, no te avergüences y ayúdame. ¡Así, muy bien!

A pesar de la resistencia que oponía Raskólnikov, le cambió la ropa interior. Raskólnikov se dejó caer sobre la almohada y dejó transcurrir un par de minutos sin decir una palabra.

"¡Cuando me dejarán en paz!", pensó.

–¿Con qué dinero se ha comprado todo esto? –preguntó, por fin, mirando a la pared.

–¿Con qué dinero? ¡Vaya pregunta! Con el tuyo. Te lo ha traído no hace mucho un empleado de Vajrushin; te lo ha enviado tu mamá. ¿Acaso lo has olvidado?

–Ahora recuerdo... –balbuceó Raskólnikov, después de permanecer largo rato sombríamente pensativo.

Razumijin, fruncido el ceño, le miró inquieto.

Se abrió la puerta y entró un hombre alto y macizo, al que Raskólnikov creyó conocer de vista.

–¡Zosímov! ¡Por fin ! –exclamó Razumijin muy contento.

CAPÍTULO IV

Zosímov era un hombre alto y grueso, de unos veintisiete años, de rostro abultado, descolorido y cuidadosamente afeitado. Sus cabellos, de un rubio casi blanco, se mantenían tiesos sobre su cabeza. Usaba lentes, y en uno de los dedos de su carnosa mano brillaba un grueso anillo de oro. Se notaba que le gustaba usar cómodos trajes de elegancia bastante dudosa. Vestía un amplio gabán de paño delgado y unos anchos pantalones de color claro. Su camisa era hermosa y en su chaleco lucía una maciza cadena de oro. Había en sus modales algo de perezoso y flemático, y hacía esfuerzos por aparentar un aire desenvuelto. Todos sus amigos le hallaban insoportable, pero le tenían por buen médico.

–Dos veces pasé por tu casa, amigo mío... Como ves, ha recobrado sus sentidos –gritó Razumijin.

–Lo veo, lo veo. ¿Cómo nos sentimos hoy? –preguntó el médico a Raskólnikov mirándole atentamente. Diciendo esto, se acomodaba en un extremo del diván, a los pies del enfermo, esforzándose por encontrar espacio suficiente para su enorme persona.

–Como siempre hipocondriaco –prosiguió Razumijin–. Poco hace, cuando le mudamos de ropa interior, casi se puso a llorar.

–Es comprensible; la ropa podías habérsela mudado más tarde, si él no quería… El pulso es bueno. La cabeza aún debe dolerle un poco, ¿eh?

–¡Estoy bien, estoy completamente bien! –respondió, obstinado y con irritación, Raskólnikov, que se incorporó súbitamente en el sofá, centelleantes los ojos, si bien al instante volvió a posar la cabeza en la almohada, mirando hacia la pared.

Zosímov le observaba con la máxima atención.

—Muy bien. Todo marcha normalmente –dijo con displicencia–. ¿Ha comido alguna cosa?

Se lo explicaron y le preguntaron qué podían darle.

—Se le puede dar todo: sopa, té… Claro, no se os ocurrirá darle setas ni pepinos; tampoco conviene darle carne, y… bueno, ¿para qué tantas palabras?… –cambió una mirada con Razumijin–. Fuera la mixtura y todas las medicinas; mañana veré… Quizá hoy podría… bueno, sí…

—¡Mañana por la tarde me lo llevo de paseo! –exclamó Razumijin–. Iremos al jardín de Yusúpov y luego entraremos en el "Palais de Cristal".

—Mañana yo lo dejaría aún tranquilo, aunque… un poquitín… Bueno, mañana veremos.

—¡Qué pena! Hoy celebro el estreno de mi nuevo alojamiento, a dos pasos de aquí. Él podría acudir también. Estaría entre nosotros, aunque se quedara tumbado en el sofá.

—Tú irás, ¿verdad? –prosiguió Razumijin, dirigiéndose súbitamente a Zosímov–. No lo olvides, ¿eh? Me lo has prometido.

—Probablemente, aunque un poco tarde. ¿Qué has preparado?

—Poca cosa, té, vodka, arenques. Nos traerán un pastel. Seremos todos conocidos.

—Concretamente, ¿quiénes acudirán?

—Todos son amigos de aquí, aunque, a decir verdad, casi todos son nuevos conocidos, con excepción quizá de mi viejo tío, aunque también es nuevo: tan sólo llegó ayer a Petersburgo por unos asuntos. Solemos vernos una vez cada cinco años.

—¿A qué se dedica?

—Se ha pasado la vida vegetando como jefe de correos en provincias. Cobra una pensión, tiene sesenta y cinco años, es uno de tantos… A pesar de todo, yo le quiero. Vendrá también Porfiri Petróvich, el juez de instrucción del barrio…, un jurista. Sí hombre; le conoces…

—¿También es pariente tuyo?

—Es un pariente muy lejano. ¿Por qué pones mala cara? ¿Es que no vas a venir porque una vez tuvisteis cuatro palabras?

—Ese me importa un bledo.

—Mejor que mejor. Encontrarás allí estudiantes, un maestro de escuela, un empleado, un músico, un oficial, Zamétov…

–Pero dime, por favor, ¿qué puede haber de común entre tú y él –Zosímov señaló a Raskólnikov con un gesto de cabeza– y un hombre como Zamétov?

–¡Vaya con los escrupulosos! ¡Todo por cuestión de principios! –Estás tú con tus principios como sobre resortes, y ni te atreves a dar media vuelta por tu voluntad.

Para mí lo que hace falta es que un hombre sea bueno; ése es el principio, y no quiero saber nada más. Zamétov es un hombre excelente.

–Sí, y es de los que quiere que le unten la mano.

–Bueno, que le unten la mano. ¡Me da lo mismo! ¡Qué importa! –gritó de pronto Razumijin, irritándose de modo poco natural–. ¿Acaso lo he alabado porque le unten la mano? ¡Te he dicho que en su género es bueno! Y si examinas con cuidado todos los géneros de personas, ¿encontrarás acaso muchas a las que puedas llamar buenas? Estoy convencido de que entonces por mí, con tripas y todo, no darían más que una cebolla asada, ¡y eso poniéndote a ti de añadidura!…

–Una cebolla asada es poca cosa. Yo por ti daría dos…

–¡Pues yo por ti sólo una! ¡Encima, bromea! Zamétov todavía es un mocosuelo; aún voy a darle algún rapapolvo, y por eso hay que atraerlo, en vez de sacudírselo de encima. Con apartar de ti a una persona no la corriges; menos aún si se trata de un muchacho. Con los jóvenes hay que ser doblemente circunspecto. ¡Ah, torpes progresistas! No entendéis nada. No sentís respeto por los demás, con lo que os rebajáis a vosotros mismos… Pues te diré por si te interesa, que Zamétov y yo estamos enzarzados en un mismo asunto.

–Me gustaría saber de qué se trata.

–Pues del caso ese del pintor, es decir, del pintor de brocha gorda… ¡Vaya si lo sacaremos! Aunque ahora ya no hay peligro. La cosa está clara, ¡completamente clara! Lo único que haremos será dar un empujón al asunto.

–¿De qué pintor de brocha gorda hablas?

–¡Cómo! ¿No te lo he contado? ¿No? ¡Ah, sí! Sólo empecé a contártelo… Se trata del asesinato de la vieja, de la usurera, viuda de un funcionario. Ahora han metido al pintor en el ajo.

–De ese asesinato tenía noticias antes de que tú me hablaras de él; me intereso por este asunto, en parte… por un caso. También lo he leído en la prensa. Pues verás…

–¡También asesinaron a Lizaveta! –soltó de pronto Nastasia, dirigiéndose a Raskólnikov.

No se había movido de la habitación; había permanecido todo el tiempo escuchando, apoyada en la pared, junto a la puerta.

–¿A Lizaveta? –balbuceó Raskólnikov, con voz casi imperceptible.

–¿No conocías a Lizaveta, la revendedora? Solía venir aquí. Hasta te había remendado una camisa.

Raskólnikov se volvió cara a la pared; eligió una florecilla blanca torpemente pintada, con algunas líneas pardas, entre las florecillas blancas del empapelado amarillo, y se puso a examinarla. ¿Cuántas hojitas tenía, qué dientecitos había en las pequeñas hojas y de cuántos trazos constaban? Sentía que se había quedado sin sangre en brazos y piernas, como si se le hubiesen paralizado; pero ni intentó siquiera moverse, fija la vista en la florecilla.

–¿Y qué ha pasado con el pintor de brocha gorda? –preguntó Zosímov, interrumpiendo con singular expresión de desagrado las explicaciones de Nastasia, la cual suspiró y se calló.

–Pues también le han considerado como asesino –continuó, vehemente, Razumijin.

–¿Han encontrado algún indicio?

–¡Qué indicios, ni ocho cuartos! Se basan en un indicio para acusarle, pero ese indicio no es tal, y eso es lo que hace falta demostrar. Hacen exactamente lo mismo que al principio, cuando detuvieron y sospecharon de ésos… ¿Cómo se llaman? Sí, Koj y Pestriakov. ¡Uf! ¡Con qué estupidez se lleva el asunto! ¡Repugna hasta a quien nada tiene que ver con él! Es posible que Pestriakov venga a verme hoy mismo. A propósito, Rodia, tú no estás enterado. Ocurrió antes de que te pusieras enfermo, exactamente la víspera del día que caíste desmayado en la oficina, cuando hablaban del caso.

Zosímov lanzó una mirada llena de curiosidad a Raskólnikov, que permaneció inmóvil.

–¿Sabes lo que te digo, Razumijin? Empiezas a parecerme curioso. En todo te metes –dijo Zosímov.

–Eso no me preocupa, pero ¡a pesar de todo le sacaremos! –gritó Razumijin, dando un puñetazo a la mesa–. ¿Sabes lo que más me indigna en todo este asunto? No es que mientan ; la mentira siempre se puede perdonar, pues lleva a la verdad. Aquí lo lamentable está en que mienten y además reverencian la propia mentira. Respeto a Porfiri, pero… ¿Qué fue, por ejemplo, lo que primero los desconcertó? La puerta estaba cerrada, cuando volvieron con el portero la encontraron abierta y de ello sacaron la conclusión de que los asesinos eran Koj y Pestriakov. ¡Esa es su lógica!

–No te sulfures, hombre; lo único que hicieron fue detenerlos. Tampoco puede pedirse que… A propósito, a ese Koj lo he encontrado varias veces. Resulta que compraba a la vieja objetos cuyo plazo había caducado, ¿eh?

–Sí, es un gitano. También compra letras de cambio. No tiene escrúpulos. ¡Al diablo con él! Lo que a mí me sulfura es otra cosa, ¿comprendes? Lo que me saca de quicio es la rutina apolillada y vulgar de las autoridades, mezquina. Y éste es un asunto que permitiría descubrir un camino completamente nuevo en la investigación. Es posible mostrar de qué modo ha de encontrarse la verdadera huella a base de datos meramente psicológicos. "¡Tenemos hechos!", dicen; pero los hechos no lo son todo. ¡Por lo menos en un cincuenta por ciento el quid está en cómo se utilizan los hechos!

–¿Tú sabes utilizarlos?

–No es posible callar cuando uno siente, como si lo palpara, que podría ayudar a aclarar el asunto si… ¡Eh! ¿Conoces tú los detalles del caso?

–Aún espero que me cuentes lo del pintor de brocha gorda.

–¡Ah, sí! Verás, escucha la historia. Exactamente al tercer día del asesinato, por la mañana, cuando aún seguían dando vueltas a la cuestión de si los criminales eran Koj y Pestriakov, a pesar de que los dos habían explicado todos sus pasos uno a uno y su inocencia clamaba al cielo, se tuvo conocimiento de un hecho completamente inesperado. Cierto campesino, de nombre Dushkin, dueño de una taberna instalada enfrente de aquella casa, se presenta a la oficina de policía, entrega un estuche con unos pendientes de oro y cuenta una verdadera novela. "Anteayer, poco después de las ocho (fíjate en el día y la hora, ¿eh?), se me presentó un pintor albañil, llamado Nikolái, que ya había estado en mi establecimiento otras veces, y me trajo esta cajita con unos pendientes de oro y piedras preciosas; me pidió que los tomara como garantía y que le prestara dos rublos. Cuando le pregunté de dónde había sacado aquello, me dijo que lo había encontrado en la calle, al pie de la acera. No le pregunté nada más (quien habla así es Dushkin) y le di un billetito, es decir, un rublo, pues pensé que si no le admitía los pendientes, los llevaría a otro, y que el resultado sería el mismo: que se lo bebería todo; pensé que lo mejor sería que me los quedara y los guardara bien, que si alguien los reclamaba, o corrieran rumores de alguna clase, presentaría el objeto". Lo que ese tío cuenta son pamplinas, conozco muy bien a Dushkin, otro usurero; lo robado lo esconde, y no le birló a Nikolái unos pendientes de treinta rublos para luego "presentarlos". Lo que pasó fue, sencillamente, que tuvo miedo. Pero que se vaya a la porra. Escucha,

Dushkin continúa su relato así: "Al campesino ese, a Nikolái Deméntiev, lo conozco desde que era niño, pues somos de Riazán los dos, de la misma provincia y del mismo distrito. Nikolái, aunque no es un borrachín, bebe, y yo sabía que trabajaba en la misma casa de la vieja, trabajaba de pintor con Mitréi, que es de la misma aldea que él. Nikolái tomó el billetito, lo cambió en seguida, bebió un par de vasos, recogió la vuelta del rublo y se fue. Mitréi no estaba con él entonces. Al día siguiente oí decir que habían matado con un hacha a Aliona Ivánovna y a su hermana Lizaveta Ivánovna, a las que conocía; entonces empecé a sospechar por lo de los pendientes, pues sabía que la difunta prestaba dinero a cambio de objetos como garantía. Me fui a casa de Nikolái, a ver si me enteraba de alguna cosa, y lo primero que hice fue preguntar por él. Mitréi me dijo que Nikolái estaba de parranda, que había llegado al amanecer, borracho, y que se había vuelto a marchar diez minutos más tarde; no se había presentado al trabajo y Mitréi lo estaba terminando solo. Trabajaban en la misma escalera de la vieja, en el segundo piso. Enterado de estas cosas, no dije nada a nadie entonces (sigue hablando Dushkin); indagué lo que pude del asesinato y volví a mi casa con las mismas dudas de antes. Y hoy por la mañana, a las ocho (es decir, eso ocurrió al tercer día, ¿comprendes?), veo que entra en mi casa Nikolái, tambaleándose, pero no muy borracho, pues estaba en condiciones de hablar. Se sienta en un banco y se calla. Aparte de él, en el establecimiento no había a aquella hora más que un desconocido, otra persona a la que dejábamos dormir en otro banco porque nos conocemos, y dos de nuestros muchachos. '¿Has visto a Mitréi?' le pregunto. 'No (me responde); no le he visto' '¿Y no has estado por aquí?' 'No, no he venido en tres días', me dice. '¿Y dónde has pasado esta noche?' 'En Peski (dice); en casa de unos conocidos de Kolomna.' '¿De dónde sacaste aquellos pendientes?', le pregunto. 'Los encontré al pie de la acera', pero lo dice como si no fuese verdad y con los ojos bajos. '¿Te has enterado (le pregunto) de lo que pasó aquella misma tarde, a aquella hora, en la misma escalera?' 'No (responde); no sé nada', y se me quedó escuchando con los ojos abiertos y de pronto se puso blanco como la pared. Yo sigo contando y él toma la gorra y empieza a levantarse. Quise retenerle. 'Espera, Nikolái (le digo). ¿No bebes más?'. Guiño el ojo al muchacho para que mantenga la puerta cerrada, mientras yo salgo de detrás del mostrador, pero es inútil. Nikolái se planta en la calle de un salto, echa a correr, se mete por una callejuela y si te he visto no me acuerdo. Entonces salí de dudas, porque allí estaba la prueba de su pecado…".

–¡Cómo no! –dijo Zosímov.

–Espera, escucha hasta el final. Naturalmente, se pusieron a buscar a Nikolái por todas partes. A Dushkin le detuvieron y le hicieron un registro; a Mitréi, también. Marearon igualmente a los conocidos de Kolomna. Sólo anteayer detuvieron a Nikolái; lo prendieron cerca de la antigua puerta de X., en una posada. Había llegado allí, se había quitado una cruz de plata, que llevaba colgada al cuello, y había pedido a cambio un buen vaso de vodka. Se lo dieron. Poco después, una mujer fue a la vaqueriza y por una rendija vio que Nikolái había atado la faja en una viga de un cobertizo y estaba haciendo un lazo. Nikolái se subió a un tronco y quiso meter la cabeza en el nudo corredizo; la mujer puso el grito al cielo, acudió gente: "¡Querías ahorcarte!" y él dijo: "Llevadme a tal comisaría y lo confesaré todo". Lo condujeron con los debidos honores a la comisaría que él había indicado, es decir, a la de nuestro barrio. Le preguntaron quién era, de dónde era, cuántos años tenía. "Veintidós", etc. Pregunta: "Cuando trabajabais con Mitréi, ¿no visteis a nadie por la escalera, a tal y tal hora?". Respuesta: "Quizá sí pasó alguien, pero nosotros no nos fijamos". "¿No oísteis ruidos ni nada raro?" "No oímos nada raro". "¿Y te enteraste tú, Nikolái, ese mismo día, de que a tal hora asesinaron y robaron a tal viuda y a su hermana?" "No lo sabía ni lo sospechaba. Oí hablar de ello por vez primera en la taberna al tercer día, cuando me lo dijo Afanasi Pávlich". "¿De dónde sacaste los pendientes?" "Los encontré junto a la acera". "¿Por qué no fuiste a trabajar con Mitréi al día siguiente?" "Porque me fui de parranda". "¿A dónde te fuiste de parranda?" "A tal lugar y a tal otro". "¿Por qué huiste de Dushkin?" "Porque entonces me asusté mucho". "¿De qué te asustaste?" "De que quisieran juzgarme". "¿Cómo podías tener miedo de esto, si no te sentías culpable de nada?…" No sé si lo creerás o no, Zosímov; pero le interrogaron así, le hicieron literalmente estas preguntas, me consta, me lo han contado con toda exactitud. ¿Qué te parece? ¿Qué me dices?

–Sí, bueno; pero los indicios existen, ¿no?

–¡No te hablo ahora de los indicios, sino del interrogatorio, de la manera que esos agentes entienden su misión! ¡De eso, diablo! Total, le empujaron y le apretaron tanto, que acabó confesando: "No los encontré al pie de la acera, sino en el piso que pintamos Mitréi y yo". "¿Cómo los encontraste?" "Pues estuvimos pintando con Mitréi todo el día, hasta las ocho de la tarde, y ya nos disponíamos a salir, cuando Mitréi tomó la brocha y me embadurnó la cara con pintura; entonces se fue disparado, y yo tras él. Eché a correr, gritando; cuando salí de la escalera y me dirigí hacia el portalón, tropecé con el portero y unos señores, no recuerdo cuántos eran, y el portero me insultó; también me insultó otro portero.

Salió la mujer del primero y otra vez nos insultaron, y también nos insultó un señor que con una dama pasó por el portalón, porque Mitréi y yo estábamos en el suelo, cerrando el paso. Yo había agarrado a Mitréi por los cabellos, lo había derribado y le daba leña, y él también me había agarrado de los pelos y también me daba puñetazos.

No lo hacíamos con mala intención, sino en broma y por jugar. Entonces Mitréi se me escabulló y echó a correr por la calle, y yo tras él. No le alcancé y volví al piso solo, porque ya era hora de retirar todo. Empecé a recoger las cosas; esperaba a Mitréi. A lo mejor volvería. Entonces, cerca de la puerta, en el zaguán en un rincón, junto a la pared, pisé una cajita. Vi una cosa envuelta en un papel, lo quité y resultó una cajita cerrada con unos ganchitos pequeñitos, muy pequeñitos; los abrí y dentro de la cajita había unos pendientes…".

–¿Detrás de la puerta? ¿Estaba en el suelo, detrás de la puerta? ¿Detrás de la puerta? –se echó a reír de pronto Raskólnikov, mirando a Razumijin con mirada turbia y asustada, incorporándose lentamente, apoyándose con la mano en el sofá.

–Sí, ¿y qué? ¿Qué te pasa? ¿Por qué te pones así?

Razumijin se levantó de su asiento.

–¡Nada! –contestó Raskólnikov, con voz casi imperceptible, dejando caer otra vez la cabeza en la almohada y volviéndose de nuevo hacia la pared.

Durante unos momentos, todos permanecieron silenciosos.

–Estaría adormilado y ha hablado medio en sueños –dijo, por fin, Razumijin, mirando interrogativamente a Zosímov, quien hizo un leve movimiento negativo con la cabeza.

–Bueno, continúa –dijo Zosímov–. ¿Qué pasó después?

–¿Después? Tan pronto como vio los pendientes, se olvidó del piso y de Mitréi, se puso la gorra y se plantó ante Dushkin, del que recibió un rublo, como ya sabemos. Le mintió diciendo que había encontrado los pendientes junto a la acera y en seguida se fue a correrla. En cuanto al asesinato, repite lo mismo que antes: "No lo sabía ni lo sospechaba; sólo oí hablar de ello al tercer día". "¿Y por qué no te has presentado antes?" "Porque tenía miedo". "¿Por qué querías ahorcarte?" "Por lo que pensaba". "¿Qué pensabas?" "Que me iban a juzgar". Y aquí tienes toda la historia. ¿Adivinas qué conclusión han sacado de todo esto?

–¡Qué quieres que adivine! Hay un indicio, una huella, por pequeña que sea. Es un hecho. No van a dejar libre a tu pintor de brocha gorda.

–Pero ahora lo acusan rotundamente de asesino. Ya no tienen la menor duda…

–Exageras, te exaltas. ¿Y los pendientes? No me negarás que, si el mismo día y a la misma hora a Nikolái se le vinieron a las manos unos pendientes del cofre de la vieja, ello ha debido suceder de alguna manera. Tiene importancia para esta causa.

–¿Cómo le llegaron a las manos? ¿Cómo le llegaron? –exclamó Razumijin–. ¿Es posible que tú, doctor, tú, que estás obligado a estudiar antes que nada al hombre y tienes más ocasión que nadie para investigar la naturaleza humana, es posible que no veas por todos esos datos, y desde el primer momento, que todo lo que ese Nikolái ha explicado en los interrogatorios es la purísima verdad? Se le vinieron los pendientes a las manos exactamente tal como ha dicho. Pisó la caja y la recogió del suelo.

–¡La purísima verdad! Sin embargo, tú mismo has reconocido que al principio mintió.

–Escúchame, escúchame con atención. El portero, Koj, Pestriakov, otro portero, la esposa del primero, una mujer que con ella estaba sentada entonces en la portería, Kriúkov, el consejero áulico que en aquel instante había bajado de un coche y entró en el portalón del brazo de una dama, todos, es decir, ocho o diez testigos, declaran unánimemente que Nikolái había derribado a Dmitri al suelo, lo tenía agarrado por los pelos y le golpeaba, y éste, aunque estaba debajo, no se quedaba manco. Están en el suelo, en medio del camino, y obstaculizan el paso; les insultan todos los que pasan por allí, y los dos mozos, "como dos arrapienzos" (expresión literal de los testigos), siguen echados uno encima del otro, chillan, se pegan y ríen, ríen los dos a carcajadas, con caras que también mueven a risa, se persiguen como niños para darse alcance y echan a correr hacia la calle. ¿Lo has oído? Ahora fíjate muy bien en una cosa: los cuerpos de las dos víctimas están aún arriba calientes, ¿lo oyes? ¡calientes! Así los hallaron. Si los dos mozos hubieran sido los asesinos, o sólo Nikolái; si, además, hubiesen forzado el cofre para robar su contenido, o si no hubiesen hecho más que participar de una u otra manera en el robo, permítame que te haga una sola pregunta: ¿Se compagina semejante estado de ánimo, es decir, el chillar, el reír, el pelearse como arrapiezos en el portalón, con el empleo de hachas, con la sangre, con la astucia ruin, con la cautela, con el latrocinio? Se acababa de perpetrar el asesinato, habrían transcurrido sólo unos cinco o diez minutos (resulta así, porque los cuerpos aún estaban calientes), y, de súbito, abandonan los cadáveres, dejan el piso abierto, sabiendo que allí se dirigía un grupo de hombres, y sin siquiera recoger el botín, como niños, se tiran al suelo en medio del camino, se ríen a carcajadas, atraen hacia sí la atención de todo el mundo. Así lo manifiestan unánimemente diez testigos.

—¡Es raro, sí! Resulta imposible, claro; pero…

—No, amigo, aquí no hay *pero* que valga. Aunque los pendientes, que fueron a parar a manos de Nikolái el mismo día y a la misma hora, constituyen un hecho importante contra él (si bien después de sus explicaciones es muy *discutible esta contra*), es necesario tener en cuenta también los hechos justificantes, tanto más cuanto que son hechos *incontrovertibles*. ¿Te parece a ti que, dado el carácter de nuestra jurisprudencia, aceptarán o son capaces de aceptar ese hecho, basado exclusivamente en una imposibilidad psicológica, en un mero estado de ánimo, como hecho incontrovertible que reduce a la nada todos los actos acusatorios y todos los hechos materiales, cualesquiera que sean? No, no lo admitirán; no lo admitirán por nada del mundo, pues han encontrado una cajita y el acusado quería ahorcarse, "lo cual no habría ocurrido si no se hubiera sentido culpable". ¡Ese es el problema capital! ¡Eso es lo que me hace perder la calma! ¡Compréndelo!

—Ya veo, ya, que te acaloras. ¡Un momento! Se me olvidaba preguntarte una cosa. ¿Se ha demostrado que la cajita con los pendientes procede realmente del cofre de la vieja?

—Se ha demostrado —contestó Razumijin, como de mala gana y frunciendo el ceño—. Koj reconoció el objeto e indicó quién era el que lo había empeñado; éste ha demostrado sin lugar a dudas que ese objeto es suyo.

—Mal asunto. Otra cosa. ¿No vio nadie a Nikolái cuando Koj y Pestriakov subieron al piso, y no hay modo de demostrar que le vieron?

—Esa es la cuestión, que nadie le vio —contestó Razumijin, apesadumbrado—, eso es lo malo. Ni siquiera Koj y Pestriakov al subir la escalera, aunque ahora su testimonio sería de poca importancia. "Vimos que el piso estaba abierto, que probablemente estaban trabajando en él; pero, al pasar por allí, no nos fijamos y no recordamos con exactitud si en aquel momento estaban allí los obreros o no".

—¡Hum! Así, pues, no tienen más que una justificación, y es que se estaban aporreando y que reían a carcajadas. Admitamos que eso es una prueba de peso, pero… Permíteme hacerte una pregunta: ¿Cómo explicas tú mismo lo que pasó? ¿Cómo explicas el encuentro de los pendientes, si realmente los ha encontrado Nikolái como declara?

–¿Cómo lo explico? ¡Qué falta hace explicar aquí nada! ¡El asunto es claro! Por lo menos está claro y señalado el camino por el que se debe emprender la investigación; lo indica precisamente la cajita. Al verdadero asesino se le cayeron esos pendientes. El asesino estaba arriba cuando Koj y Pestriakov llamaron a la puerta; había cerrado por dentro. Koj hizo la tontería de marcharse; entonces el asesino salió y también corrió escalera abajo, puesto que no tenía otra salida. En la escalera se ocultó de Koj, de Pestriakov y del portero, metiéndose en el piso vacío, precisamente en el instante en que Dmitri y Nikolái habían salido corriendo; se quedó detrás de la puerta, mientras el portero y los demás subieron la escalera, esperó a que se amortiguaran los pasos y acabó de descender architranquilamente, en el instante mismo en que Dmitri y Nikolái habían echado a correr por la calle, se habían separado todos y no quedaba nadie en el portalón. Quizá le vieron, pero no se fijaron en él. ¡Es tanta la gente que pasa! La cajita se le cayó del bolsillo cuando estaba tras la puerta, y él no se dio cuenta porque otras eran entonces sus preocupaciones. La cajita demuestra con claridad que el criminal estuvo precisamente allí. ¡Esa es la cuestión!

–Muy bien apañado, amigo, pero ¡que muy bien apañado!

–¿Por qué, apañado? ¿Por qué?

–Porque todo sale demasiado bien, todo se combina a las mil maravillas… como en el teatro.

–¡Eh! –exclamó Razumijin, mas en aquel momento se abrió la puerta y entró un nuevo personaje, desconocido de todos los presentes.

CAPÍTULO V

Era un caballero de cierta edad, de aspecto grave, de fisonomía reservada y severa. Detúvose en el umbral, paseando la mirada en derredor, con sorpresa que no trataba de disimular, y que le hacía más descortés.

"¿Donde diablos me he metido yo?", parecía preguntarse.

Desconfiado y aterrorizado contemplaba el aposento estrecho y bajo en que se hallaba. Su mirada conservó igual expresión de sorpresa cuando se fijó en Raskólnikov. El joven, en traje sumamente descuidado, estaba echado sobre el diván. Sin hacer un movimiento, se puso a contemplar al visitante. Luego éste, siempre con el mismo gesto altanero, mira la barba inculta y los alborotados cabellos de Razumijin, que, por su parte, sin moverse, le observaba con impertinente curiosidad. Un embarazoso silencio reinó por algunos momentos. Al fin, comprendiendo sin duda que su aire de importancia no imponía a nadie, el caballero se humanizó algo y cortésmente, aunque con cierta rigidez, se dirigió a Zosímov.

—¿Es usted el señor Rodión Románovich Raskólnikov, estudiante o exestudiante?

Zosímov hizo un leve movimiento y quizá habría respondido si Razumijin, al que habían dejado aparte, no se hubiera adelantado en seguida diciendo:

—Aquí lo tiene, echado en el sofá. Y a usted, ¿qué se le ofrece?

Ese familiar "Y a usted, ¿qué se le ofrece?", dejó patitieso al grave señor, que hasta empezó a volver la cabeza hacia Razumijin, pero se dominó a tiempo y se apresuró a dirigirse de nuevo a Zosímov.

–¡Este es Raskólnikov! –balbuceó Zosímov, indicando al enfermo con la cabeza.

Luego bostezó, abrió la boca de manera insólita y de manera no menos insólita la mantuvo largo rato en esa posición. Después, sin la menor prisa, se llevó la mano al bolsillo del chaleco, sacó un enorme reloj de oro, combado, con tapa por ambas caras, lo abrió, miró y, con la misma indolente cachaza, se lo puso de nuevo en el bolsillo.

Raskólnikov permanecía acostado de espaldas, sin decir nada. Miraba fijamente al señor que acababa de llegar, sin que en su mirada se reflejase idea alguna. Su rostro, que no se orientaba ya hacia la curiosa florecilla del empapelado, estaba extraordinariamente pálido y dejaba traslucir un dolor poco común, como si acabaran de someterle a una larga operación o en aquel instante le hubieran traído de una cámara de tortura. Pero el señor que acababa de entrar fue despertando en él, poco a poco, una atención creciente, que se trocó en sorpresa, después en desconfianza y hasta en temor. Cuando Zosímov, señalándole, dijo: "Este es Raskólnikov", de pronto, incorporándose rápidamente, como si diera un salto, se sentó en la cama y, con voz casi retadora, aunque entrecortada y débil, dijo:

–¡Sí! ¡Yo soy Raskólnikov! ¿Qué quiere usted?

El señor le miró con mucha atención y dijo con imponente gravedad:

–Soy Piotr Petróvich Luzhin. Tengo la esperanza de que mi nombre no le resulte totalmente desconocido.

Raskólnikov, que esperaba algo completamente distinto, se lo quedó mirando con expresión obtusa y lejana, sin responder nada, como si, en verdad, oyera el nombre de Piotr Petróvich por vez primera.

–¡Cómo! ¿Es posible que hasta ahora no haya recibido ninguna noticia? –preguntó Piotr Petróvich, algo sorprendido.

Por toda contestación, Raskólnikov reclinó la cabeza en la almohada, sobre las manos cruzadas, y se puso a mirar el techo. Una sombra de inquietud se asomó al rostro de Luzhin. Zosímov y Razumijin lo contemplaron aún con mayor curiosidad y, al fin, aquel grave señor por lo visto se desconcertó.

–Suponía y daba por descontado –balbuceó– que la carta enviada hace ya más de diez días, casi dos semanas…

–Un momento. ¿Por qué se queda usted de pie en el umbral? –exclamó de súbito Razumijin, interrumpiéndole–. Si tiene usted algo que explicar, tome asiento, que ahí no hay bastante sitio para usted y Nastasia. Nastasia, apártate, deja el paso libre. ¡Entre, entre! Aquí tiene usted una silla. Pase ya.

Apartó su silla de la mesa, dejó un poco de espacio libre entre esta última y sus rodillas, y esperó en posición un poco incómoda a que el señor "pasara" por aquella rendija. La situación era tal, que no había modo de negarse a entrar. El señor se deslizó por aquel estrecho espacio, apresurándose y tropezando. Cuando hubo alcanzado la silla, se sentó y miró desconfiado a Razumijin.

–No se aturda usted –soltó crudamente este último–, Rodia lleva cinco días enfermo y ha estado tres días delirando. Ahora ha recobrado el conocimiento e incluso ha comido con apetito. Aquí tenemos al doctor, que acaba de examinarle; yo soy un camarada suyo, también exestudiante, y ahora le estoy cuidando. Así que por nosotros no se preocupe; puede usted hablar como si no estuviéramos presentes.

–Gracias, pero ¿no molestaré al enfermo con mi presencia y mi conversación? –preguntó Piotr Petróvich, dirigiéndose a Zosímov.

–No, no –musitó éste–. Hasta puede servirle de distracción.

Y volvió a bostezar.

–¡Oh! Hace ya mucho que ha vuelto en sí; desde esta mañana –prosiguió Razumijin, cuya familiaridad resultaba tan espontánea, que Piotr Petróvich reflexionó y empezó a animarse, en parte quizá porque aquel andrajoso y descarado había tenido tiempo de decir que era estudiante.

–Su mamá… –empezó Luzhin.

–¡Hum! –exclamó Razumijin.

Luzhin le miró interrogador.

–No es nada, no es nada; me ha salido así. Continúe…

Luzhin se encogió de hombros.

–…Su mamá empezó a escribirle una carta cuando yo estaba aún allí. Una vez en Petersburgo, he esperado adrede varios días a venir a verle, para estar completamente seguro de que usted tenía noticia de todo. Pero ahora veo con gran sorpresa…

–¡Lo sé todo, lo sé todo! –exclamó Raskólnikov, de pronto, con viva expresión de impaciencia y disgusto–. ¿Es usted? ¿El novio? Pues sí, lo sé… ¡y basta!…

Piotr Petróvich se ofendió decididamente, pero no dijo nada. Se esforzaba por comprender lo que aquello significaba. Hubo un minuto de silencio.

Entretanto, Raskólnikov, que se había vuelto ligeramente hacia él al responderle, se puso a mirarle de nuevo con la mayor atención y con especial curiosidad, como si aún no hubiera tenido tiempo de examinarle del todo o como si alguna cosa nueva le sorprendiera: hasta se incorporó para ello sobre la almohada. En efecto, algo especial y sorprendente había en el aspecto de Piotr Petróvich, algo que parecía justificar el calificativo de "novio" que acababan de aplicarle tan sin ceremonias. En primer lugar, se veía y hasta se notaba en demasía que Piotr Petróvich se había apresurado a aprovechar los pocos días que llevaba en la capital para ataviarse y acicalarse en espera de la novia, cosa muy inocente y admisible. En un caso como ése, teniendo en cuenta que Piotr Petróvich estaba en plan de novio, podía perdonarse incluso la autoconciencia de la agradable transformación sufrida, una autoconciencia, quizá excesivamente pagada de sí misma. Su traje acababa de salir de manos del sastre, y todo lo que llevaba le sentaba bien, aunque quizá se veía todo demasiado nuevo y dejaba traslucir con demasiada claridad el fin que se perseguía. Respondía a este fin incluso el sombrero redondo, elegante, recién comprado; habríase dicho que Piotr Petróvich lo trataba con excesivo respeto y lo sostenía en la mano con exageradas precauciones. Hasta el excelente par de guantes color lila, unos auténticos Juvénev, revelaban lo mismo, aunque sólo fuera por el hecho de que Piotr Petróvich no se los ponía y se limitaba a llevarlos en la mano para lucirlos. En el atavío de Piotr Petróvich predominaban los colores claros y juveniles. Llevaba una hermosa chaqueta de verano de suave color castaño, pantalones claros, ligeros, y un chaleco de la misma tela; camisa fina recién comprada, y una corbata de batista con rayas color rosa, y el caso era que todo ello sentaba incluso muy bien a Piotr Petróvich. Su rostro, tan fresco y hasta hermoso, no parecía, ni mucho menos, el de un hombre de cuarenta y cinco años. Oscuras patillas le sombreaban agradablemente la cara por ambas partes, como si fueran dos chuletas, y se le espesaban con mucha gracia junto al mentón, brillante y pulcramente rasurado. Ni siquiera los cabellos, entre los que se veía alguna que otra cana, peinados y ondulados por la mano del barbero, desentonaban en lo más mínimo del conjunto, ni le daban ningún cariz ridículo o tonto, lo cual suele suceder cuando se ondulan los cabellos, pues ello da al rostro un inevitable parecido al de un alemán recién casado. Si en aquella faz bastante grave y hermosa había algo verdaderamente desagradable y repelente, se debía ya a otras causas. Después de haber examinado con toda desfachatez al señor Luzhin, Raskólnikov sonrió mordaz; volvió a descansar la cabeza sobre la almohada y, como antes, se puso a mirar el techo.

Pero el señor Luzhin había logrado dominarse y, por lo visto, había decidido no hacer caso de todas aquellas excentricidades por el momento.

–Siento con toda el alma hallarle en semejante estado –comenzó de nuevo, esforzándose por romper el silencio–. Si hubiera sabido que estaba usted enfermo, habría venido antes. Pero ¡estoy tan ocupado!... Además, como abogado, tengo un asunto importante en el Senado. No quiero referirme a las preocupaciones que usted adivina. Espero a los suyos, es decir, a su mamá y a su hermana, de un momento a otro...

Raskólnikov se movió como si quisiera decir algo y se reflejó en su semblante cierta agitación. Piotr Petróvich se interrumpió y esperó un poco; pero, como el enfermo no decía nada, prosiguió:

–...De un momento a otro. Les he buscado un piso para que tengan donde meterse al llegar....

–¿Dónde? –preguntó Raskólnikov débilmente.

–Muy cerca de aquí, en casa de Bakaléiev...

–Eso está en la calle de Voznesensk –explicó Razumijin, interrumpiendo a Piotr Petróvich–. En esta casa hay dos pisos con habitaciones para realquilar. Las explota el mercader Yúshin. He estado allí.

–Sí, son habitaciones realquiladas...

–Es un antro horrible, sucio, maloliente y hasta sospechoso. Ha habido allí sus historias poco recomendables. ¡El diablo sabe qué gentuza es la que vive en esa casa!... Yo mismo estuve con motivo de un escándalo. Eso sí, las habitaciones son baratas.

–A mí no me ha sido posible recoger tanta información, porque yo mismo soy nuevo aquí –replicó Piotr Petróvich, puntilloso–; pero las dos habitaciones que he alquilado son muy limpias, y como que será sólo por poco tiempo... Ya he encontrado un auténtico piso, es decir, nuestro piso futuro –añadió dirigiéndose a Raskólnikov–, lo están arreglando. Mientras tanto, yo mismo me alojo en habitaciones realquiladas, a dos pasos de aquí, en casa de la señora Lippevechsel, en el piso de un joven amigo mío, Andréi Semiónich Lebeziátnikov. Ha sido él quien me ha dirigido a la casa de Bakaléiev.

–¿Lebeziátnikov? –pronunció lentamente Raskólnikov, como si procurara recordar algo.

–Sí, Andréi Lebeziátnikov, funcionario de un ministerio. ¿Le conoce usted?

–Sí... No... –respondió Raskólnikov.

–Perdone, me lo había parecido por su pregunta. En otro tiempo fui su tutor. Es un joven muy simpático, que está al día. Me alegra encontrarme con gente joven. Por ella se entera uno de lo nuevo.

–Piotr Petróvich miró esperanzado a los presentes.

–¿En qué sentido? –preguntó Razumijin.

–En el más serio, es decir, en el de la esencia misma de la cuestión –aclaró Piotr Petróvich, que parecía contento de la pregunta–. Verán, hacía ya diez años que no había visitado Petersburgo. Todas esas novedades nuestras, reformas e ideas, se han filtrado hasta nosotros, en provincias; mas para ver con mayor claridad y verlo todo, es necesario estar en Petersburgo. Según mi opinión, la mejor manera de darse cuenta de las cosas y enterarse de lo nuevo, es observar nuestras jóvenes generaciones, y he de decirles que estoy satisfecho.

–¿De qué, en concreto?

–Su pregunta es muy amplia. Puedo equivocarme, pero me parece encontrar concepciones más claras, como si dijéramos, más críticas, más sentido práctico.

–Eso es cierto –musitó entre dientes Zosímov.

–Mientes, no tenemos sentido práctico alguno –saltó Razumijin–. El sentido práctico es difícil de adquirir y no nos cae graciosamente del cielo. Nosotros llevamos casi dos siglos sin hacer nada práctico. Ideas es posible que no nos falten –se dirigió a Piotr Petróvich–, ni buena voluntad, aunque un poco infantil. Incluso se encontrará honradez, aunque los aprovechados brotan como setas; pero el sentido práctico nos falta. El sentido práctico avanza a paso de tortuga.

–No estoy de acuerdo con usted –replicó Piotr Petróvich, con evidente placer–. Naturalmente, hay exaltación, errores, pero debemos ser condescendientes. La exaltación es una prueba de entusiasmo por la causa y de que las circunstancias externas en que dicha causa se encuentra situada son anómalas. Se habrá hecho poco, pero también el tiempo ha sido escaso. De los medios ni siquiera hablo. Pero le digo que, a mi modo de ver, incluso se ha hecho algo. Se han difundido ideas nuevas, útiles; se han difundido también algunas obras nuevas y útiles, que sustituyen a las anteriores, quiméricas y novelescas. La literatura va adquiriendo madurez; han sido extirpados de raíz y ridiculizados muchos prejuicios nocivos… En una palabra, nos hemos desprendido del pasado y no es posible volver atrás. A mi juicio, eso ya es algo.

–¡Punto redondo! Ya ha hecho su presentación –exclamó, súbitamente, Raskólnikov.

–¿Cómo? –preguntó Piotr Petróvich, que no había entendido las palabras de este último.

Pero no obtuvo respuesta.

–Todo esto es justo –se apresuró a añadir Zosímov.

–¿Verdad? –continuó Piotr Petróvich, mirando complacido a Zosímov–. No me negará usted –continuó, dirigiéndose a Razumijin, ya con cierto tono triunfal y de superioridad, de modo que por poco añade "joven amigo"– que hay prosperidad o, como ahora se dice, progreso, por lo menos en lo tocante a la ciencia y a la verdad económica.

–¡Eso es un lugar común!

–No, no es un lugar común. Si hasta ahora me decían, por ejemplo, "ama al prójimo" y yo lo amaba, ¿cuál era el resultado? –continuó Piotr Petróvich, quizá con excesivo apresuramiento–. El resultado era que yo dividía mi caftán por la mitad, lo compartía con el prójimo y nos quedábamos los dos medio desnudos. Como dice el refrán ruso, "Corre a la vez tras muchas liebres y no cazarás ninguna". La ciencia, empero, nos dice: Antes de amar a todos, ámate a ti mismo, pues en el mundo todo se basa en el interés personal. Si amas sólo a ti mismo, atiendes como debes a tus empresas y el caftán te queda entero. La verdad económica añade, por su parte, que cuanto mayor es en la sociedad el número de empresas particulares bien ordenadas o, como si dijéramos, cuanto mayor es el número de caftanes enteros, tanto más sólidas son las bases en que la sociedad descansa y tanto mejor se ordena en ella la empresa común. Así, pues, acumulando única y exclusivamente para mí, en cierto modo acumulo al mismo tiempo para todos y contribuyo a que mi prójimo obtenga un caftán algo más maltratado que el mío, pero ya no de la generosidad personal e individual, sino como consecuencia de la prosperidad general. La idea es simple, pero, desgraciadamente, ha tardado demasiado en presentarse, pues estaba velada por la exaltación y el ensueño. Aparentemente sólo faltaba un poco de ingenio para adivinar…

–Perdón, a mí también me falta ingenio –le interrumpió secamente Razumijin–, y por eso lo mejor es pasar a otra cosa. Yo había empezado a hablar con determinado objetivo, pero toda esa charlatanería para autojustificarse, todos esos incesantes e inacabables lugares comunes, esa canción, que es siempre la misma, hasta tal punto se me ha atragantado en tres años, que, como hay Dios, se me suben los colores a la cara de vergüenza, no ya cuando hablo yo de ellos, sino hasta cuando oigo hablar de ellos en mi presencia. Usted, naturalmente, se ha apresurado a hacer gala de lo que sabe; eso es muy perdonable, no lo censuro. Lo único que quisiera saber ahora es quién es usted, porque a la causa común se han adherido únicamente vividores de tan distinto pelaje y hasta tal punto han deformado en provecho propio cuanto han tenido al alcance de sus manos, que lo han ensuciado todo. ¡Y ya basta!

–Muy señor mío –comenzó a replicar Luzhin, abombando el pecho y con extraordinarísima dignidad–, no querrá usted indicar, tan sin rodeos, que también yo…

–¡Oh, por Dios! ¡De ningún modo! ¡Acaso podía yo!… ¡Basta, basta! –así cortó Razumijin aquel diálogo y se volvió sin más ceremonias hacia Zosímov para proseguir su anterior conversación.

Piotr Petróvich fue bastante inteligente para admitir por buena la explicación, y decidió irse sin esperar más que otros dos minutos.

–Confío en que el conocimiento que ahora hemos iniciado –dijo vuelto hacia Raskólnikov– se consolidará cuando esté usted restablecido, dadas las circunstancias que ya conoce. Le deseo sobre todo que se reponga pronto.

Raskólnikov ni siquiera volvió la cabeza. Piotr Petróvich se levantó de la silla.

–El asesino ha de ser uno de los que llevaban objetos a empeñar, no hay duda –afirmó convencido Zosímov.

–Forzosamente uno de los que iban a empeñar –asintió Razumijin–. Porfiri no deja entrever lo que piensa, pero a los que llevaban objetos a empeñar los interroga.

–¿Interroga a los que empeñaban? –preguntó Raskólnikov en voz alta.

–Sí, ¿y qué?

–Nada.

–¿Y cómo sabe quiénes son? –preguntó Zosímov.

–A unos los ha indicado Koj, otros tenían el nombre escrito en los papeles que envolvían los objetos empeñados, otros se presentaron no bien oyeron…

–¡Qué hábil y experimentado debe ser el canalla! ¡Qué audacia! ¡Qué decisión!

–¡Ca! Todo lo contrario –exclamó Razumijin, interrumpiéndole–. Esta idea es la que os hace perder a todos la pista. Yo digo que era inhábil, inexperimentado, y que probablemente éste es su primer golpe. Si admites que es obra de un canalla hábil y calculador, el hecho resulta inverosímil.

Si admites, en cambio, que no tenía experiencia, resulta que la casualidad y nada más que la casualidad le sacó de apuros. ¿Cuántas cosas no se deben a la casualidad? A lo mejor, ni siquiera previó las dificultades y los obstáculos. ¿Y cómo se comportó? Toma unos objetos de diez a veinte rublos, se llena con estos objetos los bolsillos, revuelve el cofre de la vieja, donde hay trapos, y en el cajón de la cómoda, en un joyero, han encontrado mil quinientos rublos en oro y plata, sin contar los billetes. Ni siquiera se dio maña para robar, sólo supo matar. Fue su primer golpe, créeme, su primer golpe. Se desconcertó. ¡Y se salvó no por cálculo, sino por casualidad!

—Por lo visto, se refieren ustedes al reciente asesinato de la vieja, viuda de un funcionario —terció en la conversación, dirigiéndose a Zosímov, Piotr Petróvich, ya de pie, con el sombrero y los guantes en la mano, pero deseoso de decir algunas palabras bien dichas antes de marcharse. Por lo visto, estaba empeñado en dejar una impresión favorable. La vanidad pudo más que la prudencia.

—Sí. ¿Ha oído usted hablar de él?

—¿Cómo no, si ocurrió al lado?…

—¿Conoce usted los detalles?

—Los detalles no; pero a mí no me interesan los detalles, sino el problema en su conjunto. Nada digo de que en el transcurso de los últimos cinco años la criminalidad ha aumentado en la clase baja, ni tampoco hablo de los robos e incendios que se producen en todas partes y sin cesar; para mí lo más raro está en que los crímenes aumentan del mismo modo en las clases altas, como si dijéramos paralelamente. Se oye decir que en tal lugar un exestudiante asaltó el correo en plena carretera; en otro lugar, gente que por su situación social pertenece a los círculos progresivos, se dedica a fabricar billetes de Banco falsos; en Moscú cazan a una banda que se dedicaba a falsificar boletos de lotería, y entre los miembros más destacados de la banda figura un catedrático de historia universal; en el extranjero, se asesina a uno de nuestros diplomáticos por dinero y por otras causas oscuras… Y si ahora esa vieja usurera ha sido asesinada por alguien de la clase alta, pues los mujiks no llevan a empeñar objetos de oro, ¿cómo explicar ese libertinaje que se da en las capas cultas de nuestra sociedad?

—Hay muchos cambios de fortuna… —comentó Zosímov.

—¿Cómo explicarlo? —contestó Razumijin—. Pues podría explicarse precisamente por la excesiva y arraigada falta de sentido práctico.

—No entiendo. ¿Cómo?

—¿Qué respondió en Moscú ese catedrático de que hablaba usted, cuando le preguntaron por qué falsificaba billetes? "Todos se hacen ricos de una manera u otra, y yo también tenía ganas de hacerme rico cuanto antes". No recuerdo las palabras exactas, pero el sentido era que quería hacer fortuna por arte de magia, cuanto antes y sin trabajo. La gente se acostumbra a vivir a cuerpo de rey, a ir a cuestas de los demás, a no tener que hacer ningún esfuerzo para poder comer. Y cuando suena la gran hora, cada uno se presenta con lo que lleva dentro...

—Pero ¿y la moralidad? ¿Y las reglas de conducta?

—¿Qué reclama usted? —dijo Raskólnikov, mezclándose inesperadamente en la conversación—. ¡Todo eso está en consonancia con su teoría!

—¿Cómo, con mi teoría?

—Lleve hasta sus últimas consecuencias lo que hace poco estaba encomiando, y resultará que se justifica hasta el asesinato...

—¡Por favor! —exclamó Luzhin.

—¡No! ¡Eso no es así! —replicó Zosímov.

Raskólnikov, acostado en el sofá, estaba pálido, respiraba con dificultad y el labio superior le temblaba.

—Todo tiene sus límites —prosiguió, altivo, Luzhin—; la idea económica no es ni mucho menos una invitación al asesinato, y si se admite tan sólo...

—¿Y no es cierto que usted —le interrumpió otra vez Raskólnikov, con voz temblorosa de rabia y un leve acento de satisfacción por la ofensa inferida—, no es cierto que dijo usted a su novia, tan pronto como hubo obtenido de ella palabra de casamiento, que de lo que más contento estaba era de que ella fuera pobre, pues es más ventajoso sacar a la mujer de la miseria para poderla dominar luego y poderle echar en cara que se es su bienhechor?

—¡Muy señor mío! —gritó Luzhin irritado, lleno de ira, confuso y con la cara encendida—. ¡Muy señor mío!... ¡Qué modo de tergiversar las ideas! Perdone, pero he de decirle que los rumores que han llegado hasta usted o, mejor dicho, los que le han sido comunicados, no tienen ni sombra de fundamento y yo... sospecho quién... En una palabra... esa flecha... En una palabra, su mamá... Ya me pareció, sin esto, descubrir cierta exaltación y espíritu novelesco en sus ideas, lo cual nada quiere decir en merma de sus excelentes cualidades. Sin embargo, estaba yo muy lejos de suponer que pudiera ella entender y presentar mi pensamiento tan desnaturalizado por la fantasía. Y, en fin, en fin...

—¿Sabe usted lo que le digo? —gritó Raskólnikov, incorporándose sobre la almohada y mirándole cara a cara, con ojos encendidos y penetrantes—. ¿Sabe usted lo que le digo?

—¿Qué?

Luzhin se detuvo y se quedó esperando en actitud irritada y desafiadora. El silencio se prolongó durante varios segundos.

–Pues que si usted se atreve otra vez a decir, aunque sólo sea una palabra acerca de mi madre, ¡le arrojo a empujones escaleras abajo!

–¿Qué te pasa? –exclamó Razumijin.

–¡Ah, esas tenemos! –Luzhin se puso pálido y se mordió el labio–. Óigame, señor mío –prosiguió lentamente, y dominándose con un supremo esfuerzo de voluntad, aunque se sofocaba–, desde el primer momento he adivinado su animadversión hacia mí, pero he querido quedarme para comprobarlo. Es mucho lo que puedo perdonar a un enfermo y a un pariente, pero ahora… a usted… nunca…

–¡No estoy enfermo! –gritó Raskólnikov.

–Con mayor motivo…

–¡Váyase al diablo!

Pero Luzhin ya salía, sin terminar su frase, deslizándose de nuevo entre la mesa y la silla. Razumijin esta vez se levantó para dejarle paso. Sin mirar a nadie y sin despedirse siquiera con un signo de cabeza de Zosímov, quien hacía rato quería darle a entender con señas que dejase en paz al enfermo, Luzhin salió con el sombrero a la altura del hombro como medida de precaución al cruzar, inclinándose un poco, la puerta. Habríase dicho que hasta en la curva que en ese momento le dibujó la espalda se reflejaba el hecho de que se iba terriblemente ofendido.

–¿Es posible portarse así? ¿Es posible? –dijo Razumijin, perplejo y moviendo la cabeza.

–¡Dejadme, dejadme todos! –gritó furioso Raskólnikov–. ¿Me dejaréis en paz? ¡Verdugos! ¡No os tengo miedo! ¡Ahora no temo a nadie, a nadie! ¡Fuera de mi lado! ¡Quiero estar solo, solo, solo!

–¡Vámonos! –dijo Zosímov, haciendo un signo con la cabeza a Razumijin.

¡Por favor! ¿Acaso es posible dejarlo en este estado?

–¡Vámonos! –insistió Zosímov y salió.

Razumijin reflexionó unos instantes y corrió al alcance de su amigo.

–Podría ser peor si no le hiciéramos caso –dijo Zosímov, ya en la escalera–. No hay que irritarle de ningún modo.

–¿Qué le pasa?

–Le haría falta algún impulso favorable. ¡Eso le iría bien! Hace poco había recobrado las fuerzas… ¿Sabes lo que te digo? ¡Algo le obsesiona! Alguna idea fija, abrumadora… Eso me da mucho miedo, mucho.

–Quizá sea ese señor, ese Piotr Petróvich. Por la conversación se comprende que se casa con la hermana de Rodia y que éste recibió una carta, hablándole del casamiento, muy poco antes de ponerse enfermo…

–Sí, el diablo lo ha traído ahora; quizá ha echado a perder todo. ¿Has observado que todo le deja indiferente menos un solo punto, que le saca de quicio, el de ese asesinato?…

–Sí, sí –contestó Razumijin–. Lo he observado muy bien. Se interesa por ese crimen, se asusta. Es que el mismo día que cayó enfermo le amedrentaron con él en la oficina del comisario de policía y cayó desmayado.

–Me lo contarás detalladamente por la noche y luego también te contaré alguna cosilla. Rodia me interesa mucho, mucho. Dentro de media hora pasaré a ver cómo está. No creo, empero, que haya inflamación.

–¡Te lo agradezco mucho! Mientras tanto esperaré donde Páshenka y seguiré observando por medio de Nastasia…

Al quedarse solo, Raskólnikov miró con impaciencia y tristeza a Nastasia, que tardaba en salir.

–¿Quieres té ahora? –le preguntó ella.

–Más tarde. ¡Quiero dormir! ¡Déjame!…

Se volvió hacia la pared y Nastasia salió.

CAPÍTULO VI

En cuanto Nastasia salió, se levantó Raskólnikov y con la aldabilla aseguró la puerta, desató el fardo que había traído Razumijin, sacó la ropa y procedió a vestirse.

¡Cosa rara! De repente, se había quedado completamente tranquilo; había ya desaparecido su estado de delirio que le estaba poniendo medio loco. Era el primer minuto de una tranquilidad que por lo repentina se hacía bastante extraña. Sus movimientos, precisos y seguros, dejaban ver una intención firme. "Hoy mismo, hoy", decía para sí mismo. Comprendía bien que aunque estaba débil, se posesionaba de él una vigorosa fuerza espiritual que llegaba hasta el sosiego. Esperaba no caer en la calle.

Vestido con la ropa nueva, miró el dinero que había sobre la mesa; luego de reflexionar un poco se lo puso en el bolsillo. Eran venticinco rublos. También recogió las monedas de cobre, el cambio de los diez rublos usados por Razumijin para comprar la ropa. Después levantó la aldabilla sin hacer ruido, salió de la habitación, bajó la escalera y miró por la puerta de la cocina, abierta de par en par. Nastasia se hallaba de espaldas, inclinada, soplando para avivar el fuego del samovar de la patrona. No le había oído. Además, ¿quién iba a suponer que él se iría? Un minuto más tarde Raskólnikov se encontraba en la calle.

Serían aproximadamente las ocho. Se ponía el sol. El ambiente seguía sofocante, como antes; pero Raskólnikov aspiró con avidez el aire maloliente, polvoriento y contagiado de ciudad. Le pareció que la cabeza empezaba a darle vueltas, mas de pronto relampagueó en sus ojos encendidos y en su rostro hundido y pálido una especie de energía salvaje. No sabía adónde ir, ni siquiera pensaba en ello; sabía únicamente una cosa: Que debía terminar aquello el mismo día, de una vez, inmediatamente; que si no era así, no volvería a su casa, porque *no quería vivir de aquel modo*. ¿Cómo acabar con ello? ¿Cómo acabar? No tenía ninguna idea, ni tampoco ganas de pensar. Ahuyentaba de sí los pensamientos; los pensamientos le atormentaban. Tenía la sensación de que todo debía cambiar, lo sabía; todo debía cambiar de una u otra manera, "como quiera que fuese", se repetía con desesperada seguridad en sí mismo y con firme decisión.

Por vieja costumbre, siguió el camino habitual de sus anteriores paseos y se encaminó hacia la Plaza del Heno. Pocos antes de llegar a ella, en medio de la calle, frente a una tienda de quincallería, un joven organillero de pelo negro daba vueltas al manubrio y hacía sonar las notas de una romanza sentimental. Acompañaba con la música a una muchacha de unos quince años, que cantaba de pie en la acera, e iba vestida como una señorita, con miriñaque, mantilla, guantes y un sombrero de paja, con una pluma roja como el fuego; todo viejo y deslucido. Con voz callejera, temblorosa, pero bastante agradable y fuerte, la muchacha cantaba esperando que de la tienda le dieran un par de kopeks. Raskólnikov se detuvo junto a otros dos o tres mirones, escuchó, se sacó una moneda de cinco kopeks del bolsillo y la puso en la mano de la muchacha. La joven cortó la canción en la nota más sentimental y alta, como si la cercenase; gritó, tajante, al organillero "¡Basta!", y prosiguieron los dos su camino hasta la próxima tienda.

–¿Le gustan a usted las canciones de la calle? –preguntó de súbito Raskólnikov, dirigiéndose a un viandante, un hombre ya maduro, que había estado escuchando a su lado y tenía el aspecto de mirón desocupado.

El hombre le contempló de manera extraña, muy sorprendido.

–A mí me gustan –prosiguió Raskólnikov, pero como si no se refiriera a las canciones de la calle–; me gusta oír cantar al son del organillo en un atardecer frío, oscuro y húmedo de otoño. Ha de ser húmedo, cuando toda la gente de la calle tiene cara de enfermo, pálida y verdosa; o aún mejor, cuando cae nieve mojada, completamente vertical, sin que sople el viento, ¿sabe?, y a través de la nieve brillan las farolas de gas…

–No sé… Usted perdone… –tartamudeó el viandante, asustado tanto por la pregunta como por el aspecto de Raskólnikov, y pasó al otro lado de la calle.

Raskólnikov continuó su camino y llegó a la esquina de la Plaza del Heno, donde solían montar su tiendecita los mercaderes, marido y mujer, que habían estado hablando con Lizaveta; pero no se encontraban allí. Al reconocer el sitio, se detuvo y se dirigió a un mozo de camisa encarnada, que bostezaba en la puerta de un almacén de granos.

–Aquí en la esquina suelen tener el puesto dos vendedores, marido y mujer, ¿verdad?

–Aquí vende el que quiere –respondió el mozo, midiendo con la vista a Raskólnikov de arriba abajo.

–¿Cómo se llama ese vendedor?

–Tal como le bautizaron.

–¿No eres de Zaraisk? ¿De qué provincia eres?

El mozo volvió a mirar a Raskólnikov.

–Nosotros, Excelencia, no somos de una provincia, sino de un distrito. Allí se fue mi hermano, pero yo me he quedado en casa, así que no sé… Perdóneme, pues, Excelencia, sea bueno.

–¿Qué hay arriba? ¿Algún fonducho?

–Es una fonda, tiene billar; hasta princesas hay… ¡De rechupete!

Raskólnikov cruzó la plaza. En un extremo había un gran tropel de gente, todos hombres. Se abrió paso hasta el centro del grupo, mirando los rostros. No sabía por qué, pero se sentía inclinado a entablar conversación con todo el mundo. Sin embargo, los mujiks no se fijaban en él y seguían voceando entre sí, formando corros. Raskólnikov se detuvo, permaneció unos momentos pensativo y torció a la derecha, por la acera, en dirección a V. Dejó la plaza y penetró en una callejuela.

Antes pasaba a menudo por aquella corta callejuela, en forma de codo, que lleva de la plaza a la calle de Sadóvaia. En los últimos tiempos hasta sentía especial complacencia en vagabundear por aquellos lugares cuando todo le repugnaba, "para que aún le repugnara más". Aquella vez entró sin pensar nada. Había allí una casa grande ocupada por tabernas y otros establecimientos de comidas y bebidas; de esos establecimientos salían a cada momento mujeres vestidas como suelen vestir "en su casa", con la cabeza descubierta y una simple bata. En dos o tres lugares solían agruparse en la acera, sobre todo a la entrada de la planta baja, a la que se llegaba descendiendo un par de peldaños y donde podían encontrarse distintos establecimientos, muy divertidos. En uno de ellos, en aquel momento, se armaba un alboroto que se oía en toda la calle; sonaba la guitarra, cantaban canciones y había mucha alegría. Un buen número de mujeres se apiñaban ante la entrada, otras se hallaban sentadas en los peldaños o en la acera y otras estaban de pie charlando. Allí cerca, en plena calle, daba traspiés un soldado borracho, fumando y jurando en voz alta; parecía que deseaba entrar en alguna parte, pero había olvidado dónde. Un harapiento se estaba insultando con otro no menos harapiento, y otro borracho se hallaba tumbado en medio de la calle, como muerto. Raskólnikov se detuvo junto al numeroso grupo de mujeres. Estaban hablando con voces roncas, llevaban todas vestidos de percal, zapatos de piel de cabra e iban con la cabeza descubierta. Algunas pasaban de la cuarentena, pero las había también de diecisiete años, y casi todas tenían los ojos a la funerala.

Sin saber por qué, Raskólnikov se sentía atraído por el alboroto que se oía abajo. Desde donde él estaba, se percibía, entre risas y chillidos, que alguien danzaba frenéticamente, marcando el compás con los tacones de las botas, al son de una fina voz de falsete y de las notas de la guitarra. Raskólnikov escuchaba atentamente, pensativo y sombrío, inclinado junto a la entrada, echando miradas curiosas al interior, desde la acera.

> *¡Querido y bienamado mío,*
> *No me azotes sin razón!*

modulaba la fina voz del cantor. Raskólnikov tenía unos deseos enormes de entender lo que cantaban, como si a ello redujera cuanto le preocupaba.

"¿Y si entrara? –pensó–. Se ríen. Están bebidos. ¿Y si bebiera y me emborrachara?".

–¿No entra, simpático señor? –preguntó una de las mujeres, con voz bastante timbrada, aún no del todo ronca.

Todavía era joven y no provocaba ninguna impresión repelente; no había otra como ella en el grupo.

–¡Hola, guapa! –respondió Raskólnikov, irguiéndose y mirándola.

La mujer sonrió; le había gustado el cumplido.

–Usted también está hecho un guapo mozo –repuso.

–¡Qué flaco! –observó otra, con voz de bajo–. ¿Le han dado de alta en el hospital quizá?

–Todas parecen hijas del general, y todas son chatas –exclamó de pronto un mujik, que acababa de acercarse, con cuatro copas de más en el cuerpo, desabrochada la casaca, con pícara sonrisa en la jeta–. ¡Venga alegría!

–¡Pasa, ya que has venido!

–¡Ahora voy, bomboncito!

Y bajó los peldaños dando trompicones.

Raskólnikov reanudó su camino.

−¡Oiga, señor! −le gritó la moza.

−¿Qué?

La mujer se quedó cortada.

−Yo, simpático señor, siempre estaré contenta de pasar con usted algunas horas; pero ahora no sé qué hacer con la vergüenza. Regáleme, agradable caballero, seis kopeks para beber.

Raskólnikov metió la mano en el bolsillo y sacó unas monedas al azar: eran tres piezas de cinco kopeks.

−¡Qué señor más bueno!

−¿Cómo te llamas?

−Pregunte por Duklida.

−¡Esto es el colmo! −exclamó de pronto una de las mujeres del grupo, señalando con la cabeza a Duklida−. ¡No sé cómo puede atreverse a pedir de este modo! Yo preferiría que me tragase la tierra antes de pasar tal vergüenza.

Raskólnikov miró lleno de curiosidad a la mujer que acababa de hablar de aquel modo. Era una moza picada de viruelas, de unos treinta años, llena de cardenales y con el labio superior hinchado. Hablaba y censuraba sosegadamente, pero con seriedad.

"¿Dónde he leído −pensó Raskólnikov prosiguiendo su camino−, dónde he leído lo que decía o pensaba un condenado a muerte una hora antes de que lo ejecutaran? Que si debiera vivir en algún sitio elevado, encima de una roca, en una superficie tan pequeña que sólo ofreciera espacio para colocar los pies, y en torno se abrieran el abismo, el océano, tinieblas eternas, eterna soledad y tormenta; si debiera permanecer en el espacio de una vara durante toda la vida, mil años, una eternidad, preferiría vivir así que morir. ¡Vivir, como quiera que fuese, pero vivir!− ¡Qué verdad más grande! ¡Oh, señor, qué verdad! ¡El hombre es un canalla! Y lo es también quien así le llama", añadió un momento después.

Llegó a otra calle. "¡Basta! ¡El ' Palacio de Cristal'! Razumijin ha hablado esta mañana del ' Palacio de Cristal'. Pero ¿qué quería yo? ¡Ah, sí, leer!… Zamétov decía que había leído en los periódicos…"

−¿Tienen periódicos? −preguntó, entrando en una casa de comidas muy espaciosa, de varias salas, aunque muy poco concurridas.

Dos o tres parroquianos tomaban té, y en un departamento extremo había un grupo de tres o cuatro personas que bebían champaña. A Raskólnikov le pareció que entre ellas se encontraba Zamétov. Pero de lejos resultaba difícil distinguirlo bien.

"¡Qué más da!", pensó.

–¿Pide vodka? –preguntó el camarero.

–Sírveme té. Y tráeme periódicos viejos, los de los últimos cinco días, todos de una vez, te daré propina.

–Ahora mismo. Aquí tiene los de hoy. ¿Vodka no quiere?

Aparecieron los viejos periódicos y el té. Raskólnikov se sentó y se puso a buscar. "Isler, Isler, Aztecas, Aztecas, Isler, Bartola, Bassimo, Aztecas, Isler... ¡Uf, demonio! Aquí están los sucesos. Una mujer se ha caído por la escalera, un mercader requemado por el vino, incendio en Peski, incendio en Petersburgo, otro incendio en Petersburgo, otro incendio en Petersburgo... Isler, Isler, Isler, Isler, Massimo... ¡Ah, por fin!...".

Encontró lo que buscaba y se puso a leer. Las líneas le saltaban ante los ojos, pero leyó toda la "noticia" y empezó a buscar ávidamente nuevas informaciones en los números siguientes. Le temblaban las manos de convulsiva impaciencia al doblar las hojas de los periódicos. De pronto, alguien se sentó a su lado, a la misma mesa. Raskólnikov levantó la vista. Ahí estaba Zamétov, el propio Zamétov, con el mismo aspecto, con sortijas, con cadenitas, con la raya en medio de los cabellos negros, rizosos y cargados de pomada; con un chaleco elegante, una levita un poco raída y una camisa ya un poco ajada. Estaba de buen humor, o por lo menos se sonreía alegre y afablemente. El rostro moreno se le había puesto un poco colorado a causa del champaña bebido.

–¡Cómo! ¡Usted aquí! –empezó a decir, sorprendido, y en tal tono como si fueran conocidos de toda la vida–. Ayer aún me dijo Razumijin que no había recobrado usted el conocimiento. ¡Qué raro! ¿Sabe usted? Estuve a verle.

Raskólnikov no había dudado de que Zamétov se le acercaría. Apartó los periódicos y se volvió hacia él. Se le dibujaba en los labios una sonrisa burlona, con una nueva nota de irritada impaciencia.

–Ya sé que estuvo usted a verme –respondió–; me lo han dicho. Buscó un calcetín... ¿Sabe? Razumijin no encuentra palabras bastantes para ponerle a usted en las nubes. Dice que fueron juntos a casa de Lavisa Ivánovna, aquella por la que intercedió usted entonces, cuando hizo un guiño al teniente Pólvora y él no le entendía, ¿recuerda? Parecía imposible que no comprendiera, la cosa estaba clara, ¿eh?

–Pero ¡qué alborotador es!

–¿Quién? ¿Pólvora?

–No, su amigo Razumijin…

–Para usted es un regalo la vida, señor Zamétov. Tiene usted entrada franca, libre de pago, en los sitios más encantadores. ¿Quién le estaba invitando a champaña ahora?

–Somos un grupo. Hemos estado bebiendo. ¿Y por qué me iban a invitar?

–En concepto de honorarios. ¡Todo se aprovecha! –Raskólnikov se echó a reír–. No importa, joven; no importa. Es usted bueno como el pan –añadió, dando unas palmaditas al hombro de Zamétov–. No lo digo con mala intención, "sino en broma y por jugar", como el obrero ese que tienen ustedes, cuando golpeaba a Mitréi, ese del asunto de la vieja.

–¿Cómo los sabe usted?

–Yo quizá sepa más que usted.

–Es usted una persona extraña. Aún está muy enfermo, ¡palabra! Ha hecho mal en salir.

–¿Le parezco a usted extraño?

–Sí. ¿Y estaba leyendo los periódicos?

–Sí, los periódicos.

–Hay muchas noticias sobre incendios.

–No son los incendios lo que me interesa.

En aquel punto miró enigmáticamente a Zamétov; de nuevo se le contrajeron los labios en burlona sonrisa.

–No, no son los incendios –continuó, haciendo un guiño a Zamétov–. Pero confiese, simpático joven, que se muere usted por saber qué es lo que yo leía, ¿eh?

–Pues no; me da lo mismo. Lo he preguntado porque sí ¿Tiene algo de particular la pregunta? ¿Qué es eso de tomarlo todo…?

–Diga; usted es una persona instruida, con conocimientos literarios, ¿verdad?

–He acabado la sexta clase del gimnasio –respondió Zamétov con cierta presunción.

–¡La sexta! ¡Ah, pajarito! ¡Con la línea en medio, con sortijas; total, que eres un hombre rico! ¡Qué joven más simpático!

Raskólnikov se echó a reír, con risa nerviosa, en la misma cara de Zamétov. Éste se hizo atrás. No es que se ofendiera; estaba muy sorprendido.

–¡Qué extraño es usted! –repitió Zamétov, muy seriamente–. Tengo la impresión de que aún está delirando.

–¿Delirio? ¡Mientes, pajarito!… ¿Tan extraño soy? Yo, para usted, soy un tipo curioso, ¿eh? Un tipo curioso.

–Curioso.

–¿Le digo qué leía y qué estaba buscando? Ya ve cuántos números he pedido. Es sospechoso, ¿eh?

–Bueno, dígamelo.

–¿Ha amusgado las orejas? ¿Hasta la coronilla?

–¿A qué viene eso de la coronilla?

–Se lo diré luego, y ahora, mi muy simpático joven, le declaro que… no, es mejor, confieso que… No, tampoco es… Hago una declaración y usted toma nota… ¡Así está bien! Hago, pues, la declaración de que he leído, me he interesado, he buscado, he encontrado… –Raskólnikov entornó los ojos y esperó un momento–, he encontrado, y para esto he venido aquí, lo que se refiere al asesinato de la vieja, viuda de un funcionario –pronunció al fin, en voz muy baja, acercando extraordinariamente su cara a la de Zamétov.

Zamétov le clavó la mirada en los ojos, sin hacer el menor movimiento sin apartar su rostro del de Raskólnikov. Lo que más raro le pareció luego fue que el silencio se prolongó un minuto entero, durante el cual permanecieron mirándose uno a otro.

–¿Y qué más da lo que haya leído? –exclamó de pronto, perplejo e impaciente–. ¿A mí qué me importa? ¿Qué hay en ello de particular?

–Se trata de la misma vieja –prosiguió Raskólnikov en el mismo tono de voz, sin inmutarse por la exclamación de Zamétov; es la misma vieja de que empezaron a hablar en la oficina cuando me desvanecí. ¿Qué? ¿Comprende ahora?

–¿Qué quiere usted decir? ¿Qué significa ese "comprende"? –repuso Zamétov, casi alarmado.

La faz inmóvil y seria de Raskólnikov se transformó en un instante. De pronto volvió a prorrumpir en risas nerviosas, como hacía poco, como si le fuera imposible contenerse. En un momento, recordó con extraordinaria nitidez una sensación reciente, la que tuvo detrás de la puerta, con el hacha en la mano; viendo saltar la aldabilla, cuando los otros estaban al otro lado, blasfemando y sulfurándose, y a él le entraron ganas de gritar, de insultarles, de sacarles la lengua, de hacerles rabiar, de reírse, de reírse a carcajadas, ¡a carcajadas, a carcajadas!

–O está usted loco o… –dijo Zamétov, y se detuvo, como fulminado de súbito por una idea que le centelleó en la cabeza.

–¿Qué quiere decir "o"? ¿Qué? ¡Venga, dígalo!

–¡Nada! –respondió Zamétov, furioso–. ¡Esto es absurdo!

Se callaron los dos. Después del convulsivo estallido de risa, Raskólnikov se quedó súbitamente pensativo y triste. Con los codos en la mesa, apoyó la cabeza en las manos. Habríase dicho que se había olvidado por completo de Zamétov. El silencio se prolongó bastante rato.

–¿Por qué no bebe el té? Se le enfriará –dijo Zamétov.

–¿Eh? ¿Cómo? ¿El té?… Es verdad.

Raskólnikov bebió unos sorbos, se puso en la boca un trocito de pan y, de repente, después de mirar a Zamétov, pareció recordar y sentir un ligero estremecimiento. En el mismo instante, su rostro volvió a adquirir la misma expresión burlona del principio. Continuó bebiendo té.

–Bribonadas de esa clase se están multiplicando como no puede imaginarse dijo Zamétov–. No hace mucho leí en la *Gaceta de Moscú* que, en aquella ciudad, habían cazado a una banda entera de monederos falsos. Formaban una verdadera sociedad. Falsificaban billetes de Banco.

–¡Oh! De eso hace tiempo. Lo leí hace un mes –respondió tranquilamente Raskólnikov–. Así, ¿cree usted que se trata de unos bribones? –añadió riéndose.

–¿Qué van a ser, si no?

–¿Qué? ¡Pues unos niños, unos rapagones! Se reúne medio centenar de personas para fabricar billetes de banco. ¿Es eso posible? Para tal negocio tres serían ya demasiadas, aunque cada una estuviera más segura de las otras que de sí misma. Basta que una estando borracha se vaya de la lengua, y sanseacabó todo. ¡Rapagones, boquirrubios! Confían el cambio de los billetes a gente en que no se puede confiar. ¿Se puede encomendar una cosa como ésa al primero que llegue? Pero supongamos que, aun con boquirrubios, sale todo bien; admitamos que cada uno de ellos ha cambiado billetes por valor de un millón, ¿y después, durante el resto de la vida? Cada uno depende de los demás por toda la vida. ¡Es mejor ahorcarse! Pero ésos ni siquiera supieron cambiar los billetes. Uno se presenta a una oficina, cambia cinco mil y le tiemblan las manos. Comprueba los primeros cuatro mil; el último millar lo admite sin comprobar, confiando que está bien contado, para metérselo cuanto antes en el bolsillo y salir corriendo. Claro, se hizo sospechoso. Y por culpa de un solo pazguato se fue todo al agua. ¿Es así como se trabaja?

–¿Que le temblaran las manos? –preguntó Zamétov a su vez–. Sí, es posible. Estoy plenamente convencido de que es posible. A veces no hay modo de dominarse.

–¿Por una cosa así?

–¿Acaso se dominaría usted? Yo no me dominaría. ¡Por cien rublos de prima exponerse a tal horror! Presentarse con un billete falso nada menos que a la ventanilla de un banco, donde en esa cuestión dan cien vueltas al más pintado. No, yo me turbaría. ¿Usted no se inmutaría?

De pronto, Raskólnikov volvió a sentir unos deseos terribles de "sacar la lengua". De vez en cuando, un escalofrío le recorría la espalda.

–Yo no lo haría así –dijo, empezando desde lejos–. Cambiaría los billetes del modo siguiente: contaría el primer millar, tres o cuatro veces, por todas partes, me fijaría en cada uno de los papeles; después, empezaría a contar el segundo millar y, cuando llegara a la mitad, sacaría algún billete de cincuenta rublos, lo miraría a contraluz, le daría la vuelta, volvería a mirarlo a contraluz. ¿No será falso? Diría: "Tengo miedo. Una pariente mía perdió, no hace mucho, de esta manera veinticinco rublos", y contaría alguna historia. Cuando empezara el tercer millar, saldría con el cuento de que en el segundo millar probablemente me había equivocado en la séptima centena, de que tenía dudas; dejaría el tercer millar y volvería al segundo, y así con los cinco millares. Cuando ya hubiera terminado, sacaría del quinto millar, y también del segundo, un billete o dos, volvería a mirarlos a contraluz, otra vez tendría dudas. "Cámbienmelo, hagan el favor", y marearía de tal modo al empleado, que éste no pensaría en otra cosa que en librarse de mi presencia. Al fin terminaría, me iría, abriría la puerta, pero no. "Dispense", volvería sobre mis pasos para preguntar algo, para pedir alguna explicación. ¡Así lo haría yo!

–¡Ja!¡Qué cosas más extrañas explica usted! –comentó Zamétov, riéndose–. Pero no son más que palabras; llegado el caso probablemente tropezaría. A mi modo de ver, en estas cosas, no sólo usted y yo no podríamos confiar en nosotros mismos, sino que ni siquiera el hombre más baqueteado y duro podría estar seguro de que no perdería la sangre fría. Sin ir más lejos, tenemos el ejemplo de la vieja. La asesinaron en nuestro barrio. Parece que no se puede pedir mayor audacia; el asesino se expuso a todos los peligros en pleno día, se escapó por milagro, y, a pesar de todo, las manos le temblaron. No supo robar, no pudo resistir. Se ve por los hechos…

Pareció que Raskólnikov se sentía ofendido.

–¿Se ve? ¡Pues échele un galgo, a ver si le alcanza ahora! –exclamó Raskólnikov, espoleando malignamente a Zamétov.

–Ya verá cómo le echarán el guante.

–¡Quién! ¿Ustedes? ¿Que lo van a cazar ustedes? ¡No se lo tomen muy a pecho! Vamos a ver, ¿qué es para ustedes lo más importante? ¿El que un hombre gaste, o no gaste dinero? Hasta ahora no tenía y de pronto comienza a derrocharlo. ¿Cómo no ha de ser él? De este modo, hasta un niño de pecho se la pega a ustedes, si quiere.

—El caso es que así hacen todos —respondió Zamétov—. Al matar son astutos como linces, se juegan la vida; luego van a la taberna y allí se dejan atrapar como bobos. Al gastar, los cazan. No todos son tan ladinos como usted. Usted no se metería en la taberna, ¿verdad?

Raskólnikov frunció el entrecejo y miró a Zamétov.

—Parece que usted le ha tomado gusto a mis palabras y quisiera saber qué haría yo en este caso, ¿no? —preguntó, descontento.

—Me gustaría —respondió Zamétov firme y seriamente.

Miraba y hablaba ya con excesiva seriedad.

—¿Lo desea mucho?

—Mucho.

—Está bien. Verá usted cómo obraría yo —otra vez acercó de pronto su cara a la cara de Zamétov, de nuevo se puso a hablar en voz baja y le miró los ojos, de modo que Zamétov aquella vez incluso se estremeció—. Verá usted lo que yo haría. Tomaría el dinero y los objetos, y tan pronto saliera de allí, inmediatamente, sin entrar en ninguna parte, me iría hacia algún lugar solitario, donde no hubiera más que vallas, un huerto muy poco concurrido o algo por el estilo.

De antemano, habría elegido en ese patio alguna piedra grande, de arroba y media o dos arrobas, en algún rincón, junto a la valla, y que estuviera allí a lo mejor desde que se construyó la casa. Levantaría la piedra, debajo de la que debe haber un pequeño hoyo, y en él pondría los objetos y el dinero. Cuando los hubiera puesto, volvería a colocar la piedra como antes, apisonaría la tierra de los lados con el pie y me iría. No tocaría nada durante un año, durante dos o tres años, ¡y que buscaran ustedes! Ahí estaba, pero se escurrió.

—Usted está loco —dijo Zamétov, articulando también las palabras, sin saber por qué, en voz baja, y también sin saber por qué se apartó de pronto de Raskólnikov, a quien le relampaguearon los ojos.

Raskólnikov se puso terriblemente pálido; le temblaba y le saltaba el labio superior. Se inclinó hacia Zamétov cuanto pudo y empezó a mover los labios sin pronunciar nada; así estuvo poco más o menos medio minuto; sabía lo que hacía, pero no pudo contenerse. En sus labios saltaba una palabra terrible, como saltaba aquel día la aldabilla de la puerta: un poco más, y salta… ¡Un poco más, y la pronuncia! ¡Sólo faltaba articularla!

—¿Y si hubiera asesinado yo a la vieja y a Lizaveta? —dijo de pronto, y volvió en sí.

Zamétov le miró atónito y se puso pálido como la pared. Una sonrisa le contrajo el rostro.

–¿Es eso posible? –dijo, con voz apenas perceptible.

Raskólnikov le lanzó una rencorosa mirada.

–Reconozca que lo había creído, ¿verdad? ¿No es así?

–¡En absoluto! ¡Y ahora menos que nunca! –respondió Zamétov, apresuradamente.

–¡Por fin se ha dejado atrapar! ¡Han cazado al pajarito! Así, pues, antes lo creía, ya que dice "ahora menos que nunca", ¿eh?

–Le digo a usted que no –exclamó Zamétov, evidentemente confuso–. ¿Para eso ha querido usted asustarme? ¿Para hacerme llegar a esta conclusión?

–¿Así, pues, no lo cree? ¿Pues de qué se pusieron ustedes a hablar cuando yo salí de la oficina? ¿Y por qué me estuvo interrogando el teniente Pólvora después de mi desvanecimiento? ¡Eh, mozo! –gritó, levantándose y tomando la gorra–. ¿Cuánto debo?

–Treinta kopeks en total –respondió el camarero, acudiendo presuroso.

–Pues aquí tiene otros veinte kopeks de propina. ¡Mire, cuánto dinero! –exclamó, extendiendo hacia Zamétov su mano temblorosa, sosteniendo unos billetes–. Ya ve, rojos, azules, veinticinco rublos. ¿De dónde han salido? ¿Y de dónde he sacado el traje nuevo? Usted sabe que no tenía un kopek. A lo mejor ya ha interrogado a la patrona... Bueno, basta. *¡Assez causé!*[1] Hasta la vista, muy amable señor...

Salió temblando por una extraña sensación de histerismo, mezclada con una nota de irresistible gozo; pero su aspecto era sombrío. Se sentía terriblemente cansado. Tenía el rostro contraído, como después de un ataque. Su fatiga aumentaba rápidamente. Las fuerzas se le avivaban y aparecían de súbito, al primer empujón, desde la primera sensación excitante; pero se le debilitaban con la misma rapidez, a medida que la sensación iba desapareciendo.

Al quedarse solo, Zamétov permaneció aún largo rato sentado en el mismo lugar, reflexionando. Inopinadamente, Raskólnikov había hecho dar la vuelta a cuanto él pensaba acerca de un determinado punto y le había inducido a concretar su opinión de modo definitivo.

"¡Iliá Petróvich es un papanatas!", decidió al fin.

No bien Raskólnikov abrió la puerta que daba a la calle, en el mismo soportal, se encontró de manos a boca con Razumijin. A un paso de distan-

---

[1] ¡Basta de charlar! (En francés en el original.)

cia no se habían visto, de suerte que por poco chocan sus cabezas. Durante unos momentos se midieron recíprocamente con la mirada. Razumijin no volvía en sí de sorpresa, mas de pronto la ira, una ira auténtica, le brilló en la mirada.

–¡Aquí es donde estabas! –exclamó a voz en grito–. ¡Has huido de la cama! ¡Y yo te he estado buscando hasta debajo del sofá! ¡Al desván me he subido! ¡Poco ha faltado para que diera un bofetón a Nastasia por tu culpa!… ¡Y te encuentro aquí! ¡Rodia! ¿Qué significa esto? ¡Dime toda la verdad! ¡Confiésate! ¿Me oyes?

–Pues eso significa que estoy de todos vosotros hasta la coronilla, que me hartáis mortalmente y que quiero estar solo –contestó Raskólnikov tranquilamente.

–¿Sólo? ¡Pero si todavía no puedes ni andar, tienes la jeta blanca como la pared y te sofocas! ¡Estúpido!… ¿Qué has estado haciendo en el "Palacio de Cristal"? ¡Confiésalo inmediatamente!

–¡Déjame! –dijo Raskólnikov, y quiso pasar de largo.

Aquello puso a Razumijin fuera de sí. Agarró fuertemente a su amigo por los hombros.

–¿Que te deje? ¿Te atreves a decir "déjame"? ¿Sabes lo que voy a hacer contigo? Te cojo en vilo, te ato como un fardo, te llevo a casa y te cierro bajo candado.

–Oye, Razumijin –comenzó a decir Raskólnikov sin gritar y, por lo visto, completamente tranquilo–. ¿Es posible que no veas aún que no quiero tus favores? ¿Qué gusto es éste de hacer el bien a los que responden a coces? ¿A los que, al fin, les resulta seriamente abrumador soportarlo? ¿Por qué fuiste en busca mía al comienzo de mi enfermedad? ¿Quién no te dice que yo me habría alegrado de morirme? ¿Aún no te he demostᵣᵃᵈo bastante hoy que me torturas, que… estoy harto de ti? ¡Vaya gusto, en verdad, el de atormentar a la gente! Te aseguro que esto dificulta muy en serio mi restablecimiento, porque me irrita sin cesar. ¡Ya has visto que Zosímov se ha marchado hace poco para no irritarme! ¡Déjame en paz tú también, por Dios! ¿Y qué derecho tienes tú, al fin y al cabo, para retenerme a la fuerza? ¿No te das cuenta, por ventura, que ahora hablo sabiendo bien lo que digo? ¿De qué modo he de rogarte, de qué modo, dímelo, para que me dejes tranquilo y no me colmes de favores? No importa que sea un desagradecido, no importa que sea un villano, pero ¡dejadme todos, por Dios, dejadme! ¡Dejadme! ¡Dejadme!

Empezó sosegadamente, gozando de antemano el veneno que se disponía a derramar, y acabó furioso y sofocándose, como le había ocurrido hacía poco con Luzhin.

Razumijin estuvo reflexionando un poco y le dejó libre.

–¡Vete al diablo! –dijo en voz baja y casi pensativo–. ¡Espera! –vociferó de súbito, cuando Raskólnikov iba a marcharse–. Óyeme. He de declararte que todos vosotros, del primero al último, sois unos charlatanes y unos fanfarrones. Cuando algo os hace sufrir os dedicáis a incubarlo como la gallina incuba sus huevos. ¡Hasta en esto robáis las ideas de otros autores! ¡No se encuentra en vosotros ni asomos de vida independiente! ¡Estáis hechos de esperma de ballena, y en vez de sangre tenéis suero de leche! ¡No creo en ninguno de vosotros! ¡Para vosotros, en todas las circunstancias, lo primero es hacer lo posible para no pareceros al hombre! ¡Espera! –tronó con furia redoblada, al darse cuenta de que Raskólnikov se disponía de nuevo a marcharse–. ¡Escúchame hasta el fin! Ya sabes que reúno hoy en mi casa a un grupo de amigos para celebrar el estreno de mi nuevo alojamiento. Quizá a estas horas ya han acudido. He dejado allí a mi tío para que los reciba, mientras yo me llegaba corriendo hasta aquí. Pues bien; si no fueras un tonto, un tonto de remate, un tonto de capirote, una traducción del extranjero… Verás, Rodia, reconozco que no te falta inteligencia, pero ¡eres un tonto!… Pues bien: si no fueras tonto, lo mejor que podrías hacer hoy sería ir a mi casa y pasarte allí la velada en vez de gastar inútilmente las suelas de los zapatos. ¡Ya has salido y esto no tiene remedio! Pondría para ti un sillón blando, de los patronos… La taza de té, la compañía… Y si no, te acuestas en la cama turca; de todos modos estarás entre nosotros… Acudirá también Zosímov. ¿Irás, o no?

–No.

–¡Mientes! –gritó Razumijin, impaciente–. ¿Cómo lo sabes? ¡No puedes responder de ti mismo! Además, no comprendes estas cosas… También yo mil veces he escupido a la gente como tú y siempre he vuelto sobre mis pasos… ¡Uno se avergüenza y vuelve hacia los hombres! Así que, recuérdalo: en casa de Pochinkov, tercer piso…

–A ver, señor Razumijin, si, por el gozo de hacer el bien, logra que alguien le dé unos tortazos.

–¿A quién? ¿A mí? ¡Bastará que se le ocurra a alguien para que le ponga la nariz como un tomate! Ya sabes, en casa de Pochinkov, número cuarenta y siete, en el piso del funcionario Bábushkin…

–¡No iré, Razumijin!

Raskólnikov dio media vuelta y se fue.

–¡Apuesto lo que quieras a que irás! –le gritó Razumijin siguiéndole con la mirada–. Si no, tú… si no, ¡despídete de mí para siempre! ¡Eh, un momento! ¿Zamétov está ahí?

–Sí.

–¿Le has visto?

–Le he visto.

–¿Y le has hablado?

–Le he hablado.

–¿De qué? Pero ¡vete al diablo! Vale más que no me lo digas. Pochinkov, cuarenta y siete, Bábushkin, recuérdalo.

Raskólnikov caminó hasta la calle de Sadóvaia y dobló la esquina. Razumijin se había quedado mirándole pensativo. Por fin, hizo un gesto de desgana con la mano y entró en la casa; pero se detuvo en medio de la escalera.

"¡El diablo me lleve! –prosiguió casi en voz alta–. Lo que dice tiene sentido, pero es como si… Yo también soy un tonto. ¿Acaso no tiene sentido lo que dicen los lunáticos? ¡Sí, según me ha parecido, lo que Zosímov teme es precisamente eso! –Se dio una palmada en la frente–. ¿Qué pasa si?… ¿Es posible dejarlo solo ahora? Quién sabe si no se echará al río para ahogarse… ¡Esta vez sí que he dado en falso! ¡Esto no puede ser!". Volvió sobre sus pasos, corriendo, para ver si alcanzaba a Rodia; pero Raskólnikov ya había desaparecido. Razumijin escupió al suelo y regresó con vivo paso al "Palacio de Cristal" para interrogar, cuanto antes a Zamétov.

Raskólnikov se encaminó directamente hacia el puente de X, se detuvo al llegar a la mitad, junto al pretil, se apoyó en él de codos y se puso a mirar a lo largo de la corriente. Después de separarse de Razumijin se sintió tan débil que a duras penas llegó al puente. Tenía ganas de sentarse en algún lugar o de tumbarse en plena calle. Inclinado sobre el agua, elevó maquinalmente la mirada hacia el último resplandor dorado de la tarde, hacia la mancha oscura de un grupo de casas envueltas en las sombras del crepúsculo, hacia la ventanita lejana de una buhardilla, por la ribera izquierda, ventanita que resplandecía como en llamas por el último rayo de sol que la hirió durante un momento, y hacia el agua cada vez más oscura del canal; parecía que se fijaba en el agua con especial atención. Por fin, unos círculos rojos empezaron a girar ante su vista. Las casas se tambalearon; los viandantes, las orillas del canal, los coches, todo ello empezó a dar vueltas y a danzar a su alrededor. De pronto se estremeció, salvado quizá, otra vez, del desvanecimiento por una aparición extraordinaria e impresionante. Creyó notar que alguien se ponía a su lado, a la derecha; Raskólnikov dirigió hacia este lado la mirada y vio a una mujer alta, con pañuelo en la cabeza, de rostro ovalado, macilento y flaco, y ojos encarnados y hundidos. Aquella mujer le miró a la cara, mas al parecer no veía nada y no distinguía a nadie.

De repente, se apoyó con la mano en el pretil, levantó la pierna derecha y la pasó al lado exterior del enrejado, pasó luego la izquierda y se arrojó al canal. Se rasgaron las aguas sucias y en un instante tragaron a la víctima; un minuto después, la desgraciada salió a flote. La corriente la arrastró, con la cabeza y los pies hundidos, la espalda hacia arriba, y la falda revuelta e hinchada sobre el agua, como una almohada.

–¡Se ahoga! ¡Se ahoga! –gritaban decenas de voces. Acudió la gente, las dos orillas se llenaron de espectadores; en el puente, alrededor de Raskólnikov, se agruparon los viandantes, que le empujaban y le apretaban por detrás.

–¡Dios del cielo! ¡Pero si es nuestra Afrosíniushka! –clamó, no lejos de allí, una voz llorosa de mujer–. ¡Por Dios, salvadla! ¡Sacadla del agua, buena gente!

–¡Una barca, una barca! –gritaban entre la muchedumbre.

Pero la barca yo no hacía falta. Un guardia bajó por una escalera que descendía al canal, se quitó la guerrera y las botas, y se arrojó al agua. El trabajo no fue mucho; la corriente arrastraba el cuerpo de la desgraciada a dos pasos de aquel lugar, el guardia la agarró por el vestido con la mano derecha, con la izquierda tuvo tiempo de asirse de una pértiga, que le alargó un compañero suyo, y en seguida sacaron del agua a la mujer. La colocaron sobre las losas graníticas de la escalera. La mujer volvió en sí pronto, se incorporó, se sentó y se puso a estornudar y a resoplar, frotando sin sentido, con las manos, el empapado vestido. No decía ni una palabra.

–¡Está como una esponja! ¡Madrecita, cuánta agua se ha tragado! –chillaba la misma voz femenina, ya al lado de Afrosíniushka–. No hace mucho quiso ahorcarse, le sacamos la cabeza del lazo. Acabo de ir a la tienda y he dejado a una muchachita para que la vigilara, y ya ven, qué desgracia. ¿Saben? Es una burguesita, vecina nuestra; vive aquí cerca, en la segunda casa después de la esquina…

La gente se iba marchando, los guardias seguían atendiendo a la mujer que había querido ahogarse, alguien habló de la oficina de policía… Raskólnikov contemplaba todo con una extraña sensación de indiferencia. Sintió repugnancia. "No, es asqueroso. El agua, no vale la pena –dijo para sí–. No habrá nada, no hay por qué esperar… Esa oficina… ¿Por qué no está en la oficina Zamétov? A las nueve y pico la oficina está abierta…". Se volvió de espaldas al pretil y miró en torno.

–¡Bueno, está decidido! ¡Será lo mejor! –dijo con firmeza.

Se apartó del puente y se dirigió hacia la oficina. Tenía el corazón vacío y sordo. No quería pensar. Había desaparecido de él hasta la angustia; no le quedaban ni huellas de la energía que le animaba al salir de su casa, hacía poco, "¡para acabar con todo!". Una apatía completa había ocupado su lugar.

"Bueno, es una salida –pensó, caminando, lento y cansado, por la orilla del canal–. De todos modos, acabaré porque quiero… Pero ¿es una salida? ¡Da lo mismo! Un espacio de una vara no me faltará, ¡je! Pero ¡qué fin, Señor! ¿Será en verdad el fin? ¿Se lo diré, o no? ¡Diablo! La verdad, estoy muy cansado. ¡Si me pudiera tumbar o sentar pronto en alguna parte!… Lo más vergonzoso es que esto resulta muy estúpido. ¡Al diablo también con ello! ¡Uf! ¡Qué tonterías acuden al pensamiento…!"

Para ir a la oficina de policía, había que seguir en línea y torcer a la izquierda al llegar a la segunda esquina: estaba a dos pasos. Pero a la altura de la primera esquina, Raskólnikov se detuvo, entró en el callejón y dio un rodeo por otras dos calles, quizá sin objetivo alguno, quizá para ganar aunque sólo fuese unos minutos. Caminaba con la vista puesta en el suelo. De pronto tuvo la impresión de que alguien le murmuraba algo al oído. Levantó la cabeza y vio que estaba junto a *aquella* casa, en el portalón mismo. Desde *aquel* atardecer no había estado allí ni había pasado por delante de ese lugar.

Se sintió impelido por un deseo irresistible e inexplicable. Entró en la casa, cruzó el portalón, se dirigió luego a la primera entrada de la derecha y empezó a subir por la conocida escalera, estrecha, empinada y muy oscura, hacia el cuarto piso. Raskólnikov se detenía en cada rellano y miraba en torno suyo con gran curiosidad. En el primer piso habían quitado la contraventana. "Esto, entonces, no estaba así", pensó. He aquí el segundo piso, donde trabajaban Nikolái y Mitia. "Está cerrado, y la pintura de la puerta, fresca; por lo visto, se alquila". He aquí el tercer piso… el cuarto… "¡Es aquí!". Se quedó perplejo: la puerta de aquel piso se encontraba abierta de par en par; dentro había gente, se oían voces; no esperaba aquello de ningún modo. Después de un momento de vacilación, acabó de subir los últimos peldaños y entró.

También lo estaban reparando. Había unos obreros; aquella circunstancia le sorprendió. No sabía por qué se había imaginado que lo iba a encontrar todo exactamente como lo dejó entonces, quizá hasta con los cadáveres en los mismos sitios, en el suelo. Pero lo que veía eran paredes desnudas, sin mueble alguno. ¡Qué raro le parecía! Se acercó a la ventana y se sentó en el antepecho.

Había sólo dos obreros, dos mozos; uno de ellos tenía bastantes años más que el otro. Estaban empapelando las paredes con papel nuevo, de florecitas blancas y color lila, en sustitución del antiguo papel amarillo, gastado y deslucido. A Raskólnikov aquello le desagradó profundamente, no sabía por qué; miraba con hostilidad el nuevo empapelado, como si le doliera que hubiesen cambiado todo de aquel modo.

Por lo visto, los obreros se habían demorado, se apresuraban a enrollar el papel y se disponían a marcharse a sus casas. Apenas se habían fijado en la aparición de Raskólnikov. Estaban hablando de sus asuntos. Raskólnikov cruzó las manos sobre el pecho y se puso a escucharlos.

–Se me presenta ésa por la mañana –decía el de más edad al más joven–, tempranito, emperifollada. "¿A qué vienes a verme hecha un limón? (le digo). ¿A qué vienes hecha una naranjita?". "Lo que quiero (me dice), Tit Vasílich, es hacer por completo tu voluntad desde ahora en adelante". ¿Qué te parece? No sabes cómo iba vestida. ¡Cómo un figurín, sí, como un figurín!

–¿Y qué es un figurín? –preguntó el más joven; por lo visto estaba aprendiendo de su compañero.

–Pues un figurín, amigo mío, es una colección de láminas en colores que los sastres reciben del extranjero por correo todos los sábados, para ver cómo han de vestir las personas, tanto del sexo masculino como del femenino. Es decir, son dibujos. Al sexo masculino lo presentan siempre de levita; por lo que toca a las mujeres, no te digo nada. Por más que te imagines es poco.

–¿Qué no hay en este Piter[2]? –exclamó el más joven, entusiasmado–. ¡Menos padre y madre, lo encuentras todo.

Raskólnikov se levantó y entró en la otra habitación, donde antes había el baúl, la cama y la cómoda; sin los muebles, le pareció enormemente pequeña. El empapelado era el mismo. En un ángulo se destacaba, por el color, el lugar en que se hallaba el pequeño estante con la vitrina para las imágenes sagradas. Raskólnikov recorrió la pequeña estancia con la mirada y volvió a la ventana. El mayor de los obreros lo miró de reojo.

–¿Qué quiere usted? –le preguntó de repente.

En vez de responder, Raskólnikov salió a la puerta, agarró el cordón de la campanilla y tiró. ¡Era la misma campanilla, el mismo sonido de hojalata! Tiró por segunda, por tercera vez; escuchaba e iba recordando. Comenzaba a elevarse en él, cada vez más clara y viva, la espantosa sensación de antes, terrible y atormentadora; se estremecía cada vez que tiraba del cordón y cada vez le resultaba más y más agradable.

---

[2] Nombre popular de Petersburgo.

–Pero ¿qué quiere? ¿Quién es usted? –le preguntó el obrero, acercándosele.

Raskólnikov entró de nuevo.

–Quiero alquilar el piso –respondió–; lo estoy examinando.

–Un piso no se alquila por la noche. Además, usted tenía que haber venido con el portero.

–Han fregado el suelo. ¿Lo pintarán? –continuó Raskólnikov–. ¿No hay sangre?

–¿Qué sangre?

–Aquí mataron a una vieja y a su hermana. Había un charco de sangre.

–¿Y qué clase de persona eres tú? –gritó inquieto el obrero.

–¿Yo?

–Sí.

–¿Quieres saberlo?… Vamos a la oficina de policía y allí te lo diré.

Los obreros lo miraron perplejos.

–Hemos de salir; ya es tarde. Nos hemos entretenido. Vámonos, Alioska. Hay que cerrar –dijo el mayor de los obreros.

–¡Vamos! –contestó Raskólnikov, con indiferencia; salió antes que los otros y empezó a bajar lentamente la escalera–. ¡Eh, portero! –gritó al llegar al portalón.

Varias personas estaban de pie en la entrada de la casa, por la parte de la calle, contemplando a la gente que pasaba. Allí se hallaban los dos porteros, una mujer, un inquilino con un batín y algunas personas más. Raskólnikov se fue directamente hacia ellos.

–¿Qué se le ofrece? –preguntó uno de los porteros.

–¿Ha pasado por la oficina de policía?

–De allí vengo. ¿Por qué?

–¿No han cerrado?

–Todavía no.

–¿Está el ayudante del inspector?

–Estaba hace un momento. ¿Qué quiere usted?

Raskólnikov no contestó y se quedó a su lado, pensativo.

–Ha subido a ver el piso –dijo el mayor de los obreros, acercándose al grupo.

–¿Qué piso?

–El que estamos empapelando. "¿Por qué (dice) han lavado la sangre? Aquí ha habido un asesinato y he venido a alquilar el piso". Se ha puesto a tirar del cordón de la campanilla; por poco lo rompe. "Vamos a la oficina (dice) y allí lo demostraré todo". No nos lo podíamos quitar de encima.

El portero, sorprendido, frunció el ceño y se quedó mirando a Raskólnikov.

–¿Quién es usted? –gritó en tono amenazador.

–Soy Rodión Románovich Raskólnikov, exestudiante, vivo en la casa de Shil, en un callejón, no lejos de aquí, en la vivienda número catorce. Pregunta al portero… Me conoce.

Raskólnikov dijo estas cosas perezosamente, como ensimismado, sin volver la cabeza, fija la vista en la calle, que se oscurecía.

–¿A qué ha subido al piso?

–A mirarlo.

–¿Qué quería ver en él?

–¿Y si lo condujéramos a la oficina de policía…? –terció de pronto el hombre del batín, y se calló.

Raskólnikov le miró por encima del hombro, contemplándole atentamente, y dijo con la misma expresión de pereza y en voz baja:

–¡Vamos!

–Sí, hay que llevarlo a la oficina –añadió el del batín, animándose–. Si ha subido *allí*, será porque tiene algo entre ceja y ceja, ¿eh?

–Dios sabe si está borracho –masculló el obrero.

–Pero diga, ¿qué quiere? –volvió a gritar el portero, que empezaba a irritarse–. ¿Qué monsergas son éstas?

–¿Es que tienes miedo de ir a la oficina? –le dijo Raskólnikov, burlón.

–¿Miedo de qué? ¿Es que te has propuesto darnos la lata?

–¡Es un vaina! –gritó la mujer.

–¡Basta de explicaciones! –gritó el otro portero, un mujik gigantón, con la casaca desabrochada y un manojo de llaves en la cintura–. ¡Largo…! Sí, es un vaina… ¡Largo de aquí!

Agarró a Raskólnikov por el hombro y de un empellón lo arrojó a la calle. Raskólnikov pareció que iba a dar una voltereta, pero no llegó a caer; se irguió, miró en silencio a los espectadores y prosiguió su camino.

–Está chiflado –dijo el obrero.

–Ahora la gente se vuelve chiflada –dijo la mujer.

–Habría sido mejor llevarlo a la oficina –añadió el del batín.

–No hay por qué meterse en líos –replicó el portero gigantón–. ¡Es un vaina de cuidado! Ya se sabe, te provocan y, si te dejas liar, no hay manera de deshacerte de ellos… ¡Si los conoceremos bien!

"¿Voy, o no voy?", pensó Raskólnikov, deteniéndose en medio de la calle, en la encrucijada, mirando a su alrededor como si esperara que alguien dijera la última palabra.

Pero la respuesta no llegaba de ninguna parte; todo permanecía sordo y muerto, como las piedras que pisaba. Para él estaba todo muerto, para él sólo...

De pronto, lejos, a unos doscientos pasos del lugar en que se encontraba, distinguió un tropel de gente, palabras y gritos...

Entre la muchedumbre sobresalía un coche... Brilló una luz en medio de la calle. "¿Qué pasa?". Raskólnikov torció hacia la derecha y se acercó a la muchedumbre. Se aferraba, de verdad, a cuanto encontraba a su paso, y al pensar en ello, sonrió con frialdad, pues había decidido lo de la oficina de policía y sabía con seguridad que todo iba a terminar en seguida.

CAPÍTULO VII

Un elegante coche particular estaba parado en la mitad de la calle, soberbios caballos grises estaban enganchados a él; no había dentro nadie y el cochero había bajado del pescante. Alrededor del vehículo se agolpaba una multitud de personas, contenida por varios policías. Uno de éstos tenía una pequeña linterna en la mano, y, bajándola hacia el suelo, alumbraba algo que se hallaba allí, muy cerca de las ruedas. Todos hablaban o gritaban, todos parecían consternados; el cochero, aturdido, no hacía otra cosa que repetir de vez en cuando:

–¡Qué desgracia! ¡Señor, qué desgracia!

Raskólnikov se abrió paso por entre los curiosos, y al fin vio lo que atraía a aquel gentío. Yacía en medio de la calle, ensangrentado y sin sentido un hombre que habían pisoteado los caballos. Aunque se encontraba mal vestido, su traje no era el de un hombre de pueblo. La cabeza y el rostro se encontraban cubiertos de horribles heridas, por las cuales escapaban borbotones de sangre. No era un caso de risa.

–¡Dios mío! –seguía diciendo el cochero–. ¿Cómo hubiera podido impedir esto? Si hubiese puesto los caballos a galope o no le hubiera advertido, la culpa sería mía... Pero, no: el coche iba despacio, todo el mundo lo ha visto, es una desgracia que un hombre borracho en nada se fija y esto es cosa sabida...Veo que quiere cruzar la calle, se tambalea y por poco se cae. Le grito una vez, dos veces, tres, y sujeto los caballos; pero se va dere-

chito a las patas de los animales, y ¡al suelo! O lo ha hecho adrede o había
bebido mucho… Los caballos son jóvenes, asustadizos; han dado un tirón,
él se ha puesto a gritar, los caballos aún se han asustado más y… así ha
ocurrido la desgracia.

—¡Es la pura verdad! —gritó alguien que había sido testigo del accidente.

—El cochero ha gritado, es cierto; le ha gritado tres veces —añadió otra
voz.

—¡Tres veces, todo el mundo lo ha oído! —gritó un tercero.

No es que el cochero estuviera muy alicaído y asustado. Se veía que el
carruaje pertenecía a algún personaje rico e influyente, que le esperaba en
alguna parte; como es natural, los policías se preocupaban en no poca medida por resolver las cosas, teniendo en cuenta esta última circunstancia.

Debían transportar al herido a la comisaría y al hospital. Nadie sabía
cómo se llamaba.

Entretanto, Raskólnikov logró acercarse más y se inclinó. De pronto,
el farol alumbró claramente el rostro del desgraciado. Raskólnikov le reconoció.

—¡Le conozco, le conozco! —se puso a gritar, abriéndose paso hasta la
misma víctima—. Es un funcionario retirado, el consejero titular Marmeládov. Vive aquí, muy cerca, en la casa de Kozel… ¡Un doctor, pronto! Lo
pago yo. ¡Mire!

Sacó dinero del bolsillo y lo mostró a un policía. Estaba enormemente
agitado.

Los agentes se alegraron de saber quién era la víctima. Raskólnikov
dio también su nombre y su dirección, y con todas sus fuerzas, como si se
tratara de su padre, instaba a que llevaran cuanto antes a Marmeládov, que
seguía sin sentido, a su domicilio.

—Vive aquí mismo, tres puertas más allá —insistía—, en la casa de
Kozel, el alemán, un hombre rico… Marmeládov probablemente iba a su
casa borracho. Le conozco… Le gusta beber. Tiene familia, mujer, hijos y
una hija. Mientras lo llevan al hospital pasará mucho tiempo, y probablemente en la misma casa hay un médico. ¡Lo pagaré yo, lo pagaré…! Lo
atenderán los suyos y le ayudarán en seguida; si le llevan al hospital se
morirá por el camino…

Se las arregló incluso para deslizar una moneda en la mano de un policía, sin que nadie se diera cuenta. Además, la cuestión estaba clara y era
perfectamente legal; en todo caso, el socorro se ofrecía más próximo. Levantaron del suelo al herido y lo llevaron en brazos; no faltaron voluntarios.
La casa de Kozel se encontraba a unos treinta pasos de allí. Raskól-

nikov iba detrás, sosteniendo cuidadosamente la cabeza de la víctima e indicando el camino.

·–¡Por aquí, por aquí! En la escalera hay que llevarle con la cabeza hacia arriba. Den la vuelta… ¡así! Pagaré yo, se lo agradeceré –balbuceó.

Katerina Ivánovna, como siempre, no bien tenía un minuto libre, se ponía a caminar de un extremo a otro de su pequeña habitación, de la ventana a la estufa y al revés, cruzados los brazos sobre el pecho, hablando consigo misma y tosiendo. En los últimos tiempos había empezado a conversar cada vez con mayor frecuencia con la hija mayor, Pólienka, que tenía diez años, la cual, si bien no comprendía aún muchas cosas, entendía perfectamente que su madre la necesitaba y por eso la seguía con sus grandes ojos de niña inteligente y se aplicaba para hacer ver que entendía. En aquella ocasión, Pólienka estaba desvistiendo a su hermanito, malucho durante todo el día, para acostarle. Mientras esperaba que le cambiaran la camisa, que debían lavar aquella misma noche, el niño permanecía sentado en una silla, callado, con la cara seria, erguido el tronco e inmóvil, las piernas tendidas hacia delante, apretadas, juntos los talones de los pies y separadas las puntas. Escuchaba lo que la mamá le decía a la hermanita, con los labios salientes, los ojos bien abiertos y sin moverse, exactamente como deben sentarse los niños inteligentes cuando los desnudan para dormir. La otra niña, aún más pequeña que él, cubierta de verdaderos harapos, estaba de pie junto al biombo y esperaba su turno. La puerta de la escalera estaba abierta a fin de defenderse, por poco que fuera, de las nubes de humo de tabaco que irrumpían de las otras habitaciones y hacían toser larga y dolorosamente a la pobre tísica. Parecía que Katerina Ivánovna hubiera enflaquecido más durante la última semana y que las manchas rojas de sus mejillas estuvieran más encendidas que antes.

–No puedes creer ni imaginar, Pólienka –decía la mujer, sin dejar de ir y venir por la habitación–, hasta qué punto era alegre y acomodada la vida en casa de papá, y cómo ese borrachín me ha sacrificado y os va a sacrificar. Papá era un funcionario con grado de coronel y poco le faltaba para llegar a gobernador, un pequeño paso, nada; todos iban a verle en sus carruajes y le decían: "Nosotros ya le consideramos como nuestro gobernador, Iván Mijéilich". Cuando yo… ¡ejem! Cuando yo… ¡ejem, ejem…! ¡Oh vida tres veces maldita! –exclamó, arrancando un esputo y apretándose el pecho–. Cuando yo… ¡ah!, cuando el último baile… en casa del mariscal de la nobleza… me vio la princesa Biezzemélnaia (luego me bendijo cuando me casé con tu padre, Polia), preguntó en seguida: "¿No es ésta la gentil doncella que bailó con un chal a fin de curso?"… Hay que coser ese roto. ¿Por qué no tomas una aguja y lo zurces como te he enseña-do? O, si no, déjalo para mañana… ¡ejem!, mañana… ¡ejem… ejem…! ¡A ver si reviento! –gritó sin poder más–. Entonces acababa de llegar de Petersburgo el príncipe Schegolskoi, gentilhombre de cámara… bailó conmigo la mazurca y al día siguiente ya quería presentarse a mi casa para pedir mi mano; pero yo le agradecí sus intenciones con muy buenas pala-bras y le dije que mi corazón pertenecía a otro desde hacía mucho tiempo. Esa otra persona era tu padre, Polia; mi papá se puso furioso… ¿Ya está preparada el agua? Dame la camisita. ¿Y las medias…? Lida –añadió, dirigiéndose a la hija menor–, esta noche duerme sin camisa; bien que mal… Pon las medias aquí cerca… Lo lavaré todo de una vez… ¿Por qué no viene ese andrajoso, ese borrachín? Ha ensuciado tanto la camisa, que parece un trapo indecente, y está rota. Quiero lavar todo de una vez para no sufrir dos noches seguidas. ¡Señor! ¡Ejem, ejem! ¡Otra vez! ¿Qué es eso? –exclamó, mirando al tropel de gente que había junto a la puerta y a las personas que entraban en la habitación, llevando una carga–. ¿Qué es eso? ¿Qué traen? ¡Dios mío!

–¿Dónde lo ponemos? –preguntó un policía, mirando en torno suyo cuando hubieron entrado en la habitación a Marmeládov, ensangrentado y exánime.

–En el sofá. Póngalo en el sofá, con la cabeza hacia aquí –dijo Raskól-nikov.

–Lo ha atropellado un coche. Estaba borracho –gritó alguien en la puerta.

Katerina Ivánovna estaba de pie, pálida, respirando con dificultad. Los pequeños se asustaron. La pequeña Lídochka lanzó un grito, se arrojó hacia Pólienka y la abrazó, temblando.

Cuando hubo colocado a Marmeládov en el sofá, Raskólnikov se acercó a Katerina Ivánovna.

–¡Por Dios, tranquilícese! ¡No se asuste! –dijo rápidamente–. Cruza-ba la calle y le ha atropellado un coche. No se preocupe, volverá en sí, yo he ordenado traerlo… He estado aquí otra vez, ¿recuerda…? Volverá en sí; yo pagaré lo que haga falta.

–¡Era de esperar! –clamó Katerina Ivánovna, precipitándose hacia su marido.

Raskólnikov se dio pronto cuenta de que la mujer no era de las que se desmayan por poca cosa. En un instante, bajo la cabeza del desgraciado apareció una almohada, en la que nadie había pensado hasta entonces. Katerina Ivánovna le desnudó, le examinó y se apresuró sin desconcertarse, olvidada de sí misma, mordiéndose los temblorosos labios y ahogando los gritos que pugnaban por salirle del pecho.

Entretanto, Raskólnikov convenció a alguien de que fuera en busca del doctor. Resultó que había uno dos casas más allá.

–He mandado llamar al médico –decía a Katerina Ivánovna–: no se preocupe, pagaré yo. ¿No tiene agua? Y déme una servilleta o una toalla, algún trapo, ¡rápido! Aún no sabemos qué heridas tiene… Está herido; no ha muerto, tenga la seguridad… ¡Veremos lo que dice el doctor!

Katerina Ivánovna se precipitó hacia la ventana. Allí, sobre una silla medio desvencijada, en un rincón, había un gran lebrillo de agua, preparada para lavar la ropa de los pequeños y del marido por la noche. La propia Katerina Ivánovna lavaba la ropa por lo menos dos veces a la semana, y a veces con frecuencia, pues habían llegado al extremo de no tener casi ropa con que mudarse y cada miembro de la familia sólo poseía una muda: la que llevaba. Pero Katerina Ivánovna no podía soportar la falta de limpieza y prefería mortificarse por las noches, sacando fuerzas de flaqueza, cuando los otros dormían, para secar la ropa en una cuerda tendida en la habitación y tenerla limpia por la mañana. Agarró el lebrillo a fin de llevarlo junto al sofá, como había pedido Raskólnikov, pero por poco se cae con aquel peso. Raskólnikov había encontrado una toalla. Mojó un extremo y empezó a lavar el rostro de Marmeládov, cubierto de sangre, Katerina Ivánovna estaba de pie a su lado, respirando dolorosamente y apretándose el pecho con las manos. Ella también necesitaba ayuda. Raskólnikov empezó a comprender que quizá había hecho mal al insistir en que trasladaran aquí a la víctima del accidente. El guardia municipal también estaba perplejo.

–¡Polia! –gritó Katerina Ivánovna–. Corre a buscar a Sonia. Date prisa. Si no la encuentras en su casa, deja dicho que un coche ha atropellado a su padre, y que venga en seguida… tan pronto vuelva. ¡Corre, Polia! ¡Toma, ponte este pañuelo en la cabeza!

–¡Corre como el rayo! –gritó de pronto el pequeño de la silla, y después de decir estas palabras, volvió a quedar silencioso, erguido en su asiento, con los ojos muy abiertos, los talones de los pies juntos y las puntas separadas.

Entretanto, la habitación se había llenado de gente; no había modo de dar un paso. Se fueron todos los policías, menos uno que se quedó por cierto tiempo y se esforzaba en echar a la escalera a la gente que había entrado. Pero de las habitaciones interiores salieron poco menos que todos los inquilinos de la señora Lippevechsel; al principio se agolparon sólo en el umbral, mas luego irrumpieron casi en bloque en la habitación misma. Katerina Ivánovna se puso furiosa.

–¡Por lo menos déjenle morir tranquilo! –gritó–. ¡Bonito espectáculo han encontrado! ¡Hasta con el cigarrillo en la boca! ¡Ejem, ejem! ¡Sólo falta que entren con el sombrero puesto! Ahí hay uno con sombrero… ¡Fuera! ¡Respetad por lo menos a un cadáver!

La tos la ahogaba. Su imprecación surtió efecto. Por lo visto, Katerina Ivánovna los había amedrentado; los inquilinos se fueron retirando uno tras otro hacia la puerta con la rara sensación de complacencia que se da siempre, incluso en los seres más allegados, ante la desgracia repentina del prójimo, sensación de la que no se libra nadie, ni siquiera experimentando el más sincero sentimiento de compasión y condolencia.

Sin embargo, tras la puerta se oyeron voces que hablaban del hospital y de que no debían haber molestado a la gente en vano.

–¡Que no debía morir, para no molestar! –gritó Katerina Ivánovna, y se precipitó a abrir la puerta para descargar su cólera sobre aquella gente.

Pero en ella topó con la propia señora Lippevechsel, que acababa de enterarse de la desgracia y acudía a poner orden. Era una alemana muy mal educada y zaragatera.

–¡Ah, Dios mío! –exclamó, juntando las manos–. ¡A su marido, borracho, lo ha pisoteado un caballo! ¡Hay que llevarlo al hospital! ¡Aquí la dueña soy yo!

–¡Amalia Liudvígovna! Le ruego tenga en cuenta lo que dice –comenzó a replicar Katerina Ivánovna, altiva.

Con la dueña de la casa siempre hablaba con altanería, para que la otra "recordara cuál era su puesto," y ni siquiera en aquella circunstancias podía renunciar a tal satisfacción.

–Le he dicho otras veces que no se atreva usted a llamarme nunca Amalia Liudvígovna. ¡Me llamo Amal-Iván!

–Usted no se llama Amal-Iván, sino Amalia Liudvígovna, y como yo no pertenezco al grupo de sus viles aduladores, como el señor Lebeziátnikov, que ahora se está riendo al otro lado de la puerta –detrás de la puerta se elevaron, realmente, risas y una exclamación: "¡Ya se han enzarzado!"–, la llamaré siempre Amalia Liudvígovna, aunque no comprendo de ningún modo por qué no le gusta ese nombre. Ya ve lo que le ha ocurrido a Semión Zajárovi; se está muriendo. Le ruego que cierre ahora mismo la puerta y que no deje entrar a nadie. ¡Por lo menos que pueda morir en paz! Si no lo hace así, le juro que mañana mismo tendrá noticia de su comportamiento el propio general gobernador. El príncipe me conoció cuando yo era todavía soltera, y recuerda muy bien a Semión Zajárovich, al que ha favorecido en muchas ocasiones. Usted ya sabe que Semión Zajárovich tenía muchos amigos y protectores, de quienes él mismo se apartó por noble orgullo al tener conciencia de su desgraciada debilidad; pero ahora nos ayuda un joven magnánimo –señaló a Raskólnikov–, con recursos y buenas relaciones, a quien Semión Semiónovich conocía de niño. Tenga la seguridad, Amalia Liudvígovna…

Aquello fue dicho con extraordinaria rapidez, tanto mayor a medida que avanzaba el discurso; pero la tos cortó en seco la elocuencia de Katerina Ivánovna. En aquel momento, el moribundo volvió en sí, y lanzó un gemido. Ella corrió a su lado. El herido abrió los ojos y, sin reconocer a nadie ni recordar nada, empezó a mirar a Raskólnikov, inclinado sobre él. Respiraba con dificultad, con inspiraciones profundas y espaciadas. Por las comisuras de los labios resbalaba la sangre; la frente se le cubrió de gotas de sudor. Al no reconocer a Raskólnikov, movió los ojos inquieto. Katerina Ivánovna le miraba triste, pero severamente, bañada la cara en lágrimas.

–¡Dios mío! Tiene el pecho aplastado. ¡Cuánta sangre! ¡Cuánta! –exclamó, llena de desesperación–. ¡Hay que quitarle el traje! Vuélvete un poco, Semión Zajárovich, si puedes.

Marmeládov la reconoció.

–¡Un sacerdote! –balbuceó con voz ronca.

Katerina Ivánovna se acercó a la ventana, apoyó la frente en el marco y exclamó, desesperada:

–¡Oh, vida tres veces maldita!

–¡Un sacerdote! –volvió a gemir el moribundo, después de un minuto de silencio.

–¡Ya han ido a llamarlo! –le gritó Katerina Ivánovna.

El herido oyó el grito y se calló. Buscaba a su mujer con mirada temerosa y triste; ella volvió a su lado, y se quedó de pie junto a la cabecera. El hombre se sosegó un poco, pero no por mucho tiempo. Pronto fijó los ojos en la pequeña Lídochka (su predilecta) que le contemplaba con sus ojos infantiles y sorprendidos, acurrucada y temblando en un rincón, como si sufriera un ataque.

–¡Ay, ay! –gimió señalando a la niña, lleno de angustia.

Quería decir alguna cosa.

–¿Qué más quieres? –exclamó Katerina Ivánovna.

–¡Descalza! ¡Descalza! –tartamudeó el herido, mirando con ojos desorbitados los pies descalzos de la niña.

–¡Calla! –gritó Katerina Ivánovna, irritada–. ¡Sabes muy bien por qué va descalza!

–¡El médico, gracias a Dios! –exclamó Raskólnikov, animado.

Entró el doctor, un viejecito meticuloso, alemán, que miró con recelo a su alrededor. Se acercó al enfermo, le tomó el pulso, le palpó con mucha atención la cabeza y, con ayuda de Katerina Ivánovna, le desabrochó la camisa empapada de sangre y puso al descubierto el pecho destrozado del enfermo, con magulladuras y carne desgarrada. Tenía rotas algunas costillas del costado derecho. En el izquierdo, sobre el mismo corazón, se destacaba una gran mancha negruzca, algo amarillenta, producida por el duro golpe del casco de un caballo. El doctor frunció el ceño. El guardia municipal le refirió que la víctima había caído bajo la rueda y había sido arrastrado unos treinta pasos por la calle.

–Lo extraño es que haya vuelto en sí –dijo el doctor en voz baja a Raskólnikov.

–¿Qué puede usted decirme? –le preguntó este último.

–Que morirá de un momento a otro.

–¿Es posible que no haya ninguna esperanza?

–¡Ninguna! Está expirando… Aparte lo demás, tiene la cabeza muy mal herida… ¡Hum! Se le puede hacer una sangría, pero… será inútil. Dentro de cinco o diez minutos se habrá acabado todo.

–¡Por lo menos hágale la sangría!

–Está bien… Pero le advierto que será completamente inútil.

En ese momento se oyeron otros pasos. La muchedumbre, reunida ante la puerta de la escalera, se apartó y apareció en el umbral el sacerdote, un viejecito de pelo blanco, con las especies sacramentales. Con él subió de la calle otro policía. El doctor cedió en seguida el lugar al sacerdote, con quien cambió una mirada significativa. Raskólnikov rogó al médico que esperase un poco. Éste se encogió de hombros y se quedó.

Todos se apartaron. La confesión fue breve. Era difícil que el moribundo entendiera alguna cosa; no podía pronunciar más que sonidos entrecortados y confusos. Katerina Ivánovna tomó a Lídochka, bajó al niño de la silla y, apartándose a un rincón, junto a la estufa, se puso de rodillas; hizo arrodillar también a los niños delante de ella. La niña temblaba; en cambio el niño, sobre sus pequeñas rodillas desnudas, levantaba mesuradamente la manecita, hacía la señal de la cruz y se inclinaba hasta tocar el suelo con la frente, lo cual, por lo visto, le causaba singular placer. Katerina Ivánovna se mordía los labios y contenía las lágrimas; también rezaba, si bien alguna que otra vez le acomodaba al niño la camisita y

cubrió los hombros de la niña, desnudos, con un pañuelo que sacó de la
cómoda sin abandonar la posición de rodillas y sin interrumpir el rezo.
Entretanto, los curiosos volvieron a abrir la puerta que daba a las habitaciones interiores. En la entrada se apretujaban cada vez más los mirones,
inquilinos de la escalera, aunque no franqueaban el umbral. Un simple
cabo de vela iluminaba la escena.

Se abrió paso rápidamente entre la multitud Pólienka, que había ido
corriendo en busca de la hermana. Entró, sofocada por la carrera; se quitó
el pañuelo de la cabeza, buscó a su madre con la mirada, se le acercó y le
dijo: "¡Viene! ¡La he encontrado en la calle!" La madre la hizo ponerse de
rodillas a su lado. A continuación avanzó a través de la gente, silenciosa y
tímida, una joven. No dejaba de resultar extraña su repentina aparición en
aquella estancia, entre la miseria, los harapos, la muerte y la desesperan-
za. También iba destrozada; sus vestidos eran muy baratos, de colores
chillones, según el gusto y las reglas imperantes en su especial mundo,
con un objetivo nefando a todas luces proclamado. Sonia se detuvo frente
a la puerta, sin cruzarla, y miraba desconcertada (habríase dicho que sin
comprender nada), olvidándose de su vestido de seda claro, comprado de
cuarta mano, que resultaba allí indecoroso, de larga y ridícula cola y amplio miriñaque, que ocupaba la puerta; olvidándose de sus botas claras y
de su sombrilla, innecesaria por la noche, pero que ella había llevado consigo, y del ridículo sombrero de paja, redondo, con una brillante pluma
color de fuego.

Por debajo del sombrero, puesto un poco de lado, a lo chico, aparecía
un rostro pequeño, pálido y amedrentado, con la boca abierta y unos ojos
inmovilizados por el horror. Sonia, de unos dieciocho años de edad, era
una rubia de pequeña estatura, delgadita, bastante guapa y con magníficos
ojos azules. Se quedó mirando fijamente la cama y al sacerdote; también
estaba sofocada por haber corrido. Por fin, ciertos murmullos y algunas
palabras de la muchedumbre llegaron hasta ella. Sonia bajó la mirada,
pasó el umbral y entró en el cuarto, pero de nuevo se detuvo junto a la
puerta.

Acabada la confesión y administrado el viático, Katerina Ivánovna
se acercó otra vez a la cama de su marido. El sacerdote se retiró y, al salir,
dirigió a la mujer unas palabras de despedida y consuelo.

–¿Qué hago yo con éstos? –exclamó ella, interrumpiéndole de manera brusca, con irritación, a la vez que señalaba a los pequeñuelos.

–Dios es misericordioso. Confíe en la ayuda del Altísimo –dijo el
sacerdote.

–¡Sí! ¡Misericordioso, pero no con nosotros!

–Lo que dice es pecado. ¡Es pecado, señora! –replicó el sacerdote, moviendo la cabeza.

–¿Y esto no es pecado? –gritó Katerina Ivánovna, señalando al moribundo.

–Quizá los que han sido causa involuntaria del accidente estén dispuestos a darle a usted una compensación, aunque sea por la pérdida de los ingresos…

–¡Usted no me comprende! –repuso Katerina Ivánovna, irritada, haciendo un gesto de disgusto con la mano–. ¿Y cómo quiere usted que me den alguna compensación? ¡Ha sido él mismo, borracho, quien se ha metido bajo las patas de los caballos! ¿Por sus ingresos? Él no traía ingresos, sino penas, nada más. Era un borrachín, que todo se lo bebía.

Nos robaba para ir a la taberna. ¡En la taberna ha consumido su vida y también la mía! ¡He de dar gracias a Dios que se lo lleve! ¡Tendremos menos pérdidas!

–A la hora de la muerte hay que perdonar, señora, y lo que usted dice es pecado. ¡Esos sentimientos son un gran pecado!

Katerina Ivánovna atendía al enfermo, le daba de beber, le secaba el sudor y la sangre de la cabeza, le ponía bien las almohadas y hablaba con el sacerdote. Sólo de vez en cuando podía volver la cabeza hacia él, sin dejar de atender a su marido. Pero entonces, de súbito, se le dirigió casi furiosa:

–¡Ah, padre! ¡Palabras, nada más que palabras! ¡Perdonar! Si no le atropellan, habría venido hoy bebido, y con su única camisa, sucia y rota, se habría tumbado a roncar.

Yo habría estado lavando sus trapos viejos y los de los críos hasta la madrugada, y los habría secado luego a la ventana; al amanecer, me habría puesto a zurcir la ropa. ¡Así habría pasado yo la noche…! ¿A santo de qué, pues, hablar de perdón? ¡Cómo si no le hubiera perdonado ya!

Un terrible acceso de tos cavernosa le impidió seguir hablando. Katerina Ivánovna escupió en un pañuelo y lo mostró al sacerdote, mientras con la otra mano se apretó el pecho con dolorosa expresión. El pañuelo estaba manchado de sangre…

El sacerdote inclinó la cabeza y no dijo nada.

Marmeládov había entrado en la agonía. No apartaba la vista del rostro de Katerina Ivánovna, de nuevo inclinada sobre él. El moribundo quería decirle alguna cosa; comenzó incluso a articular confusamente algunas palabras, moviendo con gran esfuerzo la lengua. Pero Katerina Ivánovna, comprendiendo que quería pedirle perdón, le gritó imperiosamente:

–¡Calla! ¡No es necesario…! ¡Ya sé lo que quieres decir…!

El herido se calló. En aquel mismo instante su mirada vaga se dirigió a la puerta y vio a Sonia… Hasta aquel momento no la había advertido: la muchacha estaba de pie en un ángulo, a la sombra.

–¿Quién es? ¿Quién es? –profirió de súbito, con voz ronca y ahogada, lleno de inquietud, horrorizado, señalando con los ojos hacia donde estaba su hija y haciendo grandes esfuerzos para incorporarse.

–¡Quieto! ¡Quieto! –empezó a gritar Katerina Ivánovna.

Pero el herido, con un esfuerzo sobrehumano, logró apoyarse en un brazo. Estuvo un rato contemplando a su hija, con mirada insólita y fija, como si no la reconociera. Nunca la había visto aún con aquel vestido. De pronto la reconoció, humillada, degradada, vestida con sus tristes galas, avergonzada, esperando humildemente el turno para despedirse de su moribundo padre. Un dolor infinito se reflejó en el rostro de aquel hombre.

–¡Sonia! ¡Hija, perdóname! –exclamó, tendiendo hacia ella las manos.

No logró sostenerse y cayó del sofá, dando en el suelo con la cara; se precipitaron a levantarle, lo pusieron sobre el diván, pero se estaba acabando. Sonia exhaló un leve grito, se acercó corriendo, le abrazó y se quedó como petrificada en su abrazo. Entonces Marmeládov expiró.

–¡Ya ha logrado lo que quería! –gritó Katerina Ivánovna, al ver a su marido muerto–. Bueno, ¿y qué hago yo ahora? ¿Con qué dinero lo voy a enterrar? ¿Y con qué daré de comer a éstos mañana?

Raskólnikov se acercó a Katerina Ivánovna.

–Katerina Ivánovna –comenzó a decirle–, la semana pasada, su difunto marido me contó toda su vida y las circunstancias… Le aseguro que habló de usted con admiración y respeto. Desde aquella tarde, desde que supe hasta qué punto se sentía unido a ustedes y, sobre todo, de qué modo, a pesar de su triste debilidad, la respetaba y la quería, Katerina Ivánovna, desde aquella tarde fuimos amigos… Permítame ahora y haga posible… que cumpla mi deber con mi difunto amigo. Tome, creo que son veinte rublos; y si pueden serle de alguna ayuda, yo… en una palabra, vendré a verla, vendré sin falta… quizá mañana mismo pase a verla… ¡Adiós!

Salió rápidamente de la habitación, abriéndose paso entre la gente, hacia la escalera. De pronto se encontró frente a frente con Nikodim Fómich, quien se había enterado de lo que había ocurrido y quería tomar personalmente las providencias necesarias. Desde la escena de la oficina no habían vuelto a verse, pero Nikodim Fómich le reconoció al instante.

–¡Ah! ¿Es usted? –le preguntó.

–Ha muerto –contestó Raskólnikov–. Ha venido el doctor y ha venido el sacerdote; todo está en orden. No moleste mucho a la pobre mujer: está tísica. Déle ánimos, si encuentra la manera de hacerlo… Usted es una buena persona, lo sé… –añadió burlón, mirándole directamente a los ojos.

–Pero, hombre, se ha manchado usted de sangre –dijo Nikodim Fómich, al distinguir a la luz de un farol varias manchas de sangre frescas en el chaleco de Raskólnikov.

–Sí, me he manchado… ¡Estoy lleno de sangre! –repuso, con expresión singular, Raskólnikov.

Luego, sonrió, saludó con un movimiento de cabeza y empezó a bajar la escalera.

Bajaba despacio, sin apresurarse, febril y, sin que de ello tuviera conciencia, grávido de una nueva e infinita sensación de vida, poderosa y plena, que de súbito le invadió. Era, aquélla, una sensación que podía compararse con la del reo de muerte a quien de pronto e inesperadamente le comunican que ha sido perdonado. Al llegar a media escalera le alcanzó el sacerdote, que regresaba a su casa. Raskólnikov le cedió el paso, en silencio, y se saludaron con una inclinación de cabeza. Cuando llegaba a los últimos peldaños oyó de repente unos pasos precipitados tras él. Alguien quería darle alcance. Era Pólienka. La niña corría y le llamaba.

–¡Oiga! ¡Oiga!

Raskólnikov se volvió hacia la niña, que bajó corriendo el último tramo y se detuvo frente a él, en el peldaño inmediato superior. Una luz tenue llegaba del patio. Raskólnikov contempló la carita flacucha y agradable de la niña, que le estaba mirando sonriente y gozosa, con infantil expresión. Había corrido tras él con un encargo que, por lo visto, le agradaba.

–Dígame, ¿cómo se llama y dónde vive? –preguntó apresuradamente, con voz agitada.

Raskólnikov le puso las dos manos en los hombros y la miró con cierta sensación de felicidad. No sabía por qué le resultaba tan agradable mirarla.

–¿Quién te ha mandado?

–Mi hermana, Sonia –respondió la niña, sonriendo aún más gozosa.

–Ya me figuré que te había mandado tu hermana Sonia.

–Y mamá también. Cuando mi hermana Sonia me mandó, se me acercó mamá y me ha dicho: "¡Aprisa, Pólienka, corre!".

–¿Quieres a tu hermanitá Sonia?

–¡Es a la que más quiero! –respondió Pólienka, con una firmeza especial, y su sonrisa, de pronto, se hizo más seria.

–¿A mí, me querrás?

Por toda respuesta vio que se le acercaba la carita de la niña con los suaves labios cándidamente extendidos para besarle. De pronto, los brazos, finos como cerillas, le abrazaron con fuerza, la cabecita se inclinó sobre su hombro y la niña se puso a llorar silenciosamente, apretando contra él el rostro, cada vez con más fuerza.

–¡Qué pena el papaíto! –dijo Pólienka un minuto después, levantando su carita llorosa y secándose los ojos con las manos–. Ahora todo son desgracias –añadió inesperadamente, con el singular aspecto de gravedad que adoptan los niños cuando quieren hablar como las "personas mayores".

–¿Y el papaíto os quería?

–A la que más quería era a Lídochka –prosiguió la niña con mucha seriedad y sin sonreír, tal como hablan los mayores–, porque es pequeña y está enferma, y siempre le traía golosinas; a nosotros nos enseñaba a leer, y a mí me enseñaba gramática y catecismo –añadió con dignidad–. Mamá no decía nada, pero nosotros sabíamos que eso le gustaba y papá también lo sabía. Mamá quiere enseñarme francés, porque ya es hora de que yo reciba instrucción.

–¿Sabéis rezar?

–¡Ya lo creo! Hace mucho tiempo. Yo, como soy mayor, rezo sola, pero Kolia y Lídochka rezan con mamá, en voz alta. Primero dedican una plegaria a la Virgen, luego otra que dice: "Señor, perdona y bendice a nuestra hermanita Sonia", y después todavía otra: "Señor, perdona y bendice a nuestro otro papá", porque nuestro primer papá murió y éste es otro, y por aquél también rezamos.

–Pólienka, me llamo Rodión. Orad alguna vez también por mí: "Y perdona al esclavo Rodión". Con eso basta.

–Rezaré por usted toda mi vida –dijo vivamente la niña, que de pronto volvió a reírse y, echándole los brazos al cuello, volvió a abrazarle con fuerza.

Raskólnikov le dijo cómo se llamaba, le dio su dirección y le prometió pasar a verlos sin falta al día siguiente. La niña se fue entusiasmada. Eran más de la diez cuando Raskólnikov salió a la calle. Cinco minutos después se hallaba en el puente, en el lugar desde el que hacía poco la mujer se había arrojado al agua.

"¡Basta! –exclamó para sí, firme y solemnemente–. ¡Fuera espejismos, fuera temores afectados, fuera espectros…! ¡La vida existe! ¿Acaso no acabo de vivir ahora? ¡Mi vida no murió con la vieja! ¡Que Dios la tenga en los cielos, y basta! ¡Que la buena mujer me deje en paz, ya es hora! Venga, ahora, el reino de la razón y de la luz… y de la voluntad, y de la fuerza… ¡y ya veremos, ahora! –añadió con arrogancia, como si se dirigiera a alguna fuerza oscura y la desafiara–. ¡Y pensar que me había hecho a la idea de vivir en el espacio de una vara!".

"…Estoy muy débil en este momento, pero me parece que la enfermedad ha pasado del todo. Imaginé que pasaría cuando salí de casa hace poco. A propósito, la casa de Pochinkov está a dos pasos. He de ir a ver a Razumijin, sin falta, aunque no estuviera a dos pasos… ¡Que gane la apuesta…! ¡Que se ría de mí! ¡No importa, que se ría…! Fuerza, fuerza es lo que hace falta; sin fuerza no se logra nada; pero la fuerza ha de obtenerse también con fuerza. Es lo que ignoran", agregó, orgulloso y seguro de sí mismo. Se alejó del puente casi sin poder mover las piernas. El orgullo y la seguridad en sí mismo iba acentuándose en él por minutos; al minuto siguiente ya no era el mismo hombre que en el anterior. ¿Qué había sucedido, sin embargo, para transformarlo de aquel modo? Ni él mismo lo sabía; de pronto le había parecido, como quien se agarra a un clavo ardiente, que también él "podía vivir, que la vida existe y que no murió con la vieja". Quizá la conclusión era precipitada, pero él no pensaba en ello.

"Sin embargo, has pedido que se acordaran del esclavo Rodión –recordó de pronto–. Bueno, sí… ¡por si acaso!". Se rió de su ocurrencia, propia de un muchacho. Se hallaba en un excelente estado de ánimo.

No le fue difícil encontrar a Razumijin; en la casa de Pochinkov conocían ya al nuevo inquilino, y el portero inmediatamente le indicó qué camino debía seguir. En la mitad de la escalera pudo distinguir el ruido y la animada conversación de un numeroso grupo de personas. La puerta que daba al descansillo estaba abierta de par en par; se oían gritos y discusiones. El cuarto de Razumijin era bastante espacioso; se habrían reunido en él unas quince personas. Raskólnikov se detuvo en el recibidor. Detrás de una mampara, dos criadas estaban atareadas junto a dos grandes samovares, botellas, platos y fuentes con un pastel y bocadillos traídos de la cocina de la patrona. Raskólnikov mandó llamar a Razumijin, quien acudió al instante entusiasmado. Se notaba en seguida que había bebido mucho. Aunque casi nunca llegaba a emborracharse, aquella vez no cabía duda de que la bebida le había hecho cierto efecto.

–Oye –se apresuró a decirle Raskólnikov–, sólo vengo a decirte que has ganado la apuesta y que realmente nadie sabe lo que le puede ocurrir.

Pero no puedo entrar. Estoy tan débil, que casi me caigo. Por eso, buenas noches y adiós. Mañana acércate a mi casa…

–¿Sabes qué? Te acompaño. Cuando tú mismo dices que estás débil…

–¿Y los invitados? ¿Quién es ese de pelo rizado que acaba de asomar la cabeza?

–¿Ese? ¡El diablo sabe! Seguramente es un conocido de mi tío, o a lo mejor ha venido sin que nadie le haya invitado… Dejaré con ellos al tío, que es un tesoro. Es una pena que no puedas conocerle ahora. Además, ¡que se vayan todos al diablo! Ahora no están para mí y necesito tomar un poco el fresco. Amigo, no podías ser más oportuno; si tardas dos minutos más, me lío a tortas con alguno de ellos, ¡te lo juro…! Sueltan cada bola… ¡No puedes imaginar hasta qué punto es capaz de mentir el hombre! Aunque, ¿por qué no lo hemos de poder imaginar? ¿Es que nosotros no mentimos? Bueno, que mientan lo que quieran, así luego no mentirán… Siéntate un momento, traigo a Zosímov.

Zosímov se precipitó hacia Raskólnikov con cierta ansia. Era perceptible la curiosidad que sentía; mas la expresión del rostro se le serenó pronto.

–A dormir en seguida –decidió, después de examinar a su paciente en la medida que le fue posible–. Voy a darle una cosa para que la tome al acostarse. ¿La tomará? La he preparado no hace mucho… Es un papelito con unos polvos.

–Aunque sean dos –contestó Raskólnikov.

Y allí mismo los tomó.

–Está muy bien que le acompañes –indicó Zosímov a Razumijin–. Ya veremos cómo estará mañana; por ahora la cosa no va mal. Se nota un gran cambio en relación con su estado de hace poco. Estoy asombrado. Cien años que viviera uno no bastarían para librarle de las sorpresas…

–¿Sabes lo que acaba de decirme Zosímov al oído? –espetó Razumijin a su amigo, no bien salieron a la calle–. Te diré sin retóricas, porque todos ellos son unos mentecatos. Me ha pedido que hablara contigo, que te hiciera hablar y que luego le explicara lo que tú me digas, pues sospecha… que estás loco… o poco falta. ¡Qué ocurrencia! Lo que pasa es que eres tres veces más inteligente que él, eso en primer lugar, si a ti te falta un tornillo, ríete de las pamemas que a él le bullen en la cabeza, y en tercer lugar, a este mostrenco que tiene por especialidad la cirujía, ahora le ha dado por las enfermedades mentales. En lo que a ti respecta, lo que le ha hecho cambiar definitivamente de idea ha sido la conversación que has tenido hoy con Zamétov.

—¿Te ha contado todo Zamétov?

—Sí, y ha hecho muy bien. Ahora he dado en el busilis de la cuestión y Zamétov también ha comprendido... Pues sí, en una palabra, Rodia... el caso es que... Ahora se me ha subido un poco la bebida a la cabeza... Pero no importa... El caso es que esa idea, ¿comprendes?, realmente les iba entrando en la mollera... ¿Comprendes? Claro, nadie se atrevía a formularla en voz alta, porque no podía ser más absurda, sobre todo después de que prendieron a ese pintor de brocha gorda. Sus fantasías se han deshinchado y esfumado para siempre. Pero ¿por qué son tan tontos? Ya entonces le canté un poco las cuarenta a Zamétov. Que esto quede entre nosotros, amigo, por favor; que no se huela que sabes algo. Me he dado cuenta de que Zamétov es un poco quisquilloso; fue en casa de Lavisa; pero hoy todo ha quedado claro. El que más se obstinaba era ese Iliá Petróvich. Se aprovechó primero de tu desmayo en la oficina, aunque luego hasta a él mismo le avergonzó haberlo hecho, lo sé muy bien...

Raskólnikov escuchaba ávidamente. Razumijin, medio borracho, daba rienda suelta a la lengua y hablaba sin cesar.

—Si entonces me desvanecí, fue a consecuencia del bochorno y del mal olor de la pintura —dijo Raskólnikov.

—¡Como si tuvieras que dar explicaciones! No fue sólo la pintura: la inflamación se estuvo incubando durante todo el mes. Ahí tenemos a Zosímov, que lo atestigua. ¡No sabes lo corrido que está ahora ese mocosuelo de Zamétov! "¡No le llego ni a la suela de los zapatos!", dice. Es decir, a la suela de tus zapatos. A veces tiene buenos sentimientos. ¡La lección que hoy le has dado en el "Palacio de Cristal" es más que perfecta! Primero lo asustaste. ¡Se estremeció! Casi le obligaste a convencerse otra vez de que era cierta esa estúpida fábula, y luego, de pronto, le sacas la lengua, como si le dijeras: "¿No ves que te estoy tomando el pelo?". ¡Perfecto! ¡Ahora le tienes aplastado, aniquilado! ¡Eres un maestro, como hay Dios! Es lo que necesitan. ¡Lástima que yo no estuviera! No sabes con qué impaciencia te estaba esperando ahora Zamétov. Porfiri también desea conocerte...

—Ah..., también ese... ¿Y por qué me ha incluido en el capítulo de los locos?

—No, de los locos no. Me parece, hermano, que me he ido de la lengua... Lo que ha llamado la atención a Zosímov ha sido que te interese sólo este punto. Ahora está claro por qué te interesa, conociendo las circunstancias… y cómo te irritó entonces y cómo ello se entrelazó con la enfermedad… Estoy un poco borracho, amigo; sólo que, ¡el diablo lo sabe!, tiene una idea entre ceja y ceja… Ya te lo he dicho: pierde la cabeza por las enfermedades mentales. Pero tú ríete…

Durante medio minuto, aproximadamente, permanecieron ambos silenciosos.

–Oye, Razumijin –dijo Raskólnikov–, quiero ser sincero contigo. Vengo de casa de un difunto, ha muerto un funcionario… y les he dado todo mi dinero… y, además, me ha besado una criatura que, aunque hubiera yo matado a alguien, también… En una palabra, allí he visto aún a otra criatura… con una pluma de fuego… Pero ya no sé lo que digo; estoy muy débil, sosténme… Aquí está la escalera…

–¿Qué te pasa? ¿Qué te pasa? –preguntó Razumijin, alarmado.

–La cabeza se me va un poco, pero no se trata de eso, sino que estoy tan triste, ¡tan triste! Como si fuera una mujer…, ¡palabra! ¡Mira! ¿Qué es eso…? ¡Mira! ¡Mira!

–¿Qué?

–¿No lo ves? Hay una luz en mi habitación, ¿no ves? En la rendija…

Se hallaban ante el último tramo, frente a la puerta de la patrona, y, en efecto, desde abajo se notaba que en el cuchitril de Raskólnikov había luz.

–¡Qué raro! Quizá sea Nastasia –observó Razumijin.

–A esta hora nunca suele estar en mi habitación, porque lleva ya un buen rato durmiendo, pero… ¡me da lo mismo! ¡Adiós!

–Pero, hombre, te acompañaré. ¡Entraremos juntos!

–Ya sé que entraremos juntos, pero quiero estrecharte la mano aquí y aquí quiero despedirme de ti. ¡Venga la mano! ¡Adiós!

–¿Qué te pasa, Rodia?

–Nada, vamos; tú serás testigo…

Empezaron a subir al último tramo de la escalera. A Razumijin le asaltó la idea de que quizá Zosímov estaba en lo cierto. "¡Ah! ¡Le he atribulado con mi cháchara!", se dijo para sus adentros.

Al acercarse a la puerta, oyeron voces en la habitación.

–¿Qué pasa aquí? –exclamó Razumijin.

Raskólnikov fue el primero en agarrar el tirador de la puerta y la abrió de par en par. La abrió, y se quedó en el umbral como petrificado.

Su madre y su hermana estaban sentadas en el sofá. Hacía hora y media que aguardaban. ¿Por qué lo que menos esperaba era encontrarlas ahí y en quien menos pensaba era en ellas, a pesar de la noticia, repetida incluso aquel mismo día, de que iban a emprender el viaje, de que estaban en camino, de que llegarían de un momento a otro? Durante aquella hora y media, las dos mujeres, interrumpiéndose mutuamente, no cesaron de hacer preguntas a Nastasia, que seguía de pie ante ellas y que había tenido tiempo de contar todo lo que ocurría. Cuando se enteraron de que "hoy ha huido", enfermo y, por lo que se desprendía del relato, en pleno delirio, se quedaron aturdidas de miedo. "¡Dios Santo, qué le habrá pasado!". Las dos lloraban y las dos sufrieron un cruelísimo tormento durante la hora y media de espera.

La aparición de Raskólnikov fue recibida con un explosivo grito de alegría. Madre y hermana se le arrojaron al cuello. Pero él se quedó de pie, sin sangre en las venas; la luz de la conciencia, repentina e insoportable, le fulminó como un rayo. Sus brazos no se le levantaron para corresponder a su efusión: no pudieron. Madre y hermana le estrechaban en los suyos, reían y lloraban…

Alarma, gritos, lamentos… Razumijin, que había permanecido en el umbral, se precipitó a la habitación, con sus poderosos brazos alzó al enfermo y al instante lo puso en el sofá.

–No es nada, no es nada –decía a la madre y a la hermana–. ¡Sólo un desmayo, nada! El médico acaba de asegurarme que lo encuentra muy mejorado, que está bien del todo. ¡Agua! Vuelve en sí, ¿ven? Ya está, ya le ha pasado el desvanecimiento…

Y agarrando a Dúniechka de la mano, de modo que por poco se la desencaja, la obligó a inclinarse para que se convenciera de que su hermano "ya había vuelto en sí".

Madre y hermana miraban a Razumijin como a la providencia, conmovidas y llenas de agradecimiento; sabían por Nastasia lo que había representado para su Rodia, durante la enfermedad, aquel "diligente joven", como le llamó aquella misma noche, en íntima conversación con Dunia, la propia Pulkeria Alexándrovna Raskólnikova.

TERCERA PARTE

CAPÍTULO I

Raskólnikov quedó sentado en el diván. Por medio de un leve signo invitó a Razumijin a que suspendiese el curso de su elocuencia consoladora; luego, cogiendo de las manos a su madre y a su hermana, las contempló alternativamente, durante cerca de dos minutos y sin decir una sola palabra. Su mirada, de dolorosa sensibilidad, tenía al mismo tiempo algo de intensidad y fijeza. Pulkeria Alexándrovna se aterró y se echó a llorar.

Avdotia Románovna estaba pálida; su mano temblaba en la de su hermano.

–Vuelve a casa... con él –dijo en voz entrecortada, mostrando a Razumijin–. Hasta mañana. ¿Cuándo llegasteis?

–Esta noche, Rodia –respondió Pulkeria Alexándrovna–. El tren venía muy retrasado; pero, Rodia, ¡por nada del mundo consentiré en separarme ahora de ti! Pasaré la noche aquí, a tu cabecera...

–¡No me abrumes! –replicó él con un gesto de contrariedad.

–¡Yo le acompañaré! –dijo vivamente Razumijin–, ¡y que mis invitados se vayan al infierno! ¡Que se enfaden, si quieren! Por lo demás, allí tienen a mí tío, que es un perfecto anfitrión.

–¿Cómo podré agradecérselo? ¿Cómo? –empezó a decir Pulkeria Alexándrovna, volviendo a apretar la mano de Razumijin.

Pero Raskólnikov la interrumpió de nuevo:

–¡No puedo, no puedo! –repetía, exasperado–. ¡No me torturéis! Basta, salid… ¡No puedo!

–Vámonos, mamá; salgamos de la habitación, aunque sea un momento –balbuceó Dunia, asustada–. Nuestra presencia le resulta violenta, está claro.

–¿Es posible que ni siquiera pueda mirarlo después de tres años de no verle? –repuso, entre lágrimas, Pulkeria Alexándrovna.

–¡Esperad! –exclamó él deteniéndolas–. No hacéis más que interrumpir, y a mí se me van las ideas de la cabeza… ¿Habéis visto a Luzhin?

–No, Rodia; pero él ya está enterado de nuestra llegada. Ya nos han contado, Rodia, que Piotr Petróvich ha sido tan bueno, que te ha visitado hoy –añadió Pulkeria Alexándrovna, con cierta timidez en la voz.

–Sí, ha sido tan bueno… Dunia, hace poco he dicho a Luzhin que le arrojaría escaleras abajo y lo he mandado al diablo…

–¡Qué dices, Rodia! Seguramente…tú no quieres decir… –comenzó a replicar Pulkeria Alexándrovna, pero se detuvo al mirar a Dunia.

Avdotia Románovna, con la vista fija en su hermano, esperaba que éste continuara hablando. Las dos mujeres tenían noticia de la disputa por lo que les había contado Nastasia, en la medida que ésta había podido comprenderla y transmitirla. Estaban perplejas y ansiosas de conocer detalles de lo sucedido.

–Dunia –continuó Raskólnikov haciendo un esfuerzo–, no deseo esta boda. Por eso, mañana lo primero que has de hacer es despedir a Luzhin y que jamás vuelva a acercarse.

–¡Oh, Dios mío! –profirió Pulkeria Alexándrovna.

–¡Hermano, piensa lo que dices! –comenzó a replicar con vehemencia Avdotia Románovna, pero en seguida se contuvo–. En este momento quizá no estás en condiciones de examinar el caso; estás fatigado –añadió dulcemente.

–¿Crees que deliro? No… Tú te casas con Luzhin por mí; pero no acepto el sacrificio. Así que esta noche escribe una carta, negándote… Me la das a leer mañana, y basta.

–¡No puedo hacerlo! –repitió la muchacha, ofendida–. ¿Con qué derecho…?

–Dúniechka, tú también te sulfuras pronto. Cállate, mañana… ¿Es que no ves…? –dijo la madre, asustada, dirigiéndose presurosa a Dunia–. ¡Ay, vámonos! ¡Será mejor!

–¡Delira…! –gritó Razumijin, achispado–. Si no, cómo se habría atrevido… Mañana ese antojo le habrá pasado… Pero hoy, realmente, le ha echado de aquí. Tal como se lo digo. El otro se ha enojado... Nos estuvo echando discursos, lucía sus conocimientos, y tuvo que irse con el rabo entre las piernas...

–Entonces, ¿es verdad? –exclamó Pulkeria Alexándrovna.

–Hasta mañana, hermano –dijo Dunia, con compasión–; vámonos, mamá... ¡Adiós, Rodia!

–¿Oyes lo que te digo, hermana? –repitió éste, reuniendo sus últimas fuerzas–. No deliro. Ese casamiento es una bajeza... Puede que yo sea un miserable, pero tú no debes... Uno de los dos... y aunque yo sea un miserable, a una hermana así no la tendré por hermana. ¡O yo o Luzhin! Marchaos...

–¡Te has vuelto loco! ¡Déspota! –bramó Razumijin.

Pero Raskólnikov no le respondió, quizá porque no tenía fuerzas para hacerlo. Se tumbó en el sofá y se volvió extenuado hacia la pared. Avdotia Románovna miró a Razumijin llena de curiosidad. Los negros ojos de la joven centellearon. Bajo aquella mirada, Razumijin se estremeció. Pulkeria Alexándrovna permanecía de pie, como fulminada por el rayo.

–¡No puedo irme por nada del mundo! –murmuró dirigiéndose a Razumijin y conteniendo apenas su desesperación–. Me quedaré aquí, donde sea... Acompañe a Dunia.

–¡Y lo echará todo a perder! –balbuceó también Razumijin, fuera de sí–. Salgamos por lo menos a la escalera. ¡Nastasia, alumbra! Le juro –continuó en voz baja, una vez en la escalera– que esta mañana por poco nos pega a mí y al doctor. ¡Compréndalo! ¡Al propio doctor! Éste cedió, para no irritarle, y se fue. Yo me quedé abajo para vigilar; entonces él se vistió y se escapó. Y también se escapará esta noche, si le irrita. Es capaz de cualquier cosa...

–¿Qué dice usted?

–Es así. Además, no puede usted dejar sola a Avdotia Romá– novna en la habitación realquilada. ¿No saben ustedes en qué casa están instaladas? ¿No había podido encontrarles mejor alojamiento ese canalla de Piotr Petróvich?... Aunque, ¿saben ustedes?, estoy un poco bebido y por eso... le he insultado. No hagan caso...

–Bueno, iré a hablar con la patrona de Rodia –insistió Pulkeria Alexándrovna–. Le suplicaré que nos ceda a Dunia y a mí un rincón para pasar la noche. ¡No puedo dejarle así! ¡No puedo!

Estaban hablando en el rellano de la escalera, ante la puerta misma de la patrona. Nastasia les alumbraba, de pie en el último peldaño. Razumijin estaba sumamente excitado. Media hora antes, al acompañar a Raskólnikov, aunque hablaba más de la cuenta, bien lo sabía él, tenía la cabeza completamente clara y segura, a pesar de la enorme cantidad de vino que había bebido. Ahora, en cambio, su estado era el de un entusiasmo arrebatado y, al mismo tiempo, parecía como si el alcohol ingerido se le subiera de nuevo a la cabeza de golpe y con redoblada fuerza. Había tomado a las dos damas por la mano y procuraba convencerlas con razones que exponía con sorprendente franqueza, a la vez que acompañaba casi todas sus palabras, probablemente para hacerse más persuasivo, de fuertes apretones de mano, hasta hacerles daño, como si apretara con tenazas. Se comía con la mirada a Avdotia Románovna, sin sentirse por ello cohibido en lo más mínimo. A veces las dos mujeres, con un movimiento de dolor, procuraban desprender sus manos de sus grandes y huesudas manazas; pero Razumijin no sólo no se daba cuenta de lo que pasaba, sino que incluso las atraía con más fuerza hacia sí. Si aquellas mujeres le hubiesen pedido que se arrojara de cabeza escaleras abajo para hacerles algún servicio, lo habría cumplido inmediatamente, sin pararse a razonar ni a meditar. Pulkeria Alexándrovna, muy preocupada, pensando en su Rodia, aunque se daba cuenta de que Razumijin era un joven excéntrico en demasía y de que le hacía daño al apretarle la mano, como veía en él a un ser providencial, no quería parar mientes en aquellos detalles extravagantes. Avdotia Románovna, aun teniendo en el alma la misma inquietud que su madre, y aun sin ser asustadiza, recibía llena de asombro y casi con miedo las miradas, centelleantes, de fuego salvaje, del amigo de su hermano; sólo la confianza ilimitada que sentía hacia aquel hombre extraño, gracias a lo que Nastasia les había contado, le permitía vencer los impulsos de huir, llevándose consigo a su madre. También comprendía que no les iba a ser posible escapar de él. Sin embargo, a los diez minutos se había tranquilizado no poco. Razumijin tenía la propiedad de mostrarse tal cual era en un instante, cualquiera que fuese su estado de ánimo, de manera que todo el mundo se daba cuenta muy pronto de la clase de individuo con que estaba tratando.

–¡Imposible! ¡No pida eso a la patrona! ¡Sería la mayor de las tonterías que podría usted hacer! –exclamó Razumijin, procurando convencer a Pulkeria Alexándrovna–. Aunque sea usted la madre, si se queda aquí pondrá a su hijo furioso, y entonces sabe Dios lo que puede ocurrir. Vamos a hacer lo siguiente. Ahora Nastasia le velará y yo las acompañaré, porque solas no pueden andar por la calle. Nuestro Petersburgo, en ese particular… ¡Bueno, al diablo!… Luego, desde su alojamiento, vuelvo aquí corriendo y al cuarto de hora les llevo informes de cómo está, si duerme o no, y demás, ¡palabra de honor de que lo haré! Después, ¡escuchen!, después me planto en cuatro saltos en mi casa (tengo invitados, están todos borrachos), tomo a Zosímov, es el doctor que le cuida, también está en casa, pero no se ha emborrachado; ¡ése no está borracho, no se emborracha nunca! Lo traigo a ver a Rodia y a continuación vamos a ver a ustedes, es decir, en una hora reciben ustedes noticias dos veces, y las reciben del doctor, ¿comprenden?, del doctor en persona, no de mí. Si la cosa va mal les juro que yo mismo las traigo aquí, y si va bien, se acuestan ustedes a dormir. Yo pasaré toda la noche aquí, en la entrada, de modo que él no me oiga; a Zosímov le mandaré dormir en casa de la patrona, para tenerlo a mano si se necesita. ¿Qué es preferible ahora para su hijo? ¿Que se quede usted, o que esté el doctor? Está claro que el doctor es más útil. Así que, vayan a sus habitaciones. Pero ustedes no pueden quedarse en las de la patrona; yo puedo, pero ustedes no. La patrona no las admitiría, porque… porque es una boba. Tendría celos de Avdotia Románovna, por mí, sépanlo ustedes, y también los tendría de usted… Pero de Avdotia Románovna, seguro. ¡Tiene una carácter extraño, muy extraño! Aunque también yo soy un tonto… ¡Qué importa! ¡Vámonos! ¿Confían en mí? Bueno, ¿confían en mí, o no?

–Vámonos, mamá –dijo Avdotia Románovna–. Seguramente hará lo que promete. Ya hizo resucitar a mi hermano, y si el doctor está de acuerdo en pasar aquí la noche, ¿qué más podemos desear?

–¡Usted!… ¡Usted… me comprende, porque es un ángel! –exclamó Razumijin, entusiasmado–. ¡Vámonos! ¡Nastasia! ¡Volando, arriba! Quédate allí con luz. Dentro de un cuarto de hora estoy de vuelta…

Aunque no del todo convencida, Pulkeria Alexándrovna no opuso más resistencia. Razumijin las tomó a las dos del brazo y las sacó de la escalera. A pesar de todo, la madre se sentía inquieta: "Aunque es diligente y bueno, ¿está en condiciones de cumplir lo que promete? ¡En el estado en que se encuentra!…".

–¡Ah, ya comprendo! ¡Se preocupa por el estado en que me ve! –le dijo Razumijin, cortándole el hilo de sus pensamientos, que adivinó.

Caminaba por la acera a grandes zancadas, de modo que las dos mujeres apenas podían seguirle, cosa de la que él no se daba cuenta.

–¡Tonterías! Mejor dicho…, estoy ebrio, como un zote; pero no se trata de esto, no es de vino de lo que estoy borracho. Lo que pasa es que cuando las he visto se me ha subido todo a la cabeza… ¡Bah, de mí no vale la pena hablar! No me hagan caso; estoy mintiendo, no soy digno de ustedes… No soy digno de ustedes en lo más mínimo… No bien las haya

acompañado, aquí mismo, en el canal, en un santiamén me echo unos puña-
dos de agua a la cabeza y me quedo como nuevo… ¡Si supieran ustedes,
cómo las quiero a las dos!… ¡No se rían ni se enfaden!… ¡Enfádense con
todos, pero conmigo no! Soy el amigo de Rodia y, por tanto, soy amigo de
ustedes. Quiero que sea así… Lo presentía… el año pasado, un momento
en que… Pero no, no lo presentía en lo más mínimo, porque ustedes han
llegado como caídas del cielo. Lo más probable es que pase la noche sin
dormir. Este Zosímov temía que Rodia perdiera la razón… Por esto no hay
que irritarle…

    –¿Qué dice usted? –exclamó la madre.

    –¿Es posible que haya dicho eso el doctor? –preguntó Avdotia
Románovna, asustada.

    –Lo ha dicho; pero no es eso. No lo es, no. Le ha dado una buena
medicina, unos polvos, yo lo he visto, y entonces ustedes han llegado…
¡Eh! ¡Habría sido mejor que hubieran llegado ustedes mañana! Hemos
hecho bien en salir. Dentro de una hora, el propio Zosímov les dará a
ustedes detalles de todo. ¡Ése no está borracho! Y yo tampoco lo estaré…
Pero ¿por qué me habré metido tantas copas en el cuerpo? ¡Porque esos
malditos me han obligado a discutir! ¡Yo que me había jurado no hacerlo!… El caso es que sueltan tales bestialidades… ¡Por poco me pego con
ellos! He dejado allí a mi tío, para que presida… ¿Lo creerán? ¡Reclaman
la impersonalidad total y en ello encuentran lo mejor de lo mejor! ¡Hay
que hacer todo lo que se pueda para no ser uno mismo, para semejarse a sí
mismo lo menos posible! Lo consideran la expresión máxima del progreso. Si por lo menos soltaran despropósitos que se les ocurrieran a sí mismos, pero ni eso…

    –Oiga… –dijo Pulkeria Alexándrovna, interrumpiéndole tímidamen-
te, con lo que no hizo sino avivar la locuacidad del joven.

    –¿Qué cree usted? –prosiguió Razumijin, elevando más aún la voz–.
¿Cree usted que me irrito porque dicen mentiras? ¡Ca! ¡A mí me gusta que
mientan! Mentir es el único privilegio del hombre frente a las instituciones. ¡Quien miente llega a la verdad! Por eso soy hombre, porque miento.
No se ha llegado a ninguna verdad sin haber mentido antes unas catorce
veces, y quién sabe si ciento catorce, y eso es honroso a su modo. ¡Pero
nosotros ni siquiera sabemos mentir por inspiración propia! Miente todo
lo que quieras, pero miente por ti mismo, y entonces te cubriré de besos.
Mentir según dicta el ingenio propio es casi mejor que decir la verdad de
otro. En el primer caso, se es persona; ¡en el segundo, un loro! La verdad
no se pierde; en cambio es posible machacar una vida; ha habido ejem-

plos. Y todos nosotros, ¿qué somos ahora? En lo que toca a la ciencia, al desarrollo, al pensar, a los inventos, a los ideales, a los deseos, al liberalismo, a la razón, a la experiencia y a todo, todo, todo, todo, todo, nos encontramos aún en la primera clase de párvulos. ¡Nos gusta nutrirnos de inteligencia ajena y nos hemos dado un atracón! ¿No es cierto? ¿No es como digo? –gritaba Razumijin, agitando y apretando los brazos de las dos damas–. ¿No es así?

–¡Oh, Dios mío, no lo sé! –respondió la pobre Pulkeria Alexándrovna.

–Así es, así es…, aunque no estoy de acuerdo con usted en todo –añadió seriamente Avdotia Románovna y al instante lanzó un grito, tan doloroso fue aquella vez el apretón de Razumijin.

–¿Es así? ¿Dice usted que es así? Bueno, después de eso, usted… usted… –gritó el joven, entusiasmado–. ¡Usted es la fuente de la bondad, de la pureza, del buen juicio y… de la perfección! ¡Déme su mano, déme!… Usted también, déme la suya. Quiero besar sus manos aquí, ahora mismo, de rodillas.

Y se puso de hinojos en medio de la acera, por suerte completamente desierta en aquel momento.

–¡Basta, se lo ruego! ¿Qué hace usted? –gritó Pulkeria Alexándrovna, alarmada a más no poder.

–¡Levántese, levántese! –añadió Dunia, sonriente e inquieta a la vez.

–¡Por nada del mundo antes de que me den las manos! Así, y basta; ahora me levanto y nos vamos. Soy un animal, un desgraciado, soy indigno de ustedes y un borracho, y me avergüenzo… No soy digno de amarlas, pero inclinarse ante ustedes es una obligación de quien no se haya convertido en una bestia bruta. Por eso me he inclinado yo… Aquí está su alojamiento, y aunque no sea más que por haberlas metido aquí, Rodión ha hecho muy bien en arrojar de su presencia a Piotr Petróvich. ¿Cómo se ha atrevido ese hombre a instalarlas en esas habitaciones? ¡Es un escándalo! ¿Saben ustedes a quién abren las puertas aquí? ¡Y usted es la novia! Usted es la novia, ¿eh? Bueno, pues le digo que su novio es un canalla.

–Oiga, señor Razumijin, usted olvida… –comenzó a decir Pulkeria Alexándrovna.

–Sí, sí, tiene usted razón. Se me ha ido el santo al cielo, ¡me avergüenzo! –contestó Razumijin, dándose cuenta de que hablaba mucho–. Pero… pero…¡ustedes no pueden enfadarse conmigo por lo que digo! Porque lo digo con el corazón en la mano y no porque… ¡hum! Eso sería una infamia; en una palabra, no porque yo la… ¡hum! Bueno, está visto que no debo decirlo. No, no le diré el porqué. ¡No me atrevo!... Y esta mañana comprendimos, no bien entró, que ese hombre no es de los nuestros. No por haber entrado con el pelo ondulado por el barbero, ni tampoco porque se dio prisa en lucir lo que sabe, sino porque tiene alma de confidente y es un especulador, porque es un judío y un bufón, y eso salta a la vista. ¿Le cree usted inteligente? ¡No! Es un tonto, un tonto... ¿Puede hacer buena pareja con usted? ¡Oh, Dios mío! ¿Comprenden, señoras? –dijo deteniéndose, de pronto, cuando ya subían por la escalera que llevaba a las habitaciones–. Aunque los que tengo en casa están borrachos, son todos decentes, y aunque mentimos, pues yo también miento, llegaremos, al fin a la verdad, pues caminamos por una senda de nobleza, mientras que Piotr Petróvich... no camina por una vereda noble. Y aunque hace un momento los he puesto como un trapo, los estimo a todos; incluso a Zamétov, aunque no le respeto. Le quiero, porque es un cachorrito. Incluso a ese bruto de Zosímov, porque es honesto y conoce su oficio... Basta; todo está dicho y perdonado. ¿Está perdonado? ¿Es así? Bueno, vamos. Conozco este pasillo, no es la primera vez que vengo aquí; ahí, en el número tres, hubo un escándalo... ¿Cuál es el número de ustedes? ¿El ocho? De noche, ciérrense por dentro, no abran a nadie. Dentro de un cuarto de hora volveré para darles noticia, y media hora después traeré a Zosímov. ¡Ya lo verán! ¡Adiós, que me voy corriendo!

–¡Dios mío! ¿Qué va a pasar, Dúniechka? –exclamó Pulkeria Alexándrovna, inquieta y amedrentada, dirigiéndose a su hija.

–Tranquilícese, mamá –contestó Dunia, quitándose el sombrero, y la toquilla–. Dios mismo nos ha enviado a ese señor, aunque venga directamente de una francachela. En él podemos confiar, se lo aseguro. Y lo que ha hecho por mi hermano...

–¡Ah, Dúniechka! ¡Sabe Dios si vendrá! ¡Cómo he podido dejar a Rodia!... ¡Habría imaginado todo, menos que lo iba a encontrar de este modo! Ha sido muy duro, como si no estuviera contento de vernos...

Los ojos se le llenaron de lágrimas.

–No es así, mamita. Usted no se ha dado buena cuenta, pues no ha hecho más que llorar. Está muy quebrantado por la grave enfermedad. Eso es la causa de todo.

–¡Ah, esa enfermedad! ¡Tengo un mal presentimiento, un mal presentimiento! ¡Y qué modo de hablar contigo, Dunia! –dijo la madre, mirando tímidamente a los ojos de la hija, para leer sus pensamientos, consolándose a medias al ver que Dunia defendía a Rodia y que, por tanto, lo había perdonado–. Estoy convencida de que mañana cambiará de parecer –añadió, procurando descubrir lo que pensaba su hija.

–Pues yo estoy convencida de que mañana volverá a decir lo mismo… acerca de ese particular –repuso Avdotia Románovna.

Y ahí estaba el hueso, claro, pues se trataba de un punto del que entonces Pulkeria Alexándrovna tenía demasiado miedo de hablar. Dunia se acercó a su madre y la besó. Su madre la abrazó fuertemente, sin decir una palabra. Luego se sentó, esperando inquieta el regreso de Razumijin, a la vez que seguía con tímida mirada los movimientos de su hija, la cual, con los brazos cruzados y también esperando, se había puesto a caminar de un extremo a otro de la habitación, sumida en sus pensamientos. Aquella manera de andar, de un extremo a otro, meditando, era una costumbre de Avdotia Románovna y en aquellos momentos su madre tenía miedo de distraerla de sus meditaciones.

Naturalmente, Razumijin, borracho, con su viva pasión repentina por Avdotia Románovna, era ridículo; sin embargo, es posible que muchos le hubieran disculpado sin tener en cuenta siquiera lo excéntrico de su situación, o si hubieran contemplado a la joven, sobre todo en aquel momento en que se paseaba por el cuarto con los brazos cruzados, triste y pensativa. Avdotia Románovna era hermosa: alta, sumamente esbelta, fuerte y segura de sí misma, lo cual se reflejaba en cada uno de sus gestos, sin que sus movimientos perdieran por ello suavidad y gracia. En el rostro se parecía al hermano, pero podía decirse que era una belleza. Tenía los cabellos de color castaño, algo más claros que su hermano, los ojos negros, centelleantes, orgullosos y al mismo tiempo llenos de bondad. Estaba pálida, pero su palidez no era la de las personas enfermas; su faz resplandecía de frescor y salud. La boca resultaba algo pequeñita; el labio inferior, fresco y rojo, tendía a avanzar ligerísimamente, lo mismo que el mentón, y aquélla era la única irregularidad de su espléndida cara, que adquiría, de tal modo, un carácter especial, hasta cierto punto una nota de altivez. La expresión de su rostro era siempre más seria que alegre, pensativa; en cambio, ¡qué bien sentaba a su semblante la sonrisa! ¡Qué encanto el suyo cuando estallaba en él risa fresca, juvenil, alegre y franca! Se comprende que Razumijin, impetuoso, sincero, algo ingenuo, honrado, fuerte como un gigante, que nunca había visto nada igual, perdiera la cabeza a la primera mirada, sobre todo habiendo bebido algo más de la cuenta. La casualidad hizo, además, que Razumijin viera a Dunia por primera vez en un maravilloso instante de efusión, llena de ternura y alegría, por el encuentro con el hermano. Luego, vio cómo le temblaba de indignación el labio inferior al responder a las admoniciones osadas, duras e ingratas de su hermano, y no resistió al hechizo.

Con todo, Razumijin había estado en lo cierto al decir, en la escalera, que la excéntrica patrona de Raskólnikov, Praskovia Pávlovna, tendría celos, no ya de Avdotia Románovna, sino incluso de Pulkeria Alexándrovna. A pesar de que ésta contaba cuarenta y tres años, su rostro conservaba restos de su antigua belleza, y a ello hay que añadir que parecía mucho más joven de lo que era, lo cual ocurre casi siempre con las mujeres que conservan hasta la vejez la lucidez de espíritu, la frescura de las impresiones y la llama honesta y pura del corazón. Digamos entre paréntesis que conservar eso constituye el único recurso para no perder la hermosura, incluso cuando la edad es mucha. Sus cabellos empezaban a encanecer y a caer; hacía tiempo que junto a los ojos le habían aparecido pequeñas arrugas, los breves surcos de la pata de gallo. Se le habían hundido y secado las mejillas a causa de las preocupaciones y de las penas, mas a pesar de ello su rostro era magnífico.

Era el retrato de Dúniechka veinte años más tarde y sin la expresión del labio inferior, porque el labio de la madre no se destacaba hacia delante. Pulkeria Alexándrovna era sensible, aunque sin llegar a ser empalagosa, tímida y transigente. Hasta cierto punto, podía ceder mucho y podía avenirse a muchas cosas, a veces incluso contra sus propias convicciones; pero existía siempre para ella un límite de honestidad, de normas y principios básicos, que por nada del mundo, cualesquiera que fueran las circunstancias, rebasaría.

Exactamente veinte minutos después de la salida de Razumijin, resonaron en la puerta dos golpecitos suaves, aunque rápidos. Había vuelto.

–¡No entraré, porque no tengo tiempo! –se apresuró a decir cuando le abrieron la puerta–. Duerme como un bendito, mangníficamente, sosegado, y Dios quiera que siga así por lo menos diez horas. Nastasia está en la habitación y le he ordenado no salir hasta mi llegada. Ahora traeré aquí a Zosímov, que les explicará el caso con todo detalle, y luego podrán ustedes acostarse y descansar. Veo que están fatigadas a más no poder.

Y se alejó por el pasillo.

–¡Qué joven más diligente y… abnegado! –exclamó Pulkeria Alexándrovna, alegrándose en gran manera.

–¡Parece una excelente persona! –respondió con cierto calor Avdotia Románovna, empezando otra vez a pasear de un extremo a otro de la habitación.

Casi una hora después, se oyeron pasos en el corredor y otro golpe en la puerta. Las dos mujeres esperaban, confiando plenamente en la promesa de Razumijin. En efecto, logró llevar a Zosímov, quien accedió en seguida a dejar el festín para ir a ver a Raskólnikov; pero a ver a las mujeres fue de mala gana y con cierto recelo, pues dudaba de lo que decía Razumijin, borracho. No obstante, su amor propio tuvo motivos en seguida de sentirse no ya tranquilo, sino halagado. Zosímov comprendió que le estaban esperando como a un oráculo.

Su visita duró diez minutos justos y le bastaron para convencer y tranquilizar a Pulkeria Alexándrovna. Habló mostrando gran interés por el enfermo, pero con discreción y extremada seriedad, exactamente tal como habla un doctor de veintisiete años en una consulta importante; no se permitió la más pequeña digresión y no dejó traslucir el menor deseo de entrar en relaciones más personales y particulares con las dos damas. Se dio cuenta de la cegadora belleza de Avdotia Románovna, pero al instante decidió conducirse incluso como si la joven no estuviera presente y se dirigió exclusivamente a Pulkeria Alexándrovna. Aquello le proporcionaba una extraordinaria satisfacción interior. Dijo que en aquel momento encontraba al enfermo en un estado muy satisfactorio. Según sus propias observaciones, la enfermedad del paciente, aparte las difíciles condiciones materiales de vida de los últimos meses, se debía a causas de tipo psíquico; "es producto, como si dijéramos, de numerosas y complejas influencias morales y materiales, de inquietudes, temores, preocupaciones, de ciertas ideas… y demás". Al observar, con el rabillo del ojo, que Avdotia Románovna prestaba singular atención a sus últimas palabras, Zosímov se extendió algo más acerca del tema. A la pregunta angustiada y tímida de Pulkeria Alexándrovna respecto a "ciertas sospechas de locura", respondió, con sonrisa tranquila y franca, que habían exagerado mucho sus palabras; que, naturalmente, en el enfermo se observaba cierta idea fija que podía hacer pensar en una monomanía –y él, Zosímov, se estaba interesando de modo particular por aquella rama, sumamente intrigante, de la medicina–; mas no se debía olvidar que casi hasta aquel día el enfermo había delirado y… y, era natural, la llegada de su familia le robustecería, le distraería y tendría sobre él efectos saludables "si pueden evitarse nuevas conmociones fuertes", añadió muy significativamente. Luego se levantó, ceremonioso y risueño, acompañado de bendiciones, de efusivo agradecimiento, de palabras cordiales e incluso de la mano de Avdotia Románovna, que la joven le tendió en un apretón de despedida sin que él la buscara. Salió más que encantado de su visita, y en particular de sí mismo.

–Mañana hablaremos. Ahora acuéstense sin falta –recalcó Razumijin cuando salía con Zosímov–. Mañana a primera hora me tendrán ustedes aquí para informarlas.

–Pero ¡qué maravillosa es esta joven! –exclamó Zosímov, casi encandilado, cuando se encontraron en la calle.

–¿Maravillosa? ¡Has dicho maravillosa! –bramó Razumijin, arrojándose de pronto contra su amigo y agarrándole por la garganta–. Si alguna vez te atrevieras… ¿Comprendes? ¿Comprendes? –gritaba sacudiendo a su amigo por las solapas y apretándole contra la pared–. ¿Has oído?

–Pero ¡suéltame ya, borracho del diablo! –exclamó Zosímov, procurando deshacerse de aquellas garras; y cuando Razumijin le hubo soltado, se lo quedó mirando fijamente y estalló en una carcajada.

Razumijin estaba ante él, caídos los brazos, con cara seria y pensativa.

–No hay duda, soy un asno –dijo más sombrío que un nubarrón–; pero… tú también lo eres.

–¡Ah, no, amigo! De ningún modo. Yo no sueño tonterías.

Siguieron caminando en silencio, y sólo cuando se acercaban a la vivienda de Raskólnikov, Razumijin, hondamente preocupado, interrumpió el silencio.

–Oye –dijo a Zosímov–; tú eres un gran tipo, pero además de tus vituperables cualidades, tienes la de ser un faldero, lo sé muy bien, y de los poco escrupulosos. Tú, además, eres un punto nervioso y débil, un antojadizo; has engordado y no puedes privarte de nada, y a eso lo llamo yo una porquería, porque a la porquería lleva en línea recta. De tal manera te estás mimando, que cada día comprendo menos cómo puedes tú, con todo esto, ser un buen galeno, incluso un médico abnegado, te lo confieso. ¡Duermes en un colchón de plumas (¡eres nada menos que un doctor!), y te levantas por la noche para visitar a un enfermo! Dentro de unos tres años no te levantarás por él… ¡Bueno, diablo! No se trata de esto, sino de otra cosa. Hoy dormirás en las habitaciones de la patrona (¡he tenido que convencerla a la fuerza!), y yo en la cocina. Es una ocasión ideal para que os conozcáis de cerca. No es lo que tú te figuras, no. Aquí, amigo, no hay ni sombra de eso…

–Si yo no pienso nada…

–Aquí encontrarás, amigo, una persona tímida, silenciosa, pudorosa, de una castidad feroz, y a pesar de ello se deshace en suspiros y se derrite como la cera. ¡Libérame de ella, en nombre de todos los diablos habidos y por haber! ¡Es archicomplaciente!… ¡Mi gratitud no tendrá límites! ¡Dispón, si quieres, hasta de mi cabeza!

Zosímov se reía aún más que antes.

–¡Qué mosca te ha picado! ¿Para qué quiero yo a esa mujer?

–Te lo aseguro, no te dará mucho quehacer; basta con que le cuentes algún galimatías, el que quieras. Siéntate a su lado y habla. Además, siendo doctor, comienza a curarla de alguna cosa. Te juro que no te arrepentirás. Tiene un clavicordio en la habitación. Ya sabes que lo aporreo un poco; toco una cancioncita rusa auténtica: "Lloro con lágrimas ardientes"… A ella le gustan las auténticas canciones rusas. Bueno, con la cancioncita empezó todo. Pero tú al piano eres un virtuoso, un maestro, un Rubinstein… ¡Te prometo que no te arrepentirás!

–¿Es que le has hecho alguna promesa? ¿Has firmado algún documento? Quizá has prometido casarte con ella…

–¡Nada de eso, absolutamente nada! No es, ni mucho menos, mujer de esta cuerda. Chebárov intentó…

–Pues déjala.

–No es posible dejarla así, sin más ni más.

–¿Por qué no?

–Porque no. Así, sin más ni más, no es posible porque no lo es. Amigo, hay un principio de atracción.

–Entonces, ¿por qué la has estado llamando a tu reclamo?

–No la he llamado en absoluto; quizá he sido yo mismo quien ha quedado prendido en el reclamo suyo, y todo por mi grandísima tontería. A ella le será absolutamente igual que esté uno u otro a su lado, tú o yo, mientras haya uno de los dos, suspirando. Amigo… No hay modo de explicártelo. Esa mujer… Bueno, tú eres un hacha en matemáticas, aún sigues ocupándote de ellas, lo sé… pues ponte a explicarle cálculo integral; te juro que no bromeo; hablo en serio. A esa mujer le será igual: es capaz de quedarse mirándote y suspirando un año entero. Yo, por ejemplo, me pasé dos días seguidos hablándole del Senado prusiano (porque, ¿de qué quieres hablarle?). Y ella venga suspirar y consumirse… No le hables de amor, porque es tan tímida que se pone nerviosa; pero haz ver que no puedes alejarte de su lado, y basta. En cuanto a comodidades, no se puede pedir más; estás como en tu casa; lee si quieres, siéntate, échate, escribe… Incluso puedes besarla, aunque, eso sí, con cuidado…

–Pero ¿qué falta me hace esa mujer?

–¡Ah! No soy capaz de dártelo a entender, ya lo veo. Oye, tú y ella estáis hechos el uno para el otro. Había pensando antes en ti… ¡Está claro que es así como un día u otro te vas a liar! ¿No te da lo mismo un poco antes o un poco después? Aquí, amigo, encontrarás un ambiente tan muelle, que ni los ángeles lo tienen, ¡y no sólo un ambiente muelle! Aquí hay imán, es el fin del mundo, el áncora de la vida, el puerto sosegado, el ombligo del orbe, las columnas salomónicas de la tierra, la quintaesencia de las hojuelas, de las empanadillas generosas, del samovar de las veladas, de los dulces suspiros, de los chalecos de abrigo, de las calientes estufas sobre las que uno puede tumbarse. ¡Es como si hubieras muerto y al mismo tiempo vivieras! ¡Tienes, de golpe, las dos ventajas! Bueno, amigo, me parece que te he dicho bastante. ¡A dormir, que ya es hora! Oye, a veces por la noche me despierto; si también me pasa hoy, iré a ver cómo está. Aunque no pasará nada, es una tontería pensar otra cosa; todo irá bien. No te preocupes demasiado, pero si te parece ve a verlo alguna vez. Si notaras algo especial, por ejemplo, que delira, que tiene fiebre o alguna otra cosa, despiértame en seguida. Sin embargo, no puede ser...

CAPÍTULO II

A las siete, del día siguiente, Razumijin despertó con sentimientos y cavilaciones que nunca habían turbado su existencia. Todos los incidentes de la noche volvieron a su mente, y comprendió que había experimentado una sensación que nunca antes había sentido. También comprendía que el sueño que cruzara por su mente, era de cualquier forma irrealizable. La quimera le pareció hasta absurda, y se avergonzó de pensar en ella. Por consiguiente, apresuróse a pasar a otras cuestiones más que aquella.

Lo que más le acongojaba era el haberse mostrado como un grosero rematado en la víspera. No sólo le habían visto ebrio, sino que además, abusando de la ventaja que su posición de bienhechor le daba sobre una joven obligada a apelar a él, había calumniado, por un sentimiento de necios y súbitos celos, al pretendiente de aquella joven, sin saber las relaciones que existían entre ella y él, ni quién era tal pretendiente. Avergonzado de esto y del sueño que tuviera, el joven recordó haber dicho la víspera que la patrona estaba enamorada de él y que tendría celos de Avdotia Románovna... La verdad está en el vino; fue la verdad la que se puso de manifiesto, es decir, "¡se puso de manifiesto toda la porquería de su corazón envidioso y grosero!". ¿Acaso le está permitido a él, a Razumijin, acariciar un sueño semejante? ¿Quién es él en comparación con tal muchacha? ¿El que alborotaba el día anterior, el borracho, el fanfarrón de la víspe-

ra? "¿Cabe siquiera semejante comparación, cínica y ridícula?". Razumijin se puso rojo como una amapola no bien se le ocurrió la idea, y de súbito,
como hecho adrede, recordó con toda nitidez de qué modo les dijo, en la
escalera, que la patrona tendría celos de Avdotia Románovna por él...
Aquello resultaba insoportable. Dio un furioso puñetazo en la estufa de la
cocina, dañándose la mano y haciendo saltar un ladrillo...

–Está claro –mascullaba un minuto más tarde, con cierto sentimiento
de autohumillación–; nunca habrá modo de borrar y hacer olvidar esas
vilezas... Así que, basta de pensar en ello. Lo que he de hacer es presentarme sin decir nada y... cumplir con mi obligación también en silencio, y
no pedir perdón, no decir nada, y... ¡y está claro que la cosa ya no tiene
remedio!

No obstante, al vestirse, examinó su ropa con más atención que de ordinario. No tenía otro traje, y es posible que, de haberlo tenido, no se lo habría
puesto, "no me lo pondría adrede". En todo caso, no debía comportarse
como un cínico ni como persona descuidada y sucia; no tenía derecho a
ofender los sentimientos de los demás, con tanto menor motivo cuanto que
los demás necesitaban de él y le llamaban. Cepilló con esmero su traje. En
cuanto a la camisa que llevaba, era aceptable; en aquel sentido, Razumijin
era muy cuidadoso y limpio.

Aquella mañana puso sus cinco sentidos en lavarse (Nastasia tenía jabón). Se lavó los cabellos, el cuello y, sobre todo, las manos. Cuando se
preguntó si debía o no afeitarse la poblada barba (Praskovia Pávlovna
poseía unas navajas excelentes que le habían quedado del difunto señor
Zarnitsin), el problema fue resuelto en sentido negativo hasta con cierta
furia: "¡Que se quede así! A lo mejor van a creer que me he afeitado para...
¡Claro que lo pensarían! ¡Por nada del mundo!".

"Y... y además él es tan grosero, tan sucio, con modales de hombre de
figón; y... supongamos que sea una persona decente, un poco decente, y
que él lo sepa..., pero ¿puede vanagloriarse de ser decente? Las personas
han de serlo, e incluso algo más escrupulosas, pues... pues (lo recuerda)
también él ha hecho sus cositas... no es que fueran una deshonra, pero...
¡Y qué pensamientos se le ocurrían a veces! ¡Hum!... ¡E iba a poner aquello al lado de Avdotia Románovna!". "¡Bueno, sí; al diablo! ¡Qué más da!
¡Voy a ser así adrede, sucio, asqueroso, basto! ¡Qué me importa! ¡Aún lo
seré más...!".

Zosímov, que había pasado la noche en la sala de Praskovia Pávlovna,
le encontró sumido en tales monólogos. Se iba a su casa, y al salir se apresuró a dar un vistazo al enfermo. Razumijin le informó que el enfermo

dormía como una marmota. Zosímov dio la orden de no despertarle; que le dejasen dormir tranquilo. Prometió volver después de las diez.

–Si está en casa… –añadió–. ¡Diablo! No se sabe nunca lo que va a hacer un enfermo así; ¡y cúralo! ¿Irá *él* a verlas, o vendrán *ellas* aquí?

–Supongo que vendrán ellas –contestó Razumijin, comprendiendo el objetivo de la pregunta–. Hablarán de asuntos de familia, naturalmente. Yo me iré. Tú, como doctor, tienes más derechos que yo, está claro.

–No soy ningún padre espiritual; vendré y me iré. No es poco el trabajo que tengo sin ellos.

–Una cosa me preocupa –dijo Razumijin, frunciendo el ceño–. Ayer, por el camino, como había bebido más de la cuenta, le conté a Rodia varias tonterías…

Entre otras cosas, tu temor de que… esté inclinado a la locura…

–Lo mismo dijiste ayer a las damas.

–¡Sé que es una estupidez! ¡Pégame si quieres! Pero ¿no es verdad que tú tenías sobre él cierta sospecha?

–Te digo que es absurdo. ¡Cómo quieres que tuviera cierta sospecha! Tú mismo, cuando me trajiste para que lo visitara, lo describiste como monomaníaco… Ayer echamos aceite al fuego, es decir, lo echaste tú con los relatos… acerca de ese pintor de brocha gorda. ¡Bonita conversación, a fe mía, cuando es posible que sea ese asunto el que le haya trastornado! Si yo supiera con exactitud lo que ocurrió en la oficina de policía y que allí un canalla le ofendió… con esa sospecha. ¡Hum!… Ayer no habría tolerado semejante conversación. Esos monomaníacos hacen de una gota de agua un océano y toman sus fantasías por la más pura realidad… Según recuerdo, ayer se me aclaró la mitad del caso con lo que contó Zamétov. ¡Qué quieres! Conozco el de un hipocondríaco, un hombre de cuarenta años, que no pudo soportar las burlas que de él hacía todos los días, a la mesa, un niño de ocho años, y lo mató. Aquí tenemos a un hombre harapiento, a un policía insolente, una enfermedad que se inicia… ¡y semejante sospecha! ¡Sospechar así de un hipocondríaco frenético! ¡Con su vanidad, furiosa y exacerbada! Es muy posible que ahí radique el punto de partida de la enfermedad. ¡Sí, claro, diablo!… A propósito, ese Zamétov es de verdad un muchachote simpático, sólo que ayer… no tenía por qué haber contado eso. ¡Vaya charlatán!

–Bueno, pero ¿a quién lo contó? A ti, a mí y a nadie más.

–Y a Porfiri.

–¿Qué más da que lo contase a Porfiri?

–A propósito, ¿tienes alguna influencia sobre la madre y la hermana? Habría que andar con cautela hoy al hablar con él…

–¡Se pondrán de acuerdo! –contestó Razumijin, de mala gana.

–¿Y por qué la emprendió de ese modo contra Luzhin? Se trata de un hombre con la bolsa repleta. Parece que a Avdotia Románovna no le desagrada– y están sin blanca, ¿no?

–Pero ¿a qué viene este interrogatorio? –exclamó irritado Razumijin–. ¿Cómo quieres que sepa yo si tienen o no tienen blanca? Pregúntaselo tú mismo, quizá te lo digan…

–¡Uf! ¡Qué tonto eres a veces! Aún no te has librado de la borrachera de ayer… ¡Hasta la vista! Agradece de mi parte a Praskovia Pávlovna su hospitalidad. A los buenos días con que la he saludado a través de la puerta, ha respondido dando vuelta a la llave y poniendo punto en boca; a las siete ya estaba levantada, le han llevado el samovar por el corredor, desde la cocina…No he merecido el honor de verla…

A las nueve en punto, Razumijin se presentó en las habitaciones de la casa de Bakaléiev. Las dos damas le estaban esperando hacía tiempo con histérica impaciencia. Se habían levantado a eso de las siete o incluso antes. Razumijin entró sombrío como la noche y saludó torpemente, de lo que se enojó en seguida contra sí mismo, claro. Había errado en sus cábalas. Pulkeria Alexándrovna se precipitó a su encuentro, le tomó ambas manos y poco le faltó para que se las cubriera de besos. Razumijin miró tímidamente a Avdotia Románovna; pero en aquel momento el rostro altivo de la joven tenía tal expresión de reconocimiento y amistad, de tan sincero e inesperado respeto para él (¡en vez de miradas burlonas y de desprecio involuntario y mal disimulado!), que, en verdad, se habría sentido menos cohibido si le hubiesen recibido con cajas destempladas; su confusión no tenía límites. Por suerte, el tema de conversación estaba preparado y se dio prisa a echar mano de él.

Al enterarse de que "aún no se ha despertado", pero que "todo va muy bien", Pulkeria Alexándrovna declaró que tanto mejor, "porque necesitaba mucho, muchísimo, hablar previamente". Le preguntaron si había tomado el té y le invitaron a beberlo con ellas, que no lo habían pedido por esperarle. Avdotia Románovna llamó; a su llamada acudió un mozo sucio y roto, al que pidieron el té; se lo sirvieron, al fin, en una vajilla tan sucia y poco presentable, que las damas se sintieron avergonzadas. Razumijin iba a armar una de las suyas, pero se acordó de Luzhin, se calló, se turbó y se alegró lo indecible cuando, por fin, Pulkeria Alexándrovna le dirigió, una tras otra, una cascada de preguntas.

Necesitó tres cuartos de hora para contestar; le interrumpían y le hacían nuevas preguntas a cada momento, pero pudo contar los hechos importantes que conocía relativos a la vida de Rodión Románovich en el transcurso del último año, y acabó con un relato detallado de la enfermedad de su amigo. Se saltó muchos puntos que debía saltar, por ejemplo, el de la escena en la oficina de policía, con todas sus consecuencias. Las dos damas le escuchaban ávidamente; pero cuando creía él que ya había terminado y que sus oyentes estaban enteradas, resultó que para ellas era como si no hubiera empezado.

–Oiga, dígame, ¿qué cree usted?… ¡Ah, perdone! Todavía no sé cómo se llama –se apresuró a decir Pulkeria Alexándrovna.

–Dmitri Prokófich.

–Pues verá, Dmitri Prokófich, me gustaría mucho, muchísimo, saber… cómo ve él las cosas en general…, es decir, compréndame usted, no sé cómo decírselo. Mejor, ¿qué cosas le gustan y cuáles no le gustan? ¿Está siempre tan irritable como ahora? ¿Cuáles son sus deseos o, digamos, sus sueños? ¿Qué es lo que ahora influye especialmente sobre él? En una palabra, yo desearía…

–¡Mamá! ¡Cómo cree usted que se puede responder así, de golpe, a todo esto! –observó Dunia.

–¡Ah, Dios mío! ¡No es así, no es así, de ningún modo, como esperaba encontrarlo, Dmitri Prokófich!

–Es muy natural –respondió Dmitri Prokófich–. No tengo madre, pero mi tío viene todos los años a la capital y al llegar, con todo y ser un hombre inteligente, casi nunca me reconoce, ni siquiera por mi exterior. Durante los tres años que ustedes han estado separados, ha corrido mucha agua. ¿Qué quiere usted que le diga? Hace año y medio que conozco a Rodia: es taciturno, sombrío, altivo y orgulloso; en los últimos tiempos (y quizá bastante antes) se ha vuelto desconfiado e hipocondríaco. Es magnánimo y bueno. No le gusta hacer gala de sus sentimientos y antes preferirá mostrarse duro y áspero en el trato, que expresar lo que siente su corazón. Pero a veces no es hipocondríaco, sino frío e insensible hasta límites inhumanos. La verdad, es como si se dieran en él dos caracteres contrapuestos que se suceden uno al otro. ¡A veces no hay modo de arrancarle una palabra! Nunca tiene tiempo, todo le molesta, y se pasa las horas acostado, sin hacer nada. No gasta bromas y no porque carezca de ingenio: se diría que le falta tiempo para tales pequeñeces. No escucha hasta el fin lo que le dicen. No se interesa nunca por lo que en un momento dado interesa a los demás. Tiene de sí mismo una opinión muy elevada, parece que no sin cierto motivo para ello. ¿Qué más puedo decirles?... Creo que la llegada de ustedes puede ejercer sobre él una influencia extraordinariamente beneficiosa.

–¡Ay, Dios lo quiera! –exclamó Pulkeria Alexándrovna, abrumada por las palabras de Razumijin acerca de su Rodia.

Razumijin, por fin, miró con algo más de valor a Avdotia Románovna. Mientras había hablado, la había mirado con frecuencia, pero con mirada fugaz, instantánea; en seguida apartaba de ella la vista. Avdotia Románovna tan pronto se sentaba a la mesa y escuchaba con la mayor atención, como se levantaba y empezaba a pasear, según su costumbre, de un extremo a otro de la estancia, cruzando los brazos, apretando los labios y haciendo de vez en cuando alguna pregunta, sin interrumpir su paseo, cavilosa. También tenía la costumbre de no escuchar hasta el fin lo que decían. Llevaba un vestido de una tela ligera, algo oscura, y un chal blanco, transparente, envuelto al cuello. Razumijin en seguida se dio cuenta, por muchos detalles, de que la situación de las dos mujeres era de suma pobreza. Si Avdotia Románovna hubiera ido ataviada como una reina, probablemente él no la habría temido; pero entonces, quizá por verla tan pobremente vestida y por observar la gran estrechez en que se hallaban, el miedo se apoderó de su corazón, y Razumijin empezó a temer cada una de sus palabras y cada uno de sus gestos, lo cual cohibía naturalmente al hombre que ya sin ello desconfiaba de sí mismo.

–Usted ha contado muchas cosas curiosas acerca del carácter de mi hermano, y... las ha contado con toda imparcialidad. Eso está muy bien. Yo creía que sentía usted por él hasta veneración –dijo Avdotia Románovna con una sonrisa–. Me parece que no me equivoco, pero en su vida debe de haber alguna mujer –añadió pensativa.

–No he dicho eso, aunque es posible que tenga usted razón, sólo que...

–¿Qué?

–Que él no quiere a nadie; es posible que no quiera a nadie nunca –respondió Razumijin.

–¿Quiere decir que Rodia no es capaz de amar?

–¿Sabe lo que le digo, Avdotia Románovna? Usted se parece extraordinariamente a su hermano, ¡en todo! –soltó él de pronto, de modo inesperado para sí mismo; pero al instante, recordando lo que acababa de decir acerca de Rodia, se puso rojo como un cangrejo y se quedó confuso a más no poder.

Avdotia Románovna no pudo menos que echarse a reír al mirarle.

–En cuanto a Rodia, los dos podéis equivocaros –dijo algo molesta
Pulkeria Alexándrovna–. No hablo de ahora, Dúniechka. Lo que Piotr
Petróvich escribe en esa carta… y lo que tú y yo suponíamos, es posible
que no sea cierto; pero usted no puede figurarse, Dmitri Prokófich, hasta
qué punto Rodia es fantástico y, por decirlo así, caprichoso. No he podido
confiar nunca en su carácter, ni siquiera cuando tenía quince años. Estoy
segura de que también ahora, de improviso, es capaz de hacer algo que
nadie pensaría hacer nunca… Sin ir muy lejos, ¿sabe usted de qué modo
me torturó, hace año y medio, hasta que por poco acaba conmigo, cuando
tuvo la ocurrencia de casarse con ésa, cómo se llamaba, con la hija de
Zarnitsina, su patrona?

–¿Conoce usted los detalles de esa historia? –preguntó Avdotia
Románovna.

–¿Cree usted –prosiguió con viveza Pulkeria Alexándrovna– que habrían podido detenerle, entonces, mis lágrimas, mis ruegos, mi enfermedad, ni siquiera mi muerte (quizá de tristeza), o nuestra miseria? Habría
salvado todos los obstáculos con la mayor tranquilidad del mundo. ¿Es
posible, sin embargo, que él no nos quiera? ¿Es posible?

–Nunca me ha dicho nada de eso –contestó Razumijin, prudentemen-
te–; pero algo he oído contar a la propia señora Zarnitsina, la cual, a su
modo, tampoco es de las que hablan mucho. Lo que ha contado es un poco
extraño…

–¿Y qué ha oído usted? –preguntaron a la vez las dos mujeres.

–En realidad, nada del otro mundo. He sabido únicamente que ese
casamiento, concertado con toda seriedad y que sólo dejó de celebrarse
por la muerte de la novia, era visto con muy malos ojos por la propia señora
Zarnitsina… Se dice, además, que la prometida no era hermosa, que era
incluso fea, enfermiza y… y extraña…, aunque, según parece, tenía ciertas cualidades. Debía de tenerlas, no hay duda; de otro modo no es posible
comprender… En cuanto a dote, cero; pero a él eso no le preocupaba… En
general ese asunto resulta difícil de juzgar.

–Estoy convencida de que era una muchacha digna –contestó lacó-
nicamente Avdotia Románovna.

–Que Dios me perdone, pero entonces hasta me alegré de su muerte,
aunque no sé cuál de los dos habría sido la perdición del otro: ¿él la de ella,
o ella la de él? –concluyó Pulkeria Alexándrovna.

Luego, con mucha circunspección, con pausas y con incesantes miradas a Dunia, a la cual, evidentemente, aquello resultaba desagradable,
empezó a preguntar otra vez acerca de la escena habida el día anterior

entre Rodia y Luzhin. Se veía que el incidente la intranquilizaba más que ninguna otra cosa, hasta el punto de hacerla temblar de miedo. Razumijin volvió a referirlo detalladamente, pero esta vez añadió su conclusión: acusó abiertamente a Raskólnikov de haber ofendido a Piotr Petróvich de manera premeditada y casi no aludió a su enfermedad para disculparle.

–Lo había pensado antes de caer enfermo –añadió.

–Yo también lo creo así –dijo Pulkeria Alexándrovna con la pena reflejada en el semblante.

Pero estaba muy sorprendida de que Razumijin hablara esta vez de Piotr Petróvich con suma prudencia, incluso con aparente respeto. Aquello sorprendió asimismo a Avdotia Románovna.

–¿Es ésta su opinión acerca de Piotr Petróvich? –preguntó Pulkeria Alexándrovna, sin poder contenerse.

–No puedo tener otra opinión acerca del futuro marido de su hija –contestó, firme y vehementemente, Razumijin–, y no lo digo por trivial amabilidad, sino porque… porque… bueno, aunque sólo sea porque la propia Avdotia Románovna, libremente, ha honrado a ese hombre al elegirlo. Si ayer hablé de él con tan poco respeto fue porque estaba bebido y además… perdí la cabeza; sí, perdí la cabeza, se me fue la razón, me quedé sin juicio, completamente… ¡y hoy me avergüenzo!…

Se puso como la grana y calló. Avdotia Románovna se ruborizó, pero siguió callada. No pronunció una sola palabra desde el instante en que empezaron a hablar de Luzhin.

Era evidente, empero, que, sin su apoyo, Pulkeria Alexándrovna vacilaba. Por fin, tartamudeando y dirigiendo incesantes miradas a su hija, declaró que ahora la preocupaba enormemente una circunstancia.

–Verá, Dmitri Prokófich –empezó a decir–. ¿He de ser completamente franca con Dmitri Prokófich, Dúniechka?

–Naturalmente, mamá –respondió con gravedad Avdotia Románovna.

–Pues se trata de lo siguiente –se apresuró a decir la madre, como si le quitaran un gran peso de encima, al permitirle hablar de lo que la angustiaba–. Esta mañana, muy temprano, hemos recibido una carta de Piotr Petróvich en respuesta a la nota que le enviamos ayer para darle cuenta de nuestra llegada. Verá, ayer tenía que esperarnos en la estación, como nos había prometido. En vez de esperarnos, nos mandó un lacayo con la dirección de estas habitaciones y con la misión de enseñarnos el camino; Piotr Petróvich le mandó decir, además, que vendría a vernos hoy por la mañana. Pero en vez de hacerlo nos ha mandado una carta… Es mejor que la lea usted mismo; contiene un punto que me preocupa mucho… usted mismo verá cuál es, y… ¡díganos francamente su opinión, Dmitri Prokófich! Usted conoce el carácter de Rodia mejor que nadie y mejor que nadie puede darnos un consejo. Le advierto que Dúniechka ha decidido todo desde el primer momento, pero yo todavía no sé qué hacer y… he estado esperando a usted.

Razumijin desdobló la carta, que llevaba fecha del día anterior, y leyó lo siguiente:

"Muy señora mía Pulkeria Alexándrovna:

Tengo el honor de comunicarle que, retenido por obstáculos imprevistos, no he podido acudir a recibirlas a la estación, y he enviado con este fin a una persona muy despejada. Asimismo me veo privado del honor de entrevistarme con ustedes mañana por la mañana, requerido por inaplazables asuntos del Senado, y también deseoso de no obstaculizar la entrevista familiar entre usted y su hijo, así como entre Avdotia Románovna y su hermano. Pero tendré el honor de visitarlas y saludarlas en su alojamiento durante el mismo día de mañana, a las ocho en punto de la tarde, con la particularidad de que me atrevo a expresarles mis más sentido y, añado a ello, mi más insistente ruego de que a nuestra entrevista no asista Rodión Románovich, ya que me ofendió de manera incalificable y sin precedentes, cuando le visité ayer y le encontré enfermo. Además, he de darles personalmente una explicación, necesaria y detallada, sobre cierto punto acerca del cual deseo conocer la interpretación de ustedes mismas. Tengo el honor de comunicarles, de antemano, que si, pese a mi ruego, encuentro con ustedes a Rodión Románovich, me veré obligado a retirarme inmediatamente, en cuyo caso no culpen más que a sí mismas de las consecuencias. Escribo esta carta en el supuesto de que Rodión Románovich, que parecía muy enfermo durante mi visita, pero que dos horas más tarde ya estaba bien y había salido de su casa, pueda acudir a los aposentos de ustedes. Me he convencido de ello al verle con mis propios ojos en la casa de un borracho atropellado y muerto por unos caballos. A la hija de este hombre, una joven de conducta declarada, Rodión Románovich entregó ayer veinticinco rublos con el pretexto de ayudarla a sufragar los gastos del entierro, lo cual me sorprendió en grado extremo sabiendo con cuánto sacrificio lograron ustedes recoger esa suma.

A la vez que hago presente mi singular estimación por la apreciada Avdotia Románovna, le ruego acepte el testimonio de mi más respetuoso afecto.

Su humilde servidor,

P. Luzhin".

–Qué he de hacer ahora, Dmitri Prokófich? –dijo Pulkeria Alexándro-vna, casi rompiendo a llorar–. ¿Cómo le digo a Rodia que no venga? Con lo que insistió ayer en que rechazáramos a Piotr Petróvich, y ahora resulta que es el mismo Piotr Petróvich quien no quiere recibirle. Cuando lo sepa, Rodia vendrá aposta y… ¿Qué ocurrirá entonces?

–Obre como ha decidido Avdotia Románovna –contestó, inmediata y tranquilamente, Razumijin.

–¡Ay, Dios mío! Ella dice… ¡Dios sabe lo que dice, sin explicarme lo que se propone. Ella dice que lo mejor, y no ya lo mejor, sino lo absoluta-mente necesario, no sé por qué razón, es que Rodia venga hoy también a las ocho, adrede, y que los dos se encuentren sin falta… Yo ni siquiera quería enseñarle la carta, deseaba valerme de algún subterfugio por inter-medio de usted, para que él no venga…, porque es tan irritable… Además, no comprendo lo de la muerte de un borracho, ni lo de su hija, ni cómo pudo dar a esa hija el último dinero que…

–Que tantos sacrificios nos ha costado, mamita –añadió Avdotia Románovna.

–Ayer estaba fuera de sí –dijo Razumijin, pensativo–. Si supieran ustedes qué ocurrencia tuvo ayer en un figón, aunque, la verdad, con mu-cha inteligencia… ¡Hum! Algo me dijo ayer de no sé qué difunto y de no sé qué muchacha, cuando regresábamos a casa, pero no entendí una sola palabra… Claro que ayer yo también…

–Lo mejor que podemos hacer, mamá, es ir a verle nosotras mismas, y le aseguro que en seguida sabremos lo que es necesario hacer. Además, ya es hora. ¡Dios mío! ¡Son más de las diez! –exclamó consultando un es-pléndido reloj de oro, con labor de esmalte, que llevaba en el cuello col-gando de una fina cadenita veneciana, y que desentonaba sobremanera del resto de su atavío.

"Es un regalo del novio", pensó Razumijin.

–¡Ah, es hora!… ¡Es hora, Dúniechka, es hora! –exclamó inquieta Pulkeria Alexándrovna–. Al ver que tardamos tanto, puede pensar que estamos enfadadas por lo de ayer. ¡Ah, Dios mío!

Al decir estas palabras se apresuró a echarse la toquilla sobre los hombros y a ponerse el sombrero. Dúniechka se preparó también para salir. Llevaba los guantes no sólo muy usados, sino incluso con aguje-ros, cosa que observó Razumijin. Sin embargo, su notoria pobreza en el vestir confería a las dos damas incluso cierto aire de singular dignidad, lo cual ocurre siempre a quien sabe llevar humilde ropa. Razumijin miró con veneración a Dúniechka y se sintió orgulloso de acompañarla. "La reina que zurcía medias en la cárcel –pensó– no dejó de parecer una auténtica reina, más aún, incluso, que en las ceremonias y fiestas solemnes".

–¡Dios mío! –exclamó Pulkeria Alexándrovna–. ¡Jamás me hubiera imaginado que iba a temer entrevistarme con mi hijo, como temo ahora, con mi querido, mi muy querido Rodia!– ¡Tengo miedo, Dmitri Prokófich! –añadió, mirándole tímidamente.

–¡No tenga miedo, mamá! –dijo Dunia besándola–. Lo mejor es que confíe en él. Yo confío.

–¡Ah, Dios mío! También yo creo en él; pero no he dormido en toda la noche –exclamó la pobre mujer.

Salieron a la calle.

–¿Sabes, Dúniechka? Esta madrugada, no bien me he quedado un poco adormilada, me ha aparecido en sueños la difunta Marfa Petrovna. Vestida de blanco… se me ha acercado, me ha tomado de la mano y se ha puesto a mover la cabeza mirándome tan severa, tan severa, como si reprochara… ¿Puede significar nada bueno eso? ¡Ah, Dios mío! ¡Usted no sabe aún, Dmitri Prokófich, que Marfa Petrovna ha muerto!

–No, no lo sabía. ¿Cuál Marfa Petrovna?

–Ha muerto de repente, y figúrese usted…

–Después, mamá –terció Dunia–. Dmitri Prokófich aún no sabe quién era Marfa Petrovna.

–¿Ah, no lo sabe? Yo creía que usted estaba enterado de todo. Perdóneme, Dmitri Prokófich. Estos días, la verdad, no sé lo que digo. A usted lo considero como a nuestra providencia, y por ello estaba convencida de que se había usted enterado de todo. Lo considero como si fuera de la familia… No se enfade de que le hable así. ¡Ah, Dios mío! ¿Qué tiene usted en la mano derecha? ¿Se ha hecho daño?

–Sí, me he hecho daño –balbuceó Razumijin lleno de gozo.

–A veces me dejo llevar demasiado del corazón cuando hablo y Dunia me lo advierte… Pero ¡Dios mío, en qué cuchitril vive! ¿Se habrá despertado Rodia? ¿Y esa mujer, su patrona, llama a esto una habitación? Oiga, usted dice que a Rodia no le gusta mostrar lo que siente. ¿Es posible, pues, que yo le fatigue con mis debilidades?… ¿No puede usted darme alguna indicación, Dmitri Prokófich? ¿Cómo he de portarme con él? ¿Sabe usted? Estoy completamente desorientada.

–No le haga usted muchas preguntas sobre alguna cosa, si ve que frunce el ceño. Sobre todo no le haga muchas preguntas acerca de su salud, porque no le gusta.

–¡Ah, Dmitri Prokófich! ¡Qué abrumador es ser madre! Pero aquí está la escalera… ¡Qué escalera más horrible!

–Mamá, está usted pálida. Tranquilícese, mamita mía –le dijo Dunia, acariciándola–. Para él ha de ser motivo de gozo verla, y usted se está atormentando de un modo… –añadió, a la vez que le brillaban los ojos con vivo resplandor.

–Esperen. Me adelantaré a ver si se ha despertado.

Las damas, siguiendo a Razumijin, empezaron a subir lentamente la escalera, y cuando llegaron al cuarto piso observaron que la puerta de la patrona se hallaba entreabierta y que, por la estrecha rendija de la abertura, dos ojos negros y furtivos las contemplaban desde la oscuridad. Cuando las miradas se cruzaron, la puerta se cerró de golpe, y ello con tal estrépito que Pulkeria Alexándrovna, del susto, lanzó un grito.

CAPÍTULO III

E stá bien, ¡está bien!, –exclamó alegremente Zosímov al ver entrar a las señoras.

Hacía diez minutos había llegado el doctor, y ocupaba en el diván el mismo sitio de la víspera. Raskólnikov sentado en el otro extremo, se hallaba completamente vestido; hasta se había tomado el trabajo de lavarse y de peinarse, cosas que no hacía con frecuencia. Con la llegada de Razumijin y de las dos señoras, se llenó el cuarto. Nastasia supo encontrar sitio para permanecer y escuchar lo que se hablara.

Efectivamente Raskólnikov se hallaba bien, en relación con la víspera, sobre todo; pero estaba muy pálido y veíasele sumido en tristes reflexiones. Al entrar Pulkeria Alexándrovna con su hija, Zosímov notó, con sorpresa, la impresión que revelaba el semblante del enfermo. No era alegría, sino una suerte de estoicismo soportar una tortura de la que no podía librarse. Durante la conversación, el médico observó que cada palabra parecía abrir una herida en el alma de su amigo; pero a la vez, le admiró ver a éste completamente dueño de sí mismo; el monomaníaco furioso de la víspera sabía dominarse hasta cierto punto y disimular sus impresiones.

No le faltaba más que algún vendaje o algún trozo de tafetán, para que su parecido fuese total con un hombre al que, por ejemplo, le madura un tumor, se ha herido la mano o sufre algo por el estilo.

Sin embargo, aquel rostro sombrío y pálido se iluminó por un instante, como tocado por un rayo de luz, cuando entraron la madre y la hermana; pero ello sólo sirvió para añadir a la expresión del semblante una especie de tormento más concentrado en lugar de la melancólica dispersión anterior.La expresión luminosa se apagó pronto y el tormento quedó, y Zosímov, que observaba y estudiaba a su paciente con el ardor juvenil del médico que da los primeros pasos en el ejercicio de su profesión, notó muy sorprendido a Raskólnikov, en vez de alegría por la llegada de su madre y de su hermana, una penosa y encubierta decisión de soportar durante una hora o más una tortura inevitable. Vio luego que casi todas las palabras de la conversación que siguió parecían rozar y enconar alguna herida del paciente; pero al mismo tiempo se hizo cruces de la manera que Raskólnikov sabía dominarse y disimular sus sentimientos, mientras que el día anterior se ponía furioso por una palabra cualquiera, como un monomaníaco.

–Sí, yo mismo veo que estoy casi bien del todo –dijo Raskólnikov, besando, afable, a su madre y a su hermana, con lo que Pulkeria Alexándrovna se puso radiante–, y no lo digo ya *como lo decía ayer* –añadió, dirigiéndose a Razumijin y estrechándole amigablemente la mano.

Hasta me he sorprendido al encontrarle hoy en tan buen estado –empezó a decir Zosímov, muy contento de que hubieran llegado Razumijin y las dos damas, pues en diez minutos había tenido tiempo de perder el hilo de la conversación con su enfermo–. Si la cosa sigue así, dentro de tres o cuatro días se encontrará exactamente como antes, o sea como hace un mes o dos… ¿o quizá tres? Pues esto empezó y se preparó desde lejos… ¿eh? Reconozca ahora que quizá usted mismo ha tenido la culpa, ¿no? –añadió, con prudente sonrisa, como si temiera aún irritarle con alguna cosa.

–Es muy posible –contestó fríamente Raskólnikov.

–Lo digo –prosiguió Zosímov, satisfecho– porque su restablecimiento total depende casi exclusivamente de usted mismo. Ahora que es posible conversar con usted, quisiera imbuirle la idea de que es necesario eliminar las causas iniciales, o las causas que se hallan en la raíz del mal y que lo han engendrado; si lo hace así, acabará de curar; si no, aún podría ser peor. Yo no sé cuáles son esas causas iniciales, pero usted debe conocerlas, porque es persona inteligente y no hay duda de que se ha observado a sí mismo. A mí me parece que el comienzo de su perturbación coincide en parte con su salida de la Universidad. Usted no puede estar desocupado, y por eso creo que le será de gran ayuda trabajar y hacer cuanto pueda para alcanzar el objetivo que se señale.

–Sí, sí, tiene usted razón… Verá, pronto ingresaré en la Universidad y entonces todo marchará… sobre ruedas…

Zosímov, que había empezado a dar aquellos prudentes consejos en parte pensando impresionar a las damas, se quedó naturalmente algo perplejo cuando, al acabar su discurso, percibió en el rostro de su paciente una sonrisa burlona. No fue más que un instante. Pulkeria Alexándrovna se puso a dar las gracias a Zosímov, en particular por la visita que les había hecho por la noche en sus aposentos.

–¡Cómo! ¿Fue a veros por la noche? –preguntó Raskólnikov, con cierta inquietud–. ¿Tampoco habéis dormido después del viaje?

–¡Bah, Rodia! Fue antes de las dos. En casa, Dunia y yo nunca nos acostábamos antes de esa hora.

–Tampoco sé cómo manifestarle mi agradecimiento –prosiguió Raskólnikov, poniéndose de pronto sombrío y bajando la mirada–. Dejando aparte la cuestión de dinero, perdone que lo recuerde –añadió, dirigiéndose a Zosímov–, no puedo comprender qué me ha hecho merecedor de la particular atención que me dispensa. Sencillamente, no lo comprendo… y… me resulta incluso penoso no comprenderlo, se lo confieso con sinceridad.

–No se preocupe usted –dijo Zosímov, riéndose con cierta afectación–; suponga que es mi primer paciente. El médico que empieza a ejercer estima a sus primeros pacientes como si fueran hijos propios. Hay médicos que casi llegan a enamorarse de ellos. Yo no puedo aún afirmar que tengo muchos pacientes.

–Nada digo de ése –añadió Raskólnikov, señalando a Razumijin–, que de mí sólo ha recibido insultos y quebraderos de cabeza.

–¡Es mentira! ¿Estás hoy sentimental? –gritó Razumijin.

Si hubiera sido más sagaz, se habría dado cuenta de que no se trataba de ningún estado de ánimo sentimental, sino de algo muy distinto. Lo percibió, empero, Avdotia Románovna, que observaba atenta e inquieta a su hermano.

–De usted, mamá, no me atrevo ni a hablar –prosiguió Raskólnikov, como si recitara una lección aprendida de memoria desde la mañana–. Sólo hoy he podido hacerme cargo de lo mucho que ayer debieron de sufrir esperando mi regreso.

Después de haber dicho estas palabras, de súbito, callado y con una sonrisa, tendió la mano a su hermana. Pero aquella vez se reflejó en su sonrisa un sentimiento auténtico, no fingido. Dunia, contenta y agradecida, estrechó cálidamente la mano que le tendían. El rostro de la madre se iluminó de gozo y felicidad ante la reconciliación definitiva y muda de los hermanos.

–Por esto le quiero yo –murmuró Razumijin, con su inclinación a exagerar, moviéndose enérgicamente en su silla–. ¡Tiene un modo de conducirse!

"Qué bien le sale todo –pensaba la madre–. ¡Qué impulsos más nobles los suyos! ¡Con qué delicadeza y con qué sencillez ha puesto fin a la desagradable situación de ayer con su hermana! Le ha bastado tender la mano en un momento como éste y mirarla con afecto… ¡Qué hermosos ojos tiene y qué magnífico su semblante!… Es más hermoso incluso que Dúniechka… Pero ¡Dios mío, qué traje el suyo, qué mal vestido va! ¡Es horrible! ¡Hasta Vasia, el mozo de la tienda de Afanasi Ivánovich, viste mejor!… Me arrojaría a sus brazos; sí, le estrecharía entre los míos y me pondría a llorar, pero tengo miedo, tengo miedo… ¡Qué extraño es, Dios mío!… Habla con dulzura, sí, pero ¡tengo miedo! ¿De qué tengo miedo?…".

–¡Ah, Rodia! –dijo súbitamente, apresurándose a responder a la observación de su hijo–. ¡No puedes imaginar cuán… desgraciadas nos sentimos Dunia y yo ayer! Ahora que todo ha pasado y volvemos a ser felices, te lo puedo contar. Figúrate que venimos corriendo aquí poco menos que directamente del vagón, para abrazarte, y esa mujer… ¡ah, sí, aquí está! ¡Buenos días, Nastasia!… De pronto Nastasia nos dice que estás enfermo, que guardabas cama, con fiebre, que acababas de escabullirte a la calle, que delirabas, y que te estaban buscando. ¡No puedes imaginar cuál fue nuestra angustia! En seguida recordé la trágica muerte del teniente Potánchikov (tú no lo recuerdas, Rodia), conocido nuestro y amigo de nuestro padre; también huyó a la calle con fiebre y delirando y se cayó a un pozo; no lo pudieron sacar hasta el día siguiente. Nosotras, naturalmente, aún lo veíamos todo más negro. Pensamos correr en busca de Piotr Petróvich para que con su ayuda…, pues estábamos solas, completamente solas… –añadió con voz lastimera.

De súbito se quedó cortada, recordando que todavía era bastante peligroso hablar de Piotr Petróvich, a pesar de que "volvemos a ser todos completamente felices".

–Sí, sí; todo eso, naturalmente, es muy lamentable… –balbuceó en respuesta Raskólnikov, pero con tal aspecto de persona distraída y casi indiferente que Dúniechka le miró perpleja–. ¿Qué quería decir? –continuó, haciendo un esfuerzo para recordar–. ¡Ah, sí! Por favor, mamá, y tú también, Dúniechka, no creáis que esperaba a que vinierais antes de ir a veros hoy.

–Pero ¡qué cosas tienes, Rodia! –exclamó Pulkeria Alexándrovna, también sorprendida.

"¿Qué le pasa? ¿Habla con nosotras por cumplir con una obligación, o qué? –pensó Dúniechka–. Hace las paces, pide perdón exactamente como si estuviera cumpliendo alguna formalidad o recitara una lección aprendida de memoria".

–Tan pronto como me he despertado quería ir a veros, pero me ha entretenido la ropa; ayer me olvidé de decirle a ella… a Nastasia, que lavara unas manchas de sangre. Hace un momento que he acabado de vestirme.

–¡Unas manchas de sangre! ¿Qué sangre? –preguntó alarmada Pulkeria Alexándrovna.

–Nada. No se preocupe. Ayer, cuando iba por la calle delirando un poco, me encontré con un hombre al que acababan de atropellar… un funcionario…

–¿Delirabas? ¡Si lo recuerdas todo!… –dijo Razumijin, interrumpiéndole.

–Es cierto –contestó Raskólnikov, como si lo hiciera con singular concentración–; lo recuerdo todo, hasta los más pequeños detalles; pero, es curioso, no puedo interpretar bien por qué hice esto o aquello, por qué fui a un sitio o a otro, y por qué dije tal cosa o la otra.

–Este es un fenómeno muy conocido –terció Zosímov–; a veces se ejecuta un acto con gran maestría y habilidad sin igual; pero se halla alterada la dirección de las acciones, su raíz, que depende de distintas impresiones morbosas. Es como si se soñara.

"Quizá es lo mejor que me tenga casi por loco", pensó Raskólnikov.

–Me parece que eso le puede ocurrir también a una persona sana –dijo Dúniechka, mirando inquieta a Zosímov.

–La observación es bastante justa –contestó este último–; en ese sentido todos nosotros, con mucha frecuencia, somos casi como dementes, aunque con la pequeña diferencia de que los "enfermos" están algo más perturbados que nosotros, por lo cual es necesario distinguir la línea divisoria. Pero es verdad que el hombre armónico casi no existe; se encontrará uno por cada docena y quizá por cada centena de mil, y aún en ejemplares bastante débiles…

Al oír la palabra "perturbados", que empleó por descuido Zosímov al hablar de su tema preferido, todos fruncieron el ceño. Raskólnikov permanecía sentado, como si no prestara atención a nada, pensativo y con una extraña sonrisa en los pálidos labios. Continuaba meditando algo.

–Bueno, pero ¿qué contabas de un hombre aplastado? Te he interrumpido –se apresuró a decir Razumijin.

–¿Qué? –exclamó Raskólnikov como si despertara–. Sí… Pues que me manché de sangre cuando ayudé a trasladarlo a su domicilio… A propósito, mamá, ayer hice una cosa imperdonable. Verdaderamente había perdido la cabeza. Di ayer todo el dinero que me enviasteis… a su mujer para el entierro. Ahora es viuda, está tísica, da pena… con tres pequeñuelos huérfanos, hambrientos… En la casa no tienen ni un mendrugo de pan… Aún hay una hija… Quizá vosotras mismas lo habríais dado si hubierais visto… Pero reconozco que no tenía yo ningún derecho a hacerlo, sobre todo sabiendo lo que ese dinero os ha costado. Para poder ayudar hace falta primero tener derecho a ello, eso es. *"Crevez, chiens, si vous n'êtes pas contents!"*[1] –se echó a reír–. ¿No es eso, Dunia?

–No, no es eso –respondió Dunia con clara firmeza.

–¡Bah! ¡Tú también… con buenas intenciones…! –gruñó, mirándola poco menos que con odio y sonriéndose irónicamente–. Debí tenerlo en cuenta… Bueno, lo que me dices es digno de elogio; mejor para ti… y llegarás a tal límite que, si no lo pasas, serás desgraciada, y si lo pasas, quizá serás aún más desgraciada… Pero ¡eso es absurdo! –añadió irritado, lamentando su involuntaria digresión–. Lo único que quería decir, mamá, es que le pido perdón –concluyó, secamente y con palabra entrecortada.

–¡Por Dios, Rodia! ¡Estoy convencida de que cuanto haces está muy bien hecho! –exclamó la madre, alegrándose de lo que su hijo decía.

–No esté tan convencida –repuso Raskólnikov, contrayendo la boca con una sonrisa.

Se quedaron silenciosos. Había algo forzado y tenso en aquella entrevista, en aquel silencio, en aquel modo de reconciliarse y de pedir perdón, y todos lo percibían.

"Parece que me tienen miedo", pensaba Raskólnikov, mirando de reojo a su madre y a su hermana. En efecto, Pulkeria Alexándrovna se sentía tanto más intimidada cuanto más callaba.

"Cuando no estaban aquí, las quería, no me cabe duda", se dijo.

–¿Sabes, Rodia? ¡Marfa Petrovna ha muerto! –exclamó de pronto Pulkeria Alexándrovna.

–¿Qué Marfa Petrovna?

–¡Ah, Dios mío! ¡Marfa Petrovna Svidrigáilova! ¡Tanto como te escribí de ella!

---

[1] "¡Estirad la pata, perros, si no estáis contentos!". (En francés en el original.)

–¡Ah, sí, recuerdo! ¿Ha muerto? ¿De verdad ha muerto? –exclamó de súbito, estremeciéndose, como si despertara–. Pero ¿es posible que haya muerto? ¿De qué?

–¡Figúrate que falleció de repente! –se apresuró a contestar Pulkeria Alexándrovna, animada por la curiosidad de que daba muestras su hijo–. Por cierto que murió cuando te mandé la última carta, el mismo día. Imagínate que, según parece, ese hombre tan terrible fue la causa de su muerte. Dicen que le pegó de un modo espantoso.

–¿Acaso vivían tan mal? –preguntó Raskólnikov, dirigiéndose a la hermana.

–No, al contrario. Él siempre se mostraba muy pacífico con ella, incluso atento. En muchos casos hasta era demasiado condescendiente con el carácter de su mujer, y eso durante siete años enteros… Resulta que, de improviso, perdió la paciencia…

–Así, pues, no será un hombre tan horrible si ha resistido durante siete años. Según parece, tú le justificas, ¿verdad, Dúniechka?

–¡No, no! ¡Es un hombre horrible! No puedo imaginar nada más horrible –respondió Dunia, poco menos que estremeciéndose, frunciendo las cejas y quedándose pensativa.

–Le pegó por la mañana –continuó, apresurándose, Pulkeria Alexándrovna–. Después, ella ordenó en seguida preparar los caballos para ir a la ciudad tan pronto hubiera comido, pues en aquellos casos siempre iba a la ciudad. Dicen que comió con mucho apetito…

–¿Con la paliza encima?

–Ella tenía esa… costumbre. Tan pronto hubo comido, para no demorar la salida, se dirigió inmediatamente al baño… Verás, parece que tomaba baños para curarse de no sé qué achaques; en la finca tienen un manantial de agua fría y en él se bañaba todos los días. Esta vez, entrar en el agua y tener un síncope, fue todo uno.

–No tiene nada de extraño –comentó Zosímov.

–¿Es que le había dado una gran paliza su marido?

–Eso da lo mismo –contestó Dunia.

–¡Hum! Aunque la verdad, mamá, no sé cómo se le ha ocurrido contar semejante desatino –dijo súbitamente Raskólnikov, irritado y como al azar.

–Pero, hijo mío, no sabía de qué hablar –repuso con la mayor candidez Pulkeria Alexándrovna.

–Parece que todos me tenéis miedo, ¿no? –dijo Raskólnikov, con una sonrisa contrahecha.

–Pues sí, es verdad –replicó Dunia, mirando cara a cara y severamente a su hermano–. Al entrar en la escalera, mamá hasta se ha persignado.

A Raskólnikov se le contrajo el rostro convulsivamente.

–¡Ah, Dunia! ¿Qué dices? No te enfades, Rodia, por favor… ¿Por qué hablas de ese modo, Dunia? –exclamó Pulkeria Alexándrovna–. Es cierto que, cuando venía hacia aquí, en el vagón, me pasé todo el tiempo soñando con nuestro encuentro, con que nos íbamos a contar todas las cosas… y era tan feliz, que ni el viaje me pareció largo. Pero ¿qué digo? También ahora soy feliz… No sé por qué has hablado así, Dunia. Sólo con verte, Rodia, ya soy muy feliz…

–Basta, mamá –tartamudeó Raskólnikov turbado, sin mirar a su madre y apretándole la mano–. Ya tendremos tiempo de contarnos todo lo que queramos.

No bien hubo dicho estas palabras, se quedó confuso y palideció. De nuevo la terrible sensación que había experimentado no hacía mucho le atravesó el alma con frío mortal; de nuevo comprendió y vio con claridad que acababa de decir una mentira horrible, que jamás podría *hablar* de cuanto guardaba su corazón, que ni siquiera podría *hablar* de nada, nunca, con nadie. La impresión de aquel pensamiento atormentador era tan fuerte, que Raskólnikov, por un instante, casi se olvidó de dónde estaba, se levantó y, sin mirar a nadie, se dirigió hacia la salida de la habitación.

–¿Qué haces? –gritó Razumijin, agarrándole por el brazo.

Raskólnikov volvió a sentarse y se puso a mirar a su alrededor. Todos le contemplaban estupefactos.

–¡Qué pesados sois! –exclamó repentinamente, de modo inesperado–. ¡Decid algo! ¿por qué estáis sentados y mudos? ¡Hablad de una vez! Vamos a hablar… Nos hemos reunido, y callamos… Venga, decid alguna cosa.

–¡Dios sea alabado! Temía que le diera lo de ayer –dijo Pulkeria Alexándrovna, haciendo la señal de la cruz.

–¿Qué te pasa, Rodia? –preguntó, en actitud desconfiada, Avdotia Románovna.

–Nada, nada, que me he acordado de una tontería –respondió Raskólnikov y se echó a reír.

–Bueno, si no es más que una tontería… Yo mismo había pensado… –balbuceó Zosímov, levantándose del sofá–. Pero he de irme. Volveré, quizá… si les encuentro aquí…

Saludó y se fue.

–¡Es una persona excelente! –dijo Pulkeria Alexándrovna.

–Sí, excelente; es una bella persona, instruida, inteligente… –comenzó a decir Raskólnikov, de pronto, con inesperada rapidez y con una viveza que no había manifestado hasta entonces–. No puedo recordar dónde le vi antes de caer enfermo… Me parece haberlo encontrado en alguna parte… ¡Y éste también es una buena persona! –exclamó, señalando a Razumijin–. ¿Te gusta, Dunia? –preguntó a su hermana, y de repente, sin saber por qué, se echó a reír.

–Mucho –contestó Dunia.

–¡Uf!… ¡Animal! –le replicó sumamente confuso Razumijin, que se puso como un tomate y se levantó de la silla.

Pulkeria Alexándrovna se sonrió levemente y Raskólnikov rompió a reír a carcajadas.

–¿Adónde vas?

–También… he de salir.

–¡No has de salir! Quédate. ¿O es que necesitas irte porque se ha ido Zosímov? No te vayas… ¿Qué hora es? ¡Ya son las doce! ¡Qué reloj más bonito, Dunia! ¿Por qué estáis callados otra vez? El único que habla soy yo, nadie más que yo…

–Es un regalo de Marfa Petrovna –contestó Dunia.

–Un reloj muy caro –añadió Pulkeria Alexándrovna.

–¡Ah! Es muy grande, casi no parece un reloj de señora.

–Así me gusta –replicó Dunia.

"No es un regalo del novio", se dijo Razumijin, alegrándose, sin saber por qué.

–Creía que era un regalo de Luzhin –comentó Raskólnikov.

–No, aún no le ha regalado nada a Dúniechka.

–¡Ah! ¿Se acuerda, mamá, que yo estaba enamorado y quería casarme? –dijo Raskólnikov, mirando a su madre, sorprendida del giro inesperado de la conversación y el tono con que él hablaba.

–¡Ah, sí, hijo mío!

Pulkeria Alexándrovna cambió una mirada con Dúniechka y con Razumijin.

–¡Hum! ¡Sí! ¿Qué puedo contar? Casi no me acuerdo. Estaba enferma –prosiguió como si, de pronto, volviera a quedarse pensativo, bajando la vista–, muy enferma; le gustaba dar limosnas a los pobres y soñaba con entrar en un monasterio. Una vez se puso a llorar a lágrima viva cuando empezó a hablarme de ello. Sí, sí… lo recuerdo… lo recuerdo muy bien. Era feíta… La verdad, no sé por qué le tomé tanto afecto, sería porque estaba siempre enferma… Me parece que, si hubiese sido coja o jorobada, aún la habría querido más –sonrió con aire pensativo–. Sí, fue como un extravío de primavera…

–No, eso era algo más que un extravío de primavera –repuso Dúniechka con vehemencia.

Raskólnikov fijó su mirada tensa en su hermana, pero no oyó bien o no comprendió las palabras de ella. Luego, ensimismado en sus pensamientos, se levantó, se acercó a su madre, le dio un beso, volvió a su sitio y se sentó.

–Aún ahora la quieres –dijo Pulkeria Alexándrovna, muy enternecida.

–¿A ella? ¿Ahora? ¡Ah, sí! Habla usted de ella. No. Todo eso pertenece al otro mundo… ¡Y hace tanto tiempo! Sí, y lo que ocurre en torno parece como si no ocurriera aquí…

Miró atentamente a su madre y a su hermana.

–Aquí estáis y parece que os estoy mirando desde mil verstas de distancia… Pero ¿por qué diablos hablamos de esto? ¿Por qué me lo preguntáis? –dijo Raskólnikov.

Se calló, se mordió las uñas y volvió a sumirse en sus pensamientos.

–¡Qué alojamiento más desagradable el tuyo, Rodia! Parece un ataúd –dijo de pronto Pulkeria Alexándrovna, rompiendo el silencio abrumador–. Estoy convencida de que si te has vuelto melancólico se debe en gran parte a este cuartucho.

–¿A este cuartucho? –contestó distraído–. Sí, el cuartucho ha influido un poco… También he pensado en ello… Pero si supiera, mamá, qué pensamiento más extraño acaba usted de expresar –añadió de improviso, sonriendo de modo raro.

Aquella compañía, su madre y su hermana, después de tres años de no verse, y aquel tono familiar de la conversación cuando le era imposible hablar de ninguna cosa, le iban a resultar, finalmente, del todo insoportables. Había, sin embargo, un asunto que se debía resolver aquel día, de una u otra manera; así lo había decidido Raskólnikov no hacía mucho, al despertarse. En aquel momento se alegraba de poder tratar del *asunto* para salir de aquella situación insoportable.

–Oye, Dunia –comenzó en tono muy serio y seco–. Claro que te pido perdón por lo de ayer, pero considero deber mío recordarte otra vez que, en lo fundamental, no me retracto de lo que te dije. O yo o Luzhin. Puede que yo sea un miserable, pero tú no debes serlo. Uno de los dos. Si te casas con Luzhin, dejo de considerarte como hermana.

–¡Rodia, Rodia! Lo mismo dijiste ayer –exclamó amargamente Pulkeria Alexándrovna–. ¡Y por qué te estás llamando siempre miserable! ¡No puedo soportarlo! Ayer hiciste lo mismo…

–Hermano –respondió Dunia con firmeza y sequedad–. En todo esto hay un error de tu parte. Esta noche he estado pensando y he comprendido en qué consiste. Según parece, consideras que yo me sacrifico a alguien y por alguien. No hay nada de eso. Me caso pensando en mí misma, porque yo me encuentro en una situación difícil. Claro que me alegraré si, además, puedo ser útil a mi familia; pero no es éste el motivo fundamental de mi decisión…

"¡Miente…! –pensó Raskólnikov, mordiéndose las uñas de rabia–. ¡La muy orgullosa! No desea reconocer que quiere convertirse en bienhechora… ¡Oh! ¡Qué caracteres más ruines! Aman exactamente como si odiaran… ¡Cómo os odio a todos!".

–En suma –prosiguió Dúniechka–, me caso con Piotr Petróvich porque de dos males elijo el menor. Tengo la intención de cumplir honestamente cuanto espera de mí y, por tanto, no le engaño. ¿Por qué sonríes de esa manera?

Se exaltó y la ira le brilló en los ojos.

–¿Lo cumplirás todo? –preguntó Raskólnikov, sonriendo mordaz. Hasta cierto límite. El procedimiento y las maneras con que Piotr Petróvich ha requerido mi mano, me han mostrado qué es lo que necesita. Naturalmente, tiene de sí una opinión quizá demasiado elevada, pero espero que también me estime… ¿Por qué te ríes otra vez?

–¿Y tú por qué vuelves a sonrojarte? Mientes, hermana; mientes a sabiendas, por terquedad femenina, por mantenerte sólo en tus trece ante mí… No puedes estimar a Luzhin. Le he visto y le he hablado. Así, pues, te vendes por dinero, y así, en todo caso, cometes una bajeza. Estoy contento de que por lo menos seas capaz de sonrojarte.

–¡No es cierto! ¡No miento! –gritó Dúniechka, perdiendo la sangre fría–. No me casaré con él sin estar convencida de que me estima y me aprecia; no me casaré con él sin estar firmemente convencida de que yo pueda estimarle. Por suerte, puedo convencerme de ello con certeza, incluso hoy mismo. Un matrimonio así no es ninguna bajeza, como dices. Y aunque tuvieras razón, aunque realmente me hubiera decidido a cometer una bajeza, ¿no es cruel hablarme como me hablas? ¿Por qué exiges de mí un heroísmo que quizá tú no tienes? ¡Eso es despotismo y violencia! Si a alguien hundo, será sólo a mí misma… ¡Aún no he asesinado a nadie…! ¿Por qué me miras de ese modo? ¿Por qué te pones tan pálido? ¡Rodia…! ¿Qué te pasa, Rodia querido?

–¡Dios mío! ¿Ves lo que has conseguido? ¡Se desmaya! –exclamó Pulkeria Alexándrovna.

–No, no… Tonterías… No es nada… La cabeza se me ha ido un poco. No me he desmayado, no… ¡La habéis tomado con los desmayos…! ¡Hum…! Si… ¿Qué quería decir? ¡Ah, ya! ¿De qué manera te convencerás hoy mismo de que puedes estimarle y de que él te aprecia, o algo así, como has dicho? Has dicho hoy, según creo. ¿O he oído mal?

–Mamá, enseñe a mi hermano la carta de Piotr Petróvich –dijo Dúniechka.

Pulkeria Alexándrovna entregó la carta con mano temblorosa. Raskólnikov la tomó con mucha curiosidad. De pronto, antes de desdoblarla, miró a Dunia como si estuviera sorprendido.

–¡Qué raro! –dijo lentamente, como fulminado de improviso por una nueva idea–. ¿Por qué me sofoco de este modo? ¿A santo de qué este desasosiego? ¡Cásate con quien quieras!

Era como si hablara para sí mismo; pero pronunció las palabras en voz alta y se quedó unos momentos mirando a su hermana, como desconcertado.

Por fin desdobló la carta conservando aún el aspecto de persona sorprendida; luego empezó a leer despacio y con atención. Leyó la carta dos veces. Pulkeria Alexándrovna estaba particularmente inquieta y todos esperaban algo singular.

–Me sorprende –comenzó a decir, después de reflexionar un poco, entregando la carta a la madre, aunque sin dirigirse a nadie en particular–. Entiende en pleitos, es abogado, su manera de hablar es… un poco rebuscada y escribe como una persona sin instrucción.

Todos se agitaron en sus asientos; era una cosa muy distinta de la que esperaban.

–Así escriben todos –comentó Razumijin, con palabra entrecortada.

–¿La has leído?

–Sí.

–Se la hemos enseñado, Rodia. Le hemos pedido consejo esta mañana –comenzó a decir Pulkeria Alexándrovna, llena de confusión.

–Es el estilo judicial –continuó Razumijin, interrumpiéndola–; los papeles judiciales todavía se escriben así.

–¿Judiciales? Sí, eso es, judicial, oficinesco… No es extraordinariamente indocto ni brilla por su perfección literaria: ¡oficinesco!

–Piotr Petróvich no disimula que la falta de recursos le impidió recibir una buena instrucción, e incluso se vanagloria de haberse abierto camino por sí mismo –aclaró Avdotia Románovna, algo ofendida por el nuevo tono de su hermano.

–Bueno, si se vanagloria, motivos tendrá para ello, no digo lo contrario. Me parece, hermana, que te sientes ofendida porque de la carta he sacado esa observación frívola, y crees que hablo adrede de estas pequeñeces para mortificarte. Todo lo contrario; en relación con el estilo, se me ha ocurrido una observación que no es superflua ni mucho menos. En la carta hay la siguiente expresión: "No culpen más que a sí mismas de las consecuencias", que es muy significativa y clara. Os amenaza, además, con irse inmediatamente si yo me presento. Esa amenaza equivale a la de abandonaros a las dos si no sois dóciles, abandonaros ahora que os tiene en Petersburgo. Dime, ¿qué te parece? ¿Esta expresión de Luzhin puede ofender tanto como si la hubiera escrito ése –señaló a Razumijin–, Zosímov o alguno de nosotros?

–No –respondió Dúniechka, animándose–. He comprendido muy bien que la expresión es excesivamente ingenua y que él, probablemente, no domina la pluma… Tu observación es muy sensata, hermano. Si siquiera esperaba…

–Está expresado en estilo judicial, y en ese estilo no cabe escribir de otro modo. Quizá le haya resultado más grosero de lo que él hubiera querido. Con todo, he de desilusionarte un poco. La carta contiene otra expresión que es una calumnia bastante vil contra mí. Ayer yo di el dinero a una viuda tísica y desgraciada, no "con el pretexto de ayudarla a sufragar los gastos del entierro", sino para el entierro, y no poniéndolo en manos de la hija, una joven, según él escribe, de "conducta declarada" (ayer la vi por primera vez en mi vida), sino dándolo precisamente a la viuda. En eso veo un afán excesivamente prematuro de desacreditarme y de provocar una ruptura entre nosotros. Se expresa otra vez en estilo judicial, o sea poniendo de manifiesto con excesiva claridad y con ingenua precipitación el fin que persigue. Es una persona inteligente, mas, para obrar como es debido, la inteligencia por sí misma no basta. Tenemos, pues, una imagen del hombre y… no creo que te tenga en mucha estima. Te lo digo tan sólo con el propósito de ayudarte a ver claro, pues deseo sinceramente tu bien…

Dúniechka no respondió; su decisión estaba tomada y esperaba el anochecer.

–Así, pues ¿qué decides, Rodia? –preguntó Pulkeria Alexándrovna, más preocupada aún por el tono *expeditivo* adoptado de improviso por su hijo.

–¿Qué es eso de "decides"?

–Ya lo has visto: Piotr Petróvich escribe que no te encuentres con nosotras por la tarde y que él se irá…, si tú te presentas… ¿Estarás?

–No soy yo quien lo ha de decidir, sino en primer lugar usted, si esa exigencia de Piotr Petróvich le resulta ofensiva o no; en segundo lugar, Dunia ha de considerar si tampoco la ofende. Por mi parte, haré lo que más os convenga –añadió secamente.

–Dúniechka ya lo ha decidido y yo estoy completamente de acuerdo con ella –se apresuró a decir Pulkeria Alexándrovna.

–He decidido pedirte, Rodia, pedirte con insistencia, que de ningún modo faltes a esa entrevista –dijo Dunia–. ¿Irás?

–Iré.

–Le ruego que esté con nosotras a las ocho –añadió dirigiéndose a Razumijin–. Mamá, invitó también a Dmitri Petróvich.

–Muy bien hecho, Dúniechka. Que sea como habéis decidido –añadió Pulkeria Alexándrovna–. Me será más llevadero. No me gusta fingir ni mentir; mejor será que se diga la verdad… ¡Y que Piotr Petróvich se enoje si quiere!

CAPÍTULO IV

En aquel instante, la puerta se abrió sin producir ruido alguno, y una joven entró en el aposento, paseando miradas tímidas en derredor. Gran sorpresa causó su aparición, y todos los ojos se fijaron en ella con curiosidad. Raskólnikov no la reconoció en seguida. Era Sonia Semiónovna Marmeládovna. La había visto la víspera por vez primera, pero en medio de circunstancias y en un traje que dejaron imagen distinta en su memoria. Era, ahora, una joven modestamente vestida, de modales reservados y convenientes, de fisonomía temerosa. Al ver a aquellas personas, que allí no pensaba encontrar, su confusión fue mayor, y hasta dio un paso para retirarse.

–¡Ah!, ¿es usted? –dijo Raskólnikov en el colmo de la sorpresa, turbándose a su vez.

Pensó que la carta de Luzhin, leída por su madre y por su hermana, encerraba una alusión a cierta "joven de vida declarada". Acababa de protestar contra la calumnia de Luzhin, y de afirmar que la víspera había visto por vez primera a la joven. ¡Y he aquí que ella misma iba a su casa! Recordó también que había dejado pasar sin protestas las palabras "de vida declarada". Aquellos pensamientos atravesaron confusamente su cerebro. Sin embargo al ver a aquella criatura, se apiadó de ella. En el momento en que, espantada, ella iba a abandonar el aposento, una especie de revolución se operó en él.

–No la esperaba –se apresuró a decirle, deteniéndola con la mirada–. Tenga la bondad, siéntese. Seguramente viene usted de parte de Katerina Ivánovna. Permítame, ahí no; siéntese usted aquí…

Al entrar Sonia, Razumijin, al lado mismo de la puerta, se levantó para dejarle paso. Primero Raskólnikov quiso ofrecer asiento a la joven en el extremo del sofá, donde había estado Zosímov, pero pensó que ese era un sitio excesivamente *familiar* pues le servía a él de cama, por lo que se apresuró a mostrarle la silla de Razumijin.

–Y tú siéntate aquí –dijo a este último, señalándole el lugar de Zosímov.

Sonia tomó asiento poco menos que temblando de miedo y miró tímidamente a las dos damas. Se veía que le resultaba incomprensible cómo había podido sentarse a su lado. Cuando acertó a formular esta idea se asustó de tal manera que, de súbito, volvió a levantarse y, llena de confusión, se dirigió a Raskólnikov.

–He venido… por un momento… Perdone que le haya molestado –dijo balbuceando–. Vengo de parte de Katerina Ivánovna, que no tenía a quien mandar… Katerina Ivánovna le suplica… que asista mañana a los funerales… por la mañana… en la iglesia de San Mitrofán, y luego coma en nuestra casa… en su casa… Le suplica… que le haga ese honor.

Sonia se quedó cortada y enmudeció.

–Haré lo posible… sin falta –contestó Raskólnikov, levantándose a su vez, también balbuceando y sin acabar la frase–. Siéntese, haga el favor –añadió de pronto–; necesito hablar con usted. Quizá tenga prisa, pero concédame, por favor, dos minutos…

Le acercó la silla. Sonia volvió a sentarse y, tímida y desconcertada, volvió a echar una rápida mirada a las dos damas; de repente, bajó la vista.

El pálido semblante de Raskólnikov se inflamó. Estaba alterado; se le encendieron los ojos.

–Mamá –dijo con firmeza–, es Sonia Semiónovna Marmeládovna, la hija del desdichado señor Marmeládov, al que unos caballos aplastaron ayer ante mis ojos y de quien ya le he hablado…

Pulkeria Alexándrovna miró a Sonia entornando levemente los ojos. No pudo renunciar a tal satisfacción, a pesar del desconcierto que sentía ante la mirada, insistente y desafiadora, de Rodia. Dúniechka clavó la vista en la faz de la pobre muchacha y se quedó mirándola, seria y asombrada. Al oír la presentación que de ella hacían, Sonia iba a levantar nuevamente la vista, pero aún se confundió más que antes.

–Quería preguntarles –se apresuró a decir Raskólnikov– cómo se les han arreglado las cosas hoy. ¿No las ha molestado nadie…? Por ejemplo, la policía.

–No, no ha habido nada… Está bien claro cómo murió. No nos han molestado. Lo único que pasa es que los inquilinos se disgustan.

–¿Por qué?

–Porque tenemos mucho tiempo el cuerpo en casa… Ahora hace calor, y el tufo… Así que hoy, al atardecer, lo llevarán a la capilla del cementerio y lo dejarán allí hasta mañana. Katerina Ivánovna al principio no quería, pero ahora ella misma ve que no es posible…

–¿Así, pues, hoy?

–Katerina Ivánovna le suplica nos haga el honor de asistir mañana a los funerales, en la iglesia, y que luego esté en su casa, para la comida en memoria de papá.

–¿Quiere celebrar una comida en memoria del difunto?

–Sí, con unos bocadillos, me ha mandado con mucha insistencia que le diera las gracias por habernos ayudado ayer… Sin usted no habríamos tenido con qué enterrarle.

De pronto se le contrajeron los labios y el mentón, sacudido por leve temblor; pero se rehízo y se dominó, apresurándose a bajar otra vez la vista al suelo.

Durante la conversación, Raskólnikov la estuvo mirando atentamente. La muchacha tenía una carita delgada, muy delgada, y pálida, bastante irregular, un poco angulosa, con la naricita y el mentón algo en punta. No podía afirmarse que fuera bella, pero sus ojos azules eran tan claros y, cuando se animaba, la expresión del rostro se hacía tan bondadosa e ingenua, que quien la miraba se sentía atraído por ella aun sin querer. Además, su semblante, lo mismo que su figura, poseía un rasgo peculiar. A pesar de sus dieciocho años, Sonia aún parecía una niña, mucho más joven de lo que en realidad era, lo cual a veces se traducía de manera cómica en alguno de sus movimientos.

–¿Es posible que con tan escasos recursos Katerina Ivánovna haya podido hacer frente a los gastos y aún piense dar un convite…? –preguntó Raskólnikov, continuando porfiadamente el diálogo.

–El ataúd será muy sencillo, como lo demás, y no resultará caro… Katerina Ivánovna y yo hemos calculado todo, de modo que aún queda algo para los bocadillos… Katerina Ivánovna tiene muchos deseos de hacerlo así. ¿Qué quiere usted…? Para ella es un consuelo… es así, ya sabe usted…

–Lo comprendo, lo comprendo. ¡Claro…! ¿Por qué mira de ese modo mi habitación? Mamá también dice que esta habitación parece un ataúd.

–¡Ayer nos dio usted todo lo que tenía! –exclamó de pronto Sonia, en respuesta, con fuerte y rápido balbuceo, y bajó de nuevo la vista.

Otra vez le temblaron los labios y el mentón. Hacía mucho rato que se sentía perpleja ante la manifiesta pobreza del alojamiento de Raskólnikov, y las últimas palabras le brotaron de dentro casi por sí mismas. Siguieron unos momentos de silencio. Pareció que a Dúniechka se le iluminaban los ojos y Pulkeria Alexándrovna miró a Sonia con cierta dulzura.

–Rodia –dijo Pulkeria Alexándrovna levantándose–, como es natural, comeremos juntos. Vámonos, Dúniechka… Tendrías que dar un paseo, Rodia, y luego acostarte y descansar un poco; después, llégate a vernos, cuanto antes… Temo haberte fatigado demasiado…

–Sí, sí, iré a veros –contestó Raskólnikov, apresuradamente y levantándose–. Pero todavía tengo algo que hacer…

–¿Es posible que no comáis juntos? –exclamó Razumijin, mirando perplejo a Raskólnikov–. ¿Cómo es esto?

–Sí, sí iré; naturalmente, naturalmente… Tú quédate un momento. Ahora no le necesitan, ¿verdad mamá? ¿O quizá se lo quito?

–¡Oh, no, no! ¿Y usted, Dmitri Prokófich, tendrá la bondad de comer con nosotros?

–Venga, por favor –insistió Dunia.

Razumijin se inclinó, resplandeciente de gozo. Por un segundo pareció como si todos se sintieran confundidos.

–Adiós, Rodia, es decir, hasta pronto; no me gusta decir "adiós". Adiós, Nastasia… ¡Ay! ¡Otra vez he dicho "adiós"…!

Pulkeria Alexándrovna tenía la intención de despedirse de Sonia, mas no logró decidirse y salió presurosa de la habitación.

Avdotia Románovna, empero, como si esperara turno, al pasar por delante de Sonia después que su madre, se despidió de la muchacha con una inclinación cabal, atenta y amable. Sonia se turbó, se inclinó presurosa y amedrentada, y en su rostro se reflejó hasta cierta sensación dolorosa, como si la amabilidad y la atención de Avdotia Románovna le resultaran penosas.

–¡Adiós, Dunia! –gritó Raskólnikov, ya en el zaguán–. ¡Pero venga esa mano!

–Ya te la he dado, ¿no recuerdas? –contestó Dunia, volviéndose hacia él, cariñosa y cohibida.

–No importa, ¡venga otra vez!

Le estrechó con fuerza los dedos. Dúniechka le sonrió, ruborizándose; se apresuró a apartar la mano de las de Rodia y se fue tras su madre, sintiéndose también feliz sin saber por qué.

–Bueno, muy bien –dijo Raskólnikov a Sonia, volviendo a entrar, contemplando con mirada clara a la joven–. ¡Que el Señor dé paz a los muertos, y deje vivir a los vivos! ¿No es así? ¿Verdad que es así?

Sonia observó, sorprendida, que la cara de Raskólnikov se iluminaba de repente; él se la quedó contemplando en silencio, fija la mirada, durante varios instantes, a la vez que por su memoria centelleó lo que el difunto le había contado de ella…

*****

–¡Dúniechka, oh, Dios mío! –dijo Pulkeria Alexándrovna no bien salieron a la calle–. Ahora hasta me siento contenta de haberme ido. Es como si me quitara un peso de encima. ¿Quién me iba a decir ayer, en el vagón, que hasta de esto me alegraría?

–Le repito, mamá, que Rodia todavía está muy enfermo. ¿No lo ve usted? Quizá lo que ha sufrido por nosotras le ha minado la salud. Hay que ser indulgente y se pueden perdonar muchas cosas, muchas…

–Pero ¡tú no has sido indulgente! –replicó al instante, viva y celosamente, Pulkeria Alexándrovna–. ¿Sabes, Dunia? Me he estado fijando en vosotros dos y tú eres su fiel retrato, no tanto por la cara como por el alma: los dos sois melancólicos, los dos hoscos e inflamables, los dos altivos, los dos generosos… No es posible que él sea egoísta, ¿verdad, Dúniechka…? ¡Cuando pienso en lo que pasará esta tarde, se me hiela la sangre en las venas!

–No se preocupe, mamá, ocurrirá lo que deba ocurrir.

–¡Dúniechka! ¡Piensa en qué situación estamos ahora! ¿Y si Piotr Petróvich retira su palabra? –exclamó de súbito, imprudentemente, la pobre mamá.

–¡Pues sí que será digno de estimación, si es capaz de tal cosa! –contestó Dúniechka, tajante y despectiva.

–Hemos hecho bien en marcharnos –se apresuró a añadir Pulkeria Alexándrovna, interrumpiendo a su hija–. Él tenía prisa para ir a alguna parte. Que se pasee un poco, por lo menos que tome un poco el aire. En su cuarto el aire es sofocante… Pero ¿dónde se puede tomar el aire aquí? Hasta en las calles es como el de las habitaciones sin ventilación. ¡Dios mío! ¡Qué ciudad, ésta…! ¡Cuidado, apártate, son capaces de aplastarnos con eso! Es un piano. ¡Qué modo de dar empujones…! También tengo mucho miedo a esa muchacha…

–¿A qué muchacha, mamá?

–A esa, a Sonia Semiónovna, la que ha llegado…

–¿Por qué?

–Es un presentimiento, Dunia. Puedes creerme o no, pero tan pronto como la vi entrar me dije que era la causa principal…

–¡Qué va a ser! –exclamó Dunia apenada–. ¡Vaya presentimientos los suyos, mamá! Rodia conoce a esa joven sólo desde ayer. Cuando entró ni la ha reconocido.

–Bueno, ya verás… Esta joven me inquieta. ¡Ya verás, ya verás! Hasta me ha asustado. Me miraba, me miraba, con los ojos muy abiertos. Yo estaba como sobre agujas cuando nos la presentó, ¿te acuerdas? No lo comprendo. Piotr Petróvich nos ha escrito de ella lo que sabes, y Rodia nos la presenta. ¡Y te la presenta! ¡Eso quiere decir que la aprecia!

–¡No basta con que Piotr Petróvich lo escriba! También de nosotros hablaron y escribieron, ¿lo ha olvidado ya? Estoy convencida de que es una muchacha… excelente y de que lo demás es una majadería.

–¡Dios lo quiera!

–Y Piotr Petróvich es un chismoso indecente –sentenció de pronto Dúniechka.

Pulkeria Alexándrovna se quedó perpleja. La conversación se truncó.

*****

–Verás, lo que quería pedirte… –dijo Raskólnikov, llevándose a Razumijin hacia la ventana…

–Comunicaré a Katerina Ivánovna que usted acudirá… –se apresuró a decir Sonia, disponiéndose a salir.

–Sonia Semiónovna, nosotros no tenemos secretos, usted no estorba. Aún quisiera decirle dos palabras más… Verás –continuó, dirigiéndose de pronto a Razumijin, sin acabar de expresar su pensamiento, como si debiera interrumpirlo–. Tú conoces a ese…, ¿cómo se llama?, a Porfiri Petróvich, ¿eh?

–¿Cómo no? Somos parientes. ¿Por qué? –contestó Razumijin, con súbita curiosidad.

–Es quien lleva ahora la causa… sí, la del asesinato… Ayer lo dijisteis, ¿no?

–Sí, ¿y qué?

De pronto Razumijin abrió desmesuradamente los ojos.

–Ha interrogado a los que tenían objetos empeñados, según creo. Yo también había empeñado unas prendas, dos bagatelas; pero se trata de un anillo de mi hermana, me lo regaló como recuerdo cuando vine a Petersburgo, y de un reloj de plata de mi padre. No valen más de cinco o seis rublos, pero para mí tienen mucho valor; son recuerdos. ¿Qué puedo hacer ahora? No quisiera que esos objetos se perdieran, sobre todo el reloj. Cuando se pusieron a hablar del reloj de Dúniechka, yo estaba temblando por si mi madre me pedía que le mostrara el mío. Es el único objeto que se ha conservado de mi padre. Si se pierde, mi madre se pone enferma. ¡Las mujeres son así! Dime, ¿qué hago? Ya sé que debería presentar una declaración a la policía. Pero ¿no sería mejor presentarla al mismo Porfiri? ¿Qué te parece? Convendría resolver la cuestión cuanto antes. Ya verás cómo mamá me pregunta por el reloj antes de comer.

–¡No hay que dirigirse a la policía de ningún modo, sino a Porfiri, sin falta! –exclamó Razumijin, con inusitada agitación–. ¡Qué contento estoy! ¿Para qué esperar? Vamos ahora mismo. Está a dos pasos; le encontraremos.

–Será lo mejor. Vamos…

–¡Se alegrará mucho de conocerte! ¡Mucho, mucho, mucho! Le he hablado de ti en distintas ocasiones… Ayer mismo, por ejemplo. ¡Vamos…! ¿Así, tú conocías a la vieja? ¡Bueno, bueno! ¡Todo esto va adquiriendo un aspecto admirable…! ¡Ah, sí…! Sonia Ivánovna…

–Sonia Semiónovna –rectificó Raskólnikov–. Sonia Semiónovna aquí tiene a un amigo mío, Razumijin, un excelente muchacho…

–Si ustedes necesitan salir ahora… –comenzó a decir Sonia, sin mirar a Razumijin, lo que aún la puso más confusa.

–Sí, vamos –decidió Raskólnikov–. Sonia Semiónovna, pasaré hoy mismo a verla, sólo que, dígame, ¿dónde vive?

No es que perdiera el hilo de sus pensamientos, pero daba la impresión de que tenía prisa y evitaba las miradas de la joven. Sonia dio su dirección, sonrojándose. Salieron juntos.

–¿No cierras? –preguntó Razumijin, bajando por la escalera tras ellos.

–¡Nunca…! Aunque hace dos años que quiero comprarme un candado –dijo Raskólnikov, displicentemente–. Felices los que nada tienen que mantener cerrado, ¿verdad? –prosiguió, riendo y dirigiéndose a Sonia.

Al llegar al portalón se detuvieron.

–¿Usted va hacia la derecha, Sonia Semiónovna? A propósito, ¿cómo ha dado usted conmigo? –preguntó, como si quisiera decirle algo completamente distinto.

Raskólnikov deseaba vivamente mirar a sus ojos tranquilos y claros, y no siempre lo lograba.

–Ayer dio usted su dirección a Póliechka.

–¿A Polia? Sí, es cierto… ¡Póliechka! Es… la pequeña… ¿es su hermana? ¿Así que ayer le di mi dirección?

–¿Lo ha olvidado?

–No lo recuerdo…

–Ya había oído hablar de usted al difunto… Sólo que entonces yo no sabía cómo se llamaba y él tampoco lo sabía… Ahora he venido… y como ayer me enteré de cuál es su nombre… hoy he preguntado: "¿Vive aquí el señor Raskólnikov…?". No sabía que vivía usted en pensión. Adiós. A Katerina Ivánovna le diré…

Se alegró sobremanera de poder marchar al fin. Se fue con los ojos bajos, acelerando el paso para desaparecer de su vista cuanto antes, a fin de recorrer en seguida los veinte pasos que la separaban de la próxima esquina, a la derecha, y encontrarse sola, y entonces, caminando presurosa, sin mirar a nadie, sin darse cuenta de nada, evocar cada una de las palabras dichas, cada una de las circunstancias. Nunca, nunca, había experimentado nada semejante. Un nuevo mundo, ignoto y borroso, surgía en su alma. Sonia recordó, de pronto, que Raskólnikov quería pasar a verla aquel mismo día, ¡quizá por la mañana, quizá en seguida!

–¡Que no sea hoy, por favor, que no sea hoy! –balbuceaba con el corazón oprimido, como niño asustado que implora a alguien–. ¡Dios mío! A mi casa… En esa habitación… verá… ¡Oh, Señor!

Claro es que entonces no se dio cuenta de que un señor desconocido la seguía con mucha diligencia, casi pisándole los talones. La seguía desde que salió ella por el portalón. En aquel instante, cuando los tres, Razumijin, Raskólnikov y ella misma se detuvieron en la acera para despedirse, el viandante pasó por su lado y de súbito casi se estremeció al cazar al vuelo, por pura casualidad, las palabras de Sonia: "He preguntado: ¿Vive aquí el señor Raskólnikov?", Echó una rápida y atenta mirada a los tres y se fijó sobre todo en Raskólnikov, al que se dirigía Sonia; luego contempló la casa, para poderla reconocer más tarde. Todo ello fue cuestión de un instante, al pasar. El desconocido, con el mayor disimulo, siguió caminando con paso más tardo, como si esperara a alguien. Esperaba a Sonia; vio que se despedían y que la joven se dirigía probablemente a su casa.

"¿Dónde vivirá? He visto esta cara en alguna parte –pensó el desconocido, evocando el rostro de Sonia–. He de enterarme".

Al llegar a la esquina, pasó al lado opuesto de la calle, se volvió y vio que Sonia caminaba en la misma dirección que él sin haber observado nada. Él la siguió sin perderla de vista desde la acera opuesta; después de recorrer unos cuantos pasos, volvió a la acera por la que caminaba Sonia y se mantuvo a unos cinco pasos de distancia de ella.

Era un hombre de unos cincuenta años, de estatura superior a la media, fornido, de hombros anchos y angulosos, por lo que parecía algo cargado de espaldas. Vestía bien, a la moda, y tenía la prestancia de un señor grave. Llevaba guantes nuevos y, en la mano, un hermoso bastón que hacía resonar en la acera cada vez que daba un paso. Su rostro, ancho y de pómulos acusados, era bastante agradable, tenía fresco el color de la piel, lo cual no es propio de los petersburgueses. Su cabello, muy espeso, era completamente rubio, con alguna que otra cana, y su barba poblada, larga y cerrada, aún más rubia que el pelo de la cabeza. Los ojos, azules, miraban con mirada fría, penetrante y reflexiva. Tenía rojos los labios. En general, era un hombre magníficamente conservado, que parecía mucho más joven de lo que era en realidad.

Cuando Sonia llegó al canal, en la acera no había nadie más que ellos dos. El desconocido había tenido tiempo de observar que la joven iba cavilosa y distraída. Sonia cruzó el portalón de su casa, él la siguió, algo sorprendido. Ya en el patio Sonia torció hacia la derecha, hacia el ángulo de donde partía la escalera que llevaba a su alojamiento. "¡Bah!", musitó el señor desconocido, y comenzó a subir tras ella. Sólo entonces Sonia se dio cuenta de su presencia. Llegó al tercer piso, se encaminó hacia la galería y llamó al número nueve; en la puerta se leía, escrito con tiza: *Kapernaúmov, sastre*. "¡Bah!", repitió el desconocido, extrañado por la rara coincidencia, y llamó al lado, al número ocho. Entre las dos puertas habría unos seis pasos de distancia.

–¿Vive usted en casa de Kapernaúmov? –dijo, mirando a Sonia y sonriendo–. Ayer me cosió el chaleco. Vivo al lado de usted, en casa de la señora Resslich, Guertruda Kárlovna. ¡Qué casualidad!

Sonia le miró con mucha atención.

–Somos vecinos –prosiguió el caballero con singular buen humor–. No llevo más que tres días en la ciudad. Bueno, hasta la vista.

Sonia no contestó, le abrieron la puerta y entró en su cuarto. Experimentó una sensación de vergüenza y se sintió intimidada.

*****

Razumijin se encontraba en un singular estado de agitación al ir a ver a Porfiri.

–Esto, amigo, es magnífico –repitió varias veces–, estoy contento, ¡estoy contento!

"¿De qué estás contento?", pensó Raskólnikov.

–No sabía que hubieras empeñado algo a la vieja. Y… y… ¿hace mucho tiempo? Quiero decir si hace mucho que estuviste en su casa. "¡Se necesita ser tonto y cándido!".

–¿Cuándo? –exclamó Raskólnikov y se detuvo, procurando recordar–. Pues unos tres días antes de su muerte, me parece. Claro que ahora no voy a desempeñar estos objetos –añadió con cierta premura y singular preocupación por los objetos–. ¡No tengo más que un rublo, debido a ese maldito desvarío de ayer…!

Pronunció la palabra "desvarío" con singular gravedad.

–¡Ah, sí, sí! –dijo Razumijin, asintiendo con presteza no se sabe a qué–. Por eso, entonces tú… en parte me sorprendió…, ¿sabes? Cuando delirabas siempre hablabas de unos anillos y de unas cadenitas… Claro, sí, sí… Esto está claro, ahora todo está claro.

"¡En esas estamos! ¡La idea se les ha ido metiendo en la cabeza! Este se dejaría crucificar por mí y está muy contento de que *se haya explicado* por qué hablaba yo de anillos y cadenitas durante mi desvarío. Así, pues, ha echado raíces en ellos…".

–¿Lo encontraremos en su casa? –preguntó.

–Lo encontraremos, lo encontraremos –respondió sin vacilar Razumijin–. Amigo, es un bravo mozo, ¡ya lo verás! Es algo patoso… No es que no sepa alternar; hablo de patoso en otro sentido. Es un tipo inteligente, no tiene un pelo de tonto, pero su modo de pensar es muy original… Es desconfiado, escéptico, cínico… Le gusta mofarse de la suerte, es decir, mofarse no, sino pegársela a uno… Es partidario del viejo método de las pruebas materiales; pero conoce su oficio, lo conoce… El año pasado resolvió una causa y puso en claro un asesinato del que se habían perdido casi todas las huellas. ¡Tiene muchos deseos, muchos, muchos, de conocerte!

—¿A qué se debe ese deseo tan vivo?

—No creas que… Verás, últimamente, cuando caíste enfermo, a menudo tenía que hablar yo de ti. Él escuchaba. Cuando se enteró de que tú estudiabas en la facultad de Derecho y que las condiciones de tu vida no te permitían terminar el curso, dijo: "¡Qué pena!". Yo llegué a la conclusión…, por todas las cosas en conjunto, claro, no por esto solo. Ayer Zamétov… ¿Ves, Rodia? Ayer, cuando estaba borracho y regresábamos a tu casa, me fui de la lengua… de modo que, amigo, me temo que no hayas exagerado, verás…

—¿Qué me dijiste? ¿Que me tienen por loco? Quizá tengan razón —dijo, riendo de manera forzada.

—Sí, sí… ¡Qué digo! ¡No! Todo cuanto te dije… y otras cosas, fue una insensatez y nació de la borrachera.

—Pero ¿por qué te disculpas? ¡Qué harto estoy de eso! —gritó Raskólnikov, con exagerada irritabilidad, en parte fingida.

—Lo sé, lo sé; lo comprendo. Te aseguro que lo comprendo. Hasta me da vergüenza decírtelo…

—Si te da vergüenza, no lo digas.

Se callaron. Razumijin se sentía más que entusiasmado y Raskólnikov lo percibía con repugnancia. Le inquietaba además lo que Razumijin acaba de decir de Porfiri.

"Con éste también habrá que hacerse el desgraciado —pensó Raskólnikov palideciendo y notando que se le aceleraban los latidos del corazón… y hacerlo con la mayor normalidad. Lo más natural sería, empero, no quejarse. ¡Esforzarse por no quejarse de nada! No, *esforzándome* ya no sería natural… Bueno, ya veremos cómo se presentan las cosas… Ahora mismo, ¿está bien, o no, que vaya? La mariposa vuela por sí misma a la llama. El corazón me da martillazos. ¡Esto sí es malo…!".

—En esta casa gris —dijo Razumijin.

"Lo más importante es saber si Porfiri está o no al corriente de que yo me presenté ayer en el piso de esa bruja y pregunté por la sangre. Hay que saberlo en un instante, desde el primer momento; he de conocerlo en su cara. De otro modo… ¡Me enteraré, aunque me pierda…!".

–¿Sabes lo que te digo? –exclamó de pronto, dirigiéndose a Razumijin con una astuta sonrisa–. Hoy, desde la mañana, observo en ti, amigo, una agitación inusitada, ¿verdad?

–¿Agitación? No estoy agitado –contestó Razumijin, sobresaltándose.

–Te equivocas, amigo; te digo que se nota. Hace poco estuviste sentado en la silla como nunca te sientas, en un extremo, y te conmovías a cada instante. Te levantabas sin más ni más. Tan pronto parecías irritado, como, de súbito, se te ponía la cara como un caramelo. Hasta te ruborizaste, sobre todo cuando te invitaron a comer. Te pusiste como un tomate.

–No me ha pasado nada, embustero… ¿A qué viene eso?

–¿Por qué andas con simulaciones, como si fueras un colegial? ¡Uf, diablo! ¡Otra vez te ruborizas!

–¡Eres un cerdo!

–¿Por qué te alteras, Romeo? Aguarda, ya sé dónde lo contaré. ¡Ja, ja, ja ¡Cómo se va a reír mamá y alguien más!

–Oye, oye. Eso es serio, eso… Después de eso… ¡Diablo! –tartamudeó y se desconcertó definitivamente Razumijin, helado de horror–. ¿Qué les va a decir? Yo, amigo… ¡Eres un cerdo!

–Nada, una simple rosa de primavera. ¡Qué bien te cuadra, si lo supieras! Un Romeo de nueve palmos de estatura. ¡Oh! ¡Qué bien te has lavado hoy! Hasta las uñas te has limpiado, ¿eh? Es un milagro… ¡Válgame Dios! Hasta te has puesto cosmético. A ver, baja la cabeza.

–¡Cerdo!

Raskólnikov se echó a reír de tal modo, que, al parecer, ni siquiera podía contenerse, de suerte que entró riendo en casa de Porfiri Petróvich. Era lo que necesitaba Raskólnikov. Desde el interior podían oírse sus carcajadas y que aún se reían en el vestíbulo.

–¡Ni una palabra aquí, o te hago papilla! –murmuró, furioso, Razumijin, agarrando por el hombro a su amigo.

CAPÍTULO V

El joven Raskólnikov entró en casa del juez de instrucción con la fisonomía de un hombre que ha hecho todo lo posible por parecer serio, pero que no lo consigue sino con gran trabajo. Detrás de él avanzaba torpemente Razumijin, rojo como una amapola, y el rostro cambiado por la cólera y la vergüenza. Toda su figura justificaba suficientemente la hilaridad de su compañero. Porfiri Petróvich, de pie, en medio del aposento, interrogaba con la mirada a los visitantes.

Raskólnikov cambió un apretón de manos con el amo de la casa y pareció hacer un violento esfuerzo para ahogar sus ganas de reír mientras decía su nombre y cualidades. Pero apenas había recobrado su presencia de ánimo y balbuceado algunas palabras, cuando, en mitad de la presentación, tropezando sus ojos con el rostro de Razumijin, estalló en recia carcajada.

La ira de Razumijin prestó, a su pesar, un gran servicio a su amigo, ya que éste rió de tal manera que dio a la escena cierta apariencia de alegría franca y natural. Razumijin contribuyó haciendo que un mueble y un vaso de té rodaran por el suelo.

—Pero, ¿por qué deterioran de ese modo el mobiliario, caballeros? ¡Están ustedes perjudicando al Estado! —exclamó alegremente Porfiri Petróvich.

La escena presentaba el siguiente aspecto: Raskólnikov estaba llegando al final de la risa olvidando su mano en la de Porfiri Petróvich, pero, sin perder el sentido de la medida, esperaba el instante oportuno para acabar de la manera más natural posible. Razumijin, definitivamente confuso por la caída de la mesita y por haber roto el vaso, echó una sombría mirada a los trozos de cristal, escupió y se dirigió rápidamente a la ventana, donde se puso de espaldas a los otros, frunciendo horriblemente el ceño y mirando al exterior sin ver nada. Porfiri Petróvich se reía y deseaba reírse, pero era evidente que se le debía una explicación. En un ángulo, Zamétov, sentado en una silla, se levantó cuando entraron los dos amigos; de pie y en actitud expectante, esbozada la sonrisa en los labios, contemplaba perplejo y con cierta desconfianza la escena, miraba a Raskólnikov, a quien su inesperada presencia sorprendió desagradablemente, hasta desconcertarlo.

"¡Esto también hay que tenerlo en cuenta!", pensó Raskólnikov.

–Mil perdones, señor. Soy Raskólnikov –dijo, muy confuso.

–Por favor. Estoy encantado y muy contento de que hayan venido tan alegres... ¿Qué le pasa? ¿Ni siquiera desea saludar? –dijo Porfiri Petróvich, señalando a Razumijin con un movimiento de cabeza.

–No sé qué le ha puesto tan furioso conmigo, se lo juro. Por el camino le he dicho que se parece a Romeo y... y se lo he demostrado. No ha habido nada más, según me parece.

–¡Cerdo! –replicó, sin volverse, Razumijin.

–Eso significa que tenía motivos muy serios para enojarse de tal modo por una sola palabra –comentó Porfiri riéndose.

–¿Tú también, juez instructor...? Bueno..., ¡al diablo todos! –replicó Razumijin, y de pronto, echándose a reír, con cara de pascua, como si no hubiera ocurrido nada, se acercó a Porfiri Petróvich–. ¡Se acabó! Todos sois unos mentecatos. Al grano: aquí tienes a mi amigo Rodión Románovich Raskólnikov. En primer lugar, ha oído hablar de ti y deseaba conocerte; en segundo lugar, ha de tratar contigo de un pequeño asunto. ¡Hola Zamétov! ¿Cómo tú por aquí? ¿Os conocéis? ¿Desde hace mucho?

"¡Qué significa esto!", pensó inquieto Raskólnikov.

Zamétov pareció confuso, pero no mucho.

–Nos conocimos ayer en tu casa –respondió con desparpajo.

–Así, pues, Dios me ha librado de un trabajo. La semana pasada, Zamétov me rogó con mucha insistencia que te presentara a él, Porfiri, y veo que os habéis conocido sin intervención mía... ¿Dónde escondes el tabaco?

Porfiri Petróvich vestía cómodamente, con la ropa de casa. Llevaba batín, una camisa sumamente limpia y zapatos gastados por un lado. Era un hombre de unos treinta y cinco años, más bien bajo que alto, grueso, hasta con barriguita, rasurado, sin bigotes ni patillas, cortados al rape los cabellos de su gran cabeza redonda, con acusada convexidad en el occipucio. Su faz abotagada, redonda y algo chata, tenía un color enfermizo, amarillento, pero era bastante viva y hasta burlona. Habría parecido incluso bondadosa de no haber sido por la expresión de los ojos, de brillo acuoso y diluido, revestidos de pestañas casi blancas, oscilantes, como si hicieran guiños a alguien. Su mirada desentonaba de modo raro de su figura, que tenía algo de femenino, y le daba un aspecto mucho más serio de lo que a primera vista se habría podido esperar.

No bien oyó decir que el visitante deseaba tratar con él de un "pequeño asunto", Porfiri Petróvich le ofreció asiento en el sofá, se sentó en el otro extremo del mismo y se quedó mirando a Raskólnikov, en espera de que expusiera sin tardanza la cuestión, con la atención forzada y excesivamente seria que abruma y desconcierta desde el primer momento, sobre todo si proviene de una persona a la que no se ha tratado, y más aún si lo que uno quiere exponer, según propio convencimiento, no merece la atención de que se es objeto. No obstante, Raskólnikov explicó en pocas y bien dichas palabras lo que le interesaba, por lo que quedó tan contento de sí mismo, que incluso pudo contemplar bastante bien a Porfiri Petróvich, quien durante todo este tiempo no apartó de él la vista una sola vez.

Razumijin, que se había sentado enfrente, a la misma mesa, seguía viva e impacientemente la exposición del asunto, y miraba tan pronto al uno como al otro, la cual pasaba ya un poco de la medida.

"¡Bobo!", soltó para sí mismo Raskólnikov.

—Ha de presentar usted una solicitud a la policía —contestó Porfiri, en tono de hombre eminentemente práctico—, explicando que, habiendo tenido noticia de tal acontecimiento, es decir, de dicho asesinato, ruega que al juez de instrucción, encargado del sumario, se le informe de que tales y tales objetos le pertenecen y que usted desea desempeñarlos... o bien allí... Pero a usted se lo escribirán.

—La cuestión es que en este momento estoy muy mal de dinero —dijo Raskólnikov, haciendo lo posible por inmutarse—. Ni siquiera puedo permitirme esta pequeñez... Verá usted, ahora deseaba sólo aclarar que esos objetos son míos, y que cuando tenga dinero...

—Da lo mismo —contestó Porfiri Petróvich, acogiendo fríamente la aclaración sobre finanzas—. Además, si quiere, puede escribirme directamente en el mismo sentido de que habiendo tenido noticia de esto y lo otro, y declarando acerca de tales objetos míos, ruego...

–¿Puedo escribir la solicitud en papel corriente? –se apresuró a interrumpirle Raskólnikov, interesándose de nuevo por el aspecto económico de la cuestión.

–¡Oh, sí! ¡En el más corriente! –y de pronto Porfiri Petróvich le miró con notoria expresión burlona, entornando los ojos como si le hiciera un guiño.

Es posible que se tratara sólo de una impresión de Raskólnikov, pues fue cuestión de un instante, pero había algo raro. Raskólnikov habría jurado que Porfiri le había guiñado un ojo, el diablo sabe con qué objeto.

"¡Lo sabe!", pensó con la rapidez del rayo.

–Perdone que le haya molestado con tales pequeñeces –prosiguió, algo desconcertado–; los objetos de que hablo no valen más de cinco rublos, pero me son especialmente caros como recuerdo de las personas de que proceden, y confieso que me asusté cuando supe…

–Por eso botaste de aquel modo ayer, cuando conté a Zosímov que Porfiri interroga a los que llevaban objetos a empeñar –terció Razumijin, con clara intención.

Aquello era insoportable. Raskólnikov no pudo dominarse y le lanzó una furiosa mirada con los negros ojos encendidos de ira. En seguida, empero, recobró la sangre fría.

–Amigo, me parece que te estás burlando de mí, ¿eh? –replicó dirigiéndose a Razumijin, con una irritación hábilmente fingida–. Admito que quizá me preocupo demasiado por unos objetos que para ti son pura bagatela; pero no se me puede considerar por ello ni egoísta ni codicioso. Para mí dos cositas tan insignificantes pueden ser algo más que una bagatela. Te he dicho al venir que ese reloj de plata, que no vale cuatro cuartos, es la única cosa que dejó mi padre. Ríete de mí si quieres, pero ha llegado mi madre –de pronto se volvió hacia Porfiri–, y si ella supiera –se volvió de nuevo y rápidamente hacia Razumijin, poniendo especial cuidado en que le temblara la voz– que el reloj se ha perdido, se desesperaría, lo juro. Las mujeres son así.

–Pero si no es eso. ¡No lo he dicho en ese sentido, ni mucho menos! ¡Al contrario! –exclamó apenado Razumijin.

"¿Me ha salido bien? ¿Con naturalidad? ¿No he exagerado? –se preguntaba Raskólnikov, temblando interiormente–. ¿Por qué he dicho 'las mujeres son así'?".

–¿Su mamá ha venido a verle a Petersburgo? –inquirió con algún propósito Porfiri Petróvich.

–Sí.

–¿Cuándo llegó?

–Ayer por la tarde.

Porfiri calló, como si meditara.

–Sus objetos de ningún modo se hubieran perdido –continuó sosegada y fríamente–. Yo esperaba su visita desde hace tiempo.

Como si no hubiera dicho nada, acercó cuidadosamente el cenicero a Razumijin, que dejaba caer sin consideración alguna en la alfombra la ceniza del cigarrillo. Raskólnikov se estremeció, mas Porfiri, al parecer, no se dio cuenta de ello, ocupado aún con el cigarrillo de Razumijin.

–¿Qué-é? ¿Le estabas esperando? ¿Sabías, acaso, que tenía objetos empeñados *allí*? –gritó Razumijin.

Porfiri Petróvich se dirigió directamente a Raskólnikov.

–Sus dos objetos, el anillo y el reloj, se hallaban en casa de *ella*, envueltos en un mismo papel, y en el papel se había escrito de manera bien legible, a lápiz, el nombre de usted, así como el día y el mes en que los recibió…

–¡Qué capacidad de observación la suya…! –dijo Raskólnikov, sonriendo con cierta torpeza y haciendo un esfuerzo sobre todo para mirarle directamente a los ojos, mas no pudo contenerse y añadió–: Se me ha ocurrido ahora lo que acabo de decirle, porque probablemente eran muchos los que iban a empeñar… y debe de ser difícil recordar a todos. Pero usted, por el contrario, los recuerda con tanta precisión, y… yo…

"¡Qué tontería he dicho! ¡No convence! ¿Por qué he añadido esto último?".

–Conocemos a casi todos los que llevan objetos a empeñar, y usted era el único que no había tenido a bien presentarse –respondió Porfiri, con una nota de ironía, apenas perceptible, en la voz.

–No estaba del todo bien.

–También lo había oído decir. Me enteré incluso de que estaba usted muy acongojado por alguna cosa. Incluso ahora parece que está usted pálido, ¿no?

–¡Ya no…! Al contrario, estoy completamente bien –replicó, brusco y sañudo, Raskólnikov, cambiando súbitamente de tono.

La rabia le bullía en el pecho y no podía apagarla. "¡En un acceso de rabia me iré de la lengua! –volvió a pensar–. ¿Por qué me torturan de este modo?".

–¡Que no estaba del todo bien! –manifestó Razumijin–. ¡Vaya modo de decir las cosas! Hasta ayer estuvo delirando, casi sin conocimiento. No lo creerás, Porfiri pero ayer apenas se sostenía sobre las piernas, y tan pronto como Zosímov y yo volvimos la espalda, se vistió y se escabulló sin que nadie le viera. Estuvo rondando, Dios sabe dónde, poco menos que hasta medianoche en pleno delirio. ¿Lo imaginas? ¡Es un caso extraordinario!

–¿De verdad? *¿En pleno delirio?* ¡Es inconcebible! –repuso Porfiri, moviendo la cabeza con gesto afeminado.

–¡Es absurdo! ¡No lo crea! ¡Aunque ya veo que usted no lo cree, sin que yo se lo diga! –llegó a declarar Raskólnikov, espoleado por la ira.

Mas, al parecer, Porfiri Petróvich no oyó bien estas extrañas palabras.

–¿Habrías podido salir, por ventura si no hubieras estado delirando? –soltó Razumijin de pronto, acalorándose–. ¿Por qué saliste? ¿Con qué objeto? ¿Por qué, precisamente, a escondidas? ¿Te quedaba una chispa de sentido común? Te lo pregunto abiertamente, ahora, cuando el peligro ha pasado.

–Ayer estaba harto de ellos a más no poder –repuso súbitamente Raskólnikov, dirigiéndose a Porfiri con sonrisa insolente y desafiadora–. Huí de ellos para alquilar otro alojamiento, uno donde no pudieran encontrarme. Por eso me llevé el montón de dinero. Ahí está el señor Zamétov, que vio el dinero. ¿Y usted qué dice, señor Zamétov? ¿Estaba en mis cabales ayer, o deliraba? Resuelva usted la cuestión.

A Raskólnikov le parecía que, en aquel momento, sería capaz de estrangular a Zamétov, cuya mirada y cuyo silencio no le gustaban.

–A mi parecer, hablaba usted con mucha cordura y hasta con astucia, sólo que estaba excitable en demasía –declaró, secamente, Zamétov.

–Hoy me ha contado Nikodim Fómich –refirió Porfiri Petróvich– que ayer, muy tarde, le encontró a usted en casa de un funcionario aplastado por unos caballos…

–¡Eso, fijémonos por ejemplo en lo de ese funcionario! –prosiguió Razumijin–. ¿No te comportaste como un loco, en su casa? ¡Diste el dinero que te quedaba a la viuda para el entierro! Está bien que quisieras ayudar, podías haber dado quince rublos, veinte pero debiste guardar para ti por lo menos tres monedas de plata; pero no, allá fueron los veinticinco rublos.

–¿Qué sabes tú si encontré ayer algún tesoro? Ayer me sentí generoso… Aquí está el señor Zamétov, sabe que encontré un tesoro… Perdone usted, por favor –prosiguió, hablando con labios temblorosos a Porfiri Petróvich–, que le hayamos importunado durante media hora con tonterías semejantes. Seguramente estará usted hasta la coronilla, ¿verdad?

–¡De ningún modo! Al contrario, ¡Al contrario! ¡Si supiera cuánto me interesa usted! Es muy curioso mirar y escuchar, y yo, se lo confieso, estoy contento de que usted, por fin, haya tenido a bien honrarme con su visita.

–Pero, hombre, ¡invítanos por lo menos a té! Se nos ha secado la garganta –exclamó Razumijin.

–¡Excelente idea! Espero que me acompañarán todos. ¿Pero no quieres… algo más sustancioso antes?

–¡Vete a paseo!

Porfiri Petróvich salió para encargar el té.

En la cabeza de Raskólnikov, extraordinariamente irritado, los pensamientos giraban como un torbellino.

"¡Lo importante es que ni siquiera disimulan ni quieren andarse con contemplaciones! ¿A santo de qué has estado hablando de mí con Nikodim Fómich, si no me conocías? ¡Así, pues, no desean ocultar que me siguen las huellas como los perros de una jauría! ¡Con qué desfachatez me escupen a la cara! –pensó, temblando de furia–. Asestad el golpe de frente y no juguéis como el gato con la rata. ¡Eso no es cortés, Porfiri Petróvich, y aún es posible que yo no lo permita… Me levantaré y os echaré a la cara toda la verdad. ¡Veréis de qué modo os desprecio! –hizo un esfuerzo y respiró hondamente–. ¿Y si fuera una simple apreciación mía? ¿Y si se tratara sólo de un espejismo y me equivoco, si me crispo sólo por falta de experiencia y no desempeño como es debido mi abominable papel? ¿Y si hablan sin segundas intenciones? Sus palabras son corrientes, pero algo hay en ellas… Lo que dicen, puede decirse en cualquier momento; pero hay algo. ¿Por qué ha dicho abiertamente 'en casa de ella'? ¿Por qué Zamétov ha añadido que yo hablé con *astucia*? ¿Por qué hablan en este tono? Sí, el tono… Razumijin está presente, ¿por qué no le llama la atención nada? ¿A este inocente papanatas nunca le llama nada la atención? ¡Otra vez la fiebre! ¿Me ha guiñado el ojo o no Porfiri hace un momento? Es absurdo, no hay duda. ¿Para qué iba a guiñarme el ojo? ¿Es que quieren ponerme los nervios de punta o hacerme rabiar? ¡O es todo un espejismo, *o lo saben*!… Hasta Zamétov se muestra insolente… ¿Es insolente Zamétov? Zamétov ha reflexionado durante la noche. ¡Presentí que iba a cambiar de opinión! Está aquí como en su casa, y viene por vez primera. Porfiri no lo considera como invitado; se sienta y le da la espalda. ¡Se han confabulado! ¡No hay duda de que se han confabulado *por mí* causa! Hablaban de mí a nuestra llegada, no hay duda… ¿Se han enterado de mi visita al piso? He de averiguarlo cuanto antes… Cuando he dicho que ayer huía para alquilar un piso lo ha pasado por alto, no ha preguntado… Pero ha sido una buena idea eso de que quería alquilar un piso. Luego me será útil… ¡Deliraba, dicen!… ¡Ja, ja, ja! Está enterado de lo que hice ayer por la tarde. ¡Y no sabía que mi madre ha llegado!… Dice que la bruja también anotó la fecha a lápiz… ¡Mentira, no me entrego! Todavía no son hechos; es puro espejismo. ¡Ah, no! ¡Hechos, vengan los hechos! Tampoco lo del piso es un hecho, sino un desvarío; sé lo que debo decirles… ¿Están enterados de lo del piso? ¡No me iré sin saberlo! ¿Por qué habré venido? Pero que ahora me pongo furioso, sí que es un hecho, ¡lo reconozco! ¡Qué irritable estoy! Aunque quizá sea preferible; mi papel es el de enfermo… Me está tanteando. Me sacará de quicio. ¿Por qué he venido?".

Estos pensamientos le pasaron por la mente con la velocidad del rayo.

Porfiri Petróvich volvió al instante. De súbito pareció ponerse de buen humor.

—Desde el jolgorio de ayer en tu casa, amigo, tengo la cabeza… y todo el cuerpo como descoyuntado –empezó a decir, en un tono completamente distinto, dirigiéndose a Razumijin.

—Pero ¿estuvo interesante la velada? Yo os dejé en el punto culminante, ¿no? ¿Quién fue el vencedor?

—Nadie, claro está. Llegamos a los problemas eternos y nos pusimos a volar por las nubes.

—Figúrate, Rodia, lo que ayer llegamos a discutir: si existe o no el crimen. Te digo que se barajó allí el cielo con la tierra como si tal cosa.

—¿Qué tiene de sorprendente? No es más que uno de tantos problemas sociales –contestó Raskólnikov distraído.

—El problema no se formuló así –observó Porfiri.

—Cierto, no era exactamente así –asintió Razumijin, apresurándose al hablar y acalorándose como era costumbre en él–. Verás, Rodión; escucha y dinos cuál es tu parecer. Quiero que lo hagas. Ayer puse toda la carne al asador discutiendo con ellos, y esperé tu llegada; les había dicho que acudirías… Empezamos por el punto de vista de los socialistas. Su concepción es conocida: el crimen es una protesta contra la anormalidad del orden social, y basta; no admiten otra causa…

—¡Estás equivocado! –gritó Porfiri Petróvich.

Por lo visto, se animaba y reía mirando a Razumijin, a quien, con ello, encendía aún más.

—¡No se admite nada más! –le cortó Razumijin con ardor–. ¡No me equivoco!– Te enseñaré sus libros. Según ellos, lo que ocurre es que "el medio corrompe", y nada más. Es su frase preferida. De ahí la conclusión directa de que si la sociedad se estructura normalmente, desaparecerán de golpe y porrazo los crímenes, pues no habrá contra qué protestar, y en un santiamén todos los hombres se volverán honestos. La naturaleza no se toma en consideración, la naturaleza se descarta, de la existencia de la naturaleza no se dan por enterados. Según ellos, no es la humanidad la que, desarrollándose históricamente, siguiendo un camino *vivo*, se transforma, al fin, en una sociedad normal, sino, al contrario, es el sistema social el que, saliendo de la cabeza de algún matemático, organiza a la humanidad y, en un abrir y cerrar de ojos, la hace justa y limpia de pecado, antes que ningún proceso histórico. Por eso sienten instintivamente tanta repulsión por la historia: "¡No contiene más que horrores y estupideces!", y todo lo que dice la historia lo explican calificándolo de necedad. Por eso no tienen la menor simpatía por el proceso *vivo* de la vida. No hace falta, según ellos, *alma viva* alguna. El alma viva requiere vida, el alma viva no se somete a la mecánica, el alma viva es sospechosa, el alma viva es retrógrada. Según sus explicaciones, el alma puede hacerse hasta de caucho, y no importa que despida efluvios de cadáver, pues así no será un alma viva; será un alma sin voluntad, servil, y no se sublevará. De este modo resulta que han reducido todo a una mera colocación de ladrillos, a la simple construcción de pasillos y estancias en el falansterio. El falansterio está preparado, pero vuestra naturaleza no está preparada aún para el falansterio, vuestra naturaleza está ávida de vida, no ha llegado aún al término de su proceso vital y es pronto todavía para llevarla al cementerio. Con la simple lógica, no es posible saltarse la naturaleza como si tal cosa. ¡La lógica prevé solamente tres casos y hay un millón! Dejar a un lado el millón, y reducirlo a un problema de comodidad, es la solución más fácil del asunto. ¡Seduce por su claridad, y no es necesario pensar! He aquí lo más importante: ¡no hace falta pensar! ¡El misterio de la vida en dos pliegos impresos!

–¡Se ha disparado, toca a rebato! ¡Hay que agarrarle de los brazos! –dijo Porfiri riéndose, y se dirigió a Raskólnikov–. Figúrese, así discutimos ayer por la noche en una sola habitación a seis voces, después de habernos servido un brebaje de ron. ¿Lo imagina usted? No, amigo; estás equivocado. El "medio" cuenta mucho en el crimen, lo afirmo yo.

–Ya sé que cuenta mucho, pero dime; un cuarentón viola a una niña de diez años. ¿Le movió a ello el medio?

–Pues sí, en un sentido riguroso, estricto, se debe al medio –replicó Porfiri, con sorprendente gravedad–. El atentado contra la niña puede explicarse en gran medida, tal como digo, en gran medida, por el "medio".

Razumijin por poco se puso hecho una furia.

–Bueno, si quieres ahora mismo te *demuestro* –vociferó– que tú tienes pestañas blancas debido única y exclusivamente a que la torre de Iván el

Grande tiene más de cien varas de alto y te lo voy a demostrar con deducción clara, exacta, progresiva e incluso con cierto matiz de liberalismo, ¿quieres? ¡Me comprometo a demostrártelo! ¿Qué apuestas?

–¡Lo que quieras! ¡Vamos a ver cómo te las ingenias para hacer esta demostración!

–¡Si no crees una palabra de lo que dices, demonio! –gritó Razumijin, levantándose y haciendo un gesto de desagrado con la mano–. ¡Contigo no vale la pena discutir! ¡Dice esto aposta, Rodión; aún no le conoces! Ayer tomó también partido por ellos, aunque sólo para ponerlos a todos en berlina. ¡Lo que ayer decía, Cristo! ¡Y los otros cómo se alegraban!… Lleva dos semanas sosteniendo el mismo punto de vista. El año pasado nos aseguraba, él sabe por qué razón, que se haría fraile. Lo estuvo repitiendo dos meses seguidos. No hace mucho tuvo la ocurrencia de asegurarnos que se iba a casar, que ya estaba todo preparado para la boda. Hasta se encargó un traje nuevo. Nosotros empezamos a felicitarle. Y no había ni novia ni nada; era puro espejismo.

–Sí, fue una bola. Me había encargado el traje antes. Con motivo del nuevo traje se me ocurrió tomaros el pelo.

–¿Tan bromista es usted? –preguntó Raskólnikov, con displicencia.

–¿No lo imaginaba? Espere, también usted picará el anzuelo, ¡ja, ja, ja! Pero no, ¿sabe?, a usted le diré la verdad. En relación con los problemas de los crímenes, del medio y de las muchachas, me viene ahora a la memoria, aparte que siempre me ha interesado, un artículo suyo "Acerca del crimen" o algo así, no recuerdo exactamente el título. Tuve ocasión de leerlo hará unos dos meses en *La Palabra Periódica*.

–¿Mi artículo? ¿En *La Palabra Periódica*? –preguntó Raskólnikov, sorprendido–. En efecto, hará medio año, cuando dejé la Universidad, escribí un artículo sobre un libro, pero lo llevé entonces al periódico *La Palabra Semanal*, y no a la *Periódica*.

–Y fue a parar a la *Periódica*.

–*La Palabra Semanal* dejó de existir y por eso no lo publicaron entonces…

–Es cierto; pero al pasar a mejor vida, *La Palabra Semanal* se fusionó con *La Palabra Periódica*, por cuya razón el artículo de usted apareció en ese periódico hace dos meses. ¿No lo sabía?

Raskólnikov lo ignoraba.

–Oiga, puede pedir que le paguen el artículo. ¡Qué carácter más raro el suyo! Vive usted tan solitario, que ni tan sólo se entera de las cosas que le afectan directamente. Es un hecho.

–¡Bravo, Rodia! ¡Yo tampoco lo sabía! –exclamó Razumijin–. Hoy mismo me paso por la sala de lectura y pido el número. ¿Hace dos meses? ¿No sabe la fecha? ¡De todos modos daré con él! ¡Esta sí que es buena! Y sin decir nada.

–¿Cómo supo usted que el artículo era mío? Lo firmé sólo con una inicial.

–Por casualidad, y sólo hace unos días. Lo he sabido por el jefe de redacción, que es amigo mío… El artículo me había interesado mucho.

–Analizaba, lo recuerdo, el estado psicológico del criminal durante la realización del crimen.

–Eso es, e insiste en que el criminal, al ejecutar el crimen, es siempre un enfermo. Es un punto de vista muy original, mucho, pero no fue precisamente esa parte de su artículo la que más me interesó, sino una idea a la que da cabida al final, si bien usted, por desgracia, la alude y con poca claridad… En suma, si se acuerda usted, hace alusión a que existen, según afirma, ciertas personas para las cuales no se ha escrito la ley, y pueden… no sólo pueden, sino que tienen pleno derecho a cometer toda clase de excesos y de crímenes.

Raskólnikov sonrió ante aquella alteración forzada y deliberada de su pensamiento.

–¿Cómo? ¿Qué? ¿Derecho al crimen? ¿Y no porque el "medio haya corrompido" al criminal? –preguntó, con cierta alarma, Razumijin.

–No, no; ni mucho menos –respondió Porfiri–. La cuestión estriba en que, según el artículo, parece que las personas se dividen en "ordinarias" y "extraordinarias". Las primeras, precisamente por su condición de personas ordinarias, han de ser obedientes y dóciles, y no tienen derecho a infringir las leyes. En cambio, los hombres extraordinarios tienen derecho a realizar cualquier crimen y a infringir las leyes como les plazca, por el mero hecho de ser extraordinarios. Así es como lo expone usted en su artículo, si no me equivoco.

–¿Es posible? ¡No puede ser! –balbuceó, perplejo, Razumijin.

Raskólnikov volvió a sonreír. En seguida comprendió a lo que se iba y hacia dónde querían empujarle; recordaba su artículo y decidió aceptar el reto.

–No es eso exactamente lo que dice mi artículo –comenzó a replicar, en tono sencillo y modesto–. Reconozco que usted ha expuesto casi fielmente la idea, incluso, si quiere, con fidelidad absoluta… –A Raskólnikov le resultaba, en verdad, agradable reconocer que la interpretación era del todo fiel–. La diferencia estriba tan sólo en que yo no afirmo, ni mucho menos, que las personas extraordinarias deban siempre entregarse a toda clase de excesos, como usted dice. Me parece, incluso, que no se habría permitido la publicidad de un artículo semejante. Me limité simplemente a indicar que el hombre "extraordinario" tiene derecho (entiéndase que no se trata de un derecho oficial), tiene derecho a decidir según su conciencia si debe salvar… ciertos obstáculos, únicamente en el caso exclusivo de que la ejecución de su idea (a veces puede resultar salvadora para toda la humanidad) lo exija. Usted afirma que mi artículo no es claro; estoy dispuesto a aclarárselo en la medida de lo posible. Probablemente no me equivoco al suponer que es lo que desea. Permítame. A mi parecer, si los descubrimientos de Kepler y de Newton, a consecuencia de determinadas circunstancias, cualesquiera que fuesen, no hubieran podido convertirse en patrimonio de la humanidad sin el sacrificio de un hombre, de diez, de cien o más hombres, que hubiesen sido obstáculo para la comunicación del descubrimiento a los demás, Newton habría tenido derecho a *eliminar* a esas diez o cien personas; habría estado incluso obligado a hacerlo. De ahí no se sigue, ni mucho menos, que Newton tuviera derecho a matar a quien le pareciera, a derecha y a izquierda, o a robar a diario en el mercado. Recuerdo que, más adelante, desarrollo en mi artículo la idea de que… digamos, por ejemplo, los legisladores y ordenadores de la humanidad, empezando por los más antiguos y continuando por los Licurgo, los Solón, los Mahoma, los Napoleón y así sucesivamente, todos sin excepción fueron criminales por el simple hecho de que, al promulgar una nueva ley, infringían, con ello, la ley antigua, venerada como sacrosanta por la sociedad y recibida de los antepasados; claro es que no vacilaron en derramar sangre, si la sangre (a veces completamente inocente y vertida con sublime heroísmo por defender la ley antigua) podía ayudarles en su empresa. Maravilla incluso pensar hasta qué punto la mayor parte de dichos ordenadores de la humanidad han sido sanguinarios. En una palabra, llego a la conclusión de que todos los hombres no ya grandes, sino que se destaquen un poco de lo corriente, o sea los que estén en condiciones de decir algo nuevo, por poco que sea, necesariamente han de ser criminales por propia naturaleza, en mayor o menor grado, claro es. De no ser así, les resulta muy difícil salir del camino hollado, como ya he dicho, y a mi modo de ver incluso están obligados a no conformarse. En una palabra, como usted ve, en lo que digo no hay nada singularmente nuevo. Son cosas que se han escrito y leído miles de veces. En lo que concierne a mi división de los hombres en ordinarios y extraordinarios, estoy de acuerdo en que es algo arbitraria; pero yo no insisto en lo que se refiere a las cifras. Creo que mi idea es justa en lo fundamental, o sea en considerar que las personas, según ley de la naturaleza, se dividen *en general* en dos categorías: personas de categoría inferior (ordinarias), como si dijéramos personas que constituyen un material que sirve exclusivamente para la procreación de seres semejantes, y en personas propiamente dichas, es decir, en seres humanos que poseen el don o el talento de decir una *palabra nueva* en su medio. Se sobrentiende que las subdivisiones son infinitas, pero los rasgos diferenciales de las dos categorías resultan bastante acusados: hablando en términos generales, tenemos que las personas de la primera categoría, es decir, el material, son por su naturaleza conservadoras, ceremoniosas, viven en obediencia y gustan de ser obedientes. A mi modo de ver, están obligadas a serlo, porque tal es su sino, y en esta condición no hay nada humillante para ellas. La segunda categoría, formada por personas que pasan por encima de la ley, son destructoras o están inclinadas a serlo, según su capacidad. Sus crímenes, como es natural, son relativos, y presentan muchas variedades; en su mayoría, por medio de declaraciones sumamente diversas, tales hombres recaben la destrucción del presente en nombre de algo mejor. Pero si para el cumplimiento de sus ideas necesitan pasar, aunque sea por encima de un cadáver, y han de derramar sangre, a mi modo de ver, en su fuero interno y sin remordimientos de conciencia han de permitirse pasar por encima de la sangre, aunque siempre a tenor de la idea y de su dimensión, no lo olvide. En este sentido, y sólo en éste, hablo en mi artículo del derecho de tales personas al crimen. (Recuerde que nuestro punto de partida ha sido un problema jurídico.) De todos modos, no hay por qué inquietarse mucho; la masa casi nunca reconoce ese derecho a tales hombres, los decapita y los ahorca (más o menos), y con ello cumple con justicia su función conservadora, lo cual no es obstáculo para que en las siguientes generaciones esa misma masa coloque a los decapitados en un pedestal y los venere (más o menos). La primera categoría es siempre dueña del presente; la segunda, lo es del futuro. Las personas del primer grupo conservan el mundo y lo multiplican numéricamente; las personas del otro grupo lo mueven y lo llevan a su fin. Unas y otras tienen exactamente el mismo derecho a existir. En una palabra, para mí tienen un derecho equivalente, y *vive la guerre éternelle*[1], ¡hasta la Nueva Jerusalén, se entiende!

–¿Así, pues, cree usted en la Nueva Jerusalén?

–Creo –contestó firmemente Raskólnikov; al pronunciar esta palabra, así como durante todo el tiempo que duró su larga tirada, miró al suelo, fija la vista en un punto de la alfombra.

---

[1] Viva la guerra eterna. (En francés en el original.)

–Y en Dios, ¿cree? Perdone que sea tan curioso.

–Creo –repitió Raskólnikov, levantando los ojos hacia Porfiri.

–Y en la resurrección de Lázaro, ¿cree?

–Creo. ¿A santo de qué me hace usted todas estas preguntas?

–¿Cree usted en ella literalmente?

–Literalmente.

–Muy bien… Tenía curiosidad por saberlo. Perdone. Permítame, sin embargo; vuelvo a la cuestión de que hablaba usted; no siempre los decapitan; a algunos, por el contrario…

–¿Triunfan en vida? ¡Oh, sí! algunos alcanzan en vida el fin que persiguen, y entonces…

–¿Ellos mismos empiezan a decapitar?

–Sí, si es necesario, y de este modo ocurre en la mayor parte de los casos. De todos modos, su observación es muy aguda.

–Gracias. Pero dígame: ¿cómo distinguir estos hombres extraordinarios de los ordinarios? ¿Se dan, al nacer, algunas señales especiales, o qué? Lo digo en el sentido de que este punto requiere mayor precisión, si quiere usted una determinación más palmaria y externa. Perdone mi inquietud, natural en un hombre práctico y bien intencionado. ¿No podrían, por ejemplo, llevar algún vestido especial o ciertos distintivos?… Reconozca que si se produce alguna confusión y alguien de una categoría cree que pertenece a la otra, puede empezar a "eliminar todos los obstáculos" como se ha expresado usted con mucho acierto, y entonces…

–¡Oh, eso ocurre con mucha frecuencia! Esta observación es aún más aguda que la anterior.

–Gracias…

–De nada. Tenga en cuenta, empero, que el error es posible únicamente en la primera categoría, es decir, de las personas "ordinarias" (como las he denominado, quizá con muy poco acierto). A pesar de su inclinación innata a la obediencia, por ciertos caprichos de la naturaleza, de la que ni siquiera las vacas carecen, muchos de ellos gustan imaginar que son hombres avanzados, "destructores", capaces de decir una "palabra nueva", y lo creen con sinceridad. Al mismo tiempo, con suma frecuencia ocurre que no distinguen a los hombres verdaderamente *nuevos* y hasta los desprecian como personas retrasadas y de mentalidad denigrante. A mi juicio, sin embargo, no hay en ello ningún peligro serio, y no tiene usted por qué preocuparse, ¡palabra!, pues tales individuos no llegan nunca muy lejos. Claro que se podría castigar sus arrebatos con unos azotes, a fin de recordarles cuál es su sitio, pero nada más; no hace falta una mano ejecutiva especial… Se azotan ellos mismos, pues son de muy buena conducta; algunos se prestan este servicio mutuamente, y otros se flagelan con sus manos...Se imponen a sí mismos diversas penitencias públicas, lo cual resulta hermoso y hasta edificante; en una palabra, no tiene usted por qué preocuparse... Tal es la ley.

–Bueno, por lo menos en ese sentido me ha tranquilizado un poco; pero me preocupa aún otra cosa. Dígame, por favor, ¿son muchos los hombres que tienen derecho a degollar a los demás, es decir, hay muchos hombres "extraordinarios"? Naturalmente, yo estoy dispuesto a inclinarme ante ellos, pero no me negará usted que la carne se nos pondrá de gallina si son muchos, ¿no?

–Oh, no se preocupe por eso! –prosiguió Raskólnikov, en el mismo tono–. Nacen muy pocas personas con alguna nueva idea, incluso un poquitín capaces de decir algo más o menos *nuevo*; hasta extraña que sean tan pocas. Sólo una cosa está clara, y es que el orden de nacimiento de las personas de esas categorías y subdivisiones ha de hallarse determinado con toda precisión y exactitud por alguna ley de la naturaleza. Claro, ahora esa ley no se conoce, pero yo creo en su existencia y que en el futuro podrá ser conocida. Una enorme masa de gente, de material humano, existe en el mundo tan sólo para que, al fin, mediante cierto esfuerzo, a través de un proceso hasta ahora misterioso, gracias a algún cruce de razas y especies, llegue a dar a luz entre mil hombres a uno más o menos independiente. Con un nivel de independencia mayor nace quizá un ser humano entre diez mil (hablo de manera aproximada, gráfica). Con independencia mayor aún, nacerá uno entre cien mil. Entre muchos millones de hombres, no habrá más que un genio, y los genios extraordinarios, los plasmadores de la humanidad, no se dan más que como unidades después de que pasan por la tierra muchos miles de millones de personas. En una palabra, yo no me he asomado a la retorta donde todo este proceso se efectúa; mas no hay duda de que existe y ha de existir alguna ley. La mera casualidad no puede imperar en esta cuestión.

–Pero bueno, ¿es que los dos estáis haciendo comedia? –exclamó, por fin, Razumijin–. ¿Os estáis haciendo la mamola? ¡Sentaditos aquí y burlándose el uno del otro! ¿hablas en serio, Rodia?

Raskólnikov levantó hacia él su semblante pálido, casi triste, y no respondió. Frente a aquella cara sosegada y triste, a Razumijin le pareció extraña la mordacidad no disimulada, machacona, irritante y *descortés* de Porfiri.

–Amigo, si verdaderamente hablas en serio, entonces... Tienes razón, es cierto, al decir que eso no es nuevo y que se parece a lo que hemos leído y oído mil veces; mas su parte *original*, en efecto, te pertenece sólo a ti. Lo que me horroriza es que, a pesar de todo, admites el derramamiento de sangre a *conciencia*, y lo defiendes hasta con fanatismo, perdóname que te lo diga... Por lo visto, en ello radica la idea central de tu artículo. A mi modo de ver esa franquicia para derramar sangre *según la propia conciencia* es aún más espantosa que la autorización oficial, legal, de verterla...

–Muy justo. Es más espantosa –comentó Porfiri.

–No, te has dejado llevar por el calor de la conversación. En eso hay un error. Leeré el artículo... Te has dejado llevar... No puedes pensar así... Lo leeré.

–En el artículo no hay nada de eso; sólo contiene alusiones –dijo Raskólnikov.

–Bien, bien –añadió Porfiri, que no podía permanecer quieto en el asiento–. Ahora casi veo con claridad de qué modo concibe usted el crimen, pero... dispense mi machaconería (¡es excesivo lo que le molesto, y me avergüenzo!). Verá, hace un momento me tranquilizó usted mucho en lo tocante a los casos de confusión de las dos categorías; sin embargo, vuelven a inquietarme distintos casos de tipo práctico. Supongamos que algún hombre, o algún joven, imagina que es un Licurgo o un Mahoma (del futuro, claro es), y que se pone a eliminar los obstáculos que encuentra. Cree, por ejemplo, que ha de realizar una larga expedición, para la expedición hace falta dinero y comienza a agenciarse dinero para la expedición, ¿comprende?

De improviso, Zamétov lanzó un resoplido en su rincón. Raskólnikov ni siquiera le dirigió una mirada.

–He de admitir –respondió con calma– que tales casos pueden darse, en efecto. Los tontos y los vanidosos, sobre todo los jóvenes, suelen picar en este anzuelo.

–¿Ve usted? ¿Qué me dice, pues?

–Pues, lo mismo –contestó Raskólnikov, sonriendo–. No tengo yo la culpa de que la cosa sea así. Así es y será siempre. Éste acaba de decir –señaló con la cabeza a Razumijin– que yo autorizo el derramamiento de sangre. Bueno, ¿y qué? ¿Por ventura la sociedad no está incluso excesivamente provista de deportaciones, cárceles, jueces de instrucción y penales? ¿Por qué inquietarse entonces? ¡Tocan a buscar el ladrón!...

–¿Y si damos con él?

–Ya sabe qué camino le espera.

–Por lo menos, no le falta a usted lógica. Y con la conciencias ¿qué pasa?

–¿Qué le importa la conciencia?

–Pues sí, me importa; por humanitarismo.

–El que la tiene, a sufrir se ha dicho, si reconoce el error. Es su castigo, además del presidio.

–¿Así, pues, los verdaderamente geniales –preguntó Razumijin, frunciendo el ceño–, es decir aquellos a quienes les ha sido dado el derecho de matar, no deben de sufrir en absoluto, ni siquiera por la sangre vertida?

–¿A qué viene aquí la palabra *deben*? No se trata ni de permitir ni de prohibir. Que sufran, si sienten compasión por la víctima. El sufrimiento y el dolor son siempre necesarios para la conciencia de altos vuelos y para el corazón profundo. A mi modo de ver, los hombres verdaderamente grandes han de experimentar en este mundo una pena inmensa –añadió de súbito, pensativo, incluso en un tono distinto del de la conversación.

Levantó los ojos, miró a todos reflexivamente, sonrió y cogió la gorra. Estaba demasiado tranquilo en comparación con el momento en que había entrado, y se daba cuenta de ello. Se levantaron todos.

–Cúbrame de denuestos si quiere, enójese, pero no puedo resistir la tentación de hacerle una pequeña pregunta (¡verdaderamente, abuso ya de su paciencia!) –insistió Porfiri Petróvich–. Quisiera expresar una pequeña idea, una sola, para no olvidarla.

–Está bien. Diga cuál es su idea –contestó Raskólnikov, serio y pálido, de pie ante él, en actitud expectante.

–Pues verá… ¡Caramba! No sé cómo expresarlo mejor… La ideíta es, en verdad, demasiado excéntrica, psicológica… Pues verá, cuando usted escribió su artículo, ya sé que no puede ser, ¡je, je!, pero usted mismo se consideraba, aunque sólo fuese un poquillo, un hombre "extraordinario" y con voz para pronunciar una *nueva palabra* en el sentido a que usted se refería… Es así, ¿no?

–Es muy posible –contestó, despectivamente, Raskólnikov.

Razumijin hizo un movimiento.

–Y si es así, ¿podría usted decidirse, ante determinados fracasos y privaciones en la vida corriente, o para facilitar de uno u otro modo el avance de la humanidad, a saltar por encima de algún obstáculo, por ejemplo, a asesinar y robar?

Otra vez pareció que guiñaba el ojo izquierdo y reía en silencio, como poco antes.

–Si lo hiciera, no se lo diría a usted, claro es –contestó Raskólnikov, con altivo y retador desprecio.

–No es eso. En realidad mi pregunta obedece sólo al interés que tengo por comprender bien su artículo. La he hecho sólo en un plano literario…

"¡Qué manifiesto e insolente es todo esto!", pensó Raskólnikov, con aversión.

–Permítame indicarle –respondió con sequedad– que no me considero ni un Mahoma, ni un Napoleón, ni…ningún personaje de su género. No siendo uno de ellos, no puedo, naturalmente, darle ninguna explicación satisfactoria acerca de cómo obraría.

–¡Vaya, vaya! ¿Acaso hay alguien en nuestra Rusia que no se considere un Napoleón? –exclamó de pronto Porfiri, con sorprendente familiaridad.

Incluso en el tono de su voz había entonces algo particularmente claro.

–¿No habrá sido algún futuro Napoleón quien, la semana pasada, mandó al otro barrio de un hachazo a nuestra Aliovna Ivánovna? –interpeló de pronto Zamétov, desde su rincón.

Raskólnikov se calló y clavó una mirada, penetrante y dura, en Porfiri. Razumijin frunció el ceño sombríamente. Antes había notado algo extraño. Miró airado en torno suyo. Hubo un minuto de hosco silencio. Raskólnikov se volvió para irse.

–¿Ya se va usted? –dijo, afectuoso, Porfiri, tendiéndole la mano con suma amabilidad–. Estoy muy contento, mucho, de haberle conocido. En cuanto a su ruego, no tenga la menor duda. Escriba la solicitud tal como le he dicho. Lo mejor será que pase usted mismo a verme, cuando quiera, dentro de unos días… o mañana mismo. Estaré en la oficina a eso de las once con toda probabilidad. Lo arreglaremos todo, charlaremos un rato… Como uno de los últimos que estuvo *allí*, quizá pueda decirnos algo… –añadió con la más bonachona de las apariencias.

–¿Desea usted interrogarme oficialmente cumpliendo los requisitos? –preguntó acremente Raskólnikov.

–¿Para qué? Por ahora no es necesario. No ha entendido bien mis palabras. Verá, no desaprovecho ninguna ocasión y… Ya he hablado con todos los que había llevado objetos a empeñar. He tomado declaración a algunos, y usted, como último… ¡A propósito! –exclamó Porfiri, como si repentinamente se alegrara de algo–. Menos mal que me he acordado. ¡Por poco se me olvida!… –se dirigió a Razumijin–. Fuiste un pelmazo hablándome de ese Nikolái… Bueno, yo mismo sé, lo sé muy bien –se volvió hacia Raskólnikov–, que ese mozo está limpio de pecado, pero ¿qué se puede hacer? También hubo que molestar a Mitia. Verá de qué se trata; en ello radica el meollo de la cuestión. Al pasar por la escalera… Al pasar por la escalera… Permítame, estuvo usted a las siete y pico, ¿verdad?

–Sí –contestó Raskólnikov, experimentando en el mismo instante la sensación desagradable de que podía no haber contestado así.

–Y al pasar a las siete y pico por la escalera, ¿no vio usted, en el segundo piso, en el cuarto abierto, recuerda, a dos obreros o por lo menos a uno de ellos? Estaban pintando. ¿No se dio cuenta usted? Esto es muy importante para ellos…

–¿A unos pintores? No, no los vi… –despacio y como si hurgara en sus recuerdos, contestó Raskólnikov, tensas en aquel instante las fibras de su ser y abrumado por la congoja de no adivinar cuanto antes dónde estaba la trampa y de pasar por alto alguna cosa–: No, no los vi. Ni me di cuenta de que hubiera un aposento abierto. Pero en el piso cuarto –ya se había dado perfecta cuenta de cuál era la trampa que le tendían y se sentía por ello lleno de júbilo–, sí, recuerdo que un funcionario se trasladaba del alojamiento situado frente al de Aliona Ivánovna… Lo recuerdo, lo recuerdo con toda claridad. Unos soldados llevaban un sofá y tuve que arrimarme a la pared para dejarles paso; pero no recuerdo que hubiera pintores… Ni tampoco había, me parece, ningún piso abierto. No, no lo había…

–Pero ¡qué lío te estás haciendo! –exclamó de pronto Razumijin, como si diera en el clavo, después de reflexionar–. Los pintores trabajaban el día mismo del asesinato y él estuvo allí tres días antes. ¿Qué le preguntas?

–¡Ay! ¡Lo he confundido todo! –repuso Porfiri, dándose una palmada en la frente–. Este asunto me está volviendo lelo –añadió dirigiéndose a Raskólnikov, como si se disculpara–. Es tan importante para nosotros saber si alguien los vio a las siete y pico en el piso que pintaban, que he creído ahora que usted también podía decir… ¡he confundido todo!

–Pues hay que poner mayor atención –replicó malhumorado Razumijin.

Estas últimas palabras fueron dichas en el vestíbulo.

Porfiri Petróvich acompañó con extraordinaria amabilidad hasta la misma puerta a Raskólnikov y a Razumijin. Ambos salieron a la calle con cara de pocos amigos y dieron unos pasos sin decir una sola palabra.

Raskólnikov respiró profundamente…

CAPÍTULO VI

No puedo creerlo ¡No, no lo creo! –repetía Razumijin, que se esforzaba cuanto podía en rechazar las conclusiones de Raskólnikov.

Ya estaban cerca de la casa de Bakaláiev, donde desde hacía mucho tiempo, los aguardaban Pulkeria Alexándrovna y Dunia. En el calor de la discusión, Razumijin se detenía a cada momento en medio de la calle; se encontraba muy agitado, porque era la primera vez que ambos jóvenes hablaban de "aquello" de otro modo que por indirectas.

–¡Si no quieres, no lo creas! –respondió Raskólnikov con sonrisa fría e indiferente–. Tú, según tu costumbre, nada notaste; pero yo medí cada una de mis palabras.

–Eres muy inclinado a la desconfianza. He aquí por qué en todo ves pensamientos ocultos... ¡Humm...! En efecto, reconozco que el tono de Porfiri era muy extraño y, sobre todo, que aquel vivo Zamétov... Tienes razón... había en él un no sé qué... Pero, ¿cómo explicarse esto? ¿Cómo?

–Habrá cambiado de opinión.

–¡No, te estás engañando! Si tuvieran esa idea tan estúpida, hubiesen hecho todo lo posible por disimularla; habrían ocultado su juego para inspirarte una falaz confianza, esperando el momento de quitarse la careta... En la hipótesis de que partes, su modo de obrar ahora sería tan torpe como insolente.

–Si tuvieran hechos, es decir, hechos auténticos o, por lo menos, alguna sospecha más o menos fundada, procurarían esconder el juego con la esperanza de sonsacar algo y, además, hace mucho que habrían practicado un registro. Pero no tienen hechos, ni uno solo; todo son suposiciones, conjeturas sin base, una idea que se les ocurre y procuran desconcertarme con su insolencia. Es posible que Porfiri esté furioso por no tener hechos, y que la rabia le haya hecho comportarse así. A lo mejor tiene alguna intención…Parece un hombre inteligente… Quizá quería asustarme fingiendo que sabe… En esto, amigo, emplea la psicología… De todos modos, repugna aclararlo. ¡Déjalo estar!

–¡Es ultrajante, ultrajante! ¡Te comprendo muy bien! Pero, puesto que hablamos con claridad (y es magnífico que por fin lo hagamos, y me alegro), te confieso francamente que desde hace tiempo me he dado cuenta de que tienen esa idea. Claro, no se trata más que de una idea apuntada, vaga, inconcreta, pero, aunque así sea, ¿cómo se atreven? ¿De dónde arrancan, escondidas, las raíces de su idea? Si tú supieras cómo he rabiado. ¿Cómo es posible? Un estudiante pobre, maltratado por la miseria y la hipocondría, en vísperas de una cruel enfermedad que hace delirar y que quizá ya se había iniciado (¡fíjate en ello!), receloso, lleno de amor propio, con conciencia de lo que vale, que ha permanecido seis meses en su cuchitril sin ver a nadie, vestido con harapos y calzado con botas sin suelas, se encuentra ante unos tristes agentes de policía y ha de sufrir sus insolencias; sin más ni más, le reclaman inesperadamente el pago de una deuda, de una letra de cambio caducada, protestada por el consejero de Estado Chebérov; además, el fuerte olor a pintura, los treinta grados, el aire viciado, la mucha gente, el relato acerca del asesinato de una persona a la que se ha visitado el día anterior, y todo ello con el estómago vacío. ¿Cómo no caer desvanecido en tales circunstancias? ¡Y basar todo en eso, sólo en eso! ¡Diablos! Comprendo que es penoso, pero en su lugar, yo me reiría de ellos en sus barbas o, mejor aún, les escupiría a la cara, sin ahorrar escupitajos, y repartiría unas cuantas tortas bien dadas, como conviene repartirlas en estos casos. Así acabaría con todo. ¡Mándalos a la porra! ¡Anímate! ¡Es una vergüenza!

"La verdad es que no se expresa mal", pensó Raskólnikov.

–¿Que los mande a la porra? Pero mañana, otra vez interrogatorio –replicó, con amargura–. ¿Será posible que me vea obligado a darles explicaciones? Para mí ya es lamentable el haberme rebajado ayer en la taberna ante Zamétov.

–¡Diablos! ¡Yo mismo me las entenderé con Porfiri! Vas a ver cómo le saco lo que tiene en el buche, por algo es pariente mío; que me cuente todo punto por punto. En cuanto a Zamétov…

"¡Por fin ha dado en el clavo!", pensó Raskólnikov.

–¡Espera! –gritó de pronto Razumijin, agarrándole por el hombro–. ¡Espera! No has dicho la verdad. Lo he meditado. ¡No has dicho la verdad! ¿Que era una treta? ¿Dices que la pregunta sobre los pintores era una treta? Ata cabos. Si hubieras hecho *aquello*, ¿se te podía haber escapado decir que viste a los obreros, pintando el cuarto? Al contrario, no habrías dicho nada aunque los hubieses visto. ¿Quién confiesa contra sí mismo?

–Si hubiera hecho *aquello* habría dicho sin duda que vi a los obreros en el piso –respondió Raskólnikov, de mala gana y con manifiesta aversión.

–Pero, ¿por qué tirar las piedras sobre el propio tejado?

–Porque sólo los mujiks y los novatos más inexpertos se obstinan en negar en los interrogatorios. Por poco listo y baqueteado que sea, nadie dejará de confesar, en la medida de lo posible, los hechos externos e insoslayables; sólo que les busca otra causa, les da una explicación propia, peculiar e inesperada, los presenta de otra manera. Porfiri pudo esperar que yo respondería de ese modo, que afirmaría haberlos visto, para hacer más verosímil la respuesta, y que luego explicaría el hecho a mi modo…

–Pero él te habría replicado en seguida que dos días antes allí no podía haber habido obreros y que, por lo tanto, tú estuviste el día del asesinato a las siete y pico. ¡Un pequeño detalle le habría bastado para echarte el guante!

–Era, precisamente, lo que esperaba, que yo no tendría tiempo de reflexionar y me apresuraría a responder lo verosímil, olvidando que dos días antes no podía haber obreros.

–¿Cómo puede olvidarse eso?

–Es fácil. Es en detalles así, insignificantes, en lo que caen las personas astutas. Cuanto más listo es un hombre, tanto menos sospecha que lo van a cazar en los detalles insignificantes. Al hombre muy astuto hay que cogerlo en la trampa precisamente de las cosas más simples. Porfiri no es ni mucho menos tan tonto como tú supones…

–¡Es un canalla! Eso es, después de lo que ha hecho.

Raskólnikov no pudo contener la risa. Pero al mismo instante le parecieron extraños la propia vivacidad y el gusto con que había dado la última explicación, al paso que había sostenido la conversación anterior con sombría repugnancia, sólo por alcanzar lo que se proponía, por necesidad.

"¡Le estoy tomando el gusto a estas cuestiones!", se dijo.

Pero en aquel mismo instante, de improviso, se sintió inquieto, como si se hubiera apoderado de él una idea inesperada y alarmante. Su inquietud iba en aumento. Habían llegado a la entrada de la casa de Bakaláiev.

–Entra solo –dijo Raskólnikov, de pronto–. Vuelvo ahora mismo.

–¿A dónde vas? ¡Si ya hemos llegado!

–He de irme, he de irme; he de hacer una diligencia. Dentro de media hora estaré aquí. Díselo.

–Como quieras, pero te acompaño.

–¿También tú quieres torturarme? –gritó Raskólnikov, con irritación tan amarga, con tanta desesperación en la mirada, que Razumijin no tuvo valor para insistir.

Permaneció unos instantes en el soportal de la casa, siguiendo con sombría mirada a su amigo, que se encaminaba rápidamente hacia la callejuela. Por fin, apretando los dientes y cerrando los puños, jurándose que aquel mismo día iba a exprimir a Porfiri como a un limón, subió a tranquilizar a Pulkeria Alexándrovna, alarmada ya por la larga ausencia de los dos jóvenes.

CAPÍTULO VII

Cuando Raskólnikov llegó ante su casa, sus sienes estaban bañadas en sudor y respiraba penosamente. Subió a grandes pasos los escalones, entró en su habitación y allí se encerró. En seguida, lleno de terror, se dirigió a un escondite, metió en él la mano y registró con detenimiento.

No encontrando nada se levantó, y exhaló un suspiro de satisfacción. Cuando subía a la casa de Bakaláiev, se le había ocurrido la idea de que uno de los objetos robados podía hallarse oculto en cualquier sitio de la pared...

Aún permanecía como sumido en un vago sueño, y una extraña sonrisa erraba por sus labios. Por último salió del aposento. Sus ideas se embrollaban. Bajó pensativo la escalera y se detuvo en el umbral de la puerta.

—¡Mire! ¡Aquí está! —gritó una voz muy fuerte.

El joven levantó la cabeza.

El portero, de pie en el umbral de su garita, mostraba a Raskólnikov a un hombre de corta estatura, de aspecto burgués, y que parecía haber pasado de los cincuenta.

—¿Qué hay? —preguntó Raskólnikov, acercándose al portero.

El mercader le echó una mirada de reojo y luego lo examinó con la mayor atención, sin prisa; después, dio media vuelta con toda calma y, sin decir una palabra, salió por el portalón de la casa a la calle.

—Pero ¿qué pasa? —gritó Raskólnikov.

–Ese hombre ha preguntado si vive aquí un estudiante llamado Raskólnikov y de quién es el piso en que se hospeda. En ese momento ha aparecido usted, yo se lo he indicado y él se ha ido. ¡Ya ha visto!

El portero estaba también un poco sorprendido. Después de reflexionar un instante, se volvió y se metió de nuevo en su cuchitril.

Raskólnikov se lanzó tras el mercader, al que vio caminando por el otro lado de la calle, con su paso lento y regular, clavada la vista en el suelo y como meditando alguna cosa. Pronto le alcanzó, pero durante unos momentos se limitó a seguirle; por fin se situó a su misma altura y le miró la cara de lado. El otro se dio cuenta de la presencia de Raskólnikov, le lanzó una ojeada, pero volvió a bajar la vista, y anduvieron durante un minuto uno al lado del otro, sin decir palabra.

–¿Ha preguntado usted por mí… al portero? –dijo por fin Raskólnikov, sin levantar la voz.

El mercader no respondió nada, ni siquiera miró a Raskólnikov. De nuevo guardaron silencio.

–Pero ¿qué desea usted? Llega, pregunta por mí y se calla. ¿Qué significa esto? Raskólnikov hablaba con voz entrecortada, como si no llegara a articular bien los sonidos de las palabras.

El mercader levantó los ojos y observó a Raskólnikov con mirada tenebrosa y siniestra.

–¡Asesino! –articuló de súbito, en voz queda, pero clara y perfectamente inteligible.

Raskólnikov caminaba a su lado. De pronto, las piernas le flaquearon terriblemente, un escalofrío le recorrió la espalda y por un instante le pareció que le fallaba el corazón, que empezó a latirle como si se hubiese desprendido de algún sostén. Así avanzaron unos cien pasos, uno al lado del otro, de nuevo completamente callados.

El mercader no le miraba.

–Pero ¿qué dice usted?… ¿Quién es el asesino? –balbuceó Raskólnikov, con voz casi imperceptible.

–*Tú* eres un asesino –repuso el mercader, aún con mayor claridad y de manera más impresionante, a la vez que se le dibujaba en los labios una sonrisa de triunfo, cargada de odio, y volvió a mirar abiertamente el pálido rostro de Raskólnikov y sus ojos mortecinos.

Llegaron a la encrucijada. El mercader dobló hacia la calle de la izquierda y siguió su camino sin volver la cabeza. Raskólnikov se quedó clavado en el sitio y le siguió largo rato con la mirada. Vio que el desconocido, después de haberse alejado unos cincuenta pasos volvía la cabeza y le miraba a él, que continuaba de pie, en el mismo sitio, inmóvil. Era imposible distinguirlo bien, pero a Raskólnikov le pareció que el hombre volvía a reírse, con una carcajada de triunfo, fría y cargada de odio.

Con paso lento y débil, con las rodillas temblorosas y aterido, Raskólnikov dio la vuelta y subió a su tugurio. Se quitó la gorra, la puso sobre la mesa, y durante unos diez minutos permaneció de pie, inmóvil. Después, extenuado, se tumbó en el sofá penosamente, con un débil gemido. Tenía los ojos cerrados. Así se quedó echado, durante una media hora.

No pensaba nada. Flotaban en su mente alguna que otra idea o fragmentos de ideas, algunas representaciones, sin orden ni concatenación: rostros de personas a las que había visto en su infancia o había encontrado en algún lugar una sola vez, y de las que nunca se había acordado; el campanario de la iglesia de V.; el billar de un bodegón y un oficial desconocido a su lado, el olor a tabaco de una tienda, en unos sótanos; una taberna, una escalera negra, completamente oscura, mojada de lavazas y cubierta de cáscaras de huevo; de algún lugar impreciso le llegaba el repique dominical de las campanas… Los objetos se sucedían unos a otros y giraban como un torbellino. Algunos le gustaban y los agarraba, pero se esfumaban y, en general, algo le oprimía el pecho, aunque no mucho. A veces hasta experimentaba una sensación de bienestar. El leve escalofrío no cesaba, lo cual le producía también una sensación casi agradable.

Oyó los pasos rápidos de Razumijin y su voz; cerró los ojos y se hizo el dormido. Razumijin abrió la puerta y se quedó unos momentos en el umbral, indeciso. Luego entró sin hacer ruido en la habitación y se acercó cautelosamente al sofá. Se oyó a Nastasia, que decía en voz baja:

–No le despiertes. Déjalo que duerma; ya comerá más tarde.

–Será mejor –contestó Razumijin.

Salieron los dos con mucho cuidado y cerraron la puerta. Transcurrió otra media hora. Raskólnikov abrió los ojos y se tumbó otra vez de espaldas, poniéndose las manos bajo la cabeza…

"¿Quién es? ¿Quién será ese hombre salido de la tierra? ¿Dónde estaba y qué vio? Lo vio todo, no hay duda. Pero ¿dónde estaba y de dónde miraba? ¿Por qué sale ahora de bajo tierra? Pero ¿cómo pudo verlo? ¿Es posible… ¡Hum!…", caviló Raskólnikov, yerto y estremeciéndose. "¿Y el estuche que encontró Nikolái detrás de la puerta también es algo posible? ¿Indicios? ¡Pasas por alto un trazo entre cien mil y ya tienes un indicio como una pirámide de Egipto! ¡Ha volando una mosca y lo ha visto! ¿Es posible seguir así?".

De pronto notó con asco que se debilitaba, que decaía físicamente.

"Debía imaginarlo –pensó, a la vez que sonreía con amargura–. ¿Cómo me he atrevido, conociéndome como me conozco, *presintiendo* lo que me iba a ocurrir, cómo me he atrevido a tomar una hacha y mancharme las manos de sangre? Estaba obligado a saber de antemano... ¡Ah! Pero ¡ya lo sabía con anticipación!", se dijo desesperado.

"No, esos hombres no están hechos de la misma madera; el que *señorea* auténticamente sobre los demás, aquel a quien todo se le permite, dispara los cañones sobre Tolón, hace una carnicería en París, *olvida* un ejército en Egipto, *pierde* medio millón de hombres en su campaña de Moscú y todo lo arregla con una cuchufleta en Vilna; a ese hombre, después de muerto, le levantan estatuas, y, por tanto, *todo* se le permite. ¡No! ¡Por lo visto, tales hombres no están hechos de carne y huesos como los demás, sino de bronce!".

De pronto, una idea repentina y marginal por poco le hace sonreír.

"Napoleón, las pirámides, Waterloo, y una vieja usurera, magra y asquerosa, viuda de un funcionario, con un baúl viejo debajo de la cama, ¡bonito potaje para que lo digiera, aunque sea Porfiri Petróvich!... ¡Y cómo va a digerirlo!... La estética lo impide: '¿Acaso se desliza un Napoleón (se diría) bajo la cama de una viejuca?'. ¡Qué majadería!...".

A veces tenía la impresión de que estaba delirando. Caía en un estado de excitación febril.

"¡Lo de la viejuca es una estupidez! –pensaba con impetuoso ardor–. Lo de la vieja es una metedura de pata, de acuerdo, pero el meollo del asunto no está en ella. Lo de la vieja no ha sido más que una enfermedad... Yo quería saltar por encima de los obstáculos cuanto antes... ¡No es un ser humano lo que yo he asesinado, sino un principio! He asesinado un principio, pero no he sabido saltar por encima de los obstáculos y me he quedado en esta parte... ¡Sólo he sabido matar! Y parece que ni siquiera lo he hecho bien... ¿Un principio? ¿Por qué hace poco ese mentecato de Razumijin denostaba a los socialistas? Es gente laboriosa, que se dedica al comercio; se ocupa de la 'felicidad universal'. No, la vida se me da una sola vez y nunca volveré a tenerla: No quiero esperar la 'felicidad universal'. También yo quiero vivir y, si no, mejor es no vivir. ¿Qué hay, pues? Lo único que yo no quería era pasar por delante de mi madre hambrienta, apretando mi rublo en el bolsillo, en espera de la 'felicidad universal'. 'Aporto (dicen) mi granito de arena a la felicidad universal y así tengo el corazón tranquilo'. ¡Ja, ja! ¿Por qué os habéis olvidado de mí? No vivo más que una sola vez y también yo quiero... ¡Eh, soy un piojo estético, y nada más! –pensó de pronto, riéndose como un demente–. Sí, en efecto, soy un piojo

–continuó, agarrándose a la idea con maligna fruición, hurgando en ella, jugando y recreándose con ella–, y es así porque, en primer lugar, ahora discurro que lo soy; en segundo lugar, porque durante todo un mes he importunado a la divina providencia requiriéndola por testigo de que, con la empresa, no pretendía dar satisfacción, digamos, a mi carne y a mi concupiscencia, sino que perseguía una finalidad magnífica y agradable, ¡ja, ja! En tercer lugar, porque en mi acto he pretendido observar la justicia en lo posible, con pesos, medidas y aritmética. De todos los piojos he elegido el más inútil y, al matarlo, tenía la intención de tomar de él exactamente lo que necesitaba para el primer paso, ni más ni menos, y el resto, por tanto, habría ido a parar al monasterio, según legado testamentario, ¡ja, ja…! Porque…, porque soy definitivamente un piojo –se acusó, con rechinar de dientes–, porque yo mismo, quizá, soy peor y más asqueroso que el piojo aplastado. *Presentía* que diría esto de mí mismo *después* de haber asesinado. ¿Existe alguna cosa que pueda compararse a este horror? ¡Oh, qué vulgaridad! ¡Oh, qué bajeza…! ¡Oh, qué bien comprendo al 'profeta' con el sable en la mano y montando a caballo: Allah lo ordena: ¡sométete, 'trémula' criatura! ¡Tiene razón el 'profeta', tiene razón cuando coloca en medio de una calle una buena batería y dispara contra el justo y el pecador, sin dignarse siquiera a dar una explicación! ¡Sométete, trémula criatura, y *no desees*, porque eso no es cosa tuya…! ¡Oh, por nada del mundo perdonaré a la vieja! ¡Por nada del mundo!".

Tenía los cabellos empapados de sudor; los labios temblorosos, resecos y la mirada inmóvil, fija en el techo.

"¡Como quise a mi madre y a mi hermana! ¿Por qué las odio ahora? Sí, las odio, las odio físicamente, no las soporto a mi lado… Hace poco me he acercado a mi madre y la he besado, lo recuerdo… Abrazarla y pensar que si ella se enterara, entonces… ¿Y si se lo dijera? Eso puede esperarse de mí… ¡Hum! *Ella* tiene que ser como yo –exclamó mentalmente, haciendo un esfuerzo para pensar, luchando contra el desvarío que se iba apoderando de él–. ¡Oh, cómo odio ahora a la vieja! ¡Me parece que volvería a matarla si resucitara! ¡Pobre Lizaveta! ¿Por qué se puso al alcance de mi brazo…? Es raro. ¿Por qué casi nunca pienso en ella, como si no la hubiera asesinado…? ¡Lizaveta! ¡Sonia! Pobres, sumisas, con ojos medrosos… ¡Estimadas…! ¿Por qué no lloran? ¿Por qué no gimen…? Ellas lo dan todo… miran sumisas y calladas… ¡Sonia, Sonia! ¡Dulce Sonia…!".

Perdió el conocimiento; le extrañó no recordar de qué modo se encontró en la calle. Ya era tarde. Las sombras de la noche se hacían más apretadas, la luna llena resplandecía cada vez con mayor claridad, pero el aire era

sofocante. Las calles estaban llenas de gente; los que venían del trabajo se
dirigían a sus casas; los otros, paseaban. Olía a cal, a polvo, a agua estan-
cada. Raskólnikov caminaba triste y preocupado: recordaba muy bien
haber salido de su casa con un determinado propósito, debía hacer algo y
darse prisa, pero se le había olvidado qué cosa era. De pronto se detuvo y
vio que en la otra acera había un hombre que le hacía signos con la mano.
Raskólnikov cruzó la calle y se le acercó, mas de súbito el hombre dio
media vuelta y se puso a caminar como si tal cosa, baja la cabeza, sin
volverse ni dar a entender que le había llamado. "¡Bah, quizá no me ha
llamado!", pensó Raskólnikov; sin embargo, se puso a seguirle con la
intención de alcanzarle. Al llegar a unos diez pasos de distancia, Raskólnikov le reconoció súbitamente y se asustó: era el mercader de hacía
poco, con la misma bata y encorvado del mismo modo. Raskólnikov le
seguía a cierta distancia; el corazón le latía con fuerza. Doblaron una
esquina y entraron en un callejón; el hombre seguía caminando sin volver
la cabeza. "¿Sabe que le sigo?", pensó Raskólnikov. El mercader cruzó el
portalón de una casa grande. Raskólnikov se apresuró a llegar al portalón
y se puso a mirar. ¿No iba a volverse aquel hombre y no le iba a llamar? En
efecto cruzó el portalón, y entrando ya en el patio, aquél se volvió de
repente y pareció que le hacía un signo con la mano. Raskólnikov atravesó el portalón, pero el mercader no estaba en el patio. Así, pues, debía de
haber entrado en aquel mismo instante por la puerta de la primera escalera. Raskólnikov corrió tras él. Dos tramos más arriba resonaban aún unos
pasos regulares y lentos. ¡Qué raro! La escalera le parecía conocida. He
aquí la ventana del primer piso: a través del cristal pasaba triste y miste-
riosa la luz de la luna; he aquí el segundo piso. ¡Bah! Ese es el aposento
que los obreros pintaban… ¿Cómo no lo había reconocido inmediatamente? Los pasos del hombre que iba delante se apagaron. "Así, pues, se
ha detenido o se ha escondido en alguna parte". He aquí el piso tercero.
¿Continuará subiendo? Qué silencio, hasta da miedo… Pero continuó. El
ruido de sus pasos le asustaba e inquietaba. ¡Oh, Dios! ¡Qué oscuridad! El
mercader se ha escondido sin duda aquí, en algún rincón. ¡Ah! El aposento tenía abierta de par en par la puerta de la escalera; Raskólnikov reflexionó y entró. El vestíbulo estaba muy oscuro y vacío, no había un
alma, parecía que habían retirado todo. Cautelosamente, de puntillas,
Raskólnikov entró en el recibidor. La salita estaba bañada por la luz de la
luna, pero tenía el mismo aspecto de antes: las sillas, el espejo, el sofá
amarillo y los cuadros enmarcados. La luna enorme, redonda, de color
cobrizo, entraba por la ventana. "Este silencio se debe a la luna –pensó

Raskólnikov–; estará ocupada descifrando el enigma". Esperó de pie largo tiempo; cuando mayor era el silencio nocturno, tanto más fuertes eran las palpitaciones de su corazón. Se le hacían incluso dolorosas. Nada interrumpía el silencio. De pronto se oyó un crujido seco, instantáneo, como si rompieran una tea, y de nuevo reinó el silencio. Se despertó una mosca; de súbito, en pleno vuelo, chocó contra el cristal, y zumbó quejumbrosa. En aquel mismo instante, en el rincón entre el pequeño armario y la ventana, Raskólnikov creyó distinguir un abrigo de mujer colgado en la pared. "¿Por qué está aquí este abrigo de mujer? –pensó–. Antes no estaba…". Se acercó cautelosamente y barruntó que tras el abrigo se escondía alguien. Con mucho cuidado, apartó el abrigo con la mano y vio allí una silla, y en la silla, en el rincón, estaba sentada una vieja, encogida, con la cabeza inclinada, de modo que Raskólnikov no pudo verle la cara. Pero era ella. Raskólnikov permaneció de pie frente a la vieja. "¡Tiene miedo!", pensó; sacó el hacha del lazo, sin hacer ruido, y golpeó a la vieja en las sienes, una y otra vez. Pero cosa rara; a pesar de los golpes, ni siquiera se movió, como si fuese de madera. Raskólnikov se asustó, se inclinó para examinarla mejor; pero la anciana bajó más aún la cabeza. Entonces se agachó cuanto pudo al suelo y miró su rostro desde abajo, lo miró y se quedó petrificado: la vieja estaba sentada y se reía, se reía con toda el alma, con una risa muda, aplicándose para que él no la oyera. De pronto, Raskólnikov tuvo la impresión de que la puerta del dormitorio se entreabría y de que también allí había alguien que se reía y hablaba entre dientes. La rabia le sacó de quicio: se puso a golpear a la vieja con todas sus fuerzas, a la cabeza, pero a cada hachazo la risa y los murmullos del dormitorio se hacían más fuertes y más perceptibles; y la vieja se desternillaba de risa. Raskólnikov echó a correr, mas el vestíbulo estaba lleno de gente, las puertas que daban a la escalera estaban abiertas de par en par, y en el descansillo y en la escalera, hacia abajo, no había más que gente, cabezas y más cabezas; todos miraban, pero todos querían pasar inadvertidos, esperaban y callaban… Se le encogió el corazón, las piernas dejaron de llevarle, echaron raíces al suelo… Quiso gritar y se despertó.

Respiró penosamente; pero, cosa rara, le pareció que el sueño continuaba; la puerta de su cuchitril estaba abierta de par en par y en el umbral vio a un hombre desconocido que tenía clavada la vista en él.

Raskólnikov no había tenido tiempo de abrir los ojos del todo y volvió a cerrarlos un instante. Estaba acostado sobre la espalda y no se movió "¿Continúo soñando?", pensó, y volvió a levantar las pestañas, insensiblemente, para mirar: el desconocido seguía de pie en el mismo sitio y nohabía dejado de contemplarle. De pronto aquel hombre cruzó con cautela el umbral, cerró tras de sí la puerta, con sumo cuidado, se acercó a la mesa, esperó un minuto, poco más o menos –mientras tanto no apartó de Raskólnikov la vista–, y sin hacer ruido se sentó en la silla, junto al sofá; dejó el sombrero en el suelo, a su lado; se apoyó con ambas manos en el bastón y en las manos posó la barbilla. Estaba claro que se disponía a esperar largo rato. Por lo que podía verse a través de las trémulas pestañas, aquel hombre, robusto, no era joven y tenía una barba poblada, rubia, casi blanca...

Transcurrieron unos diez minutos. Aun había luz, pero ya comenzaba a oscurecer. En la habitación, el silencio era absoluto. Ni de la escalera llegaba ningún ruido. Sólo se oía el zumbido de una mosca grande que, en su vuelo, había chocado contra el cristal de la ventana. Por fin, la situación se hizo insoportable. Raskólnikov, de pronto, se incorporó y se sentó en el sofá.

–Bueno, dígame, ¿qué quiere usted?

–Ya sabía que usted no dormía, que lo simulaba –contestó de manera extraña el desconocido, riéndose tranquilamente–. Permítame que me presente; soy Arkadi Ivánovich Svidrigáilov...

CUARTA PARTE

CAPÍTULO I

M e encontraré bien despierto? –pensó nuevamente Raskólnikov, que con expresión de desconfianza miraba al inesperado visitante.

–¿Svidrigáilov? ¡Vamos, no es posible! –dijo al fin en voz alta, sin atreverse a dar crédito a sus oídos. Esa exclamación pareció no causar sorpresa ninguna al extraño.

–Son dos razones las que me han movido a venir a verle: en primer lugar, deseaba conocerle personalmente, por haber oído hablar de usted desde hace mucho tiempo y en muy buenos términos; en segundo lugar, porque confío en que quizá no me negará su ayuda en una empresa que atañe directamente a los intereses de su hermana, Avdotia Románovna. Solo, sin recomendación de nadie, me hubiera costado trabajo ser recibido por ella, ahora que está prevenida contra mí; pero, gracias a usted, presumo que la cosa cambiará.

–Hace muy mal en contar conmigo –replicó Raskólnikov.

–¿Llegaron ayer mismo su madre y su hermana? Permítame que le haga esta pregunta.

Raskólnikov no contestó.

–Fue ayer, lo sé. Yo mismo llegué hace sólo tres días. Pues verá, Rodión Románovich, lo que acerca de ese particular he de decirle; considero superfluo justificarme, pero permítame que le dé unas explicaciones. En realidad, ¿qué crimen he cometido en lo ocurrido, si los hechos se juzgan con sentido común y sin prejuicios?

Raskólnikov continuó mirándole, en silencio.

–Dirá que en mi caso he perseguido a una muchacha indefensa y "la he ofendido con proposiciones inconfesables", ¿no es así? ¡Yo mismo me adelanto a lo que pueda echarme en cara! Pero tenga en cuenta que también soy hombre, *et nihil humanum*… En suma, soy sensible a los encantos y capaz de enamorarme (lo cual no depende, claro está de nuestra voluntad). Así las cosas, todo se explica del modo más natural del mundo. La cuestión radica en lo siguiente: ¿Soy un monstruo, o una víctima? Naturalmente, soy una víctima. Cuando proponía al objeto de mi amor huir conmigo a América o a Suiza, me movían los sentimientos más respetuosos y soñaba en labrar nuestra felicidad… Ya sabe que la razón está al servicio de la pasión; más me he perjudicado yo, no hay duda, ¡compréndalo…!

–La cuestión no es ésa, ni mucho menos –dijo con repugnancia Raskólnikov, interrumpiéndole–. Usted es sencillamente repulsivo, tenga razón o no la tenga, por lo cual no quieren saber nada de usted y le echan. Así que… ¡largo de aquí!

Svidrigáilov se echó a reír.

–La verdad, a usted… No hay modo de hacerle morder el anzuelo –exclamó, riéndose con toda el alma–. Pensaba ganarle por la astucia, pero, ¡ca!, ha dado en el mismísimo blanco.

–Pero usted continúa recurriendo a la astucia.

–Bueno, pero ¿qué quiere? ¿Qué quiere? –repitió Svidrigáilov, riéndose de todo corazón–. ¡Es lo que se llama *bonne guerre*[1] y la más inocente de las astucias…! De todos modos, usted me ha interrumpido. Sea como fuere, le aseguro que nada desagradable habría ocurrido de no haberse dado el incidente del jardín. Marfa Petrovna…

–A Marfa Petrovna, según dicen, la ha quitado usted de en medio, ¿no? –le interrumpió Raskólnikov, desabrido.

–¿También ha oído hablar de eso? Claro, ¿cómo no iba a enterarse…? En lo que toca a su pregunta, la verdad, no sé qué responderle, aunque tengo la conciencia más que tranquila en ese aspecto. No crea que he tenido miedo. Todo ha transcurrido en perfecto orden y con una precisión máxima: el examen médico ha revelado que se produjo una apoplejía a consecuencia de haber tomado un baño inmediatamente después de una comilona y haber bebido poco menos que una botella de vino; otra cosa no ha podido descubrir… No me preocupaba eso, pero durante cierto tiempo,

---

[1] Buena guerra. (En francés en el original.)

sobre todo en el tren, al venir hacia aquí, me he preguntado si no habría contribuido a que se produjera... esa desgracia con alguna irritación de orden moral u otra cosa por el estilo. He llegado a la conclusión de que eso no pudo ocurrir.

Raskólnikov se rió.

—¡Ganas tiene de preocuparse de ese modo!

—Pero ¿de qué se ríe usted? Figúrese, golpeé sólo dos veces con el látigo, ni siquiera quedaron señales... No me tenga por cínico, se lo ruego; sé perfectamente que, por mi parte, eso es ignominioso, etcétera; pero también sé con toda certeza que la propia Marfa Petrovna estaba incluso contenta de esa, ¡ejem!, inclinación mía. La historia en torno a la hermana de usted se había exprimido como un limón. Marfa Petrovna se veía obligada a permanecer en casa desde hacía tres días; no tenía con qué presentarse a la pequeña ciudad, aparte de que la gente estaba ya hasta la coronilla de aquella carta (¿ha oído hablar, también, de la lectura de la carta?). ¡De pronto llegan los dos latigazos como caídos del cielo...! ¡Su primera preocupación fue mandar enganchar el carricoche...! No hablo de que en ciertos casos a las mujeres les resulta agradable, muy agradable, ser ofendidas, a pesar de su aparente imaginación. Casos como éste se dan en todas las mujeres; en general, al ser humano le place mucho, pero mucho, ser ofendido, ¿no lo ha observado? Sobre todo a las mujeres. Puede decirse incluso que esto les basta para contentarse.

Hubo un momento en que Raskólnikov pensó levantarse y salir a fin de poner término a la entrevista. Mas cierta curiosidad, e incluso cierto cálculo, le retuvieron por el momento.

—¿Le gusta a usted pelearse? —preguntó distraído.

—Pues no, a fe; no mucho —contestó tranquilamente Svidrigáilov—. Con Marfa Petrovna casi nunca peleaba. Vivíamos en mucha armonía y ella siempre quedaba contenta de mí. Durante los siete años de nuestro matrimonio no usé el látigo más que dos veces (sin contar otro caso, el tercero, por lo demás, sumamente equívoco). La primera vez fue a los dos meses de casados, no bien regresamos al campo, y la segunda es el caso de ahora. ¿Me consideraba usted un monstruo, un retrógrado y partidario de la servidumbre? ¡Je, je...! Mas, a propósito, ¿se acuerda usted, Rodión Románovich, de que hace algunos años, en tiempos aún de la bienhechora discusión pública, pusieron en la picota con clamor popular y gran campaña de prensa a uno de nuestros nobles (¡he olvidado su nombre!), porque dio unos latigazos a una alemana en el tren? ¿Lo recuerda? Entonces, creo que el mismo año, se produjo el "acto más escandaloso del siglo" (se trataba de la lectura pública de "Las Noches Egipcias", ¿no recuerda? ¡Aquellos negros ojos! ¡Oh, dónde estás, tiempo dorado de nuestra juventud!). Voy a decirle lo que pienso sobre el particular: el señor que azotó a la alemana no goza de mi simpatía, porque... ¿cómo sentir simpatía por tales cosas? Con todo, empero, no puedo menos de declarar que, a veces, hay "alemanas" tan soliviantadoras, que ante ellas ningún progresista podría responder plenamente de sí mismo. Entonces, nadie examinó la cuestión desde dicho punto de vista, a pesar de que es el verdaderamente humano, ¡palabra!

Dicho esto, Svidrigáilov se echó a reír de nuevo. Para Raskólnikov resultaba evidente que aquel hombre había tomado una decisión firme y sabía lo que se proponía.

—Por lo visto, lleva usted varios días seguidos sin hablar con nadie, ¿verdad? —preguntó.

—Casi. Diga, ¿no le extraña que yo sea una persona de tan buena pasta?

—No; lo que sí me extraña es que sea usted incluso de excesiva buena pasta.

—¿Porque no me ha ofendido la grosería de sus preguntas? Bueno, ¿por qué he de ofenderme? Tal como me ha preguntado usted, le he respondido —dijo, con sorprendente expresión de ingenuidad—. Lo cierto es que yo casi no me intereso por nada de modo particular, se lo juro —continuó, con un aire algo pensativo—. Sobre todo ahora, que no estoy ocupado en nada... Reconozco que tiene usted perfecto derecho a pensar que yo procuro hacerme agradable, tanto más cuanto que me intereso por su hermana, ya se lo he dicho. Pero lo confieso francamente: ¡Me aburro mucho! Sobre todo estos tres últimos días, de modo que hasta me he alegrado de verle... No se enfade, Rodión Románovich, pero usted mismo me parece terriblemente extraño. Diga lo que quiera, pero en usted hay algo que llama la atención; precisamente ahora, quiero decir ahora en general, no en este mismísimo instante... Bueno, bueno; no insistiré, no insistiré, ¡no frunza el ceño! No soy tan bruto como usted cree.

Raskólnikov le lanzó una sombría mirada.

—Es posible que no tenga nada de bruto —repuso—. Me parece incluso que es usted una persona de buena sociedad o que, por lo menos, cuando llega el caso, sabe comportarse como una persona decente.

—Verá usted, no me interesa gran cosa la opinión de los demás —replicó Svidrigáilov, con sequedad y hasta con cierta arrogancia—. Así pues, no hay motivo para no presentarse como un hombre ordinario, sobre todo teniendo en cuenta que la ordinariez es un vestido muy cómodo para nuestro clima y… y en particular si se tiene inclinación a ella –añadió riéndose otra vez.

–He oído decir, sin embargo, que tiene usted muchos conocidos. En realidad usted es un hombre "de buenas relaciones", según suele decirse. ¿Para qué me quiere usted, pues, si no es para algún objetivo concreto?

–Está usted en lo cierto cuando dice que tengo conocidos –repuso Svidrigáilov, sin contestar al punto principal–. He encontrado… claro, llevo tres días vagando por Petersburgo. Reconozco a mis antiguos conocidos y, según parece, también ellos me reconocen. Claro, no visto mal y soy considerado persona de buena posición; la reforma campesina nos ha dejado en pie: tenemos bosques y prados que en primavera se cubren de agua, así que los ingresos no son malos; pero… no iré a ver a mis conocidos. Ya antes me tenían harto; éste es el tercer día que vago por aquí y no lo he comunicado a nadie… Además, estoy en la ciudad. ¡Y cómo se ha ido formando esta ciudad! ¡Vaya maravilla! ¡Es una ciudad de funcionarios y de seminaristas! La verdad, hay aquí muchas cosas que me pasaban por alto antes, cuando venía aquí a correrla, hará unos ocho años… Ahora no confío más que en la anatomía. ¡Se lo juro!

–¿En qué anatomía?

–En cuanto a esos *clubs*, a esos Dussot[2], a esos paseos de moda o bien, aún, al progreso, bueno, que se pasen sin mí –continuó, desentendiéndose otra vez de la pregunta de Raskólnikov–. Además, ¿a quién le gusta ser fullero?

–¿También fue usted fullero?

–¿Cómo no? Éramos toda una compañía, distinguidísima, hará de eso ocho años; matábamos el tiempo, ¿sabe usted? Todos éramos de buenas maneras, había poetas, había capitalistas. En general, entre nosotros, en la sociedad rusa, las maneras más finas se dan entre quienes han tenido algo que ver con la justicia, ¿lo ha observado? Ahora, viviendo en el campo, me he abandonado. De todos modos, un griego de Nezhin quiso meterme en la cárcel por deudas. Entonces entró en escena Marfa Petrovna, regateó y me rescató de la cárcel por treinta mil monedas de plata. (Yo debía en total setenta mil). Nos unimos en legítimo matrimonio, y en seguida me llevó al campo, como si fuera yo un tesoro. Es que, ¿sabe?, ella tenía cinco años más que yo. Me amaba mucho. He estado siete años sin moverme del campo. Y tenga en cuenta que, durante este tiempo, ha guardado un documento contra mí, a nombre de otro, por el valor de esos treinta mil rublos, de suerte que

---

[2] Propietario de un famoso restaurante petersburgués.

si se me hubiera ocurrido mostrarme insubordinado, ¡al cepo conmigo! ¡Y lo habría hecho! En las mujeres pueden combinarse y acomodarse al mismo tiempo sentimientos y acciones tan contrapuestos como ésos.

–De no haber sido por el documento, ¿habría tomado soleta?

–No sé qué decirle. Ese documento casi no me incomodaba. No me apetecía ir a ninguna parte. Al ver que me aburría, la propia Marfa Petrovna me propuso dos veces ir al extranjero. ¿Para qué? Por el extranjero había viajado antes, y siempre había vuelto hastiado. No porque me defraude, pero cuando contemplas una salida de sol, el golfo de Nápoles o el mar, te sientes invadido de tristeza. ¡Lo más insufrible es que se siente uno triste por cualquier cosa! No, en la patria se está mejor: aquí, por lo menos, echas la culpa de todo a los demás y te justificas. Ahora sería capaz de irme en una expedición al polo Norte, porque *j´ai le vin mauvais*[3], beber me repugna y fuera del vino no queda nada. Lo he probado todo. Dicen que el domingo, en el jardín de Yúsupov, Berg volará en un globo enorme y que admite compañeros de viaje mediante el pago de cierta cantidad, ¿es cierto?

–¿Volaría usted en globo?

–¿Yo? No… así… –balbuceó Svidrigáilov, que en verdad parecía caviloso.

"Pero ¿qué clase de hombre es éste, en realidad?", pensó Raskólnikov.

–No, el documento no me incomodaba –prosiguió Svidrigáilov, pensativo–. Yo mismo tenía ganas de permanecer en la aldea. Además, hará pronto un año, el día de mi santo, la propia Marfa Petrovna me devolvió el documento y encima me regaló una respetable suma, ¿sabe? Tenía mucho dinero. "Ya ve cuánta confianza tengo en usted, Arkadi Ivánovich", me dijo; ésas fueron sus palabras. ¿No cree que se expresara de este modo? Ha de saber que en la aldea me convertí en un señor muy respetable. Me conocen en aquellos contornos. También enviaba a buscar libros. Al principio, Marfa Petrovna le veía con buenos ojos, pero luego temía que leer tanto me perjudicara.

–Parece que echa de menos a Marfa Petrovna, ¿verdad?

–¿Quién, yo? Es posible. Verdaderamente, es posible. A propósito, ¿cree usted en las apariciones?

–¿En qué apariciones?

–En las apariciones corrientes. ¿En cuáles va a ser?

----

[3] Tengo mal vino. (En francés en el original.)

–Y usted, ¿cree en ellas?

–Sí, aunque si quiere, no, *pour vous plaire*[4]… Aunque, no es que no…

–¿ Las tiene acaso?

Svidrigáilov le miró de un modo raro.

–Marfa Petrovna tiene a bien visitarme –dijo torciendo la boca en una extraña sonrisa.

–¿Dice que tiene a bien visitarle?

–Sí, van tres veces. La vi por primera vez el mismo día del entierro, a la hora de haber vuelto del cementerio. Era la víspera de mi salida hacia Petersburgo. La vi por segunda vez al tercer día, durante mi viaje, al amanecer, en la estación de Malaia Vishera; la he visto por tercera vez hace dos horas, en mi alojamiento, en la habitación. Estaba solo.

–¿Despierto?

–Completamente. Las tres veces he estado despierto. Viene, habla durante un minuto, poco más o menos, y se va por la puerta; siempre por la puerta. Parece incluso que se oyen sus pasos.

–¡Ya imaginaba yo que le debían ocurrir cosas de ese tipo! –exclamó de pronto Raskólnikov, y en el mismo instante se sorprendió de haberlo dicho. Estaba muy agitado.

–¿Ah, sí? ¿Había pensado usted eso? –preguntó Svidrigáilov, sorprendido–. ¿Es posible? Bueno, le he dicho que entre nosotros hay algo de común, ¿eh?

–¡Nunca lo ha dicho! –contestó Raskólnikov, tajante y exaltado.

–¿No?

–¡No!

–Me parecía haberlo dicho. Hace poco, al entrar, cuando le he visto acostado y con los ojos cerrados, como si durmiera, pensé inmediatamente: "¡Es el mismo…!".

–¿Qué significa este "el mismo"? ¿A qué se refiere usted? –profirió Raskólnikov.

–¿A qué me refiero? La verdad, no sé a qué me refiero… –balbuceó Svidrigáilov, sinceramente y como si él mismo se confundiera.

Guardaron silencio unos momentos. Se miraban de hito en hito.

–¡Eso es absurdo! –exclamó, disgustado, Raskólnikov–. ¿Qué le dice cuando se presenta?

–¿Quién? ¿Ella? Pues figúrese que me habla de las cuestiones más insignificantes, y maravíllese usted de cómo es el hombre: Es eso precisa-

---

[4] Para que esté usted contento. (En francés en el original.)

mente lo que me irrita. Cuando apareció la primera vez (sabe usted, yo estaba fatigado: las ceremonias fúnebres, el oficio de difuntos, después la oración fuera de la iglesia, la comida; por fin me quedé solo en el gabinete, encendí un cigarrillo y me puse a meditar) entró por la puerta: "Arkadi Ivánovich (me dijo). Hoy ha tenido usted tantas preocupaciones, que se ha olvidado de dar cuerda al reloj del comedor". Realmente, durante los siete años, cada semana yo había dado cuerda a ese reloj y, si lo olvidaba, Marfa Petrovna me lo recordaba. Al día siguiente emprendí el viaje hacia aquí. Al amanecer, entré en la cantina de una estación; durante la noche había dormido poco; tenía los huesos doloridos, los ojos pesados. Pedí una taza de café. De pronto veo que Marfa Petrovna se sienta a mi lado con una baraja en la mano: "¿Le echo las cartas, Arkadi Ivánovich, para adivinar lo que le ocurrirá durante el viaje?". En eso de echar las cartas no había quien le ganara. ¡No puedo perdonarme el no haberla dejado que adivinara lo que me iba a pasar! Me escapé, asustado, y en aquel momento, la verdad, tocaron la campanilla que llamaba a los viajeros para que subieran al tren. Hoy, después de la pésima comida que he tomado en un fonducho de mala muerte, estaba sentado con el estómago molesto, fumando, cuando de pronto entra otra vez Marfa Petrovna, muy elegante, con un vestido nuevo de seda verde y larga cola: "¡Buenas tardes, Arkadi Ivánovich! ¿Le gusta mi vestido? Ni Aniska cose tan bien". (Aniska es una costurera de nuestra aldea, una antigua sierva que aprendió su oficio en Moscú. ¡No está mal la muchacha!). Marfa Petrovna, de pie, da unas vueltas ante mí. Miro su vestido y luego me fijo con mucha atención en su cara: "¡Qué ganas tiene usted, Marfa Petrovna, de fatigarse y venir a verme por tales pequeñeces!", le digo. "¡Ah, Dios mío! ¡No hay manera de alarmarle un poquitín!". Le digo, para hacerla rabiar: "Quiero casarme, Marfa Petrovna". "De usted todo puede esperarse, Arkadi Ivánovich; no le honra que, apenas enterrada su esposa, quiera casarse otra vez. Y aunque elija a una buena mujer, sé muy bien que tanto ella como usted serán la risa de la buena gente". Dicho esto, se fue; parecía como si se oyera el roce de la cola de su vestido. ¿No es absurdo?

—Con todo, lo que usted me cuenta quizá es pura filfa, ¿no? –dijo Raskólnikov.

—Raras veces miento –contestó Svidrigáilov, caviloso y como si no hubiera notado la grosería de la pregunta.

—Con anterioridad a estos casos, ¿no había tenido usted nunca apariciones?

—Sí, aunque una sola vez en la vida, hace seis años. Tenía un criado, Filka. Acabábamos de enterrarle, cuando grité, distraído: "¡Filka, la pipa!"

Entró y se fue derecho a la alacena donde yo guardaba las pipas. Yo estaba sentado y pensé: "Ahora se venga de mí", porque muy poco antes de su muerte tuvimos una discusión muy agria. "¿Cómo te atreves (le digo) a presentarte ante mí con la casaca rota por los codos? ¡Fuera, canalla!". Dio la vuelta, salió y no se presentó más. A Marfa Petrovna no se lo conté. Quería encargar una misa por el alma del difunto, pero me dio vergüenza.

–Vaya a ver al médico.

–Comprendo, sin que me lo diga, que estoy enfermo, aunque, la verdad, no sé de qué; a mi parecer, tengo probablemente cinco veces más salud que usted. Yo no le he preguntado si cree o no que hay quien ve apariciones. Lo que le he preguntado es si cree usted que hay apariciones.

–¡No, en absoluto! –exclamó Raskólnikov, hasta con cierta furia.

–¿Qué suele decirse generalmente? –masculló Svidrigáilov, como si hablara para sí, mirando a un lado e inclinando un poco la cabeza–. Se suele decir: "Estás enfermo; por tanto, lo que se te aparece no es más que un desvarío". En este razonamiento no hay lógica rigurosa. Admito que las apariciones se presentan sólo a los enfermos; esto sólo demuestra que las apariciones no pueden presentarse más que a los enfermos y no que no existen.

–¡Claro que no existen! –insistió, irritado, Raskólnikov.

–¿No? ¿Lo cree usted así? –prosiguió Svidrigáilov, examinándole lentamente–. Bueno, razonemos del modo siguiente (a ver si me ayuda): "Las apariciones son, por así decirlo, trozos y jirones de otros mundos, su comienzo. Claro es que el hombre sano no tiene por qué verlos, puesto que la persona que goza de salud es la más terrena de las personas y, en consecuencia, ha de vivir exclusivamente la vida de este mundo, para alcanzar la plenitud y para que el orden de las cosas se mantenga. Mas no bien se pone enfermo, tan pronto como se altere el orden normal y terreno del organismo, empieza a dejarse sentir inmediatamente la posibilidad de otro mundo, y cuanto más enfermo se está, tanto mayor es la esfera de contacto con el otro mundo, de suerte que el hombre, cuando muere, pasa ya directamente a él". Hace mucho ya que se reflexionó sobre esto. Si cree usted en la vida futura, puede admitir también este razonamiento.

–No creo en la vida futura –dijo Raskólnikov.

Svidrigáilov permanecía sentado, sumido en sus pensamientos.

–¿Qué pasaría si allí no hubiera más que arañas o algo por el estilo? –dijo de pronto.

"Está loco", pensó Raskólnikov.

–Verá, siempre nos representamos la eternidad como una idea que escapa a nuestra comprensión, como algo enorme, ¡enorme! Pero ¿por qué ha de ser una cosa precisamente enorme? Figúrese que, a lo mejor, en vez de ello, no hay allí más que una pequeña habitacioncita, algo así como un baño de aldea, ahumado, con arañas en todos los rincones, y que eso es la eternidad. ¿Sabe usted? Es así como a veces la concibo.

–¿Es posible que no se le ocurra nada más consolador ni más justo? ¿Es posible? –exclamó Raskólnikov, con cierta sensación de inquietud.

–¿Más justo? ¿Y quién sabe si no es eso lo justo? ¡Yo lo haría aposta así, sin falta! –contestó Svidrigáilov, con vaga sonrisa.

Raskólnikov sintió escalofríos al oír la maligna respuesta. Svidrigáilov levantó la cabeza, le miró fijamente y, de improviso, estalló en una carcajada.

–¡El caso lo vale! Reflexione usted un momento –exclamó–. Hace media hora no nos conocíamos; nos consideramos enemigos, nos queda todavía un asunto por resolver; pues bien, nos hemos olvidado de este asunto y nos hemos subido a las nubes con nuestras filosofías. ¿No tenía yo razón al decirle que somos plantas del mismo campo?

–Tenga usted la bondad –prosiguió Raskólnikov, irritado–; permítame rogarle se explique cuanto antes y me comunique a qué debo el honor de su visita… y… y… tengo prisa, no puedo perder tiempo, quiero salir a la calle…

–Permítame, permítame. ¿Su hermanita, Avdotia Románovna, se casa con el señor Luzhin, Piotr Petróvich?

–¿No es posible dejar de lado la cuestión relativa a mi hermana y no pronunciar su nombre? No comprendo cómo se atreve usted a nombrarla si de verdad es usted Svidrigáilov.

–¡He venido precisamente para hablar de ella! ¿Cómo quiere usted que no la nombre?

–Está bien, hable; pero dése prisa.

–Estoy convencido de que acerca de ese señor Luzhin, pariente mío por parte de mi mujer, ya se ha formado usted su propia opinión, si le ha visto, aunque sólo fuese media hora, o si tiene de él referencias ciertas y exactas. No es pareja para Avdotia Románovna. A mi modo de ver, en este asunto Avdotia Románovna se sacrifica con extraordinaria magnanimidad y no menor desatino por… por su familia. Después de lo que yo había oído hablar de usted, supuse que, por su parte, estaría usted muy contento si podía deshacer este casamiento sin menoscabo de los intereses. Ahora que le conozco personalmente, hasta estoy seguro de que no me equivoco.

–Por parte de usted, esto es muy ingenuo; perdone, quería decir insolente –replicó Raskólnikov.

–Entendámonos. Lo que usted quiere decir es que yo procuro llevar el
agua a mi molino. No se preocupe, Rodión Románovich; si lo que buscara
yo fuese mi propio beneficio, no me expresaría tan francamente. Tan
tonto no soy. A este respecto, voy a descubrirle una rareza psicológica.
Hace poco, al justificar mi amor por Avdotia Románovna, he dicho que la
víctima he sido yo mismo. Bueno, pues ha de saber que ahora no siento
ningún amor, *ninguno*, de modo que hasta a mí mismo eso me parece raro,
porque yo realmente algo he sentido…

–Por ociosidad y vicio –le interrumpió Raskólnikov.

–Realmente, soy un hombre vicioso y ocioso. Pero su hermanita
posee tantas perfecciones, que ni siquiera yo pude sustraerme a cierta
impresión. No obstante, todo ello es absurdo, como yo mismo veo ahora.

–¿Hace mucho que lo ve?

–Aunque empecé a notarlo antes, quedé convencido de ello definitivamente hace tres días, casi en el instante de llegar a Petersburgo. En
Moscú, aún imaginaba que iba a solicitar la mano de Avdotia Románovna, convirtiéndome en rival del señor Luzhin.

–Perdone que le interrumpa. Tenga la bondad. ¿No podría ser más
breve y pasar directamente al objeto de su visita? Tengo prisa, he de salir
de casa…

–Con muchísimo gusto. Llegado aquí y decidido a emprender cierto… viaje, he querido tomar las necesarias disposiciones previas. Mis
hijos han quedado con su tía, son ricos, y a mí personalmente, no me
necesitan para nada. Además, ¡valiente padre soy yo! He tomado conmigo sólo lo que me regaló hace un año Marfa Petrovna. Para mí basta.
Perdone, ahora paso a la cuestión misma. Ante el viaje, que quizá se
realice, quiero zanjar el asunto del señor Luzhin. No es que me resulte
excesivamente insoportable; sin embargo, por él tuve esa disputa con
Marfa Petrovna al enterarme de que ella había ajustado el casamiento.
Ahora, por mediación de usted e incluso en su presencia, deseo entrevistarme con Avdotia Románovna y explicarle, en primer lugar, que del
señor Luzhin no sólo no obtendrá el más pequeño beneficio, sino que con
él probablemente se verá notoriamente perjudicada. Luego, después de
suplicarle perdón por los recientes disgustos que le he causado, le pediría
su venia para ofrecerle diez mil rublos, y de esa manera facilitarle la
ruptura con el señor Luzhin, ruptura de la que ella misma se alegraría,
estoy seguro, si fuera posible.

–¡Usted está loco, realmente loco! –exclamó Raskólnikov, no tanto enojado cuanto sorprendido–. ¿Cómo se atreve a hablar de esa manera?

–Ya sabía yo que iba usted a poner el grito en el cielo; mas, en primer lugar, aunque no soy rico, puedo disponer a mi antojo de esos diez mil rublos, quiero decir que no los necesito en absoluto. Si no los acepta Avdotia Románovna, lo más probable es que los emplee de una manera mucho más tonta. Eso en primer lugar. En segundo lugar tengo la conciencia completamente tranquila; hago mi ofrecimiento sin segunda intención. Puede creerlo o no, pero más tarde se enterarán de ello, tanto usted como Avdotia Románovna. El caso es que yo realmente he sido causa de preocupaciones y disgustos para su muy respetable hermanita; arrepentido sinceramente, deseo no redimir mis culpas, no compensar con dinero los disgustos provocados, sino simplemente hacer de ella algo beneficioso sin más razón, en realidad, que la de no haber recabado para mí el privilegio de hacer sólo el mal. Si en mi ofrecimiento hubiera sólo una millonésima parte de cálculo interesado, no me limitaría a ofrecer en total diez mil rublos, cuando hace tan sólo cinco semanas le ofrecía más. Por otra parte, es posible que pronto, muy pronto, me case con una jovencita y, en consecuencia, las sospechas, en cuanto a posibles tentativas contra Avdotia Románovna, deben quedar descartadas. En conclusión, le diré que si Avdotia Románovna se casa con el señor Luzhin tomará el mismo dinero, sólo que de otro lado… No se enfade, Rodión Románovich; razone sosegadamente y con sangre fría.

Al pronunciar estas palabras, Svidrigáilov hablaba con extraordinaria sangre fría y con sorprendente sosiego.

–Le ruego que termine –dijo Raskólnikov–. En todo caso, eso es una osadía imperdonable.

–De ningún modo. De ser como usted dice, en este mundo el hombre sólo puede hacer daño a sus semejantes, y no tiene derecho a hacer ni sombra de bien debido a hueras formalidades generalmente admitidas. Eso es absurdo. Si yo muriese, por ejemplo, y legara esa suma a su hermanita por disposición testamentaria, ¿se negaría entonces a admitirla?

–Es lo más probable.

–No, eso no llegaría. Aunque, si no acepta, que no acepte; qué le voy a hacer. Sólo que diez mil rublos es pico excelente por si acaso. De todos modos, le ruego transmita a Avdotia Románovna lo que le he dicho.

–No, no se lo transmitiré.

–En ese caso, Rodión Románovich, me veré obligado a obtener una entrevista personal y, por tanto, a ser importuno.

–Si se lo transmito, ¿no procurará usted obtener una entrevista personal?

–No sé qué contestarle. Verla una vez es algo que desearía mucho.

–No lo espere.

–Es una pena. Aunque usted no me conoce… ¿Quién sabe? Aún es posible que lleguemos a ser amigos.

–¿Cree usted que podemos llegar a ser amigos?

–¿Por qué no? –contestó Svidrigáilov, sonriendo, levantándose y tomando el sombrero–. No crea que haya deseado importunarla. Al venir aquí tenía mis dudas, aunque, la verdad, esta mañana su fisonomía me ha impresionado…

–¿Dónde me vio usted? –preguntó Raskólnikov, lleno de inquietud.

–Ha sido por casualidad… Me sigue pareciendo que hay en usted algo que concuerda con mi modo de ser… Pero no se preocupe, no me gusta dar la lata; hasta con los fulleros supe entenderme. No di la murga al príncipe Svirbei, lejano pariente mío y alto dignatario, supe escribir unas líneas sobre la Madonna de Rafael en el álbum de la señora Prilúkova, he vivido siete años con Marfa Petrovna sin salir de la aldea, en otro tiempo me albergué en la casa de Viázemski, en la Plaza del Heno, y quizá vuele con Berg en el globo.

–Bueno, está bien. Permítame una pregunta: ¿piensa usted emprender el viaje pronto?

–¿Qué viaje?

–Pues el "viaje" ese… Usted mismo lo ha dicho.

–¿El viaje? ¡Ah, sí…! En efecto, le he hablado de un viaje… Bueno, ésta es una cuestión muy amplia… ¡Ah! ¡Si supiera usted, sin embargo, lo que me está preguntando! –añadió, riéndose de súbito fuerte y brevemente–. A lo mejor, en vez de salir de viaje, me caso; me están preparando el casamiento.

–¿Aquí?

–Sí.

–¿A los tres días de haber llegado?

–Sin embargo, tengo enormes deseos de ver a Avdotia Románovna. Mi ruego es muy serio. Bueno, hasta la vista… ¡Ah, sí! ¡Por poco lo olvido! Comunique a su hermanita, Rodión Románovich, que en el testamento de Marfa Petrovna se le legan tres mil rublos. Puedo asegurarle que es cierto. Marfa Petrovna testó una semana antes de su muerte, y lo hizo en presencia mía. Dentro de dos o tres semanas, Avdotia Románovna podrá recibir el dinero.

–¿Dice usted la verdad?

–La verdad. Comuníqueselo. Me tiene usted a su disposición. No vivo lejos de aquí.

Al salir, Svidrigáilov se cruzó en la puerta con Razumijin.

CAPÍTULO II

Y a iban a ser las ocho y los dos jóvenes partieron de inmediato, deseando llegar a la casa Bakaláiev antes que Luzhin.

–¿Quién era el que salía de tu casa, cuando yo entraba? –preguntó Razumijin, una vez en la calle.

–Es Svidrigáilov, el propietario de aquella casa donde mi hermana había sido institutriz, y que debió abandonar porque él la galanteaba; Marfa Petrovna pidió perdón a Dunia, y en días pasados murió súbitamente. Es de ella de quien mi madre hablaba hace poco. No sé por qué, me da miedo ese hombre. Es muy extraño y tiene un propósito firmemente decidido... Se diría que sabe algo... Llegó aquí después de haber enterrado a su esposa... Hay que defender a Dunia de este hombre... Esto es lo que quería decirte. ¿Comprendes?

–¡Defenderla! ¿Qué es lo que puede él contra Avdotia Románovna? Vaya, te doy las gracias, Rodia por haberme dicho eso... ¡La protegeremos, quédate tranquilo...! ¿Dónde vive él?

–Lo ignoro.

–¿Por qué no se lo preguntaste? ¡Es una lástima! Pero yo le encontraré.

–¿Le viste? –preguntó Raskólnikov tras breve silencio.

–Sí, le vi perfectamente.

–¿Estás seguro? –insistió Raskólnikov.

–Sí, claro. Le recuerdo como si lo estuviera viendo; le reconoceré entre mil, porque ya sabes que soy buen fisonomista.

Volvieron a guardar silencio.

–¡Hum…! Eso, eso… –balbuceó Raskólnikov–. ¿Sabes qué te digo…? Imaginaba…, me sigue pareciendo…, que eso puede ser una mera alucinación.

–¿A qué te refieres? No comprendo lo que quieres decir.

–Verás –prosiguió Raskólnikov, contraída la boca en una sonrisa–. Todos decís que estoy trastornado; ahora me ha parecido que quizás estoy realmente trastornado y que sólo he visto un fantasma.

–¿Cómo puedes decir eso?

–¿Quién sabe? Quizás estoy trastornado y lo que estos días ha ocurrido quizá no ha pasado más que en mi imaginación…

–¡Eh, Rodia! ¡Otra vez te han perturbado…! ¿Qué te ha dicho ese hombre? ¿Qué quería?

Raskólnikov no contestó. Razumijin reflexionó un momento.

–Bueno, ahora voy a contarte lo que he dicho yo. Atiende –dijo este último–. Subí a verte y te encontré dormido. Luego comimos y, después de comer, fui a ver a Porfiri. Zamétov no se había movido de allí. Quise hablar del asunto, pero sin éxito. No hubo modo de enhebrar la conversación en debida forma. Era como si no me comprendieran y no pudieran comprenderme, pero sin turbarse en lo más mínimo. Me llevé a Porfiri hacia la ventana y volví a la carga, pero otra vez sin sacar nada en claro; él mira hacia una cosa, y yo hacia otra. Por fin, le acerqué el puño a la cara y le amenacé con hacerlo papilla, como pariente mío que es. Por toda respuesta, se me quedó mirando. Escupí y me marché, nada más. Ha sido muy estúpido todo. Con Zamétov no he cambiado una palabra. Sólo que, verás, me estaba dando a los diablos cuando, al bajar la escalera, me sentí iluminado por una idea: ¿A santo de qué nos mortificamos tú y yo? Se comprendería, claro, si te amenazara algún peligro o hubiera alguna cosa. Pero ¿a ti qué te va en el asunto? No te afecta en absoluto, así que, ¡a la porra todos ellos! Más adelante vamos a reírnos a sus costillas; yo, en tu lugar, hasta empezaría a embromarlos. ¡Verás lo corridos que van a quedarse más tarde! ¡No hagas caso! Más tarde podremos darles algún mamporro, pero ahora, ¡échalo a risa!

–Sí, tienes razón –contestó Raskólnikov.

"Pero ¿qué vas a decir tú mañana?", pensó. Cosa rara, hasta ese momento ni una sola vez se le había ocurrido preguntarse: "¿Qué pensará

Razumijin cuando se entere?". Al tener tal idea, Raskólnikov le miró fijamente. Lo que acababa de relatarle Razumijin acerca de la visita a Porfiri le interesaba muy poco. ¡Eran tantas las cosas que habían perdido actualidad y tantas las que se habían añadido desde entonces!

En el pasillo se encontraron con Luzhin, que se había presentado exactamente a las ocho y estaba buscando el número de la habitación, de suerte que entraron los tres juntos, sin mirarse y sin saludarse. Los dos jóvenes pasaron delante y Piotr Petróvich, atento a las buenas maneras, se entretuvo un poco en el vestíbulo, quitándose el abrigo. Pulkeria Alexándrovna salió inmediatamente a recibirle en el umbral. Dunia saludó al hermano.

Piotr Petróvich entró en la habitación y saludó a las dos damas con bastante amabilidad, si bien con gravedad exagerada. De todos modos, por su aspecto, parecía algo desconcertado. Pulkeria Alexándrovna, que, por lo visto, también estaba un poco confusa, se apresuró a hacerlos sentar alrededor de una mesa redonda, en la que hervía el samovar. Dunia y Luzhin se colocaron en los dos extremos de la mesa, frente a frente. Razumijin y Raskólnikov quedaron situados delante de Pulkeria Alexándrovna, Razumijin junto a Luzhin y Raskólnikov cerca de su hermana.

Hubo un momento de silencio. Piotr Petróvich, sin apresurarse, sacó un pañuelo de batista perfumado y se sonó con el talante de una persona que, si bien es bondadosa, se siente algo herida en su dignidad y está firmemente decidida a exigir explicaciones. En el vestíbulo había tenido la idea de no quitarse el abrigo y marcharse, a fin de dar un castigo severo y ejemplar a las dos damas, de modo que les doliera. Pero no se decidió. Además, a aquel hombre no le gustaba dejar las cosas sin aclarar: si habían infringido su mandato de manera tan abierta, por algo sería; por tanto, lo mejor era enterarse. Tiempo para castigar, tendría siempre, y en sus manos estaba el hacerlo.

—Espero que hayan tenido un buen viaje, ¿ha sido así? —preguntó ceremonioso a Pulkeria Alexándrovna.

—A Dios gracias, Piotr Petróvich.

—Me alegro mucho. ¿Y Avdotia Románovna tampoco se ha fatigado?

—Yo soy joven y fuerte, no me canso; pero a mamá el viaje le ha resultado verdaderamente muy penoso —respondió Dunia.

—¡Qué le vamos a hacer! Nuestras vías de comunicación son muy largas. La llamada "madrecita Rusia" es grande… Pese a todos mis deseos, ayer no pude acudir a la estación a recibirlas. Espero, sin embargo, que todo se haya resuelto sin excesivas molestias.

–¡Ah, no, Piotr Petróvich! Nos quedamos muy descorazonadas –se apresuró a declarar Pulkeria Alexándrovna, con entonación especial…, y me parece que si Dios no nos manda ayer a Dmitri Prokófich, no sé lo que habría sido de nosotras. Permítame, Dmitri Prokófich Razumijin –añadió, presentándolo a Luzhin.

–Ah, sí, tuve el gusto de conocerle… ayer –balbuceó Luzhin, echando una mirada de encubierta hostilidad a Razumijin; luego frunció el ceño y se calló.

Piotr Petróvich pertenecía a la clase de personas sumamente amables en sociedad y que aspiran a pasar por tales; pero no bien se hace algo contra su gusto, pierden sus recursos y se vuelven más parecidos a sacos de harina que a caballeros desenvueltos capaces de animar una reunión. De nuevo volvieron a guardar silencio: Raskólnikov callaba obstinado. Avdotia Románovna, por de pronto, no quería interrumpir el silencio y Razumijin nada tenía que decir, de modo que Pulkeria Alexándrovna volvió a alarmarse.

–Marfa Petrovna ha muerto, ¿lo sabe? –comenzó a decir, echando mano de su recurso principal.

–Sí, claro, lo sé. Me lo comunicaron tan pronto como se tuvo noticia de ello, y puedo informarle de que Arkadi Ivánovich Svidrigáilov, inmediatamente después del sepelio de su esposa, se trasladó rápidamente a Petersburgo. Tales son, por lo menos, las noticias que de fuente muy segura he recibido.

–¿A Petersburgo? ¿Aquí? –preguntó, alarmada, Dúniechka, cambiando una mirada con su madre.

–Así es, con toda seguridad, y, naturalmente, no sin objeto, a juzgar por la precipitación de su salida y, en general, por las circunstancias precedentes.

–¡Dios mío! ¿Es posible que ni siquiera aquí deje en paz a Dúniechka? –se lamentó Pulkeria Alexándrovna.

–Me parece que no tienen por qué inquietarse mucho, ni usted ni Avdotia Románovna, si se abstienen de entrar en ninguna clase de relación con él. Por mi parte, vigilo y estoy buscando dónde se encuentra…

–¡Ah, Piotr Petróvich, no puede figurarse hasta qué punto me había usted asustado! –continuó Pulkeria Alexándrovna–. No he visto más que dos veces a ese hombre, y me ha parecido horrible, ¡horrible! Estoy segura de que fue él quien causó la muerte de la difunta Marfa Petrovna.

–Sobre ese particular, no es posible llegar a dicha conclusión. Poseo noticias fidedignas. Tal vez la repercusión moral de la ofensa contribuyera a acelerar el desenlace, no lo discuto; por lo que respecta a la conducta y, en términos generales, a la característica moral del individuo, estoy de acuerdo con usted. No sé si es ahora un hombre rico ni qué le ha legado Marfa Petrovna; lo sabré dentro de un plazo brevísimo. Sin embargo, no hay duda de que aquí, en Petersburgo, disponiendo aunque sólo sea de algunos recursos económicos, volverá inmediatamente a las andadas. ¡Es el hombre más depravado y vicioso de su ralea! Tengo motivos más que suficientes para suponer que Marfa Petrovna, que tuvo la desgracia de quererle tanto y de redimirle las deudas, hace ocho años, le prestó además un gran servicio en otro sentido. Únicamente gracias a sus gestiones y a sus sacrificios, se echó tierra al comienzo de una causa criminal con complicaciones de asesinato brutal y, por decirlo así, fantástico, por el que Svidrigáilov podía haberse visto obligado, muy obligado, a pasearse por Siberia. Ya ve usted qué clase de hombre es ése, si no sabía.

–¡Oh Dios mío! –profirió Pulkeria Alexándrovna.

Raskólnikov escuchaba con suma atención.

–¿Dice usted la verdad cuando afirma que posee sobre ello referencias fidedignas? –preguntó Dunia, severa y grave.

–Me limito a repetir lo que he oído, en secreto, de la difunta Marfa Petrovna. Téngase en cuenta que, desde el punto de vista jurídico, es un asunto sumamente oscuro. Vivía entonces aquí y, según parece, aún vive, cierta Resslich, una extranjera, usurera de pocos vuelos, dedicada, además, a otros negocios. Con esa Resslich, el señor Svidrigáilov mantenía desde hacía mucho tiempo ciertas relaciones en alto grado íntimas y misteriosas. Vivía con ella una pariente lejana, creo que una sobrina suya, sordomuda, una muchacha de quince años, si no de catorce, a la cual esa Resslich odiaba con toda el alma y le echaba en cara hasta el pan que la pobre comía; incluso le pegaba sin la menor compasión. Un día la encontraron ahorcada en el desván. El veredicto fue suicidio. Después de las investigaciones ordinarias la cosa quedó así: más tarde, empero, hubo denuncia de que la niña había sido… cruelmente ultrajada por Svidrigáilov. Ciertamente, el asunto era muy tenebroso; la denuncia procedía de otra alemana, mujer pública, que no merecía crédito. Al fin, en esencia, ni denuncia hubo gracias a los esfuerzos y al dinero de Marfa Petrovna, y todo se limitó a un rumor. Ese rumor, empero, era archisignificativo. Claro, usted, Avdotia Románovna, también oyó hablar en su casa de la historia con Filip, que murió de las torturas que había sufrido, hará unos seis años, en tiempos del régimen de servidumbre.

–Oí decir, por el contrario, que el propio Filip se había ahorcado.

–Exactamente, así fue; pero le obligó o, mejor dicho, le inclinó al suicidio el sistema de castigo y vejaciones incesantes del señor Svidrigáilov.

–Eso no lo sé –respondió secamente Dunia–. Sólo oí contar una historia muy extraña. Decían que ese Filip era un hipocondríaco, una especie de filósofo casero. Decía la gente que los libros le habían "trastocado" y que se había ahorcado por librarse de las burlas, más que de los golpes, del señor Svidrigáilov. Estando yo en la casa, Svidrigáilov trató bien a la gente y sus servidores le apreciaban, si bien es verdad que le culpaban de la muerte de Filip.

–Ya veo, Avdotia Románovna, que se siente usted inclinada a justificarle –observó Luzhin, contrayendo los labios con ambigua sonrisa–. Es un hombre astuto y se da maña para seducir a las damas, de lo cual sirve de triste ejemplo Marfa Petrovna, que acaba de morir en circunstancias tan extrañas. Mi única intención era servirlas a usted y a su mamá con mi consejo, por si podía serles útil, en previsión de las tentativas que ese hombre, sin duda alguna, verificará de nuevo. Por lo que a mí respecta, estoy firmemente convencido de que acabará otra vez en la cárcel por deudas, sin duda alguna. Marfa Petrovna jamás tuvo la menor intención de legarle algo importante, pues pensaba en los hijos, y si le ha dejado algo, se tratará, a lo sumo, de lo más indispensable, de poco valor, que se agota pronto, y que a un hombre de sus costumbres no le bastará ni para vivir un año.

–Piotr Petróvich, se lo ruego –dijo Dunia–; dejemos de hablar del señor Svidrigáilov. Eso me pone de mal humor.

–Acaba de visitarme –dijo Raskólnikov de improviso, interrumpiendo su mutismo.

Se oyeron exclamaciones. Todos se volvieron hacia él. Hasta Piotr Petróvich se inquietó.

–Hará cosa de hora y media, mientras yo dormía, ha entrado, me ha despertado y me ha dicho quién era –prosiguió Raskólnikov–. Ha estado bastante desenvuelto y alegre, y espera que yo haga buenas migas con él. He de decirte, Dunia, que ruega con mucha insistencia le concedas una entrevista; me ha pedido que sirva de mediador. Quiere hacerte una proposición; me ha dicho en qué consiste. Por otra parte, me ha asegurado que Marfa Petrovna, una semana antes de morir, tuvo tiempo de hacer testamento y te ha legado, Dunia, tres mil rublos, dinero que podrás recibir dentro de muy poco tiempo.

–¡Loado sea Dios! –exclamó Pulkeria Alexándrovna, y se persignó–. ¡Reza por ella, Dunia, reza por ella!

–Es verdad –dijo Luzhin, a pesar suyo.

–Bueno, bueno, ¿y qué más? –urgió Dúniechka.

–Luego, dijo que no es un hombre rico y que las propiedades pasan a sus hijos, que están ahora en casa de su tía; agregó que se hospeda no lejos de mi casa, pero no sé dónde. No se lo he preguntado...

–Pero ¿qué desea proponer a Dúniechka? ¿Qué es? –preguntó, alarmada, Pulkeria Alexándrovna–. ¿Te lo ha dicho?

–Sí, me lo ha dicho.

–¿Qué es?

–Lo diré luego.

Raskólnikov se calló y se puso a beber té.

Piotr Petróvich sacó el reloj y lo miró.

–Me veo obligado a salir, reclamado por un asunto, y de ese modo no molestaré –añadió, algo picado, e hizo un movimiento para levantarse de la silla.

–Quédese, Piotr Petróvich –dijo Dunia–. Dijo que tenía la intención de pasar con nosotros la velada. Además, usted mismo ha escrito diciendo que deseaba aclarar algún asunto con mamá.

–Así es, Avdotia Románovna –repuso gravemente Piotr Petróvich, sentándose de nuevo en la silla, si bien conservando el sombrero en las manos–. Deseaba, en efecto, tener una explicación con usted y con su mamá, muy respetable señora mía, acerca de algunos puntos de suma importancia. Pero del mismo modo que su hermano no puede hablar en mi presencia acerca de ciertas proposiciones del señor Svidrigáilov, no deseo ni puedo hacerlo yo... en presencia de otros... sobre algunos puntos importantes, muy importantes. Por otra parte, mi ruego encarecido y principal no ha sido tenido en cuenta...

Luzhin adoptó una expresión grave, de hombre ofendido, y se calló.

–Su ruego de que mi hermano no estuviera presente en nuestra entrevista no se ha observado sólo por insistencia mía –dijo Dunia–. Usted nos ha escrito que mi hermano le ha ofendido; creo que esto se ha de aclarar inmediatamente y que han de hacer ustedes las paces. Si Rodia en verdad le ha ofendido, *debe* pedirle perdón y *lo hará*.

Piotr se envalentonó en seguida.

–Hay ofensas, Avdotia Románovna, que no es posible olvidar, por grande que sea la buena voluntad. Todas las cosas tienen un límite que es peligroso rebasar, pues si se traspasa, no es posible volver atrás.

–No es a eso a lo que en realidad me refería, Piotr Petróvich –le replicó Dunia, con cierta impaciencia–. ¿Comprende usted bien que nuestro futuro depende ahora de que se aclare o se zanje eso cuanto antes? Se lo digo francamente, desde el primer momento; mi punto de vista no puede ser otro, y si usted me estima, por poco que sea, el asunto ha de acabarse hoy mismo, aunque resulte difícil. Le repito que, si mi hermano es culpable, pedirá perdón.

—Me sorprende que plantee así el problema, Avdotia Románovna —contestó Luzhin, cada vez más irritado—. Aun estimándola mucho, incluso adorándola, puedo al mismo tiempo no sentir ningún afecto por alguna de las personas de su familia. Al pretender a la felicidad de obtener su mano, no puedo a la vez tomar sobre mí obligaciones incompatibles…

—Por favor, Piotr Petróvich —dijo Dunia con vivacidad, interrumpiéndole—. Déjese de susceptibilidades y sea el hombre inteligente, noble y generoso, tal como le he considerado siempre y quiero considerarle. Le he hecho una gran promesa: soy su novia. Tenga confianza en mí en esta cuestión y créame que seré capaz de juzgar con imparcialidad. El que recabe para mí el papel de árbitro, es una sorpresa tanto para usted como para mi hermano. Cuando hoy, después de recibir su carta, le he pedido a Rodia que acudiera sin falta a nuestra entrevista, no le he comunicado mi intención. Comprenda que, si no hacen las paces, me veré obligada a elegir: o el uno o el otro. Así está planteada la cuestión, tanto por parte de usted como de Rodia. No quiero ni debo equivocarme. Según usted, he de romper con el hermano; según mi hermano, he de romper con usted. Ahora quiero y puedo saber con certeza si es un verdadero hermano para mí, y también si soy algo para usted. ¿Me estima usted? ¿Es usted un verdadero marido para mí?

—Avdotia Románovna —dijo Luzhin, amostazándose—, sus palabras son demasiado significativas para mí; le diré más, hasta resultan ofensivas, dada mi situación con usted. Sin hablar de la molesta y rara comparación que hace al colocarnos en un mismo plano a mí… y a un joven insolente, resulta que, con sus palabras, admite usted la posibilidad de retirar la palabra que me ha dado. Usted dice: "O el uno o el otro". Con esto me demuestra lo poco que significo para usted… No puedo admitirlo, dadas las relaciones y las obligaciones que entre nosotros existen.

—¡Cómo! —exclamó Dunia, arrebatada—. Pongo el interés de usted al lado de cuanto hasta ahora me ha sido entrañable, de lo que hasta ahora ha constituido *toda* mi vida, y de pronto se ofende usted y dice que le estimo en *poco*.

Raskólnikov sonrió, en silencio, mordazmente; Razumijin sintió un vuelco en el corazón. Piotr Petróvich no admitió la réplica; al contrario, se iba volviendo más quisquilloso y más irritable por momentos, como si encontrara en ello cierto placer.

–El amor al futuro compañero de la vida, al marido, ha de superar al amor por el hermano –dijo, sentencioso–. En todo caso, no puedo figurar en un mismo plano… Aunque he dicho con insistencia que en presencia de su hermano ni deseo ni puedo aclarar las cosas que he de tratar con ustedes, voy a dirigirme ahora a su muy honorable mamá para dilucidar una cuestión trascendental y ofensiva para mí. Su hijo –añadió, dirigiéndose a Pulkeria Alexándrovna–, ayer, en presencia del señor Rassudkin (¿No es así? Perdone, he olvidado su nombre) –dijo inclinándose amablemente en dirección a Razumijin–, me ofendió tergiversando un pensamiento mío que comuniqué a usted durante una conversación particular, cuando estuve en su casa tomando una taza de café. Se trata de que el matrimonio con una joven pobre, que sepa lo que es sufrir, a mi juicio, desde el punto de vista del marido, es más ventajoso que el casamiento con una joven a la que nada le haya faltado; es más beneficioso para la moral. Su hijo, con toda intención, exageró hasta el absurdo el significado de mis palabras, atribuyéndome propósitos vituperables y basándose, a mi modo de ver, en las cartas que usted misma le ha escrito. Me consideraré feliz si usted, Pulkeria Alexándrovna, puede convencerme de lo contrario; y de este modo me tranquilizará en gran manera. Dígame, pues, ¿en qué términos transmitió usted mis palabras en su carta a Rodión Románovich?

–No lo recuerdo –contestó Pulkeria Alexándrovna, desconcertada–. Las transmití tal como las entendí. No sé cómo se las habrá explicado Rodia… Quizá haya exagerado algo.

–Sin sugerencia por parte de usted, no habría podido exagerar.

–Piotr Petróvich –replicó Pulkeria y Alexándrovna con dignidad…. La prueba de que Dunia y yo no interpretamos sus palabras mal, es que estamos *aquí*.

–Muy bien, mamá –contestó Dunia.

–Así, pues, también soy yo el culpable –dijo Luzhin, ofendido.

–¡Piotr Petróvich! Usted no hace más que acusar a Rodión, pero usted mismo, en su carta, ha escrito de él cosas que no responden a la verdad –añadió Pulkeria Alexándrovna, animándose.

–No recuerdo haber escrito nada que no responda a la verdad.

–Escribió usted –declaró Raskólnikov, tajante, sin volverse hacia Luzhin– que ayer entregué dinero, no a la viuda de un hombre aplastado por un carruaje, lo que en realidad hice, sino a su hija (a la cual no había visto hasta ayer). Escribió usted eso para enemistarme con mi madre y mi hermana, y con ese fin añadió usted unas expresiones infames sobre la conducta de una joven a la que usted no conoce. Eso son calumnias y ruindad.

–Perdone, señor –contestó Luzhin, temblando de ira–; en mi carta me referí a sus cualidades y actos sólo en cumplimiento del ruego de su hermana y su madre, pues me pidieron que les contase cómo le había encontrado y qué impresión me había producido. En cuanto a lo que se dice en mi carta, a ver si encuentra una sola línea que no responda a la verdad, es decir, que usted entregó dinero y que en aquella familia, aunque desgraciada, se hallaban personas indeseables.

–A mi modo de ver, usted, a pesar de sus virtudes, no vale ni lo que el dedo meñique de la desdichada joven contra la que arroja usted piedras.

–¿Significa eso que ha decidido introducirla en la sociedad de su madre y su hermana?

–Ya lo he hecho, por si le interesa saberlo. La he hecho sentar hoy al lado de mamá y de Dunia.

–¡Rodia! –exclamó Pulkeria Alexándrovna.

Dúniechka se sonrojó, Razumijin frunció el ceño y Luzhin sonrió, sarcástico y altivo.

–Usted misma lo ve, Avdotia Románovna –dijo–. ¿Cabe aquí acuerdo alguno? Espero que la cuestión quede zanjada y clara de una vez para siempre. Me retiro para que mi presencia no turbe la felicidad de la entrevista familiar, ni sea un obstáculo para que comuniquen sus secretos –se levantó de la silla y tomó el sombrero–. Pero, al salir, me atrevo a indicar que en adelante confío verme libre de semejantes entrevistas y, por decirlo así, compromisos. Se lo ruego especialmente a usted, muy honorable Pulkeria Alexándrovna, tanto más cuanto que la carta iba dirigida a su nombre y a nadie más.

Pulkeria Alexándrovna se sintió algo ofendida.

–Mucho quiere usted hacernos sentir su autoridad, Piotr Petróvich. Dunia le ha explicado por qué no ha sido atendido el deseo que usted manifestó: ha obrado con buena intención. Además, usted me escribe como si me diera órdenes. ¿Será posible que debamos considerar como una orden cada uno de sus deseos? He de decirle, por el contrario, que ahora debe mostrarse con nosotras particularmente atento y condescendiente, pues lo hemos abandonado todo, confiando en usted, y hemos venido aquí, lo cual nos pone casi por entero en su manos.

–Eso no es del todo justo, Pulkeria Alexándrovna, y menos en este momento, cuando tienen ya noticia de los tres mil rublos legados por

Marfa Petrovna, lo cual, al parecer, resulta muy oportuno a juzgar por el nuevo tono en que han empezado a hablar conmigo –exclamó Luzhin, con acento ponzoñoso.

–A juzgar por su observación, es de suponer que confiaba usted en nuestro desamparo –comentó Dunia, irritada.

–Mas ahora, por lo menos, no puedo confiar en ello, y en particular no deseo ser un obstáculo para que les comuniquen las proposiciones secretas de Arkadi Ivánovich Svidrigáilov, confiadas a su hermano, proposiciones que son, según veo, de importancia capital para usted, y quién sabe si de un significado muy agradable.

–¡Oh, Dios mío! –exclamó Pulkeria Alexándrovna.

Razumijin no podía estarse quieto en la silla.

–¿No te avergüenzas ahora, hermana? –preguntó Raskólnikov.

–Me avergüenzo, Rodia –contestó Dunia–. ¡Piotr Petróvich, fuera de aquí!

Al parecer, Piotr Petróvich no esperaba un final semejante. Confiaba demasiado en sí mismo, en su poder y en el desamparo de sus víctimas. Ni entonces creía en aquel final. Palideció y le temblaron los labios.

–Avdotia Románovna, si salgo ahora por esta puerta, despedido con tales palabras, tenga en cuenta que no volveré jamás. ¡Piénselo bien! Lo digo muy en serio.

–¡Qué insolencia! –exclamó Dunia, levantándose rápidamente de su asiento–. ¡Si soy yo la que no quiere que vuelva usted jamás!

–¿Cómo? ¿Es lo que quiere? –profirió Luzhin, lejos de creer, hasta el último instante, que fuera posible un desenlace semejante y, por lo mismo, desconcertado por completo–. ¿Eso? Pero ¿sabe, Avdotia Románovna, que podría protestar?

–¿Qué derecho tiene a hablarle así? –terció con viveza Pulkeria Alexándrovna–. ¿De qué puede protestar? ¿Acaso voy a dar mi Dunia a un individuo como usted? ¡Váyase! ¡Déjenos para siempre! Nosotras tenemos la culpa por haber accedido a una proposición que no era justa, y yo tengo más que nadie…

–Sin embargo, Pulkeria Alexándrovna –replicó, furioso, Luzhin–, me han atado ustedes con la palabra de que ahora se retractan… En fin…, en fin, ello me ha acarreado ciertos gastos…

Esta última queja cuadrada tan bien al carácter de Piotr Petróvich, que Raskólnikov, pálido de ira y del esfuerzo que hacía para contenerla, no pudo dominarse por más tiempo y estalló en una carcajada. Pulkeria Alexándrovna, en cambio, salió de sus casillas.

–¿Gastos? ¿A qué gastos se refiere? ¿Habla usted del baúl? Pero si el revisor lo transportó gratis. ¡Señor! ¡Decir que nosotras le hemos atado! Hágase cargo de lo que dice, Piotr Petróvich: ¡ha sido usted quien nos ha atado a nosotras, de manos y de pies, no nosotras a usted.

–Basta, mamá; por favor, basta –rogó Avdotia Románovna.

–Piotr Petróvich, tenga usted la bondad… ¡váyase!

–Me voy, pero permítame una última palabra –contestó Luzhin, perdido casi por completo el dominio de sí mismo–. Su mamá, según parece, ha olvidado por completo que decidí pedir la mano de usted después de unos rumores que pusieron en entredicho su reputación en la comarca. Al desdeñar, por usted, la opinión pública y restablecer su reputación, claro que podía confiar con pleno fundamento de causa en una recompensa e incluso exigir el reconocimiento suyo… ¡Sólo ahora se me han abierto los ojos! Yo mismo veo que quizá obré con precipitación más que excesiva al hacer caso omiso de la voz pública…

–Pero ¿es que quiere que le rompan la crisma? –exclamó Razumijin, saltando de la silla y dispuesto a escarmentarle.

–¡Es usted malvado y ruin! –le replicó Dunia.

–¡Ni una palabra! ¡Ni un gesto! –gritó Raskólnikov, conteniendo a Razumijin.

Acercándose a Luzhin poco menos que hasta rozarle la cara, le dijo en voz baja y muy clara:

–¡Haga el favor de salir! Y ni una palabra más; de lo contrario…

Piotr Petróvich se lo quedó mirando unos segundos, pálido y con el rostro contraído por la ira; luego dio la vuelta y se fue. Raras veces llevó nadie en el corazón tanto odio a una persona como aquel hombre hacia Raskólnikov. A él, y a nadie más que a él, acusó de todo. Es digno de notar que al descender la escalera, Luzhin siguió imaginando que quizá no estaba aún todo perdido, y que si se tratara exclusivamente de las damas sería "más que posible" volver las cosas a su sitio.

CAPÍTULO III

Lo grave era que hasta el último momento Piotr Petróvich no había esperado un desenlace semejante. Galleaba sin cautela, pues ni siquiera admitía en el terreno de las posibilidades que dos mujeres en la miseria e indefensas pudieran escapar de su poder. Esta convicción era en gran medida fruto de una vanidad y de un grado de confianza en sí mismo que con mayor propiedad ha de llamarse petulancia. Piotr Petróvich había salido de la nada, se había abierto camino por sí solo, estaba acostumbrado a admirarse a sí mismo hasta un extremo morboso, tenía en alta estima su inteligencia y sus capacidades, e incluso a veces, estando a solas, se embelesaba contemplándose en el espejo. Pero lo que más apreciaba en el mundo era el dinero, que había conseguido trabajando y sin reparar en medios, dinero que le ponía a la altura de todo lo que estaba por encima de él.

Al recordar con amargura a Dunia, y que se había decidido a pedirle la mano, a pesar de lo que de ella se decía, Piotr Petróvich hablaba con toda sinceridad y se sentía incluso profundamente indignado por tan "negra ingratitud". Por otra parte, al prometerse entonces con Dunia, estaba completamente convencido de la estupidez de los comadreos, refutados ante la gente por la propia Marfa Petrovna, hasta el punto de que en la ciudad ya nadie creía en ellos y todos defendían calurosamente a la joven. Estaba dispuesto a reconocer, también, que entonces lo sabía. Sin embargo, valoraba en mucho su decisión de elevar a Dunia hasta sí mismo y consideraba el hecho como una hazaña. Al hablar con Dunia del modo que acababa de hacerlo, había expresado un pensamiento secreto, que en su fuero interno había acariciado y del que se había admirado en más de una ocasión. No podía comprender que los demás no admiraran su hazaña. Cuando se dirigió el otro día a casa de Raskólnikov para visitarle, iba con las sensación del bienhechor dispuesto a recoger los frutos de su actuación y a oír dulces cumplidos. Claro está que ahora, al bajar la escalera, se consideraba en alto grado ofendido y acreedor de un reconocimiento que se le negaba.

Dunia le era sencillamente indispensable; renunciar a ella le resultaba inconcebible. Hacía mucho tiempo, años ya, que Piotr Petróvich soñaba con casarse, pero iba reuniendo dinero y esperaba. Se extasiaba pensando muy en secreto en una doncella honrada y pobre (tenía que ser pobre, sin falta), muy joven, muy hermosa, de noble carácter e instruida, muy amedrentada, abrumada por numerosas desgracias, totalmente inclinada ante él, de modo que le considerara toda la vida como su salvador, que le venerara, que se le subordinara, que le admirara a él y sólo a él. ¡Cuántas escenas, cuántos deleitosos episodios creó en su imaginación pensando en aquel tema seductor, mientras descansaba en soledad de sus ocupaciones! Por fin, el sueño de tantos años era casi una realidad: la hermosura y la instrucción de Avdotia Románovna le habían dejado perplejo; el desamparo en que ella se encontraba fue para él un acicate extraordinario. Encontraba incluso algo más de lo que él había soñado: aquélla era una joven de carácter orgulloso, virtuosa, superior a él mismo por educación y por desarrollo (él se daba cuenta), ¡una criatura semejante le estaría agradecida toda la vida, como una esclava, por la hazaña que él iba a realizar; se le rendiría llena de veneración; sería su dueño y señor, sin límites ni cortapisas!… Como hecho adrede, poco antes, después de mucho esperar y de largas reflexiones, decidió, al fin, cambiar de carrera y entrar en una esfera de acción más amplia, al mismo tiempo que se iba introduciendo poco a poco en una sociedad más elevada, cosa que pensaba, recreándose voluptuosamente, desde hacía tiempo… En una palabra, decidió probar fortuna en Petersburgo. Sabía que con una mujer al lado, las posibilidades de éxito son mucho mayores. El encanto de una mujer hermosa, virtuosa e instruida, podría embellecer su camino de modo sorprendente, podía ganarle amistades, crearle una aureola… ¡y todo acaba de desplomarse! La ruptura incalificable y repentina le había producido la impresión de un cataclismo. ¡Aquello era un broma escandalosa y absurda! No había hecho sino envalentonarse un poquitín; ni siquiera había tenido tiempo de decir cuanto pensaba; sencillamente, bromeó un poco, se dejó llevar por la discusión… ¡y acabó aquello de manera tan seria! Además, a su modo, incluso quería a Dunia; en sueños había sido su señor, y de pronto… ¡No! Mañana, mañana mismo había que poner de nuevo las cosas en su lugar, buscar el remedio, corregir y, sobre todo, hacer morder el polvo al mocoso insolente que había sido la causa de lo ocurrido. Con dolorosa sensación se acordó también, a pesar suyo, de Razumijin… mas por aquella parte se sintió tranquilo: "¡Sólo faltaría que también colocaran a ése a su lado, en un mismo plano!". A quien en realidad temía era a Svidrigáilov… En una palabra, tenía por delante no pocos quebraderos de cabeza…

· ·

–¡No! Soy yo, soy yo la más culpable –decía Dúniechka, abrazando a su madre y besándola–. Me seducía su dinero, pero te juro, hermano, que no podía siquiera imaginar que fuera una persona tan indigna. Si yo hubiera visto antes cómo es, no me habría sentido tentada por nada del mundo. ¡No me acuses, hermano!

–¡Dios nos ha librado! ¡Dios nos ha librado! –balbuceaba Pulkeria Alxándrovna, pero de modo algo inconsciente, como si no se hubiera hecho cargo aún de lo ocurrido.

Todos se sentían contentos; a los cinco minutos, hasta se reían. Sólo Dúniechka, a veces, palidecía y fruncía las cejas, recordando lo sucedido. Pulkeria Alexándrovna ni habría podido imaginar que también ella estaría contenta. Aún por la mañana la ruptura con Luzhin le parecía una terrible desgracia. Pero el más entusiasmado de todos era Razumijin. Aún no se atrevía a manifestarlo plenamente, pero temblaba como si tuviera fiebre, como si un peso de ocho arrobas se le hubiera desprendido del corazón. Tenía derecho a hacerles ofrenda de su vida, a servirlas…¡La cosa cambia! De todos modos, apartaba aún más medrosamente otros pensamientos y tenía miedo de su imaginación. Sólo Raskólnikov permanecía sentado en el mismo lugar, casi sombrío, distraído. Él, que había insistido más que nadie en que se echara a Luzhin, parecía el menos interesado por lo que acababa de suceder. Dunia pensó, a pesar suyo, que su hermano seguía enfadado con ella. Pulkeria Alexándrovna le miraba intranquila.

–¿Qué te ha dicho Svidrigáilov? –le preguntó Dunia, acercándose a él.

–¡Ah, sí, sí! –exclamó Pulkeria Alexándrovna.

Raskólnikov levantó la cabeza.

–Quiere regalarte a toda costa diez mil rublos y desea verte una vez en presencia mía.

–¡Verte! ¡Por nada del mundo! –exclamó Pulkeria Alexándrovna–. ¡Cómo se atreve a ofrecerle dinero!

Raskólnikov contó (con bastante sequedad) la conversación que había tenido con Svidrigáilov, eludiendo lo que hacía referencia a las apariciones de Marfa Petrovna para no dar lugar a comentarios superfluos por parte de su madre, y también porque le repugnaba sostener una conversación, cualesquiera que fuese, más allá de lo estrictamente necesario.

–¡Qué le has contestado? –preguntó Dunia.

–Primero le he dicho que no te comunicaría nada. Entonces ha declarado que recurriría a todos los medios para obtener la entrevista. Ha asegurado que la pasión que sintió por ti fue un antojo y que ahora no siente nada por tu persona… No quiere que te cases con Luzhin… En general, hablaba de manera confusa.

–¿Cómo entiendes tú a ese hombre, Rodia? ¿Qué impresión te ha producido?

–Te confieso que no veo la cosa clara. Ofrece diez mil rublos y dice que no es rico. Declara que quiere emprender un viaje y a los diez minutos se olvida de que ha hablado de ello. De pronto afirma que quiere casarse y que ya le han buscado una novia… Está claro que persigue algún fin, y lo más probable es que no trame nada bueno. Por otra parte, resulta extraño suponer que haya empezado a obrar de manera tan tonta si quiere acercársete con malas intenciones… Naturalmente, he rechazado el dinero en redondo, y en nombre tuyo. En general, me ha parecido muy raro… e incluso… creo haber notado en él síntomas de locura. Pero quizá me equivoque; quizá se trate sólo de una ardid suyo. Parece que la muerte de Marfa Petrovna le ha impresionado…

–¡Que Dios la tenga en la gloria! –exclamó Pulkeria Alexándrovna–. ¡Toda la vida rogaré por su alma, toda la vida! ¡Qué sería ahora de nosotras, Dunia, sin esos tres mil rublos! ¡Dios mío, nos vienen como caídos del cielo! ¡Ah, Rodia! Esta mañana no nos quedaban más que tres rublos; Dunia y yo no hacíamos más que pensar dónde podríamos empeñar el reloj, cuanto antes, para no tener que pedirle nada a Luzhin, hasta que él cayera en la cuenta.

Parecía que la proposición de Svidrigáilov había dejado perpleja a Dunia, que seguía de pie, pensativa.

–¡Se ha propuesto hacer alguna cosa terrible! –dijo, casi entre dientes, como si hablara para sí y poco menos que estremeciéndose.

Raskólnikov se dio cuenta del miedo de su hermana.

–Creo que me tocará verle aún más de una vez –dijo a Dunia.

–¡Le seguiremos el rastro! ¡Daré con él! –exclamó enérgicamente Razumijin–. ¡No le perderé de vista! Rodia me lo ha permitido. Me ha dicho, no hace mucho: "Cuida de mi hermana". ¿Me lo permite usted, Avdotia Románovna?

Dunia se sonrió y le tendió la mano; pero la sombra de la preocupación no se borraba de su rostro. Pulkeria Alexándrovna la miraba tímidamente; de todos modos, los tres mil rublos, por lo visto, la habían tranquilizado.

Un cuarto de hora más tarde, estaban todos discutiendo animadamente. Incluso Raskólnikov, aunque no hablaba, permaneció cierto tiempo escuchando con atención. Quien discurseaba era Razumijin.

–¿Por qué quieren irse? ¿Por qué? –decía con palabra fluida y solemne, exaltado–. ¿Qué van a hacer ustedes en una ciudad tan pequeña? Lo más importante es que aquí están juntos, y uno necesita a otro, y ¡de qué modo, compréndanlo! Bueno, aunque sólo sea por cierto tiempo… Acéptenme como amigo, como asociado; les aseguro que montaremos una empresa magnífica. Oigan, se lo explicaré con detalle; les explicaré el proyecto. Esta mañana, cuando aún no había pasado nada, se me ha ocurrido. Se trata de lo siguiente: Mi tío (se lo voy a presentar, es un viejo bueno como el pan y muy honorable) dispone de un capital de mil rublos, que no necesita, porque vive de una pensión. Hace ya más de un año que insiste en que los acepte y le pague un interés del seis por ciento. Adivino su propósito: lo que quiere es sencillamente ayudarme; pero el año pasado yo no lo necesitaba y este año he esperado su llegada con el propósito de decirle que acepto. Ustedes ponen mil rublos de los tres mil (de momento basta) y nos asociamos. ¿Qué vamos a hacer?

Razumijin se puso a desarrollar su proyecto y habló mucho de que casi todos nuestro libreros y editores conocen mal su mercancía, por lo cual suelen ser malos editores; pero los buenos libros en general se venden bien y proporcionan un margen de beneficios que a veces es importante. Razumijin pensaba dedicarse a la actividad editorial. Hacía ya dos años que trabajaba para otros y conocía bastante bien tres lenguas europeas, a pesar de que seis días antes había dicho a Raskólnikov que en alemán estaba *schwach*[1], a fin de obligar a su amigo a aceptar la mitad de una traducción y tres rublos de anticipo; entonces no había dicho la verdad, y Raskólnikov lo sabía.

---

[1] Débil. (En alemán en el original.)

–¿Por qué dejar escapar la ocasión, si disponemos de uno de los medios más importantes, dinero propio, para llevar a cabo el proyecto? –prosiguió Razumijin, entusiasmado–. Claro, es necesario trabajar mucho, pero trabajaremos todos, usted, Avdotia Románovna, yo, Rodia... ¡Hay ediciones que proporcionan ahora un tanto por ciento de beneficio muy respetable! Pero el quid de la empresa está en que sabremos lo que es preciso traducir. Traduciremos, editaremos, estudiaremos, todo a la vez. Ahora puedo ser útil, porque tengo cierta experiencia. Hace casi dos años que estoy metido en editoriales y conozco el tejemaneje: ¡no es cosa del otro jueves, créame! ¿Y por qué dejar pasar la ocasión de hacer algún beneficio? Conozco dos o tres obras (y me lo guardo como un secreto) por cada una de las cuales podría pedir cien rublos, nada más que por presentarlas a un editor y sugerir su edición. De una de ellas no hablaría ni aunque me ofrecieran quinientos rublos. Además, según a quien se lo dijera, aún me vendría con dudas, ¡los hay alcornoques! En cuanto a la organización del negocio, déjenlo de mi cuenta. ¡Conozco todos los rincones! Comenzaremos por poca cosa, llegaremos a tener una gran empresa; por lo menos nos dará para vivir y, en todo caso, podremos recuperar el dinero empleado.

A Dunia le brillaban los ojos.

–Lo que usted explica me gusta mucho, Dmitri Prokófich –dijo.

–De esas cosas, claro, no entiendo nada –comentó Pulkeria Alexándrovna–. Es posible que la idea sea buena. Dios lo sabe. Es una cosa nueva, desconocida. Naturalmente, nosotras debemos quedarnos aquí, aunque sólo sea por cierto tiempo...

Pulkeria Alexándrovna miró a Rodia.

–¿Qué opinas tú, hermano? –preguntó Dunia.

–Pienso que su idea es muy buena –contestó Raskólnikov–. Está claro que no puede pensarse en una gran casa editorial antes de tiempo, pero no hay duda de que cinco o seis libros pueden editarse con éxito indudable. Yo mismo conozco una obra que se vendería sin duda alguna. En cuanto a si Razumijin puede llevar la empresa a buen término, estad tranquilas: sabe de qué se trata... Aunque os sobrará tiempo para poneros de acuerdo.

–¡Hurra! –gritó Razumijin–. Ahora, un momento. En esta misma casa hay un piso libre independiente, sin comunicación con estas habitaciones realquiladas, amueblado, y no es caro. Tiene tres habitaciones. Por de pronto, alquílenlo. Lo importante es que pueden vivir los tres juntos, ustedes y Rodia... Pero Rodia, ¿adónde vas?

–¡Cómo! ¿Te vas? –preguntó, asustada Pulkeria Alexándrovna.

–¡En un momento como éste! –gritó Razumijin.

Dunia miraba a su hermano con recelosa perplejidad. Raskólnikov tenía la gorra en la mano; se disponía a salir.

–Parece que me llevarais a enterrar o que os despedierais de mí para siempre –dijo de manera extraña.

Contrajo los labios como si se sonriera, pero aquello no era una sonrisa.

–Aunque, quién sabe, quizá sea realmente la última vez que nos veamos –añadió como por casualidad.

Lo había pensado, mas las palabras se articularon como por sí mismas.

–Pero ¿qué te pasa? –profirió la madre.

–¿Adónde vas, Rodia? –preguntó, de modo raro, Dunia.

–Tengo necesidad de irme –contestó Raskólnikov confusamente, como si vacilara en lo que quería decir.

Pero en su pálido rostro se notaba una decisión firme.

–Al venir aquí… quería decirle, mamá… y también quería decirte a ti, Dunia, que por cierto tiempo lo mejor sería que nos separáramos. No estoy bien, no estoy tranquilo… vendré más tarde, vendré por mí mismo, cuando… sea posible. Os recordaré, os quiero… ¡Dejadme! ¡Dejadme solo! Había tomado esta decisión antes… Lo he decidido firmemente… Me ocurra lo que me ocurra, tanto si me pierdo como si no me pierdo, quiero estar solo. Olvidaos por completo de mí. Eso es lo mejor… No preguntéis por mí. Cuando haga falta, yo mismo vendré… o bien os llamaré.

–¡Es posible que todo resucite!… Pero ahora, si me queréis, renunciad a verme… De otro modo, os odiaría, me doy cuenta… ¡Adiós!

–¡Dios del cielo! –exclamó Pulkeria Alexándrovna. Madre y hermana estaban terriblemente asustadas; también lo estaba Razumijin.

–¡Rodia, Rodia! ¡Reconcíliate con nosotras, seamos amigos como antes! –exclamó la pobre madre.

Raskólnikov se volvió y se encaminó lentamente hacia la puerta. Dunia le alcanzó.

–¡Hermano! ¡Qué haces con la madre! –exclamó con la mirada ardiendo de indignación.

Raskólnikov la miró haciendo un gran esfuerzo.

–¡No te preocupes, vendré, vendré! –dijo a media voz, como si no tuviera plena conciencia de lo que quería decir, y salió.

–¡No tienes corazón, egoísta! –exclamó Dunia.

–¡Es un demente, no un hombre sin corazón! ¡Está loco! ¿Es posible que no se dé usted cuenta? ¡Es usted, en este caso, la que no tiene corazón!… –balbuceó con ardor Razumijin al oído de la joven, a la vez que le apretaba la mano con fuerza–. ¡Ahora mismo vuelvo! –gritó a la desfallecida Pulkeria Alexándrovna, y salió corriendo de la habitación.

Raskólnikov le esperaba al final del pasillo.

–Supuse que saldrías corriendo –dijo–. Vuelve con ellas, no las abandones… Vuelve otra vez mañana… y siempre. Yo… quizá venga… si es posible. ¡Adiós!

Y sin tenderle la mano, se puso de nuevo en marcha.

–Pero ¿adónde vas? ¿Qué te pasa? ¿Qué te ocurre? ¿Acaso es posible obrar así?… –balbuceó Razumijin, completamente desconcertado.

Raskólnikov se detuvo de nuevo.

–Te lo digo de una vez para siempre… no me preguntes nunca nada. No puedo contestarte… No pases por mi casa. Es posible que yo venga aquí… Déjame, pero a ellas… *no las dejes.* ¿Me comprendes?

El pasillo estaba oscuro; estaban de pie, cerca de una lámpara. Se contemplaron un minuto en silencio. Razumijin recordó aquel minuto toda su vida. En su alma, en su conciencia, penetraba la mirada ardiente y fija de Raskólnikov, más intensa a cada instante. De súbito, Razumijin se estremeció. Era como si algo raro hubiera pasado entre ellos… Se deslizó una idea, como una insinuación; algo espantoso, terrible y de pronto comprendido por los dos… Razumijin se puso pálido, como un muerto.

–¿Comprendes, ahora? –dijo Raskólnikov de pronto, con el rostro dolorosamente contraído–. Vuelve, vete a su lado –añadió de súbito, y salió rápidamente de la casa.

No voy a describir ahora lo que pasó en la vivienda de Pulkeria Alexándrovna cuando volvió Razumijin, de qué modo procuró él tranquilizar a las dos mujeres, de qué modo aseguraba que Rodia debía descansar tal como requería su enfermedad, de qué modo juraba que Rodia volvería sin falta y las visitaría todos los días; decía que Rodia estaba muy alterado, mucho, y que no se le debía irritar, y que él, Razumijin, le cuidaría, buscaría un buen doctor, el mejor especialista, llamaría a consulta médica… En una palabra, desde aquel día Razumijin fue para ellas un hijo y un hermano.

CAPÍTULO IV

R askólnikov marchó directamente a la casa del canal, donde Sonia habitaba.

La casa, de tres pisos, era un viejo edificio pintado de verde. Difícilmente el joven encontró al portero, y obtuvo vagas indicaciones respecto a los aposentos del sastre Kapernaúmov.

Después de descubrir, en un rincón del patio, la entrada de una escalera estrecha y sombría, subió al segundo piso, y siguió a la galería que daba al patio. Mientras andaba en la oscuridad, preguntándose por dónde entraría en casa de los Kapernaúmov, una puerta se abrió a tres pasos de él; asió una de las hojas con un gesto maquinal.

–¿Quién va? –preguntó una mujer con tímida voz.

–Soy yo... vengo a verla –respondió Raskólnikov. Y entró en una pequeña antesala.

Un cabo de vela, en un estropeado candelabro de cobre, ardía sobre una vieja mesa.

–¡Usted señor! –dijo Sonia con voz débil y sin fuerzas, al parecer, para moverse.

–¿Cuál es su cuarto? ¿Éste?

Entonces Raskólnikov pasó vivamente a la sala, haciendo un gran esfuerzo para no mirar a la joven.

Un momento después entró también Sonia con la vela; la dejó y se quedó de pie ante él, completamente desconcertada, presa de una agitación indescriptible y, por lo visto, estremecida por aquella visita inesperada. De súbito, el rubor le cubrió el pálido rostro y hasta las lágrimas se le asomaron a los ojos… Sonia experimentaba una sensación de angustia, de vergüenza y a la vez de dulzura… Raskólnikov se volvió con rápido movimiento y se sentó en una silla ante la mesa. De una mirada abarcó toda la habitación.

Era grande, pero muy baja de techo, la única que los Kapernaúmov alquilaban; en la pared de la izquierda, se veía la puerta cerrada que daba a su aposento. En la parte opuesta, en la pared de la derecha, había una puerta condenada. Allá seguía ya otra vivienda, que tenía otro número. La habitación de Sonia hacía pensar en un tinglado, tenía la forma de un cuadrilátero sumamente irregular, y ello le daba un aspecto de algo deforme. La pared, con tres ventanas que miraban al canal, cortaba la habitación al sesgo, de modo que un ángulo, extraordinariamente agudo, se perdía en profundidad, hasta el punto de que ni podía distinguirse bien a la débil luz de la vela; en cambio, el otro ángulo resultaba obtuso en demasía, monstruoso. En la habitación, tan grande, casi no había muebles. En el ángulo de la derecha se hallaba la cama, y junto a ella, más cerca de la puerta, una silla. Por la misma pared de la cama, ante la puerta que daba a la vivienda vecina, había una basta mesa de tablas, cubierta por un tapete azul. Junto a la mesa, dos sillas de mimbre. Junto a la pared opuesta, cerca del ángulo agudo, se veía una pequeña cómoda de madera sencilla, como perdida en el vacío. Aquello era lo que había en la habitación. El empapelado, amarillento, deslucido y seboso, se había puesto negro en los rincones; en invierno, la habitación debía ser húmeda y tenía que notarse en ella el tufo del carbón. La pobreza saltaba a la vista. Ni siquiera había cortinas delante de la cama.

Sonia miraba en silencio a Raskólnikov, que examinaba la habitación atentamente y sin ceremonias; al fin, empezó a temblar de miedo, como si se encontrara ante el juez y señor de su destino.

–He venido tarde… ¿Son las once ya? –preguntó Raskólnikov, sin levantar aún los ojos hacia ella.

–Sí –balbuceó Sonia–. ¡Ah, sí, son las once! –exclamó, súbitamente presurosa, como si encontrara una tabla de salvación–. Acaba de sonar el reloj de la patrona… Le he oído… Son las once.

–He venido a verla por última vez –prosiguió Raskólnikov, taciturno, aunque aquella era la primera vez que la visitaba–. Es posible que no vuelva a verla jamás.

–¿Es que… sale de viaje?

–No lo sé... todo se decidirá mañana...

–¿Mañana no irá usted a casa de Katerina Ivánovna? –preguntó Sonia, con temblorosa voz.

–No lo sé. Todo depende de mañana por la mañana... Pero no se trata de eso. He venido para decirle unas palabras...

Levantó hacia ella su cavilosa mirada y de pronto se dio cuenta de que estaba sentado y ella continuaba de pie ante él.

–¿Por qué está de pie? Siéntese –dijo él, con voz que de súbito se volvió dulce y acariciadora.

Sonia se sentó. Raskólnikov la miró, afable y casi compasivo, durante unos instantes.

–¡Qué delgada está! ¡Qué mano la suya! Parece transparente. Los dedos son como los de una muerta.

Le tomó la mano. Sonia sonrió débilmente.

–Siempre he sido así –repuso.

–¿Cuando vivía en su casa también?

–Sí.

–¡Sí, claro, es natural! –exclamó Raskólnikov, con pausas entre palabra y palabra; de pronto, volvieron a transformársele la expresión del rostro y el tono de la voz.

Una vez más recorrió la estancia con la mirada.

–¿Alquila usted la habitación a los Kapernaúmov?

–Sí...

–¿Viven ahí, al otro lado de la puerta?

–Sí... Tienen una habitación como ésta.

–¿Viven todos en una sola habitación?

–En una sola.

–En esta habitación de usted, por las noches yo tendría miedo –observó Raskólnikov, sombrío.

–Es gente muy buena, muy cariñosa –respondió Sonia, como si aún no se hubiera recobrado del todo y le costara coordinar los pensamientos–. Los muebles y... todo es de ellos. Son muy buenos, y sus pequeños vienen a verme a menudo...

–¿Son tartamudos?

–Sí... Él es tartamudo y cojo. La mujer también... No es que sea tartamuda; es como si no articulara todos los sonidos. Es muy buena, un trozo de pan. Él fue criado, siervo. Tienen siete hijos... Sólo el mayor es tartamudo, los otros están enfermos, pero no tartamudean... ¿Dónde ha oído usted hablar de ellos? –añadió, algo sorprendida.

–Su padre de usted me lo contó. Me contó todo lo de usted... Cómo se fue usted a las seis y volvió después de las ocho y cómo Katerina Ivánovna se puso de rodillas junto a la cama.

Sonia se turbó.

–Hoy me ha parecido que le estaba viendo –balbuceó ella, indecisa.

–¿A quién?

–A mi padre. Yo daba una vuelta por la calle, ahí cerca, en la esquina, después de las nueve, y me pareció que él caminaba delante de mí. Era exactamente como él. Hasta me entraron ganas de llegarme a ver a Katerina Ivánovna...

–¿Paseaba usted?

–Sí –balbuceó Sonia, con voz entrecortada, turbándose de nuevo y bajando la vista.

–Pero Katerina Ivánovna estuvo a punto de pegarle, cuando vivía usted con su padre, ¿no?

–¡Ca! ¡Eso no! ¡Cómo puede usted decir esto! ¡De ningún modo! –exclamó Sonia, mirándole como si estuviera asustada.

–¿Así, la quiere usted?

–¿A ella? ¡Claro que sí! –dijo Sonia, lastimeramente, subrayando las palabras y cruzando de súbito los brazos con dolorosa expresión–. ¡Ah!... ¡Si la conociera usted! Es como una criatura... Tiene la cabeza trastorna-da... de tanto sufrir. ¡Con lo inteligente que era... generosa... y tan buena! ¡Usted no sabe nada, nada...! ¡Ah!

Sonia dijo estas palabras como si estuviera desesperada, profunda-mente conmovida, sufriendo y retorciéndose las manos. Volvieron a encendérsele las pálidas mejillas, el dolor se le reflejaba en los ojos. Era evidente que la habían tocado en la carne viva, que tenía enormes deseos de expresar algo, de hablar, de interceder. De pronto, en los rasgos de su semblante se reflejó cierto sentimiento de compasión *insaciable*, si cabe expresarse de este modo.

–¡Que me pegaba! ¡Cómo puede usted decir esto! ¡Señor, decir que me pegaba! Pero, aunque me hubiera pegado, ¿qué? Bueno, ¿qué? Usted no sabe nada, nada... ¡Es tan desgraciada! ¡Ay, es tan desgraciada! Y está enferma... Pide justicia... Es pura. Cree a ciegas que en todo ha de haber justicia, y exige... Y aunque la torturen, no hará ninguna injusticia. No se da cuenta de que es imposible que los hombres sean justos, y se irrita... ¡Es como una criatura, como una criatura! ¡Es justa, es justa!

–¿Qué va a ser de usted?

Sonia le miró interrogadora.

–El hecho es que ha de cargar usted con todos ellos. Cierto, también antes pesaban sobre usted, y el difunto hasta venía a pedirle dinero para beber. Pero ¿qué va a pasar ahora?

–No lo sé –articuló Sonia, tristemente.

–¿Se quedarán a vivir allí?

–No lo sé, deben dinero a la dueña del piso; según parece, la dueña ha dicho hoy que los echará y la misma Katerina Ivánovna dice que no quiere quedarse allí ni un minuto más.

–¿De dónde saca tantas agallas? ¿Confía en usted?

–¡Oh, no! ¡No me hable usted así!… Estamos muy unidas, nos repartimos lo que tenemos. –Sonia se conmovió otra vez y hasta se irritó, exactamente como se sulfura un canario u otro pajarito–. ¿Qué quiere usted que haga? Dígame, ¿qué puede hacer? –preguntaba acalorándose, inquieta–. ¡Cuánto ha llorado hoy! ¡Cuánto! Está perdiendo la razón, ¿no lo ha observado usted? Está trastocada; hay momentos en que está inquieta, como una niña, se preocupa para que mañana esté todo bien, no falten bocadillos ni nada… y en seguida se retuerce las manos, escupe sangre, llora o empieza a golpear su cabeza contra la pared, como desesperada. Luego vuelve a sosegarse; tiene las esperanzas puestas en usted: dice que es ahora su sostén, que pedirá algo de dinero prestado en alguna parte e irá a su ciudad natal, conmigo, y que allí fundará un colegio para jóvenes de la nobleza; a mí me nombrará inspectora, y empezará para nosotras una vida completamente nueva, magnífica; me besa, me abraza, me consuela, ¡y cree lo que dice! ¡Cree tanto en sus sueños! ¿Quién tiene corazón para contradecirla? Hoy se ha pasado el día de limpieza, lavando y poniendo las cosas en orden. Ella misma, con sus escasas fuerzas, ha subido un balde de agua a la habitación; se ha quedado sin aliento y se ha dejado caer en la cama; por la mañana habíamos recorrido las tiendas para comprar zapatos a Póliechka y a Liena, porque las dos se han quedado sin calzado, pero nos faltó dinero, mucho dinero; los zapatitos que había elegido Katerina Ivánovna eran preciosos, porque, ¿sabe usted?, tiene muy buen gusto… En la tienda, delante de los vendedores, se ha puesto a llorar al ver que el dinero no le bastaba… ¡Ah, daba pena verla!

–Después de lo que me dice, se comprende que usted… viva como vive –dijo Raskólnikov con amarga sonrisa.

–¿Y a usted, no le da pena? ¿Es que no le da pena? –exclamó otra vez Sonia–. Usted le dio todo lo que tenía, lo sé, y lo dio sin haber visto nada. ¡Oh, si lo hubiera visto todo, Dios mío! ¡Cuántas veces, cuántas, le he hecho llorar! La semana pasada, sin ir más lejos. ¡Oh, lo que hice! Una semana antes de que él muriera. ¡Qué cruel fui! ¡Y cuántas veces, cuántas, he obrado del mismo modo! ¡Qué doloroso es recordarlo ahora todo el día!

Sonia se retorcía las manos por el dolor que, al hablar, le producía el recuerdo.

—¿Usted, cruel?

—¡Sí, yo, yo! Había ido a verlos —continuó Sonia, llorando—. Mi padre me dijo: "Sonia, léeme alguna cosa; me duele la cabeza, léeme algo… Aquí tienes un libro". Era un libro que le había dejado Andréi Semiónich Lebeziátnikov, que vive allí y siempre nos dejaba libros muy divertidos. Le respondí: "Se me hace tarde; he de irme", y no quise leerle nada. Si había ido a verlos era sobre todo para mostrar un cuello a Katerina Ivánovna; Lizaveta, la revendedora, me lo había traído con unos manguitos muy bonitos y baratos, nuevos, bordados. A Katerina Ivánovna le gustó mucho el cuello; se lo puso y se contempló en el espejo; le gustaba mucho, mucho: "Regálamela, Sonia, por favor", me dijo. Lo pidió *por favor,* tanto deseaba tenerlo. Pero ¿con qué vestido se lo iba a poner? Le recordó la época feliz de su juventud. Se contemplaba en el espejo, extasiada; ¡hace tantos años que no tiene un vestido! Nunca pide nada a nadie; es orgullosa; preferiría dar lo último que le queda. Y ese día me pidió el cuello, ¡ya ve si le gustaba! Pero me dolía dárselo. "¿Para qué lo quiere usted, Katerina Ivánovna?", le dije. Se lo dije así, como se lo cuento. ¡No tenía que habérselo dicho! Se me quedó mirando y le dolió tanto, tanto, que no se lo regalara, que daba pena verla… Y le dolía no por el cuello, sino porque me había negado, me di cuenta. ¡Oh, si pudiera volverme atrás, lo haría de otro modo!; esas palabras… ¡Oh, qué hice!… Claro, a usted le da todo lo mismo.

—¿Conocía usted a Lizaveta, la revendedora?

—Sí… ¿Usted también la conocía? —preguntó Sonia, algo sorprendida.

—Katerina Ivánovna está tísica, grave; pronto morirá —dijo Raskólnikov, después de guardar un momento de silencio, sin responder a la pregunta.

—¡Oh, no, no, no!

Sonia, con gesto inconsciente, le tomó las dos manos, como suplicando que no sucediera así.

—Pero, si muere, será mejor.

—¡No, no será mejor, no será mejor! ¡No lo será! —repetía Sonia asustada e inconscientemente.

—¿Y los pequeños? ¿Qué va a hacer, sino llevarlos usted consigo?

—¡Oh, no sé!… —gritó Sonia, casi desesperada y agarrándose la cabeza con las manos.

Estaba claro que la idea se le había ocurrido muchas veces y Raskólnikov no había hecho más que avivarla.

–¿Y si ahora mismo, en vida de Katerina Ivánovna, cae usted enferma y han de llevarla al hospital, qué pasará? –insistió Raskólnikov, implacable.

–¿Qué dice usted, qué dice? ¡No puede ser!

El rostro de Sonia se contrajo en una terrible expresión de miedo.

–¿Por qué no ha de poder ser? –prosiguió Raskólnikov, sonriendo cruelmente–. ¿Está usted asegurada contra las enfermedades, por ventura? ¿Qué será de ellos entonces? Irán en tropel por la calle, ella toserá y pedirá limosna, se golpeará la cabeza contra alguna esquina, como ha hecho hoy, y los pequeños llorarán… Cuando caiga, la llevarán a la comisaría, al hospital, y morirá; los niños…

–¡Oh, no!… ¡Dios no lo permitirá! –exclamó, por fin, Sonia, como si las palabras hubieran salido por sí mismas del oprimido pecho. Le escuchaba y le miraba suplicante, juntas las manos en un mudo ruego, como si todo dependiera de él.

Raskólnikov se levantó y se puso a caminar por la habitación. Transcurrió un minuto. Sonia permanecía de pie, caídos los brazos, baja la cabeza, presa de terrible angustia.

–¿No es posible ahorrar nada? ¿Guardar algo para un día aciago? –preguntó Raskólnikov, deteniéndose súbitamente ante ella.

–No –balbuceó Sonia.

–¡Es natural, no es posible! Pero ¿lo ha intentado? –añadió Raskólnikov, casi burlón.

–Lo he intentado.

–¡Y ha fallado! ¡Es natural, es natural! ¡No hacía falta preguntarlo!

Otra vez se puso a dar zancadas por la habitación. Transcurrió un minuto más.

–¿No gana algo todos los días?

Sonia se confundió más que nunca y el rubor volvió a encender el rostro.

–No –balbuceó, con dolorosísimo esfuerzo.

–Con Póliechka probablemente ocurrirá lo mismo.

–¡No! ¡No! ¡No puede ser! ¡No! –gritó Sonia, fuera de sí, como si la hubieran herido con un arma blanca–. ¡Dios no permitirá este horror, no lo permitirá…!

–Permite otros.

–¡No, no! ¡A ella la defenderá Dios, Dios…! –repetía Sonia como enajenada.

–Pero es posible que ni siquiera Dios exista –contestó Raskólnikov, hasta con cierta malevolencia, riéndose y mirando a Sonia.

De súbito la cara de Sonia sufrió un cambio espantoso: se le contrajeron convulsivamente los músculos del rostro. Le miró con una expresión de reproche indescriptible; quiso decir algo, pero no logró articular palabra, y rompió en amargos sollozos, cubriéndose la cara con las manos.

–Usted dice que Katerina Ivánovna pierde la razón; usted misma la está perdiendo –dijo Raskólnikov, después de permanecer callado unos momentos.

Transcurrieron unos cinco minutos. Raskólnikov seguía caminando de un extremo a otro de la habitación, sin decir nada, sin mirar a la joven. Por fin se le acercó; le refulgían los ojos. La tomó con ambas manos por los hombros y le miró fijamente el rostro bañado en lágrimas. Tenía la mirada seca, encendida, penetrante; le temblaban los labios fuertemente… De improviso, se inclinó rápidamente y, arrodillándose, le besó el pie. Sonia retrocedió horrorizada, como si se encontrara ante un loco. En efecto, Raskólnikov la miraba como si estuviera realmente loco.

–¿Qué hace usted? ¿Por qué hace usted eso? ¡Inclinarse ante mí, ante mí! –balbuceó Sonia, palideciendo, sintiendo que algo le oprimía dolorosamente el corazón.

Raskólnikov se levantó en seguida.

–No me he prosternado ante ti, me he prosternado ante toda la humanidad doliente –dijo en tono muy raro, y se alejó hacia la ventana–. Oye –añadió, volviéndose hacia Sonia un minuto después–, hace poco he dicho a un insolente que no vale lo que tu dedo meñique… y que hoy he rendido un honor a mi hermana al hacer que se sentara a tu lado.

–¡Ah! ¿Por qué lo ha dicho usted? ¿Delante de ella? –exclamó Sonia, amedrentada–. ¡Que es un honor sentarse a mi lado! Pero si yo… no tengo honor… ¡Ah! ¿Por qué ha dicho usted eso?

–No he dicho eso de ti por tu deshonor ni por tus pecados, sino por lo mucho que has sufrido y sufres. Que tú eres una gran pecadora, es cierto –contestó Raskólnikov, casi solemnemente–, y lo peor es que lo eres sobre todo por haber acabado contigo y haberte inmolado *en vano*. ¡Cómo no va a ser horrible! ¡Cómo no va a ser horrible vivir en el fango que tanto odias y saber al mismo tiempo (sólo hace falta abrir los ojos) que con ello no ayudas a nadie, que a nadie salvas! Pero dime de una vez –continuó, casi furioso–, ¿cómo pueden coincidir en ti tanto oprobio y tanta bajeza junto con otros sentimientos tan contrapuestos y santos? ¡Sería más justo, mil

veces más justo y razonable, arrojarse de cabeza al agua y acabar de una vez
para siempre!

–¿Y qué será entonces de ellos? –preguntó con débil voz Sonia, levantando hacia él su mirada llena de dolor, pero a la vez como si no le sorprendiera la proposición que le hacían.

Raskólnikov la contempló de manera muy extraña.

En aquella mirada de Sonia, lo leyó todo. Así, pues, también Sonia
había pensado en ello. Es posible que muchas veces hubiera reflexionado
desesperada de qué modo podía acabar con todo de una vez, y que lo
hubiera meditado tan seriamente, que casi no se sorprendía de la proposición que le hacía él. Sonia ni siquiera había notado la crueldad que ence-
rraban sus palabras (tampoco se había dado cuenta, claro es, del sentido de
los reproches de Raskólnikov, ni de su particular punto de vista acerca del
deshonor de la joven, y él lo comprendía). Pero Raskólnikov comprendió
con toda claridad cuál era el monstruoso sufrimiento de Sonia, la tortura
que le producía la idea de su deshonor y de su oprobiosa situación desde
hacía tiempo. "¿Qué habrá podido retenerla hasta ahora de acabar consigo
de una vez?", pensaba. Y sólo entonces llegó a comprender lo que significaban para ella los pequeños huérfanos y la lamentable y medio loca
Katerina Ivánovna, tísica, que golpeaba su cabeza contra las paredes.

No obstante, era evidente para Raskólnikov que Sonia, dado su carácter y la educación que había recibido, no podría permanecer en aquella
situación. Para él resultaba una incógnita cómo era posible que Sonia
llevara tanto tiempo así, sin haberse vuelto loca, ya que no tenía fuerzas
para arrojarse al agua. Claro, Raskólnikov comprendía que la situación de
Sonia constituye un fenómeno accidental en la sociedad, aunque, por
desgracia, no es un caso aislado ni una excepción. Pero la misma acci-
dentalidad, la poca instrucción recibida y su anterior género de vida, al
parecer, podían haber acabado con ella al dar los primeros pasos en aquel
camino infame. ¿Qué la había sostenido? ¿La depravación acaso? Pero
estaba claro que aquel oprobio la había alcanzado sólo mecánicamente; ni
una gota de depravación auténtica había penetrado en su corazón. Raskólnikov lo veía; ante él estaba Sonia con el alma abierta de par en par…

"Tiene delante tres caminos –pensó–: arrojarse al canal, acabar en el
manicomio o… o darse al vicio que enturbia la mente y vuelve de piedra el
corazón". Este último pensamiento era el que más le repugnaba; pero
Raskólnikov era un escéptico, era joven, dado a las abstracciones y, por lo
tanto, implacable; por ello mismo no podía dejar de creer que la última
salida, la del vicio, fuera la más probable.

"¿Es posible que sea verdad? –exclamó para sí–, ¿es posible que también esta criatura, que conserva aún la pureza de espíritu, se hunda al fin, conscientemente, en esa sima repugnante y hedionda? ¿Acaso ha empezado el hundimiento? Si no ha sucumbido hasta ahora ha sido porque el vicio no le parece tan repugnante. ¡No, no! ¡Eso no es posible! No, del canal se ha salvado por ahora por la idea del pecado, y también por *ellos*… Si todavía no ha perdido la razón… Pero ¿quién ha dicho que todavía no ha perdido la razón? ¿Acaso está en su sano juicio? ¿Acaso se puede hablar como habla ella? ¿Acaso una persona que esté en su juicio puede razonar como razona ella? ¿Acaso es posible permanecer al borde del hediondo abismo, que ya la atrae, agitar las manos y taparse los oídos cuando le hablan del peligro? ¿No será que espera un milagro? Seguramente es eso. ¿Acaso no es ello un síntoma de locura?".

Se detuvo obstinadamente en esta idea, que le gustaba más que ninguna otra. Raskólnikov se puso a mirar a la joven con mayor atención.

–¿Ruegas mucho a Dios, Sonia? –le preguntó.

Sonia callaba. Raskólnikov estaba de pie, a su lado, esperando la respuesta.

–¿Qué sería de mí, sin Dios? –dijo en voz baja, rápida, enérgicamente, lanzándole una breve mirada con ojos de pronto chispeantes, apretando su mano.

"¡Así es, como me figuraba!", pensó Raskólnikov.

–A cambio, ¿qué hace Dios por ti? –preguntó, inquiriendo más aún.

Sonia permaneció largo rato callada, como si no pudiera responder. Su débil pecho se agitaba a impulsos de su profunda emoción.

–¡Cállese! ¡No me pregunte! ¡No es usted digno…! –gritó de pronto, mirándole severa y llena de ira.

"¡Así es, así es!", repitió Raskólnikov obstinadamente para sus adentros.

–¡Él lo hace todo! –musitó con rapidez Sonia, volviendo a bajar la vista.

"¡Ahí está la explicación! ¡Ahí está la clave!", decidió Raskólnikov, mirando a Sonia con ávida curiosidad.

Con un sentimiento nuevo, raro, que casi le producía dolor, contemplaba el pequeño rostro, pálido, flaco e irregularmente anguloso, los ojos azules sumisos, capaces de brillar con tanto fuego, con un sentimiento tan severamente enérgico, y el cuerpo endeble, que aún temblaba de indignación e ira; todo ello le parecía cada vez más extraño, casi imposible. "¡Es una alucinada, una alucinada!", se decía.

Sobre la cómoda había un libro. Raskólnikov lo veía cada vez que iba hacia uno o hacia otro extremo de la habitación; lo tomó y lo miró. Era el Nuevo Testamento en la traducción rusa. El libro era viejo, usado, encuadernado en piel.

—¿De dónde lo ha sacado? –preguntó gritando a través de la habitación.

Sonia permanecía de pie en el mismo sitio, a tres pasos de la mesa.

—Me lo trajeron –contestó, de mala gana y sin mirarle.

—¿Quién se lo trajo?

—Me lo trajo Lizaveta, se lo pedí.

"¡Lizaveta! ¡Qué raro!", pensó Raskólnikov. Cuanto se refería a Sonia le parecía más extraordinario y maravilloso por minutos. Acercó el libro a la vela y empezó a hojearlo.

—¿Dónde está la parte que habla de Lázaro? –preguntó de súbito.

Sonia miraba porfiadamente al suelo y no le respondía. Estaba de pie, un poco de lado, cerca de la mesa.

—¿Dónde se habla de la resurrección de Lázaro? Búscamelo, Sonia.

La muchacha le miró de soslayo.

—No es ahí donde busca… es en el cuarto Evangelio… –murmuró, severa, sin moverse de su sitio.

—Búscalo y léemelo –dijo Raskólnikov, y se sentó dispuesto a escuchar, con los codos sobre la mesa, la cabeza en una mano, fija la sombría mirada en un lado.

"¡Dentro de unas siete semanas, cuando esté en la lejana muga, me vendrá bien! Me parece que estaré allí, si no ocurre algo peor", pensó.

Sonia se acercó indecisa a la mesa después de oír, incrédula, lo que le pedía Raskólnikov. A Sonia aquel deseo le parecía raro. No obstante, la joven tomó el libro.

—¿Acaso no lo ha leído? –le preguntó Sonia, mirándole de reojo por encima de la mesa.

Su voz se iba haciendo cada vez más severa.

—Hace mucho tiempo… Cuando iba a la escuela… ¡Lee!

—¿Y en la iglesia no lo ha oído?

—Yo… no voy. Y tú, ¿vas a menudo?

—No –musitó Sonia.

Raskólnikov sonrió.

—Lo comprendo… ¿Así, pues, mañana no irás al entierro de tu padre?

—Iré. La semana pasada también estuve en la iglesia… Encargué unos funerales.

—¿Por quién?

–Por Lizaveta? La mataron a hachazos.

Los nervios se le iban poniendo de punta. La cabeza empezaba a darle vueltas.

–¿Fuiste amiga de Lizaveta?

–Sí… Ella era justa… solía venir… pocas veces… no era posible. Leíamos juntas y… hablábamos. Ella verá a Dios.

Aquellas palabras le sonaban raras; otra vez descubría una novedad: Sonia había tenido encuentros misteriosos con Lizaveta y ambas eran alucinadas.

"¡Tú mismo te volverás aquí un alucinado! ¡Es contagioso!", pensó.

–¡Lee! –exclamó de improviso, insistente e irritado.

Sonia aún vacilaba. El corazón le latía con fuerza, como si no se atreviera a leer. Casi con dolor miró Raskólnikov a la "desdichada loca".

–¿Por qué quiere que se lo lea? ¡Si usted no cree…! –dijo en voz baja, como si se sofocara.

–¡Lee! ¡Quiero que leas! –insistió Raskólnikov–. ¡Leías para Lizaveta!

Sonia abrió el libro y buscó el pasaje. Le temblaban las manos, le faltaba la voz. Por dos veces comenzó y no fue capaz de pronunciar la primera sílaba.

–"Había un enfermo llamado Lázaro de Betania…". –pronunció, por fin, haciendo un gran esfuerzo; mas de pronto, a la tercera palabra, la voz le vaciló y se le quebró como una cuerda demasiado tensa. Le faltó el aire, sentía el pecho oprimido.

Raskólnikov comprendía en parte por qué Sonia no se decidía a leer, y cuanto más lo comprendía tanto más brusco e irritable se manifestaba en su insistencia. Se daba perfecta cuenta de cuán difícil resultaba a la joven descubrir su ser íntimo. Vio que aquellos sentimientos constituían en verdad el auténtico *secreto* de Sonia, posiblemente desde hacía mucho tiempo, quizá desde la adolescencia al lado de su desgraciado padre y de su madrastra, loca de dolor, entre los pequeños hambrientos, sin oír más que gritos escandalosos y reproches. Pero al mismo tiempo vio sin equivocarse que ella, aún presa de angustia y de miedo por algo terrible, tenía deseos de leer y de leer precisamente *para él,* para que él oyera, *en aquel momento, sin falta,* "pasara lo que pasara luego"… Así lo vio Raskólnikov en los ojos de la joven, así lo comprendió por la exaltada emoción que la agitaba. Sonia, con gran esfuerzo, dominó el espasmo de la garganta, que le había quebrado la voz al comienzo del versículo, y prosiguió la lectura del capítulo undécimo del Evangelio de San Juan. Así llegó al versículo decimonono:

–"Y muchos de los judíos habían venido a Marta y a María para darles el pésame de su hermano. Entonces Marta, como oyó que Jesús venía, salió a encontrarle; mas María se estuvo en casa. Y Marta dijo a Jesús: 'Señor, si hubieses estado aquí, mi hermano no fuera muerto. Mas también sé ahora que todo lo que pidieres de Dios, te dará Dios' ".

Al llegar a este punto, Sonia se detuvo otra vez, presintiendo, avergonzada, que de nuevo le temblaría la voz y se le quebraría…

–"Dícele Jesús: 'Resucitará tu hermano'. Marta le dice: 'Yo sé que resucitará en la resurrección universal en el día postrero'. Dícele Jesús: *'Yo soy la resurrección y la vida;* el que cree en mí, no morirá eternamente. ¿Crees esto?' Dícele –y como si cobrara aliento, dolorosamente, leyó Sonia de manera clara y fuerte, como haciendo la propia profesión de fe para el general conocimiento de las gentes–: '…Sí, Señor; yo he creído que tú eres el Cristo, el Hijo de Dios, que has venido al mundo'".

Se detuvo, levantó rápidamente los ojos hacia *él*, pero se apresuró a dominarse y continuó leyendo. Raskólnikov estaba sentado y escuchaba inmóvil, sin volverse, acodado en la mesa y sin mirar a Sonia. Llegaron al versículo trigesimosegundo.

–"Mas María, como vino donde estaba Jesús, viéndole, echóse a sus pies, diciéndole: 'Señor, si hubieras estado aquí, no fuera muerto mi hermano'. Jesús, entonces, como la vio llorando, y a los judíos que habían venido juntamente con ella llorando, se conmovió en espíritu y turbóse. Y dijo: '¿Dónde le pusisteis?'. Dícenle: 'Señor, ven y ve': Y lloró Jesús. Dijeron entonces los judíos: 'Mirad cómo le amaba'. Y algunos de ellos dijeron: '¿No podía éste que abrió los ojos al ciego hacer que éste no muriera?' ".

Raskólnikov se volvió hacia ella y la miró agitado. ¡Así es; sí! Sonia temblaba, sacudida por fiebre auténtica, real. Él lo esperaba. Sonia se acercaba a las palabras que explican el grandioso e inaudito milagro, y la dominó un sentimiento de triunfal majestad. La voz se le hizo sonora, como el metal; resonaban en ella notas de solemnidad y alegría, que le daban firmeza. Las líneas se confundían ante Sonia, porque se le puso como un velo a los ojos, pero sabía de memoria lo que leía. Al recitar el último versículo: "¿No podía éste que abrió los ojos al ciego…", bajó la voz, transmitiendo, con cálido y apasionado acento, la duda, el reproche y la burla de los judíos incrédulos y ciegos que en seguida, al instante, como fulminados por el rayo, iban a caer, prorrumpirían en llanto y creerían…"*Y él, él,* también ciego e incrédulo, lo oirá, ¡también él, lo oirá y también él creerá, sí, sí!", soñaba Sonia y temblaba esperando aquel momento gozoso.

–"Y Jesús, conmoviéndose otra vez en sí mismo, fue al sepulcro. Era una cueva, que tenía una piedra encima. Dice Jesús: 'Quitad la piedra'. Marta, la hermana del que se había muerto, le dice: 'Señor, hiede ya, que es de *cuatro días*' ".

Sonia acentuó con energía la palabra *cuatro*.

–"Jesús le dice: '¿No te he dicho que, si creyeres, verías la gloria de Dios?' Entonces quitaron la piedra de donde el muerto había sido puesto. Y Jesús, alzando los ojos arriba, dijo: 'Padre, gracias te doy que me has oído. Que yo sabía que siempre me oyes; mas por causa de la compañía que está alrededor, lo dije, para que crean que Tú me has enviado'. Y habiendo dicho estas cosas, clamó a gran voz: 'Lázaro, ven fuera'. *Y el que había estado muerto, salió…* –leyó, alta y solemnemente, temblando y sintiendo escalofríos, como si fuera testigo presencial– …atadas las manos y los pies con vendas; y su rostro estaba envuelto en un sudario. Díceles Jesús: 'Desatadle y dejadle ir'. *Entonces muchos de los judíos que habían venido a María, y habían visto lo que había hecho Jesús, creyeron en Él*".

Sonia no siguió leyendo ni habría podido hacerlo; cerró el libro y se levantó rápidamente de la silla.

–Es todo lo que hay sobre la resurrección de Lázaro –dijo, con voz entrecortada y severa, y se quedó inmóvil, mirando hacia un lado, sin atreverse a levantar hacia él los ojos, como si ello le avergonzara.

El temblor febril que la agitaba aún no había mitigado. Hacía rato que el cabo de vela se estaba consumiendo en el candelabro torcido, iluminando apenas, en aquella habitación sórdida, a un asesino y a una mujer descarriada, extrañamente reunidos, leyendo el libro eterno. Transcurrieron cinco minutos o más.

–He venido para hablarte de un asunto –dijo de pronto Raskólnikov, en voz baja y frunciendo el ceño.

Se levantó de la silla y se acercó a Sonia, que levantó los ojos hacia él, sin decir una palabra. En la mirada de Raskólnikov se veían destellos de singular dureza y una decisión salvaje.

–Hoy he abandonado a mi familia –dijo–, a mi madre y a mi hermana. No vuelvo a su lado. He roto con ellas.

–¿Por qué? –preguntó Sonia, estupefacta.

El reciente encuentro con su madre y su hermana había dejado en su alma una impresión extraordinaria, aunque confusa. Se quedó casi horrorizada al tener noticia de la ruptura.

–Ahora no te tengo más que a ti –añadió él–. Vámonos juntos… He venido a tu lado. Los dos somos malditos, ¡vámonos juntos!

Le centellearon los ojos. "¡Como si estuviera medio loco!", pensó Sonia.

–¿Adónde hemos de ir? –preguntó asustada, y retrocedió involuntariamente.

–¿Cómo puedo saberlo? Sólo sé que iremos por un mismo camino; es lo que sé con certeza, y nada más. ¡Un solo camino y un solo objetivo!

Sonia le miraba sin comprender. Una cosa comprendía: que Raskólnikov era desgraciado, terrible e infinitamente desgraciado.

–Ninguno te comprenderá si les hablas –prosiguió él–; pero yo te he comprendido. Me eres necesaria, por eso he venido a tu lado.

–No comprendo… –balbuceó Sonia.

–Lo comprenderás luego. ¿Acaso no has hecho tú lo mismo? Tú también has rebasado los límites… has podido rebasarlos. Has levantado la mano contra ti misma, has acabado con la vida… *tuya* (¡eso da lo mismo!). Habrías podido vivir según te dictara el alma y la razón, y acabarás en la Plaza del Heno… Pero no podrás resistir, y si te quedas *sola*, te volverás loca, lo mismo que yo. Ahora ya estás trastocada; ¡tenemos que ir juntos, pues! ¡Por el mismo camino! ¡Vámonos!

–¿Por qué? ¿Por qué me dice eso? –articuló Sonia, conmovida de modo extraño por aquellas palabras que ponían su alma en vilo.

–¿Por qué? Porque es imposible seguir así. Ese es el porqué. ¡Hay que decidirse de una vez y razonar de manera seria y firme, y no llorar y gritar como los niños, diciendo que Dios no lo permitirá! Dime, ¿qué pasará si mañana te llevan al hospital? La que ha perdido el juicio y está tísica, morirá pronto, pero ¿y los niños? ¿Acaso no se perderá Póliechka? ¿Es que no has visto aquí, en las esquinas, pequeñuelos a los que sus madres mandan pedir limosna? Me he enterado de dónde viven esas madres y en qué condiciones. Allí no es posible que los niños sigan siendo niños: el que tiene siete años es un depravado y un ladrón. Y los niños son la imagen de Cristo: "De ellos será el reino de los cielos". Él mandó honrarlos y amarlos, porque son la humanidad futura…

–Pero ¿qué hacer? ¿Qué? –repetía Sonia, llorando histéricamente y retorciéndose las manos.

–¿Qué hacer? Romper con todo lo que haga falta de una vez para siempre, nada más; ¡y saber sufrir! ¿Qué? ¿No lo comprendes? Lo comprenderás después… ¡La libertad y el poder, sobre todo el poder! ¡El poder sobre las criaturas medrosas, sobre el hormiguero…! ¡Ese es el objetivo!

¡Recuérdalo! ¡Esas son para ti mis palabras de despedida! Quizá hablo
contigo por última vez. Si mañana no vengo, tú misma te enterarás de todo.
Entonces recuerda mis palabras. Algún día, dentro de muchos años, con la
experiencia de la vida, quizá comprendas lo que significan. Si mañana
vengo, te diré quién mató a Lizaveta. ¡Adiós!

Sonia se estremeció, asustada.

–Pero ¿usted sabe quién la mató? –preguntó, fría de horror y mirándole con ojos desorbitados.

–Lo diré y te lo diré… ¡Te lo diré a ti, sólo a ti! Te he elegido. No vendré
a pedirte perdón, sino que te lo diré, simplemente. Hace mucho tiempo que
te elegí para decírtelo; lo pensé cuando tu padre me habló de ti y Lizaveta
aún vivía. Adiós. No me des la mano. ¡Mañana!

Raskólnikov salió. Sonia le creyó loco; pero ella misma estaba como
loca y lo percibía. La cabeza le daba vueltas. "¡Dios mío! ¿Cómo sabe
quién mató a Lizaveta? ¿Qué significan esas palabras? ¡Es terrible!". Con
todo, la *idea* de la verdad no se le ocurriría. ¡Nada…! "¡Oh, ha de ser
terriblemente desgraciado…! Ha abandonado a su madre y a su hermana.
¿Por qué? ¿Qué ha ocurrido? ¿Cuáles son sus propósitos?" ¿Qué le dijo? Le
había besado el pie y le había dicho… Le había dicho (¡sí, lo ha dicho con
toda claridad!) que sin ella no puede vivir… "¡Oh Señor!".

Sonia pasó la noche devorada por la fiebre, delirando. A veces se
levantaba bruscamente, lloraba, se retorcía las manos; o bien se quedaba
sumida en un sueño febril y en sueños se le aparecían Póliechka, Katerina
Ivánovna, Lizaveta, la lectura del Evangelio, y él… él, con su pálido
rostro, los ojos ardientes… Le besa los pies, llora… ¡Oh Señor!

Al otro lado de la puerta de la derecha que separaba la vivienda de
Sonia de la vivienda de Gertrudis Kárlovna Resslich, había una habitación intermedia, sin ocupar desde hacía mucho tiempo; pertenecía a la
vivienda de la señora Resslich, y estaba por alquilar, como anunciaban
unos rótulos en el portalón de la casa y como lo indicaban los papeles
pegados a los cristales de las ventanas que daban a la calle del canal.
Sonia, desde hacía mucho tiempo, consideraba aquella habitación como
inhabitada. La verdad era, empero, que durante la entrevista de Raskólnikov y Sonia, estuvo en aquella habitación vacía, escondido y escuchando, el señor Svidrigáilov. Cuando Raskólnikov hubo salido, Svidrigáilov
permaneció de pie unos momentos, pensativo, volvió de puntillas a su
habitación, contigua a la vacía, tomó una silla y, sin hacer ruido, la puso a la
puerta misma que daba a la habitación de Sonia. La conversación que
acababa de oír le había parecido interesante y significativa, y le había

gustado mucho, muchísimo; le había gustado tanto, que incluso acercó una silla para que, en lo sucesivo, por ejemplo, al día siguiente, no se encontrara otra vez en la desagradable necesidad de tener que permanecer de pie una hora entera, sino que pudiera instalarse más cómodamente y obtener, en todos sentidos, una completa satisfacción.

CAPÍTULO V

A las once del día siguiente, Raskólnikov se presentó ante el juez de instrucción y quedó sorprendido por haber tenido que esperar tanto tiempo. Paseó en derredor una mirada llena de desconfianza. ¿No había allí alguien encargado de vigilarle, por si llegaba el caso de impedir su huida? No vio nada que le hiciera sospechar: los escribientes seguían trabajando; las personas extrañas entraban, salían o estaban sentados, sin fijarse para nada en nuestro joven. Éste comenzó a tranquilizarse.

"Si, en efecto –pensó–, aquel misterioso personaje de ayer, aquel espectro surgido de la tierra, lo hubiese visto todo, ¿se me dejaría tan tranquilo como estoy? Por consiguiente, o aquel hombre nada dijo todavía, o bien, no vio nada ni sabe nada (¿cómo iba a verlo, por otra parte?), y yo fui víctima de una ilusión de mi fantasía eterna".

Cada vez encontraba más verosímil esta explicación, que la víspera se ofrecía a su mente cuando estaba más inquieto. ¿Acaso habrían esperado allí hasta las once, hasta que él hubiera tenido a bien presentarse? Resultaba, pues, que aquel hombre o no había presentado ninguna denuncia o… no sabía nada y no había visto nada con sus ojos (¿cómo iba a verlo?); así, pues, lo que le había ocurrido a él, a Raskólnikov, la víspera, no dejaba de ser una visión fantasmagórica, abultada por su imaginación excitada y enfermiza. La conjetura había comenzado a tomar cuerpo en su ánimo el día anterior en los momentos de mayor angustia y desesperación.

Ahora, al reflexionar y prepararse para librar un nuevo combate, notó, de pronto, que estaba temblando, y hasta se sintió lleno de indignación al pensar que temblaba de miedo ante el odiado Porfiri Petróvich. Para Raskólnikov, nada había tan terrible como encontrarse otra vez con aquel hombre: le odiaba sin medida, con odio sin fin, y hasta tenía miedo de que, movido por el odio, se pusiera en evidencia. Tan fuerte era su indignación, que en seguida dejó de temblar; se preparó para entrar adoptando una actitud fría y osada, y se dio palabra de callar en lo posible, de mirar y escuchar, y de vencer su naturaleza, en alto grado irritable, de vencerse por lo menos en aquella ocasión, costara lo que costara.

En aquel instante le llamaron para que se presentara ante Porfiri Petróvich.

Resultó que Porfiri Petróvich estaba solo en su gabinete. Era un aposento de medianas dimensiones, ni grande ni pequeño. Había en él una gran mesa escritorio frente a un diván tapizado de hule; una mesa de despacho, un armario en un rincón y varias sillas.

Los muebles, de madera amarilla, pulida, pertenecían a la entidad oficial. En un ángulo de la pared posterior o, mejor dicho, del tabique que hacía las veces de pared, se veía una puerta cerrada. Por lo visto, al otro lado del tabique había otros aposentos. No bien Raskólnikov hubo entrado, Porfiri Petróvich recibió a su visitante con manifiesta alegría y afabilidad, pero a los pocos minutos, Raskólnikov, por ciertos síntomas, observó en él cierta confusión, como si de improviso le hubiese desconcertado o le hubiese sorprendido en alguna ocupación muy reservada y secreta.

–¡Ah, mi muy respetable amigo! Cuánto bueno por aquí… –comenzó a decir Porfiri, tendiéndole ambas manos–. ¡Siéntese, amigo mío! ¿O a usted no le gusta, quizá, que le llame mi muy respetable… amigo, así, *tout court?*[1]. Le ruego que no lo tome como muestra de familiaridad…Siéntese en el diván.

Raskólnikov se sentó, sin apartar la vista de Porfiri Petróvich.

"Cuánto bueno por aquí", la disculpa por las muestras de familiaridad, las palabritas francesas *"tout court"*, etc., eran síntomas característicos. "A pesar de que me ha tendido las dos manos, no me ha dado ni una: las ha retirado a tiempo", pensó, con desconfianza. Los dos se observaban, pero no bien se cruzaban sus miradas, las apartaban el uno del otro con la rapidez del rayo.

---

[1] Sin más. (En francés en el original.)

–Le traigo el papel de que hablamos… sobre el reloj… aquí está. ¿Es así como debía redactarlo, o he de escribirlo otra vez?

–¿Qué? ¿El papel? Bien, bien…, no se preocupe, perfectamente –dijo Porfiri Petróvich, como si tuviera prisa para irse a alguna parte, y, después de haber dicho aquello, tomó el papel y lo miró–. Sí, está muy bien. No hace falta nada más –confirmó, con la misma precipitación, y puso el papel sobre la mesa.

Luego, un minuto más tarde, cuando hablaba de otra cosa, lo tomó del escritorio y lo guardó en la mesa de despacho.

–Según creo, dijo usted ayer que deseaba interrogarme formalmente… acerca de mis relaciones con esa… asesinada, ¿no? –dijo Raskólnikov; "bueno, ¿por qué he pronunciado este *según creo*?", pensó como un relámpago; "pero ¿por qué me inquieto tanto por haber metido este *según creo*?", se replicó al instante.

De súbito se dio cuenta de que su aprensión ante la mera presencia de Porfiri había alcanzado monstruosas dimensiones; habían bastado las dos primeras palabras, unas simples miradas… Aquello era extraordinariamente peligroso: los nervios se excitan, la agitación aumenta. "¡Voy por mal camino…! Otra vez se me escapará alguna tontería".

–¡Sí, sí, sí! ¡Esté usted tranquilo! El tiempo no nos apremia, no nos apremia –balbuceó Porfiri Petróvich, yendo y viniendo cerca de la mesa, sin un objetivo concreto, aproximándose ya a la ventana, ya a la mesa de despacho, ya evitando la mirada recelosa de Raskólnikov, ya deteniéndose en seco y mirándole a los ojos.

Producía una impresión sumamente rara su figura pequeñita, rechoncha, como una pelota que rodara en distintas direcciones y rebotara contra todas las paredes y esquinas.

–¡Tenemos tiempo, tenemos tiempo…! ¿Fuma usted? ¿Tiene usted tabaco? Tome un cigarrillo –prosiguió, ofreciendo uno al visitante…–. ¿Sabe usted? Le recibo aquí, pero mi vivienda particular está al otro lado del tabique… Me corresponde por el cargo, pero ahora, por cierto tiempo, vivo fuera. Había que hacer aquí algunas reparaciones. Casi está todo acabado… Tener vivienda del Estado es magnífico, ¿eh? ¿Qué le parece?

–Sí, es magnífico –contestó Raskólnikov, mirándole casi con expresión burlona.

–Es magnífico, magnífico… –repetía Porfiri Petróvich, como si de pronto se hubiera puesto a reflexionar en algo completamente distinto–. ¡Sí! ¡Una cosa magnífica! –dijo, poco menos que gritando al final, clavando de pronto la vista en Raskólnikov y deteniéndose a dos pasos de él.

Esta pesada y tonta repetición de que disponer de una vivienda del Estado es algo magnífico, chocaba, por su vulgaridad, con la mirada seria, cavilosa y enigmática que Porfiri Petróvich estaba dirigiendo a su visitante.

Aquello fue como echar aceite al fuego de la ira que ardía en el pecho de Raskólnikov, quien no pudo contenerse, lanzando un reto burlón y bastante imprudente:

–¿Sabe usted? –preguntó de súbito, casi mirándole con insolencia y como si experimentara por ello cierta sensación de placer–. Según parece, existe tal regla o procedimiento jurídico para todos los posibles jueces de instrucción: hay que empezar primero de lejos, hablando de cosas sin importancia, o bien de algo serio, pero completamente al margen de la cuestión capital, como para animar al interrogado, o mejor, para distraerle, para adormecer su circunspección, y luego, de improviso, soltarle sobre la coronilla, como si nada, alguna pregunta fatal y peligrosa, ¿no es así? Según parece, así se recuerda, religiosamente, en todas las normas e instrucciones, ¿verdad?

–No está mal… Usted cree que he comenzado a darle vueltas con lo de la vivienda del Estado… ¿eh?

Al decir estas palabras, Porfiri Petróvich entornó los ojos e hizo un guiño; una expresión de astuta alegría se reflejó en su rostro; se le distendieron las pequeñas arrugas de la frente; casi cerrados por los párpados, los ojos aún se hicieron más pequeños; los rasgos de la cara se le dilataron, y estalló en una carcajada nerviosa, prolongada, que le conmovía y agitaba el cuerpo. Seguía mirando a los ojos de Raskólnikov, que también empezó a reírse, haciendo un esfuerzo. Pero cuando Porfiri, al ver que Raskólnikov también se reía, arreció en sus carcajadas, hasta el punto de que el rostro se le puso como la púrpura, la aversión de Raskólnikov rebasó los límites de la prudencia. Dejó de reírse, frunció las cejas y lanzó a Porfiri una larga mirada cargada de odio; no apartó de él la vista durante todo el tiempo que estuvo éste riendo, con su risa prolongada, que no interrumpía, al parecer, adrede. La falta de prudencia era notoria en ambas partes: resultaba que Porfiri Petróvich se reía de su visitante –que acogía con odio aquella risa– y no se sentía inmutado por esa circunstancia. Fue muy significativo para Raskólnikov, quien comprendió que, sin duda alguna, Porfiri Petróvich tampoco se había turbado hacía un momento, mientras que él mismo, Raskólnikov, había caído en la trampa; se dio cuenta de que existía algo que él no comprendía, algún objetivo; quizá estaba todo preparado e iba a caer como un mazazo en seguida, al instante…

Inmediatamente fue derecho a la cuestión; se levantó de su asiento y tomó la gorra.

–Porfiri Petróvich –comenzó a decir con firmeza, si bien con irritación manifiesta–, ayer manifestó el deseo de que viniera para cierto interrogatorio –acentuó sobre todo la palabra *interrogatorio*–. He venido; si desea usted alguna cosa, pregunte; si no, permítame retirarme. Tengo prisa, estoy ocupado… He de asistir a los funerales del funcionario al que aplastaron unos caballos… como sabe usted… –añadió, y al momento se enojó de haberlo dicho, y luego prosiguió irritándose aún más–: Todo esto me tiene harto, ¿lo oye?, hace mucho tiempo… En parte por esto estuve enfermo… En una palabra –exclamó casi gritando, dándose cuenta de que la frase acerca de su enfermedad aún había sido menos oportuna–, en una palabra: tenga la bondad o de interrogarme o de dejarme salir inmediatamente… y si me interroga, que sea con todas las formalidades, como está prescrito; si no es así, no lo toleraré; y por de pronto, adiós, pues ahora nada tenemos que hacer los dos juntos.

–¡Señor! ¡Qué dice usted! ¿Sobre qué quiere usted que le interrogue? –cloqueó de pronto Porfiri Petróvich, cambiando de tono y de actitud, dejando de reír en un abrir y cerrar de ojos–. Pero no se inquiete, haga el favor –insistió, ya volviendo a dar zancadas en todas direcciones, ya procurando hacer sentar otra vez a Raskólnikov–; tenemos tiempo, tenemos tiempo, y todo esto no son más que pequeñeces. Yo, por el contrario, estoy tan contento de que usted, por fin, haya venido a vernos… Le recibo como a un invitado. Y perdóneme, Rodión Románovich, amigo mío, por esa risa maldita. Según parece, es así como se llama, con el patronímico: Rodión Románovich, ¿no…? Soy un hombre nervioso y la agudeza de su observación me ha hecho muchísima gracia; a veces, la verdad, me desternillo durante media hora como si fuera de goma… No me cuesta mucho reírme. Por mi complexión, hasta temo que me dé un ataque de parálisis. Pero ¿por qué no se sienta…? Siéntese, amigo mío, se lo ruego; si no, voy a pensar que se ha enojado usted…

Raskólnikov callaba, escuchaba y observaba, hosco todavía el semblante. Con todo, se sentó, aunque sin soltar la gorra.

–Una cosa quiero decirle de mí mismo, Rodión Románovich, para que comprenda mi modo de ser –continuó, moviéndose por la habitación, Porfiri Petróvich, evitando como antes cruzar la mirada con la de su visitante–. ¿Sabe usted? Soy soltero, sin relaciones mundanas y desconocido. Añada a esto que soy un hombre acabado y entumecido, voy ya para semilla y… y… y no sé si se ha dado cuenta, Rodión Románovich, que entre nosotros, quiero decir en Rusia, y sobre todo en nuestros círculos petersburgueses, cuando dos personas inteligentes, no muy conocidas entre sí, pero que se respetan recíprocamente, como, por ejemplo, usted y yo; cuando dos personas así se encuentran, se pasan media hora entera sin saber de qué hablar, se quedan como entumecidos uno frente a otro, permanecen sentados y uno confundido por la presencia del otro. Todo el mundo tiene de qué hablar; las damas, por ejemplo… la gente de mundo distinguida, por ejemplo, siempre encuentra tema de conversación, *c´est de rigueur*[2], pero la gente de tipo medio, como nosotros, se turba por cualquier pequeñez y es poco habladora…, la gente que piensa, quiero decir. ¿A qué se debe, amigo mío? ¿Acaso no tenemos intereses sociales, o somos tan honrados que no queremos engañarnos? No lo sé. ¿Qué cree usted? Pero deje la gorra, parece como si se dispusiera a irse; la verdad, hasta desagrada verla… Yo, por el contrario, estoy tan contento…

Raskólnikov dejó la gorra a un lado sin decir nada y siguió escuchando, serio y hosco, las palabras vacías y desconcertantes de Porfiri. "¿Es que se propone, en efecto, distraerme con su estúpida charlatanería?".

–A café no le invito, el lugar no es a propósito; mas, ¿por qué no pasarse cinco minutos con un amigo para distraerse? –continuó Porfiri, infatigable–. ¿Sabe? Las obligaciones del servicio… no se ofenda de que me esté paseando de un lado a otro del gabinete, amigo mío; perdóneme, tengo mucho miedo de ofenderle; pero el ejercicio me es sencillamente indispensable. Me paso el día sentado, y estoy tan contento de poder moverme unos minutos… Tengo hemorroides… No hago más que pensar en curarme haciendo gimnasia; dicen que hay consejeros de Estado, efectivos e incluso privados, que de buena gana saltan la cuerda; ya ve cómo progresa la ciencia en nuestros días… Y en lo que se refiere a las obligaciones de mi cargo, los interrogatorios y todas esas formalidades… Usted mismo, amigo mío, ha hablado de interrogatorios. Pues sepa usted, amigo Rodión Románovich, que a veces, en efecto, los interrogatorios desconciertan al que los hace más que al interrogado…Usted, amigo mío, con mucha razón e ingenio acaba de observarlo –Raskólnikov no había hecho ninguna observación de esta clase–. ¡Nos enredamos! ¡Nos armamos un lío! ¡Y siempre lo mismo, siempre la misma cosa, como el redoble del tambor! Ahora se está procediendo a una reforma, y nosotros, si no de otra cosa, cambiaremos de nombre, ¡je, je, je! Por lo que toca a nuestros procedimientos jurídicos, como ha expresado usted con mucha finura, estoy completamente de

---

[2] Es de rigor. (En francés en el original.)

acuerdo con usted. Pero dígame, ¿qué acusado no sabe, incluso el mujik más lerdo, que primero le abrumarán a preguntas al margen del asunto (según la feliz expresión de usted) y luego le soltarán una en la propia coronilla, como un mazazo, ¡je, je, je!, en la coronilla misma, según la feliz comparación que ha hecho usted? ¡Je, je! De modo que ha creído en verdad, que yo con lo de la vivienda quería… ¡Je, je! Es usted un hombre irónico. ¡Bueno, bueno, no seguiré por ese camino! ¡Ah, sí, a propósito! Una palabra llama a otra, un pensamiento engendra otro. Usted también se ha referido hace un momento a la forma, sí, acerca del interrogatorio… Pero ¿para qué sirve la forma? En muchos casos, la forma es una estupidez. A veces es preferible hablar como amigos. La forma siempre está a nuestra disposición; en este sentido, permítame que le tranquilice; además, consienta una pregunta: ¿qué es en esencia la forma? No es posible entorpecer a cada paso la acción del juez en nombre de la forma. La tarea del juez instructor es, por decirlo así, una especie de arte liberal o algo por el estilo… ¡Je, je, je…!

Porfiri Petróvich se detuvo un minuto para tomar aliento. Hablaba sin cesar, ensartando frases vacías de sentido, soltando de improviso algunas palabritas enigmáticas y volviendo a continuación a las expresiones absurdas. Corría por la habitación, moviendo cada vez más aprisa sus piernas rechonchas, puesta la mirada al suelo, con la mano derecha a la espalda y agitando incesantemente la izquierda, haciendo gestos distintos en continua y sorprendente discordancia con lo que decía. Raskólnikov observó de pronto que, al correr por la habitación, Porfiri Petróvich hizo unas dos veces como si se detuviera junto a la puerta un instante y aguzara el oído… "¿Es que espera alguna cosa?".

–Y usted tiene razón –dijo Porfiri, reanudando su plática, mirando, alegre y bonachón, a Raskólnikov, lo cual estremeció a éste, y al instante le hizo ponerse en guardia–. Realmente tiene usted razón al reírse con tanta gracia como lo ha hecho, ¡je, je!, de las formas jurídicas. La verdad es que nuestros procedimientos, profundamente psicológicos (algunos, claro), son extraordinariamente ridículos y hasta inútiles, si se hallan muy ceñidos a la forma. Eso es… Y para volver a hablar de forma: si yo reconociera o, mejor dicho, si yo sospechara de alguien, de éste, del otro o del de más allá, que es, supongamos, un criminal, y se me encargara la causa… Si no me equivoco usted se prepara para ser jurista, ¿verdad?

–Sí, me preparaba…

–Bueno, pues aquí tiene un pequeño ejemplo para el futuro; es decir, no crea que me atreva a darle una lección a quien publica tales artículos sobre el crimen. No, sólo me atrevo a presentárselo a modo de hecho, de pequeño ejemplo. Pues bien, si yo considerara a uno, a otro o a un tercero como criminal, ¿para qué, pregunto yo, debo intranquilizarle antes de tiempo, aunque tenga pruebas contra él? A uno, por ejemplo, me veré obligado a detenerlo cuanto antes; pero otro, a lo mejor tiene un carácter distinto. ¿A santo de qué, pues, no dejarle pasear por la ciudad? ¡Je, je, je! No, ya veo que no me entiende bien. Se lo explicaré con más claridad: si yo, por ejemplo, lo encierro demasiado pronto, con ello moralmente, por decirlo así, hasta le doy un apoyo, ¡je, je! ¿Usted se ríe? –Raskólnikov estaba muy lejos de pensar en reírse: sentado, apretados los labios, no apartaba su mirada encendida de los ojos de Porfiri Petróvich–. Y en realidad, es así, sobre todo con ciertos individuos, pues la gente es muy diversa, aunque a todos se les aplica la misma práctica. Ahora me dirá usted: las pruebas. Sí, cierto; supongamos que tenemos pruebas; pero usted sabe, amigo mío, que las pruebas, en la mayor parte de los casos, tienen dos filos. Yo soy juez inspector y, por tanto, un hombre débil, lo confieso: desearía presentar la causa, por decirlo así, con claridad matemática; quisiera obtener una prueba que fuera semejante al dos por dos son cuatro. ¡Que fuera una prueba directa e indiscutible! Pues bien; si al presunto criminal lo encierro antes de tiempo, aunque yo estuviera convencido de que es *él*, entonces, en definitiva, me privo yo mismo de medios para poder demostrar más tarde su culpabilidad. ¿Qué por qué es así? Pues porque, en cierto modo, le proporciono una situación determinada, es decir, le defino psicológicamente y le tranquilizo, y se escapa de mis manos para refugiarse en su concha: al fin comprende que es un detenido. Verá, cuentan que en Sebastopol, inmediatamente después de la batalla de Almi, había personas inteligentes que temían que el enemigo lanzara sus fuerzas abiertamente al ataque y que tomara la plaza fuerte; pero cuando vieron que el enemigo prefería un asedio en regla y que abría la primera línea de trincheras, entonces esas personas inteligentes se pusieron muy contentas y se sosegaron: la lucha se prolongaba, por lo menos, dos meses más, porque, ¿cómo iban a tomar la ciudad en un asalto con todas las de la ley? ¿Otra vez se ríe? ¿Tampoco lo cree usted? Claro, también usted tiene razón. ¡Tiene razón, tiene razón! Esos son casos particulares, estoy de acuerdo con usted. El hecho es que he referido realmente un caso particular. Pero, vea usted, mi buen Rodión Románovich, lo que es necesario tener en cuenta: el caso general, ese caso que sirve de medida a las formas y reglas jurídicas, y de base sobre la que se han escrito los libros, no existe en absoluto, por el mismo hecho de que toda causa, por ejemplo, todo crimen, tan pronto como ocurre en realidad, se convierte en un caso por completo particular, a veces en nada parecido a los anteriores. A veces suceden casos ultracómicos. Bueno, he dejado al señor aludido completamente solo: ni le detengo ni le intranquilizo, pero ha de saber en cada momento que yo lo sé todo, o por lo menos ha de sospechar que le vigilo día y noche. Si lo tengo siempre en estado de sospecha y temor, entonces, se lo juro, al final perderá la cabeza, y se presentará él mismo y será capaz de hacer algo que se parecerá al dos por dos son cuatro, o sea algo que tendrá un cariz matemático, lo cual no deja de poseer su encanto. Eso puede ocurrir con un mujik muy zote. ¡Imagínese, pues, lo que pasará con un hombre como nosotros, moderno, y más si se ha educado en determinado sentido! ¡Aún mucho más! Pues, mi querido amigo, es algo muy importante saber en qué dirección se ha desarrollado un hombre. Y los nervios, ¿eh? ¿Los ha olvidado usted? Le quedan a ese hombre enfermos, rotos, irritados…¡Y cuánta hiel! ¡Cuánta! Le digo que, si el caso se presenta, es una especie de mina para la investigación. ¿Por qué he de inquietarme yo de que ese hombre vague sin esposas en las muñecas por la calle? ¡Que pasee de momento, que pasee! Sé muy bien que es mi víctima y que no se me puede escapar. ¿Adónde quiere que escape? ¡Je, je! ¿Al extranjero, por ventura? Al extranjero huirá un polaco, pero no *él*, tanto menos cuanto que vigilo y he tomado medidas. ¿Que se esconderá en las profundidades del país? Pero allí viven auténticos mujiks, zamarros, verdaderos rusos. Un hombre de hoy, culto, preferirá el presidio a vivir con tales extranjeros como nuestros mujiks. ¡Je, je! Pero esto son bobadas, es lo exterior. ¿Qué significa eso de que escapará? Eso es lo formal, pero el meollo de la cuestión no radica ahí. Si no se me escapa de las manos, no es sólo porque no tiene adónde dirigirse: de mí no se me escapa *psicológicamente*, ¡je, je! Vaya expresioncita, ¿eh? De mí no huye por ley de naturaleza, aunque tenga a donde huir. ¿Ha visto alguna mariposa junto a la llama? Bueno, pues así estará dando vueltas a mi alrededor, como en torno a una vela; para él la libertad perderá su encanto; ese hombre comenzará a pasar el tiempo reflexionando, se armará un lío, quedará envuelto en sus pensamientos como en una red, se sentirá poseído de una angustia mortal… Es más… él mismo se preparará alguna combinacioncita matemática como la de dos por dos; basta sólo que le dé un descanso suficientemente largo… Y seguirá dando vueltas a mi alrededor, reduciendo cada vez más el radio de los círculos, hasta que, ¡zas!, se meta volando en mi boca y me lo trague. Claro que esto es muy agradable, ¡je, je, je! ¿No lo cree usted?

Raskólnikov no contestó; permanecía sentado, pálido e inmóvil, observando con atención el rostro de Porfiri.

"¡La lección es buena!", pensó, mientras un estremecimiento de frío le recorría el cuerpo. "Esto no es ya el juego del gato con el ratón, como ayer. Ni pretende tampoco mostrarme y… contarme cuál es su fuerza: es demasiado inteligente para ello… Lo que se propone es otra cosa, su fin es otro, pero ¿cuál? ¡Eh, amigo! ¡Esto es absurdo! ¡Lo que quieres es asustarme y recurres a la astucia! ¡No tienes pruebas, y el hombre de ayer no existe! Lo que quieres es sencillamente que pierda el tino, irritarme, y en ese estado echarme el guante; pero es una filfa y no te saldrás con la tuya, ¡no te saldrás con la tuya! Pero ¿por qué? ¿Por qué me habla con tanta claridad…? ¿Confía en que tengo los nervios rotos…? No, hermano, no; te equivocas; no te saldrás con la tuya, aunque algo has preparado… Bueno, vamos a ver lo que es".

Hizo acopio de fuerzas, como para enfrentarse con alguna catástrofe espantosa e ignota. A veces sentía impulsos de arrojarse sobre Porfiri y estrangularle allí mismo. Al entrar en el gabinete, tuvo miedo de no poder dominar su ira. Notaba que tenía los labios resecos, la espuma prendida en las comisuras, el corazón desenfrenado. A pesar de todo, decidió callar y no decir una palabra prematura. Comprendía que, en su situación, aquélla era la mejor táctica, porque así no sólo evitaría toda imprudencia de palabra, sino que, además, con su silencio, irritaría a su enemigo, y sería a éste a quien se le podrían escapar algunas de las cosas que no quisiera decir. Así por lo menos lo esperaba Raskólnikov.

–No, ya veo que no lo cree; usted continúa imaginando que le estoy contando inocentes bromitas –prosiguió Porfiri, cada vez más alborozado, lanzando risitas de satisfacción y poniéndose otra vez a dar vueltas por la estancia–. No le falta razón, claro; hasta la estampa que me ha dado Dios es tal que sólo despierta en los demás pensamientos jocosos, como un bufón. Una cosa, de todos modos, quiero decirle y repetirle, y es que usted, amigo mío, Rodión Románovich (perdone que se lo diga yo, que soy viejo), usted es todavía un joven, un hombre que está, por decirlo así, en su primera juventud, y por ello, como todos los jóvenes, lo que estima por encima de todo es la inteligencia. Le seducen la agudeza de ingenio y las conclusiones abstractas del razonamiento. Y en esto ocurre, por ejemplo, exactamente lo que con el antiguo Alto Estado Mayor austríaco, si es que puedo yo formular algún juicio acerca de cuestiones militares. Sobre el papel, derrotaron a Napoleón y le hicieron prisionero; allí, en su gabinete, calcularon y combinaron todo de la manera más ingeniosa del mundo;

pero resulta que el general Mak se entrega con todo su ejército… ¡Je, je, je! Ya veo, amigo mío, ya veo, Rodión Románovich, que se está usted riendo de mí, porque yo, un hombre civil, elijo siempre ejemplos de la historia de la guerra. ¿Qué quiere usted? Es mi debilidad; me gusta el arte militar y no sabe lo que me encanta leer relaciones de batallas… No hay duda, he equivocado la carrera; debería de servir en el ejército. Es posible que no hubiera llegado a Napoleón, pero habría sido comandante, ¡je, je, je! Bueno, ahora, entrañable amigo mío, voy a contarle con todo detalle la verdad del *caso particular*. La verdad y la naturaleza, señor mío, son algo muy importante, y a veces dan al traste con el cálculo más clarividente. Haga usted caso a un viejo, se lo digo con seriedad, Rodión Románovich –al pronunciar estas palabras, Porfiri Petróvich, que contaba apenas treinta y cinco años, pareció convertirse en un auténtico viejo; hasta la voz le cambió, y le quedó la figura como encorvada–; además, soy un hombre franco… ¿Soy franco, o no? ¿Qué le parece a usted? Me parece que no puedo serlo más. ¡Ya ve qué cosas le cuento gratis, sin exigir por ello ninguna recompensa! ¡Je, je! Bueno, pues, continuó: la agudeza de ingenio, a mi modo de ver, es una cosa estupenda; es, como si dijéramos, el ornato de la naturaleza y el consuelo de la vida; el hecho es que puede salir con lilailas capaces de desconcertar a un pobrecito juez de instrucción, el cual, además, puede dejarse arrastrar por sus propias fantasías; y así ocurre, pues un juez de instrucción también es un hombre. Pero la naturaleza saca de apuros al pobrecito juez, ¡ahí está la calamidad! Y ésta es una cosa en la que no piensa la juventud, que se pirra por el ingenio y "pasa por encima de los obstáculos" (como supo usted expresarse de modo tan ingeniosísimo y astuto). Supongamos que ese hombre, es decir, el *caso particular,* el *incógnito*, miente de modo magistral, con la más refinada de las astucias; al parecer, tiene el triunfo y puede disfrutar complacido de sus frutos, pero ¡zas!, en el lugar más interesante, en el lugar donde el accidente puede revestir la forma más escandalosa, cae desmayado. Supongamos que sea cosa de enfermedad; a veces en las habitaciones el aire está viciado y es sofocante, pero no importa. El caso es que, a pesar de todo, ha dado lugar a una sospecha. Ha mentido impecablemente, pero no ha sabido tener en cuenta la naturaleza humana. ¡Es ahí donde se esconde la traición! Otra vez, entusiasmado por el juego de su ingenio, empieza a volver tarumba a una persona que sospecha de él; se pone pálido, como aposta, como si jugara, pero palidece con *excesiva naturalidad*, su palidez es demasiado parecida a la verdadera, y ¡otra vez despierta sospechas! No importa que de momento logre desconcertar a su interlocutor, pero después de consultar con la almohada, esa persona lo ve claro por poco que discurra. ¡Y así a cada paso! Aún hay más; ese hombre empezará a anticiparse, se meterá donde no le llaman, hablará incesantemente de cosas que debiera callar, comenzará a emplear diversas alegorías, ¡je, je! Vendrá él mismo y empezará a preguntar: "¿Por qué tardan tanto en detenerme?" ¡Je, je, je! Lo cual puede ocurrir al hombre de mayor ingenio del mundo, a un psicólogo, a un literato. La naturaleza es un espejo, es el espejo más transparente. ¡No hay más que contemplar y admirarse! Pero ¿por qué se vuelve usted tan pálido, Rodión Románovich? ¿Se sofoca usted? ¿No será mejor que abra la ventanita?

–¡Oh, no se preocupe, por favor! –gritó Raskólnikov y estalló en una carcajada–. ¡Por favor, no se preocupe!

Porfiri se detuvo frente a él, esperó un poco y, de improviso, se echó a reír a su vez. Raskólnikov se levantó del diván, cortando en seco su risa totalmente espasmódica.

–¡Porfiri Petróvich! –dijo en voz alta y clara, a pesar de que apenas podía sostenerse en pie–. Por fin veo, como a la luz del día, que sospecha usted de mí por el asesinato de esa vieja y de su hermana Lizaveta. Por mi parte, le declaro que eso me tiene harto hace tiempo. Si usted cree que tiene derecho a perseguirme según la ley, persígame; si considera que puede detenerme, deténgame. Pero que se ría de mí, en mi cara, y que me torture, no lo tolero…

De súbito le temblaron los labios, la furia le encendió los ojos, le subió de tono la voz, hasta entonces sujeta a dominio.

–¡No lo tolero! –gritó de repente, dando un puñetazo en la mesa con todas sus fuerzas–. ¿Lo oye usted, Porfiri Petróvich? ¡No lo tolero!

–¡Ah, Señor! Pero ¿qué le pasa otra vez? –exclamó, por lo visto sobresaltado, Porfiri Petróvich–. ¡Amigo mío! ¡Rodión Románovich! ¡Oh, mi amigo entrañable! ¡Madre mía! Pero ¿que le pasa?

–¡No lo tolero! –gritó otra vez Raskólnikov.

–¡No grite tanto, por favor! ¡Le oirán, vendrá gente! ¿Qué vamos a decir entonces? ¡Piénselo! –balbuceó, horrorizado, Porfiri Petróvich, acercando su rostro al de Raskólnikov.

–¡No lo tolero, no lo tolero! –repitió maquinalmente Raskólnikov, de pronto, en voz muy baja.

Porfiri se volvió con rápido movimiento y corrió a abrir la puerta de la ventana.

–¡Que entre el aire fresco! ¡Beba usted un poco de agua, amigo mío! ¡Lo que tiene usted es un ataque!

Se dirigió velozmente hacia la puerta para pedir un vaso de agua, pero en un ángulo había un jarro lleno.

–Beba, amigo –dijo, acercándole presuroso el agua–; quizá le calme…

El sobresalto de Porfiri Petróvich y su solicitud eran tan naturales, que Raskólnikov se calló y se puso a observarle con desusada curiosidad. De todos modos, no tocó el agua.

–¡Rodión Románovich, mi amigo querido! ¡Así va usted a volverse loco, se lo aseguro! ¡Ay, ay! ¡Beba un poco! ¡Beba, aunque sea unos sorbos!

Le puso el vaso de agua en la mano. Raskólnikov iba a llevárselo a los labios con mecánico gesto; mas, recobrándose, lo puso con repugnancia sobre la mesa.

–Sí, ha tenido usted un pequeño ataque. Si continúa así, amigo mío, volverá a caer enfermo –exclamó, con voz hueca y amistosa solicitud, Porfiri Petróvich, aunque sin perder el aspecto de hombre sobresaltado–. ¡Dios del cielo! ¿Cómo es posible descuidar tanto la salud? Ayer vino a verme Dmitri Prokófich. Estoy de acuerdo; estoy de acuerdo, tengo un carácter sarcástico, infame; pero ¡las conclusiones que de esto ha sacado…! ¡Señor! Vino ayer, después de la visita que me hicieron ustedes, comimos juntos; se puso a hablar, a hablar, y yo no hacía sino abrir los brazos y pensaba: ¡buena la has hecho, Dios mío! ¿Vino porque se lo mandó usted? Pero siéntese, amigo mío; siéntese, por amor de Dios.

–¡No, yo no le mandé! Pero sabía que había ido a verle y por qué había ido –contestó bruscamente Raskólnikov.

–¿Lo sabía?

–Lo sabía. ¿Y qué?

–Pues que yo, amigo mío, Rodión Románovich, conozco también otras hazañas suyas. ¡De todo tengo noticia! Sé que, al anochecer, fue usted a *alquilar el piso* y que se puso a tocar la campanilla, que preguntó por la sangre y que desconcertó a los obreros y a los de la portería. Créame, comprendo el estado de ánimo en que entonces se encontraba… De todos modos, por este camino va a perder la razón, se lo juro. ¡Perderá usted la cabeza! Hierve en usted con mucha fuerza una doble indignación por las ofensas recibidas, primero del destino, luego de la policía. Por esto corre usted de un lugar a otro, por decirlo así, para obligar a los demás a decir lo que piensan y de ese modo acabar con todo de una vez, porque ya le tienen harto esas estupideces y esas sospechas, ¿no es así? ¿Adivino su estado de ánimo…? Pero el caso es que de esa manera no sólo va a perder la cabeza, sino que la hará perder a nuestro Razumijin. Usted sabe muy bien que él es un hombre demasiado *bueno* para estas cosas. Usted está enfermo, él es todo virtud y bondad, y la enfermedad puede resultar contagiosa... Cuando usted se sosiegue, amigo, le voy a contar... Pero siéntese, por Dios. Descanse, hágame el favor; se ha quedado usted demudado. Siéntese.

Raskólnikov se sentó; seguía temblando y la fiebre se apoderó de su cuerpo. Profundamente sorprendido, escuchaba con ávida atención al sobresaltado Porfiri Petróvich, que con tan animosa solicitud le trataba. Mas no creía ninguna de las palabras que éste le decía, a pesar de que experimentaba una rara inclinación a creerle. La inesperada referencia a su visita al piso le dejó pasmado. "¿Cómo se ha enterado de lo del piso?", se preguntó de pronto. "¡Y me lo cuenta él mismo!"

–Sí, en nuestra práctica judicial se ha dado un caso poco menos que idéntico, un caso psicológico –prosiguió Porfiri, con la misma rapidez de antes–. Un hombre se ha acusado de asesinato sin haberlo cometido. ¡Y de qué modo se ha acusado! Su relato ha sido una auténtica alucinación, ha presentado hechos, ha descrito circunstancias, nos ha confundido, nos ha desconcertado a todos y a cada uno de nosotros, ¿y qué ha ocurrido? Ese hombre, sin la menor intención, ha sido, en parte, causa del asesinato; pero sólo en parte. Cuando supo que había dado pie a los asesinos para cometer el crimen, se impresionó tanto, que se le enturbió la razón e imaginó que él era el culpable, hasta convencerse de que el asesino era él mismo. El Tribunal Supremo, por fin, ha puesto en claro el asunto, y el desgraciado ha sido absuelto; ahora está bajo observación médica. ¡Hay que dar las gracias al Tribunal Supremo! ¡Sin su intervención...! ¿Ve usted, pues, amigo mío? ¡Con eso de ir por la noche a tocar campanillas y preguntar por la sangre, deja que se exciten los nervios de tal modo, que puede pillar unas fiebres agudas! ¿Sabe? He estudiado psicología en la práctica. A veces el hombre siente tentación de arrojarse por una ventana o desde un campanario, y la sensación es seductora. También, eso de tirar de las campanillas... ¡Esto es una enfermedad, Rodión Románovich, es una enfermedad! Usted ha comenzado a desdeñarla excesivamente. Debiera consultar a un médico de experiencia. ¡Qué puede decirle ese gordo que le ha visitado...! ¡Usted delira! ¡Lo que le ocurre se debe a que delira...!

Por un instante todo dio vueltas en torno a Raskólnikov.

"¿Es posible, es posible –se preguntaba– que también mienta ahora? ¡Es imposible, es imposible!". Penaba por arrojar de su cerebro esta idea, dándose cuenta de que podía llevarle hasta el límite de la rabia y de la furia, y de que la rabia podía volverle loco.

–No deliraba; sabía perfectamente lo que hacía –replicó gritando, poniendo en tensión las fuerzas de su entendimiento, a fin de descubrir el juego de Porfiri–. ¡Sabía lo que estaba haciendo, lo sabía! ¿Me oye?

–Sí, lo comprendo y lo oigo. ¡También ayer decía usted que no había delirado e insistía mucho en ello! Es cuanto puede usted decir, lo comprendo. ¡Ay, ay…! Pero escúcheme, Rodión Románovich, amigo mío del alma, considere por lo menos esta circunstancia: si fuera usted de verdad un criminal, o si hubiese participado de una manera u otra en este maldito asunto, ¿insistiría, por ventura, en que no ha hecho eso delirando, sino con plena conciencia de sus actos? ¡Y nada menos que insistir de ese modo, con tal porfía! ¿Sería posible, sería posible eso, por ventura? A mi modo de ver, sucedería lo contrario. Si usted sintiera sobre sí el peso de alguna culpa, debería usted de insistir en lo contrario. Debería decir que deliraba. ¿No es así? ¿Verdad que es así?

En esta pregunta se percibía una nota de malicia. Raskólnikov se hizo atrás, hasta el respaldo mismo del diván, para apartarse de Porfiri, que se había inclinado sobre él. Perplejo, se lo quedó mirando fijamente, en silencio.

–O por lo que toca al señor Razumijin, en la cuestión de si vino ayer a hablarme por iniciativa propia o por instigación suya. Usted debía haber dicho que había venido por iniciativa propia y no por sugerencia. Pero usted no lo calla, al contrario, insiste en que Razumijin ha venido instigado por usted.

Raskólnikov no había insistido nunca en ello. Sintió escalofríos a lo largo del espinazo.

–No hace más que mentir –dijo lentamente y con voz débil, torcidos los labios en dolorosa sonrisa–; otra vez desea mostrarme que conoce mi juego, que sabe de antemano lo que le voy a contestar –al hablar, tenía la sensación de no poder sopesar, casi, las palabras como era necesario–. Desea asustarme… o sencillamente, se ríe de mí…

Al pronunciar estas palabras, siguió mirando fijamente a Porfiri Petróvich y de súbito sus ojos volvieron a centellearle con una risa sin fin.

–¡Miente usted y nada más! –gritó–. Sabe muy bien que el mejor recurso para un criminal es no ocultar, en lo posible, lo que él sospecha que se sabe. ¡No lo creo!

–¡Está hecho usted una perinola! –repuso Porfiri, lanzando su risita–. No hay modo de ponerse de acuerdo con usted. Se le ha metido en la cabeza una monomanía. ¿No me cree? Pues yo le digo que me crea, que me crea un poco, y que yo haré que me crea del todo, pues le quiero verdaderamente, y deseo su bien con la mayor sinceridad.

A Raskólnikov le temblaron los labios.

–Sí, lo deseo y voy a decirle lo que pienso de manera definitiva –prosiguió, tomando amigablemente a Raskólnikov del brazo, un poco más arriba del codo–. Se lo diré de modo definitivo: vigile su enfermedad. Además, a Petersburgo ha venido su familia; no se olvide de ella. Lo que habría de hacer usted es facilitarle el reposo y rodearla de afecto, y en vez de ello usted la asusta.

–¿A usted qué le importa? ¿Qué sabe? ¿Por qué se interesa tanto por mí? Parece que no me pierde de vista y quiere que yo lo sepa, ¿no?

–Pero, ¡Señor! Si es usted mismo, usted, quien me lo ha contado todo. No se da cuenta, pero en su agitación se precipita y lo cuenta todo a mí y a los demás. Ayer, por el señor Razumijin, Dmitri Prokófich, también me enteré de muchos detalles interesantes. Sí, usted me ha interrumpido, pero le diré que, debido a su desconfianza, a pesar de todo su ingenio, ha perdido hasta la facultad de considerar las cosas con sentido común. Tomemos, aunque sea sobre el mismo tema, el ejemplo de la campanilla: el hecho vale un Potosí, y un hecho tan precioso (¡es un hecho con todas las de la ley!) se lo doy yo, juez de instrucción, con la mayor tranquilidad del mundo, sin disimular. ¿Y ello no le dice nada? Si sospechara de usted, por poco que fuese, ¿procedería de modo semejante? Al contrario, primero habría adormecido sus recelos, cuidándome muy mucho de dejar entrever que conocía ese hecho; habría debido atraerle al lado opuesto, y de pronto soltarle como mazazo en la coronilla (según su expresión): "¿Puede decirme, señor, a qué iba al piso de la asesinada a las diez de la noche o poco antes de las once? ¿Y por qué tocó la campanilla? ¿Y por qué hizo usted preguntas acerca de la sangre? ¿Y por qué metió en un lío a los porteros y los invitó a que le acompañaran a la comisaría a ver al teniente de policía del barrio?" Así tenía que haber obrado de haber sospechado de usted. Habría debido someterle a un interrogatorio en toda regla, hacerle un registro y aun detenerle… Así, pues, si he obrado de otro modo, es que no sospecho de usted. Pero ha dejado de ver las cosas como son y no se da cuenta de nada, lo repito.

Raskólnikov se estremeció tan aparatosamente que Porfiri Petróvich pudo observarle con claridad.

–¡No hace más que mentir! –gritó–. No sé cuál es su propósito, pero miente… Hace un momento no hablaba usted en este sentido, y no puedo equivocarme… ¡Miente!

–¿Que miento? –repitió Porfiri, por lo visto acalorándose, pero sin perder su aire alegre y burlón, y sin inmutarse, al parecer, por el concepto que de él tuviera el señor Raskólnikov–. ¿Que miento…? ¿Cómo me he portado (yo, el juez de instrucción) hace un momento? Le he sugerido y le he puesto en las manos los medios de defensa al darle la explicación de esa psicología: "La enfermedad, el delirio, el sentirse ofendido; la melancolía, los agentes" y lo demás. ¡Je, je, je! Aunque, es cierto (se lo digo porque viene a cuento), esos recursos psicológicos para la defensa, esos pretextos y excusas, resultan en extremo inconsistentes, son como un arma de dos filos: "Es cosa de enfermedades (podrá decir), de delirio, de sueños y alucinaciones, no lo recuerdo". Eso está muy bien, pero ¿cómo se explica, amigo mío, que durante la enfermedad y el delirio se tengan tales visiones y no otras? La verdad es que podrían ser distintos, distintas, ¿no es cierto? ¡Je, je, je!

Raskólnikov le lanzó una mirada llena de orgullo y desprecio.

–En una palabra –dijo insistente, en alta voz, levantándose y apartando un poco, al hacerlo, a Porfiri–; en una palabra, quiero saber una cosa: ¿me reconoce usted definitivamente libre de sospechas, o *no*? Hable, Porfiri Petróvich, de manera positiva y tajante, hable cuanto antes, ¡ahora mismo!

–¡Qué pelma es usted! ¡Sí, un pelmazo! –exclamó Porfiri, alegre, cuco y sin inmutarse–. ¿Para qué quiere saberlo? ¿Por qué quiere saber tanto si todavía no han comenzado a molestarlo? Es usted como un niño: "¡Venga, ponme las brasas en la mano!". ¿Y por qué se desasosiega tanto? ¿Por qué viene aquí por sí mismo y se hace tan pesado? ¿Cuál es el motivo? ¿Eh? ¡Je, je, je!

–Le repito –gritó furioso Raskólnikov– que no puedo soportar por más tiempo...

–¿Qué? ¿La incertidumbre? –le interrumpió Porfiri.

–¡No me mortifique! No quiero... ¡Le digo que no quiero...! ¡No puedo y no quiero...! ¿Lo oye? ¿Lo oye? –vociferó Raskólnikov, dando otra vez un puñetazo en la mesa.

–¡Más bajo, más bajo! ¿No ve que lo oirán? Se lo advierto con toda seriedad: ándese con cuidado. ¡No bromeo! –dijo en voz muy baja Porfiri.

Pero aquella vez ya no había en su rostro la expresión algo femenina, bondadosa y asustada; al contrario, *ordenaba* sin rodeos, frunciendo severamente las cejas, como si pusiera al descubierto todos los secretos y dejara de lado las ambigüedades. Aquello no duró más que un instante. Raskólnikov, que de momento había quedado perplejo, se sintió de súbito arrastrado por un verdadero furor; pero, cosa rara, obedeció la orden de hablar en voz baja, aunque se encontraba en el paroxismo de la rabia.

–¡No permitiré que me torturen! –replicó, como hacía poco, en voz baja, dándose cuenta, con odio y dolor, de que no podía dejar de obedecer la orden, y poniéndose aún más furioso a consecuencia de la idea–. Deténgame, haga un registro en mi casa, pero tenga la bondad de obrar según lo dispuesto, ateniéndose a la forma, y no jugando conmigo. No se atreva…

–No se preocupe usted por la forma –le interrumpió Porfiri, volviendo a adoptar su expresión burlona y astuta, como si se complaciera en observar a Raskólnikov–. Le he invitado ahora familiarmente, como se invita a un amigo.

–¡No quiero su amistad, se la escupo! ¿Lo oye usted? ¡Basta! Tomo la gorra y me voy. ¿Qué dirás ahora si tienes intención de detenerme?

Tomó la gorra y se dirigió hacia la puerta.

–¿No desea ver una pequeña sorpresa? –preguntó, riendo sardónicamente, Porfiri.

Le cogió otra vez del brazo, algo por encima del codo, deteniéndole ante la puerta. Se le veía más alegre y vivaracho, lo que acababa de poner fuera de sí a Raskólnikov.

–¿A qué pequeña sorpresa se refiere? –preguntó éste, deteniéndose y mirando asustado a Porfiri.

–La tengo ahí, detrás de aquella puerta. ¡Je, je, je! –señaló con el dedo la puerta que llevaba a su vivienda oficial–. La he cerrado con candado para que no escapase.

–Pero ¿qué es? ¿Dónde ? ¿Qué…?

Raskólnikov se acercó a la puerta y quiso abrir, mas la puerta no se abrió.

–Está cerrada. Aquí tiene la llave.

En efecto, Porfiri le mostró una llave que sacó del bolsillo.

–¡Sigues mintiendo! –bramó Raskólnikov, sin poder dominarse–. ¡Mientes, polichinela maldito!

Se lanzó contra Porfiri, quien se retiró hacia la puerta sin sombra de miedo.

–¡Lo comprendo todo, todo! –gritó a Porfiri–. Mientes y me mortificas para que me traicione…

–Pero si no puede traicionarse más de lo que se traiciona, amigo mío, Rodión Románovich. Si se ha enfurecido. No grite; si no, llamo para que venga gente.

–¡Mientes! ¡No pasará nada! ¡Llama a la gente! Tú sabes que estoy enfermo y has querido irritarme hasta ponerme furioso para que me traicione. ¡Ese ha sido tu objetivo! Pero ¡vengan hechos! ¡Lo he comprendido todo! No tienes hechos, no tienes más que conjeturas ruines y sin valor… ¡las de Zamétov! Tú conocías mi carácter, has querido sacarme de mis

casillas y dejarme petrificado, presentándome de repente a popes y diputados... Los esperas, ¿eh? ¿A qué aguardas? ¿Dónde están? ¡A ver, presénta-
melos!

–¡Qué líos se está armando con eso de los diputados, amigo mío!
¡Vaya imaginación la suya! De ese modo no es posible actuar según la
forma, como usted dice; no conoce el procedimiento, entrañable amigo...
Pero la forma está siempre a nuestro alcance, como se convencerá usted
mismo... –dijo Porfiri, escuchando a la puerta.

En efecto, en aquel momento pareció oírse ruido procedente del otro
lado de la puerta de la habitación inmediata.

–¡Ah, ya vienen! –gritó Raskólnikov–. ¡Los has mandado a buscar–!
¡Los esperabas! Calculas que... A ver, que vengan aquí; diputados, testigos, los que quieras... ¡Que vengan! ¡Estoy preparado! ¡Preparado...!

Entonces se produjo un extraño acontecimiento, algo tan inesperado,
que, naturalmente, ni Raskólnikov ni Porfiri Petróvich habían podido pre-
verlo.

CAPÍTULO VI

Este es el recuerdo de la escena tal como quedó en la mente de Raskólnikov: El ruido que se producía en la habitación vecina aumentó
súbitamente, y la puerta se entreabrió.

–¿Qué hay? –gritó encolerizado el juez instructor–. Ya he advertido
que...

No hubo respuesta; pero la causa del alboroto se adivinaba en parte:
alguien quería entrar en el gabinete de Porfiri, y otra persona trataba de
impedirlo.

–Qué pasa ahí? –preguntó inquietamente Porfiri.

–Es el acusado Nikolái– dijo una voz.

–¡No le necesito! ¡No deseo verle! ¡Lleváoslo! ¡Esperad...! ¿Por qué
le habéis traído aquí? ¡Qué desorden! –gruñó Porfiri, lanzádose hacia la
puerta.

–Él fue quien... –agregó la misma voz, que calló de improviso.

Un rumor de lucha entre dos hombres, se oyó durante algunos segundos; luego uno de ellos fue rechazado violentamente por el otro que, bruscamente, penetró en el gabinete del juez de instrucción.

El recién llegado tenía un aspecto extrañísimo. Miraba de frente; pero
parecía no ver a nadie. La resolución se leía en sus ojos resplandecientes y,
al mismo tiempo, su rostro estaba lívido como el de un reo conducido al
cadalso. Sus labios, muy blancos, temblaban ligeramente.

Era muy joven, iba vestido como la gente sencilla, era de estatura media, delgado, tenía los cabellos cortados en forma de círculo, como si llevara boina, y secos los rasgos de la cara, finos. El hombre a quien el joven había rechazado fue el primero en irrumpir en el gabinete y le agarró por el hombro: era el policía de escolta; Nikolái dio un tirón y otra vez se libró de la mano que quería sujetarlo.

En la puerta se agruparon varios curiosos. Algunos procuraban entrar. Todo ocurrió en un abrir y cerrar de ojos.

–¡Fuera! ¡Aún es pronto! ¡Espera a que te avisen…! ¿Por qué lo han traído antes de tiempo? –tartamudeó Porfiri Petróvich, furioso, como si estuviera desconcertado.

Nikolái, de pronto, se puso de rodillas.

–¡Perdón! ¡Yo soy el culpable! ¡Soy el asesino! –exclamó de pronto Nikolái, como si se sofocara, aunque con voz bastante alta.

Durante unos diez segundos reinó un silencio absoluto, como si todos hubieran quedado paralizados; hasta el policía dio un paso atrás, dejando de acercarse a Nikolái, y se retiró maquinalmente hacia la puerta, donde quedó inmóvil.

–¿Qué significa esto? –gritó Porfiri Petróvich, saliendo de su momentánea perplejidad.

–Soy… el asesino… –repitió Nikolái, después de haber guardado silencio un instante.

–¿Cómo…? ¿Tú…? ¿A quién has asesinado tú?

Porfiri Petróvich, por lo visto, estaba desconcertado. Nikolái volvió a callar un momento.

–A Aliona Ivánovna y a su hermana, a Lizaveta Ivánovna… Las maté a hachazos. Perdí el conocimiento… –añadió de pronto y volvió a callarse. Continuaba de rodillas.

Porfiri Petróvich permaneció unos instantes pensativo; de súbito irguió la cabeza e hizo un gesto con los brazos a los testigos, a quienes nadie había invitado, los cuales se retiraron inmediatamente y se cerró la puerta. Porfiri Petróvich lanzó una mirada a Raskólnikov, quien, de pie en un ángulo del despacho, contemplaba con los ojos desorbitados a Nikolái. Dio unos pasos en dirección del primero, mas de pronto se detuvo, le miró, trasladó la mirada a Nikolái, luego otra vez a Raskólnikov, a continuación de nuevo a Nikolái, y, en un arranque, se precipitó hacia este último.

–¿Por qué te apresuras a decirme que habías perdido el entendimiento? –le gritó, casi airado–. Aún no te he preguntado si lo habías perdido o no… Dime, ¿las asesinaste tú?

–Soy el asesino… Haré la declaración…–replicó Nikolái.

–¡Eh, eh! ¿Con qué las mataste?

–Con un hacha. La llevé aposta.

–¡Eh, qué prisa se da! ¿Solo?

Nikolái no comprendió la pregunta.

–¿Las mataste tú solo?

–Yo solo. Mitia no es culpable y no tiene nada que ver con ello.

–¡No te precipites a hablar de Mitia! ¡Eh, eh…! Pero cómo salisteis entonces corriendo de la escalera? ¿No os vieron los porteros?

–Fue para evitar sospechas… por eso… corrí con Mitia –contestó Nikolái, como si tuviera prisa y hubiera preparado la respuesta de antemano.

–¡Lo que me figuraba! –exclamó, airado, Porfiri–. ¡No habla con palabras suyas! –masculló para sí, y de nuevo reparó en Raskólnikov.

Por lo visto, se había concentrado hasta tal punto en Nikolái, que por un momento se había olvidado de Raskólnikov. Se dio cuenta de ello e incluso se sintió turbado…

–¡Rodión Románovich, amigo mío! Perdóneme –se le acercó, presuroso–. Por favor, no es posible… Aquí usted nada tiene que hacer… yo mismo… Ya ve, ¡qué sorpresas…! Por favor…

Le tomó del brazo y le mostró la puerta.

–Por lo visto, no esperaba usted esto –dijo Raskólnikov, quien, como es lógico, aún no comprendía aquello con claridad, pero sí había tenido tiempo de animarse.

–¡Tampoco usted, amigo mío, lo esperaba! ¡Vaya! ¡Cómo le tiembla el brazo! ¡Je, je!

–Sí, y usted también, Porfiri Petróvich.

–Es cierto, también tiemblo; no lo esperaba…

Estaban junto a la puerta. Porfiri aguardaba impaciente a que Raskólnikov se fuera.

–¿No me muestra la pequeña sorpresa? –preguntó, de improviso, Raskólnikov.

–¿Me lo pregunta y aún le castañetean los dientes? ¡Je, je! ¡Es usted irónico! Bueno, hasta la vista.

–Supongo que es mejor *adiós*.

–Será lo que Dios quiera, lo que Dios quiera –repuso Porfiri, con una sonrisa forzada.

Al cruzar las oficinas, Raskólnikov se dio cuenta de que muchos de los que allí estaban le miraban fijamente. En el vestíbulo, entre la muchedumbre, divisó a los dos porteros de *aquella* casa, a los que invitó entonces, por la noche, a que le acompañaran a la comisaría. Estaban esperando algo. Pero no bien llegó a la escalera, oyó de nuevo a su espalda la voz de Porfiri Petróvich. Se volvió y le vio sofocado, corriendo para alcanzarle.

–Una palabrita, Rodión Románovich. Las muchas cosas de que hemos hablado serán como Dios quiera; pero de todos modos, por exigencias del procedimiento, aún tendré que preguntarle algo… ¡Todavía nos veremos!

Porfiri se detuvo ante él, sonriendo.

–Nos veremos –repitió.

Cabía suponer que deseaba decir algo más, pero no llegó a expresarlo.

–Ha de perdonar, Porfiri Petróvich, mi modo de conducirme hace unos momentos… Me he acalorado –empezó a decir Raskólnikov, completamente animado y con irresistibles deseos de jactarse de ello.

–¡No faltaba más! ¡No vale la pena hablar del asunto! –repuso Porfiri, casi gozoso–. Yo mismo… Tengo un carácter de lo más venenoso, ¡lo siento, lo siento! Bueno, ya nos veremos. Si Dios quiere, nos veremos a menudo, ¡muy a menudo!

–¿Y acabaremos conociéndonos bien…? –preguntó Raskólnikov.

–Y acabaremos conociéndonos bien –asintió Porfiri Petróvich y, entornando los ojos, le miró con mucha seriedad–. ¿Y ahora va a celebrar el santo de alguien?

–A un entierro.

–¡Ah, sí, a un entierro! No se olvide usted de su salud. Cuídese.

–La verdad, no sé qué desearle por mi parte –contestó Raskólnikov, que empezaba a descender los peldaños de la escalera; mas de súbito se volvió hacia Porfiri–. De buena gana le desearía muchos éxitos, pero es tan cómico el cargo que usted desempeña…

–¿Por qué es cómico? –preguntó Porfiri Petróvich, que también había hecho un movimiento para regresar a su despacho, poniéndose en seguida alerta.

–¡Cómo no! Ahí tiene a ese pobre Nikolái. ¡Cómo deben de haberlo torturado y atormentado psicológicamente, a la manera de usted, hasta que se confesó culpable! Día y noche, probablemente, le han repetido "Eres el asesino, eres el asesino…", y ahora, cuando lo ha confesado, empieza usted otra vez a martirizarle: "¡Mientes, te digo que tú no eres el asesino! ¡Tú no puedes serlo! ¡No hablas con palabras tuyas!". ¿Me dirá usted, después de eso, que no es cómico el cargo que ocupa?

–¡Je, je, je! ¿Así que se ha dado usted cuenta de que he dicho a Nikolái que "no hablaba con palabras suyas"?

–¿Cómo no iba a darme cuenta?

–¡Je, je! Es usted muy ingenioso, muy ingenioso. Se da cuenta de todo. ¡Posee una inteligencia realmente juguetona! Y se agarra a la cuerda más cómica… ¡Je, je! Dicen que de los escritores, el que tenía más acusado este rasgo era Gógol, ¿verdad?

–Sí, Gógol.

–Sí, Gógol… Hasta la vista, hasta que tenga el gran placer de verle otra vez.

–Hasta que tenga el placer de verle otra vez…

Raskólnikov se fue directamente a su casa. Se sentía tan abatido y desconcertado, que no bien llegó a ella se dejó caer en el sofá y permaneció un cuarto de hora sentado para descansar y ordenar un poco sus pensamientos. No intentó siquiera razonar acerca de Nikolái: tenía la sensación de estar derrotado; en la confesión de Nikolái había algo inexplicable, sorprendente, que no podía comprender. Mas la confesión de Nikolái era un hecho real. Raskólnikov vio en seguida claramente cuáles iban a ser las consecuencias de aquel hecho: era imposible que la mentira no se descubriese, y volverían a ocuparse de él. Mas, por lo menos hasta aquel momento, era libre y no tenía más remedio que hacer algo por sí, pues el peligro era ineluctable.

De todos modos, ¿hasta qué punto? La situación comenzaba a aclararse. Al hacer memoria a *grandes rasgos,* en sus líneas generales, de la reciente escena habida con Porfiri, no pudo evitar otro estremecimiento de terror. Cierto, aún no conocía todos los objetivos de Porfiri, no lograba percibir todavía sus cálculos e intenciones. Pero parte del juego había sido puesto al descubierto y, naturalmente, nadie mejor que Raskólnikov comprendería lo terrible que era para él aquella "baza" en el juego de Porfiri. Un poco más y *pudo* haberse traicionado por completo con hechos. Sabiendo lo enfermizo de su carácter, habiéndolo captado sagazmente al primer vistazo, Porfiri actuaba casi sin error posible, aunque con excesiva decisión. Raskólnikov se había comprometido demasiado, no había vuelta de hoja; mas, a pesar de todo, no llegó todavía a los acontecimientos; por de pronto todo seguía dentro del marco de lo relativo. Sin embargo, ¿interpretaba bien lo que había ocurrido? ¿No se equivocaba? ¿Qué resultado pretendía alcanzar Porfiri en la reciente entrevista? ¿Tendría, en efecto, algo preparado para aquel día? ¿Qué podía ser? ¿Era cierto o no que le esperaba? ¿Cómo se habría separado de no haberse producido el inesperado desenlace con la aparición de Nikolái?

Porfiri casi había revelado su juego; se había arriesgado, naturalmente, pero lo había hecho, y (seguía diciéndose Raskólnikov) si hubiera dispuesto de alguna otra cosa, la habría puesto también de manifiesto. ¿Qué era aquella "sorpresa"? ¿Una tomadura de pelo, quizá? ¿Tenía o no algún significado? ¿Podía esconderse tras ella algo parecido a un hecho, a una acusación positiva? ¿Y el hombre de la víspera? ¿Se lo ha tragado la tierra? ¿Dónde está hoy? Si algo positivo tiene Porfiri en sus manos ha de hallarse relacionado, naturalmente, con el hombre de ayer...

Raskólnikov, sentado en el diván, baja la cabeza, apoyados los codos en las rodillas, se cubría la cara con las manos. Un temblor nervioso continuaba sacudiéndole el cuerpo. Por fin, Raskólnikov se levantó, tomó la gorra, reflexionó un momento y se dirigió hacia la puerta.

Tenía el presentimiento de que por lo menos durante aquel día podía considerarse a salvo casi con absoluta seguridad. Experimentó algo semejante a la alegría en lo más íntimo de su corazón: deseaba acudir cuanto antes a casa de Katerina Ivánovna. Para ir a los funerales era tarde, naturalmente, pero llegaría a tiempo a la comida y allí vería a Sonia.

Se detuvo, reflexionó, y una enfermiza sonrisa se le dibujó en los labios. "¡Hoy, hoy! –se dijo para sí–. ¡Sí, hoy mismo! Así debe ser...".

Iba a abrir la puerta cuando, de súbito, comenzó a abrirse por sí misma. Raskólnikov se estremeció y dio un paso atrás. La puerta se abría despacio, sin ruido, y de pronto apareció la figura del hombre del día anterior, salido *de debajo de la tierra.*

Se detuvo en el umbral, miró en silencio a Raskólnikov y dio un paso hacia la habitación. Tenía el mismo aspecto que el día anterior y llevaba el mismo traje; mas en su rostro y en su mirada se notaba un profundo cambio: su aspecto era el de un hombre apesadumbrado. Después de permanecer un momento en el mismo sitio, suspiró profundamente. Le habría bastado ponerse la palma de la mano en la mejilla e inclinar un poco la cabeza a un lado para parecerse por completo a una mujer.

–¿Qué quiere usted? –preguntó Raskólnikov, pálido como la muerte.

El hombre no respondió. De súbito le hizo una profunda reverencia, inclinándose hasta tocar casi el suelo. Por lo menos, lo rozó con un dedo de la mano derecha.

–¿Qué hace usted? –exclamó Raskólnikov.

–Perdóneme –articuló el hombre en voz baja.

–¿De qué?

–De haber pensado mal.

Se contemplaron.

–Me dio rabia. Cuando se presentó usted, el otro día, quizá después de haber bebido algo más de la cuenta, llamó a los porteros para que le acompañaran a la policía y preguntó por la sangre, me dio rabia que le dejaran a usted en paz y que le tomaran por borracho. Me supo tan mal, que no pude dormir. Me acordé de su dirección, ayer vine y pregunté…

—¿Quién vino…? –le interrumpió Raskólnikov, comenzando a recordar en aquel instante.

—Yo, es decir, el que le ha ofendido a usted.

—¿Así usted es de aquella casa?

—Sí. Estaba allí entones, en el portalón, con los otros. ¿No se acuerda? Allí tengo también mi trabajo, desde siempre. Soy peletero, hago el trabajo en casa… y lo que más lamento…

De súbito, Raskólnikov recordó la escena de tres días antes, en el portalón; se acordó de que allí, además de los porteros, había otras personas, hombres y mujeres. Recordó que una voz proponía llevarle a la policía. No podía recordar, no reconocía ahora el rostro del que así había hablado, mas le parecía haberle contestado entonces, volviéndose hacia él…

He aquí, pues, cómo se resolvía el horror del día precedente. Lo más terrible era pensar que había estado a punto de perderse, que por poco se pierde por una circunstancia tan *insignificante*. Así, pues, aparte lo del alquiler de la vivienda y de la conversación sobre la sangre, aquel hombre no podía contar nada. Porfiri no dispone de nada positivo, nada, si no es ese *desvarío*; no dispone de ningún hecho, aparte de la *psicología*, que es como un arma *de dos filos*. Si no aparecen otros hechos (¡y no deben aparecer otros hechos, no deben aparecer, no deben aparecer!), ¿qué podían hacer con él? ¿Cómo le descubrirían definitivamente aunque le arrestasen? Y resultaba, pues, que Porfiri acababa de enterarse de lo del piso, y hasta entonces no lo había sabido.

—¿Ha sido usted quien ha dicho hoy a Porfiri… que yo había ido allí? –preguntó bruscamente, sorprendido por la *repentina* idea.

—¿A qué Porfiri?

—Al juez de instrucción.

—Se lo he dicho. Como los porteros no se decidieron a ir entonces, he ido yo.

—¿Hoy?

—He estado un minuto antes de que usted llegase. Lo he oído todo, he oído de qué modo le ha estado martirizando.

—¿Dónde? ¿Qué? ¿Cuándo?

—Allí mismo, estaba sentado al otro lado del tabique.

—¿Qué? ¿Así que era usted la sorpresa? Pero ¿cómo puede ser? ¡Explíquese, por favor!

–Al ver que los porteros no hacían caso de mis palabras –empezó a contar el peletero– porque, decían, ya era tarde y a lo mejor el jefe de la oficina de policía se irritaba de que fueran a molestarle a aquella hora, me irrité y no pude dormir; decidí hacer averiguaciones por mi cuenta. Las hice ayer, y hoy me he presentado al juzgado. La primera vez que he ido, el juez no estaba. He vuelto una hora más tarde y no me ha recibido. La tercera vez me ha hecho pasar. Le expliqué lo sucedido, y él se puso a dar zancadas por la habitación y a golpearse el pecho con el puño: "¿Qué hacen ustedes conmigo, bandidos? (decía). Si lo hubiera sabido antes, le habría hecho venir escoltado por la policía". Después salió corriendo, llamó a otro y habló con él en un rincón. Luego se me acercó otra vez y comenzó a interrogarme y a regañarme. No se quedó corto en las censuras; le conté lo que sabía y le dije que usted no se atrevió a contestar a mis palabras de ayer y que no me había reconocido. Entonces se puso otra vez a recorrer el despacho, de un extremo a otro, y no dejaba de darse golpes al pecho, se ponía furioso, no estaba quieto un momento… Cuando le anunciaron a usted, me mandó esperar al otro lado del tabique y que no me moviese, oyere lo que oyere; él mismo me entregó una silla y cerró la puerta con llave. "Quizá te pregunte algo", me ha dicho. Cuando trajeron a Nikolái, me hizo salir después de usted, y me advirtió que aún me mandaría llamar y me interrogaría…

–¿Interrogó a Nikolái en tu presencia?

–Me ha hecho salir inmediatamente después de usted y entonces ha comenzado a interrogar a Nikolái.

El hombre calló y, de pronto, volvió a inclinarse hasta rozar el cuello con los dedos.

–Perdóneme por la denuncia y por el mal que le he hecho.

Raskólnikov contestó:

–Dios te perdonará.

No bien hubo pronunciado aquellas palabras, el visitante hizo una nueva reverencia, no hasta el suelo, sino hasta la cintura, dio la vuelta con mucha lentitud y salió de la habitación.

"Todo es como un arma de dos filos, ahora todo es como un arma de dos filos", se repitió Raskólnikov, y salió, también, de su habitación con el ánimo reconfortado.

"Aún vamos a pelear", dijo entre dientes, sonriendo malignamente, al bajar la escalera; estaba furioso contra sí mismo; recordaba con desprecio y vergüenza su *pusilanimidad*.

QUINTA PARTE

CAPÍTULO I

Veinticuatro horas después de la fatal explicación con Dúniechka y Pulkeria Alexándrovna, el espíritu de Piotr Petróvich se vio lleno de claridad. Se sintió obligado a reconocer que la ruptura, en la que no quería creer en la víspera, era cosa consumada. La negra serpiente del amor propio lastimado, le había mordido el corazón. Al abandonar la cama, el primer paso de Piotr Petróvich fue mirarse al espejo; temía que la bilis se le hubiera derramado por el cuerpo durante la noche. Para fortuna suya, su temor era infundado. Al contemplar su rostro blanco y distinguido, se consoló por un instante pensando que no sería difícil reemplazar a Dunia, y... ¿quién sabe? quizá ventajosamente. Pero poco tardó en rechazar aquella esperanza quimérica y escupió a un lado con fuerza, lo que hizo que en los labios de su compañero de aposento, Andréi Semiónovich Lebeziátnikov, apareciera una sonrisa burlona. A Piotr Petróvich no le pasó inadvertida esa sonrisa sarcástica. La anotó mentalmente en la cuenta abierta a su joven amigo. Mucho era lo que, en los últimos tiempos, había anotado en dicha cuenta. El rencor se le duplicó cuando cayó en la idea de que no debía haber hablado a su amigo del resultado de la entrevista del día anterior. Era aquel el segundo de los errores que había cometido la víspera, llevado por la vehemencia, por su excesiva efusión y por su irritabilidad. Por la mañana, como adrede, los contratiempos se sucedieron. Hasta en el Senado le esperaba cierto fracaso en el asunto que defendía. Le sulfuró en particular el dueño del piso que había alquilado con vistas a su propio casamiento y que había arreglado por su cuenta. El propietario, un artesano alemán enriquecido, no quería rescindir el contrato que se acababa de firmar y exigía la compensación total señalada en el documento, a pesar de que Piotr Petróvich le devolvía el piso completamente remozado. Del mismo modo, en la mueblería no quisieron devolverle ni un rublo de la garantía entregada por la compra de los muebles aún no trasladados al piso. "¡No será cuestión de que me case sólo por los muebles!", se decía Piotr Petróvich, rechinando los dientes, a la vez que fulguraba en su espíritu una última esperanza: "Pero ¿es posible que todo se haya perdido y se haya acabado de modo tan estúpido? ¿No habrá manera de realizar un nuevo intento?". La imagen de Dúniechka se le había clavado, seductora, en el corazón. Aquel fue un minuto de tortura para Piotr Petróvich. No es preciso decir que si con una sola palabra hubiera podido acabar con la vida de Raskólnikov, la habría pronunciado inmediatamente.

"Otro error ha sido el no haberles dado dinero", pensaba, entristecido, al regresar al cuartito de Lebeziátnikov. "¿Por qué me habré vuelto tan tacaño? ¡Que el diablo me lleve! ¡Ha sido calcular con los pies…! Lo que quería era mantenerlas en la estrechez y lograr que me consideraran como su providencia, ¡y se me han escabullido…!¡Uf…! Claro, si durante este tiempo les hubiera destinado, por ejemplo, millar y medio de rublos, para el ajuar de novia, para regalos, estuches, algún neceser, cornalinas, telas y las bagatelas de Knop y de los Almacenes Ingleses, la cosa estaría más clara… y más firme. ¡No les habría sido tan fácil desdecirse! Es gente que, en caso de renuncia, habría considerado una obligación ineludible devolver los regalos y el dinero; pero devolverlo les habría resultado dificilillo y doloroso. Además, les habría remordido la conciencia. ¿Cómo despedir, habrían dicho, así, de pronto, a un hombre que ha sido tan generoso y delicado…? ¡Hum! ¡He metido la pata!". Y rechinando una vez más los dientes, Piotr Petróvich se llamó alcornoque, para sus adentros, naturalmente.

Llegado a esta conclusión, volvió a su casa dos veces más rabioso y más irritado que al salir. Los preparativos para la comida en honor del difunto, que se hacían en la habitación de Katerina Ivánovna, atrajeron, en parte, su curiosidad. Algo había oído decir el día anterior, mas preocupado por sus asuntos no había hecho caso. Se apresuró a preguntarle a la señora Lippevechsel, la cual, en ausencia de Katerina Ivánovna (que se hallaba en el cementerio), se preocupaba de preparar la mesa. Así se enteró de que la comida sería solemne, de que estaban invitados casi todos los inquilinos, algunos de ellos incluso desconocidos del difunto, que estaba invitado hasta Andréi Semiónovich Lebeziátnikov, pese a su gran pelea con Katerina Ivánovna, y, finalmente, que él mismo, es decir, Piotr Petróvich, no sólo estaba invitado, sino que era esperado con gran impaciencia, pues era el más importante de los inquilinos. La propia Amalia Ivánovna había sido invitada con todos los honores, a pesar de los incidentes ocurridos, y por ello se ocupaba ahora de que estuviera todo a punto, lo cual le producía cierto placer; además, iba endomingada, aunque de luto, y le gustaba lucir su vestido de seda recién estrenado. Aquellos hechos y datos sugirieron a Piotr Petróvich una idea. Se fue a su habitación, es decir, a la de Andréi Semiónovich Lebeziátnikov, algo caviloso. El caso era que, según se había enterado, entre los invitados figuraba también Raskólnikov.

Andréi Semiónovich había pasado la mañana en la casa. Con aquel señor había establecido Piotr Petróvich unas relaciones extrañas, si bien en parte perfectamente naturales: Piotr Petróvich le despreciaba y le odiaba por encima de toda medida casi desde el mismo día en que se instaló en su habitación; pero al mismo tiempo parecía tenerle cierto miedo. Al llegar a Petersburgo se alojó en la habitación de Lebeziátnikov no sólo por tacañería, aunque ésta era la causa principal, sino, además, por otro motivo. Estando aún en provincias, había oído hablar de Andréi Semiónovich, expupilo, suyo como de un joven progresista, de los más avanzados, e incluso como de persona que desempeñaba un papel importante en círculos fabulosos que despertaban gran curiosidad. Piotr Petróvich se quedó sorprendido. Aquellos círculos poderosos, omniscientes, que despreciaban y denunciaban a todo el mundo, tenían amedrentado, hacía tiempo, a Piotr Petróvich, provocando en él un miedo particular, aunque indefinido. Es obvio decir que él mismo –y menos aún en provincias– no podía formarse un juicio exacto, ni siquiera aproximado, de lo que eran aquel *tipo de círculos*. Como todo el mundo, había oído contar que existían, sobre todo en Petersburgo, ciertos progresistas, nihilistas, amigos de la justicia, etc.; pero como mucha gente, exageraba y deformaba de modo absurdo el sentido y el significado de esas denominaciones. Lo que más miedo le daba, hacía varios años, era que le pusieran en evidencia, y ello constituía la raíz capital de su intranquilidad constante y exagerada, sobre todo cuando soñaba con que iba a trasladar a Petersburgo el campo de sus actividades. En aquel sentido, estaba *asustado* como a, veces, suelen estar *asustados* los niños. Hacía unos años, en provincias, cuando daba los primeros pasos en su carrera, conoció a dos personas bastante influyentes, a las cuales se había

agarrado y por las que era protegido, que fueron objeto de graves denun-
cias. Uno de los casos acabó con gran escándalo en torno a la persona de-
nunciada; en el otro caso, poco faltó para que la persona influyente quedara
muy mal parada. Aquélla era la razón de que Piotr Petróvich, al llegar a
Petersburgo, decidiera enterarse de lo que ocurría y, si era necesario, ade-
lantarse a los acontecimientos y hacer lo posible para ganarse la simpatía de
"nuestras jóvenes generaciones". Confiaba en Andréi Semiónovich, y cuando visitó a Raskólnikov había aprendido a redondear algunas frases con
palabras ajenas...

Naturalmente, poco tiempo le bastó para darse cuenta de que Andréi
Semiónovich era un hombre sumamente vulgar y simple. Mas ello no hizo
cambiar de criterio a Piotr Petróvich ni le dio ánimos. Aunque se hubiera
convencido de que todos los progresistas eran tan tontos como Andréi
Semiónovich, no se habría sentido tranquilo. En verdad, nada le importaban las doctrinas e ideas, los sistemas (con los que le abrumó Andréi
Semiónovich desde el primer momento). Él perseguía un fin propio. Lo
que necesitaba era enterarse cuanto antes, a ser posible inmediatamente,
de lo que en aquel *terreno* sucedía. ¿Tenía *fuerza esa gente,* o no la tenía?
¿Tiene motivos él personalmente para sentir miedo, o no? ¿Van a ponerle
en evidencia si emprende alguna cosa, o no? Y si ponen a alguien en la
picota, ¿por qué lo hacen? ¿Por qué motivos denuncian ahora a la gente?
Es más, ¿no habría manera de hacerse pasar por uno de ellos si realmente
son fuertes, y así darles gato por liebre? ¿Hay que hacerlo, o no? ¿No sería
posible, por ejemplo, encontrar algún ardid para avanzar en la propia carrera valiéndose de ellos? En una palabra, las cuestiones se planteaban a
centenares.

Andréi Semiónovich era un hombre enjuto y escrofuloso, de poca
estatura, empleado en alguna oficina del Estado; tenía el cabello de un
color rubio casi blanco y llevaba patillas de chuleta, de las que se sentía
muy orgulloso. Como si aquello fuera poco, casi siempre tenía los ojos
enfermos. Era bastante blando de corazón, pero hablaba con aplomo y a
veces con suma altanería, lo cual, por contraste con su figura, casi siempre
resultaba ridículo. Amalia Ivánovna, no obstante, lo tenía entre los inquilinos bastante honorables, pues Andréi Semiónovich no se emborrachaba
y pagaba religiosamente el alquiler. A pesar de aquellas cualidades, era
realmente tonto. Si se había dirigido hacia el progreso y "nuestras nuevas
generaciones", lo había hecho llevado por la pasión. Formaba parte de la
legión numerosa y diversa de espíritus vulgares, de abortos encanijados y
déspotas a medio instruir, que se adhieren a la idea más en boga para

adocenarla al instante, para convertirla en caricatura en un santiamén, lo cual algunos hacen, a veces, con la mayor buena fe del mundo.

El caso era, sin embargo, que Lebeziátnikov, a pesar de su bondad, empezaba también a estar harto de su compañero de habitación y extutor Piotr Petróvich. Aquella recíproca antipatía surgió por ambas partes como al azar. Por simple que fuera Andréi Semiónovich, no pudo dejar de entrever, poco a poco, que Piotr Petróvich le estaba engañando, que en el fondo le despreciaba y "no era de ningún modo el hombre que parecía ser". Intentó exponerle el sistema de Fourier y la teoría de Darwin, mas Piotr Petróvich, especialmente en el último tiempo, había empezado a escucharle con excesivo sarcasmo e incluso había llegado, hacía muy poco, a manifestar groseramente su irritación. En realidad, Piotr Petróvich comenzó a adivinar, por instinto, que Lebeziátnikov no sólo era un pobre hombre, vulgar y tonto, sino quizá, además, mentiroso, que no tenía relaciones importantes ni siquiera en su círculo, y que sólo había oído tocar campanas a terceras personas. Más aún, hasta su función, la de *propaganda*, la conocía, al parecer, a medias, pues con frecuencia perdía el hilo de las explicaciones. ¿Cómo iba a poner en evidencia a nadie? Indicaremos, de paso, que Piotr Petróvich, durante la semana y media que llevaba allí, había aceptado de mil amores (sobre todo al principio) los elogios, algunos sumamente extraños, que Andréi Semiónovich le dirigía; no protestaba, por ejemplo, y se callaba, si Andréi Semiónovich le atribuía el propósito de aportar su concurso para la próxima futura organización de una nueva comuna en algún lugar de la calle Meshánskaia; o bien el de no poner obstáculos a Dúniechka si ésta, desde el primer mes de matrimonio, tenía la ocurrencia de buscarse un amante; o bien, si suponía que no iba a bautizar a los hijos, etc., todo por el estilo. Piotr Petróvich, según costumbre suya, no hacía objeción alguna cuando le atribuían semejantes cualidades y admitía incluso que le alabasen de aquel modo, tanto era el placer que experimentaba por cualquier clase de elogios.

Piotr Petróvich, que había negociado aquella mañana algunas obligaciones del cinco por ciento, estaba sentado a la mesa y comprobaba el paquete de billetes y las series. Andréi Semiónovich, que casi nunca tenía dinero, se paseaba por la habitación con el aire de la persona que miraba indiferente, y hasta con desdén, el montón de billetes. Piotr Petróvich no hubiera creído, por ejemplo, que Andréi Semiónovich podía mirar con indiferencia tal montón de dinero. Andréi Semiónovich, a su vez, pensaba con amargura que Piotr Petróvich a lo mejor era capaz de figurarse que él no podía sentir aquella indiferencia. Es más, Piotr Petróvich aún se sentiría satisfecho de poder presumir ante su joven amigo y despertar su envidia al extender los montones de billetes, al recordarle así su insignificancia y la diferencia que entre los dos existía.

Esta vez le encontraba más irritable y distraído que nunca, a pesar de que él, Andréi Semiónovich, había empezado a desarrollar su tema preferido: la fundación de una nueva comuna, de tipo especial. Las breves réplicas y objeciones que soltaba Piotr Petróvich entre chasquido y chasquido de las bolas del ábaco que utilizaba para la comprobación de sus cuentas, sonaban como burlas manifiestas e intencionadamente hirientes. Pero el "humano" Andréi Semiónovich atribuía el estado de ánimo de Piotr Petróvich a la impresión de la ruptura del día anterior con Dúniechka y ardía en deseos de hablar cuanto antes sobre aquel tema: no le faltaban ideas progresistas destinadas a la propaganda susceptibles de consolar a su respetable amigo y de contribuir, "sin duda", a su desarrollo ulterior.

–¿Qué comida preparan en casa de... de la viuda? –preguntó, de improviso, Piotr Petróvich, interrumpiendo a Andréi Semiónovich en el punto más interesante de su explicación.

–Como si no lo supiera; ayer ya hablé con usted sobre este tema y le expuse mi punto de vista sobre esas ceremonias... También a usted le invitaron, lo oí. Usted mismo estuvo hablando ayer con Katerina Ivánovna...

–No habría creído nunca que esta imbécil, viviendo en la más negra miseria, gastara en una comida, en memoria del difunto, el dinero que recibió de ese otro estúpido... de Raskólnikov. Me he quedado asombrado ahora al verlo: ¡qué cosas hay preparadas! Hasta vino... Han invitado a varias personas. ¡El diablo sabe por qué obran así! –continuó Piotr Petróvich, quien había sugerido la conversación al parecer con cierto objetivo–. ¿Qué? ¿Dice usted que también me han invitado? –preguntó de repente, levantando la cabeza–. ¿Cuándo? No lo recuerdo. De todos modos no pienso ir. ¿Qué se me ha perdido allí? Ayer, al pasar, sólo hablé con ella de la posibilidad que tiene de recibir, como viuda pobre de funcionario, el sueldo de un año en calidad de subsidio por una sola vez. ¿No me habrá invitado por eso? ¡Je, je!

–Yo tampoco pienso ir –dijo Lebeziátnikov.

–¡No faltaría más, después de haberle propinado una paliza! Es natural que sienta usted escrúpulos de conciencia. ¡Je, je, je!

–¿Quién le dio una paliza? ¿A quién? –preguntó alarmado Lebeziátnikov, sonrojándose.

–¡Cómo quién! ¡Usted! ¡A Katerina Ivánovna, hará cosa de un mes! Ayer lo oí contar… ¡Vaya, vaya, con sus convicciones!… Mandó usted a paseo el problema femenino. ¡Je, je, je!

Piotr Petróvich, como si de aquel modo se hubiera consolado, se puso otra vez a manejar el ábaco para proseguir el recuento de su dinero.

–¡Eso es una estupidez y una calumnia! –replicó, exaltado, Lebeziátnikov, que se acordaba siempre al recordar la historia–. ¡La cosa no fue así! Lo que ocurrió fue distinto… Usted no ha oído decir eso; ¡comadrerías! Yo no hice más que defenderme. Fue ella la que se arrojó contra mí para clavarme las uñas… Casi me arrancó las patillas… Supongo que el individuo tiene derecho a defender su persona. Además, no tolero que nadie me venga con violencias… Es cuestión de principio. Porque eso significa casi despotismo. ¿Qué tenía que hacer yo? ¿No moverme y dejarla que me agrediera a placer? Lo único que hice fue darle un empujón.

–¡Je, je, je! –seguía riendo maliciosamente Luzhin.

–Usted me pincha, porque está enojado y se irrita… Pero ¡lo que dice es absurdo y no afecta al problema femenino en absoluto! No lo comprende usted; llegué a pensar que, si se admite que la mujer es igual al hombre en todo, hasta en fuerza (lo cual afirman ya algunos), también en ello ha de haber igualdad. Naturalmente, después reflexioné y vi que, en esencia, el problema no ha de plantearse, pues no ha de haber peleas, que serán inconcebibles en la sociedad futura… y naturalmente, choca el buscar la igualdad en la pelea. No soy tan tonto… aunque las peleas existen…, es decir, más adelante no existirán, pero ahora aún las hay… ¡Uf! ¡Diablo! ¡Con usted se pierde la carta de navegar! Si no asisto a la comida, no es por aquella escena desagradable. No voy sencillamente por cuestión de principio, porque no quiero participar en la superstición abominable de las comidas en honor de los difuntos. Esa es la causa. En realidad, podría ir, pero sólo para reírme… Aunque es una pena que no haya popes. Si los hubiera, iría sin falta.

–Es decir, aceptaría la hospitalidad que se le ofrece en una mesa ajena para escupir sobre ella, exactamente lo mismo que a quienes le han invitado, ¿es así?

–De ningún modo iría a escupir, sino a protestar. Iría con un fin útil. Indirectamente puedo fomentar el progreso y la propaganda. Todo individuo está obligado a contribuir al progreso y a hacer propaganda, y quizá cuanto más bruscamente lo haga, mejor. Puedo sembrar la idea, el grano… De ese grano surgirá un hecho. ¿Acaso los ofendo? De momento pueden ofenderse, mas luego verán que les he hecho un bien. Ahí tiene usted el caso de Terebieva (la que está ahora en la comuna). Cuando abandonó su casa… y se entregó, escribió a sus padres diciendo que no quería vivir envuelta en prejuicios y que se unía en matrimonio libre. Le reprocharon que se había conducido con excesiva rudeza, que podía haber tenido compasión de sus padres, escribiéndoles en términos más suaves. A mi modo de ver, esto es una tontería, y no es necesario emplear términos suaves, sino, al contrario, lo que conviene es protestar. Von Warenz vivió siete años con su marido, abandonó dos hijos y, en la carta que le dirigió, escribió sin rodeos: "He comprendido que con usted no puedo ser feliz. Nunca le perdonaré que me haya engañado, ocultándome que existe el modo de organizar la sociedad por medio de las comunas. Me he enterado de ello hace poco, gracias a un hombre magnánimo, a quien me he entregado y con quien fundaremos una comuna. Se lo digo abiertamente, porque consideraría un deshonor engañarle. Viva como mejor le plazca. No espere que vuelva a su lado, se ha retrasado usted excesivamente. Deseo ser feliz". ¡Es así como se escriben esas cartas!

–¿Esta Terebieva es la misma que se ha casado ya tres veces en matrimonio libre, según me contó usted?

–Sólo dos, si se juzga con todo rigor. Pero ¡qué más da que se haya casado cuatro veces o quince! Eso es una tontería. Si alguna vez me ha dolido que se murieran mis padres, ha sido ahora, naturalmente. Varias veces me he detenido a pensar en la protesta que les soltaría si vivieran. Emplearía tales palabras… ¡Nada de expresiones como "rama desprendida"! ¡Ya les enseñaría yo! ¡Se quedarían patitiesos! Desde luego, ¡es una pena no tener ni padre ni madre!

–¿Para dejarlos patitiesos? ¡Je, je! Bueno, como usted quiera –le interrumpió Piotr Petróvich–. Pero, a ver, dígame… Usted conoce a la hija del difunto, a esa pindonga. Lo que de ella se dice es la verdad pura, ¿no?

–¿Y qué? A mi juicio, es decir, según mi más profunda convicción, ése es el estado más normal de la mujer. ¿Por qué no? Es decir, *distinguons*[1]. En la sociedad presente esa situación no es completamente normal, claro, porque es forzada; mas en la sociedad futura será del todo normal por libre. Además, también ahora tenía ese derecho: sufría, y tenía perfecto derecho a disponer de lo que constituía, digamos, su capital. Se entiende, en la sociedad futura no harán falta capitales; pero el papel de la mujer tendrá otro sentido y será regulado de modo armonioso y racional. En lo que respecta a Sonia Semiónovna, considero su modo de obrar como encarnación de la

---

[1] Distingamos. (En francés en el original.)

protesta enérgica contra la actual estructura de la sociedad, y por ese motivo siento hacia ella un profundo respeto. ¡Hasta me siento lleno de gozo al contemplarla!

—En cambio, me han contado que fue usted quien la hizo saltar de esta casa.

Lebeziátnikov se enfureció.

—¡Otra calumnia! —bramó–. ¡No fue así como ocurrió la cosa, no fue así! ¡No fue así! ¡La que embrolló todo entonces fue Katerina Ivánovna, porque no entendía nada! ¡Yo no pretendía nada de Sonia Semiónovna! Lo único que procuraba era formarla, desarrollarla, sin el menor interés personal, despertar en ella la protesta... Lo único que quería yo era la protesta, y Sonia Semiónovna, por sí misma, llegó a la conclusión de que no podía permanecer en esta casa.

—¿ La había invitado usted quizá a ingresar en la comuna?

—Usted se burla de todo y con muy poca gracia, permítame que se lo diga. ¡No entiende usted nada! En la comuna esos papeles no existen. La comuna se organiza precisamente para que tales papeles no se desempeñen. En la comuna ese papel pierde la esencia que ahora posee; lo que aquí es estúpido, allí pasa a ser razonable; lo que aquí, en las circunstancias presentes, es antinatural, allí resulta completamente natural. Depende de las condiciones en que el hombre vive, del medio. Todo lo hace el medio, el hombre en sí no es nada. Con Sonia Semiónovna estoy también en buenas relaciones ahora, lo cual le muestra que nunca me ha considerado como enemigo suyo ni como ofensor. ¡Sí! Procuro atraerla a la comuna, pero sobre bases distintas, completamente distintas. ¿De qué se ríe usted? Nosotros queremos fundar nuestra comuna, distinta de las anteriores, sobre unas bases más amplias. Hemos llegado más lejos en nuestras convicciones. ¡Negamos más que nuestros predecesores! Si ahora se levanta Dobroliúbov de su sepulcro, yo discutiría con él. En cuanto a Belinski, ¡tendría que oírme! Mientras tanto, continúo desarrollando a Sonia Semiónovna. ¡Es una naturaleza magnífica, magnífica!

—Bueno, y de esa magnífica naturaleza usted se aprovecha, ¿eh? ¡Je, je!

—No, no. ¡Oh, no! ¡Al contrario!

—¡Bah, al contrario! ¡Je, je, je! ¡Vaya bromista!

—¡Créame usted! Dígame, ¿por qué iba a ocultárselo? Al contrario, hasta a mí mismo me extraña: conmigo es púdica y vergonzosa a más no poder. Parece que tuviera miedo.

–Y usted, naturalmente, la desarrolla... ¡je, je! ¿Le demuestra que ese pudor es una estupidez?...

–¡De ningún modo! ¡De ningún modo! ¡Oh, de qué manera tan burda, diría hasta de qué manera tan tonta, perdóneme que le hable así, entiende usted el sentido de la palabra desarrollo! ¡No comprende usted nada! ¡Oh, Dios, qué poco... preparado está aún usted! Lo que nosotros buscamos es la libertad de la mujer y usted no piensa más que en una cosa... Dejando completamente de lado el problema de la castidad y del pudor femenino, como cosas que son de por sí inútiles y derivadas de prejuicios, admito sin reservas, sin la menor reserva, que sea casta conmigo, pues en ello se manifiesta su voluntad, tiene a ello perfecto derecho. Es lógico. Si me dijera "Quiero poseerte", lo consideraría como una gran suerte, pues la muchacha me gusta mucho; pero ahora, ahora por lo menos, está claro que nadie la trata con tanto respeto y deferencia como yo, con mayor reconocimiento de su dignidad... Yo espero, confío y ¡nada más!

–Mejor sería que le hiciera usted algún regalo. Apuesto a que usted no ha pensado en ello.

–¡Ya le he dicho que no entiende usted nada! Claro, su situación no es brillante; pero el problema es otro. ¡Se trata de un problema totalmente distinto! Usted, con la mayor tranquilidad, desprecia a Sonia Semiónovna. Ante un hecho que usted, por error, considera digno de desprecio, niega a un ser humano una consideración que como tal se merece. ¡Usted no tiene idea aún de cuál es la naturaleza de esta muchacha! Lo que me duele mucho es que últimamente ha dejado de leer y ya no me pide libros. Antes me los pedía. Es una pena también que, pese a toda su energía y a su decisión de protestar (en más de una ocasión las ha puesto de manifiesto), no tenga aún bastante independencia, no niegue más rotundamente a fin de romper por completo con otros prejuicios y... tonterías. A pesar de todo, comprende algunas cuestiones con claridad. Ha comprendido muy bien, por ejemplo, lo de besar las manos, es decir, que el hombre ofende a la mujer al besarle la mano, pues le hace sentir la desigualdad que entre ellos existe. En el círculo discutimos esta cuestión y en seguida se lo expliqué. También ha escuchado con atención lo que le he dicho de las organizaciones obreras en Francia. Ahora trato de aclararle el problema de la libre entrada en las habitaciones de la sociedad futura.

–¿Qué? ¿Qué es eso?

–Hace poco discutimos el siguiente problema: si un miembro de la comuna tiene derecho a entrar en la habitación de otro miembro de la comuna, sea hombre o mujer, a cualquier hora… Se ha decidido que sí, que tiene derecho a ello…

–¿Y qué pasa si ese hombre o esa mujer están ocupados en necesidades inexcusables? ¡Je, je!

Andréi Semiónovich se enfadó.

–¡Usted siempre a lo mismo, siempre hablando de estas malditas "necesidades"! –gritó con odio–. ¡Uf! ¡Cuánto me irrito y deploro que, al exponerle el sistema, hiciera referencia entonces, antes de tiempo, a esas malditas necesidades! ¡Diablo! ¡Es la piedra de escándalo para todos los de su clase! Y lo peor es que lo toman a burla antes de enterarse bien de qué se trata. ¡Es como si tuvieran razón, como si estuvieran orgullosos de algo! ¡Uf! He afirmado varias veces que a los novatos este problema sólo se puede exponer al final, cuando ya están convencidos de la bondad del sistema, cuando el individuo ya se ha desarrollado y está bien orientado.

–Y dígame, tenga la bondad, ¿qué encuentra usted de vergonzoso y despreciable en un estercolero, por ejemplo? Soy el primero en estar dispuesto a limpiar estercoleros. ¡En ello no hay el menor sacrificio! Se trata, simplemente, de una actividad noble, útil a la sociedad, tan digna como cualquier otra, y que está muy por encima, por ejemplo, de la actividad de un Rafael o de un Pushkin, porque es más útil.

–¡Y más noble, más noble! ¡Je, je, je!

–¿Qué significa más noble? Esas expresiones no las entiendo como determinación de la actividad humana. "Más noble", "más generoso", ¡esto es absurdo, estúpido! Son viejas palabras que reflejan prejuicios y yo los niego. Lo que es *útil* a la humanidad es noble. Yo comprendo sólo una palabra: ¡*útil*! ¡Ríase usted cuanto le plazca, pero es así!

Piotr Petróvich se reía con toda el alma. Había acabado de contar el dinero y lo había guardado, menos una parte, que había dejado sobre la mesa. El "problema de los estercoleros", a pesar de toda su vulgaridad, había sido varias veces motivo de desacuerdo y ruptura entre Piotr Petróvich y su joven amigo. Lo absurdo estaba en que Andréi Semiónovich se enojaba realmente. A Luzhin, en cambio, le servía para distraerse de sus preocupaciones. En aquel momento, Piotr Petróvich se sentía acuciado por un singular prurito de irritar a Lebeziátnikov.

–Está tan irritado y las toma conmigo por el fracaso de ayer –dijo al fin Lebeziátnikov, sin poderse contener, pues, a pesar de su "independencia" y de las "protestas", en general no se atrevía a presentar objeciones serias a Piotr Petróvich y conservaba ante él una actitud respetuosa, según la costumbre que había adquirido en los años anteriores.

–Dejemos eso –dijo Piotr Petróvich, interrumpiéndole, altivo y despechado– y dígame. ¿Puede usted…? Mejor, ¿está usted realmente en buenas relaciones con la joven de que acabamos de hablar y puede pedirle que ahora mismo, en este instante, venga a esta habitación? Parece que están de vuelta del cementerio… Creo oír pasos… Me convendría ver a esa pindonga.

–Pero ¿por qué? –preguntó, sorprendido, Lebeziátnikov.

–Por nada. Me convendría hablar con ella. Hoy o mañana me voy de aquí y desearía comunicarle… Además, le ruego que esté presente en nuestra entrevista. Será mejor. Si no, Dios sabe lo que va a pensar usted.

–No voy a pensar absolutamente nada… Lo he preguntado por preguntar; si tiene que hablar con ella, nada más fácil que hacerla venir aquí. Ahora mismo voy a buscarla. Tenga usted la seguridad de que no le estorbaré.

En efecto, a los cinco minutos, Lebeziátnikov regresó con Sóniechka, la cual entró en la habitación extraordinariamente sorprendida y, como era habitual en ella, intimidada. Siempre se sentía atemorizada en casos semejantes y tenía mucho miedo a las nuevas caras y a los nuevos conocidos; los había temido siempre, desde la infancia. Con tanto mayor motivo ahora… Piotr Petróvich la recibió "afable y cortésmente", si bien con cierto aire de alegre familiaridad muy propio, a juicio suyo, de un hombre tan respetable y formal como él en relación con una persona tan joven y, en cierto sentido, *interesante*, como aquélla. Se apresuró a "animarla" y la hizo sentar a la mesa, frente a él. Sonia se sentó, miró en torno suyo, a Lebeziátnikov, al dinero que había sobre la mesa y otra vez a Piotr Petróvich, y ya no apartó de él la vista, como si estuviera fascinada. Lebeziátnikov se dirigió hacia la puerta. Piotr Petróvich se levantó, hizo una seña a Sonia para que permaneciera sentada y detuvo a Lebeziátinkov junto a la misma puerta.

–¿Ese Raskólnikov está ahí? ¿Ha venido? –le preguntó, en voz baja.

–¿Raskólnikov? Está ahí. ¿Por qué? Sí, está ahí… Acaba de entrar, le he visto… ¿Por qué?

–Bueno, si es así le ruego que no se mueva de aquí y no me deje solo con esta… doncella. Lo que he de decirle es una tontería, y Dios sabe la punta que podrían sacarle. No quiero que Raskólnikov diga *allí*… ¿Comprende a qué me refiero?

–¡Ah, sí! ¡Comprendo, comprendo! –adivinó, al fin, Lebeziátnikov–. Sí, tiene usted derecho a ello. Claro, mi opinión personal es que lleva usted muy lejos sus temores, pero…, a pesar de todo, tiene usted derecho a ello.

Si así lo desea, me quedaré. Me pondré aquí, junto a la ventana, y no les voy a molestar… A mi juicio, tiene usted derecho…

Piotr Petróvich volvió al sofá, se sentó frente a Sonia, la miró atentamente y de súbito adoptó un aire de extraordinaria gravedad, incluso severo, como si advirtiera: "¡Eh, señorita! No vayas a imaginar tú también alguna cosa". Sonia quedó definitivamente confusa.

—En primer lugar, Sonia Semiónovna, le ruego me disculpe ante su muy digna mamá… Es así, ¿no? Katerina Ivánovna hace de madre suya, ¿verdad? —comenzó a decir Piotr Petróvich, con mucha gravedad, sin dejar de ser afable.

Era evidente que sus propósitos no podían ser más amistosos.

—Así es, así; me hace de madre —respondió Sonia, apresuradamente y asustada.

—Bien, pues le ruego que me disculpe ante ella ya que, por circunstancias que no dependen de mí, me resulta imposible asistir a la fiesta… Quiero decir a la comida en memoria del difunto, a pesar de la amable invitación de su mamá.

—Está bien, se lo diré ahora mismo.

Sóniechka se levantó apresuradamente de la silla.

—*Todavía* no he acabado —advirtió Piotr Petróvich, deteniéndola y sonriendo al ver la ingenuidad de Sonia, y el desconocimiento que tenía de las buenas maneras de conducirse en sociedad—. Poco me conoce usted, muy amable Sonia Semiónovna, si cree que por un motivo tan insignificante, y que sólo me afecta a mí personalmente, iba yo a molestar a una persona como usted y a pedirle que viniera a verme. Mi propósito es otro.

Sonia se apresuró a sentarse otra vez. Los billetes de banco grises y de líneas policromas, sin retirar aún de la mesa, volvieron a aparecer antes sus ojos; pero Sonia retiró inmediatamente la mirada de ellos y la dirigió a Piotr Petróvich. De pronto le pareció de muy mal gusto, sobre todo *en ella*, mirar el dinero de otra persona. Fijó la vista en los lentes de oro que Piotr Petróvich sostenía en la mano izquierda y, a la vez, en el hermoso anillo macizo, con una gran piedra amarilla, que lucía Piotr Petróvich en el dedo mayor de la misma mano. Mas Sonia apartó también los ojos de aquellos objetos y, no sabiendo adónde dirigirlos, acabó fijando la vista en los ojos del propio Piotr Petróvich, quien, después de un momento de silencio, prosiguió aún con mayor gravedad que antes:

—Ayer vi, de paso, a la desdichada Katerina Ivánovna y tuve ocasión de cambiar con ella unas palabras que bastaron para enterarme de que ella se encuentra en un estado antinatural, si puede decirse así…

–Sí, en un estado antinatural –se apresuró a repetir Sonia.

–O para decirlo de manera más sencilla y comprensible, está enferma.

–Sí, de manera más sencilla y compren… Sí, está enferma.

–Eso es. Pues bien; por sentimiento de humanidad y… y, por decirlo así, de compasión, desearía ser útil en alguna cosa, previniendo el fin triste e inevitable que la espera. Según creo, esa pobrísima familia depende ahora exclusivamente de usted.

–Permítame que le pregunte. –Sonia se levantó, de pronto–. ¿Fue usted quien tuvo la bondad de hablarle ayer de la posibilidad de una pensión? Porque me dijo que usted se había comprometido a gestionar que se le concediera una pensión. ¿Es verdad?

–De ningún modo, y en cierto sentido hasta es absurdo. Sólo aludí al socorro temporal a la viuda del funcionario que muere durante el ejercicio de sus funciones (si cuenta con quien la proteja); pero, según parece, su difunto padre no sólo no ha prestado sus servicios el tiempo reglamentario, sino que últimamente estaba incluso fuera de servicio. En una palabra, puede haber una esperanza, mas totalmente efímera, porque, en el caso dado, no existe ningún derecho a percibir un socorro, sino lo contrario… ¡Y ella se había puesto ya a pensar en una pensión! ¡Je, je, je! ¡No se queda corta la señora!

–Sí, en una pensión… Porque es muy crédula y muy buena, tan buena que se lo cree todo, y… tiene la cabeza… Sí… perdone usted –dijo Sonia y otra vez se levantó, dispuesta a salir.

–Tenga la bondad, aún no me ha escuchado hasta el fin.

–No, no le he escuchado hasta el fin –balbuceó Sonia.

–Bueno, pues siéntese.

Sonia, terriblemente confusa, se sentó por tercera vez.

–Al verla en esta situación, con sus desgraciados pequeñuelos, desearía, como ya le he dicho, ser útil en algo, en la medida de mis fuerzas. Digo que en la medida de mis fuerzas, no más. Podría organizarse, por ejemplo, en favor suyo, una suscripción o bien una lotería… o algo por el estilo, como organizan siempre, en casos semejantes, las personas allegadas o simplemente las que desean ayudar a su prójimo. Eso era lo que deseaba comunicarle. Lo que le digo es una cosa posible.

–Sí, está bien… Dios, por esto… –balbuceó Sonia, mirando fijamente a Piotr Petróvich.

–Es una cosa posible, pero… hablaremos de ello más tarde… Es decir, podríamos empezar hoy mismo. Por la tarde, al anochecer, nos veremos, nos pondremos de acuerdo y, por decirlo así, colocaremos los cimientos.

Venga usted a verme a eso de las siete. Espero que Andréi Semiónovich también nos prestará su concurso… Pero se da una circunstancia de la que es necesario hablar antes con el mayor cuidado. Por eso la he molestado a usted, Sonia Semiónovna, haciéndola venir aquí. A mi modo de ver, el dinero no ha de darse directamente a la propia Katerina Ivánovna, es peligroso; la prueba la tenemos en la comida de hoy. Sin tener un mendrugo de pan para mañana, por decirlo así, ni… ni calzado, ni nada, compra hoy ron de Jamaica y, según creo, hasta vino de Madera y… café. Lo he visto al pasar. Mañana caerá de nuevo sobre las espaldas de usted hasta el último pedazo de pan; eso es absurdo. Por ello, la suscripción, a mi modo de ver, debe hacerse de modo que la desgraciada viuda no sepa nada del dinero, y debiera de saberlo, por ejemplo, únicamente usted. ¿Le parece que tengo razón?

–No lo sé. Sólo hoy se ha comportado de este modo… Una vez en la vida… tenía muchos deseos de honrar al difunto y su memoria…, pero es muy inteligente. Haga lo que le parezca mejor, yo estaré muy, muy… Todos le estarán a usted… y Dios le… y los huérfanos…

Sonia no pudo seguir, se puso a llorar.

–Está bien. Bueno, pues téngalo en cuenta; y ahora haga el favor de aceptar, para su pariente, para las primeras necesidades, la suma que estoy en condiciones de poder ofrecerle. Pero mi deseo, mi más vivo deseo, es que no mencione mi nombre. Aquí tiene usted… Como yo mismo, por decirlo así, estoy en situación algo difícil, no puedo ofrecerle más…

Y Piotr Petróvich tendió a Sonia un billete de diez rublos, después de haberlo doblado con todo cuidado. Sonia lo tomó, se puso como la grana, se levantó de un salto, balbuceó unas palabras y empezó a despedirse a toda prisa. Piotr Petróvich la acompañó solemnemente hasta la puerta. Por fin, Sonia salió de la estancia muy conmovida y, terriblemente azorada, volvió al lado de Katerina Ivánovna.

Durante aquella escena, Andréi Semiónovich había permanecido ya de pie, junto a la ventana, ya paseando por la estancia, sin querer interrumpir la conversación. Cuando Sonia hubo salido, se acercó a Piotr Petróvich y le tendió solemnemente la mano.

–Lo he oído todo y todo le he *visto* –dijo, haciendo especial hincapié en esta última palabra–. ¡Eso es un acto noble, quiero decir, humano! Usted ha querido evitar las muestras de agradecimiento, lo he comprendido. Y aunque he de confesarle que, en principio, no soy partidario de la beneficencia privada, porque con ella, en vez de arrancar el mal de cuajo, se fomenta, debo reconocer que su modo de conducirse me ha satisfecho. Sí, sí, me ha gustado.

–¡Bah, tonterías! –murmuró Piotr Petróvich, algo irritado y observando con cierta atención a Lebeziátnikov.

–¡No, no son tonterías! Un hombre herido y disgustado como usted por el caso de ayer, capaz al mismo tiempo de pensar en la desgracia de los otros; un hombre así…, aunque con sus actos cometa un error social, a pesar de todo… es digno de respeto. No lo esperaba de usted, Piotr Petróvich, especialmente teniendo en cuenta sus ideas. ¡Oh, cómo le estorban aún sus ideas! ¡Cómo le dasazona, por ejemplo, el contratiempo de ayer! –exclamó el bueno de Andréi Semiónovich, experimentando otra vez una fuerte simpatía hacia Piotr Petróvich… ¿Y por qué se obstina usted en ese matrimonio *legal*, mi muy noble, mi muy querido Piotr Petróvich? Si usted quiere, pégueme; pero estoy contento, muy contento, de que se haya frustrado, de que usted esté libre, de que no se haya perdido aún del todo para la humanidad. Estoy contento… ¿Ve? Ya he dicho cuál es mi opinión.

–Si necesito el matrimonio legal es porque no quiero, con su matrimonio libre, llevar cuernos y criar a los hijos de los demás –le respondió Luzhin, por decir alguna cosa. Estaba preocupado y caviloso.

–¿Los hijos? ¿Se ha referido usted a los hijos? –replicó Andréi Semiónovich, estremeciéndose como caballo de batalla que oye el toque del clarín–. El problema de los hijos es un problema social de primerísima importancia, estoy de acuerdo; pero ha de resolverse de otro modo. Hay quien niega totalmente a los hijos, como toda alusión a la familia. De los hijos hablaremos luego. Ocupémonos de los cuernos. Le confieso que éste es mi punto flaco. Esta expresión infame, propia de húsares, propia de Pushkin, no será concebible en el diccionario del futuro. En efecto, ¿qué son los cuernos? ¡Oh, qué aberración! ¿Qué cuernos? ¿A qué viene eso de los cuernos? ¡Qué estupidez! Al contrario, en la unión libre, no los habrá. Los cuernos no son más que la consecuencia natural y, por decirlo así, la corrección del matrimonio legal; son una protesta de modo que, en ese sentido, nada tienen de humillante… Si algún día, admitiendo lo absurdo, me caso según la ley, estaré satisfecho de llevar los cuernos que tanto le asustan a usted. Entonces diré a mi mujer: "Amiga mía, hasta ahora sólo te he querido; ahora te respeto, porque has sabido protestar". ¿Se ríe usted? Eso se debe a que usted no es capaz de romper con los prejuicios. ¡Diablo! ¡Comprendo muy bien que es desagradable que le den a uno un chasco en el matrimonio legal! Pero no es más que la vil consecuencia de un hecho infame con el que quedan humillados el hombre y la mujer. Cuando los cuernos se ponen abiertamente, como en el matrimonio libre, ya no son cuernos; como tales son inconcebibles y pierden incluso el nombre. Al contrario, su mujer le da una muestra del mayor respeto; le considera incapaz de oponerse a su felicidad, y tan culto que no va a tomar venganza porque se ha buscado otro marido. ¡Diablo! A veces pienso que si un día me dieran marido, ¡uf!, que si un día me casara (en matrimonio libre o legal, da lo mismo), yo mismo buscaría un amante a mi mujer si tardara ella en tenerlo. "Amiga mía (le diría), te quiero, pero, pero, además de eso deseo que me respetes. ¡Eso es!". No tengo razón, ¿eh?…

Piotr Petróvich reía, pero escuchaba sin especial entusiasmo. Parecía incluso que no escuchaba. En efecto, estaba pensando en otra cosa, y el propio Lebeziátnikov se dio al fin cuenta de su distracción. Piotr Petróvich estaba agitado, se frotaba las manos, se quedaba caviloso. De ello se acordó después Andréi Semiónovich…

CAPÍTULO II

Sería muy difícil saber decir cómo había nacido la idea de aquella comida inoportuna en el cerebro enfermizo de Katerina Ivánovna. Gastó, para la comida en cuestión, más de la mitad del dinero que recibió de Raskólnikov. Quizá se creía obligada a honrar "convenientemente" el recuerdo de su esposo para probar a todos los inquilinos, y en particular a Amalia Ivánovna, que el difunto "valía tanto como ellas, si no más". Es probable que obedeciera a aquel *orgullo de pobre* que en ciertas circunstancias de la vida –bautismo, matrimonio, entierro, etc.–, impele a los infelices a agotar sus últimos recursos, con el único fin de "hacer las cosas tan bien como los demás". Aun es permitido el suponer que, en el momento mismo en que se veía reducida a la más extrema miseria, Katerina Ivánovna quería demostrar a aquella "gentecilla", no sólo que "sabía vivir y recibir", sino que la hija de un coronel, educada "en una casa noble, hasta aristocrática", no había nacido para limpiar pisos y lavar ropa ajena. Estos paroxismos de orgullo y vanidad, que se dan a veces en las personas más pobres y avasalladas, llegan a convertirse, en ciertos momentos, en una necesidad irritante e irresistible. Añádase a esto que Katerina Ivánovna no era de las subyugadas: las circunstancias podían acabar con ella, pero no *avasallarla* moralmente, es decir, no era posible asustarla y doblegar su voluntad. Además, Sóniechka tenía razones más que suficientes para decir que Katerina Ivánovna perdía el juicio. Ciertamente, no era posible afirmarlo de una manera positiva y total, mas en los últimos tiempos, durante el último año, su pobre cabeza había sufrido demasiado para que, por lo menos parcialmente, no se le debilitara. La fuerte progresión de la tisis, según dicen los médicos, también contribuye a perturbar las facultades mentales.

No había *vinos* en gran abundancia y de marcas variadas, ni tampoco *madera*: afirmarlo así sería una exageración, pero la bebida no faltaba. Se había servido vodka, ron y oporto de malísima calidad, aunque en cantidad suficiente. En cuanto a los manjares, aparte el *kutiá*[1], había tres o cuatro platos (entre ellos hojuelas), procedentes de la cocina de Amalia Ivánovna; prepararon, además, dos samovares para el té al final de la comida, y el ponche. Las compras las había hecho la propia Katerina Ivánovna con la ayuda de un inquilino, un pobre polaco, que se hospedaba, Dios sabe por qué, en casa de la señora Lippevechsel, el cual se ofreció en seguida a Katerina Ivánovna para hacerle los recados, y se había pasado el día anterior y aquella mañana echando el bofe, con la lengua fuera, y, al parecer, haciendo lo posible para que se notara esta última circunstancia. Por cualquier pequeñez corría a ver a la propia Katerina Ivánovna; la estuvo buscando incluso en el Mercado Cubierto, llamándola sin cesar "señora oficiala", y acabó haciéndosele insoportable, a pesar de que al principio decía ella que sin aquel hombre "servicial y generoso" habría estado perdida. Era propio del carácter de Katerina Ivánovna atribuir en seguida a una persona, cuando la conocía, las mejores cualidades del mundo, elogiarla de tal modo, que, a veces, hasta la dejaba confusa; ideaba en loor de ella diversas circunstancias totalmente imaginarias, y lo hacía creyendo sinceramente y de corazón que las cosas eran tal como ella contaba. Luego, de pronto, se sentía decepcionada y despedía a gritos y empujones a aquella persona ante la cual unas horas antes aún se inclinaba reverente. Por naturaleza tenía un carácter burlón, alegre y pacífico; los fracasos y desgracias incesantes la habían llevado a desear y exigir *furiosamente* que todo el mundo viviera en paz y alegría, y que no se *atreviera* nadie a vivir de otro modo, de suerte que la menor disonancia en la vida, el más pequeño fracaso, la ponían inmediatamente poco menos que fuera de sí, hecha un basilisco; después de las más risueñas esperanzas e ilusiones, comenzaba a maldecir su destino, a romper y tirar lo que tenía al alcance de la mano, y a golpearse la cabeza contra la pared. También Amalia Ivánovna había adquirido de pronto, sin que nadie supiera por qué, singular importancia e insólito respeto a los ojos de Katerina Ivánovna; la única razón

---

[1] Papilla de miel o arroz con pasas que se toma cuando se celebran funerales.

consistía, quizá, en el hecho de que se había decidido celebrar aquella comida y Amalia Ivánovna ofreció su ayuda cordialmente: fue ella quien se encargó de poner la mesa, de encontrar manteles, vajilla, etc., y de preparar la comida en su cocina. Al irse al cementerio, Katerina Ivánovna la había dejado encargada de todo. En efecto, todo estaba preparado sin olvidar detalle: la mesa estaba puesta hasta con bastante limpieza; los platos, los tenedores, los cuchillos, las copas, los vasos y las tazas eran, naturalmente, de diversos juegos, de distintas formas y tamaños, y habían sido prestados por distintos inquilinos, pero a una hora determinada todo estaba en su sitio. Amalia Ivánovna, comprendiendo que había cumplido su misión a las mil maravillas, recibió a los que regresaban del cementerio con cierta sensación de orgullo. Iba endomingada, llevaba un vestido negro y nuevas cintas negras en la cofia. Aquel orgullo, perfectamente justificado, desagradó a Katerina Ivánovna: "¡Como si no hubiéramos sido capaces de preparar la mesa sin Amalia Ivánovna!". Tampoco le gustó la cofia con las nuevas cintas: "¿Esta estúpida alemana quiere pavonearse de que es la patrona y por caridad se ha decidido a ayudar a unos inquilinos pobres? ¡Por caridad! ¡No faltaba más que esto! En casa del papá de Katerina Ivánovna, el cual fue coronel y por poco llega a gobernador, la mesa se servía a veces para cuarenta personas, de modo que ni en la cocina habrían dejado entrar a una Amalia Ivánovna o, mejor dicho, Liudvígovna…". De todos modos, Katerina Ivánovna decidió no manifestar por de pronto lo que sentía, si bien resolvió en el fondo de su corazón que aquel mismo día, sin falta, bajaría los humos a Amalia Ivánovna, y le recordaría cuál era su verdadero lugar; de lo contrario, Dios sabía lo que iba aquélla a figurarse; de momento, se limitó a tratarla con frialdad. Otro contratiempo había contribuido en parte a irritar a Katerina Ivánovna: de los inquilinos invitados a los funerales no había acudido casi ninguno; aparte del polaco, quien se las arregló para acudir también al cementerio, a la comida se presentaron los inquilinos más insignificantes y pobres, muchos de ellos sin cuidar de su aspecto; total, lo peor. Los más respetables y de edad más avanzada, como si se hubieran puesto de acuerdo, faltaron. No se había presentado, por ejemplo, Piotr Petróvich Luzhin, el más importante, por así decirlo, de los inquilinos; el caso era que Katerina Ivánovna había tenido tiempo el día anterior de comunicar a todo el mundo, es decir, a Amalia Ivánovna, a Póliechka, a Sonia y al polaco, que Piotr Petróvich era un hombre muy noble y muy magnánimo, con extraordinarias relaciones y bienes de fortuna, antiguo amigo de su primer marido, persona que frecuentaba la casa de su padre, el de Katerina Ivánovna, y que había prometido poner en juego todos los medios para lograr para Katerina Ivánovna una buena pensión. Indicaremos aquí que si Katerina Ivánovna se vanagloriaba de tener algún conocido con excelentes relaciones y bienes de fortuna, lo hacía sin ningún interés personal, sin ningún cálculo egoísta, movida, por decirlo así, por la magnanimidad de su corazón, por el mero placer de alabar y conferir aún más valor a la persona elogiada. Probablemente, "tomando el ejemplo" de Luzhin, dejó de presentarse también ese miserable de Lebeziátnikov". "Pero ¿qué se habrá figurado éste? A éste se le ha invitado sólo por caridad, y aun porque vive en la misma habitación que Piotr Petróvich, de quien es conocido, y habría sido de muy mal efecto no invitarle". Tampoco acudieron una dama de buenas maneras y su hija, "doncella de edad madura", las cuales, aunque sólo llevaban unas dos semanas en habitaciones alquiladas a Amalia Ivánovna, se habían quejado varias veces del ruido y de los gritos que procedían de la habitación de los Marmeládov, sobre todo cuando el difunto regresaba borracho; de estas protestas, como es natural, tenía noticia Katerina Ivánovna por la propia Amalia Ivánovna, la cual, cuando reñían, la amenazaba con ponerla en la calle con su familia y gritaba a todo pulmón que molestaban "a nobles inquilinos, a quienes no llegan ni a la suela de los zapatos". Katerina Ivánovna había tenido interés en invitar a la dama y a su hija, a las cuales "no llegaba ni a la suela de los zapatos", con tanto mayor motivo cuanto que, hasta entonces, la dama pasaba por su lado sin mirarla cuando casualmente se encontraban; así sabría la dama que Katerina Ivánovna "tiene ideas y sentimientos más nobles, y que invita sin acordarse del mal que le hayan hecho", y también para que madre e hija vieran que ella, Katerina Ivánovna, estaba acostumbrada a vivir de otro modo. De ello pensaba hablarles, sin falta, en torno a la mesa, así como de que su difunto papá estuvo a punto de ser gobernador, a la vez que aludiría, indirectamente, a que no había motivo para que no la miraran al encontrarse, lo cual era estúpido. No acudió tampoco el gordo teniente coronel (en realidad capitán de Estado Mayor retirado), pero resultó que "no le llevaban las piernas" desde la mañana anterior. En una palabra, sólo se presentaron: el polaco, un oficinista enclenque, con la cara llena de barros y un frac seboso que despedía un olor repugnante, y no decía una palabra; un viejo sordo y casi ciego, en otro tiempo empleado de correos y a quien, desde tiempos inmemoriales, sin que se supiera por qué, alguien le abonaba el hospedaje en casa de Amalia Ivánovna. Se presentó también un teniente retirado, borracho, que en realidad no era más que un funcionario de intendencia, el cual entró riendo indecorosamente y, "figúrese usted", sin chaleco. Hubo uno que se sentó a la mesa sin saludar siquiera a

Katerina Ivánovna y otro, a falta de traje, se presentó con un batín, mas aquello resultaba hasta tal punto irrespetuoso que, tras no pocos esfuerzos, Amalia Ivánovna y el polaco lograron echarle. Por otra parte, el polaco trajo consigo a dos compatriotas, que no habían vivido nunca en casa de Amalia Ivánovna y a quienes hasta entonces nadie había visto en la casa. Todo ello irritó muy desagradablemente a Katerina Ivánovna. "¿Para quién se han hecho estos preparativos?". Para que hubiera más sitio, hasta colocaron a los pequeños fuera de la mesa –que ocupaba toda la habitación–, en un extremo, en torno a un baúl; a los dos pequeños los pusieron en un banco, y Póliechka, como era mayorcita, debía vigilarlos, darles de comer y limpiarles las narices, "como a los hijos de casa noble". En una palabra, Katerina Ivánovna, a pesar suyo, se vio obligada a recibir con redoblada gravedad y hasta con altivez a aquella gente. Los invitó con cierto empaque a tomar asiento a la mesa, reservando para algunos las miradas más severas. Considerando, no se sabe por qué motivo, que quien debía responder de las ausencias era Amalia Ivánovna, se puso a tratarla con notoria displicencia, cosa que Amalia Ivánovna notó en seguida, y se molestó en extremo. Tal comienzo no auguraba nada bueno. Por fin se sentaron.

Raskólnikov entró casi en el mismo momento en que regresaban del cementerio. Katerina Ivánovna se alegró lo indecible al verle; en primer lugar, porque él era el único "huésped ilustrado" de los presentes, y, "como era sabido, se preparaba para ocupar una cátedra, dentro de dos años, en la Universidad de Petersburgo"; en segundo lugar, porque Raskólnikov inmediatamente se disculpó, muy cortés, de no haber podido asistir a los funerales, a pesar de sus buenos deseos. Katerina Ivánovna no le dejó de la mano, lo hizo sentar a la mesa, a su izquierda (a su derecha se sentaba Amalia Ivánovna), y a pesar de su preocupación constante para que la comida se sirviera bien y bastara para todos, a pesar de la tos que la martirizaba, obligándola a interrumpir la conversación a cada momento, sofocándola –ello le ocurría más que nunca los dos últimos días–, se dirigía sin cesar a Raskólnikov en voz baja, desahogando así sus penas, dándole cuenta de su justa indignación se trocaba en risas y expresiones de mofa, jocosas e irrefrenables, a costa de los invitados reunidos, sobre todo de la patrona:

–De todo tiene la culpa esa urraca. Ya comprende usted a quién me refiero: ¡a ella, a ella! –y Katerina Ivánovna le hacía un signo con la cabeza indicando a la patrona–. Mírela; ha abierto los ojos como una lechuza; adivina que hablamos de ella, no puede comprender lo que decimos y por eso pone así los ojos. ¡Uf!, qué lechuza; ¡Ja, ja, ja!… ¡Ejem, ejem! ¿Y qué se propone con la cofia? ¡Ejem, ejem, ejem! ¿Lo ha notado usted? Quiere que la tengan por protectora mía y consideren que me honra mucho con su presencia. Le he rogado, como se ruega a una persona formal, que invitara a la mejor gente, y en particular a los conocidos del difunto, y ya ve usted a quienes me ha traído: ¡a unos payasos, a unos apestosos! Fíjese en ese de cara sucia: ¡parece un calandrajo sobre dos patas! ¿Y esos raquíticos polacos?… ¡Ja, ja, ja! ¡Ejem, ejem! Nadie les había visto nunca; yo tampoco. ¿A qué han venido?, pregunto yo. Ahí están, sentaditos uno al lado del otro. ¡Eh, señor polaco! –gritó, dirigiéndose a uno de ellos–. ¿Ya se ha servido hojuelas? ¡Sírvase más! ¡Beba cerveza, beba! ¿No quiere vodka? Fíjese; se ha levantado, se inclina, saludándome; fíjese, fíjese. ¡Pobrecitos! Debían de estar completamente hambrientos. No importa que se harten. Por lo menos no arman escándalo, sólo que, la verdad, temo por las cucharitas de plata de la patrona… Amalia Ivánovna –se volvió hacia ella hablando casi en voz alta–, si se pierde alguna de sus cucharitas, no respondo, ¡le advierto con anticipación! ¡Ja, ja, ja! –estalló en una nueva carcajada, dirigiéndose otra vez a Raskólnikov, señalando a la patrona con la cabeza y alegrándose de su salida–. No me ha comprendido, tampoco esta vez me ha comprendido. Se ha quedado con la boca abierta, mírela. Es una lechuza, una verdadera lechuza, un mochuelo con cintas nuevas. ¡Ja, ja, ja!

Su risa se transformó en un insoportable acceso de tos, que se prolongó cinco minutos. Quedaron en el pañuelo unas manchas de sangre y aparecieron en la frente unas gotitas de sudor. Katerina Ivánovna mostró la sangre a Raskólnikov sin decir nada, mas, apenas hubo recobrado el aliento, volvió a hablarle en voz baja y con inusitada animación, mientras se le cubrían las mejillas de manchas rojas.

–Verá, le había confiado la delicada misión de invitar a la dama y a su hija. Sabe de quiénes hablo, ¿verdad? Había que proceder con el mayor tacto, era necesario obrar con mucha cautela, y lo ha hecho de tal modo, que esta estúpida recién llegada a Petersburgo, esa asquerosa cargada de orgullo, esa insignificante provinciana, esa viuda de un comandante, que ha venido a hacer gestiones para que le concedan una pensión, que se pasa el día en las antesalas, que a los cincuenta y cinco años se tiñe el pelo, se pone polvos y se pinta (lo sabe todo el mundo), esa asquerosa no sólo no se ha dignado presentarse, sino que ni siquiera ha mandado disculpas por no poder venir como, en estos casos, exigen las reglas de la educación más elemental. Lo que no puedo comprender es por qué no ha venido tampoco Piotr Petróvich. Pero ¿dónde está Sonia? ¿Adónde ha ido? ¡Ah, por fin! ¡Aquí está! ¿Adónde habías ido, Sonia? Es raro que seas tan poco puntual en los funerales de tu padre. Rodión Románovich, hágale sitio a su lado. Aquí está tu sitio, Sóniechka… Toma lo que te apetezca. Sírvete un poco de carne con gelatina, es mejor. Ahora van a traer hojuelas. ¿A los niños ya les han dado? Póliechka, ¿no falta nada, ahí? ¡Ejem, ejem! Bueno, está bien. Sé juiciosa, Liena, y tú, Kolia, no muevas las piernas de ese modo; siéntate como un niño de casa noble. ¿Qué dices, Sóniechka?

Sonia se apresuró a comunicarle el encargo de Piotr Petróvich, de modo que todos pudieran oírla, empleando las expresiones más respetuosas, añadiendo algunas incluso de su cosecha y redondeándolas aún más. Añadió que Piotr Petróvich le había rogado comunicar, especialmente a Katerina Ivánovna, que acudiría a verla tan pronto pudiera para hablar con ella de *cuestiones de intereses* y ponerse de acuerdo acerca de lo que debía hacerse en adelante, etc.

A Sonia le constaba que de aquel modo sosegaría y tranquilizaría a Katerina Ivánovna, la halagaría y, sobre todo, que su amor propio quedaría satisfecho. Se sentó al lado de Raskólnikov, al que saludó a la ligera. Le lanzó una breve mirada llena de curiosidad. Pero durante el tiempo restante pareció que Sonia evitaba mirarle y hablar con él. Habríase dicho que estaba distraída, si bien miraba fijamente a Katerina Ivánovna para acertar a complacerla. Ni ella ni Katerina Ivánovna iban de luto, por carecer de vestido adecuado; Sonia llevaba uno de color canela, oscuro, y Katerina Ivánovna el único que tenía, de percal, también oscuro, a rayas. Las palabras transmitidas en nombre de Piotr Petróvich surtieron beneficioso influjo. Después de haber escuchado con gravedad a Sonia, Katerina Ivánovna, con el mismo aire de importancia, preguntó por la salud de Piotr Petróvich. Luego, inmediatamente y poco menos que en voz alta, *musitó* al oído de Raskólnikov que para un hombre tan respetable e importante como Piotr Petróvich realmente habría resultado un poco chocante encontrarse con una "compañía tan singular", a pesar de la mucha fidelidad que guardaba a la familia de ella y a la antigua amistad que le había unido con su padre.

–Comprenda, pues, Rodión Románovich, por qué le agradezco tanto que no haya despreciado mi hospitalidad, ni siquiera en estas circunstancias –añadió casi en voz alta–. Estoy convencida de que sólo la especial amistad que a usted le unía con mi pobre difunto marido le ha impulsado a mantener su palabra.

Después volvió a mirar a sus invitados con una actitud llena de orgullo y dignidad, y de súbito, con singular solicitud, preguntó gritando al anciano sordo, sentado en el otro extremo de la mesa:

–¿No quiere más carne asada? ¿Le han servido oporto?

El viejo no contestó. Tardó un buen rato en entender lo que le preguntaban, a pesar de que sus vecinos de mesa, tomándolo a broma, procurasen hacérselo comprender. El viejo no hacía sino mirar en torno suyo abriendo la boca, lo cual avivaba más aún la hilaridad general.

–¡Vaya alcornoque! ¡Mírenlo, mírenlo! ¿A qué le han traído? Por lo que toca a Piotr Petróvich, siempre he creído en él –prosiguió Katerina Ivánovna, hablando con Raskólnikov–, y claro está que no se parece en nada… –bruscamente, en alta voz y con aspecto severísimo, se dirigió a Amalia Ivánovna, por lo que ésta se quedó incluso intimidada–, no se parece a esas entarascadas suyas a las que en casa de mi papá no habrían tomado ni como cocineras, y mi difunto marido, de haberlas recibido, llevado de su infinita bondad, les habría hecho un gran honor.

–Sí, le gustaba beber; eso sí. ¡Vaya si empinaba el codo! –gritó, de pronto, el intendente retirado, echándose entre pecho y espalda la decimosegunda copa de vodka.

–Mi difunto marido tenía esa debilidad, es cierto, todos lo saben –replicó, como si la hubieran pinchado, Katerina Ivánovna–; pero era un hombre bueno y noble, amante de su familia y respetuoso con ella; lo malo era que, llevado por su bondad, pusiera excesiva confianza en toda clase de gente depravada, y sabe Dios con quién no bebía, con gente que no valía ni lo que la suela de los zapatos que él llevaba. Figúrese, Rodión Románovich; encontramos en su bolsillo un gallito de alajú: iba borracho como una cuba y se acordaba de los niños.

–¿Un gallito? ¿Ha dicho un gallito? –gritó el señor intendente.

Katerina Ivánovna no se dignó contestarle. Había quedado pensativa y suspiró profundamente.

–Usted pensará, como todos, que fui excesivamente severa con él –prosiguió, dirigiéndose a Raskólnikov–. Pero no es así. Él me respetaba, me respetaba mucho, mucho. ¡Era un alma de Dios! ¡A veces daba tanta pena!… Cuando, sentado en un rincón, me miraba con sus ojos bondadosos y tristes, me daba tanta lástima, que me entraban ganas de arrullarle, pero luego pensaba: "Si le mimas, volverá a emborracharse". Sólo siendo muy severa podía contenerle un poco.

–Sí, tirándole muy a menudo de los cabellos –replicó, de nuevo, el intendente y se trincó otra copita de vodka.

–A algunos estúpidos habría que tratarlos no a estirones de cabellos, sino a escobazos. ¡Y no me refiero al difunto ahora! –profirió, indignada, Katerina Ivánovna.

Las manchas rojas de las mejillas se le ponían cada vez más subidas de color, el pecho se le agitaba. Estaba a punto de estallar en alguna de sus escenas. Algunos invitados se reían; por lo visto, a muchos les gustaba aquello. Empezaron a azuzar al intendente; le dijeron unas palabras al oído. Estaba claro que querían gresca.

–Permítame que le pregunte a quién se refería –comenzó a decir el intendente–. ¿A quién se destinaban las palabras que ahora…? ¡Bah! ¡Dejémoslo! ¡Es una tontería! ¡Una viuda! ¡Sin marido! La perdono… ¡Basta! –y otra vez vació la copa de vodka.

Raskólnikov escuchaba en silencio, con una sensación de repugnancia. Sólo por delicadeza y por no disgustar a Katerina Ivánovna probaba lo que ésta le ponía a cada momento en el plato. Tenía la vista fija en Sonia, que estaba cada vez más inquieta y preocupada. También ella presentía que la comida no tendría buen fin y observaba con terror que Katerina Ivánovna estaba cada vez más irritada. Sonia no desconocía que la principal causa de que las dos damas venidas de provincias hubiesen rechazado despectivamente la invitación de Katerina Ivánovna, era ella, Sonia. Había oído decir a Amalia Ivánovna que la madre hasta se había sentido ofendida por la invitación y había replicado que, ¿cómo podía permitir que su hija se sentara al lado de *aquella moza?* Sonia barruntaba que aquello había llegado a oídos de Katerina Ivánovna, sabía que una ofensa inferida a ella, a Sonia, para Katerina Ivánovna era más grave que si la ofendieran a ella misma, a su hijos, a su padre; en suma, era una ofensa mortal. Katerina Ivánovna no iba a sosegarse "mientras no demuestre a esas entarascadas lo que las dos son", etc. Como aposta, alguno de los invitados, desde el otro extremo de la mesa, hizo llegar a Sonia un plato con dos corazoncitos amasados con miga de pan negro, atravesados por una flecha. Katerina Ivánovna se sulfuró y en seguida dijo, de modo que la oyeran en el otro extremo de la mesa, que quien había enviado aquello era, naturalmente, "un asno borracho". Amalia Ivánovna, presintiendo asimismo que no se avecinaba nada bueno y, al mismo tiempo, ofendida hasta el fondo del alma por la altanería de Katerina Ivánovna, quiso distraer el desagradable estado de ánimo de los reunidos. Con tal fin, y al mismo tiempo para granjearse mayor consideración a los ojos de los presentes, empezó a contar, sin más ni más, que un conocido suyo, "Karl el de la farmacia", iba en coche una noche, y "el cochero quería matarle, y Karl suplicaba, suplicaba que no lo matase, lloró y se cruzó de brazos, y se asustó, y por el miedo atravesó el corazón". Katerina Ivánovna, aunque se sonrió, comentó en seguida que Amalia Ivánovna no debía comentar anécdotas en ruso, porque no lo hablaba bien. Amalia Ivánovna aún se sintió más agraviada y repuso que su *Vater aus Berlin*[2] era un hombre muy importante, mucho, y estaba todo el día paseando las manos por los bolsillos". Katerina Ivánovna, que tenía la risa a flor de labio, no pudo contenerse y estalló en una enorme carcajada, de modo que Amalia Ivánovna comenzó a perder la poca paciencia que le quedaba y apenas logró dominarse.

–¡Qué lechuza está hecha! –exclamó Katerina Ivánovna, casi regocijada, dirigiéndose a Raskólnikov–. Quería decir que se pasaba el día paseando con las manos en los bolsillos y ha dicho que se pasaba el día paseando las manos por los bolsillos. ¡Ejem, ejem! ¿Ha observado, Rodión Románovich, que los extranjeros que viven en Petersburgo, sobre todo alemanes, y que no sabemos de dónde vienen, son todos más tontos que nosotros? ¿Acaso se puede decir que "Karl el de la farmacia por el miedo atravesó el corazón" y que ese Karl (¡mocoso!), en vez de atar al cochero "cruzó los brazos, y lloró, y suplicó mucho"? ¡Ah, la boba! ¡Se figura que eso es muy enternecedor y no se da cuenta de que es una borrega! Para mí que ese intendente borracho es mucho más listo que ella; por lo menos, se ve bien claro que es un juerguista, un borracho perdido. Pero esos alemanes se las dan de personas importantes y serias… Ahí la tiene, con los ojos de mochuelo. ¡Se enfada! ¡Se enfada! ¡Ja, ja, ja! ¡Ejem, ejem, ejem!

Alegre como estaba, Katerina Ivánovna se puso a hablar, muy animada, de varias cosas, y de súbito empezó a contar que, con la pensión que le estaban gestionando, fundaría un colegio para jóvenes de la nobleza en T., su ciudad natal. Katerina Ivánovna aún no había hablado de ello con Raskólnikov y se entusiasmó pronto contando con detalles sus seductores proyectos. De súbito apareció en sus manos, sin que se supiera cómo, el "diploma con distinción meritoria" de que había hablado a Raskólnikov el difunto Marmeládov, al contarle en la taberna que Katerina Ivánovna, su esposa, al finalizar sus estudios en el instituto, había bailado envuelta en un chal "ante el gobernador y otras personalidades". Por lo visto, el diploma con distinción meritoria serviría para demostrar que Katerina Ivánovna tenía derecho a fundar un colegio; pero Katerina Ivánovna lo había tomado consigo sobre todo para dar una lección a las dos "damas entarascadas" si asistían a la comida y para revelarles con claridad que Katerina Ivánovna procedía de buena familia, "por no decir de una casa aristocrática; era hija

---

[2] Padre de Berlín. (En alemán en el original.)

de coronel y sin duda bastante mejor que algunas aventureras que tanto abundan en los últimos tiempos". El diploma pasó de mano en mano entre los invitados borrachos, a lo que Katerina Ivánovna no se opuso, porque en él se indicaba realmente en *toutes lettres*[3] que era hija de un consejero de la corte y caballero, lo cual casi equivalía a hija de coronel. Enardecida, Katerina Ivánovna se extendió en detalles acerca de su futura existencia, magnífica y sosegada, en T.; de los profesores del gimnasio, a quienes invitaría para que dieran clase en su colegio; de un honorable anciano, el francés Mangot, que había enseñado su lengua a la propia Katerina Ivánovna en el instituto; seguía viviendo en la ciudad de T., y con toda probabilidad accedería a dar clases, sin ser exigente en los honorarios. Habló, al fin, de Sonia, que iría a T., con Katerina Ivánovna, a la cual ayudaría en todo. En aquel momento alguien dejó escapar una risita al extremo de la mesa. Katerina Ivánovna, aunque se esforzó por tomar una actitud despectiva hacia ella e hizo ver que la ignoraba, elevó la voz y se puso a hablar con vehemencia de las capacidades indudables de Sonia Semiónovna para servirle de ayudante, "de su modestia, de su paciencia, de su espíritu de sacrificio, de su nobleza y de su educación", y al decirlo dio unas palmaditas a las mejillas de Sonia y, levantándose, le estampó dos sonoros besos. Sonia se puso como una amapola, y Katerina se echó a llorar, a la vez que se decía para sí que era una tonta con los nervios destrozados, que estaba demasiado emocionada, que era hora de terminar, que se había acabado la comida y que estaría bien servir el té. En aquel mismo instante, Amalia Ivánovna, definitivamente ofendida por no haber podido participar en la conversación y porque no la escuchaban cuando decía alguna cosa, decidió hacer un último intento y con disimulado resentimiento se atrevió a comunicar a Katerina Ivánovna una observación sumamente práctica y plena de buen sentido, y era que en la futura pensión debería cuidarse mucho de que las jóvenes llevasen siempre ropa interior (*die Wäsche*) limpia y "deberá haber una dama de confianza (*Die Dame*) que se encargue de la ropa" y otra "para que las jóvenes pensionistas no lean por la noche, a escondidas, ninguna novela". Katerina Ivánovna, que tenía los nervios destrozados, estaba muy cansada y harta de la reunión, "hizo callar" en seguida a Amalia Ivánovna, replicándole que "decía tonterías" y que no entendía nada; que quien cuidaba de *die Wäsche* era la ropera, y no la directora de un colegio para jóvenes de la nobleza; en lo tocante a la lectura de novelas, lo que decía era una falta de tacto, por lo que le rogaba tuviera la bondad de callar. Amalia

---

[3] En todas las letras. (En francés en el original.)

Ivánovna se sulfuró y, sin disimularlo, indicó que sólo "había deseado su bien" y que "le había deseado mucho y mucho bien", y que ella, Katerina Ivánovna, "por el cuarto hacía mucho que no pagaba *Geld"* [4]. Katerina Ivánovna le "bajó los humos", diciéndole que mentía cuando aseguraba que "había deseado su bien", porque el día anterior, cuando el difunto yacía aún en la mesa, ella, Amalia Ivánovna, la atormentó pidiéndole que pagara el cuarto. A ello replicó Amalia Ivánovna, con mucha lógica, que "había invitado a las dos damas, pero que éstas no habían venido porque son nobles y no podían ir a casa de una dama que no lo era". Katerina Ivánovna objetó, "subrayándolo", que como era una asquerosa, no podía juzgar acerca de lo que era la verdadera nobleza. Amalia Ivánovna no se mordió la lengua y declaró que su *Vater aus Berlin* era un hombre muy importante, mucho, y que se pasaba el día paseando las manos por los bolsillos, y hacía siempre "¡puf, puf!"; para dar una imagen más real de cómo era su *Vater*, Amalia Ivánovna se levantó de la silla, se puso las dos manos en los bolsillos, hinchó los carrillos y empezó a proferir con la boca unos sonidos, parecidos a "puf, puf", mientras los inquilinos se reían a carcajada limpia y animaban adrede a Amalia Ivánovna, previniendo que la agarrada era inminente. Katerina Ivánovna no pudo contenerse más y al instante "soltó" en voz bien alta, para que todos lo oyeran bien, que Amalia Ivánovna quizá no había tenido *Vater* y que era tal vez sencillamente una borrachina finlandesa de Petersburgo, que, probablemente, había estado antes de cocinera en alguna parte y quién sabe si no de algo peor. Amalia Ivánovna se puso colorada como un cangrejo y chilló fuera de sí que a lo mejor era Katerina Ivánovna la que "no había tenido padre, pero que ella tuvo su *Vater aus Berlin,* que llevaba una levita larga y siempre hacía "¡puf, puf, puf!". Katerina Ivánovna repuso, despectiva, que el mundo entero sabía cuál era su origen, y que en aquel diploma con distinción meritoria se decía en letras impresas que su padre era coronel; que el padre de Amalia Ivánovna (si es que había tenido algún padre) sería algún finlandés de Petersburgo que vendía leche, y lo más probable era que no tuviera padre, pues todavía no se sabía cuál era el patronímico de Amalia Ivánovna: Ivánovna o Liudvígovna. Entonces, Amalia Ivánovna, definitivamente enfurecida, se puso a dar puñetazos sobre la mesa y a gritar que se llamaba Amal-Iván, y no Liudvígovna, que su *Vater* se llamaba Johann y fue *Bürgermeister* [5] y que el padre de Katerina Ivánovna nunca fue *Bürger-*

---

[4] Dinero. (En alemán en el original.)
[5] Alcalde. (En alemán en el original.)

meister. Katerina Ivánovna se levantó de la silla y muy severa, con voz sosegada (aunque pálida y jadeando), le advirtió que si se atrevía, aunque sólo fuera una vez más, a colocar en un mismo nivel a su ruin *Vater* con el suyo, le arrancaría la cofia de la cabeza y la pisotearía. Al oír esto, Amalia Ivánovna se puso a correr por la habitación, gritando con todas sus fuerzas que era la dueña y que Katerina Ivánovna saliera de la casa inmediatamente; luego se precipitó a recoger las cucharitas de plata. Hubo gritos y escándalo; los niños rompieron a llorar. Sonia quiso detener a Katerina Ivánovna, pero cuando Amalia Ivánovna dijo a gritos unas palabras aludiendo al carnet amarillo, Katerina Ivánovna dio un empellón a Sonia y se abalanzó sobre Amalia Ivánovna para poner en práctica su amenaza sobre la cofia. En aquel mismísimo instante se abrió la puerta, y en el umbral apareció de improviso Piotr Petróvich Luzhin. De pie, pasó revista con severa mirada a los reunidos. Katerina Ivánovna corrió hacia él.

CAPÍTULO III

P iotr Petróvich –gritó–, ¡protéjame! Haga comprender a esta necia que no tuvo derecho para hablar como lo ha hecho con una señora noble caída en desgracia; que eso no está permitido... ¡Me quejaré al gobernador! ¡En recuerdo de la hospitalidad que recibió en casa de mis padres, defienda a estos huérfanos!

–Discúlpeme, señora... Discúlpeme –dijo Piotr Petróvich apartándola con un ademán–. Como usted sabe perfectamente, no tuve el honor de conocer a su papá... (alguien se echó a reír ruidosamente), y no creo oportuno tomar parte en sus continuos altercados con Amalia lvánovna... Vengo aquí para un asunto personal... Deseo tener una inmediata explicación con su hijastra Sonia... Ivánovna... ¿No se llama así? Permítame pasar...

Dejando a la puerta al ama de la casa, Piotr Petróvch se dirigió hacia el extremo de la habitación en que Sonia se hallaba.

Katerina quedó como clavada en el suelo. No podía creer que Piotr negara haber sido huésped de su padre. Aquella hospitalidad, que sólo existía en su imaginación, para ella se había convertido en un artículo de fe. Y lo que más le sorprendía era el tono seco, altanero y hasta amenazador de Piotr Petróvich. Todos guardaron silencio, poco a poco, ante su aparición. Aparte que aquel hombre "práctico y serio" desarmonizaba en exceso con la gente allí congregada, resultaba evidente que había acudido por algo importante, que alguna causa insólita le había inducido a presentarse y, por tanto, algo iba a ocurrir, algo pasaría. Raskólnikov, que estaba al lado de Sonia, se apartó para dejarle paso; al parecer, Piotr Petróvich no se había dado cuenta de su presencia. Un momento más tarde apareció también en el umbral Lebeziátnikov. No entró en la habitación. Tenía un aspecto de persona intrigada y sorprendida; escuchaba lo que se decía, mas, al parecer, tardó buen rato en hacerse cargo de lo que pasaba.

–Perdonen si les interrumpo, pero se trata de una cuestión no exenta de importancia –dijo Piotr Petróvich en general, sin dirigirse a nadie en concreto–; hasta me alegro de que haya testigos. Amalia Ivánovna, en calidad de dueña de la casa, le ruego con el mayor respeto preste atención a lo que voy a decir a Sonia Ivánovna. Sonia Ivánovna –prosiguió, dirigiéndose directamente a Sonia, cuya sorpresa no tenía límites; la joven estaba asustada antes de que pasara algo–, de mi mesa, en la habitación de mi amigo Andréi Semiónovich Lebeziátnikov, inmediatamente después de la visita de usted, ha desaparecido un billete de banco de cien rublos que me pertenece. Si, por lo que sea, tiene usted idea de dónde ha ido a parar y me lo indica, le doy palabra de honor, y tomo a los presentes por testigos, de que con ello quedará zanjado el asunto. En caso contrario, me veré obligado a recurrir a medidas muy serias, y entonces… ¡allá usted con las consecuencias!

En la estancia se hizo un silencio absoluto. Hasta los niños dejaron de llorar. Sonia, de pie, pálida como la muerte, miraba a Luzhin y no podía pronunciar una palabra. Transcurrieron algunos segundo.

–Bueno, ¿qué nos dice usted? –preguntó Luzhin, contemplándola fijamente.

–No lo sé… No sé nada… –pronunció al fin Sonia con un hilillo de voz.

–¿No? ¿No lo sabe? –volvió a preguntar Luzhin, y guardó silencio unos segundos más–. Piénselo bien, *mademoiselle*[1] –prosiguió severo, pero aún como si intentara convencerla–. Medítelo. Estoy dispuesto a concederle tiempo para que reflexione. No olvide una cosa: si mi experiencia no me convenciera de que tengo absolutamente la razón, no me arriesgaría, como es lógico, a acusarla tan directamente, pues, de una acusación semejante, directa y pública, si fuera falsa o incluso errónea, en cierto sentido yo debería responder. Lo sé. Hoy por la mañana, para atender a mis necesidades, he cambiado obligaciones del cinco por ciento por un valor nominal de tres mil rublos. Tengo la cuenta escrita en mi cartera de

---

[1] Señorita. (En francés en el original.)

bolsillo. Al llegar a casa me he puesto a contar el dinero (de lo cual es testigo Andréi Semiónovich), y después de haber contado dos mil trescientos rublos, puse esta cantidad en la cartera y ésta en el bolsillo lateral de la levita. Quedaron sobre la mesa unos quinientos rublos en billetes de banco, entre ellos, tres de cien rublos. En aquel momento vino usted (a petición mía), y luego, durante nuestra conversación, estuvo usted muy agitada y confusa, hasta el punto de que por tres veces se levantó y quiso marcharse apresuradamente, a pesar de que nuestra entrevista aún no había terminado. También ha sido testigo de ello Andréi Semiónovich. Espero que usted misma, *mademoiselle*, no tendrá inconveniente en firmar y declarar que la llamé, por mediación de Andréi Semiónovich, única y exclusivamente para tratar de la situación triste y del desamparo en que se encuentra su pariente Katerina Ivánovna (no he podido asistir a la comida que ha dado en memoria del difunto) y de que sería oportuno organizar en su favor alguna suscripción, alguna lotería o algo por el estilo. Usted me ha dado las gracias por ello, con lágrimas en los ojos (lo cuento todo tal como ha ocurrido, en primer lugar, para que haga memoria, y en segundo lugar para demostrarle que de la mía no se ha borrado ni el más pequeño detalle). Luego he tomado de la mesa un billete de diez rublos y se lo he dado en nombre mío para ayudar a su pariente y como primera aportación de socorro. Lo ha presenciado Andréi Semiónovich. Después la he acompañado a usted hasta la puerta (sin que acabara usted de sosegarse), luego de lo cual he estado unos diez minutos conversando con Andréi Semiónovich, quien se ha marchado y me ha dejado solo. He vuelto a la mesa para terminar el recuento del dinero y poner aparte, como me había propuesto, lo que quedaba. ¡Cuál no sería mi sorpresa al ver que uno de los tres billetes de cien rublos había desaparecido! Juzgue usted misma: no puedo de ningún modo sospechar de Andréi Semiónovich; sólo aludir a ello me avergüenza. Tampoco podía haberme equivocado al sacar la cuenta, pues un minuto antes de que usted llegara había comprobado que tenía todo el dinero. No me negará usted que, recordando su confusión, sus prisas por marcharse y el hecho de que tuvo un rato la mano sobre la mesa; teniendo en cuenta la condición social de usted y las costumbres a que ella da lugar, es lógico que me haya visto *obligado*, como si dijéramos, con horror y hasta contra mi voluntad, a admitir una sospecha, muy cruel, es cierto, pero justa. Añado y repito que a pesar de toda mi *manifiesta* seguridad, esta acusación lleva en sí cierto riesgo para mí, lo comprendo. Pero, como ve usted, no acuso a ciegas. Me he sentido sublevado y le digo por qué: ¡por su negra ingratitud, sólo por su negra ingratitud, señorita! ¿Es posible? La llamo para tratar de ayudar a su pariente, que está en la miseria, le entrego diez rublos, es decir, lo que mis recursos me permitían darle como ayuda, y usted, en el mismo momento, me paga con un acto semejante. ¡Eso no está bien! Es necesario darle una lección. Júzguelo usted misma. Es más, como verdadero amigo suyo (pues no puede usted tener mejor amigo en este momento), le ruego que reflexione. De lo contrario, seré implacable. ¿Qué nos dice?

–No le he tomado nada –balbuceó Sonia, horrorizada–. Usted me ha dado diez rublos; aquí los tiene.

Sonia sacó un pañuelito del bolsillo, buscó un nudo, lo deshizo, tomó el billete de diez rublos y alargó la mano para devolvérselo a Luzhin.

–¿Y no confiesa que tiene otros cien rublos? –dijo éste, en tono de reproche, porfiando, sin tomar el billete.

Sonia miró a su alrededor. Todos la contemplaban con caras terribles, severas, burlonas, cargadas de odio. Miró a Raskólnikov– quien, de pie, apoyado en la pared, cruzados los brazos sobre el pecho, la estaba mirando con ojos de fuego.

–¡Oh, Dios mío! –exclamó Sonia.

–Amalia Ivánovna, habrá que avisar a la policía. Por eso le ruego, muy respetuosamente, que, de momento, tenga la bondad de mandar a buscar al portero –dijo Luzhin sin alzar la voz, en un tono hasta cariñoso.

–¡*Gott der barmherzig*![2] ¡Ya sabía yo que era una ladrona! –exclamó Amalia Ivánovna, juntando ruidosamente las manos.

–¿Lo sabía usted? –le preguntó Luzhin–. Eso quiere decir que ya había tenido razones para sospechar. Le ruego, mi muy respetable Amalia Ivánovna, que recuerde las palabras que acaba de pronunciar y que ha dicho, además, ante testigos.

De pronto se levantaron fuertes voces por doquier. Todos se agitaron.

–¡Cómo! –gritó de repente, dándose cuenta al fin de lo que ocurría, Katerina Ivánovna; y como si hubiera perdido los estribos, se abalanzó sobre Luzhin–. ¡Cómo! ¿La acusa usted de haber robado? ¿A Sonia? ¡Miserables, miserables!

Y corriendo hacia Sonia, la abrazó apretadamente con sus descarnados brazos.

–¡Sonia! ¡Cómo te has atrevido a aceptar de él diez rublos! ¡Oh, tonta! ¡Dame esos diez rublos! ¡Dámelos! ¡Mira!

Arrancando el billete de manos de Sonia, Katerina Ivánovna hizo con él una bola y lo arrojó a la mismísima cara de Luzhin. La bolita de papel le

---

[2] ¡Dios misericordioso! (En alemán en el original.)

dio en el ojo y rebotó al suelo. Amalia Ivánovna se apresuró a recoger el dinero. Piotr Petróvich se enojó.

–¡Agarrad a esa loca! –gritó.

En aquel instante se asomaron a la puerta, al lado de Lebeziátnikov, varias personas, entre ellas las dos damas que habían llegado de provincias.

–¡Cómo! ¿Loca? ¿Que yo estoy loca? ¡Idiota! –chilló Katerina Ivánovna–. ¡Tú sí que eres un idiota, abogadillo sin entrañas, hombre miserable! Dice que Sonia, ¡Sonia!, le ha robado dinero. ¡Que Sonia es una ladrona! ¡Aún será ella la que te dará, estúpido! –Katerina Ivánovna prorrumpió en una histérica carcajada–. ¿Habráse visto tonto como éste? –se dirigió a todas partes, señalando a Luzhin–. ¡Cómo! ¿Y tú también? –había visto a la patrona–. ¿Y tú también lo dices, alemanota del diablo, tú también afirmas que es una "ladrona", tú, prusiana vil, pata de gallina enfundada en miriñaque? ¡Ah, infames! ¡Ah infames! No ha salido de la habitación. Tan pronto ha venido de la tuya, miserable, se ha sentado al lado de Rodión Románovich y de aquí no se ha movido… ¡Registradla! Si no ha salido de aquí, ha de tener el dinero encima. ¡Búscalo, pero búscalo! Si no lo encuentras, entonces, perdona, pajarito, ¡tendrás que responder de lo que has hecho! Me presentaré al soberano, al soberano; recurriré al zar mismo, al misericordioso zar, me arrojaré a sus pies, ahora mismo, ¡hoy mismo! ¡No tengo a nadie que me apoye, soy una desvalida! ¡Me dejarán pasar! ¿Crees que no me dejarán pasar? ¡Mientes! ¡Llegaré hasta el zar! ¡Llegaré! ¿Qué? ¿Has creído que podías hacer lo que querías, porque ella es tímida? ¿Has confiado en eso? Pero yo, amigo, no me arredro. ¡La crisma vas a perder! ¡Busca, busca! ¡Anda, busca!

Y Katerina Ivánovna, desesperada, porfiaba, tirando a Luzhin del brazo en dirección a Sonia.

–Estoy dispuesto, respondo de mis palabras…, pero vuelva en sí, señora, ¡vuelva en sí! ¡Ya veo que no se arredra usted por nada…! Pero eso… eso…¿cómo hacerlo? –balbuceó Luzhin–. Ha de hacerse en presencia de la policía…, aunque con los testigos que aquí hay basta y sobra… Estoy dispuesto… De todos modos es violento para un hombre… por cuestión de sexo… si fuera con ayuda de Amalia Ivánovna…, aunque estas cosas no se hacen así…

–¡Elija a quien guste! ¡Que la registre el que quiera! –gritaba Katerina Ivánovna–. ¡Sonia, saca los forros de los bolsillos! ¡así!, ¡Monstruo, mira! ¡Está vacío! Aquí tienes el pañuelo. En el bolsillo no hay nada, ¿lo ves? Aquí tiene el otro bolsillo, ¡mira, mira! ¿Lo ves? ¿Lo ves?

Y Katerina Ivánovna arrancó, más que volvió, los dos bolsillos, uno tras otro. Pero del segundo, del bolsillo derecho, saltó de pronto un papelito, que, trazando una parábola en el aire, fue a caer a los pies de Luzhin. Lo vieron todos; muchos no pudieron retener un grito. Piotr Petróvich se agachó, con dos dedos tomó el papel del suelo, lo levantó a la vista de los presentes y lo desdobló. Era un billete de banco de cien rublos doblado en ocho pliegues. Piotr Petróvich trazó un círculo con la mano, mostrando el billete a todo el mundo.

–¡Ladrona! ¡Fuera de casa! ¡La policía, la policía! –aulló Amalia Ivánovna–. ¡A Siberia hay que mandarlas! ¡Fuera de aquí!

De todas partes volaban exclamaciones. Raskólnikov callaba, sin apartar la vista de Sonia, lanzando sólo, de vez en cuando, rápidas miradas a Luzhin. Sonia permanecía de pie en el mismo sitio, como sin sentido: no estaba ni asombrada. De súbito, el rubor le inundó la cara; lanzó un grito y se cubrió el rostro con las manos.

–¡No he sido yo! ¡Yo no lo he tomado! ¡No sé nada! –gritó con un lamento desgarrador, y se lanzó a los brazos de Katerina Ivánovna.

Ésta la abrazó y la estrechó fuertemente contra su pecho, como si de este modo quisiera defenderla contra todos.

–¡Sonia! ¡Sonia! ¡Yo no lo creo! ¿Lo ves? ¡No lo creo! –gritaba, a pesar de la evidencia, Katerina Ivánovna, meciéndola en sus brazos como si se tratara de un niño, besándola sin cesar, tomándole las manos y cubriéndoselas de besos–. ¿Que tú has robado? Pero ¡qué estúpida es esta gente! ¡Oh, Señor! ¡Sois unos idiotas! –gritó, dirigiéndose a los presentes–. ¡Sí! ¡No sabéis todavía qué corazón tiene, qué chica es ésta! ¿Que ha robado? Pero ¡si ella es capaz de quitarse el último vestido y venderlo, es capaz de ir descalza y dároslo todo si lo necesitáis! ¡Es así! Si ha recibido el carnet amarillo ha sido tan sólo porque mis hijos se morían de hambre… ¡por nosotros se ha vendido…! ¡Ah, mi pobre difunto, mi pobre difunto! ¿Ves? ¿Ves? ¡Aquí tienes la comida en memoria tuya! Pero ¡defendedla! ¿Qué hacéis parados? ¡Rodión Románovich! ¿Por qué no sale usted en su defensa? ¿También usted lo cree? ¡No valéis juntos lo que su dedo meñique, todos, todos, todos! ¡Oh, Dios mío! Pero ¡defiéndenos al fin!

El llanto de la pobre Katerina Ivánovna, desamparada y tísica, produjo, al parecer, fuerte impresión a la gente. Era tanta la pena, era tanto el sufrimiento que se reflejaba en aquel rostro chupado por la tisis, desfigurado por el dolor, en aquellos labios resecos con huellas de sangre, en aquella voz chillona y ronca, en aquel llorar a lágrima viva que recordaba el llanto de los niños, en aquella súplica de defensa confiada, infantil y a la vez desesperada, que, al parecer, todos sintieron compasión por Katerina Ivánovna. Por lo menos Piotr Petróvich la *compadeció* en seguida:

–¡Señora! ¡Señora! –exclamó con voz solemne–. ¡Ese hecho no la afecta! Nadie piensa en acusarla a usted por connivencia o complicidad, tanto menos cuanto que ha sido usted quien la ha descubierto al dar la vuelta a los bolsillos: está claro que nada sospechaba. Estoy dispuesto a ser muy, muy indulgente si es que, por decirlo así, Sonia Semiónovna ha obrado de ese modo impulsada por la miseria, pero ¿por qué no ha querido usted confesarlo, *mademoiselle*? ¿Ha tenido usted miedo al deshonor? ¿Ha sido éste su primer paso? ¿No se daba cuenta de lo que hacía quizá? Esto es comprensible, muy comprensible… Sin embargo, ¿cómo se ha atrevido a llegar a tales extremos? Señores –se dirigió a los presentes–, señores, movido por un sentimiento de piedad y, por decirlo así, de compasión, estoy dispuesto a perdonar, incluso ahora, a pesar de las ofensas personales sufridas. *Mademoiselle*, que la vergüenza de hoy le sirva de lección para el futuro –añadió, dirigiéndose a Sonia–; por mí, que no pase el asunto adelante, lo doy por terminado. ¡Basta ya!

Piotr Petróvich miró de soslayo a Raskólnikov. Sus miradas se cruzaron. Raskólnikov, de ser posible, lo habría reducido a cenizas con el fuego de sus ojos. Por su parte, Katerina Ivánovna parecía no haber oído nada más: abrazaba y besaba a Sonia como una demente. Los niños también estrechaban a Sonia con sus brazos y Póliechka –sin comprender bien lo que pasaba–, bañada en lágrimas, rendida de tanto llorar, escondía en el hombro de Sonia su linda carita hinchada por el llanto.

–¡Qué vil esto! –se oyó decir a una voz sonora en el umbral.

Piotr Petróvich se volvió rápidamente.

–¡Qué bajeza! –repitió Lebeziátnikov, mirándole fijamente .

Pareció como si a Piotr Petróvich le hubiera sacudido un leve estremecimiento. Lo notaron todos. (Después lo recordaron.) Lebeziátnikov entró en la estancia.

–¿Y usted se ha atrevido a ponerme por testigo? –prosiguió, acercándose a Piotr Petróvich…

–¿Qué significa esto, Andréi Semiónovich? ¿A qué se refiere usted? –tartamudeó Luzhin.

–Significa que usted es …un calumniador. ¡Ese es el significado de mis palabras! –dijo con calor Lebeziátnikov, mirándole severamente con sus ojos miopes.

Estaba enormemente enojado. Raskólnikov clavó en él su mirada, recogiendo y sopesando cada una de sus palabras. Otra vez hubo un silencio expectante. Piotr Petróvich casi perdió el dominio de sí mismo, sobre todo en el primer momento.

–Si me lo dice a mí… –empezó a replicar, tartamudeando–. Pero ¿qué le pasa? ¿Está usted en sus cabales?

–¡Sí, estoy en mis cabales, pero usted es un… canalla! ¡Ah, qué vil es esto! Lo he oído todo, he esperado adrede, para ver si podía comprenderlo, porque, se lo confieso, hasta ahora no veo la lógica de su conducta… ¿con qué fin ha hecho usted esto? No lo comprendo.

–Pero ¿qué he hecho yo? ¡Deje de decir enigmas! ¿O es que ha bebido usted más de la cuenta?

–¡Es usted, hombre miserable, el que quizá beba y no yo! Nunca bebo un sorbo de vodka, porque eso va en contra de mis convicciones. ¡Imagínense ustedes, él, él mismo, con sus manos, ha entregado ese billete de cien rublos a Sonia Semiónovna! Lo he visto yo, soy testigo de ello y estoy dispuesto a jurarlo. ¡Él, él! –repetía Lebeziátnikov, dirigiéndose a todos y cada uno de los presentes.

–¿Es que se ha vuelto loco, mocoso? –chilló Luzhin–. Ella misma, aquí, aquí, ante usted mismo, ante todos, ha confirmado que de mí no ha recibido más que diez rublos. ¿Cómo podía haberle dado el otro billete?

–¡Lo he visto, lo he visto! –gritaba y afirmaba Lebeziátnikov–, y aunque vaya contra mis convicciones, estoy dispuesto esta vez a prestar el juramento que se quiera ante el tribunal, porque yo mismo he visto cómo se lo endosaba usted con disimulo. ¡Sólo que yo, tonto de capirote, creí que lo hacía por generosidad! Junto a la puerta, al despedirse, cuando ella se volvía y usted le estrechaba con una mano una de las suyas, con la otra le ha puesto el billete en el bolsillo sin que ella se diera cuenta. ¡Lo he visto! ¡Lo he visto!

Luzhin palideció.

–¿Qué cuento es ése? –gritó, insolente–. Además, ¿cómo podía distinguir el papel, estando, como estaba, de pie junto a la ventana? Ha visto visiones… con sus ojos cegatos. ¡Usted delira!

–No, no he visto visiones. Y aunque estaba bastante apartado, lo he visto todo; desde la ventana era difícil, es verdad, distinguir el papel (ahí dice usted la verdad); pero yo sabía con toda certeza, por una circunstancia especial, que se trataba de un billete de cien rublos, porque cuando usted dio el de diez a Sonia Semiónovna (lo he visto muy bien), tomó también un billete de cien (lo he visto porque en aquel momento estaba cerca de la mesa, y, como ello me sugirió una idea, no he olvidado que tenía usted el billete en la mano). Lo dobló y lo tuvo en la mano cerrada. Luego no me acordé; pero cuando se levantó, pasó el billete de la mano derecha a la izquierda y por poco se le cae; entonces recordé que tenía usted el billete en la mano, porque volvió a ocurrírseme la misma idea: que quería ayudar generosamente sin que yo me enterara. Puede usted figurarse con qué atención le observé y he visto que lograba ponérselo en el bolsillo. ¡Lo he visto! ¡Lo he visto y estoy dispuesto a jurarlo!

Lebeziátnikov casi estaba sofocado de indignación. Por todas partes comenzaron a elevarse exclamaciones diversas, en su mayor parte de sorpresa; pero se oyeron también exclamaciones en tono amenazador. Todos se apretujaron, acercándose hacia Piotr Petróvich. Katerina Ivánovna se dirigió a Lebeziátnikov.

–¡Andréi Semiónovich! ¡Me equivoqué al juzgarle! ¡Defiéndala! ¡Usted es el único que se ha puesto a su lado! Es una huérfana. Dios mismo le ha enviado a usted. ¡Andréi Semiónovich, hijo!

Y Katerina Ivánovna, casi sin darse cuenta de lo que hacía, se dejó caer de rodillas a sus pies.

–¡Qué absurdo…! –bramó, rabioso, Luzhin–. ¡No cuenta usted más que estupideces, señor! "Lo olvidé, lo recordé, lo olvidé", ¿qué tonterías son esas? Según usted, le he puesto intencionalmente el billete en el bolsillo. ¿Para qué? ¿Con qué fin? ¿Qué tengo yo de común con esta…?

–¿Para qué? Es lo que no comprendo; pero lo que cuento es un hecho cierto, ¡cierto! Y hasta tal punto estoy seguro de que no me equivoco, hombre vil y criminal, que recuerdo haberme hecho esa pregunta en el mismo momento en que yo le daba las gracias y le estrechaba la mano. ¿Por qué le ha puesto el billete en el bolsillo con tanto disimulo? ¿Por qué precisamente con disimulo? ¿Acaso sólo para que no lo viera yo, sabiendo que mis convicciones me llevan a negar la beneficencia privada, porque no es un remedio radical? Me he respondido que, en efecto, le resultaba molesto entregar a mis ojos un dineral como éste y he pensado que usted quería darle una sorpresa, dejarla pasmada cuando descubriera en su bolsillo nada menos que un billete de cien rublos. (Porque hay filántropos muy amigos de dar a sus actos un cariz semejante, lo sé.) Luego se me ha ocurrido pensar que intentaba usted someterla a prueba, es decir, ver si luego, al encontrar el dinero, volvería para darle las gracias; después, que pretendía evitar las muestras de agradecimiento, evitar, como suele decirse, según creo, que la mano derecha, algo así, no sepa… En suma, como sea… ¡No fueron pocas las ideas que se me ocurrieron! Decidí meditarlo más tarde; pero me pareció poco delicado descubrirle que conocía su secreto. Sin embargo, en seguida me asaltó una duda: ¿Y si Sonia

Semiónovna, antes de darse cuenta de que tiene el billete en el bolsillo, lo pierde? Era muy posible. Por eso decidí venir aquí a llamarla y comunicarle que le habían puesto cien rublos en el bolsillo. De paso, he entrado en la habitación de los señores Kobiliátnikov para llevarles la "Conclusión general del método positivo" y recomendarles el excelente artículo de Piderit (y también el de Wagner); después he venido aquí y me he encontrado con este lío. ¿Podía haber hecho esos razonamientos, podía haber pensado esas cosas, si no hubiera visto con mis ojos que le había metido usted los cien rublos en el bolsillo?

Cuando Andréi Semiónovich acabó su largo razonamiento con una conclusión tan lógica, estaba terriblemente fatigado y gotas de sudor resbalaban por su rostro. ¡Ay! El pobre no sabía expresarse medianamente bien en ruso (con todo y no saber ningún otro idioma), de suerte que de súbito quedó exhausto. Pareció incluso que había adelgazado después de su hazaña oratoria. Pese a todo, sus palabras produjeron un efecto extraordinario. Habló con tal pasión y con un acento tal de sinceridad, que todos le creyeron. Piotr Petróvich presintió que el asunto tomaba mal cariz.

–¡Qué me importa que se le hayan ocurrido a usted esas u otras cuestiones estúpidas! –replicó, gritando–. ¡Eso no es una prueba! Se le pudo ocurrir delirando, en sueños. ¡Basta! ¡Y yo le digo, señor, que miente! Usted miente y me calumnia porque me guarda rencor por alguna cosa, sin duda porque yo no me he manifestado de acuerdo con sus ideas sociales, librepensadoras y ateas. ¡Esa es la cuestión!

Pero la estratagema no favoreció a Piotr Petróvich. Al contrario, en todas partes se oyó un murmullo de desaprobación.

–¡Mírale por dónde sale! –gritó Lebeziátnikov–. ¡Embustero! ¡Llama a la policía y declararé bajo juramento! Sólo que no puedo comprender una cosa: ¿qué le ha llevado a realizar un acto tan vil? ¡Oh, miserable, infame!

–Yo puedo explicar por qué se ha decidido a realizar ese bajo acto y, si es necesario, también prestaré declaración bajo juramento –dijo, al fin, Raskólnikov con voz firme, dando un paso adelante.

Se le veía decidido y sosegado. Para todos resultó claro, con sólo dirigirle una mirada, que, en efecto, sabía de qué se trataba y que se llegaba al desenlace de la escena.

–Ahora lo veo completamente claro –prosiguió Raskólnikov, dirigiéndose a Lebeziátnikov–. Desde el comienzo de la historia he sospechado que se trataba de algún ardid infame; lo he sospechado en virtud de algunas circunstancias especiales que sólo yo conozco y que ahora explicaré a todos los presentes: ¡en ellas está la clave de la cuestión! Usted, Andréi Semiónovich, con sus valiosísimas declaraciones, me lo ha aclarado de cabo a rabo. Ruego que me escuchen todos, todos. Este señor –señaló a Luzhin– se prometió no hace mucho con una joven, precisamente con mi hermana, Avdotia Románovna Raskólnikova. Pero, después de haber llegado a Petersburgo, se entrevistó conmigo, hace tres días, y en esa primera entrevista reñimos; yo le arrojé de casa, de lo cual existen dos testigos. Este hombre es muy ruin... Anteayer no sabía yo aún que se alojaba en la habitación de usted, Andréi Semiónovich, y que aquel mismo día, es decir, anteayer, había sido testigo de que yo había entregado en calidad de amigo del difunto señor Marmeládov, un poco de dinero a su esposa, Katerina Ivánovna, para el entierro. Este señor escribió inmediatamente a mi madre y le comunicó que yo había entregado ese dinero, no a Katerina Ivánovna, sino a Sonia Semiónovna, y aludió, al mismo tiempo, con los términos más infames... al carácter de Sonia Semiónovna es decir, aludió al carácter de mis relaciones con Sonia Semiónovna. Todo ello, como comprenden ustedes, con el fin de enemistarme con mi madre y con mi hermana, haciéndoles creer que yo despilfarro con fines innobles el dinero que me habían mandado para ayudarme: lo único que tenían. Ayer, por la tarde, restablecí la verdad ante mi madre y mi hermana y, en presencia de este señor, demostré que había entregado el dinero a Katerina Ivánovna para el entierro y no a Sonia Semiónovna, y que anteayer aún no conocía a Sonia Semiónovna, ni siquiera la había visto nunca. Añadí, además, que Piotr Petróvich Luzhin, con todas sus cualidades, no vale ni el dedo meñique de Sonia Semiónovna, de la que habla en términos tan desfavorables. A la pregunta que me hizo de si pondría yo a Sonia Semiónovna al lado de mi hermana, respondí que ya lo había hecho aquel mismo día. Enfurecido porque mi madre y mi hermana no querían reñir conmigo, pese a sus requerimientos, Piotr Petróvich Luzhin empezó a dirigirles, una tras otra, palabras insolentes. Se produjo una ruptura definitiva y le echaron de casa. Eso ocurrió ayer por la tarde. Ruego que me escuchen ahora con la mayor atención posible: imagínense que ahora hubiera podido demostrar, este señor, que Sonia Semiónovna es una ladronzuela; con ello, en primer lugar, probaría a mi madre y a mi hermana que había tenido razón en sus sospechas, que se había irritado con mucha razón de que yo hubiera situado en un mismo plano a mi hermana y a Sonia Semiónovna; que, al atacarme a mí, defendía y, en consecuencia, salvaguardaba el honor de mi hermana, su novia. En una palabra, con todo eso, habría podido incluso ponerme en malos términos con mi familia, y, como es lógico, aspirar a congraciarse de nuevo con mi madre y mi hermana. Nada digo de que con esto se habría vengado de mí, personalmente, pues este señor tiene motivos para conjeturar que el honor y la felicidad de Sonia Semiónovna son para mí muy caros. ¡Este ha sido su cálculo! ¡Así entiendo yo la cuestión! ¡Esa es la causa y otra no puede ser!

Con estas palabras, o casi con estas palabras, acabó Raskólnikov su perorata, interrumpido con frecuencia por las exclamaciones de los presentes, que escuchaban, por lo demás, con extraordinaria atención. Mas, a pesar de las interrupciones, Raskólnikov habló con palabra tajante, sosegada, precisa, clara y firme. Su voz vibrante, la convicción que reflejaba el tono en que hablaba y la expresión severa de su rostro, produjeron un efecto inusitado a todos.

–¡Sí, sí, es así! –confirmaba, exaltado, Lebeziátnikov– . Ha de ser así, este señor me ha preguntado si estaba usted aquí y si no le había visto yo entre los invitados de Katerina Ivánovna. Para preguntármelo me llamó junto a la ventana, y lo hizo en voz baja. Está claro que para él era necesario que estuviera usted presente. ¡Sí! ¡Es eso, es eso!

Luzhin callaba y sonreía despectivamente. De todos modos, estaba muy pálido. Parecía que estaba meditando de qué manera podría salir del paso. De buena gana se habría marchado y los habría dejado a todos plantados, pero en aquel momento era casi imposible. Aquello habría significado reconocer abiertamente que las acusaciones dirigidas contra él eran justas y que, en efecto, había calumniado a Sonia Semiónovna. Además, la gente, excitada ya por la bebida, se mostraba muy hostil. El intendente, aun sin haberlo comprendido todo, gritaba más que nadie y proponía que se tomaran algunas medidas más que desagradables para Luzhin. Pero también había quien no estaba borracho; acudieron y se reunieron inquilinos de todas las habitaciones. Los tres polacos, a coro, sumamente exaltados, le gritaban sin interrupción "¡señor miserable!", y añadían algunas amenazas en polaco. Sonia escuchaba con el alma en vilo, aunque como si no comprendiera todo, como si volviera en sí después de un desmayo. No apartaba la vista de Raskólnikov, dándose cuenta de que en él se hallaba su defensa. Katerina Ivánovna respiraba con dificultad, con una respiración silbante, ronca, y estaba terriblemente agotada. La que presentaba un aspecto más estúpido era Amalia Ivánovna, que tenía la boca abierta y no entendía jota de lo que estaba ocurriendo. Veía, sólo, que Piotr Petróvich se encontraba metido en un mal paso. Raskólnikov pidió que le dejaran hablar otra vez, mas no pudo terminar: todos gritaban y se apretujaban alrededor de Luzhin, insultándolo y amenazándole. Piotr Petróvich no se amilanó. Al ver que de la acusación de Sonia no quedaba nada, recurrió directamente a la insolencia.

–Permítanme, señores, permítanme; no empujen, ¡déjenme pasar! –decía, abriéndose paso entre la gente–. Y hagan el favor de no amenazar. ¿Creen que me asustan? No pueden hacer nada; no pasará nada. Al contrario, serán ustedes los que deberán responder por encubrir con la violencia un acto criminal. Que ésta es una ladrona no puede estar más claro, y la llevaré a los tribunales. Los jueces no son tan ciegos, no... están borrachos, y no van a tomar por oro de ley lo que afirman dos ateos declarados, dos librepensadores y propagandistas que me acusan por venganza personal, como ellos mismos han confesado estúpidamente... A ver, ¡déjenme pasar!

–¡Salga pitando de mi habitación! ¡Lárguese! Entre nosotros todo ha terminado. ¡Cuando pienso en las angustias que he pasado por hacerle comprender... durante dos semanas enteras...!

–¡Si yo mismo le he dicho que me iba, hace un momento, cuando usted aún pretendía retenerme! Ahora sólo debo añadir que es usted un zoquete. Le deseo encuentre algún remedio para curarse las entendederas y sus ojos cegatos. ¡Déjenme pasar, señores!

Luzhin se abría paso, mas el de intendencia no quería dejarle salir sin otro acompañamiento que el de unos denuestos. Tomó un vaso de la mesa y, con toda la fuerza de su brazo tendido, lo arrojó a Piotr Petróvich. El proyectil voló directamente hacia Amalia Ivánovna, que lanzó un estridente chillido, mientras el que había arrojado el vaso, perdido el equilibrio por el impulso, cayó como un saco debajo de la mesa. Piotr Petróvich pasó a su habitación y a la media hora ya no estaba en la casa. Sonia, tímida por naturaleza, antes del incidente tenía conciencia de que era más fácil hundir a ella que a nadie, y de que cualquiera podía ofenderla impunemente. De todos modos, hasta aquel instante le había parecido posible evitar una desgracia a fuerza de circunspección, de humildad, de sumisión ante el mundo. Su desengaño resultaba demasiado profundo. Sonia podía soportar todo con paciencia y casi sin una palabra de protesta, incluso aquello. Pero el choque había sido demasiado brutal. A pesar de su victoria, a pesar de que se había probado su inocencia, después del primer sentimiento de horror y estupefacción, cuando estuvo en condiciones de reflexionar y comprender lo ocurrido, se encontró con el alma dolorosamente agarrotada por una sensación de impotencia y afrenta. Sufrió un ataque de nervios. Finalmente, sin poder resistirlo más, se precipitó fuera de la habitación y se fue corriendo a su casa. Sucedió aquello casi inmediatamente después de haberse ido Luzhin. Tampoco pudo resistir por más tiempo Amalia Ivánovna, cuando, pagando los platos rotos por otros, cayó sobre ella el vaso, entre las sonoras carcajadas de los presentes. Chillando como una loca, se lanzó contra Katerina Ivánovna, a la que consideraba culpable de todo.

—¡Fuera de casa! ¡Ahora mismo! ¡En marcha!

Y mientras repetía estas palabras, agarraba cuanto pertenecía a Katerina Ivánovna y tenía al alcance de la mano, y lo arrojaba al suelo. Extenuada, casi sin sentido, sofocándose, pálida, Katerina Ivánovna se incorporó de la cama (en la que se había dejado caer, falta de fuerzas) y se abalanzó sobre Amalia Ivánovna. Pero la lucha era excesivamente desigual; Amalia Ivánovna la rechazó como si fuera una pluma.

—¿Cómo? ¿No basta haberme calumniado con tanta desvergüenza? ¡Ahora esta bestia las toma conmigo! ¿Cómo? ¡Me arrojan a la calle después de haberlos regalado con mi hospitalidad! ¡Me arrojan con mis hijos huérfanos el mismo día del entierro de mi marido! Pero ¿adónde quieres que vaya? —gritaba, llorando y ahogándose la pobre mujer; chilló con más fuerza, despidiendo fuego por los ojos—. ¡Oh, Señor! ¿Es posible que no haya justicia? ¿A quién vas a defender si no a los desamparados como nosotros? Pero ¡ya veremos! ¡La justicia y la verdad existen en la tierra! ¡Existen! ¡Las encontraré! ¡Ahora verás, espera, hereje! ¡Póliechka, quédate con los pequeños; volveré pronto! Esperadme, aunque sea en la calle. Ya veremos si hay justicia o no en la tierra.

Y echándose a la cabeza aquel pañuelo verde de paño fino al que se había referido el difunto Marmeládov, Katerina Ivánovna se abrió paso entre el desordenado grupo de inquilinos borrachos que aún permanecía en la habitación, y salió corriendo a la calle, llorando y gimiendo, con el indefinido propósito de encontrar inmediatamente la justicia, donde quiera que fuese, al instante, costase lo que costase. Póliechka, llena de terror, se acurrucó con los pequeñuelos en un rincón, cerca del baúl, y allí, estrechándolos entre sus brazos, temblando como hoja de árbol, se quedó esperando el regreso de la madre. Amalia Ivánovna, entretanto, iba de un extremo a otro de la habitación, chillando, lamentándose, arrojando al suelo todo lo que encontraba a mano y armando escándalo. Los inquilinos voceaban sin ton ni son; unos comentaban como sabían lo que acababa de ocurrir, otros reñían y se insultaban, otros se pusieron a cantar…

"¡También para mí ha llegado el momento! —pensó Raskólnikov—. ¡Vamos a ver, Sonia Semiónovna, lo que usted dirá ahora!".

Y se dirigió al cuarto de Sonia.

CAPÍTULO IV

Raskólnikov había defendido de manera muy valiente a Sonia, aunque una gran parte de inquietudes y cuidados tuviese para él, el incidente ocurrido. Independientemente del interés que la joven le inspiraba, con alegría había aprovechado la ocasión, después de la tortura de la mañana, de ahuyentar insoportables impresiones. Además, su próxima entrevista con Sonia le preocupaba, le asustaba por momentos; *debía* revelarle que había asesinado a Lizaveta y, presintiendo cuánto de penoso había en su propósito, se esforzaba en apartarlo de su pensamiento. Cuando al salir de la casa de Katerina Ivánovna, se dijo: "Vamos a ver, Sonia, lo que dices ahora", era el combatiente excitado por la lucha, pensando todavía en su victoria sobre Luzhin, que había pronunciado la palabra de desafío. Mas, cosa singular, cuando llegó a la habitación de los Kapernaúmov, su energía le abandonó súbitamente, dejando sitio al temor. Se detuvo ante la puerta y se preguntó: "¿Será necesario decir que maté a Lizaveta"? La pregunta era insólita, porque de súbito tuvo la impresión de que no sólo le era imposible callárselo, sino que no debía aplazar el momento de decírselo. No podía explicar todavía por qué era imposible, únicamente lo *sentía*, y la atormentadora conciencia de que no podía hacer nada ante semejante necesidad casi le ahogaba. Para no sumirse en otros razonamientos y no torturarse más, abrió decidido la puerta y desde el umbral miró a Sonia. Estaba sentada, de codos sobre la mesita y cubriéndose la cara con las manos; mas al ver a Raskólnikov se levantó en seguida y fue a su encuentro como si estuviera esperándole.

–¿Qué habría sido de mí sin usted? –se apresuró a decir, al encontrarse con él en medio de la habitación. Era evidente que deseaba decírselo cuanto antes. Por eso esperaba.

Raskólnikov se acercó a la mesita y se sentó en la misma silla que hasta entonces había ocupado ella. Sonia se quedó de pie, a dos pasos de él, como la víspera.

–¿Qué dice, Sonia? –preguntó Raskólnikov, y de "pronto se dio cuenta de que le temblaba la voz"–. La intriga se basaba en "la posición social y en las costumbres que ella implica". ¿Lo comprendió usted hace un momento?

En el rostro de Sonia nació una expresión de amargura.

–¡Por lo que más quiera, no me hable como ayer! –exclamó, interrumpiéndole–. Por favor, no empiece. Bastante es lo que sufro…

Sonrió al instante, temerosa de que le desagradara el reproche.

–He sido una tonta al marcharme. ¿Qué pasa ahora allí? Hace un momento, quería volver, pero he pensado que… quizá usted vendría.

Raskólnikov le contó que Amalia Ivánovna los arrojaba a la calle y que Katerina Ivánovna se había ido corriendo "a buscar la justicia".

–¡Oh, Dios mío! –exclamó Sonia–. Vámonos en seguida…

Y tomó su esclavina.

–¡Siempre lo mismo! –exclamó irritado Raskólnikov–. ¡Usted no piensa más que en ellos! Quédese un poco conmigo.

–¿Y Katerina Ivánovna?

–No tema, Katerina Ivánovna no se olvidará de pasar por aquí; vendrá, ya que ha salido a la calle –añadió, refunfuñando–. Si no la encuentra, entonces tendrá usted la culpa.

Sonia, atormentada por las dudas, se sentó en una silla. Raskólnikov callaba, mirando al suelo y reflexionando.

–Admitamos que Luzhin no ha querido llevar las cosas más allá –comenzó a decir, sin mirar a Sonia–. Pero si él hubiera querido o hubiera entrado en sus cálculos, era capaz de mandar a usted a presidio, de no habernos encontrado allí Lebeziátnikov y yo mismo. ¿No?

–Sí –respondió ella con débil voz–. ¡Sí! –repitió, distraída y alarmada.

–La verdad es que yo pude muy bien no haber estado allí, y Lebeziátnikov se ha presentado por pura casualidad.

Sonia callaba.

–Y si la mandan a presidio, ¿qué pasa entonces? ¿Se acuerda de lo que le dije ayer?

Sonia tampoco contestó. Raskólnikov esperó un instante.

–Creí que iba usted a exclamar otra vez: "¡Ah, cállese, no siga!" –prosiguió Raskólnikov, riéndose de modo algo forzado–. ¿Qué? ¿Sigue callada? –preguntó, un minuto después–. Hay que hablar de algo, ¿no? Verá, ahora me interesaría saber cómo resolvería usted un "problema", como dice Lebeziátnikov. –Parecía que comenzaba a perder el hilo de sus razonamientos–. Sí, lo digo en serio. Imagínese, Sonia, que usted hubiera conocido anticipadamente las intenciones de Luzhin, que hubiera sabido, que le hubiera constado de manera cierta que, a consecuencia de los propósitos de Luzhin, iban a perderse por completo Katerina Ivánovna y los pequeños; y usted también, por añadidura (digo *por añadidura,* porque nunca piensa en sí). También Póliechka… porque ante ella se abre el mismo camino. Bueno, pues, figúrese que de súbito le dicen que ha de decidir usted cuál de los dos debe seguir viviendo, es decir, si ha de seguir viviendo Luzhin, cometiendo infamias, o ha de morir Katerina Ivánovna. Dígame, ¿qué resolvería? ¿Cuál de los dos debería morir? Se lo pregunto.

Sonia le miraba inquieta. En aquellas palabras vacilantes creía percibir algo especial, dirigido hacia alguna finalidad imprecisa y lejana.

–Presentía que me haría usted alguna pregunta semejante –repuso, contemplándole con mirada penetrante.

–Está bien, sea así. Sin embargo, ¿qué decidiría usted?

–¿Por qué me pregunta lo que no es posible? –dijo Sonia, con repugnancia.

–¡Así, pues, sería preferible que viviera Luzhin y siguiera cometiendo infamias! ¿Ni siquiera eso se ha atrevido usted a decidir?

–No puedo saber cuáles son los designios de la Providencia… ¿Y por qué me pregunta usted lo que no es posible? ¿A qué vienen preguntas que a nada conducen? ¿Cómo puede usted suponer que una cosa así dependa de lo que yo resuelva? ¿Y quién me pone de juez para decidir si ha de vivir éste o ha de vivir el otro?

–Si en eso se mete la divina Providencia, no hay nada que hacer –refunfuñó, sombrío, Raskólnikov.

–¡Es mejor que me diga sin rodeos qué es lo que quiere! –exclamó Sonia, llena de angustia–. Otra vez habla usted con alguna intención oculta… ¿Es posible que haya venido sólo para torturarme?

No pudo dominarse y estalló en llanto. Raskólnikov la miró con sombría inquietud. Transcurrieron unos cinco minutos.

–Tienes razón, Sonia –dijo, por fin, quedamente. De pronto cambió del todo la expresión de su cara; desapareció su tono de afectada insolencia e impotente reto. Hasta la voz, de pronto, se le hizo más débil–. Te dije ayer que no vendría a verte en busca de perdón y casi he empezado pidiéndotelo... Cuando te hablaba de Luzhin lo hacía pensando en mí... Es que te estaba pidiendo perdón, Sonia...

Quiso sonreír, pero en su pálida sonrisa se reflejó una indefinida expresión de impotencia. Bajó la cabeza y se cubrió la cara con las manos.

De pronto una sensación extraña e inesperada de odio a Sonia le estremeció el alma. Como si la sensación le sorprendiera y le asustara, Raskólnikov levantó de súbito la cabeza y miró fijamente a la joven y encontró puesta en él su mirada solícita, dolorosamente inquieta: en aquella mirada había amor. El odio que experimentaba se esfumó como un espectro. No era eso, no era odio; había confundido un sentimiento por otro. Eso sólo significaba que el *momento* había llegado.

Otra vez se cubrió el rostro con las manos e inclinó la cabeza. De improviso se puso pálido, se levantó de la silla, miró a Sonia y, sin decir nada, se sentó maquinalmente en la cama.

Aquel instante, en su ánimo, se parecía de modo terrible a otro: al momento en que se encontró detrás de la vieja, después de haber sacado del lazo el hacha, con la impresión de que "no podía perder ni un instante más".

–¿Qué le ocurre? –preguntó Sonia, terriblemente asustada.

Raskólnikov no pudo decir nada. No era así, no era de ningún modo así, cómo pensaba *declararlo*, y en aquel momento ni él mismo comprendía lo que le pasaba. Sonia se le acercó silenciosamente, se sentó en la cama, a su lado, y esperó sin apartar de él la mirada. El corazón le latía con fuerza; se sentía desfallecer. La situación se hizo insostenible: Raskólnikov volvió su rostro, pálido como la muerte, hacia ella; se le contrajeron los labios, como en un esfuerzo por pronunciar unas palabras. Sonia se sintió conmovida por un estremecimiento de horror.

–¿Qué le pasa? –repitió, apartándose levemente.

–No es nada, Sonia. No te asustes... ¡Es absurdo! Si se reflexiona un poco, es absurdo –balbuceó con el aspecto del hombre que delira–. ¿Por qué he venido a torturarte? –añadió de pronto, mirándola–. ¿Por qué? No hago más que repetirme esta pregunta.

Quizá se había hecho la pregunta un cuarto de hora antes, mas en aquel momento pronunció sus palabras casi sin fuerzas, casi sin tener conciencia de lo que decía y experimentando un temblor continuo en todo el cuerpo.

–¡Oh, cómo se tortura usted! –dijo Sonia, angustiada, sin dejar de mirarle.

–¡Es absurdo…! Verás, Sonia. –De pronto algo le hizo sonreír con sonrisa pálida y exánime, por un segundo o dos–. ¿Recuerdas lo que te dije?

Sonia esperaba, intranquila.

–Te dije, al marcharme, que quizá me despedía de ti para siempre; pero que si hoy volvía, te iba de decir… quién mató a Lizaveta.

Sonia se puso a temblar de pies a cabeza.

–Bien, pues he venido a decírtelo.

–Sí, ayer usted, en efecto… –llegó a articular Sonia, con dificultad–. ¿Cómo lo sabe usted? –preguntó de repente, como si se recobrara.

Comenzó a respirar con esfuerzo. Se iba quedando cada vez más pálida.

–Lo sé.

Sonia se calló un momento.

–¿Le han encontrado, quizá…? –preguntó, tímidamente.

–No, no le han encontrado.

–Así, pues, ¿cómo sabe usted *eso?* –preguntó Sonia de nuevo, con voz casi imperceptible, después de otro minuto de silencio.

Raskólnikov se volvió hacia ella y la miró con el alma en los ojos.

–Adivínalo –desafió, con la misma sonrisa forzada e impotente de antes.

Pareció que Sonia se estremecía con movimientos convulsivos.

–Usted… a mí… ¿Por qué me… asusta de este modo? –respondió, sonriendo como un niño.

–Si lo sé, será que… soy muy amigo *de él* –prosiguió Raskólnikov, sin apartar los ojos de Sonia, como si no tuviera fuerzas para mirar a otra parte–. Él, a Lizaveta… no quería matarla… La mató… sin querer… Quería matar a la vieja… cuando estaba sola… Llegó… Entonces entró Lizaveta… Entonces… también la mató a ella.

Transcurrió otro minuto espantoso. Los dos quedaron mirándose el uno al otro.

–¿No puedes adivinarlo? –preguntó Raskólnikov de súbito, con la sensación de que se arrojaba al vacío desde un campanario.

–No –balbuceó Sonia, de manera casi imperceptible.

–A ver, mírame bien.

En cuanto hubo dicho estas palabras, una sensación anterior, una sensación conocida, le heló el alma: estaba mirando a Sonia y de improviso le

pareció ver en su rostro el rostro de Lizaveta. Raskólnikov se acordaba
muy bien de la expresión del rostro de Lizaveta cuando se acercó a ella
con el hacha en alto y ella retrocedió hacia la pared, con una mano ade-
lantada, con una expresión de miedo infantil, como los niños, que miran
con mirada fija e intranquila el objeto que los asusta cuando empiezan a
tener miedo de algo, retroceden y, extendiendo las manitas hacia adelante, se disponen a llorar. Con Sonia sucedía entonces casi lo mismo.
También sin fuerzas, con miedo igual, se le quedó mirando unos momentos y luego, de súbito, avanzando la mano izquierda, le apoyó un si
es no es los dedos en el pecho y comenzó a levantarse lentamente de la
cama, apartándose cada vez más de él y mirándole también cada vez de
manera más fija. De pronto se le transmitió el horror que experimentaba
Sonia: en el rostro de Raskólnikov se reflejó tanto miedo como en el de
ella; empezó a mirarla exactamente como le miraba Sonia y casi con la
misma sonrisa *infantil*.

–¿Lo has adivinado? –balbuceó finalmente.

–¡Dios mío! –Del pecho de Sonia salieron estas palabras como un
gemido terrible.

Cayó sin fuerzas sobre la cama, hundiendo el rostro en la almohada.
Mas al instante se incorporó, se acercó rápida a Raskólnikov, le agarró las
dos manos y, atenazándoselas con sus finos dedos, volvió a mirarle el
rostro y se quedó otra vez inmóvil, como clavada en su sitio. Con aquella
última mirada de desesperación, quería ver si distinguía y captaba una
postrera esperanza. Pero era inútil, no quedaba la menor duda; la cosa era
así. Más tarde, cuando recordaba aquel instante, le parecía curioso y raro
que entonces, *de golpe,* hubiera visto que ya no había duda. No podía
decir, por ejemplo, que hubiera presentido nada semejante. Y el caso era
que, no bien él le hubo dicho esas palabras, Sonia tuvo la impresión de que
realmente ella había presentido *aquello*.

–¡Basta, Sonia, basta! ¡No me tortures! –suplicó Raskólnikov con el
alma lacerada.

No era así, no era ni mucho menos así como esperaba descubrírselo,
pero salió *así*.

Como si no tuviera conciencia de lo que hacía, Sonia saltó de la cama
y, retorciéndose las manos, llegó hasta el centro de la habitación: pero
volvió presurosa atrás y se sentó otra vez al lado de Raskólnikov, casi
rozando con su hombro el de él. De súbito, como traspasada por un arma
blanca, se estremeció, lanzó un grito y se arrojó, sin saber por qué, de
rodillas ante Raskólnikov.

–¡Qué ha hecho usted! ¡Qué ha hecho consigo mismo! –exclamó desesperada, y, poniéndose de pie de un salto, se le lanzó al cuello y le abrazó estrechándole fuertemente entre sus brazos.

Raskólnikov se echó atrás y con triste sonrisa miró a Sonia, diciéndole:

–Qué extraña eres, Sonia, me abrazas y besas ahora que te he hablado *de eso*. No sabes lo que haces.

–¡No, ahora no hay en el mundo un hombre más desgraciado que tú! –exclamó Sonia, como frenética, sin oír su observación, y de pronto se echó a llorar a lágrima viva como presa de un ataque de histerismo.

Un sentimiento que no experimentaba desde hacía mucho tiempo invadió de nuevo el alma de Raskólnikov y se la ablandó de golpe. Raskólnikov no le opuso la menor resistencia: dos lágrimas que le brotaron en los ojos se le quedaron prendidas en las pestañas.

–¿No me dejarás, Sonia? –dijo, mirándola casi con un hilillo de esperanza.

–¡No, no! ¡Nunca, en ninguna parte! –exclamó Sonia–. ¡Te seguiré, te seguiré adonde sea! ¡Oh, Señor…! ¡Oh, qué desgraciada soy…! ¿Por qué no te habré conocido antes? ¿Por qué? ¿Por qué no viniste antes? ¡Oh, Señor!

–Ya ves, he venido.

–¡Ahora! ¡Oh, qué hacer ahora…! ¡Juntos, juntos! –repetía Sonia, medio aturdida, y de nuevo le abrazaba–. ¡Contigo iré a presidio!

Raskólnikov sintió un choque interior, y en sus labios volvió a dibujarse su anterior sonrisa, de odio y casi de desdén.

–Sonia, a lo mejor aún no tengo ganas de ir a presidio –indicó.

Sonia le echó una rápida mirada.

Después del primer movimiento de compasión, vehemente y angustiado, hacia el desgraciado, la espantosa idea del asesinato volvió a conmoverla. En el cambio de tono de sus palabras percibió de pronto al asesino. Sonia le miró estupefacta. Aún no sabía nada, ni el porqué, ni el cómo, ni para qué había sido. Mas aquellas preguntas afloraron de súbito en su conciencia. De nuevo sintió incredulidad: "¿Él asesino? ¿Él? ¿Acaso era posible?".

–Pero ¿qué es esto? ¿Dónde me encuentro? –dijo, perpleja, como si aún no hubiera vuelto en sí–. ¿Cómo es posible que usted, usted, *tan…* pudiera decidirse a hacer eso…? Pero ¿qué es esto?

–Pues sí, para robar. ¡Basta, Sonia! –contestó Raskólnikov, como rendido y hasta un poco enojado.

Sonia estaba como petrificada, mas de pronto exclamó:

–¡Tenías hambre! ¿Querías… ayudar a tu madre? ¿Sí…?

–No, Sonia, no –balbuceó Raskólnikov, volviendo la cabeza y bajándola–. No estaba tan hambriento… Sí, es cierto; quería ayudar a mi madre, pero… tampoco esto es del todo cierto… ¡No me tortures, Sonia!

Sonia juntó las manos, asombrada.

–¿Es posible, es posible que esto sea verdad? ¿Cómo puede serlo, Señor? ¿Quién puede creerlo…? ¿Cómo es posible? ¿Cómo puede caber en la cabeza de nadie que usted haya asesinado para robar, usted, que ha dado lo último que tenía? ¡Ah…! –gritó de súbito–. El dinero que dio a Katerina Ivánovna… aquel dinero… ¡Señor! Es posible que también ese dinero…

–No, Sonia –replicó Raskólnikov, apresurándose a interrumpirla–. ¡Ese dinero no era aquel, tranquilízate! Ese me lo había mandado mi madre, a través de un mercader, y lo recibí estando enfermo, el mismo día que lo di… Razumijin lo vio… Fue él quien recibió el dinero por mí… Ese dinero era mío, era dinero propio, verdaderamente mío.

Sonia le escuchaba perpleja y se esforzaba cuanto podía por llegar a comprender.

–Y el *otro* dinero…, aunque ni siquiera sé si había allí dinero o no –añadió Raskólnikov en voz queda y como si estuviera cavilando–. Le quité el portamonedas de gamuza que llevaba pendiendo del cuello…, un portamonedas lleno, repleto… ni siquiera miré lo que había dentro; probablemente ni tiempo tuve… Bueno, y los objetos, gemelos y cadenitas y cosas por el estilo, todos estos objetos y el portamonedas los enterré a la mañana siguiente en un patio de la avenida de V., bajo una piedra… Allí está todo…

Sonia escuchaba pendiente por entero de lo que él decía.

–Entonces, ¿cómo se explica…? ¿Por qué ha dicho usted que para robar, si no tomó usted nada? –preguntó, como quien se agarra a la rama endeble de una última esperanza.

–No lo sé… aún no he decidido si tomaré o no tomaré ese dinero –balbuceó Raskólnikov, como sumido otra vez en sus cavilaciones, y de súbito, recobrándose, se rió con risa breve y rápida–. Qué tonterías acabo de contarte, ¿eh?

Sonia no pudo evitar un pensamiento: "¿Estará loco?". Pero en seguida lo rechazó: no, ahí había otra cosa. Pero ella no comprendía nada de lo que pasaba, ¡nada!

–Te voy a decir una cosa, Sonia –prosiguió de pronto Raskólnikov, con cierta animación–. Verás: si hubiera asesinado sólo por hambre –pro

siguió, recalcando cada palabra, mirándola enigmática, pero sinceramente–, ahora… ¡sería *feliz!* ¡Compréndelo bien, Sonia! ¿Y qué más te da?
¿Qué más te da a ti el porqué? –gritó Raskólnikov un instante después,
hasta con acento de desesperación–. ¿Qué más te da si acabo de confesarte
que hice mal? ¿Para qué quieres esa tonta victoria sobre mí? ¡Ah, Sonia,
como si para eso hubiera venido a verte!

Sonia quiso aún decir algo, pero se calló.

–Por esto te llamé ayer, pidiéndote que fueras conmigo, porque sólo
me quedas tú.

–¿Para ir adónde? –preguntó, tímidamente, Sonia.

–No es a robar ni a matar, no temas, no es por eso –contestó él, sonriendo amargamente–. Tú y yo somos de distinta madera, ¿sabes? Sólo
ahora comprendo *hacia dónde* te llamaba ayer. Cuando te llamé, ni yo
mismo sabía hacia dónde. Te llamaba sólo por una cosa, nada más que por
una cosa he venido: a que no me abandones. ¿No me abandonarás, Sonia?

La joven le apretó la mano.

–Pero ¿por qué? ¿Por qué te lo he dicho, por qué te lo he confesado?
–exclamó Raskólnikov desesperado, un minuto después, mirándola con
infinita angustia–. Esperas de mí una explicación, Sonia; la estás esperando, me doy cuenta, y ¿qué voy a decirte? No comprenderías lo que pudiera
contarte, no haría sino desgarrarte el alma… ¡por mí! Bueno, lloras y vuelves a abrazarme. ¿Por qué me abrazas? Porque yo mismo no he podido
soportar mi pesada carga y he venido a ponerla sobre las espaldas de otro:
"¡Sufre tú también. Así me será más llevadero!". ¿Puedes querer a un miserable como yo?

–¿Es que tú no sufres? –gritó Sonia.

De nuevo el sentimiento no experimentado desde hacía mucho tiempo le invadió el alma y se la ablandó por un instante.

–Sonia, tengo mal corazón, no lo olvides. Eso puede explicar muchas
cosas. He venido porque soy malo. Otros no habrían venido. Pero yo soy
un cobarde… y un miserable… ¡Bueno! No es eso… Ahora hace falta
decir algo y no sé de qué modo comenzar…

Se calló y reflexionó un momento.

–¡Ah! ¡Tú y yo somos de distinta manera! –volvió a gritar–. No for-
mamos pareja. ¿Por qué? ¿Por qué habré venido? ¡No me lo perdonaré
nunca!

–¡No, no! ¡Has hecho muy bien en venir! –exclamó Sonia–. Es mejor
que yo lo sepa, ¡mucho mejor!

Raskólnikov la miró con expresión de dolor.

–En realidad, ¿por qué no? –dijo, como si lo hubiera meditado–. La cosa fue así. Verás, yo quería llegar a ser un Napoleón y por eso maté... ¿Qué? ¿Lo comprendes ahora?

–No –respondió, ingenua y tímida, Sonia–. Pero ¡habla, habla! ¡Lo comprenderé; *dentro de mí* lo comprenderé todo!

–¿Lo comprenderás? Bueno, está bien, vamos a verlo.

Raskólnikov se calló y permaneció largo rato meditando.

–La cosa fue que una vez me pregunté: si en mi lugar, por ejemplo, se hubiera encontrado Napoleón y para comenzar su carrera no hubiese tenido ni Tolón, ni Egipto, ni el paso a través del Mont-Blanc; si en vez de esas cosas monumentales y hermosas no hubiese tenido más que una viejuca ridícula, viuda de algún funcionario del registro, a la que hacía falta matar para sacarle el dinero del arca (para hacer carrera, ¿comprendes?), ¿se habría decidido a ello de no haber otra salida? ¿Habría tenido escrúpulos por considerar el acto poco monumental... y condenable? Bueno, pues te digo que sobre ese "problema" estuve meditando durante muchísimo tiempo, de modo que me sentí profundamente avergonzado cuando, por fin, adiviné, de sopetón, que no sólo no habría tenido escrúpulos, sino que ni siquiera se le habría ocurrido que el acto no era monumental... y ni siquiera habría llegado a comprender que pudiera haber motivos para tener escrúpulos. Y si ante él no hubiera habido más que ese camino, habría estrangulado a su víctima sin darle tiempo de decir "¡ay!", sin vacilar un segundo... Bueno, yo también puse fin a mis vacilaciones... y maté..., siguiendo el ejemplo de tal autoridad... ¡Fue exactamente así como ocurrió! ¿Te da risa? Sí, Sonia; lo que más risa da es que quizá fue precisamente así como ocurrió...

A Sonia no le daba risa.

–Es mejor que me hable usted sin rodeos..., sin ejemplos –pidió aún más tímidamente y en un tono de voz casi imperceptible.

Raskólnikov se volvió hacia ella, la miró con tristeza y le tomó las manos.

–Otra vez tienes razón, Sonia. Lo que te cuento es absurdo, casi pura charlatanería. Verás, ya sabes que mi madre apenas tiene nada; mi hermana recibió educación por casualidad y está condenada a pasarse la vida de institutriz. Sus esperanzas estaban puestas en mí. Yo estudiaba, pero por falta de recursos me vi obligado a abandonar la Universidad por cierto tiempo. Si, bien que mal, hubiera podido seguir estudiando, dentro de diez o doce años (suponiendo que las circunstancias me hubiesen sido favorables) habría podido llegar a ser maestro o funcionario con mil rublos de sueldo… –Hablaba como si recitara algo aprendido de memoria–. Entretanto, las preocupaciones y las penas habrían acabado con la salud de mi madre y mi hermana… ¡con mi hermana habría podido ocurrir algo peor!… Además, ¿es que puede llamarse vivir a pasar siempre por delante de las cosas, volverles la espalda, olvidarse de la madre y soportar indiferentemente, por ejemplo, el deshonor de la hermana? ¿Para qué vivir así? ¿Para casarse una vez perdida la familia, tener hijos y dejarlos luego, también sin un céntimo y sin un pedazo de pan? Bueno… bueno, pues decidí apoderarme del dinero de la vieja para estar seguro unos años sin atormentar a mi madre, poder terminar mis estudios en la Universidad y dar los primeros pasos, y hacer eso sin estrecheces, de modo radicalmente nuevo; emprender una carrera del todo nueva y avanzar por un camino nuevo e independiente… Pues… pues, eso es todo… Se entiende, hice mal de matar a la vieja… ¡Bueno, basta!

Apenas llegó al final de su relato, bajó la cabeza.

–¡Oh, no es eso, no es eso! –exclamó Sonia, llena de angustia–. Acaso es posible, así… ¡no! ¡No es así, no es así!

–¿Ves tú que no es así?… ¡Pues he contado la verdad!

–¡Qué va a ser esto verdad! ¡Oh, Señor!

–Bueno, al fin sólo he dado muerte a un piojo, Sonia; a un piojo inútil, asqueroso, pernicioso.

–¿Llamas piojo a un ser humano?

–Bueno, sí; también yo sé que no era un piojo –contestó Raskólnikov, mirándola de manera extraña, y añadió–: De todos modos, miento, Sonia. Hace mucho que miento… Lo que digo no es justo; tienes mucha razón. ¡Las causas son otras, son distintas, completamente distintas!… Hace mucho tiempo que no hablo con nadie, Sonia… La cabeza me duele mucho…

Los ojos le ardían con la llama de la fiebre. Casi deliraba. Una sonrisa atormentada se dibujaba y desvanecía en sus labios. A través de la excitación de su ánimo se percibía ya una impotencia espantosa. Sonia comprendía su tortura. También a ella la cabeza empezaba a darle vueltas. De qué modo más raro hablaba él: parecía que se entendía alguna cosa, pero "pero ¿cómo es posible? ¿Cómo es posible? ¡Oh, Señor!". Sonia se retorcía las manos desesperada.

–¡No, Sonia, no es eso! –exclamó Raskólnikov, levantando de pronto la cabeza, como si un repentino cambio en la dirección de sus pensamientos le hubiera sorprendido, infudiéndole nuevos ánimos–. ¡No es eso! Es mejor que… supongas (sí, es realmente mejor); suponte que tengo mucho amor propio, que soy envidioso, ruin, miserable, vengativo; bueno… y además inclinado a la locura. (¡Vale más decirlo todo de una vez! De la locura ya hablaron, me di cuenta). Te he dicho hace un momento que no tenía recursos para seguir estudiando. ¿Querrás creer que quizá me bastaban los que tenía? Mi madre me habría enviado dinero para las matrículas, y para vestirme, calzarme y poder comprar un pedazo de pan; probablemente yo mismo habría podido ganar lo necesario. Me ofrecían lecciones a cincuenta kopeks. ¿No trabaja Razumijin? Pero yo me exasperé y no quise aceptarlas. Fue así: me *exasperé* (ésta es la palabra exacta). Entonces, como una araña, me oculté en mi rincón. Tú ya has estado en mi perrera, la has visto… ¿Sabes, Sonia, que los techos bajos y las habitaciones pequeñas, apretadas, oprimen el alma y la mente? ¡Oh, cómo odiaba yo esa perrera! Con todo, no quería salir de ella. ¡No quería, adrede! Me pasaba días enteros sin salir, tumbado en el sofá, sin querer trabajar, sin comer siquiera. Si Nastasia me llevaba algo, comía; si no, me pasaba el día en ayunas. No pedía nada aposta, porque la rabia me carcomía el alma. Por la noche, falto de luz, permanecía acostado a oscuras, mas no quería hacer nada para comprar velas. Debía estudiar, pero vendí los libros. Sobre mi mesa, sobre las cuartillas y los cuadernos, se amontonó un dedo de polvo, y allí sigue. Prefería estar acostado y pensar. Me pasaba el tiempo pensando… Tenía unos sueños extraños, diversos. ¡No he de decirte qué sueños! Fue entonces cuando empezó a figurárseme que… ¡No, no es así! ¡Otra vez me aparto de la realidad! Verás, entonces me preguntaba, una y otra vez: si la otra gente es tonta, y a mí me consta, ¿por qué soy yo tan tonto, que no quiero ser más inteligente que los demás? Luego vi, Sonia, que se debía esperar a que todos se hicieran inteligentes, mi espera sería demasiado larga… y, además, que eso no ocurriría nunca, que la gente no cambiaría y no existe nadie que pueda transformarla, por lo que no vale la pena esforzarse. Sí, es como digo. Es la ley de los hombres… ¡Una ley, Sonia! ¡Es así!… También ahora sé, Sonia, que de ellos es señor y los domina quien posee una inteligencia y un espíritu potentes y fuertes. Quien a mucho se atreve es el que, a sus ojos, tiene la razón. El que es capaz de escupir a mayor número de cosas pasa por legislador. El que se atreve a más es el que más razón tiene. Así ha sido hasta hoy y así será siempre. ¡Sólo un ciego no lo ve!

Al hablar, Raskólnikov, aunque miraba a Sonia, no se preocupaba de si ella le entendía o no. La fiebre se había apoderado por completo de él. Se encontraba en un estado de sombría exaltación. (¡En efecto, había pasado demasiado tiempo sin hablar con nadie!) Sonia comprendió que aquel tenebroso catecismo constituía la fe y la ley de Raskólnikov.

–Entonces adiviné, Sonia, que el poder se da únicamente a quien tiene el valor de inclinarse y tomarlo. No hay más que un pero: ¿vale la pena atreverse? Entonces se me ocurrió una idea que antes nunca se le había ocurrido a nadie. ¡A nadie! Entonces vi claro, como la luz del sol, que nadie se había atrevido, ni se atrevía, al pasar por delante de tantas cosas absurdas, a agarrarlo todo por la cola y mandarlo al diablo. Yo… yo quise *atreverme* y maté… Lo único que yo quería, Sonia, era atreverme. ¡Esa es la verdadera causa!

–¡Oh, calle, calle! –gritó Sonia, juntando las manos, perpleja–. Se alejó usted de Dios y Dios le ha castigado; le ha entregado al diablo…

–A propósito, Sonia; cuando estaba echado en la oscuridad y acudían esas cosas a mi imaginación, ¿era que el diablo venía a confundirme el entendimiento? ¿Eh?

–¡Cállese! ¡No se ría, blasfemo! ¡No comprende usted nada, nada! ¡Oh, Señor! ¡No comprende nada, nada!

–Calla, Sonia, no me río ni mucho menos; yo mismo me doy cuenta de que me arrastró el diablo. Cállate, Sonia, cállate –repitió Raskólnikov, sombrío e insistente–. Lo sé todo. Esas cosas las pensé y me las dije infinidad de veces, mientras estaba acostado en la oscuridad… Lo discutí conmigo mismo hasta el más pequeño detalle. ¡Lo sé todo! ¡Estaba entonces harto de tanta palabrería hueca! Quería olvidar todo, Sonia. ¡Empezar otra vez desde el principio y dejarme de charlatanería! ¿Crees, por ventura, que fui un tonto liándome la manta a la cabeza? Fui una persona lista, y eso me perdió. ¿Acaso te figuras, Sonia, que no sabía, por ejemplo, que si empezaba a preguntarme una y otra vez: "¿Tienes derecho al poder?", ¿eso significaba que no tenía derecho a él? O bien, que si me pregunto: "¿Es un piojo el hombre?", eso quiere decir que, *para mí*, el hombre no es un piojo, y lo es sólo para aquel a quien ni siquiera se le ocurre preguntárselo, y actúa de frente y sin vacilar… Si pasé tantos días atormentándome para decidir si Napoleón se lanzaría o no se lanzaría adelante, era evidente que, en mi interior, me daba clara cuenta de que yo no era un Napoleón… Soporté, Sonia, la tortura de tanta charlatanería y quería quitarme todo de encima; quería matar, Sonia, sin que fuera un caso de conciencia, ¡quería matar para mí, para mí solo! No quería mentir ni a mí mismo. No maté por ayudar a mi madre, ¡eso es absurdo! No maté por convertirme en un filántropo, una vez tuviera en mis manos dinero y poder. ¡Eso es absurdo! Sencillamente, maté. Maté por mí, por mí mismo, y en aquel momento tenía que serme completamente igual lo que pasaría después; si me convertiría en un filántropo o me iba a dedicar toda la vida a cazar a la gente en mis redes, como una araña, para chuparles la sangre... Lo grave es, Sonia, que cuando maté no era dinero lo que necesitaba; no necesitaba tanto el dinero como otra cosa... Ahora lo veo... Compréndeme; es posible que siguiendo el mismo camino jamás volviera a asesinar. Lo que me hacía falta era enterarme de otra cosa, era otra cosa lo que movía mi mano; entonces necesitaba saber, y saberlo cuanto antes, si yo era un piojo, como los demás, o una persona. ¿Podría saltar los obstáculos, o no? ¿Me atrevería a inclinarme y tomar el poder, o no? ¿Era una criatura temerosa, o tenía *derecho?*...

–¿A matar? ¿Si tenías derecho a matar? –preguntó Sonia, juntando las manos, asombradísima.

–¡Ah, Sonia! –gritó Raskólnikov, irritado; quiso replicar, mas se contuvo despectivo–. ¡No me interrumpas, Sonia! Sólo quería demostrarte una cosa: que entonces el diablo me arrastró y después me abrió los ojos, y vi que no tenía derecho a hacer lo que hice, porque soy un piojo exactamente como los demás. ¡Él se rió de mí y, ya ves, ahora vengo a ti! ¡Abre la puerta al visitante! Si no fuera un piojo, ¿acaso habría venido a verte? Oye, cuando fui a casa de la vieja, quise sólo hacer una *prueba*... ¡Ya lo sabes!

–¡Y asesinó! ¡Asesinó!

–Pero ¿cómo maté? ¿Es así como se mata? ¿Hay nadie que vaya a matar como fui yo entonces? Algún día te lo contaré... ¿Maté a la vieja? ¡Me maté a mí mismo, no a ella! ¡De una vez acabé conmigo para siempre!... A la vieja la asesinó el diablo, no yo... Basta, basta, Sonia, ¡basta! ¡Déjame! –gritó, lleno de angustia –. ¡Déjame!

Apoyó los codos en las rodillas y se apretó la cabeza entre las palmas de las manos como si fueran tenazas.

–¡Cuánto sufrimiento! –gimió dolorosamente Sonia.

–Bueno, ¿qué he de hacer ahora? ¡Habla! –preguntó Raskólnikov, levantando de golpe la cabeza y mirándola con el rostro terriblemente desfigurado por la desesperación.

–¿Qué debes hacer? –exclamó Sonia, saltando de su sitio; los ojos, hasta entonces llenos de lágrimas, le brillaron–. ¡Levántate! –Le agarró por un hombro; Raskólnikov empezó a levantarse, mirándola casi estupefacto–. Vete ahora mismo, en este mismo instante, al primer cruce de calles; inclínate, besa la tierra que has ensuciado, inclínate luego ante todo el mundo, a los cuatro lados, y pregona: "¡Soy un asesino!". Entonces,

Dios te devolverá la vida. ¿Irás? ¿Irás? –preguntaba, temblando de la cabeza a los pies, como si sufriera un ataque, tomándole ambas manos, apretándolas con las suyas y mirándole con ojos de fuego.

Raskólnikov se quedó sorprendido, hasta estupefacto, de la repentina exaltación de Sonia.

–¿Quieres decir que he de ir a presidio, Sonia? ¿He de denunciarme a mí mismo? –preguntó sombrío.

–Hay que aceptar el sufrimiento y con él expiar las propias culpas: eso es lo que hace falta.

–¡No! ¡No iré a presentarme, Sonia!

–¿Y cómo vas a vivir? ¿Cómo? ¿Dónde encontrarás un apoyo para vivir? –exclamó Sonia–. ¿Acaso es posible ahora eso? ¿Cómo vas a hablar con tu madre? ¡Oh, qué va a ser de ellas ahora! Pero ¿qué estoy diciendo? Si ya has abandonado a tu madre y a tu hermana. ¡Si ya las has abandonado, las has abandonado! ¡Oh, Señor! –gritó Sonia–. ¡Sí él mismo lo sabe! ¿Cómo es posible vivir, cómo, sin nadie en el mundo? ¿Qué va a ser de ti?

–No seas niña, Sonia –dijo Raskólnikov, en voz baja–. ¿En qué soy culpable ante los demás? ¿Para qué he de ir? ¿Qué voy a decirles? Eso no es más que un espectro… Ellos acaban con millones de personas y aún lo consideran una virtud. Son unos bribones; es gente vil, Sonia. No iré. ¿Qué voy a decirles? ¿Qué asesiné, que no me he atrevido a tomar el dinero, que lo he escondido debajo de una piedra? –añadió con cáustica sonrisa–. Ellos mismos se reirán de mí, y dirán que he sido un estúpido por no haberme aprovechado del dinero. ¡Me llamarán cobarde y tonto! No comprenderán nada, nada, Sonia; ni dignos son de comprender. ¿A qué voy a ir? No iré. No seas niña, Sonia…

–No resistirás la tortura; no podrás –repetía Sonia, tendiendo hacia él las manos en súplica desesperada.

–Es posible que *todavía* me haya calumniado –dijo Raskólnikov, sombrío y como si vacilara–; quizá *todavía* soy un hombre y no un piojo, y me he precipitado al condenarme… *Todavía* voy a luchar.

En sus labios se dibujó una altiva sonrisa.

–¡Llevar la carga de semejante tormento! ¡Toda la vida! ¡Toda!…

–Me acostumbraré –repuso Raskólnikov, lúgubre y pensativo; y dijo un poco después–: Oye, basta de llorar. Es hora de pensar en cosas prácticas. He venido a decirte que me están buscando, que quieren detenerme…

–¡Ah! –exclamó Sonia…

–¿Por qué has gritado? Tú misma deseas que vaya a presidio, ¿y te has asustado? Pero te digo que no me entrego. Aún lucharé con ellos y no podrán hacer nada. No tienen verdaderas pruebas. Ayer corrí un gran peligro y pensé que ya no tenía salvación; pero hoy las cosas han cambiado. Los indicios que poseen son un arma de dos filos, es decir, puedo transformar sus acusaciones en argumentos en favor mío, ¿comprendes? Y lo haré así, porque ya he aprendido a hacerlo… Pero de la cárcel no me escapo. De no haberse producido un hecho inesperado, es probable que me hubieran detenido hoy y no sería raro que lo hicieran *aún*… Pero esto no importa, Sonia. Me detendrán y me soltarán…, porque no tienen ni una prueba auténtica, ni podrán tenerla, palabra de honor. Con lo que tienen en las manos no pueden condenar a una persona. Bueno, basta… Te lo he dicho sólo para que lo sepas… Mi madre, mi hermana… Haré lo posible para que no den crédito a la acusación y no se asusten. Además, según parece, mi hermana está ya a cubierto de necesidades… Por tanto, también mi madre… Bueno, ya te lo he dicho todo. Pero sé prudente. ¿Irás a verme cuando esté en la cárcel?

–¡Oh, iré, iré!

Estaban sentados, uno al lado del otro, tristes y abrumados, como dos náufragos arrojados a una orilla solitaria después de la tempestad. Raskólnikov miraba a Sonia y veía cuán grande era el amor que en él había puesto. ¡Cosa extraña! De súbito, ese gran amor le causó una impresión agobiadora, dolorosa. ¡Sí, era una impresión extraña y terrible! Al dirigirse a casa de Sonia experimentaba la sensación íntima de que ella era su única esperanza, su último amparo; esperaba poder librarse aunque fuera sólo de una parte de sus torturas, y entonces, de pronto, cuando el corazón entero de Sonia se proyectaba hacía él, Raskólnikov se sintió mucho más desgraciado que antes.

–Sonia –dijo–, será mejor que no vayas a verme cuando esté en la cárcel.

Sonia no respondió; lloraba. Transcurrieron varios minutos.

–¿Llevas alguna cruz sobre el pecho? –preguntó, como si la idea se le hubiera ocurrido de sopetón.

Raskólnikov de momento no comprendió la pregunta.

–¡No! ¿Verdad que no? Toma ésta, de ciprés. Tengo otra de cobre. Era de Lizaveta. Con Lizaveta hicimos un cambio; ella me dio su cruz y yo le di mi medallita. Ahora llevaré la de ella, te doy ésta. Tómala… ¡es la mía! ¡Te digo que es la mía! –suplicaba Sonia–. Vamos a sufrir juntos. ¡Juntos llevaremos la cruz!…

–¡Dame! –Dijo Raskólnikov.

No quería disgustarla. Pero en seguida retiró la mano que había tendido.

–Ahora no, Sonia. Será mejor luego –añadió, para tranquilizarla.

–Sí, sí; será mejor, será mejor –repitió la joven vivamente–. Cuando emprendas el camino del dolor, te la pondrás. Vendrás aquí, yo te pondré la cruz, rezaremos y empezaremos a caminar.

En aquel instante alguien llamó tres veces a la puerta.

–Sonia Semiónovna ¿se puede pasar? –dijo una voz cordial y muy conocida.

Sonia, llena de miedo, se arrojó a la puerta. Apareció la blonda cabeza del señor Lebeziátnikov.

CAPÍTULO V

Lebeziátnikov parecía muy impresionado.

–Vengo a buscarla, Sonia. Dispénseme... Sabía que le hallaría aquí –dijo bruscamente a Raskólnikov–. No es que me imaginara nada malo... no vaya a creer... pero justamente pensaba... Katerina Ivánovna ha regresado a su habitación. Está loca –concluyó, dirigiéndose nuevamente a Sonia.

La joven lanzó un grito.

–Al menos lo parece. Y no sabemos qué hacer... la han arrojado del lugar adonde había ido... Probablemente a palos... Fue a ver al jefe de la oficina donde trabaja Semión Zajárich, no le encontró en casa: comía en la de otro general… Figúrese, se plantó donde estaban comiendo… y se empeñó en llamar al jefe de Semión Zajárich; quería que le hicieran levantar de la mesa. Pueden imaginar lo que hubo. Naturalmente, la echaron con cajas destempladas; Katerina Ivánovna cuenta que ella misma la insultó y le arrojó algún objeto a la cabeza. No es difícil imaginarlo… Lo que no comprendo es cómo no la detuvieron. Ahora lo cuenta a todos, incluso a Amalia Ivánovna; pero es difícil comprenderla, grita y se desespera… ¡Ah, sí! Dice y grita que como ahora todos la han abandonado, tomará a sus hijos y saldrá a la calle con un organillo a cuestas, los pequeños cantarán y bailarán, y ella también, y pedirán limosna, y cada día pasarán por debajo de la ventana del general… "¡Que vea (dice) cómo los hijos nobles de un funcionario van por la calle pidiendo limosna!".

A los pequeños, que están llorando, les pega. A Liena le enseña a cantar "El Caserío"; al pequeño, a bailar, y a Polina Mijáilovna también; destroza los vestidos; les hace unos gorritos, como si fueran titiriteros; a falta de organillo, quiere llevarse la jofaina y golpearla... No escucha nada... ¿Imaginan lo que pasa? Es, sencillamente, imposible de explicar.

Lebeziátnikov aún habría continuado, pero Sonia, que le había escuchado casi sin respirar, agarró de pronto la toquilla y el sombrero y, poniéndoselos, salió corriendo de la habitación. Raskólnikov fue tras ella y Lebeziátnikov siguió a los dos.

–¡Se ha vuelto loca, está claro! –dijo a Raskólnikov, saliendo a la calle al mismo tiempo que él–. No he querido asustar a Sonia y por eso he dicho "parece"; pero no hay ninguna duda. Dicen que a los tísicos se les forman tubérculos en el cerebro; es una pena no saber medicina. Por mi parte, he intentado sosegar a Katerina Ivánovna, pero no escucha lo que se le dice.

–¿Le ha hablado de los tubérculos?

–No de los tubérculos propiamente dichos. Además, ella no lo habría entendido. Lo que digo es que si se convence a una persona de manera lógica de que en esencia no tiene por qué llorar, dejará de hacerlo. Está claro. ¿Cree usted que no dejará de hacerlo?

–Si fuera así, resultaría demasiado fácil vivir –contestó Raskólnikov.

–Permítame, permítame. Naturalmente, es bastante difícil comprender a Katerina Ivánovna; pero ¿sabe usted que en París se han verificado interesantes experimentos acerca de la posibilidad de curar a los alienados recurriendo sólo al convencimiento lógico? Un profesor, muerto hace poco, un auténtico sabio, sostenía que de ese modo es posible curar. Su idea principal era que en el organismo de los locos no se dan perturbaciones especiales y la locura es, por decirlo así, un error lógico, un error en el juicio, una visión equivocada de las cosas. Gradualmente iba refutando los argumentos del enfermo y, ¡figúrese usted!, según dicen, obtenía muy buenos resultados. Pero como al mismo tiempo empleaba el sistema de dudas, su tratamiento ofrece dudas, claro es... Por lo menos así parece...

Raskólnikov hacía rato que no le escuchaba. Al pasar por delante de su casa se despidió de Lebeziátnikov con un movimiento de cabeza y entró en el patio. Lebeziátnikov volvió a la realidad, miró en torno suyo y siguió su camino.

Raskólnikov entró en su tugurio y se detuvo. "¿Por qué he vuelto aquí?". Recorrió con la mirada aquel empapelado amarillento, viejo y deslucido, la capa de polvo, su camastro… Del patio llegaba el ruido de unos golpes secos, ininterrumpidos; parecía que alguien estaba clavando un clavo… Raskólnikov se acercó a la ventana, se levantó de puntillas y se quedó mucho rato mirando el patio, como si tuviera en ello especial interés. El patio estaba vacío; no se veía a los que daban los golpes. En la parte izquierda del edificio había algunas ventanas abiertas, con macetas de raquíticos geranios. Ante las ventanas se veía ropa colgada… Raskólnikov se sabía todo esto de memoria. Se volvió y se sentó en el diván.

¡Nunca, nunca se había sentido tan terriblemente solo!

Una vez más tuvo la impresión de que quizá odiaría realmente a Sonia, sobre todo entonces, cuando la había hecho aún más desgraciada. "¿Por qué había acudido a ella en busca de sus lágrimas? ¿Por qué sentía tanta necesidad de atormentarla? ¡Oh, qué infamia!".

–¡Me quedaré solo! –exclamó decidido–. ¡No irá a verme a la cárcel!

Unos cinco minutos después levantó la cabeza y sonrió enigmáticamente. Acababa de ocurrírsele un pensamiento extraño: "Quizá, en la cárcel, estaría mejor".

No tenía noción del tiempo que llevaba en su habitación, dando vueltas a los pensamientos inconcretos que se le acumulaban en la cabeza. De improviso, se abrió la puerta y entró Avdotia Románovna. Primero se detuvo y le contempló desde el umbral, como poco antes había hecho él con Sonia; luego entró y se sentó en una silla frente a su hermano, en el mismo lugar en que se había sentado el día anterior. Raskólnikov la miró sin decir nada y como si no pensara absolutamente nada.

–No te enfades, hermano; vengo sólo por un momento –dijo Dunia.

La expresión de su rostro era cavilosa, mas no severa. Tenía la mirada limpia y sosegada…

Raskólnikov vio que también su hermana se le acercaba llena de afecto.

–Hermano, ahora lo sé todo, *todo*. Dmitri Prokófich me lo ha explicado, me lo ha contado todo. Te persiguen y te atormentan por una sospecha estúpida e infame… Dmitri Prokófich me ha dicho que no corres ningún peligro y que no hay razón para que lo tomes tan a pecho. Yo no comparto su opinión, y *comprendo perfectamente* que puedes estar muy indignado y que eso puede dejar en ti una huella profunda, para toda la vida. Es lo que temo. No te censuro que nos hayas abandonado; no me atrevo a juzgarte. Perdóname que te lo haya reprochado antes. Yo misma me doy cuenta de que si tuviera una pena tan grande también me apartaría de todos. *De eso* no diré nada a nuestra madre, pero le hablaré de ti constantemente y le diré en nombre tuyo que volverás a verla muy pronto. No te atormentes por ella; la tranquilizaré *yo*; pero no la atormentes; pasa a verla aunque sea una vez. ¡Recuerda que es tu madre! Ahora he venido sólo para decirte –Dunia comenzó a levantarse de su sitio– que si alguna vez me necesitas o si necesitas mi vida… o cualquier cosa… llámame y vendré. ¡Adiós!

Dio la vuelta y se dirigió a la salida.

–¡Dunia! –exclamó Raskólnikov, deteniéndola; se levantó y se acercó a ella–. Razumijin, Dmitri Prokófich, es muy buena persona.

Dunia se sonrojó levemente.

–¿Y qué –preguntó, después de esperar un momento.

–Es un hombre que sabe desenvolverse, trabajador, honrado y capaz de amar intensamente… Adiós, Dunia.

Dunia se puso como la grana; luego dijo, alarmada:

–Pero ¿qué palabras son éstas, hermano? ¿Acaso nos separamos para siempre, que me das tus… últimos consejos de esta manera?

–Da lo mismo… adiós…

Raskólnikov se apartó y fue hacia la ventana. Dunia permaneció de pie un momento, lo miró inquieta y salió llena de angustia.

No, Raskólnikov no sentía indiferencia por su hermana. Hubo un momento (el último) en que tuvo unos deseos vehementes de abrazarla y de *despedirse* de ella, e incluso de *decírselo*; pero no se atrevió a darle siquiera la mano.

"¡Quién sabe si después no se estremecería al recordar que la había besado, si no diría que le he robado un beso!".

"¿Lo soportará o no lo soportará, *ésta?* –se preguntó unos momentos más tarde–. No, no lo soportará. ¡Las que son *como ésta* no pueden soportarlo! No soportan nunca…".

Y pensó en Sonia.

Por la ventana entraba aire fresco. En el patio no era tan clara la luz del día. Raskólnikov, de pronto, tomó la gorra y se fue.

Claro es, Raskólnikov no podía preocuparse de su estado enfermizo, ni quería. Pero la angustia continua y el horror que le colmaba el alma habían de tener consecuencias. Si aún no había caído abrumado por la fiebre, se debía quizá tan sólo a que la incesante inquietud interior le permitía aún sostenerse de pie y con conciencia de sí mismo, pero de modo algo artificial y por poco tiempo.

Vagaba sin objeto. El sol se había puesto. En el último tiempo, se dejaba sentir en Raskólnikov una angustia particular; no es que hubiera en ella nada singularmente cáustico, abrasador, mas de ella se desprendía algo como un hálito constante, eterno; se advertía que serían muchos años los que duraría aquella angustia fría, mortal; presentíase como una especie de eternidad en "el espacio de pocos palmos de tierra". Al atardecer, la sensación solía atormentarle con mayor fuerza.

—Con esos estúpidos arrechuchos de debilidad, puramente física, que dependen quizá de una simple puesta de sol, ¿quién evita hacer tonterías? Así soy capaz no ya de ir a Sonia, sino a Dúniechka –balbuceó con odio.

Oyó que le llamaban. Se volvió. Hacia él corría Lebeziátnikov.

—Figúrese; he estado en su casa, le buscaba. Figúrese, ha hecho lo que decía: se ha llevado a los pequeños. Sonia Semiónovna y yo los hemos encontrado después de mucho buscar. Katerina Ivánovna da golpes a una sartén y obliga a danzar a los pequeños, que lloran. Se detiene en el cruce de las calles y ante las tiendas. Hay gente estúpida que los sigue. Vámonos.

—¿Y Sonia?… preguntó Raskólnikov inquieto, siguiendo apresuradamente a Lebeziátnikov.

—Está frenética. Quiero decir Katerina Ivánovna, no Sonia; aunque también Sonia está frenética. Pero Katerina Ivánovna lo está más, completamente. Le digo que se ha vuelto loca del todo. Los llevarán a la policía. Puede usted imaginarse el efecto que hará… Ahora están en el canal, junto al puente de X., muy cerca de la casa de Sonia Semiónovna, no lejos de aquí.

Cerca del puente, dos casas antes de la de Sonia, se había formado un grupo de personas, compuesto sobre todo de chiquillería. Desde el puente se oía la voz ronca y quebrada de Katerina Ivánovna. Aquél era, en efecto, un espectáculo raro, capaz de atraer al público callejero. Katerina Ivánovna, con su vestido viejo, su chal de paño fino y un sombrero de paja roto, caído hacia un lado como estrambótica bola, estaba en verdad fuera de sí. No podía con su alma de fatiga; se ahogaba. Su atormentado rostro de tísica ofrecía un aspecto de dolor más intenso que nunca (en la calle, a la luz del sol, los tísicos siempre parecen más enfermos y tienen peor cara que en casa); pero su estado de excitación persistía y hasta aumentaba más y más. Se abalanzaba sobre los pequeños, les gritaba, trataba de persuadirlos, les enseñaba allí mismo lo que debían danzar y cantar delante del público, comenzaba a explicarles por qué debían hacerlo, se desesperaba al ver que no la entendían, les pegaba… Luego, sin acabar, se dirigía a la gente; si veía a alguna persona más o menos bien vestida entre los que se habían detenido, se ponía en seguida a explicarle por qué habían llegado a aquellos extremos los hijos "de una casa noble, puede decirse incluso aristocrática". Si oía alguna risa o alguna palabra mordaz entre la muchedumbre, inmediatamente se lanzaba contra los insolentes y se ponía a injuriarles. Unos se reían, en efecto; otros movían la cabeza apenados; en general, todos sentían curiosidad por contemplar a aquella mujer loca y a sus hijos tan asustados. No había trazas de sartén, a pesar de lo que había dicho Lebeziátnikov; por lo menos Raskólnikov no la vio. Pero en vez de dar golpes a una sartén, Katerina Ivánovna comenzaba a dar palmas con sus manos sarmentosas cuando obligaba a cantar a Póliechka y a bailar a Liena y a Kolia. Ella misma se ponía a canturrear, pero cada vez, al llegar a la segunda nota, debía interrumpirse, a causa de sus dolorosos accesos de tos, lo que volvía a desesperarla; Katerina Ivánovna maldecía su tos y hasta lloraba. Lo que más la sacaba de quicio era el llanto y el miedo de Kolia y Liena. Se notaba el propósito de haber querido vestir a los pequeños como suelen vestirse los cantores ambulantes. El pequeño llevaba una especie de turbante, rojo y blanco, para representar a un turco. Como no había habido tela para el vestido de Liena, su madre se había limitado a ponerle un gorro de punto, hecho con estambre rojo, o, mejor dicho, una especie de bonete del difunto Semión Zajárich; había clavado en él un trozo de pluma blanca de avestruz, que había pertenecido a la abuela de Katerina Ivánovna y que se había conservado hasta entonces en el baúl como valioso recuerdo de familia. Póliechka llevaba el vestido de siempre. Miraba, tímida y desconcertada, a su madre, no se apartaba de su lado, procuraba esconder las lágrimas, adivinaba que su madre se había vuelto loca y miraba inquieta en torno suyo. La calle y la muchedumbre la habían asustado terriblemente. Sonia iba tras de Katerina Ivánovna, llorando y rogándole sin cesar que volviera a su casa. Pero Katerina Ivánovna era inflexible:

–¡Cállate, Sonia, cállate! –gritaba, presurosa, sofocándose y tosiendo–. Ni tú misma sabes lo que pides; pareces una niña. Ya te he dicho que no vuelvo a casa de esa alemanota borracha. Que vean todos, que vea toda Petersburgo de qué modo piden limosna los hijos de un padre noble, que ha cumplido con su deber toda su vida, con fidelidad y lealtad, que ha muerto, puede decirse, en su puesto. Katerina Ivánovna había tenido tiempo de meterse esta idea en la cabeza y de creer ciegamente en ella–. Que lo vea, que lo vea ese generalote indecente. Además, eres una tonta, Sonia. ¿Qué vamos a comer ahora? ¡Dímelo! Te hemos martirizado bastante. ¡No quiero seguir torturándote por más tiempo! ¡Ah, Rodión Románovich, es usted! –exclamó al ver a Raskólnikov, precipitándose hacia él–. Por favor, haga comprender a esa tonta que no es posible hacer nada más cuerdo. ¡Hasta los organilleros ganan para comer! A nosotros en seguida nos van a distinguir, se enterarán de que somos una pobre familia, huérfana, noble y empujada a la miseria. Y ese generalote perderá su puesto, ¡ya lo verá! Cada día pasaremos por debajo de su ventana; cuando vea al soberano, me hincaré de rodillas a sus pies, haré avanzar a mis pequeños, se los mostraré y diré: "¡Defiéndenos, padre!". Él es el padre de los huérfanos, es misericordioso, y nos defenderá ya lo verá usted; y a ese generalote... Liena, *tenez-vous droite*![1] Tú, Kolia, ahora danzarás otra vez. ¿Por qué lloriqueas? ¡Otra vez llora! Pero, dime, ¿de qué tienes miedo, so tonto? ¿Qué temes? ¡Dios mío! ¿Qué puedo hacer con él, Rodión Románovich? ¡Si supiera usted lo torpes que son! ¡Qué voy a hacer con ellos!...

Casi llorando ella misma (sin que por ello dejara de hablar precipitadamente), le mostraba los pequeños llorosos. Raskólnikov intentó convencerla de que regresara e incluso le dijo, pensando estimular su amor propio, que no debía ir por las calles como van los organilleros, pues se preparaba para dirigir un internado de jóvenes nobles...

–¿Un internado? ¡Ja, ja, ja! ¡Ése sí que era el cuento de las mil maravillas! –exclamó Katerina Ivánovna, que tuvo un acceso de tos después de haberse reído–. No, Rodión Románovich; se ha desvanecido el sueño. ¡Nos han abandonado todos!... Y ese generalote... ¿Sabe, Rodión Románovich? Le he arrojado un tintero a la cabeza; lo tenía a mano, en la mesa de la sala donde había de firmar; he puesto mi firma en la hoja, le he arrojado el tintero y me he ido corriendo. ¡Oh, qué ruines! ¡Qué ruines! Pero no me importa; ahora me encargaré yo misma de dar de comer a estos pequeños. ¡No me inclinaré ante nadie! ¡A ella ya la hemos atormentado bastante! –señaló a Sonia–. Póliechka, a ver, ¿cuánto hemos recogido? ¿Cómo? ¿Sólo dos kopeks? ¡Oh, qué mezquinos! No dan nada, sólo corren tras nosotros con la lengua fuera. ¿De qué se ríe ese estúpido? –señaló a uno de los mirones–. No nos dan nada por culpa de Kolia, que es tan duro de mollera. ¡No hay paciencia que valga con él! ¿Qué quieres, Póliechka? Háblame en francés, *parlez-moi français*. ¡Si ya te he enseñado varias frases!... De otro modo no hay manera de que se vea que sois de familia noble, que sois niños bien educados, y no como los organilleros. No somos de los que van con títeres por las calles, sino que cantamos nobles romanzas... ¡Ah, sí! ¿Qué hemos de cantar ahora? No hacéis más que interrumpirme... ¿Sabe usted, Rodión Románovich? Nos habíamos detenido aquí para elegir lo que debíamos cantar, algo que Kolia pudiera bailar, porque

---

[1] ¡Póngase derecha! (En francés en el original.)

todo esto, figúrese, lo hacemos sin haber preparado nada; hemos de saber lo que cada uno va a hacer y, una vez lo hayamos ensayado a la perfección, nos iremos a la avenida de Nevski, donde hay mucha más gente de la alta sociedad, y se fijarán en nosotros. Liena sabe "El caserío"… Pero no se oye más que "El caserío" por aquí. "El caserío" por allá; todo el mundo lo canta. Hemos de cantar algo mucho más noble… ¿Y a ti, Polia, qué se te ha ocurrido? Por lo menos tú ayuda a tu madre. No tengo memoria; he perdido la memoria, si no, ¡vaya si me acordaría! No vamos a cantar "El húsar apoyándose en el sable". ¡Ah! Vamos a cantar en francés *Cinq sous*". Os he enseñado esta canción, os la he enseñado. Y, como es francesa, en seguida verán que sois hijos de familia noble, y así será mucho más enternecedor… También podríamos cantar "*Marlborough s'en va-t-en guerre*". Es una cancioncita infantil y la cantan en las casas aristocráticas cuando acunan a los pequeños:

> *Marlborough s'en va-t-en-guerre* [2],
> *Ne sait quand reviendra*

–empezó a cantar Katerina Ivánovna–… Pero no; es preferible "*Cinq sous*". A ver, Kolia, manos a la cintura, ¡rápido!; y tú, Liena, ponte frente a él, ¡aprisa! Póliechka y yo cantaremos y acompañaremos batiendo palmas.

> *Cinq sous, cinq sous* [3]
> *Pour monter notre ménage.*

–¡Ah, ah, ah! –la tos le rompía el pecho–. Ponte bien el vestidito, Póliechka, se te han bajado las hombreras –dijo, tosiendo y sofocándose–. Ahora, cuidad de mantener una buena postura y moveros con elegancia para que todos vean que sois hijos de familia noble. Os dije entonces que el justillo se debía cortar más largo, en dos anchos. Fuiste tú, Sonia, la que nos abrumaste con tus consejos: "Más corto; sí, más corto", y así ha salido un churro… ¡Otra vez lloráis! ¡Qué estúpidos, Dios mío! A ver, Kolia, empieza, pronto, pronto, ¡pronto! ¡Oh, qué niño más torpe!…

> *Cinq sous, cinq sous*…

---

[2] Marlborough se va a la guerra. No sabe cuándo volverá. (En francés en el original.)
[3] Cinco perras chicas, cinco perras chicas, para montar nuestra casa. (Ídem.)

¡Otro soldado! ¿Qué quieres?

En efecto, un guardia municipal se abría paso entre el público. Pero al mismo tiempo se acercó a Katerina Ivánovna un señor, vistiendo frac y capote, un funcionario público de unos cincuenta años y de aspecto imponente, con una condecoración colgando del cuello (esta circunstancia resultó muy agradable para Katerina Ivánovna e influyó en el guardia municipal), y sin decir una palabra entregó a Katerina Ivánovna un billetito verde de tres rublos. Su rostro expresaba sincera compasión. Katerina Ivánovna tomó el billetito y se inclinó atenta, hasta ceremoniosamente.

—Se lo agradezco, Excelencia —empezó a decir con arrogancia—. Las causas que nos ha obligado... Toma el dinero, Póliechka ¿Ves? No faltan personas nobles y magnánimas dispuestas a ayudar a una pobre mujer de la nobleza caída en desgracia. Ya ve, Excelencia; son huérfanos de familia noble, hasta cabe decir relacionados con familias de la más alta aristocracia. Y ese generalote estaba comiendo perdices... Se ha puesto a patalear porque me atrevía a molestarle... "Excelencia (le he dicho), ha conocido muy bien al difunto Semión Zajárich; defienda a sus huérfanos. Y como en el día de su muerte el más miserable de los miserables ha calumniado a la hija...". ¡Otra vez este soldado! ¡Defiéndanos! —rompió a gritar, dirigiéndose al funcionario—. ¿Qué quiere de mí este soldado? Hemos venido aquí huyendo de otro, que no nos dejaba en paz en la calle Menshánskaia... ¡Déjanos en paz, estúpido!

—Está prohibido alborotar en las calles. Hagan el favor de guardar compostura.

—¡Tú sí que escandalizas! Yo voy por la calle como un organillero. ¿A ti qué te importa?

—Para lo del organillo hace falta permiso, y usted, con el escándalo que arma, perturba el orden. ¿Dónde vive usted?

—¡Cómo! ¿Que hace falta permiso? —gritó Katerina Ivánovna—. ¡Hoy he enterrado a mi marido! ¿Qué permiso me falta?

—Señora, señora, sosiéguese —comenzó a decir el funcionario—; vámonos, yo la acompañaré... Aquí, ante el público, no es decoroso... Está usted enferma...

—¡Señor mío, señor mío, usted no sabe nada! —gritó Katerina Ivánovna—. Nos vamos a la avenida de Nevski. ¡Sonia! ¡Sonia! Pero ¿dónde se ha metido? ¡También llora! ¿Qué os pasa a todos?... ¡Kolia, Liena! ¿Dónde estáis? —exclamó, de pronto, alarmada—. ¡Oh, qué niños más estúpidos! ¡Kolia, Liena! ¿Dónde están?...

Ocurrió que Kolia y Liena, llenos de pánico ante la muchedumbre y las extravagancias de su madre trastocada, al ver que el soldado quería detenerlos, de súbito, como si se hubieran puesto de acuerdo, se dieron la mano y echaron a correr. La pobre Katerina Ivánovna, llorando y gimiendo, se lanzó tras ellos para darles alcance. Era triste y desgarrador verla corriendo, llorando, sofocándose. Sonia y Póliechka también corrieron tras ella.

–¡Hazlos volver, Sonia, hazlos volver! ¡Oh, qué niños más torpes y desagradecidos!… ¡Polia! Alcánzalos… Si yo lo hacía para vosotros…

Tropezó en plena carrera y se cayó.

–¡Sangre! Ha dado contra una piedra. ¡Oh, Señor! –gritó Sonia, inclinándose sobre Katerina Ivánovna.

Todos se precipitaron, formando un apretado círculo.

Raskólnikov y Lebeziátnikov fueron de los primeros en acudir; el funcionario también se acercó apresuradamente, seguido del guardia municipal que refunfuñaba, malhumorado, al presentir que tenía allí tela para largo.

–¡Venga, fuera! ¡Fuera! –exclamaba, apartando a la gente que se había agrupado.

–¡Se está muriendo! –gritó alguien.

–¡Se ha vuelto loca! –dijo otro.

–¡Dios mío, ampáralos! –exclamó una mujer, persignándose–. ¿Han alcanzado a los pequeños? ¡Ah, sí! La mayor los trae de la mano… Pobrecitos…

Cuando examinaron con mayor atención a Katerina Ivánovna vieron que no se había producido ninguna herida con una piedra, como había creído Sonia; la sangre que teñía de rojo el suelo salía a borbotones de su pecho por la garganta.

–Conozco esto; lo he visto otras veces –balbuceó el funcionario, dirigiéndose a Raskólnikov y a Lebeziátnikov–. Es la tisis. La sangre brota de ese modo y ahoga. Lo mismo pasó no hace mucho con una parienta mía; lo vi con mis ojos… De sopetón, vaso y medio de sangre… Pero ¿qué podemos hacer? Se va a morir…

–¡Aquí, aquí, a mi casa! –suplicaba Sonia–. ¡Aquí vivo yo! En esta casa, la segunda… ¡A mi casa, aprisa, aprisa!… –repetía dirigiéndose a todos–. Manden a buscar el doctor… ¡Oh, señor!

Así se hizo, gracias a la intervención del funcionario. Hasta el guardia municipal ayudó a trasladar a Katerina Ivánovna. La llevaron casi muerta a casa de Sonia y la colocaron en la cama. La hemorragia no cesaba.

Katerina Ivánovna comenzaba a volver en sí. Entraron en la habitación, además de Sonia, Raskólnikov y Lebeziátnikov, el funcionario y el guardia, quien dispersó antes a los curiosos, algunos de los cuales habían llegado hasta la misma puerta. Póliechka condujo de la mano a Kolia y a Liena, que temblaban y lloraban. Acudieron también los Kapernaúmov: el propio Kapernaúmov, cojo y tuerto, hombre de aspecto raro, de cabellos y patillas como cerdas; su mujer, que siempre parecía asustada, y varios de sus hijos, con los rostros alelados por un estado de constante sorpresa y las bocas abiertas. Entre ellos apareció de súbito Svidrigáilov. Raskólnikov se quedó asombrado, sin comprender de dónde había salido, pues no recordaba haberle visto entre los mirones de la calle.

Hablaron del doctor y del sacerdote. El funcionario mandó a buscar al doctor, aunque, según dijo a Raskólnikov en voz baja, ya era tarde. Kapernaúmov fue a avisarle.

Entretanto, Katerina Ivánovna se había repuesto un poco; la hemorragia se había cortado. Puso su mirada enfermiza, aunque fija y penetrante, en la pálida y temblorosa Sonia, que le estaba secando con un pañuelo las gotas de sudor de la frente; finalmente pidió que la ayudaran a incorporarse. La sentaron en la cama, sosteniéndola por ambos lados.

–¿Dónde están los pequeños? –preguntó con débil voz–. ¿Los has traído, Polia? ¡Oh, los tontos!… Pero ¿por qué os habéis escapado?… ¡Oh!

La sangre le cubría aún sus labios resecos. Katerina Ivánovna recorrió la habitación con la mirada.

–¡Así es como vives, Sonia! ¡No había estado en tu casa ni una sola vez!… Ha sido preciso que me trajeran…

La miró, con el dolor reflejado en los ojos.

–Te hemos chupado hasta la médula, Sonia… Polia, Liena, Kolia, acercaos… Aquí los tienes, Sonia; tómalos, en tus manos los dejo… ¡Yo ya no puedo más!… ¡Se ha acabado el baile! ¡Ah! Acostadme otra vez; por lo menos, dejadme morir en paz…

Ivánovna recorrió la habitación con la mirada.

–¿Qué? ¿Un sacerdote?… No hace falta… ¿Es que os sobra un rublo?… ¡No tengo pecados! Dios ha de perdonarme… ¡Sabe muy bien cuánto he sufrido!… ¡Y si no me perdona, que no me perdone!…

El desvarío se acentuaba. A veces se estremecía, paseaba la mirada en torno y reconocía durante un momento a los que le rodeaban; pero en seguida volvía a delirar y perdía la conciencia de las cosas. Tenía la respiración ronca y difícil; parecía como si algo le borbollara en la garganta.

–Yo le digo: "¡Excelencia!…". –gritó, tomando aliento después de cada palabra–. Esta Amalia Liudvígovna… ¡Ah, Liena, Kolia! ¡Las manos a la cintura, aprisa, aprisa, *glissez, glissez, pas de basque!* A ver, taconea… Has de ser un niño con gracia.

Du hast Diamanten und Perlen…

¿Qué sigue? Si pudiéramos cantar…

Du hast shönsten Augen,
Mädchen, ¿was willst du mehr? [4]

¡Sí claro, cómo no! *Was willst du mehr*…¡Vaya ocurrencia, el estúpido!… Ah, sí, también:

Un caluroso mediodía, en un valle de Daguestán… [5]

Ah, cómo me gustaba… ¡Adoraba esa romanza! ¡Póliechka!… Sabes, tu padre… cuando éramos novios cantaba… ¡Oh, qué días…! Eso es lo que deberíamos cantar! A ver, cómo se canta, como… lo he olvidado… Recordádmelo, ¿cómo se canta?

Estaba enormemente excitada y pretendía incorporarse. Por fin, con voz terrible, ronca, quebrada, empezó a cantar a gritos, ahogándose a cada palabra, como presa de un terror cada vez más intenso:

¡Un caluroso mediodía!… ¡En un valle!… ¡Daguestán!…
Con plomo en el pecho…

–¡Excelencia! –bramó de súbito, con un grito desgarrador, llorando a lágrima viva–. ¡Defienda a estos huérfanos! Conociendo la hospitalidad del difunto Zajárich… Hasta aristocrática… ¡Ah! –se estremeció, recobrando el conocimiento y mirando con horror a los que la rodeaban; en seguida reconoció a Sonia–. ¡Sonia!, –exclamó, sumisa y cariñosa,

---

[4] Tienes diamantes y perlas…
   Tú tienes los más bellos ojos,
   Muchacha, ¿qué más quieres?
   (Romanza con letra de Heine.)
[5] Romanza con letra de Lérmontov.

como sorprendida de verla ante sí–. Sonia, querida, ¿también estás tú aquí?

Otra vez la incorporaron.

–¡Basta!… ¡Es hora!… ¡Adiós, desgraciada!… Han reventado a este caballejo… ¡Se acabó! –gritó, con desesperación y odio, y se hundió en la almohada.

De nuevo perdió el conocimiento; pero el desmayo duró poco. Katerina Ivánovna dio un tirón hacia atrás con su rostro, amarillento, enjuto; abrió la boca, extendió convulsivamente las piernas. Respiró hondamente y murió.

Sonia se arrojó sobre el cadáver, lo abrazó y se quedó inmóvil, apoyada la cabeza en el pecho reseco de la difunta. Póliechka, llorando a lágrima viva, cayó a los pies de su madre y empezó a besarlos. Kolia y Liena, sin comprender aún lo que había ocurrido, pero presintiendo que era algo muy terrible, se agarraron con ambas manos por los hombros, y mirándose a los ojos, de súbito, al mismo tiempo, abrieron las bocas y prorrumpieron en gritos. Los dos iban aún tal como los había disfrazado su madre: el niño con el turbante y la niña con el bonete y la pluma de avestruz.

¿De qué modo el "diploma con distinción meritoria" se encontró de pronto en la cama, al lado Katerina Ivánovna? Ahí estaba, junto a la almohada. Raskólnikov lo vio.

Se fue hacia la ventana. Lebeziátnikov se le acercó, apresuradamente.

–¡Ha muerto! –exclamó Lebeziátnikov.

–Rodión Románovich, he de decirle dos palabritas importantes –le dijo Svidrigáilov, qué se había acercado.

Lebeziátnikov en seguida le cedió el lugar y se apartó discretamente. Svidrigáilov se llevó al sorprendido Raskólnikov aún más lejos, hacia el rincón.

–Yo me encargo de estos trabajos, es decir, del entierro y demás. ¿Sabe? Eso cuesta dinero y ya le he dicho que a mí me sobra. A estos dos pequeños y a Póliechka los colocaré en algún orfanato de los mejores y dejaré para cada uno de ellos un capital de mil quinientos rublos para cuando sean mayores de edad; así Sonia Semiónovna estará tranquila. Sí, y a ella también la sacaré del cieno, porque es una buena muchacha, ¿no? Bueno, pues explique a Avdotia Románovna de qué modo he empleado sus diez mil rublos.

–¿Con qué objeto se ha vuelto usted tan magnánimo? –preguntó Raskólnikov.

–¡Eh, hombre incrédulo! –repuso Svidrigáilov, riéndose–. Ya le he dicho que ese dinero me sobraba. ¿Es que no admite que yo pueda obrar así sencillamente, por un sentimiento de humanidad? Al fin y al cabo, ella –señaló con el dedo hacia el rincón en que yacía la difunta– no era un "piojo" como una vieja usurera cualquiera. Dígame: "¿Ha de seguir viviendo realmente Luzhin, cometiendo infamias, o ha de morir ella?". Y sin mi ayuda, "Póliechka, por ejemplo seguiría el mismo camino…".

Dijo estas palabras en tono de alegre picardía y *haciendo guiños llenos de alusiones,* sin quitar la vista de Raskólnikov. Raskólnikov se quedó pálido y frío al oír sus mismas expresiones, las que había empleado al hablar con Sonia. Dio rápidamente un paso atrás y miró lleno de asombro a Svidrigáilov.

–¿Cómo… sabe usted eso? –balbuceó casi sin poder respirar.

–Vivo aquí, al otro lado de este tabique, en casa de la señora Resslich… Este es el piso de Kapernaúmov, y el otro es el de la señora Resslich, una vieja y leal amiga mía. Soy vecino.

–¿Usted?

–Yo –prosiguió Svidrigáilov, sacudido por la risa–. Y puedo darle palabra de honor, mi muy simpático Rodión Románovich, que me ha interesado usted hasta un punto que no imagina. ¿Ve usted? Le dije que coincidiríamos, se lo predije. Y hemos coincidido. Verá usted qué fácil es entenderse conmigo. Verá usted que no es tan difícil vivir conmigo…

SEXTA PARTE

CAPÍTULO I

Era bastante extraña la situación de Raskólnikov; hubiese dicho que una especie de niebla le cubría y le aislaba de los demás hombres. Después, cuando recordaba esta época de su vida, adivinaba que en ocasiones había debido perder la conciencia de sí mismo, y que en aquel estado permaneció, con ciertos intervalos lúcidos, hasta la catástrofe definitiva. Estaba convencido de que entonces había cometido muchos errores; por ejemplo: que la sucesión cronológica de los acontecimientos se le había escapado. Cuando más adelante quiso poner en orden sus recuerdos, se vio obligado a recurrir a testimonios extraños para saber muchas particularidades acerca de sí mismo. Permanentemente confundía un hecho con otro; o bien consideraba tal accidente como la consecuencia de un suceso que sólo existía en su imaginación. Se le veía en ocasiones dominado por un miedo que, tan intenso, degeneraba en terror. Recordó también que había tenido momentos, horas, quizá hasta días, en los que, en cambio, permaneció sumido en una apatía lúgubre, sólo comparable a la indiferencia de ciertos moribundos. En general, en aquellos últimos tiempos, lejos de tratar de darse cuenta exacta de su situación, hacía esfuerzos para no pensar mucho en ella. Algunos actos de la vida cotidiana podían ser aplazados descuidando los asuntos cuyo olvido, en una situación como la suya, podía serle fatal.

Le inquietaba sobre todo Svidrigáilov; podía decirse, incluso, que en él había concentrado sus pensamientos. Desde el momento en que en la habitación de Sonia, al morir Katerina Ivánovna, oyó las palabras –tan claras y tan cargadas de peligros para él– de Svidrigáilov, se alteró el curso normal de sus razonamientos. Mas, a pesar de que aquel nuevo hecho le inquietaba enormemente, Raskólnikov no se daba prisa a poner la situación en claro. A veces, se encontraba en algún lugar apartado y solitario de la ciudad, sentado a la mesa de algún tabernucho de mala muerte, solo, sumido en sus vacilaciones, sin recordar apenas cómo había llegado a aquel lugar, y de repente aparecía en su memoria la imagen de Svidrigáilov. Entonces se le iluminaba la conciencia y, de súbito, veía con excesiva claridad e inquietud que debía ponerse de acuerdo con aquel hombre cuanto antes, que debía tomar, en la medida de lo posible, una decisión definitiva. Una vez llegó hasta las afueras de la ciudad e imaginó incluso que allí esperaba a Svidrigáilov y que se habían dado cita en aquel lugar. Otra vez se despertó, poco antes del amanecer, tumbado en el suelo, entre unos arbustos, sin recordar casi de qué forma se había metido allí. De todos modos, en el transcurso de los dos o tres días que siguieron a la muerte de Katerina Ivánovna, se había encontrado unas dos veces con Svidrigáilov, casi siempre en casa de Sonia, en la que éste entraba al parecer sin objeto alguno, por unos momentos. En aquellos casos se saludaban y cambiaban unas breves palabras, sin tratar ni una sola vez del punto capital, como si se hubiesen puesto de acuerdo en no decir de momento sobre la cuestión ni una palabra. El cuerpo de Katerina Ivánovna aún yacía en el ataúd. Svidrigáilov se encargó del entierro y de las gestiones pertinentes. Sonia también estaba muy ocupada. La última vez que Raskólnikov y Svidrigáilov se vieron, dijo éste al primero que la cuestión relativa a los hijos de Katerina Ivánovna estaba ya satisfactoriamente resuelta; gracias a algunas de sus amistades, había logrado colocar a los tres huérfanos en instituciones muy buenas; añadió que el haber depositado dinero para ellos había contribuido en no poca medida a resolver el asunto, pues es mucho más fácil colocar a huérfanos que dispongan de cierto capital que a los pobres. Dijo alguna cosa acerca de Sonia, prometió visitarle pronto a él, a Raskólnikov, y le dijo que "deseaba pedirle consejo, que necesitaba mucho hablar con él, que había unos asuntos…". La conversación se celebró en la entrada, junto a la escalera. Svidrigáilov miró fijamente a Raskólnikov y de súbito, después de guardar silencio, bajando la voz, preguntó:

–Pero ¿qué le pasa, Rodión Románovich? Parece que está usted descentrado. ¡Se lo aseguro! Escucha y mira como si no entendiera nada. Anímese. Tenemos que hablar, ya verá. La pena es que estoy muy ocupado en mis asuntos y por los ajenos… ¡Eh, Rodión Románovich! –añadió de súbito–. Todas las personas necesitan aire, aire… ¡Eso ante todo!

Se apartó para dejar paso al sacerdote y al sacristán que iban a rezar el oficio de los difuntos. Por disposición de Svidrigáilov, el rezo se verificaba dos veces al día, con regularidad. Svidrigáilov prosiguió su camino. Raskólnikov permaneció de pie, reflexionó un momento y entró en la habitación de Sonia tras el sacerdote.

Se quedó en la puerta. Había empezado la ceremonia, silenciosa, solemne, triste. La idea de la muerte y la sensación de la presencia de la muerte tenía para él, desde la infancia, algo de abrumador y de terrible misticismo. Además, hacía mucho tiempo que no había asistido a un oficio de difuntos. En aquel caso aún se daba otra circunstancia excesivamente dolorosa e inquietante. Raskólnikov miraba a los pequeños: estaban de rodillas, junto al ataúd. Póliechka lloraba. Detrás de ellos, en voz baja y como si llorara tímidamente, rezaba Sonia. "Durante estos días no me ha mirado una sola vez ni me ha dicho una palabra", pensó de pronto Raskólnikov. El sol alumbraba vivamente la estancia; el humo del incensario subía en columnas; el sacerdote leía "Concededle, Señor, la paz eterna". Raskólnikov asistió a la ceremonia. Después de la bendición y las palabras de despedida, el sacerdote miró a su alrededor de manera algo extraña. Terminado el oficio, Raskólnikov se acercó a Sonia. La joven le tomó de pronto las manos y apoyó la cabeza en su hombro. La acción dejó perplejo a Raskólnikov: ¡Cómo! ¡Ni la más leve sensación de repugnancia, ni la más pequeña nota de aversión hacia él, ni un mínimo temblor en la mano de Sonia! Fue un gesto que llevaba hasta lo infinito la propia humillación. Así, por lo menos, lo entendió él. Sonia no decía ni una palabra. Raskólnikov le apretó la mano, y salió. Se sentía enormemente desgraciado. Si, en aquel momento, le hubiera sido posible ir a alguna parte, adondequiera que fuese, y quedarse en ella completamente solo, incluso toda la vida, se habría considerado feliz. Pero en los últimos tiempos, aunque casi siempre estaba solo, no podía de ningún modo tener la impresión de soledad. A veces salía de la ciudad, iba por el camino real; en cierta ocasión, incluso penetró en un bosque; pero cuanto más solitario era el lugar, tanto más intensa era la sensación que experimentaba de que tenía cerca a alguien, la cual, sin ser terrible, le desazonaba, de modo que se apresuraba a regresar a la ciudad, a mezclarse con la gente; entraba en un figón o en una taberna, iba al Rastro o a la Plaza del Heno. Ahí la sensación era menos penosa y a él le parecía hallarse más solo. En un fonducho, al atardecer, había gente cantando canciones; Raskólnikov se pasó una hora entera escuchando, y más tarde recordó que le había resultado muy agradable. Mas, al fin, otra vez la inquietud se apoderó de él; era como si un remordimiento de conciencia comenzara de pronto a torturarle. "Aquí estoy oyendo cantar canciones. ¿Es esto, acaso, lo que debo hacer?", pensó con mayor o menor claridad. De todos modos, al instante se dio cuenta de que no era aquello lo único que le inquietaba; había algo que requería una solución inmediata, algo que ni se podía abarcar con el pensamiento ni había modo de expresarlo con palabras. Todo se le embrollaba en la cabeza. "¡Ah, no! Era preferible la lucha. Era preferible encontrarse otra vez frente a frente con Porfiri... o con Svidrigáilov... Que le lanzaran algún reto cuanto antes, que le atacaran. ¡Sí, sí!", pensó. Salió del fonducho y echó poco menos que a correr. De pronto, sin saber por qué, la idea de Dunia y de su madre le llenaron de pánico. Fue aquella noche, poco antes del amanecer, cuando se despertó entre los arbustos de la isla de Krestov, transido de frío y temblando de fiebre; llegó a su casa de madrugada. Después de dormir unas horas, la fiebre desapareció; pero Raskólnikov se había despertado tarde: eran las dos.

Se acordó de que aquél era el día designado para el entierro de Katerina Ivánovna y se alegró de no haber acudido. Nastasia le subió algo que comer; Raskólnikov comió y bebió con gran apetito, casi con avidez. Tenía la cabeza más fresca y se sentía más tranquilo que los últimos tres días. Hasta se sorprendió, por un momento, de su anterior ataque de pánico. Se abrió la puerta y entró Razumijin.

–¡Ah! ¿Comiendo? ¡Esto quiere decir que no estás enfermo! –dijo Razumijin, que tomó una silla y se sentó a la mesa, frente a Raskólnikov. Se le veía inquieto y no se esforzaba por ocultarlo. Hablaba con visible enojo, pero sin apresurarse y sin alzar mucho la voz. Habríase dicho que llevaba en su ánimo algún propósito singular, aún excepcional–. Oye –comenzó a decir sin titubeos–, os podéis ir todos al diablo, pero, por lo que veo, me doy cuenta de que no comprendo nada; por favor, no creas que he venido a interrogarte. ¡Me importa un bledo! ¡No quiero! Aunque ahora me lo contaras todo y me comunicaras vuestros secretos, no querría escucharte. Te dejaba plantado y me iba. He venido para saber de una vez y por mí mismo si es verdad, en primer lugar, que estás loco. Hay quien cree (no importa quién ni dónde) que tú o estás loco o poco te falta para estarlo. Te confieso que yo mismo me incliné a sostener este criterio, en primer lugar al tomar en consideración tus actos estúpidos y a veces ruines (del todo inexplicables), y, en segundo lugar, por el modo como te has conducido, hace poco, con tu madre y tu hermana. Sólo un monstruo y un miserable, si no se trata de un loco, puede portarse con ellas como tú; por consiguiente, eres un loco...

–¿Hace mucho que las has visto?

–Hace un momento. ¿Tú no las has visto desde entonces? Dime, ten la bondad, ¿dónde pasas el santo día? He venido a verte tres veces. Ayer tu madre se puso seriamente enferma. Quería visitarte; Avdotia Románovna quiso convencerla de que no debía venir; tu madre no quería escuchar a nadie: "Si está enfermo (decía), si pierde la razón, ¿quién mejor que su madre para ayudarle?". Vinimos aquí los tres, pues no podíamos dejarla salir. Hasta que llegamos a la puerta no cesamos de intentar tranquilizarla. Entramos; tú no estabas. Se sentó aquí, mira. Permaneció unos diez minutos y nosotros nos quedamos a su lado, silenciosos. De pronto se levanta y dice: "Si sale a la calle y, por tanto, está bien de salud, y se ha olvidado de su madre, es vergonzoso para su madre esperarle en el umbral y solicitar su cariño como quien pide una limosna". Volvió a su casa y se acostó con fiebre: "Veo (dijo) que para *la suya* tiene tiempo". Supone que *la tuya* es Sonia Semiónovna, tu novia o tu amante, yo qué sé. En seguida fui a casa de Sonia Semiónovna, porque, amigo, quería ponerlo todo en claro. Llego y veo un ataúd y unos niños llorando. Sonia Semiónovna les probaba unos vestiditos de luto. Tú no estabas. Me cercioré de que no estabas, pedí perdón y salí; se lo conté a Avdotia Románovna. Estaba claro que era absurdo y que no era cuestión de *la suya*; lo más probable era que se tratara de locura. Pero ahora te encuentro aquí comiendo un trozo de carne como si no hubieras probado bocado en tres días. Ya sé que los locos también comen, pero aunque no me hayas dicho una palabra, tú no estás loco, puedo jurarlo. Así, en primer lugar, no estás loco. Bueno, pues, al diablo con vosotros. Aquí se encierra algún misterio, algún secreto, y no tengo la intención de romperme la cabeza con vuestros secretos. Así, pues, no he entrado más que para cantarte las cuarenta –acabó, levantándose–, para desahogarme un poco, y ahora ya sé lo que he de hacer.

–¿Qué quieres hacer?

–¿Y a ti qué te importa?

–¡Cuidado! Vas a darte a la bebida.

–¿Cómo…, cómo lo has adivinado?

–¡Pues sí que es difícil!

Razumijin se quedó un momento en silencio.

–Tú siempre has sido un hombre razonable y nunca, nunca, has estado loco –dijo, con suma viveza–. Lo has adivinado: ¡me daré a la bebida! ¡Adiós!

Hizo un movimiento para salir.

–De ti he hablado, creo que hace tres días, con mi hermana, Razumijin.

–¡De mí! Pero… ¿Dónde pudiste verla hace tres días?

Razumijin se detuvo y hasta palideció un poco. Podía adivinarse que el corazón le latía, despacio y fuerte, en el pecho.

–Vino a verme, sola; estuvo sentada aquí, hablando conmigo.

–¡Ella!

–Sí, ella.

–¿Qué le dijiste? Sobre mí, se entiende.

–Le dije que tú eres un hombre muy bueno, honrado y trabajador. No tuve que decirle que la amas, porque ya lo sabe.

–¿Que ella lo sabe?

–¡Vaya pregunta! Adondequiera que yo vaya, ocurra conmigo lo que ocurra, tú debieras de seguir siendo para ellas la Providencia. Por decirlo así, te las confío, Razumijin. Te lo digo porque sé perfectamente que tú la quieres y estoy plenamente convencido de la pureza de tus sentimientos. También sé que ella puede quererte a ti; quizá ya te quiera. Ahora decide lo que mejor te parezca, si has de darte a la bebida o no.

–Rodia… ¿Ves? Bueno… ¡Ah, diablo! ¿Y tú adónde quieres irte? Mira, si esto es un secreto, bueno, que lo sea. Pero yo…, yo descubriré el secreto… Y estoy convencido de que se trata de alguna tontería y de pequeñeces sin la menor importancia que te ha creado tu imaginación. De todos modos, eres un hombre excelente, un hombre excelente…

–Quería precisamente añadir, y me has interrumpido, que tenías razón hace un momento al decir que no deseabas romperte la cabeza para descubrir esos misterios y secretos. Déjalo, por lo menos de momento; no te preocupes. De todo te enterarás a su hora, cuando sea preciso. Ayer un hombre me dijo que a las personas les hace falta aire, ¡aire, aire! Quiero ir a verle y enterarme de lo que entiende él por ello.

Razumijin, de pie, caviloso y agitado, dijo de pronto para sus adentros: "¡Es un conspirador político! ¡No hay duda! Está en vísperas de dar algún paso decisivo, ¡seguro! No puede ser otra cosa y…, y Dúniechka lo sabe…".

–Así, Avdotia Románovna viene a verte –dijo, recalcando las palabras–, y tú deseas verte con un hombre que dice… que se necesita más aire, más aire… y esa carta… también será algo de ese tipo –terminó, como si se lo dijera a sí mismo.

–¿Qué carta?

–Hoy ha recibido una carta que la ha alarmado mucho. Mucho. Demasiado. Me he puesto a hablar de ti, ella me ha rogado que callara. Luego…, luego ha dicho que quizá muy pronto tendríamos que separarnos; luego se puso a darme las gracias con mucho calor por no sé qué; después se ha encerrado en sus habitaciones.

–¿Ha recibido una carta…? –insistió Raskólnikov, pensativo.

–Sí, una carta. ¿No lo sabías? ¡Hum!

Los dos permanecieron un rato callados.

–Adiós, Rodión. Amigo, hubo un momento…, pero bueno, adiós. Oye, hubo un momento… ¡Bueno, adiós! También para mí es hora de marchar. No beberé. Ahora no es necesario… ¡Te has equivocado al decir que bebería!

Se dio prisa, pero, al salir, casi después de haber cerrado la puerta tras sí, la volvió a abrir y dijo, sin mirar a su amigo:

–¡A propósito! ¿Recuerdas ese asesinato, el de la vieja? Bueno, lo de Porfiri. Pues has de saber que se ha encontrado al asesino, que ha confesado su crimen y ha presentado las pruebas. Es uno de los obreros, el pintor de brocha gorda. Figúrate, ¿recuerdas cómo lo defendí yo? Parece increíble, pero toda la escena de la pelea con su camarada y las risas en la escalera, cuando subían el portero y los dos testigos, no era más que una treta para despistar. ¡Qué astucia y qué presencia de ánimo en un cachorrito como éste! Cuesta creerlo; pero él mismo lo ha aclarado, lo ha confesado todo. ¡Qué plancha la mía! ¿Qué quieres? A mi modo de ver, se trata de un genio de la simulación y la picardía, un genio de la coartada jurídica, no hay por qué extrañarse mucho. ¿Acaso no puede haber tipos así? El que no haya tenido bastante fuerza de carácter para llevar hasta el final su treta y haya confesado, aún me lleva a creerle más. Es más verosímil… Pero ¡de qué modo metí la pata entonces! ¡Estaba dispuesto a partirme el pecho por ellos!

–Dime, por favor, ¿cómo te has enterado de eso y por qué te interesa tanto? –preguntó Raskólnikov, con visible agitación.

–¡Vaya pregunta! ¡Por qué me interesa! ¡Y me lo preguntas…! Lo he sabido por Porfiri, y por otros. En realidad, lo he sabido casi todo por él.

–¿Porfiri te lo ha contado?

–Porfiri.

–Y él… ¿qué dice él? –preguntó, asustado, Raskólnikov.

–Me lo ha aclarado con todo detalle. Me lo ha aclarado a su modo, psicológicamente.

–¿Te lo ha aclarado? ¿Él mismo te lo ha aclarado a ti?

–Él mismo, él mismo. ¡Adiós! Luego aún te contaré alguna cosa más, pero ahora tengo que hacer. Allí… Hubo un momento en que pensé… ¿Para qué hablar? Luego… ¿Qué necesidad tengo ahora de darme a la bebida? Tú me has emborrachado sin necesidad de vino. ¡Estoy ebrio, Rodia! Ahora estoy ebrio sin haber bebido. Bueno, adiós; volveré muy pronto.

Salió.

"Es un conspirador político, ¡no hay duda, no hay duda!", concluyó Razumijin de modo definitivo, mientras descendía la escalera con lentitud. "Y ha arrastrado a la hermana; eso es muy posible, mucho; con el carácter de Avdotia Románovna... Se han entrevistado... Ella misma me ha hecho alguna alusión. Por muchas de sus palabras... y palabritas... y alusiones, no puede ser otra. Si no, ¿de qué modo encontrar explicación a este lío? ¡Hum! Y yo había imaginado... Oh, Señor, lo que me había figurado! Aquello fue un momento de ofuscación y soy culpable ante él. Fue él, entonces, en el pasillo, al pie de la lámpara, quien me dejó confuso. ¡Uf! ¡Qué idea más estúpida, más abominable y vil se me ocurrió! Ha hecho muy bien Nikolái en confesar... Sí, y lo de antes se explica ahora con claridad. Su enfermedad, su manera de orar, de todos modos muy rara, y hasta antes, antes, en la Universidad, siempre tan taciturno, con cara de pocos amigos... Pero ¿qué puede significar ahora esa carta? ¿De quién será? Sospecho... ¡Hum! No, lo descubriré todo".

Recordó a Dúniechka y cuanto de ella sabía; sintió un vuelco en el corazón, se quedó como clavado en el suelo. De pronto, echó a correr.

Raskólnikov, no bien hubo salido Razumijin, se levantó, se acercó a la ventana, dio unas zancadas por la habitación hasta topar con un ángulo y con otro, como si se olvidara de la estrechez de su tugurio, y... se sentó de nuevo en el sofá. Era como si se hubiera renovado su ser; otra vez a luchar; así, pues, ¡había encontrado una salida a su situación!

Sí, había encontrado una salida. Estaba muy bien, pues era mucho lo que tenía encerrado y acumulado en su espíritu, oprimiéndole; estaba como atontado. Desde la escena con Nikolái y Porfiri, empezó a ahogarse al no encontrar salida en ninguna parte, al sentirse oprimido. Después de lo ocurrido con Nikolái, aquel mismo día, hubo la escena con Sonia; Raskólnikov se condujo de un modo muy distinto a como se había imaginado con anterioridad... Así, pues, se había debilitado de manera instantánea y radical, ¡de sopetón! Y había reconocido entonces, de acuerdo con Sonia, lo había reconocido de todo corazón, que solo, con aquel peso en el alma, no podía seguir viviendo. ¿Y Svidrigáilov? Svidrigáilov era un enigma... Svidrigáilov le inquietaba, es cierto, pero no por aquel asunto. Con Svidrigáilov tal vez habría que luchar también. Svidrigáilov quizá también fuera una salida; pero con Porfiri, la cosa era distinta.

Así resultaba que Porfiri lo había referido a Razumijin… se lo explicó *psicológicamente*. ¡Otra vez había empezado a poner en juego su maldita psicología! ¿Porfiri? Pero ¿es que Porfiri puede haber creído un solo instante que Mikolka es culpable, después de lo que hubo entre los dos, cara a cara, antes de Mikolka, después de una escena que no admite más que *una sola* interpretación? (Varias veces, en aquellos días, Raskólnikov había recordado brevemente, a retazos, toda la escena con Porfiri; no habría podido soportar el recuerdo íntegro). Entonces se pronunciaron entre ellos tales palabras, se hicieron tales movimientos y gestos, se intercambiaron tales miradas, se dijeron algunas cosas en tal tono de voz, se llegó a tales límites, que después de aquello no era Mikolka (en cuyo interior penetró la certera mirada de Porfiri desde el primer gesto, desde la primera palabra), no era Mikolka lo que podía hacer vacilar la base del convencimiento de Porfiri.

¡Y qué convencimiento! ¡Hasta Razumijin había empezado a sospechar! La escena del pasillo, al pie de la lámpara, no se había producido en vano. Entonces corrió a ver a Porfiri… "Pero ¿qué ha movido a Porfiri a darle gato por liebre? ¿Qué se propone al desviar la atención de Razumijin hacia Mikolka? No hay duda, algo ha tramado; esto está hecho con intención. ¿Cuál puede ser? Cierto, desde aquella mañana ha transcurrido mucho tiempo, demasiado, demasiado tiempo, y Porfiri no ha aparecido en ninguna parte. Bueno, esto es peor, claro…". Raskólnikov tomó la gorra y, después de reflexionar un poco, salió de su habitación. Era el primer día en que experimentaba la sensación de tener la mente clara. "Es necesario acabar con Svidrigáilov –pensó–, cueste lo que cueste y cuanto antes. Por lo visto, también espera que yo vaya a verle". En aquel instante fue tal el odio que nació en su fatigado corazón, que Raskólnikov habría podido matar a cualquiera de los dos: a Svidrigáilov o a Porfiri. Por lo menos, tuvo la impresión de que sería capaz de hacerlo, si no en aquel instante, por lo menos más tarde. "Ya veremos, ya veremos", repetía para sí.

Mas no bien abrió la puerta, se encontró de manos a boca con Porfiri en persona, que subía a verle. Raskólnikov se quedó perplejo un instante. Cosa rara, apenas le asustó su presencia. Sólo se estremeció, pero con gran rapidez, casi al instante, se preparó a hacer frente a todo. "¡Quizá sea el desenlace! Pero ¿cómo ha subido tan sigilosamente, como un gato, de modo que no le he oído acercarse? ¿Estaría escuchando a la puerta?".

–No esperaba visita, ¿verdad, Rodión Románovich? –gritó, riendo, Porfiri Petróvich–. Hace tiempo que tenía intención de visitarle; ahora, al pasar por delante de su casa, me he dicho. "¿Por qué no subir y pasar con él unos cinco minutos?" ¿Iba usted a salir? No le voy a entretener mucho. El tiempo de fumar un cigarrillo, si me lo permite.

–Siéntese, Porfiri Petróvich; siéntese –dijo Raskólnikov, atendiendo al recién llegado con un aspecto tal de persona contenta y amiga, que le habría maravillado si Raskólnikov hubiera podido contemplarse a sí mismo.

¡Los residuos, los posos de sus impresiones se habían quedado en nada! De modo semejante, a veces un hombre cae en manos de los bandoleros y, después de media hora de miedo cerval, permanece poco menos que indiferente cuando le ponen la daga al cuello. Raskólnikov se sentó delante de Porfiri y lo miró sin pestañear. Porfiri entornó los ojos y encendió un pitillo.

"Bueno, habla, ¡habla!", pensaba Raskólnikov, con palabras que parecían querer salir de su corazón. "Bueno, pero ¿por qué no hablas? ¿Por qué, por qué?"

CAPÍTULO II

Ah, este tabaco! –prorrumpió al fin Porfiri Petróvich–. Es mi muerte, y no puedo prescindir de él.

–He aquí un prefacio que acusa su astucia profesional –se dijo Raskólnikov. Recordó su última conversación con el juez y de repente la cólera renació en su corazón.

–Pasé por aquí anteayer, ¿no lo sabía usted? –continuó Porfiri, paseando su mirada en derredor–. Entré en este mismo aposento. Por casualidad pasé por su calle, tal como hoy y así mismo se me ocurrió hacerle una visita. La puerta de su cuarto estaba abierta; entré, le esperé un momento, y me marché sin darle mi nombre a la criada. ¿No cierra usted nunca?

El aspecto de Raskólnikov se nublaba cada vez más. Porfiri Petróvich debió adivinar en qué estaba pensando.

–He venido para explicarme, querido Rodión Románovich, pues le debo una explicación –continuó sonriendo y dando unos golpecitos en la rodilla del joven.

En aquel momento el rostro del juez tomó una expresión seria, casi triste, con gran admiración de Raskólnikov, a quien el juez de instrucción se presentaba bajo un aspecto inesperado.

–La última vez cuando nos vimos –prosiguió Porfiri– ocurrió un lamentable incidente entre nosotros, Rodión Románovich. Quizá yo sea el culpable para con usted, y lo siento. ¿Recuerda usted cómo nos separamos? Teníamos los nervios muy excitados, faltamos a las conveniencias más elementales, a pesar de que somos personas correctas.

"¿A qué viene todo esto? ¿Por quién me habrá tomado?", se preguntaba perplejo Raskólnikov levantando la cabeza y clavando los ojos en Porfiri.

–He llegado a la conclusión de que es mejor que hablemos francamente –continuó Porfiri Petróvich, inclinando un poco la cabeza y bajando la vista, como si no deseara seguir turbando con la mirada a su antigua víctima y como si desdeñara sus anteriores métodos y artilugios–. Sí, tales sospechas y escenas no pueden prolongarse mucho tiempo. Entonces nos sacó del apuro Mikolka; si no, no sé a lo que habríamos llegado. Ese maldito peletero estaba sentado entonces al otro lado del tabique, ¿lo imagina? Usted ya lo sabe, claro; sé que después él vino a verle. Pero lo que usted no supo entonces, no era cierto; yo no había enviado a buscar a nadie ni había dado aún ninguna orden. Me preguntará que por qué no había dado aún ninguna orden. ¿Qué quiere usted que le diga? A mí mismo entonces se me ocurrió. Apenas si me decidí a llamar a los porteros. (No dudo de que luego, al pasar, vio usted a los porteros, ¿verdad?) Tuve una idea con la rapidez del rayo. Verá, Rodión Románovich, quedé firmemente convencido de que estaba en lo cierto. No me importa (pensaba) pasar por alto alguna cosa, de momento; agarraré otra por la cola, añadía, y lo que me hace falta, por lo menos, no lo soltaré. Es usted una persona muy irritable, Rodión Románovich; lo es por naturaleza, hasta lo es con exceso, pese a las otras cualidades fundamentales de su carácter y de su corazón, que creo haber llegado a conocer en parte; me satisface pensar evidentemente, que no siempre un hombre se levanta y suelta de golpe lo que guarda en el buche. Eso a veces ocurre, sobre todo cuando se saca a alguien de sus casillas; pero, en todo caso, ocurre pocas veces. Yo podía más bien haber razonado así. Pero no (pensaba); necesito el más pequeño agarradero, por pequeño que sea, pero de tal naturaleza que resulte posible asirlo con las manos, que constituya algo concreto y no simple psicología. Porque (pensaba) si una persona es culpable, está claro que en todo caso puede esperarse de ella algo importante; cabe incluso confiar en el resultado más imprevisto. Entonces confiaba yo en su carácter, Rodión Románovich, era en su carácter en lo que más confiaba. Entonces confiaba mucho en usted.

–Pero ¿por qué me dice todo esto? –balbuceó, por fin, Raskólnikov incluso sin darse clara cuenta de lo que preguntaba. "¿De qué me está hablando", pensaba desconcertado. "¿Es posible que me considere inocente?".

–¿Por qué digo esto? Porque he venido a darle una explicación, porque lo considero, por decirlo así, un deber sagrado. Quiero explicarle lo que ocurrió hasta el menor detalle; la historia, la ofuscación de entonces. Le he hecho sufrir mucho, Rodión Románovich. No soy un monstruo. Créame; comprendo muy bien lo que significa cargar con ello para un hombre abatido, pero orgulloso, autoritario e impaciente, sobre todo impaciente. En todo caso, le tengo por un hombre de lo más notable e incluso con gérmenes de generosidad, aunque no estoy de acuerdo con las convicciones que usted sustenta, lo que considero deber mío comunicárselo de antemano, con franqueza, con absoluta sinceridad, pues lo que de ningún modo quiero es engañarlo. Después de haberle conocido, he sentido hacia usted verdadero afecto. Quizá se ría de tales palabras. Tiene motivos más que suficientes. Sé que no le he sido simpático desde la primera mirada, porque en el fondo no hay razón alguna para que me tengan simpatía. Pero no me importa cómo lo interprete usted; ahora, por mi parte, deseo por todos los medios borrar la impresión que le he producido y demostrarle que soy un hombre de corazón y de conciencia. Se lo digo con sinceridad.

Porfiri Petróvich se detuvo en una actitud llena de dignidad.

Raskólnikov notó que le invadía una nueva sensación de miedo. La idea de que Porfiri le considerara inocente comenzó a alarmarle.

–No hay por qué contar por orden cómo empezó entonces la historia –prosiguió Porfiri Petróvich–; sería superfluo, según me parece. Por otra parte, difícilmente podría hacerlo. Porque ¿cómo explicárselo sin omitir detalle? Al principio corrieron unos rumores. Qué rumores eran éstos, de quién procedían y cuándo se produjeron… y por qué circunstancias llegaron a afectarle a usted, son cosas que, a mi modo de ver, resultarían también superfluas. En lo que a mí respecta, lo que comenzó a llamarme la atención fue un hecho casual, un azar totalmente casual, que del mismo modo podía producirse que no producirse. ¿Qué casualidad fue ésa? ¡Hum! Me parece que tampoco hace falta hablar de ella. Todo, los rumores y el hecho casual, me llevaba entonces a un mismo pensamiento. Le confieso abiertamente (pues de ser sincero, he de serlo hasta el final) que fui el primero en acusarle a usted. Supongamos que las anotaciones de la vieja en los objetos y tantas otras cosas sean absurdas. Las observaciones de ese tipo podrían llegar a una centena. También tuve ocasión entonces de enterarme de lo ocurrido en la oficina de policía del barrio, igualmente por casualidad, y no de modo superficial, sino por un narrador de primera categoría, el cual, sin darse cuenta, se impuso en aquella escena de manera sorprendente. Y todo coincidía con lo otro. En estas circunstancias, ¿cómo no inclinarse en una deter-

minada dirección? Con cien conejos nunca se formará un caballo, ni cien
sospechas constituirán nunca una prueba, según dice un adagio inglés; así
lo dicta la razón, pero ¿y las pasiones? A ver quién vence las pasiones,
porque el juez de instrucción también es una persona. Me acordé de su
artículo, el que publicó en la revista, ¿recuerda? En su primera visita hablamos de él con detalle. Entonces yo le tomaba el pelo para azuzarle y lograr
que fuese más explícito. Le repito, es usted muy impaciente y está muy
enfermo, Rodión Románovich. Que es usted audaz, altivo serio y... sufrido, que ha sufrido usted mucho, son cosas que sabía hacía tiempo. Esas
sensaciones son para mí cosa conocida, y por eso leí su artículo como si
leyera una exposición de ideas que me eran familiares. El artículo fue concebido en noches de insomnio y de furor, con el corazón agitado y dando
martillazos, con entusiasmo contenido. ¡El entusiasmo contenido de que la
juventud tiene sus peligros! Entonces me reí, pero ahora he de decirle que,
en general, me gusta muchísimo, es decir, como aficionado, esta primera
prueba juvenil y cálida de su pluma. Humo, niebla, pero vibra algo en la
niebla. Su artículo es absurdo y fantástico, pero centellea en él una gran
sinceridad, el insobornable orgullo juvenil, la audacia de la desesperación;
el artículo está cargado de notas sombrías, pero eso no está mal. Leí su
artículo y lo guardé... y ya entonces me dije: "¡Este hombre no se queda
aquí!". Ahora dígame, después de antecedente semejante, ¿cómo no seguir
con el alma en vilo lo que ha ocurrido después? ¡Ah, Señor! ¿Digo alguna
cosa, por ventura? ¿Acaso afirmo algo ahora? Me limito a decirle cuál fue
mi reflexión de entonces. ¿Qué pienso ahora? Ahora no pienso nada, lo que
se dice absolutamente nada. Aparte de que no estaría bien ni mucho menos
que me dejara llevar por un impulso, siendo juez de instrucción. Yo tengo a
Mikolka en las manos, con hechos; de ellos podrá usted decir lo que quiera,
pero son hechos. También él es un caso psicológico, y no hay que tratarlo a
la ligera; el caso es de vida o muerte. ¿Que por qué le explico a usted estas
cosas? Pues para que las sepa y con su mente y corazón no me culpe por mi
airada conducta de entonces. No fue con mala intención, se lo digo sinceramente. ¡Je, je! ¿Usted qué supone? ¿Que no le había hecho ningún registro?
Pues sí, señor; vine a hacerle un registro. ¡Je, Je! Vine, vine cuando estaba
usted enfermo, acostado en esta cama. Cierto, no vine con carácter oficial
ni siquiera personal, pero vine. A la primera sospecha, registramos hasta el
último rinconcito de su cuartucho, pero *umsonst*![1]. Entonces me dije:
"Ahora este hombre vendrá a verme; vendrá por sí mismo, y muy pronto. Si

---

[1] Fue inútil.

es culpable, vendrá, sin falta. Otro no vendría, pero éste vendrá". ¿Se acuerda de que el señor Razumijin, hablando con usted, empezó a irse de la lengua? Fue obra nuestra. Quisimos inquietarle a usted; hicimos correr adrede el rumor para que el señor Razumijin, un hombre que se deja llevar por la indignación, se lo contara a usted. Al señor Zamétov, lo primero que le saltó a la vista fue la ira de usted y su franca audacia. ¡No es nada! Soltar de pronto en un fonducho "¡Yo soy el asesino…!". Es demasiado audaz, demasiado insolente, y si es culpable, me decía yo, se trata de un adversario terrible. Entonces se me ocurrió esperar. ¡Le esperaba! Le esperaba con todas las potencias del alma. A Zamétov le dejó usted hecho polvo y… Bueno, en eso está el quid, en los dos filos de la maldita psicología. Así que le estaba esperando y usted se me presenta como enviado del cielo. El corazón me dio un vuelco. ¡Eh! Pero ¿qué necesidad tenía usted de presentarse entonces? Su risa… ¿Se acuerda de su risa cuando entraron? Entonces adiviné, como si le viera a usted el alma a través de un cristal, y de no haberlo esperado como le estaba esperando, en su risa no habría notado nada que me llamara la atención. Ya ve lo que significa estar a la expectativa. Y el señor Razumijin, entonces, ¡ah!, la piedra, ¿recuerda?, la piedra, aquella piedra con los objetos escondidos debajo. Bueno, me parece que la estoy viendo, en algún huerto, ¿no? A Zamétov le habló usted de un huerto y luego me lo dijo por segunda vez, ¿verdad? Cuando empezamos a discutir sobre su artículo y usted habló, cada una de sus palabras parecía tener un doble sentido, como si llevara debajo otra. Ya ve, Rodión Románovich, cómo llegué a los últimos postes, pero me di de cabeza contra ellos y volví en mí. No, me dije, ¿qué dislate se me ocurre? Si uno quiere, me decía, esto puede explicarse desde la otra cara sin dejar pendiente ni un hilo y aún resulta más natural. ¡Aquello era una tortura para mí! "¡No (me decía), mejor sería una prueba pequeñita…!". Cuando me contaron lo de la campanilla, me quedé de una pieza, hasta me puse a temblar. "Bueno, ya tienes una prueba", pensaba. "¡Una prueba!". Entonces no me puse a razonar; sencillamente, no quería. En aquel momento habría dado mil rublos de mi bolsillo sólo para poder ver con mis ojos de qué modo caminó usted los cien pasos al lado del peletero después que éste le llamó "asesino" y usted caminó cien pasos enteros sin atreverse a preguntarle nada, ¡nada…! ¿Y los escalofríos a lo largo del espinazo? ¿Y las campanitas que suenan mientras se está enfermo, semidelirando? Después de ello, ¿cómo sorprenderse, Rodión Románovich, de que le gastara las bromas que le gasté? ¿Y por qué se me presentó usted mismo en aquel instante, en aquel mismísimo instante? También parecía que alguien le estaba empujando, se lo juro, y si no nos hubiera separado Mikolka… ¿Se acuerda cómo se presentó Mikolka? ¿Se acuerda? ¡Cayó como un rayo! Como rayo que salta de una nube, como una chispa eléctrica venida del cielo. ¿Cómo lo recibí? ¡Lo vio usted mismo! No creí lo que dijo. ¿Por qué le iba a creer? Cuando,después que usted hubo salido, comenzó a responder a las mil maravillas a lo que le pregunté, de modo que me dejó pasmado, tampoco creí nada, ¡nada! Ya ve usted lo que significa estar obsesionado. Me mantenía en mis trece, firme como una roca. No, me decía, *Morgen früh!*[2], ¡a otro perro con este hueso! ¡Qué Mikolka ni qué ocho cuartos!

–Razumijin acaba de decirme que ahora cree usted en la culpabilidad de Mikolka, que se lo ha asegurado…

A Raskólnikov le faltó el aliento y no acabó. Escuchaba con una emoción indescriptible cómo se retractaba aquel hombre que había sondeado su alma hasta el fondo. Tenía miedo de creerlo y no lo creía. Buscaba y quería captar algo más concreto y definitivo en aquellas palabras ambiguas.

–¡Oh, el señor Razumijin! –exclamó Porfiri Petróvich, como si se alegrara del comentario de Raskólnikov, hasta entonces callado–. ¡Je, je, je! Había que apartar al señor Razumijin del asunto: donde dos se quieren, sobra un tercero. El señor Razumijin es otra cosa; además es un hombre que nada tiene que ver con la cuestión y a cada momento venía a verme, pálido… Que se quede en paz. ¿Para qué mezclarlo en este asunto? En cuanto a Mikolka, ¿quiere usted saber qué tipo es a mi modo de ver? En primer lugar aún es un crío… no ha llegado a la mayor edad; no le tengo por cobarde, sino por persona de naturaleza semejante a la de un artista. Digo la verdad, ¡no se ría de que se lo pinte de esta manera! Es un inocente, sensible a todo. Tiene un gran corazón y mucha fantasía. Canta, baila y, según dicen, cuenta cuentos con tanta gracia, que la gente acude a escucharle. Va a la escuela y se desternilla de risa si levantan el dedo. Se emborracha como una cuba, pero no por vicio, sino de vez en cuando, arrastrado por los otros, como si fuera todavía un niño. Entonces robó y no lo sabe, porque "si me lo he encontrado en el suelo, ¿qué robo hay en que lo haya cogido?". ¿No sabe usted que pertenece a los disidentes religiosos, y más aún, que es un sectario? Parece que le han visitado algunos miembros de los *begun*[3] y ha estado en su pueblo durante dos años, hasta hace poco, bajo la dirección espiritual de un *starets*. De eso me he enterado por el propio Mikolka y la gente de Zaraisk. ¡El bueno de Mikolka! ¡Quería huir a un

---

[2] Mañana por la mañana. (Aquí: ¡Ca, hombre!) (En alemán en el original.)
[3] Así se llamaba una de las sectas partidarias del antiguo rito eslavo.

desierto! Era muy devoto, rezaba por las noches, leía libros santos, "verdaderos", y hasta perdía la cabeza de tanto leer. Petersburgo ha influido mucho en él…, las mujeres y la bebida. Es tan impresionable, que se ha
olvidado del anciano de la secta y de lo demás. Me he enterado de que un
artista de la capital se fijó en él y empezó a ayudarle, pero luego ocurrió este
asunto. Mikolka se asustó y quiso ahorcarse… ¡huir! He aquí una consecuencia de la idea que se ha formado el pueblo de nuestros tribunales. Las
palabras "le juzgarán" aterrorizan a cierta gente. ¿Quién tiene la culpa?
Veremos lo que dicen los nuevos *jueces*[4]. ¡Quiera Dios que sea algo nuevo!
Bueno, en la cárcel, por lo visto, Mikolka se acordó otra vez del anciano de
la secta, se hizo de nuevo con la Biblia. ¿Sabe usted, Rodión Románovich,
lo que significa la palabra "sufrir" para algunos de los disidentes religiosos? No se trata de sufrir por alguien, sino, simplemente, de que "es necesario sufrir". El sufrimiento para ellos significa recibirlo de alguien, y si lo
causan las autoridades, tanto mejor. Hace tiempo estuvo un año entero en la
cárcel un hombre muy pacífico; se pasaba las noches junto a la estufa leyendo la Biblia y al fin perdió la cabeza de tanto leer, ¿sabe?, la perdió por
completo, de modo que, sin más ni más, un buen día arrancó un ladrillo y lo
arrojó al director de la cárcel, sin que éste le hubiera agraviado. ¡Y de qué
modo lo arrojó! A una vara de distancia del director, adrede, para no hacerle ningún daño. Bueno, ya sabe la suerte que espera al detenido que se lanza
con alguna arma contra sus superiores; aceptó, pues, "la expiación". Y sospecho ahora que Mikolka quiere "aceptar el sufrimiento" o algo por el estilo. Lo sé a ciencia cierta, dispongo incluso de hechos que me lo prueban,
pero él no sabe que yo lo sé. ¿No admite usted que de un pueblo como el
nuestro salga gente tan extravagante? Pues la encuentra a cada paso. Ahora
el *starets* ha empezado a hacer sentir de nuevo su influencia; Mikolka se ha
acordado de él, sobre todo después de lo del nudo corredizo. Además, me
contará todo, vendrá a verme. ¿Cree usted que resistirá y se mantendrá en
sus trece? ¡Espere! ¡Vendrá a abrirme su corazón! Se me presentará de un
momento a otro para retractarse de lo que ha declarado. A este Mikolka le
he tomado cariño y le estoy estudiando a fondo. ¿Y qué se figura usted? ¡Je,
je! A algunas preguntas mías ha respondido a las mil maravillas; por lo
visto, había recibido los datos necesarios y se había preparado con mucha
habilidad; pero al responder a otras, no sabe lo que dice, no se orienta y, es
más, no sospecha que así sea. ¡No, amigo mío, Rodión Románovich! ¡No

---

[4] En 1864, reinando el zar Alejandro II (1855–1881), se promulgó la reforma judicial que hacía a la
judicatura independiente de la administración.

es cuestión de Mikolka! Estamos ante un hecho fantástico, tenebroso, un hecho propio de nuestra época, un caso de nuestros tiempos, en que el corazón humano se ha ofuscado. Se citan frases como la de que la sangre "refresca" y se busca el sentido de la vida en la comodidad. Nos encontramos esta vez ante sueños sacados de los libros, ante un corazón irritado por la especulación teórica, y se percibe la decisión que lleva a dar el primer paso; pero es una decisión de un género especial. El hombre la ha tomado como quien cae de una montaña o de lo alto de un campanario, y ha llegado al crimen como si no le llevaran sus piernas. Se volvió a cerrar la puerta y mató, mató a dos personas obedeciendo a una teoría. Mató y no supo apoderarse del dinero, y lo que logró llevarse, lo escondió debajo de una piedra. No le bastó la tortura sufrida detrás de la puerta, cuando alguien llamaba y hacía sonar la campanilla; luego fue al piso para recordar, medio delirando, el sonido de esa misma campanilla; necesitaba experimentar otra vez los escalofríos por la espalda... Bueno, supongamos que es cosa de la enfermedad, pero hay más: ha asesinado, se considera una persona honrada, desprecia a la gente y se da aires de ángel inmaculado... ¡No, qué va a ser Mikolka, mi querido Rodión Románovich! ¡Eso no es obra de Mikolka!

Estas últimas palabras, después de lo dicho antes, tan parecido a una retractación, resultaron excesivamente inesperadas.

Raskólnikov tembló de pies a cabeza, como atravesado de parte a parte.

—Entonces... ¿quién... mató...? –preguntó, sin poder resistir por más tiempo, con voz ahogada.

Porfiri Petróvich se apoyó en el respaldo de la silla, como si la pregunta le hubiera sorprendido, desapercibido.

–¿Cómo? ¿Quién mató? –repitió, como si no diera crédito a sus oídos–. Pues *usted*, Rodión Románovich. Fue usted quien mató... –añadió, casi susurrando y en un tono de convicción absoluta.

Raskólnikov brincó del diván, permaneció unos segundos de pie y volvió a sentarse sin decir una palabra. De pronto, pequeñas convulsiones le estremecieron los músculos de la cara.

—Los labios vuelven a temblarle, como el otro día –masculló Porfiri Petróvich, incluso con compasivo acento–. Me parece, Rodión Románovich, que usted no ha interpretado bien mi visita –añadió, después de unos momentos de silencio–, y por eso se ha sorprendido tanto. He venido precisamente para decirlo todo y hablar abiertamente.

—Yo no he matado –musitó Raskólnikov, asustado como el niño al que sorprenden haciendo una trastada.

–Sí, ha sido usted, Rodión Románovich, usted y nadie más que usted –balbuceó Porfiri, severo y convencido.

Los dos se callaron. Su silencio se prolongó mucho, unos diez minutos, hasta parecer extraño. Raskólnikov se acodó en la mesa y se pasó los dedos por los cabellos. Porfiri Petróvich permanecía quieto en su asiento y esperaba. De súbito, Raskólnikov lanzó una mirada despectiva a Porfiri.

–¡Otra vez vuelve usted a su viejo juego, Porfiri Petróvich! Siempre viene con los mismos procedimientos. ¿No llegan a hartarle a usted mismo?

–¡Eh, déjese de historias! ¿Para qué quiero mis procedimientos? La cosa sería distinta si hubiera testigos; pero ya ve, estamos hablando cara a cara y en voz baja. Usted mismo ha de darse cuenta de que no he venido para acorralarle y cazarle como a una liebre. En este momento me importa un bledo que se confiese usted culpable o no. No necesito su confesión para convencerme de que estoy en lo cierto.

–Si es así, ¿a qué ha venido usted? –preguntó Raskólnikov, irritado–. Le hago la misma pregunta que la otra vez: Si me considera culpable, ¿por qué no me mete usted en la cárcel?

–¡Valiente pregunta! Le contestaré punto por punto: en primer lugar, porque detenerle así, por las buenas, no es ninguna ventaja para mí.

–¡Cómo! ¿No es ninguna ventaja? Si está usted convencido, usted debe…

–¡Vaya, hombre! ¿Qué importa el que esté convencido? Eso, por ahora, no son más que lucubraciones mías. ¿Y a santo de qué he de hacer que esté usted *en reposo*? Si lo pide usted mismo, por algo será. Suponga que llamo, por ejemplo, al peletero para tener un careo con usted, y usted le dice: "¿No estabas borracho? ¿Quién me vio contigo? Te tomé por un borracho y realmente estabas bebido". ¿Qué digo yo entonces a esto? Tanto más cuanto que las palabras de usted resultarán más verosímiles que la declaración del peletero, que se basa en una pura argumentación psicológica, y es un hombre que con la cara paga, pues a la legua se ve que es un bebedor empedernido, cosa harto sabida por todo el mundo. Yo le he confesado más de una vez, francamente, que los argumentos psicológicos tienen dos filos, y el segundo será de más peso y verosímil; y también le he dicho que, aparte la psicología, por ahora, no tengo nada contra usted. Y aunque al fin, a pesar de todo, lo meteré en la cárcel y yo mismo he venido (lo que nadie haría) a comunicárselo de antemano, le digo sin ambages (lo que tampoco nadie haría) que para mí no tendría ninguna ventaja. Bueno, en segundo lugar he venido…

–¡Ah, sí! ¿En segundo lugar?

Raskólnikov aún respiraba con dificultad.

–Porque, como ya le he declarado hace poco, considero que le debo una explicación. No quiero que me considere un monstruo, con tanto mayor motivo cuanto que me siento sinceramente inclinado a su favor, lo crea o no. Por eso he venido a verle, en tercer lugar, para proponerle, abierta y francamente, que se presente usted mismo. Eso tendrá, para usted, un sinfín de ventajas, y también para mí resultará más ventajoso, pues así me quitaré un peso de encima. Bueno, dígame, ¿soy sincero, o no?

Raskólnikov estuvo cosa de un minuto reflexionando.

–Oiga, Porfiri Petróvich, usted mismo dice: es psicología pura; sin embargo, ha ido usted a parar a la matemática. ¿Y si se equivocara ahora?

–No, Rodión Románovich, no me equivoco. Tengo un indicio evidente, ¡un indicio que me mandó el otro día la misma Providencia!

–¿Qué indicio?

–No se lo diré, Rodión Románovich. En todo caso, ya no tengo derecho a esperar más; le haré detener. Así que juzgue usted mismo: *ahora* me es igual lo que me diga; por consiguiente, le hablo sólo en bien suyo. Se lo juro, ¡para usted es lo mejor, Rodión Románovich!

Raskólnikov sonrió rencorosamente.

–Lo que dice no sólo es ridículo, sino hasta insolente. Aunque fuera yo culpable, cosa que no digo, ni mucho menos, ¿a santo de qué he de presentarme ante usted y declararme tal, cuando usted mismo dice que voy a estar allí *en reposo*?

–¡Ah, Rodión Románovich! ¡No tome demasiado al pie de la letra esas palabras! ¡Quizá esté muy lejos de encontrar allí el *reposo*! Lo que afirmo es una simple teoría, una teoría que he ideado, ¿y qué autoridad soy yo para usted? ¿Sabe usted si no le oculto alguna cosa ahora mismo? ¡No querrá que, sin más ni más, tome cuanto sepa y se lo presente! ¡Je, je! La segunda cuestión es la ventaja que lograría usted. ¿No sabe qué disminución de la pena se ganaría? Piense en qué momento se presenta y se denuncia. ¡Júzguelo usted mismo! Cuando otro se ha declarado culpable y ha embrollado la cuestión. Por lo que me toca, le juro ante Dios que "allí" arreglaré las cosas de tal modo, que su presentación parecerá completamente inesperada. Destruiremos por completo la psicología y reduciré a la nada las sospechas que recaen sobre usted, de modo que su crimen aparecerá como una ofuscación, porque, hablando en conciencia, no es otra cosa. Soy una persona honrada, Rodión Románovich, y mantendré mi palabra.

Raskólnikov no respondió y bajó la cabeza tristemente. Permaneció largo rato meditando, hasta que, al fin, volvió a sonreír, pero su sonrisa era humilde y triste:

–¡Ah, no me hace falta! –dijo, como si hubiera dejado de fingir por completo ante Porfiri–. ¡No vale la pena! ¡Para nada necesito la disminución de condena de que me habla!

–¡Eso, eso era lo que yo me temía! –exclamó Porfiri, vivamente y como a pesar suyo–. Temía que no quisiera usted oír hablar de disminución de la pena.

Raskólnikov le miró con una mirada densa y triste.

–¡Ah, no desprecie la vida! –prosiguió Porfiri–. Tiene usted mucho por delante. ¿Cómo dice que no necesita una disminución de la pena, que no le hace falta? ¡Qué hombre más impaciente es usted!

–¿Qué tengo aún por delante?

–¡La vida! ¿Es usted profeta para saber lo que la vida le reserva? Busque y encontrará. Quién sabe si no es lo que Dios espera de usted. Además, la condena no es una cosa eterna…

–Habrá una disminución… –comentó Raskólnikov riendo.

–¿Qué? ¿Es una vergüenza burguesa lo que le retiene? Es posible que se haya asustado sin darse cuenta de ello, porque es joven. Con todo, no es usted hombre para temer o avergonzarse si se ha de presentar y declararse culpable.

–¡Ah, qué me importa! –balbuceó Raskólnikov, despectivamente, lleno de repugnancia, como si no deseara hablar.

Hizo un movimiento para levantarse, como si quisiera irse, mas se volvió a sentar con visible desesperación.

–¡Dice usted que no le importa! Ha perdido usted la confianza en todo y cree que vengo a halagarle con segundas intenciones. ¡Como si hubiera vivido usted mucho! ¡Como si entendiera muy bien lo que es la vida! Ha ideado una teoría y se avergüenza de haber fracasado, de no haber resultado muy original. El resultado ha sido infame, la verdad; pero, a pesar de todo, no es usted un miserable sin esperanza. ¡No es usted un miserable sin remedio! Por lo menos no ha estado usted mucho tiempo entre el querer y el dolor y se ha lanzado de una vez hasta los últimos mojones. ¿Sabe en qué concepto le tengo? Le tengo por uno de aquellos que, si encuentran una fe o un Dios, son capaces de mirar sonriendo a los verdugos que les arranquen las entrañas. Bien, pues encuéntrelos y viva. En primer lugar, hace tiempo que necesita usted cambiar de aire. En realidad, el sufrimiento también es una cosa buena. Sufra usted. Quizá tenga razón Mikolka al querer sufrir. Ya sé que no es usted creyente, pero no se haga el listo filosofando; entréguese a la vida francamente, sin razonar. No se intranquilice, la vida le llevará en línea recta a una orilla y le levantará. ¿A qué orilla? ¡Cómo quiere usted que lo sepa! Lo único que creo es que aún ha de vivir usted mucho. Sé que ahora toma mis palabras como sermón aprendido de memoria, pero es posible que más tarde se acuerde de ellas y alguna vez le sean de provecho; he aquí por qué se las digo. Menos mal que sólo ha asesinado a la vieja. ¡De haber ideado otra teoría, podía haber realizado una acción cien millones de veces más abominable! Quién sabe si no hay que dar gracias a Dios por no haber permitido que ocurriese otra cosa: vaya usted a saber si no le reserva Dios para algo. Usted tiene un gran corazón, pero procure temer menos. ¿Tiembla usted ante la idea de dar el gran paso que le espera? Temblar ahora es una vergüenza. Después del paso que ha dado, no tiene más remedio que ser valiente. Ha de reinar la justicia. Cumpla lo que la justicia exige. Sé que no es creyente, pero le juro que la vida le sacará a flote. Después estará contento de sí mismo. Lo que usted necesita ahora es aire, ¡aire, aire!

Raskólnikov se estremeció.

–Pero ¿quién es usted? –gritó–. ¿Qué profeta es usted? ¿De qué alturas de majestuoso sosiego pronuncia sus archisabidas profecías?

–¿Quién soy yo? Soy un hombre acabado, nada más. Un hombre quizá capaz de sentir y de comprender; un hombre que quizá ha llegado a aprender algo, pero acabado del todo. Usted es otra cosa. A usted quien le ha preparado la vida ha sido Dios mismo (aunque, ¿quién sabe?, es posible que también pase la vida para usted como un soplo, sin dejar rastro). ¿Qué le importa entrar a formar parte de otra categoría de personas? No serán las comodidades lo que echará de menos un corazón como el suyo. ¿Qué importa el que quizá durante un tiempo muy largo no le vea nadie? La cuestión está no en el tiempo, sino en usted mismo. Hágase usted un sol y todos le verán. El sol ante todo ha de ser sol. Otra vez sonríe usted: ¿que me hago el Schiller? Apuesto a que ahora también se figura usted que procuro ganarme sus simpatías! ¡Vaya a saber! A lo mejor realmente procuro ganármelas. ¡Je, je, je! Rodión Románovich, no me creerá, sin duda, por lo que le diga, y no me crea nunca por completo; soy así, lo reconozco. Sólo he de añadir otra cosa. Me parece que usted mismo puede juzgar hasta qué punto soy un hombre ruin y hasta qué punto soy un hombre honrado.

–¿Cuándo piensa usted detenerme?

–Pues aún puedo concederle día y medio o dos días para pasear. Piense usted, mi buen amigo; pida a Dios que le ayude. Lo que le propongo es mucho más ventajoso; se lo juro, es mucho más ventajoso.

–¿Y si huyo? –preguntó Raskólnikov, riéndose de manera extraña.

–No, no huirá usted. Huiría un mujik, huiría el sectario de moda, laca-yo de un pensamiento ajeno, porque basta mostrarle la punta del dedo, como al guardia marina *Dirka*[5], y cree toda la vida en lo que uno quiera. En cambio, usted no cree ya en su teoría, ¿qué iba usted a llevarse consigo? ¿Y qué resolvería usted huyendo? La vida del fugitivo es repugnante y difícil, y lo que usted necesita es una vida y una situación determinadas, con el aire correspondiente. ¿Encontraría usted acaso el aire que necesita, en la huida? Huya usted y volverá por sus pasos. Usted no puede prescindir de nosotros. Si le pongo bajo cerrojo en la cárcel, al mes, a los dos meses, quizá a los tres meses, de improviso (recuerde usted mis palabras), se presentará usted mismo y quizá de modo que hasta para usted resulte ines-perado. Ni una hora antes sabrá que va a presentarse y confesar su culpa. Estoy convencido hasta de que llegará a "aceptar el sufrimiento"; usted ahora no cree en mis palabras, pero hará usted lo que le digo. Porque el sufrimiento, Rodión Románovich, es una gran cosa; no haga caso de que me haya convertido en un hombre gordo, porque no paso privaciones, pero sé lo que digo. No se ría. En el sufrimiento está contenida una idea. Mikolka tiene razón. No, no huirá, Rodión Románovich.

Raskólnikov se levantó y tomó la gorra. Porfiri Petróvich también se levantó.

–¿Se va a dar una vuelta? La tardecita se presenta buena. Esperemos que no haya tormenta. Aunque quizá refrescará un poco; sería mejor…

También alcanzó la gorra.

–Ahora, Porfiri Petróvich, no crea que hoy me he confesado culpable –dijo Raskólnikov, en tono grave e insistente–. Usted es un hombre raro, y si le he escuchado ha sido por pura curiosidad. Pero no le he confesado nada… Recuérdelo.

–Bueno, sí, lo sé y lo recordaré. Pero… ¡si hasta tiembla usted! No se preocupe, amigo mío; se hará su voluntad. Paséese un poco, mas ya no es posible pasear mucho. En todo caso, he de hacerle todavía un ruego –aña-dió Porfiri, bajando la voz–, un ruego algo delicado, mas importante: si llegara el momento (lo que no creo, pues no imagino que sea capaz de ello), pero si a pesar de todo llegara, y en estas cuarenta o cincuenta horas se le ocurriera a usted terminar el caso de otro modo, de alguna manera fantásti-

---

[5] Alusión a un personaje –Petujov– citado por Gógol en su comedia *El casamiento* (Acto II, esc. VIII).

ca, y levantar la mano contra sí (la suposición es absurda, perdónemela usted), deje una nota escrita, breve, pero clara. Dos líneas, sólo dos pequeñas líneas, y no se olvide de indicar dónde está la piedra: será más noble de su parte. Bueno, hasta la vista… ¡Que tenga buenos pensamientos y acierto en la decisión!

Porfiri salió, encorvando un poco la espalda y evitando mirar a Raskólnikov, quien se acercó a la ventana y, con frenética impaciencia, esperó a que su visitante hubiera salido a la calle y se alejase de la casa. Luego él mismo abandonó apresuradamente la habitación.

CAPÍTULO III

Estaba impaciente por ver a Svidrigáilov. No sabía lo que podía esperar de aquel hombre que ejercía sobre su espíritu un misterioso poder. Desde que Raskólnikov se había convencido de ello, la inquietud le devoraba, y ya no era el momento de retrasar una explicación.

En el camino, una duda le preocupaba sobre todo: ¿Había Svidrigáilov ido a la casa de Porfiri?

A su entender, no había ido. Raskólnikov lo habría jurado. Recordando todas las circunstancias de su entrevista con Porfiri, llegó siempre a la misma conclusión negativa. Pero, si no había ido, ¿no iría?

También se respondía negativamente. ¿Por qué? No hubiera podido dar la razón de su modo de ver; y, aunque hubiera podido darla, no se habría molestado en intentarlo. Esto le inquietaba, pero a la vez le dejaba indiferente. Algo extraño y casi increíble: por crítica que fuese la situación de Raskólnikov, éste no tenía sino un leve temor; lo que le atormentaba era otra cuestión mucho más importante, que personalmente le afectaba, no aquélla.

También experimentaba un intenso cansancio moral, aunque entonces se hallaba en estado de razonar con más sosiego que los días anteriores.

Además, ¿valía la pena, después de lo ocurrido, intentar vencer aquellas nuevas dificultades miserables? ¿Valía la pena, por ejemplo, observar, aplicarse y perder el tiempo al lado de un Svidrigáilov cualquiera?

¡Oh, qué harto estaba de todo!

No obstante, se daba prisa por llegar a casa de Svidrigáilov. ¿No esperaría de él algo *nuevo*, indicaciones o un recurso para salir del paso? ¡Hay quien se agarra a un clavo ardiendo! ¿No era el destino o algún instinto lo que ponía a los dos hombres en un mismo camino? Quizá no había más que fatiga, desesperación; quizá a quien necesitaba no era a Svidrigáilov, sino simplemente a otra persona y sólo por casualidad se había cruzado con Svidrigáilov. ¿Sonia? ¿Para qué ver a Sonia, ahora? ¿Para pedirle lágrimas otra vez? Además, Sonia le daba miedo. Sonia representaba la sentencia implacable, la decisión que no podía ser revocada. Ante él no había más que dos caminos: el suyo o el que ella le señalaba. En aquel momento, sobre todo, Raskólnikov no estaba en condiciones de verla. ¿No era mejor dilucidar lo que Svidrigáilov le reservaba? En su interior, Raskólnikov se veía obligado a reconocer que el hombre le parecía necesario para algo desde hacía tiempo.

No obstante, ¿qué habría de común entre ellos? Ni siquiera la vileza podía ser idéntica en los dos. Además, Svidrigáilov resultaba desagradable en extremo; por lo visto era un hombre sumamente depravado, sin duda alguna astuto y falso, y quizá muy ruin. ¡Y qué relatos no se contaban de él! Ciertamente, se había ocupado de los niños de Katerina Ivánovna, pero ¿quién sabía por qué lo había hecho y qué significaba aquello? Era un hombre que siempre tenía intenciones y proyectos poco claros.

Durante aquellos días otra idea asaltaba sin cesar a Raskólnikov y le inquietaba de modo horrible, pese a que se esforzaba por arrojarla de su mente, tanto era lo que le abrumaba. A veces pensaba que Svidrigáilov había estado y estaba dando vueltas en torno suyo: Svidrigáilov había descubierto su secreto; Svidrigáilov había intentado algo contra Dunia. ¿Y si lo estuviera intentando ahora también? Casi sin miedo a equivocarse podía responder que sí, que algo pretendía de Dunia. ¿Y si ahora, que ha descubierto el secreto de Raskólnikov y ha adquirido, de ese modo, cierto poder sobre él, quiere utilizarlo como arma contra Dunia?

La idea a veces le torturaba, incluso en sueños; pero nunca había aparecido en su conciencia con tan nítida claridad como en ese momento, camino de la casa de Svidrigáilov. La idea bastaba para despertar en él una tenebrosa furia. En primer lugar, si era así, todo cambiaba, incluso en su propia situación: en seguida descubriría su secreto a Dunia. Quizá debiera entregarse para evitar que Dúniechka diese un paso imprudente. ¿La carta? ¡Por la mañana, Dunia había recibido una carta! ¿De quién podía recibir carta en Petersburgo? (¿Acaso de Luzhin?). Desde luego, Razumijin montaba la guardia, pero Razumijin no sabría nada. ¿Quizá habría de hablar francamente con Razumijin? Raskólnikov pensó en ello con aversión.

"En todo caso, es necesario ver a Svidrigáilov cuanto antes –decidió para sí, definitivamente–. Gracias a Dios, no son tan necesarios los detalles como la esencia de la cuestión; pero si Svidrigáilov fuera capaz…, si intrigara algo contra Dunia, entonces…".

Raskólnikov estaba tan fatigado de aquel tiempo, de aquel mes, que no podía resolver cuestiones semejantes más que de una manera: "Entonces, le mato", pensó con fría desesperación. Una sensación de angustia le oprimía el pecho. Raskólnikov se detuvo en medio de la calle y empezó a mirar a su alrededor. ¿Qué camino seguía, y dónde estaba? Se encontraba en la avenida de N., a unos treinta o cuarenta pasos de la Plaza del Heno, por la que había pasado. La segunda planta del edificio de la izquierda estaba destinada a taberna. Las ventanas se veían abiertas de par en par; a juzgar por las figuras que se movían junto a ellas, el local debía de estar de bote en bote. En la sala se cantaba, tocaban un clarinete y un violín, resonaba un tambor turco. Se percibían chillidos de mujer. Quería dar media vuelta y volver sobre sus pasos, extrañado de haberse dirigido hacia la avenida de N., cuando de súbito, por una de las ventanas abiertas de la taberna, vio sentado junto a la ventana misma, ante una mesa de té y con la pipa en los labios, a Svidrigáilov en persona. Aquello le sorprendió extraordinariamente, hasta producirle una sensación de horror. Svidrigáilov le observaba y le examinaba en silencio; al parecer, deseaba levantarse y esconderse disimuladamente antes de que él le viera, lo cual sorprendió asimismo en seguida a Raskólnikov. Raskólnikov hizo como si no le hubiera visto y mirara caviloso hacia otra parte, si bien continuaba observándole con el rabillo del ojo. Le latió el corazón, lleno de alarma. "Así es. Svidrigáilov, por lo visto, no desea que se den cuenta de su presencia": se quitó la pipa de los labios y se dispuso a esconderse; pero, al levantarse y apartar la silla, notó de pronto que Raskólnikov le veía y le estaba observando. Se produjo entre ellos una escena semejante a la de su primera entrevista, cuando Raskólnikov se fingía dormido. Una sonrisa taimada, cada vez más amplia, se dibujó en el rostro de Svidrigáilov. Los dos sabían que se estaban viendo y que se observaban mutuamente. Por fin Svidrigáilov soltó una sonora carcajada.

–¡Bueno, bueno! Entre sí quiere. ¡Aquí estoy!

Raskólnikov subió a la taberna.

Encontró a Svidrigáilov en una salita muy pequeña, en la parte posterior de la taberna, con una sola ventana, contigua a la sala donde, ante unas
veinte mesas pequeñas, tomaban té mercaderes, funcionarios y gente de
toda clase entre los gritos de un desafinado grupo de cantores. Hasta allí
llegaba el golpe seco de las bolas de billar. Svidrigáilov tenía en la mesita
una botella de champaña ya empezada y un vaso lleno hasta la mitad. En la
habitación había, además, un muchacho que tocaba un pequeño organillo
de mano y una joven sanota, de mejillas sonrosadas, que llevaba una falda
a rayas, algo levantada, y un sombrero tirolés con cintas; tendría unos
dieciocho años y, a pesar del coro de la sala inmediata, cantaba, acompañada del organillo, con voz de contralto bastante ronca, una canción ram-
plona…

—¡Bueno, basta! —dijo Svidrigáilov, interrumpiéndola, cuando entró
Raskólnikov.

La joven se paró en seco y adoptó una actitud de respetuosa espera.
Había cantado su simple canción de versos rimados también con cierto
aire de seriedad y respeto reflejado en la cara.

—¡Eh, Filipp, un vaso! —gritó Svidrigáilov.

—No voy a beber vino —dijo Raskólnikov.

—Como quiera; no lo pido para usted. ¡Bebe, Katia! Hoy no hace falta
nada más; puedes irte.

Llenó con generosidad un vaso de champaña y le puso sobre la mesa
un billetito. Katia se bebió el vaso de golpe, como beben el vino las mujeres, es decir, sin tomarlo a sorbitos; cogió el billete, besó la mano de Svidrigáilov, cosa que éste permitió con mucha seriedad, y salió de la
habitación, seguida del muchacho con el organillo. Los dos habían sido
llamados de la calle. Svidrigáilov no llevaba ni una semana en Petersburgo, mas parecía que todo le era ya familiar y que trataba a todo el
mundo con aire patriarcal. El camarero de la taberna, Filipp, era ya un
"conocido" y le tiraba de la levita. Se cerró la puerta que daba a la sala; en
la salita pequeña estaba Svidrigáilov como en su casa, y en ella se pasaba
quizá días enteros. La taberna era sucia, desagradable, inferior incluso a
las tabernas de categoría media.

—Iba a su casa a verle —empezó a decir Raskólnikov—; pero no sé por
qué desde la Plaza del Heno me he metido por la avenida de N. Nunca sigo
este camino. Desde la plaza tuerzo a la derecha. Además, éste no es el
camino para ir a su domicilio. No he hecho más que dar la vuelta y le he
visto. ¡Qué raro!

–¿Por qué no dice usted sin rodeos que es un milagro?

–Porque quizá no es más que una casualidad.

–¡Qué complicada es la gente de aquí! –dijo Svidrigáilov, riéndose–. Aunque en el fondo crea en los milagros, no lo confiesa. Usted mismo dice que "quizá" es sólo una casualidad. ¡Qué miedo tienen todos a manifestar su opinión personal! No puede usted imaginarlo, Rodión Románovich. No me refiero a usted, que tiene opinión propia y la ha defendido sin miedo. Por eso me ha llamado usted la atención.

–¿Sólo por eso?

–Es más que suficiente.

Era notorio que Svidrigáilov estaba excitado, aunque sólo un poquitín; no había bebido más de medio vaso de champaña.

–Me parece que fue usted a verme sin haberse enterado de que yo era capaz de tener lo que llama usted opinión propia –indicó Raskólnikov.

–Entonces el caso era distinto. Cada uno da sus pasos. En cuanto a lo del milagro, me parece que se ha pasado usted estos dos o tres días últimos durmiendo. Yo mismo le hablé de esta taberna, y no hay milagro alguno en eso de que haya venido usted hacia aquí. Le expliqué cómo se venía, dónde está situada la taberna y a qué horas podía usted encontrarme en este lugar. ¿Se acuerda?

–Lo había olvidado –contestó, sorprendido, Raskólnikov.

–Lo creo. Se lo expliqué dos veces. La dirección se le grabó en la memoria inconscientemente. Así, usted ha dado la vuelta hacia aquí de modo mecánico, pero siguiendo con rigor la dirección debida, sin saberlo. Entonces, cuando le expliqué dónde podía encontrarme, no tenía muchas esperanzas de que me comprendiese. Se pone usted demasiado en evidencia, Rodión Románovich. Y aún le diré otra cosa: estoy convencido de que en Petersburgo mucha gente al andar habla consigo misma. Es una ciudad de semilocos. Si aquí las ciencias se cultivaran, los médicos, los juristas y los filósofos podrían hacer sobre Petersburgo investigaciones valiosísimas, cada uno según su especialidad. Difícil sería encontrar otro lugar donde el alma humana esté sujeta a influencias tan sombrías, contradictorias y raras como en Petersburgo. ¡Lo que no significa, por ejemplo, la influencia del clima! No obstante, Petersburgo es el centro administrativo de Rusia entera y su carácter ha de reflejarse en todo. Pero ahora no se trata de eso, sino de que le he observado varias veces sin que se diera cuenta. Cuando sale usted de su casa, aún sostiene la cabeza erguida. A los veinte pasos, la baja y se pone las manos atrás. Mira, pero es evidente que no ve nada ni ante sí, ni a la derecha ni a la izquierda. Al fin comienza a mover los labios y a hablar consigo mismo; a veces se pone a declamar, gesticulando, y hasta se queda largo rato parado en medio de la calle. Eso está muy mal. ¿Quién sabe? Quizá no soy el único que le observa, y ello puede perjudicarle. En el fondo me da lo mismo, porque no pretendo curarle, pero usted ya me entiende.

–¿Sabe si alguien me vigila? –preguntó Raskólnikov, escudriñándole.

–No, no sé nada –respondió Svidrigáilov, sorprendido.

–Bien, pues no hablemos más de mí –balbuceó Raskólnikov, frunciendo el ceño.

–Está bien, no hablemos más de usted.

–Es preferible que me diga por qué, si viene aquí a beber y si me dio dos veces esta dirección para que viniera a verle, por qué ahora, cuando miré a la ventana desde la calle, se ha escondido y ha procurado que no le viera. Me he dado perfecta cuenta de ello.

–¡Je, je! ¿Y por qué usted, cuando yo me hallaba en el umbral de la puerta de su habitación, estaba echado en su diván con los ojos cerrados, fingiendo dormir? Me di perfecta cuenta de ello.

–Podía tener… mis razones… Usted lo sabe.

–También yo puedo tener mis razones, aunque usted no las conozca.

Raskólnikov puso el codo derecho en la mesa, apoyó la parte baja del mentón en los dedos de la mano y clavó la vista en Svidrigáilov. Permaneció un minuto estudiando su rostro, que siempre le impresionaba. Era aquélla una faz extraña, parecida a una máscara: la cara blanca, sonrosada, los labios purpúreos, la barba rubia y los cabellos abundantes, también rubios. Los ojos parecían demasiado azules y la mirada excesivamente pesada y fija. Aquel rostro hermoso y de aspecto muy juvenil, a pesar de los años de Svidrigáilov, tenía algo de terriblemente desagradable. Vestía Svidrigáilov con suma elegancia, llevaba un traje de verano, ligero, y una camisa impecable. Lucía en el dedo una enorme sortija, con una piedra preciosa.

–Pero ¿es posible que también usted haya de ser para mí una preocupación? –exclamó de pronto Raskólnikov, pasando con convulsiva impaciencia a la conversación abierta–. Aunque usted sea para mí el hombre más peligroso, si desea hacerme daño, no quiero andar con más subterfugios. Ahora le demostraré que no me tengo en tanta estima como probablemente usted piensa. Sepa que he venido a decirle sin rodeos que si mantiene sus intenciones de antes respecto a mi hermana y si, para conseguir lo que se propone, piensa hacer uso como sea de lo que acaba de descubrir, le mataré antes de que me meta usted en la cárcel. No son palabras vanas; sabe que sé cumplir lo que digo. En segundo lugar, si desea comunicarme algo (porque estos días me ha parecido que tenía deseos de decirme algo), hágalo cuanto antes, porque el tiempo apremia y quizá muy pronto ya sea tarde.

–Pero ¿por qué tiene tanta prisa? –le preguntó Svidrigáilov, observándole lleno de curiosidad.

–Cada uno da sus pasos –dijo Raskólnikov, sombrío e impaciente.

–Usted mismo acaba de invitarme a ser franco y, a la primera pregunta que le hago, se niega a responder –observó Svidrigáilov, sonriendo–. No hace más que pensar que persigo ciertos fines sospechosos y por eso me mira con desconfianza. Claro, en su situación es perfectamente comprensible. Pero, por grande que sea mi deseo de estar con usted en buenas relaciones, no me tomaré la molestia de convencerle de que sus sospechas son infundadas. La cosa no merece la pena, se lo juro, y, por otra parte, no tenía intención de hablar con usted de algo singular.

–¿Qué falta le hago entonces? ¿Por qué está siempre dando vueltas a mi alrededor?

–Sencillamente, porque es usted un sujeto curioso. Me ha interesado por lo fantástico de su situación, ¡ya ve! Además, es el hermano de una persona que me ha interesado mucho y a la cual, en otro tiempo, oí hablar tantísimo y con tanta frecuencia de usted, que llegué a la conclusión de que usted posee sobre ella enorme influencia. ¿Acaso es poco eso? ¡Je, je, je! Sin embargo, le confieso que su pregunta me parece en alto grado complicada y me es difícil contestarle. Ahora, por ejemplo, ha venido a verme, no para resolver algún asunto, sino en busca de algo nuevo, ¿no es así? ¿Verdad que es así? ¿Verdad? –insistió Svidrigáilov, con maliciosa sonrisa–. Pues figúrese, después de esto, que yo mismo, al venir hacia acá, en el tren, confiaba también en que me diría alguna cosa *nueva* y que podría tomar de usted alguna de sus cosas. ¡Ya ve si somos ricos!

–¿Qué quería tomar de mí?

–¿Qué quiere que le diga? ¿Acaso yo mismo lo sé? Ya ve en qué tabernucho mato el tiempo y ello me place, o mejor, no es que me plazca, pero en algún sitio hay que pasar las horas. Por lo menos, llamo a esta pobre Katia, ¿la ha visto?… Si yo fuera, por ejemplo, un tragón, un sibarita…, pero aquí tiene usted lo que soy capaz de comer. –Señalaba con el dedo un plato de hojalata, con los restos de un detestable filete con patatas, puesto en una mesita del rincón–. A propósito, ¿ha comido? Yo he tomado unos bocados y no deseo nada más. No bebo vino, por ejemplo, si no es champaña. En toda la tarde bebo un vaso, y basta para que me duela la cabeza. Si he pedido hoy esta botella, ha sido para cobrar valor, pues he de realizar una diligencia y me encuentra usted en un estado de ánimo especial. Hace un momento he procurado esconderme como un colegial, porque tenía miedo de que usted me estorbara, pero me parece que dispongo de una hora para estar con usted –sacó el reloj–. Son las cuatro y media. ¿Lo creerá? A veces siento no ser algo así como propietario, padre de familia, ulano, fotógrafo, periodista… pero, nada, no tengo ninguna especialidad. No sabe cómo a veces me aburro. La verdad, pensé que usted me diría algo nuevo.

–Pero ¿usted qué tipo es y a qué ha venido?

–¿Qué tipo soy yo? Ya lo sabe. Un hombre de familia noble; serví dos años en caballería, luego estuve vagabundeando por Petersburgo y después me casé con Marfa Petrovna y viví en el campo. ¡He aquí mi biografía!

–Según creo, es usted jugador, ¿no?

–No, qué voy a ser jugador. Soy un fullero, no un jugador.

–Pero ¿ha sido fullero?

–Sí, lo fui.

–¿Y no se ganó ninguna bofetada?

–Alguna. ¿Y qué?

–Pues que habría podido batirse en duelo…

–No pretendo contradecirle ni soy maestro en filosofías. Le confieso que si he venido a Petersburgo ha sido sobre todo por cuestión de mujeres.

–¿Y acaba de enterrar a Marfa Petrovna?

–Pues sí –contestó Svidrigáilov, sonriendo con victoriosa franqueza–. ¿Y qué? Según parece, encuentra censurable que hable así de las mujeres, ¿no?

–¿Quiere usted decir si encuentro censurable la depravación?

–¡La depravación! ¿Adónde va usted a parar? Pero voy a contestarle por orden. Responderé primero acerca de las mujeres en general; ya sabe que hablo por los codos. Dígame, ¿por qué quiere usted que me contenga? ¿Por qué he de apartarme de las mujeres si me gustan? Así, por lo menos, estoy ocupado.

–¿No espera, pues, encontrar otra ocupación que el libertinaje?

–¡Bueno, el libertinaje! La ha tomado con el libertinaje. Me gusta que la pregunta sea franca. En ese libertinaje hay por lo menos algo constante, basado incluso en la naturaleza y no sujeto a la fantasía, algo como una brasa siempre encendida en la sangre, algo que quema sin parar y que quizá queme aún mucho tiempo, aunque pasen los años. Reconózcalo. ¿Acaso no es esto una ocupación?

–¿Qué motivos hay para alegrarse? Es una enfermedad, y peligrosa.

–¡Ah! ¿Por ahí lo toma usted? De acuerdo, es una enfermedad, como todo lo que pasa de la medida (y en este caso no hay más remedio que rebasar la medida); pero, en primer lugar, en unos ocurre de un modo y en otros de otro, y, en segundo lugar, en todo es necesario tener sentido de la medida, atenerse a un cálculo, aunque sea un cálculo ruin. Pero ¿qué quiere usted? Sin eso, no habría más solución que pegarse un tiro. Estoy de acuerdo en que un hombre sensato tiene el deber de aburrirse, sin embargo…

–¿Sería usted capaz de pegarse un tiro?

–¡Vaya pregunta! –repuso Svidrigáilov, con disgusto–. Haga el favor de no hablar de ello –añadió en seguida, incluso sin la sombra de fanfarronería que reflejaban sus palabras anteriores. Hasta pareció que se demudaba–. He de confesarle que tengo una debilidad imperdonable, pero ¿qué le voy a hacer? Me da miedo la muerte y no me gusta que hablen de ella. ¿No sabe que, en cierto modo, soy un místico?

–¡Ah! ¡Las apariciones de Marfa Petrovna! ¿Continúan acaso?

–No me lo recuerde. En Petersburgo aún no se me ha aparecido. ¡Al diablo con las apariciones! –gritó Svidrigáilov, irritado–. Es preferible que dejemos eso… A propósito… ¡Hum! ¡Qué pena! Tenemos poco tiempo, no puedo estar mucho con usted. ¡Qué lástima! Podría contarle algo.

–¿De qué se trata? ¿De una mujer?

–Sí, de una mujer, un caso inesperado… Pero, no, no me refiero a eso.

–Pero ¿es que tanta abyección no le hace a usted ningún efecto? ¿Ha perdido la fuerza de detenerse?

–¿Y usted pretende poseer esa fuerza? ¡Je, je, je! Me sorprende, Rodión Románovich, aunque ya sabía de antemano que sería así. ¡Me está hablando usted de relajamiento y de estética! ¡Usted es un Schiller, un idealista! Claro, debe ser así y sería cuestión de sorprenderse si fuera de otro modo; sin embargo, en la realidad, resulta un poco extraño… ¡Ah, es una pena que haya tan poco tiempo, porque es usted el sujeto más curioso que me he echado en cara! A propósito, ¿le gusta Schiller? A mí, horrores.

–¡Qué fanfarrón es usted! –exclamó Raskólnikov, con cierta repugnancia.

–No, hombre; le digo que no. ¡Se lo juro! –contestó Svidrigáilov–. Aunque no le discuto que sea incluso fanfarrón; mas ¿por qué no hacerse un poco el fanfarrón, cuando es inofensivo? He vivido siete años en la aldea, al lado de Marfa Petrovna; por ello, al encontrarme con una persona inteligente como usted, inteligente y en alto grado curiosa, me encanta dar rienda suelta a la lengua; además, he bebido este medio vaso de champaña y se me ha subido un poquitín a la cabeza. Sobre todo, hay una circunstancia que me ha excitado mucho, pero de ella… Prefiero callar. ¿Adónde va usted? –preguntó de súbito Svidrigáilov, sorprendido.

Raskólnikov se había levantado. Experimentaba una tremenda sensación de pesadez, como si le faltara aire, como si le resultara molesto haber acudido a ese lugar. Había llegado a la convicción de que Svidrigáilov era un miserable, el más vacío e insignificante del mundo.

–¡Ah! Siéntese un poco más; quédese –le rogó Svidrigáilov–. Mande que le traigan algo, aunque sea té. Bueno, siéntese; no volveré a decir más estupideces acerca de mí mismo, claro. Tengo que contarle algo. ¿Quiere que le explique de qué modo una mujer, para decirlo con las palabras de usted "me salvó"? Será incluso una respuesta a su primera pregunta, porque esa persona fue su hermana. ¿Se lo puedo contar? De ese modo matamos el tiempo.

–Cuente, pero espero que usted…

–¡Oh, no se preocupe! Aparte que Avdotia Románovna, incluso a un hombre tan despreciable y vacío como yo, no puede inspirar más que un profundísimo respeto.

CAPÍTULO IV

T al vez usted sepa... Sí, ahora que lo recuerdo, yo mismo se lo conté –empezó Svidrigáilov– que estuve encarcelado aquí debido a unas deudas, por una enorme cantidad, y no contaba con los recursos necesarios para poder pagar lo que debía. No creo que sea necesario entrar en detalles acerca de la manera como me rescató Marfa Petrovna. ¿Tiene usted idea de la ofuscación con que un hombre puede llegar a amar a una mujer? Marfa era una mujer honrada y nada tonta, a pesar de que no tenía instrucción alguna. Esa mujer se adelantó a realizar conmigo una especie de contrato que debía cumplirse durante el tiempo del matrimonio. El caso es que era bastante más vieja que yo, y además llevaba siempre alguna especia en la boca. Yo fui lo bastante cerdo y al mismo tiempo honrado, claro, a mi modo, para declararle abiertamente que no podía serle del todo fiel. Esta confesión la puso furiosa, más, al parecer, mi burda sinceridad le gustó hasta cierto punto: " Si me lo declara de antemano, quiere decir que no tiene la intención de engañar", y para una mujer celosa esto es lo primero. Después de muchas lágrimas, establecimos entre los dos una especie de contrato verbal que consistía en lo siguiente: primero, yo nunca abandonaré a Marfa Petrovna y siempre seguiré siendo su marido; segundo, sin su permiso no me iré nunca; tercero, nunca tendré una amante fija; cuarto, Marfa Petrovna, a su vez, me permitirá a veces fijarme en alguna muchacha del servicio, pero siempre con su secreto consentimiento; quinto, Dios me libre de querer a una mujer de nuestra clase; sexto, si se apodera de mí, que Dios no lo quiera, alguna pasión, grande y seria, he de confesarlo a Marfa Petrovna. Por lo que respecta a este último punto, Marfa Petrovna estuvo siempre bastante tranquila; era una mujer inteligente y, por tanto, no podía considerarme sino como un libertino incapaz de amar en serio. Pero mujer inteligente y mujer celosa son dos cosas distintas, y en ello está el mal. De todos modos, para juzgar sin pasión a ciertas personas, es necesario renunciar de antemano a ciertas ideas preconcebidas y a la manera habitual de ver a las demás y los objetos que nos rodean. Tengo derecho a confiar en el juicio de usted más que en el de ninguna otra persona. Es posible que de Marfa Petrovna haya usted oído contar muchas cosas ridículas y absurdas. En efecto, tenía algunas costumbres más que ridículas; pero le digo con sinceridad que lamento en el alma haberle causado las amarguras que le causé. Bueno, me parece que basta como muy estimable *oraison funèbre* a la más tierna esposa del más tierno de los esposos. Cuando reñíamos, yo, por lo común, callaba sin irritarme, y esta actitud a lo *gentleman*, casi siempre alcanzaba su objetivo, influía en Marfa Petrovna, a la que incluso gustaba; hubo casos en que Marfa Petrovna se sintió orgullosa de mí. A pesar de todo, a la hermana de usted no pudo soportarla. ¡No comprendo aún cómo se arriesgó a tener en su casa por institutriz a una beldad semejante! Me lo explico pensando que Marfa Petrovna era una mujer apasionada y muy impresionable, y que, sencillamente, se enamoró, tal como se lo digo, se enamoró de la hermana de usted. Ha de saber también que fue Avdotia Románovna la que dio el primer paso, ¿no lo cree? ¿No me creerá tampoco si le digo que al principio Marfa Petrovna llegó al extremo de enojarse conmigo porque me mostraba indiferente a sus incesantes y apasionados elogios de Avdotia Románovna? No comprendo lo que quería. Claro. Marfa Petrovna contó a Avdotia Románovna cuanto a mi persona se refería, pues tenía la desgraciada costumbre de contar a todo el mundo nuestros secretos de familia y de quejarse siempre de mí. ¿Cómo iba a pasar por alto una nueva y excelente amiga como era su hermana? Supongo que no hablaban de otra cosa que de mi persona, y no hay duda de que Avdotia Románovna llegó a conocer las cosas sombrías y misteriosas que se me atribuyen... Apuesto a que usted también ha oído algo, ¿no es así?

—Sí. Luzhin le ha acusado incluso de haber sido la causa de la muerte de una criatura. ¿Es cierto?

—Le ruego que deje de lado esas bajezas —contestó Svidrigáilov, con repugnancia y desgana, eludiendo una respuesta clara—. Si desea usted enterarse sin falta de esos absurdos, se los contaré otro día; pero ahora...

—Se habló también de un criado suyo, de la aldea, y de que, al parecer, algo le ocurrió a causa de usted.

—¡Basta, se lo ruego! —exclamó Svidrigáilov, con manifiesta impaciencia.

—¿No será el criado que, después de muerto, acudió a prepararle la pipa, según usted mismo me contó? —prosiguió Raskólnikov, cada vez más irritado.

Svidrigáilov le miró atentamente. Raskólnikov creyó ver en su mirada el brillo instantáneo, como un rayo, de una sonrisa cargada de rencor; mas Svidrigáilov se dominó y respondió con amabilidad.

—Es el mismo. Veo que todo esto también le interesa mucho y considero deber mío satisfacer su curiosidad cuando se presente una ocasión propicia. ¡Diablo! Puede que alguien llegue a tomarme por un personaje de novela. Juzgue usted mismo, pues, hasta qué punto estoy obligado a la difunta Marfa Petrovna el que haya hablado tanto de mí a la hermana de usted, contándole historias curiosas y llenas de misterio. No me atrevo a juzgar la impresión que le produjeron; de todos modos, eso me favorecía. A pesar de la natural aversión que yo inspiraba a Avdotia Románovna, y de mi aspecto sombrío y repulsivo, al fin tuvo lástima del hombre que consideraba perdido sin remedio. Naturalmente, para una joven nada hay más peligroso que empezar a sentir *lástima* por alguien. Entonces comienza a querer "salvar" al desgraciado, a hacerle entrar en razón, a regenerarle, a orientarle hacia fines más nobles, a ganarle para una nueva vida y una nueva actividad; bueno, sabido es lo que se puede llegar a soñar en este sentido. En seguida me di cuenta de que el pajarito volaría por sí mismo a la red, y me preparé. ¿Frunce usted el ceño, Rodión Románovich? No hay motivo; como usted sabe, todo acabó en pequeñeces. (¡Diablo, cuánto bebo!) ¿Sabe? Desde el primer momento lamenté que el destino no hubiera hecho nacer a su hermana en el siglo II de nuestra era, o en el III, como hija de algún príncipe poderoso, de algún soberano o procónsul del Asia Menor. No hay duda de que habría sido una de las que sufrieron martirio, ni de que habría sonreído, claro es, cuando le abrasaran el pecho con un hierro candente; habría aceptado el martirio por propia voluntad. En el siglo IV o en el V, se habría retirado al desierto de Egipto y vivido treinta años alimentándose de raíces, de éxtasis y de apariciones. Anhela y exige sufrir por alguien cuanto antes, y, si no encuentra ese sufrimiento, es capaz de arrojarse por la ventana. Algo he oído decir de cierto señor Razumijin. Según parece se trata de un joven sensato (ya lo indica su apellido[1]; debe de ser un seminarista); pues que vele por su hermana. En una palabra, creo haberla comprendido, y lo considero un honor para mí. Mas entonces, es decir, cuando nos conocimos, me ocurrió lo que pasa siempre cuando dos personas empiezan a conocerse, ya lo sabe usted: se suele ser más superficial y torpe que de costumbre, se miran las cosas de manera equivocada, no se ve la realidad como es. Pero ¡diablo! ¿Por qué es tan guapa? ¡No tengo la culpa de que lo sea tanto! En una palabra, empecé sintiendo una pasión libidinosa irrefrenable. Avdotia Románovna es terriblemente casta, es de una castidad nunca vista, inaudita. (Observe que se lo comunico como un hecho. Su hermana es casta quizá hasta lo patológico, pese a su lúcida inteligencia, y ello la perjudica.) Entretanto, pasó a servir en nuestra casa una moza que acababan de traer de un pueblo vecino, para que se encargara de la limpieza de las habitaciones. Se llamaba Parasha; no la había visto nunca. Tenía los ojos negros, era guapota, pero tonta de capirote: se puso a llorar a lágrima viva, alarmó a la casa entera y hubo un escándalo de padre y señor mío. Un día, después de comer, Avdotia Románovna procuró encontrarse conmigo a solas en la avenida del jardín y con ojos centelleantes *exigió* de mí que dejara en paz a la pobre Parasha. Aquélla era poco menos que nuestra primera conversación a solas. Como es natural, consideré un honor satisfacer su deseo, procuré mostrarme vencido, confuso en suma, no estuve mal en la interpretación de mi papel. Empezamos nuestras relaciones, nuestras conversaciones secretas, los sermones, las lecciones de moral, los ruegos, las súplicas, incluso las lágrimas… ¡créalo usted, hasta lágrimas! ¡Ya ve hasta dónde llega en ciertas jóvenes la pasión por la propaganda! Naturalmente, yo echaba la culpa al destino, hacía ver que estaba sediento y ávido de luz y, por fin, puse en juego un recurso grandioso e infalible para cautivar el corazón de una mujer, un recurso que no falla nunca, que influye de manera decisiva en todas las mujeres sin excepción. Se trata de un recurso conocido: la lisonja. Nada hay en el mundo tan difícil como decir francamente lo que se siente; nada tan fácil como la lisonja. Si en la sinceridad entra, aunque sólo sea la centésima parte de una nota falsa, se produce en seguida una disonancia y a ella sigue el escándalo. En cambio, la lisonja resulta agradable y se escucha con complacencia, aunque sea falsa hasta la última nota; se escuchará, si quiere usted, con burda complacencia, pero, al fin y al cabo, con complacencia. Por burda que sea la lisonja, por lo menos la mitad parece legítima. Y ello es así para las personas de todas las capas sociales, independientemente de su desarro-

---

[1] *Razúm* significa *razón, cordura, sensatez.*

llo. Incluso a una vestal cabe seducir por la lisonja. Nada digamos de las personas ordinarias. No puedo recordar sin reírme cómo seduje una vez a una mujer fiel a su marido, a sus hijos y a sus virtudes. ¡Qué divertido era y qué poco trabajo me costó! Y la señora era realmente virtuosa, por lo menos a su modo. Mi táctica consistía en mostrarme constantemente abrumado por su castidad y declararme vencido por ella. La halagaba de manera escandalosa y, no bien obtenía un apretón de manos o una mirada, comenzaba a hacerme reproches diciendo que se lo había arrancado a la fuerza, que ella se resistía, y de tal modo, que con toda seguridad nunca habría obtenido yo nada de no ser tan depravado; que ella, inocente, no se ponía en guardia contra mi perfidia, se dejaba influir involuntariamente, sin darse cuenta de ello, sin saberlo, etc. En una palabra, lo logré todo, y mi señora se quedó en alto grado convencida de que era inocente y casta, de que cumplía sus deberes y obligaciones, y de que había caído por pura casualidad. Y no sabe usted cómo se enojó cuando al fin le dije que, según mi más sincera convicción, buscaba el placer exactamente lo mismo que yo. La pobre Marfa Petrovna era también terriblemente sensible a la lisonja y, si yo hubiera querido, le habría hecho poner, aún en vida, sus fincas a nombre mío. (Pero bebo y hablo en demasía.) Espero que no se enojará usted si le recuerdo que el mismo efecto empezó a producirse en Avdotia Románovna. Sin embargo, yo mismo lo eché todo a rodar por tonto e impaciente. A Avdotia Románovna varias veces, sobre todo en una ocasión, le había desagradado enormemente la expresión de mis ojos. ¿Lo cree usted? En una palabra, cada vez con más fuerza e imprudencia brillaba en ellos cierta llama que la asustaba y que, al fin, le resultó odiosa. No es preciso contar detalles, pero el hecho es que entre nosotros se produjo una ruptura. Entonces volví a hacer tonterías. Me puse a ridiculizar de la manera más grosera esas propagandas y relaciones. Parasha reapareció en escena, y no sólo ella. En suma, comenzó el desenfreno. ¡Oh, si usted hubiera visto, Rodión Románovich, aunque hubiera sido una sola vez, de qué modo saben fulgurar a veces los ojos de su hermana! No importa que ahora esté borracho y haya bebido casi un vaso entero de champaña, lo que digo es verdad; le juro que aquella mirada se me aparecía en sueños, y se me hacía insoportable el rumor de su vestido. La verdad, temí que me dieran ataques de epilepsia. Nunca habría imaginado que podía llegar a un estado de exaltación como el de entonces. En una palabra, necesitaba hacer las paces; pero era imposible. ¿Se figura usted lo que entonces hice? ¡A qué grado de ceguera puede conducir el furor a una persona! No emprenda nunca nada encontrándose furioso, Rodión Románich. Contando que Avdotia Románovna en realidad era pobre (perdone, no quería... pero ¿no da lo mismo si se expresa el mismo concepto?), en una palabra, que vivía de su trabajo y que debía mantener a su madre y a usted (¡ah, diablo! Otra vez pone mala cara...), decidí ofrecerle todo el dinero que poseía (entonces podía yo reunir unos treinta mil rublos), para que huyera conmigo aunque fuera a Petersburgo. Naturalmente, le juré amor eterno, la felicidad, etc. Créame, entonces había perdido la cabeza de tal modo, que si Avdotia Románovna me hubiera dicho "Mata o envenena a Marfa Petrovna y cásate conmigo", lo habría hecho sin pensar. Pero acabó con la catástrofe de que tiene ya noticia, y usted mismo puede juzgar la rabia que se apoderó de mí cuando me enteré de que Marfa Petrovna había echado mano de ese infame picapleitos, Luzhin, y que por poco arregla la boda, cosa que, en esencia, era lo mismo que yo proponía. ¿No es así? ¿No es así? Es así, ¿verdad? Observo que ha empezado usted a escuchar con gran atención... joven interesante...

Svidrigáilov, impaciente, dio un puñetazo en la mesa. Se le había puesto roja la cara. Raskólnikov vio con claridad que el vaso o vaso y medio de champaña que Svidrigáilov había bebido, saboreándolo lentamente, a sorbos, surtía efecto y decidió aprovechar la ocasión. Aquel hombre le parecía muy sospechoso.

–Después de lo que acaba de contarme, estoy plenamente convencido de que ha venido usted a Petersburgo pensando en mi hermana –dijo sin rodeos, con el propósito de irritar más a Svidrigáilov.

–¡Ah, cállese usted! –repuso Svidrigáilov, como si se arrepintiera de haber hablado tanto–. Ya le he dicho... Además, su hermana no puede ni verme.

–Yo también estoy convencido de que no puede ni verle, pero ahora no se trata de eso.

–¿Y está convencido de que no puede? –Svidrigáilov entornó los ojos y se sonrió burlón–. Tiene usted razón, ella no me quiere; pero no responda nunca de lo que pueda ocurrir entre marido y mujer, o entre un hombre y su amada. Siempre queda un rinconcito que pasa inadvertido al mundo y del que sólo tienen noticia los dos. ¿Respondería usted de que Avdotia Románovna me miraba con repugnancia?

–Por algunas de las palabras y palabritas que ha soltado usted durante su relato, observo que continúa teniendo intenciones, se entiende infames y muy perentorias, respecto a Dunia.

–¡Cómo! ¿Se me han escapado a mí tales palabras y palabritas? –repuso Svidrigáilov, incautamente asustado, sin prestar la menor atención al epíteto aplicado a sus intenciones.

–Ahora mismo se pone usted en evidencia. ¿Por qué, por ejemplo, tiene tanto miedo? ¿Qué es lo que de súbito le ha asustado?

–¿Que tengo miedo y me he asustado? ¿Que tengo miedo de usted? Yo diría que más bien es usted quien ha de tener miedo de mí, *cher ami*[2]. ¡Vaya absurdo!… Con todo, se me ha subido el vino a la cabeza, me doy cuenta; por poco se me escapa otra cosa. ¡Al diablo el vino! ¡Eh, agua!

Agarró la botella y la tiró sin más ni más por la ventana. Filipp sirvió agua.

–Esto es absurdo –dijo Svidrigáilov, mojando una toalla y aplicándosela a la cabeza–. Con una palabra puedo cortar sus sospechas y reducirlas a la nada. ¿Sabe, por ejemplo, que me caso?

–Me lo dijo usted.

–¿Se lo dije? Lo había olvidado. Pero entonces aún no podía afirmarlo, ni siquiera había visto a la novia; sólo tenía la intención de casarme. Pero ahora tengo novia y la cuestión está decidida. Si no fuera que me reclaman asuntos inaplazables, le llevaría inmediatamente a verla, pues quiero aconsejarme con usted. ¡Ah, diablo! Sólo me quedan diez minutos. Mire el reloj. De todos modos, quiero contarle la historia de mi casamiento, que no deja de ser interesante en su género. ¿Adónde va? ¿Otra vez quiere marcharse?

–No, ahora no me iré.

–¿Que no se irá? ¡Lo veremos! Le presentaré a mi novia, eso sí; pero no ahora, porque pronto tendrá usted que marcharse. Usted hacia la derecha, yo hacia la izquierda. ¿Conoce usted a la Resslich? A esa Resslich en cuya casa ahora vivo, ¿eh? ¿Me escucha? No, ¿qué se figura usted? Esa de la que dicen que si a una muchacha, en invierno, al agua… Bueno, ¿me escucha? ¿Me escucha, o no? Bueno, pues ella es la que lo ha apañado todo. "Te estás aburriendo (me ha dicho). Tienes que distraerte un poco". Claro, yo soy una persona taciturna, me aburro siempre. ¿Se figuraba usted que soy una persona alegre? No, sombría; no hago daño alguno, pero me quedo sentado en un rincón y a veces me paso tres días sin decir una palabra a nadie. Y la Resslich es una bruja. Le digo que hace sus cálculos; supone que me cansaré pronto, que dejaré a la mujer y me largaré, y que entonces podrá ponerla en circulación entre gente de nuestra categoría y de más categoría también. Hay un padre de familia, un funcionario retirado, postrado en un sillón, paralítico desde hace tres años. También está la madre, una dama muy sensata, una madraza. El hijo, empleado en alguna provincia, se desentiende

---

[2] Querido amigo. (En francés en el original.)

de la familia. Una de las hijas se casó y no los visita, y han tenido que hacerse cargo de dos sobrinitos (como si fueran pocos); a su hija menor la han retirado del gimnasio sin haber terminado los estudios; dentro de un mes cumplirá dieciséis años y entonces podrán casarla. De ella se trata. Fuimos a ver a la familia. Aquello fue ridículo. Me presento: propietario, viudo, con cierto nombre, buenas relaciones y capital. ¿Qué importa que tenga yo cincuenta años y ella dieciséis? ¿Quién se fija en ello? La cosa es tentadora, ¿eh? Sí, tentadora. ¡Ja, ja! ¡Si me hubiera visto usted hablando con el papá y con la mamá! ¡Dinero habría que haber pagado por verme! Se presenta la joven, hace una reverencia, bueno, ya puede usted figurarse, aún vestida de corto, un verdadero capullito sin abrir; se ruboriza, se enciende como la aurora (le habían dicho de qué se trataba, claro). No sé cuáles son sus gustos en rostros femeninos, pero, a mi modo de ver, los dieciséis años, los ojos todavía infantiles, la timidez y las púdicas lagrimitas, son mejores que la belleza. Añada a ello que la jovencita es una monada. Tiene los cabellos rubios, ensortijados como vellón de corderito, los labios regordetes y de color rojo escarlata, y las piernas… ¡Oh, una maravilla!… Trabamos conocimiento; declaré que circunstancias de familia me obligaban a apresurar las cosas, y al día siguiente, es decir, anteayer, nos prometimos. Desde entonces, cuando llego, la pongo sobre mis piernas y no la dejo… Se enciende, como la aurora, y yo la beso a cada instante; se ve que la mamá le hace comprender que ha de ser así, porque se trata del futuro marido. Total: miel sobre hojuelas. La verdad, ese estado actual, el de novio, quizá es mejor que el de marido. Eso es lo que se llama *la nature et la verité!*[3] ¡Ja, ja! He hablado unas dos veces con ella; la muchacha no tiene nada de tonta. A veces me mira de reojo de tal modo, que hasta me abrasa. Tiene la carita como una Madonna de Rafael. ¿No le ha llamado la atención el rostro fantástico, de penosa beatitud, de la Madonna de la Sixtina? Así, por el estilo, es el de esa joven. Al día siguiente de habernos prometido le llevé regalos por valor de mil quinientos rublos: un juego de brillantes, otro de perlas y un neceser de plata de buen tamaño con toda clase de objetitos, de modo que la madonna se ruborizó. Cuando la senté ayer sobre mis piernas, lo hice probablemente con cierta brusquedad, porque se puso como una amapola y le saltaron las lágrimas. No quiere que se vea, pero ella misma arde. Se fueron todos un momento y nos dejaron completamente solos; de pronto se me arroja al cuello (era la primera vez que lo hacía), me abraza, me besa y me jura que será siempre para mí una esposa buena, fiel y obediente, que me hará feliz,

---

[3]¡La naturaleza y la verdad! (En francés en el original.)

que me dedicará su vida, todos los minutos de su vida, que sacrificará todo por mí, y que por ello no desea de mí *más que mi estimación*. "No necesito nada más, ni regalos de ninguna clase", me dijo. No me negará usted que oír semejante declaración, a solas, de un angelito de dieciséis años, con la cara encendida de pudor virginal y lagrimitas de entusiasmo en los ojos, es cosa bastante seductora. ¿Verdad que lo es? Algo vale, ¿eh? Diga, ¿no vale algo? Bueno…, bueno, oiga usted… iremos a ver a mi prometida…, pero no ahora.

–En una palabra, la monstruosa diferencia de años y de desarrollo atiza su sensualidad. ¿Y piensa usted seriamente en este matrimonio?

–¿Por qué no? Me casaré, sin duda alguna. Cada uno se preocupa de sí mismo y quien vive con mayor alegría es el que mejor sabe engañarse a sí mismo. ¡Ja, ja! ¿Le ha dado a usted ahora por navegar con las velas de moralista desplegadas al viento? Amigo, tenga compasión; yo soy un pecador. ¡Je, je, je!

–Sin embargo, usted ha colocado a los hijos de Katerina Ivánovna. Aunque… aunque usted tenía sus razones para obrar así… Ahora lo comprendo.

–En general, los niños me gustan mucho, mucho me gustan –dijo Svidrigáilov, riéndose–. Sobre ese tema puedo contarle un episodio archicurioso que todavía dura. El día mismo de mi llegada me dediqué a recorrer algunas de las cloacas que hay por aquí; después de siete años, se me iban los pies solos. Se habrá dado cuenta de que no tengo prisa por reunirme con los de mi cuerda, con mis antiguos amigos y conocidos. Me pasaré sin ellos cuanto tiempo pueda. En el campo, en casa de Marfa Petrovna, me torturaba mortalmente el recuerdo de los rincones y rinconcitos misteriosos en los que el iniciado tantas cosas puede encontrar. ¡Diablo! La gente se emborracha, la juventud instruida, sin nada que hacer, se consume en sueños y quimeras irrealizables, se deforma elaborando teorías; aquí se han plantado los judíos, sin que nadie sepa de dónde han venido, y esconden el dinero; los demás se dedican al vicio. En seguida noté el conocido olor de la ciudad. Así fui a parar a una velada que llamaban de baile, una cloaca inmunda (me gustan precisamente las cloacas sucias); naturalmente, el cancán era de aúpa, como pocas veces, como no lo había visto en mis tiempos. En eso sí que ha habido progreso. De pronto veo a una niña de unos trece años, graciosamente vestida, bailando con un chulín; otro baila ante ella, *vis a vis*. Sentada en una silla, junto a la pared, está la madre de la niña. ¡Puede usted figurarse el cancán que se armó! La muchacha se turba, se ruboriza, al fin se siente ofendida y comienza a llorar. El chulín le hace dar vueltas, la imita con sus pantomimas y la gente se echa a reír a carcajadas… En esos momentos me gusta el público de aquí, aunque sea público de cancán… La gente se ríe y grita: "¡Muy bien, así se hace! ¡Si no, que no traigan criaturas!". Me importa un comino; además, no había nada que hacer: lógica o ilógicamente, se estaban consolando. Elegí mi papel. Me senté junto a la madre y empecé a decir que yo también acababa de llegar, que aquí todos son unos ignorantes que no saben distinguir los verdaderos méritos ni mostrar respeto a lo que lo merece; dejo entender que soy hombre de dinero, me ofrezco a acompañarlas en mi coche; las llevo a casa y trabamos conocimiento. (Viven en un cuchitril, realquiladas; acaban de llegar.) Me declaran que haberme conocido es un honor, tanto para la madre como para la hija; me entero de que no tienen un ochavo y que han venido a la capital para hacer gestiones en no sé qué oficinas del Estado. Ofrezco mis servicios, dinero; me informo de que han acudido a la velada por error, creyendo que en ella enseñaban realmente a bailar; me brindo a contribuir a la educación de la joven doncella enseñándole francés y baile. Aceptan entusiasmadas, lo consideran un honor y seguimos amigos… Si quiere iremos a verlas, pero no ahora.

–¡Deje, deje de una vez sus anécdotas viles y abyectas, hombre bajo, sensual y depravado!

–¡Schiller! Es usted nuestro Schiller. ¡Nuestro Schiller! *Où va–t–elle la vertu se nicher?*[4]. ¿Sabe usted? Voy a contarle adrede cosas semejantes para oír sus exclamaciones. ¡Es un placer!

–¡Cómo no! ¿Acaso no me siento yo mismo ridículo en este momento? –balbuceó, rencoroso, Raskólnikov.

Svidrigáilov se reía a carcajada limpia. Por fin llamó a Filipp, pagó y se levantó, diciendo:

–Pues sí, me he emborrachado. *¡Asez causé!* ¡Es un placer!

–¡Cómo no! –exclamó Raskólnikov, levantándose también–. ¿No ha de ser un placer para un vicioso estragado como usted contar tales aventuras, teniendo en vista alguna intención monstruosa del mismo género, y contárselas nada menos que a un hombre como yo?… ¡Esto subleva!

–Bueno, si es así –contestó Svidrigáilov, con cierta sorpresa, mirando a Raskólnikov–, si es así, usted es un cínico de tomo y lomo. Por lo menos el material que hay en usted es enorme. Puede usted comprender muchas cosas, muchas… y puede hacer muchas. Pero ya basta. Lamento sinceramen-

---

[4] ¿Dónde no anida la virtud? (En francés en el original.)

te que hayamos podido hablar tan poco; pero no le dejaré en paz… Espere usted, ya verá…

Svidrigáilov salió de la taberna. Raskólnikov le siguió. Svidrigáilov estaba ligeramente borracho; el vino se le había subido a la cabeza sólo por un momento. Su embriaguez se disipaba por instantes. Estaba muy preocupado por algo en extremo importante y fruncía el ceño. Por lo visto esperaba algo que le producía honda zozobra. Durante los últimos minutos pareció cambiar de actitud hacia Raskólnikov, con quien se puso a hablar en un tono cada vez más descomedido y burlón. Raskólnikov lo había observado y se sentía lleno de inquietud. Svidrigáilov se le hizo muy sospechoso y decidió seguirle.

Salieron a la acera.

–Usted hacia la derecha y yo hacia la izquierda, o al revés. De todos modos, *adieu, mon plaisir*[5]. ¡Hasta la vista!

Y se fue por la derecha, hacia la Plaza del Heno.

---

[5] ¡Adiós, encanto mío! (En francés en el original.)

CAPÍTULO V

L e siguió Raskólnikov.

–¿Qué significa esto? –exclamó volviéndose hacia él, Svidrigáilov–. ¿No le he dicho...?

–Significa esto que estoy decidido a acompañarle.

–¿Cómo?

Se detuvieron ambos y durante unos momentos se midieron con la vista.

–En su semiborrachera –agregó Raskólnikov–, dijo usted lo suficiente para convencerme de que, lejos de haber renunciado a sus odiosos proyectos contra mi hermana, usted piensa en ellos más que nunca. Sé que esta mañana recibió Dunia una carta. No ha perdido el tiempo desde su llegada a San Petersburgo. Y en sus idas y venidas es muy posible que haya contraído nupcias; pero eso nada significa. Deseo asegurarme personalmente...

–¿En serio? ¿Quiere usted, por lo que veo, que llame a la policía?

–¡Llámela!

De repente se detuvieron el uno frente al otro. El rostro de Svidrigáilov cambió súbitamente de expresión. Viendo que la amenaza no intimidaba a Raskólnikov, tomó de repente el tono más amistoso y alegre.

–¡Qué extraño es usted! Expresamente no hablé de su asunto, a pesar de la curiosidad muy normal que me inspira. Esto lo quería dejar para otra ocasión; pero, la verdad es que incluso a un difunto le haría usted perder la paciencia... Bueno, venga conmigo; pero le digo de antemano que voy a casa sólo a recoger dinero; luego cerraré el piso, alquilaré un coche y me iré a pasar la tarde a las islas. ¿Qué interés puede tener usted en seguirme?

—De momento le acompaño a su casa. No entraré en ella, sino en la de Sonia Semiónovna; quiero excusarme de no haber asistido al entierro.

—Como usted quiera, pero Sonia Semiónovna no está en su piso. Ha llevado los niños a casa de una dama, de una vieja dama noble, antigua conocida mía, que tiene un cargo directivo en algunos orfanatos. He dejado a esa dama encantada después de haberle entregado el dinero para los tres polluelitos de Katerina Ivánovna y de haber hecho, además, un donativo para la institución. Por fin le ha contado la historia de Sonia Semiónovna sin encubrir nada. El efecto ha sido indescriptible. Por eso ha citado a Sonia Semiónovna para que se presentara hoy mismo al hotel de X., donde se aloja provisionalmente mi dama al venir del campo.

—No importa; de todas maneras pasaré por allí.

—Como quiera, pero no espere que le acompañe. ¿A mí que más me da? Ahora mismo llegamos a la casa. Dígame la verdad. Estoy convencido de que sospecha de mí porque he sido tan discreto y no le he molestado con ciertas preguntas, ¿comprende? A usted le ha parecido algo fuera de lo normal. ¡Apuesto lo que quiera a que es así! Bueno, después de eso, a ver quién se muestra discreto.

—¡Usted escucha detrás de las puertas!

—¿Se refiere a eso? —repuso Svidrigáilov, riendo—. Claro, me hubiera sorprendido que lo dejase pasar sin una observación. ¡Ja, ja! Aunque algo llegué a entender de lo que entonces... estuvo usted poniendo en escena y de lo que contó a Sonia Semiónovna. ¿Puede decirme lo que realmente significa? Quizá soy una persona tan atrasada, que no lo entiendo. ¡Explíquese, amigo mío! ¡Explíquese, por Dios! ¡Ilumíneme con los novísimos principios!

—Usted no pudo oír nada. ¡No hace más que mentir!

—No me refiero a eso, no..., aunque algo oí, créame. Pero usted no hace más que suspirar y suspirar. El Schiller que lleva dentro se subleva a cada instante. Y ahora me viene con que no escuche detrás de la puerta. Si no puede más, preséntese al jefe de policía y declare que en la teoría se ha deslizado un pequeño error. Si está convencido de que no se debe escuchar detrás de las puertas, pero sí de que se puede hacer papilla a una vieja con lo primero que se encuentre a mano, por pura satisfacción propia, ¡lárguese cuanto antes a América! ¡Huya usted, joven! Quizá esté aún a tiempo. Se lo digo con el corazón en la mano. ¿Le falta dinero quizá? Se lo doy para el viaje…

—Ni por pienso –dijo Raskólnikov, interrumpiéndole con repugnancia.

—Lo comprendo… No se esfuerce; si quiere, hable poco… Comprendo qué cuestiones le preocupan ahora. Son de orden moral, ¿no es cierto? Se las plantea como ciudadano y como hombre, ¿verdad? Yo, que las echaba al río… ¿Qué falta le hacen ahora? ¡Je, je! ¿Es que aún se siente ciudadano y hombre? Si es así, no tuvo que meterse en camisas de once varas, no tenía por qué poner mano en una cosa que no era la suya. Suicídese. Qué, ¿no desea?

—Me parece que lo que busca es exasperarme para que le deje en paz…

—¡Qué estrambótico es usted! Mire; ya hemos llegado. Suba la escalera, haga el favor. Aquí está la entrada del alojamiento de Sonia Semiónovna. ¿Ve usted? No hay nadie. ¿No lo cree? Pregunte a los Kapernaúmov; les deja la llave. Mire, aquí tenemos a *madame de* Kapernaúmov, ¿eh? ¿Qué? (Es un poco sorda.) ¿Ha salido? ¿Adónde? ¿Lo ha oído ahora? No está ni estará quizá hasta muy tarde. Entre en mi piso. Era lo que quería usted, ¿no? Ya estamos en mi casa. *Madame* Resslich no está. Siempre está metida en algún lío, pero es una buena mujer, se lo aseguro… Quizá podría serle útil si fuera usted algo más razonable. Tenga la bondad de mirar. Tomo de este escritorio un título de la Deuda al cinco por ciento. ¡Fíjese cuántos me quedan todavía! Este lo cambio hoy mismo. ¿Ha visto? No puedo perder más tiempo. Cierro el escritorio, cierro la puerta de la vivienda y estamos otra vez en la escalera. Si quiere, tomaremos un coche. Ya le he dicho que voy a las islas. ¿No quiere dar un paseo en coche? Yo tomo ese coche y me voy a la de Elaguien. ¿Qué? ¿No viene? ¿No puede resistir más? No se preocupe; pasearemos un rato en coche. Parece que va a llover, pero no importa, subiremos la capota…

Svidrigáilov se había sentado en el coche. Raskólnikov pensó que sus sospechas, por lo menos en lo que se refería a aquel momento, eran infundadas. Sin responder palabra, dio media vuelta y regresó hacia la Plaza del Heno. Si hubiera vuelto la cabeza, habría visto que Svidrigáilov, después de haber recorrido unos cien pasos en coche, mandaba parar, pagaba y echaba a andar por la acera. Pero Raskólnikov no podía verlo, ya que había doblado la esquina. Al apartarse de Svidrigáilov se sintió invadido por una profunda repugnancia. "¡Cómo he podido un solo instante esperar algo de ese hombre tan ruin, miserable, sensual y depravado!", exclamó involuntariamente. Verdad es que Raskólnikov formuló su pensamiento con excesiva precipitación y ligereza. Algo había en la actitud de Svidrigáilov que le confería, por lo menos, cierta originalidad, si no cierto aire de misterio. Por lo que concernía a su hermana, Raskólnikov siguió convencido, a pesar de todo, de que Svidrigáilov no la dejaría en paz. Pero resultaba excesivamente abrumador e insoportable pensar y reflexionar sobre ello.

Como de costumbre, al quedarse solo, después de haber andado unos veinte pasos, se sumió en una profunda melancolía. Entró en el puente, se detuvo junto al pretil y se puso a contemplar el agua. A poca distancia se encontraba Avdotia Románovna.

Raskólnikov se cruzó con su hermana al entrar en el puente, pero pasó de largo, sin mirarla. Dúniechka aún no le había encontrado nunca en la calle, y verlo de aquel modo la sorprendió y hasta la asustó. Se detuvo y dudó de si debía llamarle. De súbito, distinguió a Svidrigáilov, que acudía presuroso desde la Plaza del Heno.

Al parecer, Svidrigáilov se acercaba con cierto misterio y circunspección. No entró en el puente, sino que se detuvo a un lado, en la acera, procurando por todos los medios no ser visto de Raskólnikov. Había distinguido a Dunia hacía rato y procuraba llamarle la atención con señas. Le pareció entender a Dunia que Svidrigáilov, con sus gestos, le rogaba no llamar al hermano, dejarlo en paz, y que acudiera adonde él estaba.

Así lo hizo. Se fue alejando de su hermano y se acercó a Svidrigáilov.

–Vámonos aprisa –dijo Svidrigáilov, en voz baja–. No quiero que Rodión Románovich se entere de nuestra entrevista. Le advierto que he estado con él aquí cerca, en una taberna, donde ha dado conmigo, y me ha costado Dios y ayuda librarme de él. No sé cómo se ha enterado de que he escrito a usted una carta y sospecha algo. No se lo habrá dicho usted, supongo. Pero si no, ¿quién puede haber sido?

–Ya hemos dado la vuelta a la esquina –dijo Dunia, interrumpiéndole–. Ahora mi hermano no nos puede ver. Le declaro que no iré más lejos con usted. Dígame aquí cuanto tenga que decirme; puede contarme todo en la calle.

–En primer lugar, es imposible decirlo en la calle; en segundo lugar, ha de oír usted a Sonia Semiónovna; en tercer lugar, he de mostrarle ciertos documentos… En fin, si no está dispuesta a ir a mi casa, me niego a dar ninguna explicación y me marcho inmediatamente. Y le ruego no olvide que tengo por completo en mis manos un secreto curiosísimo de su idolatrado hermano.

Dunia se detuvo indecisa y contempló a Svidrigáilov con penetrante mirada.

–¿De qué tiene usted miedo? –dijo el hombre, sosegado–. La ciudad no es una aldea. Incluso en la aldea me hizo más daño usted a mí que yo a usted, y aquí…

–¿Sonia Semiónovna está advertida?

–No, no lo le he dicho una palabra, ni siquiera sé con seguridad si está ahora en casa. Aunque es probable que esté. Hoy ha enterrado a su pariente: no es un día indicado para ir de visita. Por de pronto, no quiero hablar de ello a nadie, y en parte me arrepiento de haberlo comunicado a usted. En este asunto, la más pequeña imprudencia equivale a una denuncia. Vivo en esa casa; estamos llegando. Este es el portero. Me conoce muy bien; nos saluda. Ve que me acompaña una dama y se ha fijado en la cara de usted, como es natural. Esto ha de tranquilizarla un poco si tiene usted mucho miedo o sospecha de mí. Perdone que le hable con tanta poca cortesía. Vivo aquí como realquilado. Sonia Semiónovna ocupa una habitación separada de la mía por un tabique, también como realquilada. Todo el piso está realquilado a distinta gente. ¿Por qué tiene usted miedo como una criatura? ¿Soy, en verdad, tan terrible?

Svidrigáilov contrajo el rostro en una sonrisa de condescendencia, pero no estaba para sonrisas. El corazón le latía con fuerza, sentía el pecho oprimido. Hablaba adrede en voz alta para ocultar su creciente agitación; pero Dunia no tuvo tiempo de fijarse en ello. Las observaciones de que tenía miedo como una criatura y de que Svidrigáilov era tan terrible para ella, la habían irritado en extremo.

–Aunque sé muy bien que usted es un hombre sin… honor, no le temo. Pase delante –dijo Dunia, al parecer tranquila, si bien muy pálida.

Svidrigáilov se detuvo ante el alojamiento de Sonia.

–Permítame que vea si está o no en casa. No está. ¡Mala suerte! Pero sé que no tardará en volver. No puede haber ido a otro sitio que a ver a una dama para hablar de sus huerfanitos. Se les ha muerto la madre. También yo me he metido en este asunto y he tomado algunas disposiciones. Si Sonia Semiónovna no regresa dentro de diez minutos, la mandaré a casa de usted, si quiere, hoy mismo. Este es mi alojamiento. Aquí están mis dos habitaciones. Al otro lado de la puerta se encuentran las de mi patrona, la señora Resslich. Ahora voy a mostrarle mis documentos principales: esta puerta de mi dormitorio lleva a dos habitaciones completamente vacías, que arriendan. Véalas… Tiene usted que mirarlas con más detención…

Svidrigáilov ocupaba dos habitaciones amuebladas bastante espaciosas. Dúniechka miraba a su alrededor recelosa, pero no notaba nada de particular ni en los muebles ni en la disposición de las habitaciones, aunque alguna cosa podía haberle llamado la atención, como era, por ejemplo, que la vivienda de Svidrigáilov se encontrara entre dos viviendas casi deshabitadas. A ella se llegaba no desde el pasillo, directamente, sino a través de dos habitaciones casi vacías de la patrona. Svidrigáilov abrió la puerta de su dormitorio, cerrada con llave, y mostró a Dúniechka el cuarto, también vacío, que se alquilaba. Dúniechka se detuvo en el umbral, sin comprender por qué la invitaba a mirar. Svidrigáilov se apresuró a explicárselo.

–Mire esta segunda habitación. Observe esta puerta, cerrada con llave. Junto a la puerta hay una silla; no hay más que una silla en las dos habitaciones. La he traído yo para escuchar más cómodamente. Al otro lado de la puerta está la mesa de Sonia Semiónovna; ahí estuvo sentada hablando con Rodión Románovich. Yo escuché aquí, sentado en la silla, dos tardes seguidas, unas dos horas cada vez y, claro, he logrado enterarme de algunas cositas, ¿no le parece?

–¿Ha estado usted escuchando?

–Sí, he estado escuchando; ahora venga a mi aposento. Aquí no hay donde sentarse.

Condujo otra vez a Avdotia Románovna a la habitación primera, a la que le servía de sala, y la invitó a tomar asiento. Svidrigáilov se sentó al otro extremo de la mesa, por lo menos a dos varas de distancia; pero, probablemente, brillaba en sus ojos la misma llama que tanto había asustado a Dúniechka en otra ocasión. La joven se estremeció y volvió a mirar a su alrededor, llena de recelo. Su gesto fue involuntario; por lo visto, no quería manifestar su desconfianza. Por fin se sorprendió del aislamiento del aposento de Svidrigáilov. Sintió la tentación de preguntar si, por lo menos, estaba la patrona en casa, pero no lo hizo por orgullo. Por otra parte, la atormentaba una angustia infinitamente mayor que el miedo por sí misma. Era una congoja irresistible.

–Aquí está su carta –comenzó a decir, poniéndola sobre la mesa–. ¿Es posible lo que usted escribe? Alude a un crimen cometido, según usted, por mi hermano. Su alusión es demasiado clara; no se atreva ahora a excusarse. Sepa que antes de recibir su carta ya había oído hablar de esta fábula estúpida, de la que no creo una palabra. Es una sospecha infame y ridícula. Conozco la historia, y sé cómo se inventó y lo que dio pábulo. No puede usted tener prueba alguna. Usted ha prometido demostrar… ¡Hable, pues! Pero sepa de antemano que no le creo. ¡No le creo!…

Dúniechka dijo aquello apresuradamente y, por un momento, el rubor le encendió la cara.

–Si no me creyera, ¿se habría arriesgado a venir sola a mi casa? ¿Por qué vino? ¿Por pura casualidad?

–No me torture. ¡Hable, hable!

–Es usted una muchacha valiente. Me figuraba que vendría acompañada del señor Razumijin, se lo aseguro. Pero ni estaba con usted, ni lo vi cerca; miré, por si acaso. Es muy intrépida y ha querido proteger a Rodión Románovich. En usted todo es divino… Por lo que respecta a su hermano, ¿qué voy a decirle? Usted misma acaba de verlo. ¿Qué aspecto tiene?

–¿No se basa más que en eso?

–No me baso en esto, sino en sus mismísimas palabras. Dos tardes seguidas ha venido a ver a Sonia Semiónovna. Le he mostrado dónde estaban sentados. Su hermano le hizo una confesión completa. Es un asesino. Mató a una vieja, viuda de un funcionario, una usurera a la que él mismo llevaba objetos a empeñar; también mató a la hermana de la vieja, una revendedora llamada Lizaveta, que entró por casualidad en la casa durante el asesinato. Las mató con una hacha que había llevado consigo. Las mató para robar y robó. Tomó dinero y algunos objetos… Él mismo lo contó, palabra por palabra, a Sonia Semiónovna, que es la única persona que conoce el secreto; pero que no participó en el asesinato ni tenía idea de él. Al contrario, se horrorizó al oírle, tal como se horroriza usted ahora. Esté tranquila; ella no le denunciará.

–¡No puede ser! –balbuceó Dúniechka, jadeante, moviendo nerviosamente los labios exangües–. No es posible. No existe la más pequeña causa, ningún motivo… ¡Es mentira!

–Robó, y no hay otra causa que el robo. Tomó dinero y objetos. Cierto, según se ha confesado, no ha hecho ningún uso ni del dinero ni de los objetos. Lo ha escondido todo debajo de una piedra y allí lo ha dejado. Pero sólo porque no se ha atrevido a aprovecharlo.

–¿Es verosímil que haya robado, que haya pensado en ello siquiera? –exclamó Dunia, levantándose de golpe–. Usted le conoce, ¿no? ¿Acaso puede ser ladrón?

Suplicaba a Svidrigáilov. Se había olvidado por completo de su miedo.

–En eso, Avdotia Románovna, se dan miles, millones de combinaciones y variedades. El ladrón roba y en el fondo sabe que es vil; pero he oído hablar de un hombre noble que asaltó un correo y, ¡vaya usted a saber!, quizá creía de verdad que realizaba una buena obra. Naturalmente, tampoco yo habría creído lo de su hermano, como no lo cree usted, si me lo hubiera contado alguien. Pero creo a mis propios oídos. Explicó a Sonia Semiónovna también cuáles habían sido las causas. Sonia Semiónovna, al principio, no creía lo que oía; pero al fin creyó a sus ojos, creyó lo que veía con sus ojos. Él se lo contaba personalmente.

—Pero ¿qué causas puede haber…?

—Es largo de explicar, Avdotia Románovna. Se trata en este caso, por decirlo así, de una especie de teoría por el estilo de la que me induce a considerar, por ejemplo, que un crimen es admisible si el fin principal que se persigue es bueno. ¡Un solo crimen y cien buenas acciones! Naturalmente, para un joven de mérito y de desmesurado amor propio, resulta doloroso saber que teniendo, por ejemplo, aunque sólo fueran tres mil rublos, serían otros su carrera y su futuro. Pero no tiene esos tres mil rublos. Añada a ello la irritación que producen el hambre, la estrechez de un cuchitril, unas ropas andrajosas, la clara conciencia del encanto de semejante situación social y, al mismo tiempo, la situación de la madre y la hermana. Y aún peor que todo ello es la vanidad, el orgullo y la vanidad, por más que sabe Dios si incluso con buenas intenciones… No le culpo, no crea que le echo la culpa, aparte que eso no es cosa mía. También tuvo importancia una pequeña teoría propia (la teoría no carece de miga), según la cual las personas se dividen en materia y en individuos de categoría superior, de situación tan elevada, que no hay ley escrita para ellos; al contrario, son ellos quienes dictan las leyes a la otra gente, a la materia, es decir, a la purriela. No está mal; la pequeña teoría tiene su miga; *une théorie comme une autre*[1]. Napoleón le tenía terriblemente cautivado, es decir, lo que realmente le cautivaba era que muchas personas geniales no se preocuparan por el mal en singular, y siguieran adelante sin vacilaciones. Parece que él imaginó ser también un hombre genial, esto es, durante cierto tiempo estuvo convencido de serlo. Ha sufrido mucho, y sufre todavía, al pensar que supo elaborar la teoría, pero que no es capaz de seguir adelante sin vacilaciones, lo cual significa que no es un hombre genial. Claro, para un hombre joven y con amor propio, eso resulta humillante, sobre todo en nuestros tiempos…

—¿Y los remordimientos de conciencia? ¿Niega usted en él todo sentimiento moral? ¿Acaso él es así?

—¡Ah, Avdotia Románovna! Ahora todo se ha puesto oscuro y turbio, aunque hemos de reconocer que nunca ha habido especial claridad y orden. En general, Avdotia Románovna, los rusos son gente de alma muy vasta, como lo es su tierra, y poseen una extraordinaria inclinación hacia lo fantástico, lo desordenado; pero es una desgracia tener el alma vasta sin ser a la

---

[1] Es una teoría como cualquier otra. (En francés en el original.)

vez genial. Recuerde cuántas veces hablamos sobre este y otros temas parecidos, sentados, los dos solos, después de cenar, en la terraza que daba al jardín. Usted misma me reprochaba el que tuviera yo un alma así, tan vasta. ¿Quién sabe? Quizás hablábamos de ello mientras él estaba tumbado en su cuarto dando vueltas a sus ideas y a sus planes. En nuestro país, entre las personas ilustradas, no existen tradiciones particularmente sacrosantas. Avdotia Románovna; a lo sumo, alguien las saca para sí mismo de los libros... o extrae algo de los anales de la historia. Pero eso es cosa de sabios, y ya sabe usted que están un poco chiflados. Así que, para el hombre de la buena sociedad, ni siquiera resulta de buen tono preocuparse de tales cosas. De todos modos, ya conoce usted cuáles son en general mis opiniones; no acuso absolutamente a nadie. Yo no soy más que un maula y a ello me atengo. Pero hemos hablado de esto en más de una ocasión. Hasta tuve la felicidad de llegar a interesarla con mis razonamientos... Está muy pálida, Avdotia Románovna.

–Conozco esa teoría suya. Leí el artículo que publicó sobre los individuos a quienes todo les está permitido... Razumijin me trajo la revista...

–¿El señor Razumijin? ¿Un artículo de su hermano? ¿En una revista? ¿Ha escrito un artículo así? No lo sabía. ¡Qué interesante debe de ser! Pero ¿adónde va usted, Avdotia Románovna?

–Quiero ver a Sofía Semiónovna –respondió Dúniechka, con voz débil–. ¿Por dónde se va a su aposento? Quizá haya vuelto; quiero verla ahora mismo sin falta. Que ella...

Avdotia Románovna no pudo acabar la frase; se le cortaba la respiración.

–Sonia Semiónovna no volverá hasta la noche con toda probabilidad. Tenía que volver muy pronto o muy tarde...

–¡Ah, mientes! Lo veo... has mentido... ¡Todo lo que has dicho es mentira...! ¡No te creo! ¡No te creo! ¡No te creo! –gritó Dúniechka, verdaderamente furiosa, perdiendo por completo la cabeza.

Cayó casi desvanecida sobre la silla que Svidrigáilov se apresuró a acercarle.

–¿Qué le pasa, Avdotia Románovna? ¡Vuelva en sí! Tome un poco de agua. Beba un sorbo...

Le roció la cara con un poco de agua. Dúniechka se estremeció y volvió en sí.

–¡El efecto ha sido mayúsculo! –masculló Svidrigáilov, frunciendo el ceño–. ¡Tranquilícese, Avdotia Románovna! Ya sabe que su hermano tiene amigos. Le salvaremos, le sacaremos del mal paso. ¿Quiere usted que lo lleve al extranjero? Tengo dinero; en tres días queda todo arreglado. Aunque ha asesinado, hará tantas obras buenas que borrarán todo; sosiéguese. Aún puede llegar a ser un gran hombre. ¿Qué le pasa? ¿Cómo se siente usted?

—¡Malvado! ¡Aún se ríe! Déjeme salir…

—¿Adónde va usted? Pero ¿adónde va?

—Voy a verle. ¿Dónde está? ¿Lo sabe usted? ¿Por qué está cerrada la puerta? Hemos entrado por esta puerta y ahora está cerrada con llave. Cuándo la ha cerrado?

—No había que dejar oír en todas las habitaciones de la casa lo que aquí hemos hablado. No me río, ni mucho menos; pero estoy harto de hablar de este modo. ¿Adónde quiere ir en tal estado? ¿Quiere usted perderle? Le pondrá furioso y se entregará él mismo. Ha de saber que le siguen; han dado ya con la pista. Usted no hará más que descubrirle. Espere. Le he visto y le he hablado hace poco; aún es posible salvarle. Espere, siéntese; lo pensaremos juntos. La he llamado para hablar de la cuestión a solas y pensar muy bien lo que se debe hacer. Pero siéntese usted.

—¿Cómo puede salvarle? ¿Acaso es posible salvarle?

Dunia se sentó. Él tomó asiento a su lado.

—Todo esto depende de usted, sólo de usted —comenzó a decir Svidrigáilov, centelleantes los ojos, casi en un murmullo, embrollándose en lo que decía y a veces dejando de pronunciar media palabra, debido a la emoción que le agitaba.

Dunia se apartó, alarmada. Svidrigáilov también temblaba de pies a cabeza.

—Usted… ¡Una sola palabra suya y él está salvo! Yo… yo le salvaré. Tengo dinero y amigos. Le haré partir en seguida; yo mismo sacaré un pasaporte, dos pasaportes. Uno para él, otro para mí. Tengo amigos; tengo gente capaz de arreglarlo todo… ¿Quiere usted? Sacaré además un pasaporte para usted… para su madre… ¿Qué falta le hace a usted Razumijin? Yo también la quiero… La quiero con un amor sin fin. ¡Déjeme que bese la punta de su vestido! ¡Déjeme, déjeme! No puedo oír su susurro. Dígame "Haz esto", y lo hago. Haré todo. Haré lo imposible. Creeré en lo que usted crea. ¡Lo haré todo, todo! ¡No me mire de ese modo! ¿No sabe que me mata usted?…

Comenzó a delirar. De pronto algo le pasó, como si hubiera sufrido un ataque de locura. Dunia dio un salto y se lanzó hacia la puerta.

—¡Abrid! ¡Abrid! —gritó, sacudiéndola, esperando que la oyeran—. ¡Abrid de una vez! ¿Es que no hay nadie?

Svidrigáilov se levantó y recobró la serenidad. Poco a poco se fue dibujando en sus labios, aún temblorosos, una sonrisa maligna y burlona.

–En casa no hay nadie –dijo, en voz baja y pausada–. La patrona ha salido. Es inútil gritar de ese modo; se altera usted en vano.

–¿Dónde está la llave? ¡Abre ahora mismo la puerta! ¡Ahora mismo, infame!

–He perdido la llave; no puedo encontrarla.

–¿Eh? ¡Recurre usted a la violencia! –gritó Dunia, pálida como la muerte, y se lanzó a un rincón, donde se atrincheró apresuradamente tras una mesita que, por azar, encontró cerca de ella.

No gritaba; pero clavó la mirada en su verdugo, observando atentamente cada uno de sus movimientos. Svidrigáilov no se movió del sitio; estaba de pie, frente a ella, en el otro extremo de la habitación. Llegó incluso a dominarse, por lo menos exteriormente. Pero seguía pálido como antes y de sus labios no desaparecía la sonrisa burlona.

–Acaba de decir usted "violencia", Avdotia Románovna. Si recurro a la violencia, ha de pensar usted que he tomado mis precauciones. Sofía Semiónovna no está en casa; los Kapernaúmov quedan muy lejos. Hay hasta su vivienda cinco puertas cerradas. Finalmente, por lo menos soy dos veces más fuerte que usted. Además, no he de temer nada, porque no puede usted presentar queja alguna. ¡No querrá, supongo, traicionar a su hermano! Por otra parte, nadie le creería. ¿A qué ha ido una joven sola al aposento de un hombre sin familia? Así que, aun sacrificando a su hermano, no podrá probar nada. Es muy difícil demostrar la violencia, Avdotia Románovna.

–¡Miserable! –balbuceó, llena de indignación.

–Como quiera, pero observe que no he hablado más que como mera suposición. Personalmente, estoy convencido de que está usted en lo cierto: la violencia es una canallada. Lo que he dicho ha sido tan sólo en el sentido de que su conciencia queda limpia por completo, incluso…, incluso si quisiera salvar a su hermano voluntariamente, tal como se lo propongo. Resultaría que se habría sometido usted a las circunstancias, a la fuerza, si es que hace falta emplear esta palabra. Piense en ello; la suerte de su hermano y de su madre están en sus manos. Yo seré su esclavo… toda la vida… esperaré aquí…

Svidrigáilov se sentó en el diván, a unos ocho pasos de Dunia. Para ella no cabía la más pequeña duda de la decisión inquebrantable que el hombre había tomado. Además, le conocía…

De súbito, se sacó un revólver del bolsillo, lo amartilló y lo puso en la mesa, debajo de su mano. Svidrigáilov se levantó de un salto.

–¡Ah! ¿Con ésas me sale? –gritó sorprendido, pero sonriendo rencorosamente…. Bueno, eso cambia por completo las circunstancias. ¡Usted misma me facilita en gran manera la solución, Avdotia Románovna! Pero ¿de dónde ha sacado este revólver? ¿Se lo ha entregado el señor Razumijin? ¡Ah! ¡Si es mi revólver, un viejo amigo! ¡Lo que lo busqué entonces!… Así, pues, no han sido inútiles las lecciones de tiro que tuve el honor de darle en la aldea.

–Este revólver no era tuyo, sino de Marfa Petrovna, a la que mataste, ¡malvado! En aquella casa no había nada tuyo. Lo tomé cuando empecé a sospechar de lo que eres capaz. ¡Atrévete a dar un solo paso, y juro que te mato!

Dunia estaba furiosa. Empuñaba el revólver a punto de disparar.

–¿Y su hermano? Lo pregunto por curiosidad –dijo Svidrigáilov, sin moverse del sitio.

–¡Denúnciale si quieres! ¡No te muevas! ¡No te acerques! ¡Disparo! Envenenaste a tu mujer, lo sé. ¡Tú eres también un criminal!…

–¿Está segura de que yo envenené a Marfa Petrovna?

–¡Tú! Tú mismo me lo diste a entender; me hablaste de un veneno… Sé que fuiste a buscarlo… Lo tenías preparado… Estoy segura de que fuiste tú, ¡infame!

–Aunque eso fuera verdad, habría sido por ti… De todos modos tú habrías sido la causa.

–¡Mientes! Te he odiado siempre, ¡siempre!

–¿Sí, Avdotia Románovna? Por lo visto ha olvidado usted que en el ardor de la propaganda se inclinaba y se amartelaba… Lo vi en sus ojos. ¿Recuerda aquella noche, a la luz de la luna, cuando cantaba el ruiseñor?

–¡Mientes! –exclamó Dunia, con los ojos relampagueantes de rabia–. ¡Mientes, calumniador!

–¿Que miento? Bueno, admitamos que miento. He mentido. A las mujeres no hay que recordarles estas cositas. –Svidrigáilov sonrió–. Sé que dispararás, hermosa fierecilla. ¡Bueno, dispara!

Dunia levantó el revólver y, pálida como la muerte, pálido y tembloroso el labio inferior, le miraba decidida, con los grandes ojos negros encendidos como llamas, apuntándole, esperando su primer movimiento para disparar. Nunca la había visto tan hermosa. El fuego que despedían los ojos de Dunia en el momento de levantar el revólver le abrasó, pareció que le quemaba, y se le contrajo dolorosamente el corazón. Dio un paso y resonó un disparo. La bala pasó rozando su cabello y fue a clavarse en la pared del fondo. Svidrigáilov se detuvo y se rió silenciosamente.

–¡Una picada de avispa! Apunta directo a la cabeza… ¿Qué es esto? ¡Sangre!

Sacó el pañuelo para secarse el hilillo de sangre que le descendía de la sien derecha; probablemente la bala le había rozado la piel del cráneo. Dunia bajó el revólver y miró a Svidrigáilov, no con miedo, sino con fiera perplejidad. Habríase dicho que no comprendía lo que había hecho, lo que estaba haciendo.

–Bueno, no ha dado en el blanco. Dispare otra vez; espero –dijo Svidrigáilov quedamente, sonriendo, pero sombrío–. ¡Si no se da prisa, tendré tiempo de agarrarla antes de que levante el gatillo!

Dúniechka se estremeció, se apresuró a montar el gatillo y volvió a levantar el arma.

–¡Déjeme! –exclamó, desesperada–. Le juro que dispararé otra vez… que le mataré…

–Claro… a tres pasos de distancia es imposible no matar. Pero si no me mata… entonces…

Centellearon los ojos de Svidrigáilov, avanzó dos pasos más.

Dúniechka disparó, pero falló el tiro.

–No ha cargado usted bien el revólver. ¡No importa! Aún le queda una cápsula. Arréglelo, espero.

Svidrigáilov estaba de pie, a dos pasos de ella; aguardaba y la miraba con salvaje decisión, con una mirada densa, apasionada, encendida. Dunia comprendió que aquel hombre prefería morir a dejarla en paz. "Y… claro, ahora lo mataré. ¡A dos pasos!…".

De súbito, tiró el revólver.

–¡Lo ha tirado! –dijo sorprendido Svidrigáilov, y respiró profundamente.

De golpe se le quitó un gran peso del corazón, que quizá no fue sólo el peso del miedo a la muerte; es probable que en aquel momento no experimentara ese miedo. Se libraba de otro sentimiento, más doloroso y sombrío, que ni él mismo habría podido definir del todo.

Se acercó a Dunia y le pasó suavemente el brazo por el talle. Ella no se resistió, pero, temblando como hoja de árbol, le miró con ojos suplicantes. Svidrigáilov quiso decir algo, mas sólo se le contrajeron los labios y no pudo proferir ni una palabra.

–¡Déjame marchar! –dijo Dunia suplicante.

Svidrigáilov se estremeció. Aquel modo de tutearle no era como el de hacía un instante.

–¿No me quieres? –preguntó, con voz queda.

Dunia movió la cabeza negativamente.

—¿Y no puedes?… ¿Nunca? —balbuceó Svidrigáilov, desesperado.

—¡Nunca! —musitó Dunia.

Hubo un momento de horrenda y muda lucha en el alma de Svidrigáilov, que contemplaba a Dunia con una mirada indescriptible. De súbito, retiró el brazo y fue rápidamente hacia la ventana; se quedó junto a ella, de cara al exterior.

Transcurrió un instante.

—¡Aquí está la llave! —dijo, sacándola del bolsillo izquierdo del abrigo; la puso en la mesa, a su espalda, sin mirar y sin volverse hacia Dunia—. Tómela y salga pronto…

Permanecía obstinadamente de cara a la ventana.

Dunia se acercó a la mesa y tomó la llave.

—¡Pronto! ¡Pronto! —repitió Svidrigáilov, sin moverse de sitio, sin volver la cabeza. En aquel "pronto" se notaba cierta resonancia, imprecisa y horrible.

Dunia la percibió, tomó la llave, se precipitó hacia la puerta, la abrió rápidamente y escapó de la habitación. Un minuto después, fuera de sí, corría a lo largo del canal en dirección al puente de X.

Svidrigáilov permaneció unos tres minutos más ante la ventana; al fin, se volvió, despacio. Miró en torno suyo y, con pausado gesto, se pasó la mano por la frente. Una extraña sonrisa le contrajo el rostro, una sonrisa lamentable, triste, débil, una sonrisa de desesperación. La sangre, que ya se había secado, le manchó la palma de la mano. Svidrigáilov la miró con rabia; luego humedeció una toalla y se lavó la sien. De pronto su mirada se posó en el revólver que Dunia había arrojado y que había ido a parar cerca de la puerta. Svidrigáilov lo recogió y lo contempló. Era un pequeño revólver de bolsillo, de tres tiros, de construcción antigua. Quedaban en él dos casquillos y un cartucho. Aún se podía disparar una vez. Svidrigáilov permaneció un momento pensativo; se puso el revólver en el bolsillo, tomó el sombrero y salió.

CAPÍTULO VI

S vidrigáilov pasó hasta las diez de la noche recorriendo tabernas y cafés; y convidando a cuantos conocía. Eran casi las diez cuando
estalló una gran tempestad. Llegó a su casa calado hasta los huesos. Se
encerró en su habitación, y abriendo el escritorio sacó de él todo su dinero y
rompió algunos papeles. Ya cuando el dinero estuvo en su bolsillo, pensó
en cambiar de ropa; pero como no cesaba la lluvia, juzgó que no valía la
pena, y tomando el sombrero, salió, sin cerrar la puerta de su cuarto, dirigiéndose hacia el de Sonia, que ya había regresado.

–Sonia Semiónovna –comenzó, una vez sentado–: es probable que
parta para América y como, según toda probabilidad, no nos volveremos a ver, he venido a arreglar algunos asuntos. Queda asegurada la
suerte de sus hermanos. Aquí tiene los recibos de las cantidades que
entregué para ellos. Para usted, he aquí tres títulos del cinco por ciento,
que representan una suma de tres mil rublos. Deseo que esto quede entre nosotros, que nadie se entere de ello. Este dinero le es necesario,
Sonia Semiónovna, pues no puede usted seguir viviendo como vive.
Y ahora, hasta la vista –concluyó, sin escuchar las frases de agradecimiento de la joven. Y se levantó–. Por favor, de mi parte salude a
Rodión Románovich. A propósito, haría usted bien en darle a guardar
ese dinero al señor Razumijin. ¿Le conoce? es un buen muchacho. Llé-
veselo mañana... o cuando tenga oportunidad.

–Es tanto el bien que me ha hecho usted, el que ha hecho a los huerfanitos y a la difunta –se apresuró a decir Sonia–, que, si hasta ahora se lo he agradecido tan poco… no lo considere…

–¡Basta, basta!

–Por este dinero, Arkadi Ivánovich, le estoy muy agradecida, pero ahora no me hace falta. No lo considere desagradecimiento, mas para mantenerme saldré siempre del paso. Si es usted tan caritativo, este dinero…

–Es para usted. Para usted, Sonia Semiónovna, y no me diga que no, porque ni tiempo tengo para escucharla. Le hará falta. Rodión Románovich no tiene más que dos caminos: o una bala en la frente o Siberia. –Sonia le miró asustada y se puso a temblar–. No se alarme, lo sé todo, por él mismo, y no soy un charlatán; no diré nada a nadie. Usted hizo muy bien al decirle que se presentara y confesara. Será mucho más ventajoso para él. Bueno, cuando le manden a Siberia, usted le seguirá, ¿no? ¿No es así? ¿No es así? Pues, si es así, necesitará dinero. Lo necesitará para él, ¿comprende? Al dárselo a usted es como si se lo diera a él. Además, usted ha prometido pagar la deuda a Amalia Ivánovna, se lo oí decir. ¿Por qué toma sobre sí, tan a la ligera, esas obligaciones y deudas? La que estaba en deuda con esa alemana era Katerina Ivánovna, no usted. Lo mejor es que mande a paseo a la alemana. Así no hay manera de vivir en este mundo. Si alguien le pregunta por mí, digamos, mañana o pasado mañana (y a usted le preguntarán por mí seguramente), no diga una palabra de que estuve a verla, no muestre por nada del mundo el dinero, no mencione a nadie que yo se lo di. Bueno, ahora, adiós. –Se levantó de la silla–. Salude de mi parte a Rodión Románovich.

Sonia se había levantado rápidamente de la silla y le miraba asustada. Sentía grandes deseos de decir algo, de preguntar algo, pero no sabía cómo empezar.

–¿Cómo se marcha usted… ahora…, con esta lluvia?

–Me dispongo a ir a América, y quiere que tenga miedo a la lluvia. ¡Je, je! ¡Adiós, mi buena Sonia Semiónovna! Viva usted muchos años, muchos, pues habrá quien la necesite. A propósito…, diga al señor Razumijin que le saludo. Dígaselo usted así: "Arkadi Ivánovich Svidrigáilov le saluda". Que no se le olvide.

Salió, dejando a Sonia perpleja, asustada y con una sospecha, confusa y abrumadora.

Luego resultó que aquella misma noche, después de las once, aún hizo otra visita sumamente excéntrica e inesperada. Seguía lloviendo. A las once y veinte minutos, entró completamente empapado de agua en el pe-

queño aposento de los padres de su novia, en la isla de Vasíliev, en la Tercera Línea de la Pequeña Avenida. Tuvo que llamar con insistencia para que
le abrieran, y de momento produjo una impresión desconcertante; pero
Arkadi Ivánovich, cuando quería, era un hombre de maneras muy atracti-
vas, de modo que la primera suposición (por lo demás, muy ingeniosa) de
los sensatos padres de la novia, que creyeron a Arkadi Ivánovich borracho
hasta el punto de no saber lo que hacía, se desvaneció inmediatamente. La
compasiva y prudente madre de la novia arrastró hasta el lado de Arkadi
Ivánovich el sillón en que estaba sentado el tullido padre y, como tenía por
costumbre, empezó a hablar de cuestiones muy distantes de lo que interesaba. (La mujer nunca hacía preguntas directas, ponía en juego primero sus
sonrisas, se frotaba las manos, y luego, si quería saber, sin falta y de manera
segura, por ejemplo, para cuándo pensaba Arkadi Ivánovich señalar la fecha de la boda, le interrogaba con gran curiosidad, casi con avidez, acerca
de París y de la vida cortesana de allá, y sólo después de ello, por orden,
hasta la Tercera Línea de la isla de Vasíliev.) Como es natural, ello era
acogido con mucho respeto; mas esta vez, Arkadi Ivánovich se mostró particularmente impaciente y manifestó su deseo de ver en seguida a la novia,
a pesar de que desde el primer momento le hicieron saber que ya se había
acostado. Claro es que la novia se presentó. Arkadi Ivánovich le comunicó
sin rodeos que, por una cuestión de suma importancia, se veía obligado a
ausentarse temporalmente de Petersburgo, y que por tal motivo le había
traído quince mil rublos de plata en papel de distinta clase, dinero que le
rogaba aceptase como presente, pues hacía tiempo que pensaba regalarle
semejante fruslería antes de la boda. Claro que no había ninguna conexión
lógica entre el regalo y el viaje repentino, ni con la necesidad ineludible de
presentarse a medianoche y lloviendo, pero todo ello se soslayó con suma
discreción. Hasta las necesarias exclamaciones de sorpresa y las preguntas
se hicieron mesuradas y sensatas; en cambio, la expresión del agradecimiento fue apasionada y rubricada incluso con algunas lágrimas de la muy
juiciosa madre. Arkadi Ivánovich se levantó, sonrió, besó a la novia, le dio
unas palmaditas en la mejilla, repitió que volvería pronto, y, al observar en
los ojos de la muchacha, además de la curiosidad infantil, cierta pregunta
muda y muy seria, reflexionó un instante, volvió a besarla y lamentó de
corazón que aquel regalo fuera a pasar inmediatamente, bajo candado, a la
salvaguardia de la más discreta de las madres. Svidrigáilov se fue, dejándo-
los en estado de suma agitación. Pero la compasiva madraza, al instante, en
voz baja y con apresuradas palabras, resolvió algunos de los interrogantes
que les tenía perplejos: que Arkadi Ivánovich era un hombre muy impor-

tante, un hombre de negocios y de relaciones, un ricachón, sabía Dios lo que tenía en la cabeza. Se le había ocurrido hacer un viaje, y se marchaba; se le había ocurrido dar el dinero, y lo daba; no había por qué sorprenderse. Claro, era extraño que hubiera comparecido empapado por la lluvia, pero los ingleses, por ejemplo, aún son más excéntricos; además, las personas de la alta sociedad no se preocupan de lo que de ellas se diga y no se andan con cumplidos. Quizá se había presentado de esta manera para demostrar que no temía a nadie. Pero lo más importante era que no había que decir una palabra a nadie de aquello, porque sabía Dios lo que podía suceder, y había que guardar cuanto antes el dinero bajo candado, y lo mejor de todo era que Fedosia hubiese estado en la cocina, y lo más importante era que no se debía decir nada, nada, nada, a la zorra de la Resslich, y así sucesivamente y por el estilo. Estuvieron cuchicheando hasta eso de las dos de la madrugada. De todos modos, la novia se acostó bastante antes, sorprendida y algo apenada.

Mientras tanto, Svidrigáilov, exactamente a medianoche, cruzaba el puente de X., hacia el barrio de Peterbúrgskaia. Había dejado de llover, pero soplaba el viento. Svidrigáilov empezó a temblar y, por un momento, miró con curiosidad especial, incluso haciéndose cierta pregunta, las aguas negras del Pequeño Nevá. Mas pronto creyó notar que hacía mucho frío cerca del agua; se volvió y encaminó sus pasos hacia la avenida de X. Hacía mucho rato, una media hora, que avanzaba por la larga avenida sumida en la oscuridad. Más de una vez había tropezado en los adoquines de madera, buscando algo por la parte derecha de la avenida. Al pasar por allí en coche, no hacía mucho, había visto, hacia el final, una posada grande, aunque de madera; recordaba que tenía un nombre por el estilo de Adrianópolis. No se había equivocado. Aquella posada se distinguía tanto en aquel lugar, que era imposible no dar con ella incluso en plena noche. Era un largo edificio de madera, ennegrecido, en el cual, a pesar de lo avanzado de la hora, se veían las luces encendidas y se notaba cierta animación. Svidrigáilov entró y pidió una habitación a un criado andrajoso que encontró en el pasillo. El andrajoso sacudió el sueño, lanzó una mirada a Svidrigáilov y lo condujo a una habitación apartada, exigua y mal ventilada, en un ángulo, debajo de la escalera. No había otra; todas estaban ocupadas. El criado miró interrogativamente a Svidrigáilov.

–¿Hay té? –preguntó éste.

–Se lo traeremos.

–¿Qué más tienen?

–Ternera, vodka, bocadillos.

–Tráeme ternera y té.

–¿No quiere nada más? –preguntó, con cierto asombro, el andrajoso.

–¡Nada más, nada más!

El criado se alejó, totalmente decepcionado.

"Este sitio debe ser bueno –pensó Svidrigáilov–. Es raro que no lo haya conocido antes. Lo más probable es que yo tenga el aspecto de quien viene de un café cantante y ha tenido algún tropiezo por la calle. Con todo, sería curioso saber qué clase de gente se hospeda aquí".

Encendió una vela y examinó la habitación con más detalle. Era un cuchitril pequeño, hasta el punto de que un hombre alto como Svidrigáilov casi tocaba el techo. La habitacioncita no tenía más que una ventana. Una cama, muy sucia, una sencilla mesa pintada y una silla ocupaban casi todo el espacio. Las paredes parecían hechas de tablas, recubiertas por un empapelado tan polvoriento, seboso y gastado, que no se distinguía en él el dibujo, y el color (amarillo) sólo podía adivinarse. Parte de la pared y del techo estaba cortada oblicuamente, como suele ocurrir en los desvanes; en aquel cuarto la inclinación se debía a la escalera. Svidrigáilov puso la vela en la mesa, se sentó en la cama y se quedó pensativo. Mas un extraño e incesante ruido de voces, a veces gritos, procedentes del cuchitril inmediato, acabó por llamarle la atención. El ruido no había cesado un instante desde que Svidrigáilov estaba allí. Svidrigáilov prestó oído atento: alguien, casi llorando, reprendía y censuraba a otra persona; pero sólo se oía una voz. Svidrigáilov se levantó, cubrió la llama de la vela con la mano y en la pared se destacó en seguida una rendija iluminada. Se acercó y se puso a mirar. En la habitación contigua, algo mayor que la suya, había dos hombres. Uno de ellos, en mangas de camisa, con una mata de cabello en extremo ensortijado y la cara encendida, estaba de pie en actitud oratoria, con las piernas separadas para mantener el equilibrio, y, dándose golpes en el pecho, reconvenía patéticamente al otro, diciéndole que era un pelagatos, que ni siquiera tenía un grado administrativo, que él lo había sacado del barro y cuando quisiera al barro podría arrojarle otra vez, y que aquello no lo veía sino la Providencia. El amigo reconvenido estaba sentado en una silla con el aspecto de la persona que siente enormes deseos de estornudar sin lograrlo. De vez en cuando, lanzaba una turbia mirada de cordero al orador, mas, por lo visto, no tenía idea de lo que hacía al caso y era dudoso incluso que llegara a oír algo. Sobre la mesa, en que se consumía una vela, había un jarro de vodka casi vacío, unas copitas, pan, vasos, pepinos y tazas sin té desde hacía mucho rato. Después de haber observado atentamente la escena, Svidrigáilov se apartó indiferente de la rendija y volvió a sentarse en la cama.

El criado, al volver con el té y la ternera, no pudo abstenerse de preguntar otra vez: "¿No necesita nada más?"; y después de oír la respuesta negativa, se retiró definitivamente. Svidrigáilov bebió con gran avidez un vaso de té para calentarse, pero no pudo comer ni un bocado, porque había perdido por completo el apetito. Por lo visto, comenzaba a tener fiebre. Se quitó el abrigo y la chaqueta, se envolvió en la manta y se acostó. Se sentía apenado: "Esta vez sería mejor no estar enfermo", pensó sonriendo. En la habitación, el aire era sofocante y la vela despedía una luz mortecina. En el patio soplaba el viento; un ratón escarbaba la madera en alguno de los rincones del cuchitril. El mísero aposento olía a ratones y a cuero. Tumbado en la cama, Svidrigáilov tenía la impresión de estar soñando; un pensamiento se sucedía a otro, de manera confusa. Habría deseado fijar la imaginación de modo especial en alguna cosa, cualquiera que fuese. "Debajo de la ventana debe de haber algún jardín", pensó. "Se oye el ruido de los árboles. ¡Qué poco me gusta el ruido de los árboles, de noche, cuando hay tempestad y está muy oscuro! ¡Qué sensación más desagradable!". Recordó que, hacía poco, al pasar por el parque de Petrovski, había pensado en ello con repugnancia. También se acordó, a este propósito, del puente de X. y del Pequeño Nevá; de nuevo tuvo una sensación de frío, como hacía poco, cuando contemplaba el agua del canal. "En mi vida me ha gustado el agua, ni siquiera en los paisajes", pensó otra vez, y volvió a sonreír al ocurrírsele un extraño pensamiento. "Parece que ahora debería de importarme un comino la estética y la comodidad, y resulta que me hago más exigente, como la fiera que busca siempre el mejor sitio... ¡en casos semejantes! ¡Lo que tenía que haber hecho era haberme metido en el parque de Petrovski! Me ha parecido oscuro y frío. ¡Je, je! ¡Como si me hicieran falta sensaciones agradables...! A propósito, ¿por qué no apago la vela?". (La apagó, soplando.) "Los vecinos se han acostado", pensó, al no ver la luz en la rendija que había descubierto. "Ahora sí que debería presentarse, Marfa Petrovna; está oscuro, el sitio es adecuado y el momento original. Y ahora, precisamente, no vendrá usted...".

De súbito, sin saber por qué, recordó que hacía poco, una hora antes de llevar a cabo su proyecto acerca de Dunia, había recomendado a Raskólnikov que la confiara a la salvaguardia de Razumijin. "Lo he dicho más que nada por arrogancia, como ha adivinado Raskólnikov. ¡Ese Raskólnikov es un granuja! Es mucho lo que se ha echado a las espaldas. Con el tiempo, cuando se le hayan ido de la cabeza todas las sandeces, puede llegar a ser un granuja de tomo y lomo, ¡pero ahora tiene *demasiadas* ganas de vivir! En lo que toca a este punto, los tipos como él son unos canallas. Bueno, al diablo; que haga lo que quiera. ¿Qué más me da?".

No lograba conciliar el sueño. Poco a poco la reciente imagen de Dúniechka empezó a surgir ante él y, de pronto, un escalofrío le recorrió el cuerpo. "No, eso hay que dejarlo –pensó, recobrándose–, es necesario pensar en alguna otra cosa. Es extraño y ridículo: nunca he sentido odio profundo por nadie, ni siquiera he tenido nunca grandes deseos de vengarme, lo cual es un mal síntoma. ¡Un mal síntoma! Tampoco me ha gustado discutir ni acalorarme. ¡También es un mal síntoma! Pero ¡cuántas cosas le he prometido, diablo! No hay duda de que habría acabado haciendo de mí lo que hubiera querido…". Volvió a callar y apretó los dientes; de nuevo la imagen de Dúniechka se le apareció exactamente tal como era cuando, después de haber disparado la primera vez, se asustó enormemente, bajó el revólver y, más muerta que viva, se le quedó mirando, de suerte que a él le habría sobrado tiempo para agarrarla no una vez, sino hasta dos veces, sin que ella hubiera levantado la mano para defenderse, si él no se lo hubiese recordado. Svidrigáilov recordó que, en aquel instante, sintió lástima por ella y el corazón se le encogió… "¡Eh, al diablo! ¡Otra vez estos pensamientos! ¡Hay que dejarlo, hay que dejarlo…!".

Ya se quedaba dormido: el temblor febril le iba disminuyendo, le pareció que algo le corría por el brazo y por la pierna, debajo de la manta. Se estremeció: "¡Qué asco, diablo! Debe ser un ratón", pensó, "Claro, he dejado la ternera sobre la mesa…". No tenía el menor deseo de desabrigarse, de levantarse, de quedarse frío, mas de pronto notó que algo desagradable volvía a deslizársele por la pierna; con brusco movimiento, se quitó la manta de encima y encendió la vela. Tiritando de fiebre, se inclinó para examinar la cama; sacudió la manta y un ratoncito saltó a la sábana. Svidrigáilov quiso cazarlo; pero el ratoncito no huía de la cama, sino que corría en zigzag en todas direcciones, se le deslizaba entre los dedos, le corría por el brazo y de súbito se metió bajo la almohada. Svidrigáilov arrojó la almohada, pero al instante notó que algo le saltaba al pecho, le corría por el cuerpo y le iba a la espalda, por debajo de la camisa. Tembló nerviosamente y se despertó. La habitación estaba a oscuras; él seguía acostado en la cama, envuelto en la manta, como hacía poco, y el viento silbaba al otro lado de la ventana. "¡Qué asco!", pensó disgustado.

Se levantó y se sentó en el borde de la cama, de espalda a la ventana. "Es preferible no dormir", se dijo. No obstante, de la ventana le llegaba frío y humedad; sin levantarse del sitio, alcanzó la manta y se envolvió en ella. No encendió la vela. No pensaba y no quería pensar; pero los sueños surgían uno tras otro; aparecían, momentáneos, jirones de pensamientos, sin principio, sin fin, sin enlace. Quedó semidormido. El frío, la oscuridad, la humedad y el viento, que ululaba al otro lado de la ventana sacudiendo los árboles, suscitaban en él una fantástica y persistente inclinación y cierto deseo, pero sólo veía flores. Imaginaba que estaba contemplando un paisaje delicioso; era el día de la Trinidad, un día de fiesta, luminoso, tibio, casi caluroso. A la vista, se le ofrecía un *cottage* rico, lujoso, al estilo inglés, rodeado de bancales y arriates de olorosas flores; el soportal estaba cubierto de plantas trepadoras, con hileras de rosas al pie; había una escalera fresca, bien iluminada, tapizada por una lujosa alfombra, adornada con flores exóticas en jarros chinos. Se fijó sobre todo en los jarros con agua puestos en las ventanas: tenían ramos de narcisos blancos y delicados que se inclinaban sobre sus tallos verdes, gruesos y largos, y despedían fuerte aroma. Habría deseado no apartarse de su lado, pero subió por la escalera y entró en una sala espaciosa y alta de techo, y también allí, en las ventanas, junto a las puertas abiertas que daban a la terraza, en la terraza misma, en todas partes había flores. El suelo estaba cubierto de fragante hierba recién segada y las ventanas abiertas; un airecillo suave y fresco penetraba en la habitación, los pajarillos dejaban oír sus trinos al pie de las ventanas. Sobre unas mesas, cubiertas con blanca tela de raso, había un ataúd, revestido de seda de Nápoles blanca y ribeteado con guarniciones del mismo color. Guirnaldas de flores lo ceñían por todas partes. En aquel ataúd, sobre un colchón de flores, yacía una muchacha que llevaba un blanco vestido de tul, con los brazos, que parecían esculpidos en mármol, cruzados sobre el pecho. Tenía mojados los cabellos, de un color rubio claro; una guirnalda de rosas le rodeaba la cabeza. El perfil severo y rígido de su cara también parecía tallado en mármol, pero la sonrisa de sus pálidos labios expresaba una aflicción infinita, una piedad inmensa, que nada tenían de infantiles. Svidrigáilov conocía a la muchacha; junto al ataúd no había ningún ícono, ni cirios encendidos, ni se oía rezo alguno. La muchacha era una suicida: se había ahogado. Sólo tenía catorce años, pero había quedado con el corazón roto, ultrajado por una ofensa terrible que había cubierto de vergüenza su limpia alma angelical y le había arrancado de la garganta el último grito de desesperación que nadie oyó, insolentemente profanado, una noche oscura, tenebrosa, fría, cuando deshelaba y ululaba el viento…

Svidrigáilov se despertó, se levantó de la cama y se acercó a la ventana, que abrió, después de buscar a tientas la falleba. El viento penetró furiosamente en su estrecho cuchitril y se le pegó como escarcha helada a la cara y el pecho, que tenía sólo recubierto por la camisa. Al pie de la ventana había, en efecto, una especie de jardín y, al parecer, destinado también a atracciones al aire libre; probablemente, durante el día se cantaba y servía té en pequeñas mesitas. Pero entonces, de los árboles y arbustos volaban gotas de agua hasta la ventana, la noche era negra como boca de lobo, de modo que apenas podía distinguirse alguna que otra mancha oscura formada por los objetos. Svidrigáilov, inclinado y apoyado de codos sobre el antepecho de la ventana, llevaba unos cinco minutos sin apartar la vista de las tinieblas. En la noche y la oscuridad resonó un disparo de cañón, luego otro.

"¡Ah, es la señal! El agua sube de nivel", pensó. "Por la mañana, invadirá las calles de la parte más baja, inundará sótanos y cavas, flotarán las ratas, y azotada por la lluvia y el viento, la gente, empapada de agua, jurando, empezará a trasladar sus bártulos a los pisos altos… Pero ¿qué hora será?". En el mismo momento en que se hacía esta pregunta, muy cerca, un reloj de pared dio las tres, como si se apresurara con todas sus fuerzas. "¡Eh! Dentro de una hora comenzará a amanecer. ¿A qué esperar? Vale más salir ahora; iré directamente al parque de Petrovski: allí elegiré un arbusto grande, bien rociado por la lluvia, de modo que, con tocarlo un poco con el hombro, millones de gotas me salpicarán la cabeza…". Se apartó de la ventana, la cerró, encendió la vela, se puso el chaleco, el abrigo y el sombrero, y salió con la vela al pasillo a fin de buscar al criado andrajoso que estaría durmiendo en algún tugurio, entre trastos viejos y cabos de vela; quería pagarle la habitación y salir de la posada. "Es el mejor momento. No podía elegirse otro mejor".

Svidrigáilov vagó largo rato por el estrecho pasillo sin encontrar a nadie. Se disponía a llamar gritando, cuando de súbito, en un rincón oscuro, entre un viejo armario y la puerta, distinguió un objeto raro, algo que parecía vivo. Se inclinó iluminando el rincón con la vela y vio a una criatura, a una niña de unos cinco años, con un vestidito mojado como un trapo de fregar el suelo. La criatura temblaba y lloraba; no pareció asustarse al ver a Svidrigáilov. Le miraba con una expresión de torpe sorpresa, con sus grandes ojos negros; de vez en cuando zollipaba, como los niños que han estado mucho tiempo llorando, pero que han dejado de llorar y hasta se han consolado, pese a lo cual de improviso vuelven a romper en llanto. La niña tenía la carita pálida; estaba rendida y aterida de frío, pero "¿cómo ha venido a parar aquí? Seguramente se ha escondido en este lugar y no ha dormido en toda la noche". Svidrigáilov comenzó a hacerle preguntas. La niña de pronto se reanimó y empezó a hablar aprisa y de manera infantil. Algo decía de la mamá que "da azotes", de una taza que había "oto" (roto). La pequeña hablaba sin cesar; de lo que contaba podía adivinarse que se trataba de una criatura despreciada, a la que su madre, alguna cocinera borrachina, probablemente de la misma posada, le pegaba y la tenía atemorizada; la niña había roto una taza de su madre y se había asustado tanto, que había huido de su casa por la tarde. Es probable que hubiera permanecido largo rato escondida por el patio, bajo la lluvia, hasta que, al fin, había logrado entrar en la posada y ocultarse detrás del armario; en aquel rincón se había pasado la noche llorando, temblando de frío y de miedo porque estaba oscuro y por la gran paliza que iban a darle. Svidrigáilov la tomó en brazos, volvió a su habitación, la sentó en la cama y comenzó a desvestirla. La niña, que iba sin calcetines, llevaba los zapatitos rotos y tan mojados como si los hubiera puesto en un charco. Una vez la hubo desvestido, Svidrigáilov la puso en la cama y la tapó con la manta hasta la cabeza. La niña se durmió en seguida. Y Svidrigáilov volvió a quedar pensativo.

"¡Otra vez se me ha ocurrido meterme en lo que no me importa!", se dijo, con penosa sensación de rencor. "¡Qué absurdo!". Disgustado, tomó la vela para buscar al criado andrajoso y marcharse cuanto antes de allí. "¡Pobre niña!", pensó como si soltara una maldición al abrir la puerta, pero se volvió para mirar una vez más a la criaturita, para ver si dormía y cómo dormía. Levantó la manta con gran cuidado. La pequeña dormía con sueño profundo y plácido. Había entrado en calor, envuelta en la manta, y las pálidas mejillas comenzaban a ponérsele coloradas. Pero, cosa rara, el color de sus mejillas era más vivo y fuerte del que suelen tener los niños. "Es el color de la fiebre –pensó Svidrigáilov–, o el que produce el vino; es como si le hubieran dado a beber un vaso entero. Los labios encarnados también le arden, pero ¿qué es esto?". De súbito, Svidrigáilov tuvo la impresión de que las largas y negras pestañas de la niña vibraban, como si se levantaran ligeramente y por debajo de ellas mirara un ojo penetrante, lleno de malicia, haciendo un guiño que nada tenía de infantil, como si hiciera un esfuerzo para contener la risa. Pero ya deja de contenerse; ya se ríe, sin disimulo; en el rostro, que nada tiene de infantil, se refleja algo insolente, provocativo; es la depravación, es el rostro de una mujer de conducta ligera, el rostro descocado de una mujer que se vende, de una dama de las camelias francesa. Ya se abren los dos ojos, sin fingimiento alguno: envuelven a Svidrigáilov en una impúdica mirada de fuego, le llaman, se ríen… Había algo de infinitamente repulsivo y ultrajante en aquella risa, en aquellos ojos, en la ignominia que se reflejaba en el rostro de la criatura. "¿Cómo? ¡Una niña de cinco años!", pensó Svidrigáilov, auténticamente horrorizado. Esto… ¿Qué significa esto? Pero la criatura ya vuelve hacia él su rostro encendido, extiende los brazos… "¡Ah, maldita!", grita horrorizado Svidrigáilov, levantando la mano sobre ella… En aquel mismo instante se despertó.

Seguía echado en la cama, envuelto como antes en la manta; la vela estaba apagada y en la ventana brillaba la plena luz del día.

"¡Toda la noche ha sido de pesadilla!". Se incorporó furioso, deshecho; le dolían los huesos. El patio estaba envuelto en una espesa niebla y no había modo de distinguir nada. Casi eran las cinco; ¡se había despertado demasiado tarde! Se levantó y se puso la chaqueta y el abrigo, aún húmedos. Buscó el revólver palpando el bolsillo, lo sacó y colocó bien la bala; luego se sentó, tomó el cuaderno de notas que tenía en un bolsillo y en el lugar más visible de la primera página escribió varias líneas en grandes caracteres. Después de haberlas releído se quedó pensativo, de codos sobre la mesa. El revólver y el cuaderno de notas le rozaban el codo. Sobre la mesa había quedado asimismo la porción intacta de ternera, a la que se habían pegado las moscas, ya despiertas. Svidrigáilov las estuvo contemplando un buen rato y al fin empezó a cazarlas con la mano que le quedaba libre, mas pese a sus esfuerzos no logró atrapar ninguna. De pronto se dio cuenta de que estaba embebido en una ocupación tan interesante y volvió a la realidad estremeciéndose. Se levantó y salió de la habitación. Un minuto más tarde se hallaba en la calle.

Una niebla espesa y lechosa envolvía la ciudad. Svidrigáilov se dirigió hacia el Pequeño Nevá por la calle resbaladiza y sucia, con pavimento de madera. Veía en su imaginación las aguas del Pequeño Nevá, muy subidas de nivel durante la noche, la isla de Petrovski, los caminitos empapados, la hierba mojada, los árboles y los arbustos chorreantes y, finalmente, aquel mismo arbusto… Disgustado, se puso a mirar las casas a fin de pensar en otra cosa. Por la avenida no se cruzó con ningún viandante ni con ningún coche. Las casitas de madera, de color amarillo, con los postigos cerrados, ofrecían un aspecto desaseado y triste. El frío y la humedad se le calaban hasta el tuétano de los huesos y Svidrigáilov empezó a tiritar. De vez en cuando, le saltaban a la vista los rótulos de las verdulerías y otras tiendas; los leía todos con la mayor atención. Había llegado a la altura de una gran casa de piedra, al final de la calle adoquinada. Un perro roñoso y pasmado de frío, con la cola entre las piernas, atravesó la calle. En plena acera un borracho con capote yacía tumbado, como muerto. Svidrigáilov le echó un vistazo y prosiguió su camino. A su izquierda, divisó una atalaya. "¡Bah! –pensó–. Este es un buen sitio. ¿Para qué ir al parque de Petrovski? Por lo menos aquí habrá un testigo oficial…". Por poco se ríe del nuevo pensamiento. Entró en la calle de X., donde se levantaba una gran casa con atalaya. Junto al portalón cerrado de la casa, y arrimado al mismo, había un hombre de poca estatura enfundado en un capote gris de soldado y un casco de cobre, un casco de Aquiles. Al ver a Svidrigáilov, que se le acercaba, le dirigió una fría mirada soñolienta. En el rostro de aquel hombre se percibía la tristeza gruñona, secular, que ha dejado su avinagrada huella en los rostros de la raza hebrea. Los dos, Svidrigáilov y Aquiles, se miraron unos instantes en silencio. Por fin al último le pareció impertinente que un hombre, sin estar borracho, a tres pasos de distancia, le mirara con tanta insistencia sin decir una palabra.

–¿Qué busca usted aquí? –le dijo, con inconfundible acento judío, sin variar de postura.

–Nada, amigo. ¡Buenos días! –respondió Svidrigáilov.

–Aquí no se puede estar.

–Amigo, me voy a otras tierras.

–¿A otras tierras?

–A América.

–¿A América?

Svidrigáilov sacó el revólver y levantó el gatillo. Aquiles enarcó las cejas.

–¿Qué bromas son éstas? ¡Aquí no se puede!

–¿Por qué no se puede?

–Porque no.

–No importa, amigo. El sitio es muy bueno. Si te preguntan, responde que me he ido a América.

Aplicó el revólver a su sien derecha.

–¡Aquí no se puede, aquí no se puede! –exclamó Aquiles, despertando del todo y abriendo cada vez más los ojos.

Svidrigáilov apretó el gatillo…

CAPÍTULO VII

Ese mismo día, entre las seis y las siete de la noche, Raskólnikov se presentó en casa de su madre. Ésta vivía con Dunia, en la casa de Bakaléiev, en aquella habitación de que Razumijin hablara. Al subir la escalera, Raskólnikov parecía vacilar. Sin embargo, por nada del mundo hubiese retrocedido: estaba resuelto a hacer aquella visita. "Por otra parte –pensaba–, todavía nada saben, y están habituadas a ver en mí a un hombre original". Su traje estaba roto y lleno de barro; además, la fatiga física y los efectos de la lucha moral que sostenía desde el día anterior, habían cambiado su semblante. La noche la había pasado, Dios sabe dónde. Pero, al menos, ya había tomado su resolución.

Llamó, le abrió su madre. Dunia había salido, y la criada tampoco estaba en casa en aquel momento. Pulkeria Alexándrovna se quedó muda de sorpresa y de alegría; luego, tomó a su hijo de la mano y le arrastró hacia la antesala.

–¡Ah! ¡Gracias a Dios! –dijo con voz que la emoción le hacía temblar–. No te enfades, Rodia, si cometo la tontería de recibirte llorando. La felicidad hace correr mis lágrimas. ¿Crees que estoy triste? Pues no: estoy alegre, río. Sólo que tengo la necia costumbre de llorar. Desde que murió tu padre, lloro por cualquier cosa. Siéntate, querido mío; estás fatigado, lo veo. ¡Ah, cómo estás!

–Ayer me pilló la lluvia, mamá… –comenzó a decir Raskólnikov.

–No has de decirme nada –exclamó Pulkeria Alexándrovna, interrumpiéndole–. Te has figurado que iba a hacerte preguntas y más preguntas, según mi antigua costumbre de vieja curiosa; no tengas miedo.
Comprendo, lo comprendo todo; ahora he aprendido a ser como la gente de aquí y, la verdad, yo misma veo que aquí las cosas se hacen con
más inteligencia. Lo he comprendido de una vez para siempre. ¿Cómo
voy a entender tus cálculos y a pedirte que me rindas cuentas de ellos?
Dios sabe qué proyectos y planes tienes en la cabeza y qué pensamientos surgen en ella. ¿A santo de qué he de venir yo a importunarte, pre-
guntándote lo que estás pensando? Verás, yo… ¡Ah, Señor! Me voy de
una cosa a otra como una tonta… ¿Sabes, Rodia? Leo por tercera vez el
artículo que publicaste en la revista. Me lo ha traído Dmitri Prokófich.
Cuando lo he visto, me he quedado con la boca abierta. "Qué tonta eres
(me he dicho), ya ves en qué está ocupado y lo que le preocupa. ¡Aquí
está la explicación de todo! Quizá tiene ahora nuevas ideas; las está
meditando y yo le atormento y le estorbo". Lo leo, hijo mío, y, naturalmente, hay muchas cosas que no comprendo. No puede ser de otro
modo. ¿Cómo voy a comprenderlo?

–Enséñamelo, mamá.

Raskólnikov tomó la revista y dio un vistazo a su artículo. A pesar de
su situación y de su estado de ánimo, experimentó la dulce y punzante
sensación propia del autor que ve por primera vez impreso un trabajo
suyo, máxime cuando el autor no tiene sino veintitrés años. Aquello duró
un instante. Después de leer unas líneas, frunció el ceño y una tristeza
infinita le oprimió el corazón. De golpe, recordó la lucha anímica que
había sostenido durante los últimos meses. Con repugnancia arrojó la revista sobre la mesa.

–De todos modos, Rodia, por tonta que sea, me doy cuenta de que pronto llegarás a ser una de las primeras figuras, si no la primera, entre nuestros
sabios. ¡Y se atrevieron a pensar que te habías vuelto loco! ¡Ja, ja, ja! Tú no
lo sabes, pero lo habían pensado. ¡Ah! ¿Cómo pueden comprender esos
viles gusanos lo que es la inteligencia? Y pensar que hasta Dunia también
por poco lo cree. ¿Qué te parece? Tu difunto padre envió dos veces trabajos
suyos a revistas; primero, unos versos (los conservo escritos en un cuaderno, un día te los enseñaré), y luego una novela entera (yo misma le pedí
que me la dejara copiar); y por más que rezamos para que se los admitie-
ran, no los aceptaron. Hace unos seis o siete días, Rodia, sufría al ver
cómo vistes y cómo vives. Pero ahora me doy cuenta de que era una
tonta, porque, si quieres, con tu inteligencia y tu talento, obtendrás en

seguida lo que desees. Si no lo haces es porque , por ahora, no quieres y te ocupas de cosas mucho más importantes…

–¿Dunia no está en casa, mamá?

–No, Rodia. Con mucha frecuencia se va de casa y me deja sola. Dmitri Prokófich suele venir a hacerme compañía y me habla siempre de ti. No sabes cómo se lo agradezco. Te quiere y te tiene en muy alta estima, hijo mío. De Dunia no digo que me trate con pocas consideraciones… No me quejo, ya lo ves. Tiene su carácter, yo tengo el mío; desde hace cierto tiempo guarda algunos secretos. Yo, para vosotros, no los tengo. Claro, estoy firmemente convencida de que Dunia es muy inteligente y de que, además nos quiere mucho, a mí y a ti…, pero no sé adónde puede llevar esto. Ahora, Rodia, me has hecho feliz al venir a verme, y ella ya ves, se ha ido de paseo; cuando venga, le diré: "Tu hermano ha venido. ¿Dónde has estado todo ese tiempo?". Tú, Rodia, procura no mimarme demasiado. Si puedes, ven a verme; si no, ¿qué le vamos a hacer?, esperaré. De todos modos, sabré que me quieres y eso me basta. Leeré tus obras, oiré hablar de ti a todos, y cuando menos lo espere vendrás a verme. ¿Qué más puedo desear? Has venido ahora para consolar a tu madre, lo veo muy bien…

Pulkeria Alexándrovna, de pronto, se echó a llorar.

–¡Otra vez! ¡Qué estúpida! ¡No me mires, hijo! Pero, Señor, ¿qué hago sentada? –exclamó, levantándose de súbito–. Tengo café y no te invito a tomarlo. Ya ves el egoísmo de una vieja. ¡Ahora mismo, ahora mismo!

–Mamá, déjelo; me voy a ir en seguida. No he venido por eso. Escúcheme, por favor…

Pulkeria Alexándrovna se le acercó temerosa.

–Mamá, ¿me querrá usted como ahora, ocurra lo que ocurra, oiga usted decir de mí lo que oiga, le cuenten de mí lo que le cuenten? –preguntó de súbito, obediente a su corazón, como si no pensara lo que decía y no midiera el alcance de sus palabras.

–¡Rodia, Rodia! ¿Qué te pasa? ¿Cómo puedes preguntarme cosa semejante? ¿Quién va a decirme algo malo de ti? Además, no creería a nadie, y al que viniera para hacerlo, sencillamente, lo echaría de mi presencia.

–He venido para asegurarle que la he querido siempre. Estoy contento de que nos encontremos solos; estoy contento incluso de que Dunia haya salido –prosiguió Rodia, con el mismo arrebato–. He venido para decirle abiertamente que será desdichada, pero que, a pesar de todo, sepa usted que su hijo la quiere más que a sí mismo, y que no es cierto que soy cruel y no la quiero, como usted ha pensado. Nunca dejaré de quererla... Bueno, basta. Me ha parecido que debía empezar por esto...

Pulkeria Alexándrovna le abrazó en silencio; le estrechó contra su pecho, llorando silenciosamente.

–No sé lo que te pasa, Rodia –dijo por fin–. Hasta ahora había creído que nuestra presencia te era insoportable; pero veo que te amenaza algún infortunio muy grande y que eso te tiene apesadumbrado. Hace tiempo que lo preveo, Rodia. Perdóname que te lo diga; no hago más que pensar en ello y por las noches no puedo dormir. Esta última noche, tu hermana la ha pasado entera soñando en voz alta y hablando siempre de ti. He entendido algunas palabras, pero sin poder comprender nada. Esta mañana la he pasado como en capilla, esperando que ocurriera algo, presintiendo que ocurriría algo, y ya ves, ¡ha llegado la hora! Rodia, Rodia, ¿qué vas a hacer? ¿Te vas por ventura a alguna parte?

–Me voy.

–¡Ya me lo figuraba! Pero, si hace falta, puedo acompañarte. Y Dunia también. Dunia te quiere mucho. Y Sofía Semiónovna... que vaya también con nosotros, si es preciso. Ya ves, de buena gana la tomo como hija. Dmitri Prokófich nos ayudará a reunirnos... Pero... ¿adónde vas?

–Adiós mamá.

–¿Cómo? ¿Hoy mismo? –gritó la madre, como si le perdiera para siempre.

–No puedo esperar más; he de irme..., es muy necesario...

–¿Y no puedo ir contigo?

–No, pero arrodíllese y ruegue a Dios por mí. Sus oraciones quizá lleguen hasta Él.

–Acércate, te santiguaré y te daré mi bendición. Así, así. ¡Oh, Dios mío! ¿Qué hacemos?

Sí, Rodia estaba contento, estaba muy contento de que no hubiera nadie, de que se encontraran solos, su madre y él. ¡Cómo se le había enternecido el corazón de golpe, después de aquel tiempo horrible! Cayó de rodillas ante ella, le besó los pies, y lloraron juntos, abrazados. Aquella vez la madre no se sorprendía ni preguntaba nada. Comprendía hacía tiempo que algo muy grave le estaba ocurriendo a su hijo y que para él se acercaba un instante terrible.

–Rodia, hijo querido, mi bien amado –decía llorando–. Ahora vienes como cuando eras niño; así venías, así me abrazabas y me besabas. Aun en vida de tu padre, cuando sufríamos alguna desdicha, tu sola presencia nos consolaba, y cuando él murió, cuántas veces le lloramos tú y yo al pie de su tumba, abrazados como ahora. Si lloro hace tiempo es porque mi corazón de madre presentía la desgracia. Cuando te vi la primera vez, por la noche, ¿recuerdas?, cuando acabábamos de llegar, lo adiviné en tu mirada. Entonces se me estremeció el corazón. Hoy, al abrirte, me he dicho que había llegado la hora fatal. Rodia, Rodia, no te pondrás en marcha en seguida, ¿verdad?

–No.

–¿Volverás?

–Sí…, volveré.

–Rodia, no te enfades, no me atrevo a preguntarte nada. Sé que no me atrevo, pero dime sólo dos palabras: ¿te vas muy lejos?

–Muy lejos.

–¿Qué te espera tan lejos? Algún empleo, tu carrera… ¿Qué tendrás, allí?

–Lo que Dios me mande…, no deje de rogar por mí…

Raskólnikov se fue hacia la puerta, pero su madre le sujetó y le dirigió a los ojos una mirada llena de desesperación, con el rostro contraído por el horror.

–Basta, mamá –dijo Raskólnikov, profundamente arrepentido de la idea de ver a su madre.

–No te vas para siempre, ¿verdad? ¿Verdad que no te vas para siempre? ¿Verdad que mañana volverás?

–Volveré, volveré. Adiós.

Por fin logró salir.

El atardecer era tibio y claro; el cielo había quedado limpio desde la mañana. Raskólnikov iba a su casa; tenía prisa. Quería acabarlo todo antes de que se pusiera el sol. No deseaba encontrarse con nadie hasta tenerlo todo arreglado. Al subir la escalera de su casa, se dio cuenta de que Nastasia, dejando el samovar que estaba preparando, le había mirado fijamente y le acompañaba con la vista. "¿No habrá nadie en mi habitación?", se preguntó. Pensó con desagrado en Porfiri. Pero al abrir la puerta de su cuchitril, vio a Dúniechka. Estaba sola, embebida en sus pensamientos; al parecer, hacía mucho rato que le esperaba. Raskólnikov se detuvo en el umbral. Dunia se levantó del diván, sobresaltada, e irguió la cabeza. Su mirada fija, clavada en su hermano, reflejaba un sentimiento de horror y de aflicción abrumadores. La mirada bastó a Raskólnikov para comprender que Dunia lo sabía todo.

–¿Qué he de hacer? ¿Entrar, o irme…? –preguntó Raskólnikov, receloso.

–Me he pasado el día en casa de Sofía Semiónovna; te hemos estado esperando las dos. Creíamos que irías por allí sin falta.

Raskólnikov entró en la habitación y se sentó en una silla, exhausto.

–Me siento débil, Dunia; estoy muy cansado. Quisiera dominarme del todo, por lo menos en estos momentos.

Miró a su hermana, lleno de desconfianza.

–¿Dónde has pasado la noche?

–No lo recuerdo bien, ¿sabes, hermana? Quería decidirme definitivamente y he estado muchas veces cerca del Nevá. Eso sí lo recuerdo. Allí quería acabar con todo, pero… no me he decidido –balbuceó, echando otra mirada recelosa a Dunia.

–¡Alabado sea Dios! ¡Cuánto temíamos eso, precisamente, Sofía Semiónovna y yo! Tal cosa quiere decir que aún crees en la vida… ¡Alabado sea Dios, alabado sea Dios!

Raskólnikov sonrió con amargura.

–No creía, pero ahora he llorado junto a nuestra madre, hemos llorado los dos abrazados; no creo y, sin embargo, le he pedido que rezara por mí. Sólo Dios sabe por qué pasan estas cosas, Dúniechka. No comprendo nada.

–¿Has estado con nuestra madre? ¿Se lo has dicho? –exclamó Dunia, horrorizada–. ¿Es posible que te hayas decidido a contárselo?

–No, no se lo he dicho… con palabras; pero ha comprendido muchas cosas. Por la noche, te ha oído delirar. Estoy seguro de que comprende la mitad de lo ocurrido. Quizá he hecho mal en ir a verla. Ni sé por qué he ido. Soy un hombre vil, Dunia.

–¿Un hombre vil, y estás dispuesto a aceptar el sufrimiento? Porque estás dispuesto, ¿no?

–Sí. Ahora mismo. Para evitar esta vergüenza quería tirarme al río, Dunia; pero, cuando estaba a punto de lanzarme, he pensado que, si hasta ahora me había considerado fuerte, no debía tener miedo a la vergüenza –dijo, acelerando sus pensamientos–. ¿Es eso orgullo, Dunia?

–Es orgullo, Rodia.

Pareció que en los ojos mortecinos de Rodia brillaba una llamita. Le resultaba agradable haber conservado aún el orgullo.

–¿No crees, hermana, que simplemente tuve miedo del agua? –preguntó, sonriendo de un modo espantoso y mirándola a la cara.

–¡Oh, Rodia! ¡Basta! –exclamó amargamente Dunia.

Permanecieron silenciosos durante unos minutos. Raskólnikov estaba sentado, con la cabeza baja, mirando al suelo. Dúniechka, de pie, al otro lado de la mesa, le miraba con una profunda expresión de dolor.

–Es tarde, he de irme. Voy a entregarme. Pero no sé por qué voy a entregarme.

Gruesas lágrimas corrían por las mejillas de Dunia.

–Lloras, hermana; pero ¿puedes tenderme la mano?

–¿Acaso lo dudas?

Dunia le estrechó entre sus brazos.

–¿Acaso no lavarás la mitad de tu crimen al aceptar el sufrimiento? –exclamó Dunia, besándole, sin dejar de abrazarle.

–¿Mi crimen? ¿Qué crimen? –gritó él, de súbito, en un repentino ataque de furor–. ¿El que haya matado a un piojo nocivo, asqueroso, a una vieja usurera que no hacía falta a nadie? Por matarla habían de perdonar la mitad de los pecados. Esa vieja chupaba el jugo a los pobres. ¿Es eso un crimen? No pienso en él, ni pienso en él, ni pienso lavarlo. ¿Por qué me repiten todos, de todas partes: "tu crimen, tu crimen"? Sólo ahora veo con claridad cuán absurda ha sido mi cobardía, ahora que ya me he decidido a pasar por esta innecesaria vergüenza. Si me decido es sólo por vileza e incapacidad, y quizá aún por el beneficio que me reporta, como me propuso ese… Porfiri…

–¡Hermano, hermano! ¿Qué dices? ¡Has derramado sangre! –exclamó, en un rapto de desesperación, Dunia.

–Sangre que todo el mundo vierte –replicó Rodia, casi furioso–; sangre que corre y que siempre ha corrido a cascadas; quienes la derraman como champaña son coronados en el Capitolio y declarados bienhechores de la humanidad. Mira con más atención y juzga. También yo quería el bien de las personas y habría hecho centenares y millares de buenas obras en pago de esa única estupidez, que ni siquiera ha sido estupidez, sino torpeza, pues la idea no era tan estúpida como parece ahora, después del fracaso… (¡cuando se fracasa, todo parece estúpido!). Con esa estupidez sólo quería alcanzar una situación independiente, dar el primer paso, obtener recursos; después todo se habría borrado por una utilidad infinitamente mayor en comparación… Pero no he resistido ni el primer paso, porque soy un inútil. Esa es la cuestión. Con todo, no voy a mirar las cosas con vuestros ojos. Si me hubiera salido con la mía, me habrían coronado; ahora, claro, ¡a la mazmorra!

–No es eso, ¡no es eso! ¡De ningún modo! ¿Qué estás diciendo, hermano?

–¡Ah! No es ésa la forma, no es una forma bastante estética. La verdad, no lo comprendo. ¿Por qué es más respetable lanzar bombas a la gente de una ciudad sometida a un asedio en regla? ¡El miedo a la estética es el primer síntoma de impotencia…! Nunca he tenido de ello tan clara conciencia como ahora, y ahora comprendo menos que nunca cuál es mi crimen. ¡Nunca, nunca he sido tan fuerte ni he estado tan convencido como ahora…!

Hasta se le tiñó el rostro, pálido y demacrado, con una nota de color. Pero, al proferir la última exclamación, su mirada se encontró casualmente con la de Dunia, y fue tanto el dolor que percibió en ella por él que, a pesar suyo, recobró el sentido de la realidad. Sintió que había hecho desgraciadas a aquellas dos pobres mujeres. De todos modos, él era la causa…

–¡Dunia, querida! Si soy culpable, perdóname (aunque no es posible perdonarme, si soy culpable). ¡Adiós! ¡No vamos a discutir! No me queda tiempo; no puedo esperar más. No me sigas, te lo suplico. Aún he de pasar por… Vuelve en seguida al lado de nuestra madre. ¡Te lo suplico! Es mi mayor ruego y el último que te hago. No te apartes de su lado; la he dejado en un estado tal de inquietud, que difícilmente podrá soportarlo: o morirá o perderá la razón. ¡No la abandones! Razumijin estará con vosotras; le he hablado… No llores por mí; aunque asesino, me esforzaré por ser animoso y honrado toda la vida. Quizás algún día oigas sonar mi nombre. No tendréis que avergonzaros de mí, ya lo verás; aún demostraré… pero, de momento, hasta la vista –se apresuró a añadir, al observar otra vez una rara expresión en la mirada de Dunia, mientras él decía las últimas palabras y hacía tales promesas–. ¿Por qué lloras? No llores, no llores. ¡No nos despedimos para siempre…! ¡Ah, sí! ¡Espera, se me olvidaba…!

Se acercó a la mesa, tomó un grueso libro cubierto de polvo, lo abrió y sacó de entre las hojas un pequeño retrato, una acuarela, pintado sobre marfil. Era el retrato de la hija de la patrona, su antigua novia, que murió consumida por la fiebre; era el retrato de la extraña joven que quería entrar en un convento. Por unos instantes contempló Raskólnikov aquel rostro expresivo y enfermizo, besó el retrato y lo entregó a Dunia.

–Con ella también hablé mucho *de eso*; sólo con ella –dijo pensativo–. A su corazón confié gran parte de lo que después se ha convertido en una realidad tan deplorable. No te alarmes –prosiguió, dirigiéndose a Dunia–. Ella no estaba de acuerdo, como no lo estás tú, y me alegro de que no sea de este mundo. Lo esencial…, lo esencial es que ahora tomará todo un nuevo cariz, todo cambiará como si se rompiera en dos partes –gritó de súbito, volviendo a lo que tanto le inquietaba–. ¡Todo, todo! Pero ¿estoy preparado para ello? ¿Lo quiero acaso yo mismo? ¡Dicen que es una prueba necesaria para mí! ¿Para qué sirven, para qué, estas pruebas absurdas? ¿Para qué? ¿Tendré una conciencia más clara que la de ahora después de veinte años de presidio, de sufrimientos y de idiotismo, en una impotencia senil? ¿Para qué querré vivir entonces? ¿Y por qué acepto vivir así? ¡Oh, sí! Ya sabía yo que soy un miserable, cuando esta mañana, al amanecer, me inclinaba sobre las aguas del Nevá.

Por fin salieron. Dunia había tenido que hacer un gran esfuerzo, pero le quería. Se fue; no obstante, después de haber andado unos cincuenta pasos se volvió para mirarle una vez más. Aún le podía ver. También él se volvió, al llegar a la esquina; por última vez se encontraron sus miradas; pero al ver que su hermana le miraba, hizo un gesto de impaciencia, y hasta de disgusto, con la mano para que se fuera y dobló bruscamente la esquina.

"Soy un ruin, me doy cuenta", pensaba un minuto más tarde, avergonzado del gesto de disgusto que había dirigido a Dunia. "Pero ¿por qué me quieren tanto, si no soy digno de ello? ¡Oh, si fuera solo, si nadie me quisiera y yo mismo no hubiera querido nunca a nadie! *¡No habría nada de todo esto!* Es curioso; ¿acaso en estos quince o veinte años futuros se humillará tanto mi alma, que me pondré a gimotear sumiso ante la gente, llamándome bandido a cada paso? ¡Sí, eso es, eso! Por ello ahora me deportan, es esto lo que quieren... Ahí están, vagando por la calle, hacia arriba y hacia abajo, y cada uno es un miserable y un bandido por naturaleza, peor aún: ¡un idiota! Y si yo procurara zafarme del destierro, todos se pondrían furiosos, llenos de nobilísima indignación. ¡Cómo los odio a todos!".

Se puso a meditar profundamente sobre la cuestión. ¿A qué proceso se debía que él, por fin, se sometiera a ellos sin razonar, y que se sometiera por propia convicción? Bueno, pero, ¿por qué no? Naturalmente, debía ser así. ¿Acaso veinte años de yugo incesante no acaban definitivamente con una persona? La gota de agua taladra la piedra. ¿Y para qué vivir, para qué, después de esto? "¿Por qué me entrego ahora si yo mismo sé que todo ocurrirá como si estuviera escrito, y no de otro modo?".

Quizá, desde el día anterior, se hacía esta pregunta por centésima vez, pero, a pesar de todo, prosiguió su camino.

CAPÍTULO VIII

Al terminar la tarde llegó a casa de Sonia. Durante todo el día, la joven le había estado esperando con ansiedad. Por la mañana recibió la visita de Dunia, quien confirmó todo lo dicho por Svidrigáilov. De esta visita, Dunia se llevó el consuelo de que su hermano no estaría absolutamente solo; Sonia había sido la primera en escuchar su confesión; a ella se dirigió cuando sintió la necesidad de confiarse a un ser humano; ella le acompañaría hasta donde el destino le llevase. Sin haberle preguntado nada sobre esto, Avdotia Románovna estaba segura de que así sucedería; contempló a Sonia con una especie de veneración que turbaba a la pobre joven, porque ésta se creía indigna de fijarse en Dunia. Desde su visita a Raskólnikov, la imagen de la encantadora criatura, que tan graciosamente la había saludado aquel día, quedó en su alma como una de las visiones más bellas e indelebles de su vida. Una vez se separaron comenzó la inquietud de la pobre niña. Temía que Raskólnikov pusiera fin a sus días. Y no le cabía duda de que nuestro héroe había ya muerto, cuando éste se presentó inesperadamente en el umbral de su habitación.

Del pecho de la joven se escapó un grito de alegría; pero palideció al fijarse en su rostro.

–¡Bueno, sí! –dijo, sonriendo, Raskólnikov–; vengo por tus cruces, Sonia. Tú misma me has enviado a la encrucijada. ¿Es que ahora, llegado el momento, tienes miedo?

Sonia le miraba sorprendida. El tono le pareció raro; un estremecimiento le recorrió el cuerpo, pero al minuto adivinó que tanto el tono como las palabras eran fingidas. Raskólnikov hablaba con ella y dirigía la vista hacia un rincón, como si evitara mirarla directamente a la cara.

–Verás, Sonia; he pensado que así aún saldré ganando. Hay una circunstancia... Bueno, sería largo de contar; además, no vale la pena. ¿Sabes lo que me irrita? El que esas caras fieras y estúpidas me van a rodear en seguida, me van a mirar con ojos desorbitados, me mortificarán con preguntas estúpidas a las que será necesario responder, me señalarán con el dedo... ¡Uf! ¿Sabes? No me presentaré a Porfiri; me tiene harto. Prefiero ir a ver a mi amigo Pólvora; le dejaré asombrado y será un golpe de gran efecto. Pero debería tener más sangre fría; últimamente me he vuelto demasiado bilioso. No me creerás, pero acabo de amenazar a mi hermana poco menos que con el puño sólo porque se ha vuelto a mirarme por última vez. ¡Estar con un ánimo así es una porquería! ¡A qué he llegado! Bueno, ¿qué le vamos a hacer? ¿Dónde están las cruces?

Parecía fuera de sí. No podía permanecer ni un momento en un mismo lugar, no podía concentrar la atención en ningún objeto; los pensamientos le saltaban uno por encima del otro, hablaba sin cesar; las manos le temblaban levemente.

Sonia, sin decir nada, tomó del cajón dos cruces, una de ciprés y otra de cobre; se persignó, le persignó a él y luego le puso sobre el pecho la crucecita de ciprés...

–Así, pues, esto es el símbolo de que cargo con una cruz. ¡Je, je! ¡Como si hasta ahora hubiera sufrido poco! De ciprés, es decir, de las que lleva el pueblo; la de cobre, la de Lizaveta, la guardas para ti. Enséñamela. ¿La llevaba en... aquel momento? Conozco también dos cruces semejantes, una de plata y otra con una medallita. Entonces las arrojé sobre el pecho de la viejuca. Son las que debería ponerme ahora, la verdad... Pero todo lo que digo es faramalla, y me olvido del asunto; ¡qué distraído soy...! Verás, Sonia, he venido en realidad para prevenirte, para que sepas... Y eso es todo... Si he venido, ha sido sólo por esto. (Aunque pensaba que te diría más cosas.) Tú misma has querido que me presente; bueno, pues me encarcelarán y quedará satisfecho tu deseo; pero, ¿por qué lloras? ¿Tú también? Deja de llorar, basta. ¡Oh, qué pesado es para mí todo esto!

No obstante, despertó en él un sentimiento; se le encogió el corazón, al mirar a Sonia. "Y ésta, ¿qué?", pensó. "¿Qué soy yo para ella? ¿Por qué llora, por qué me acoge, como mi madre o Dunia? ¡Será mi niñera!".

–Santíguate y reza, aunque sólo sea una vez –le pidió Sonia, con voz tímida y temblorosa.

–¡Oh, como quieras! ¡Haré cuanto te plazca! Y de todo corazón, Sonia, de todo corazón…

Con todo, había querido decir algo distinto.

Se persignó varias veces. Sonia tomó su pañuelo y se lo puso en la cabeza. Era un pañuelo verde de paño fino, probablemente el mismo pañuelo "de familia" de que habló entonces Marmeládov. Raskólnikov tuvo esta idea, pero no preguntó nada. Empezó a notar que estaba terriblemente distraído y que sentía una lamentable inquietud. Aquello le asustó. De súbito le dejó estupefacto el que Sonia quisiera salir con él.

–¿Qué haces? ¿Adónde vas? ¡Quédate, quédate! Iré yo solo –exclamó con pusilánime enojo, y, furioso, se acercó a la puerta–. ¡Qué necesidad hay de séquito!

Sonia se quedó en medio de la habitación. Raskólnikov ni siquiera se despidió: se había olvidado de ella. Una duda rebelde y mordaz comenzó a encresparse en su alma:

"¿Es así todo esto? ¿Es así?", pensó al bajar la escalera. "¿Ya no es posible detenerse, volver a arreglarlo todo… y no ir?". No obstante, continuó su camino. De pronto sintió de una manera definitiva que era inútil hacerse preguntas. Al salir a la calle, se acordó de que no se había despedido de Sonia, que ella se había quedado en medio de la habitación, con el pañuelo verde, sin atreverse a dar un paso al oír su grito. Se detuvo un instante. Al mismo tiempo una idea se le ocurrió de pronto, nítida, como si hubiera estado acechando el momento para asestarle el golpe definitivo.

"Pero ¿por qué he venido a verla? ¿Por qué? Le he dicho que por un asunto. ¿Por qué asunto? No había ningún asunto, ninguno. ¿Habré venido a decirle que *iba*? ¿Es esto? ¡Vaya necesidad! ¿Es que la quiero acaso? ¿Verdad que no? Acabo de alejarla de mí como si fuera un perro. ¿Necesitaba por ventura sus cruces? ¡Oh, qué bajo he caído! No, lo que me hacía falta eran su lágrimas, lo que necesitaba era su temor, su corazón doliente y lacerado. ¡Hacía falta agarrarse a algo, demorarse, mirar a un ser humano! ¡Y me he atrevido a confiar tanto en mí, a soñar de ese modo pensando en mí, yo tan miserable, tan insignificante, tan infame, infame!".

Caminaba por la orilla del canal. No le faltaba mucho para llegar. Pero, a la altura del puente, se detuvo y, de pronto, se dirigió hacia la Plaza del Heno.

Miraba ávidamente a derecha e izquierda, se fijaba anhelante en cada objeto, pero no podía concentrar la atención en nada; todo se le escapaba.

"Dentro de una semana, dentro de un mes, me conducirán a alguna parte en una carreta para detenidos por este puente. ¿Cómo miraré entonces este canal…? ¿Recordaré todo esto…? –pensó–. Ahí hay un letrero. ¿Cómo leeré estas mismas letras? Aquí está el escrito: *Compañía*; hay que recordar esta *a*, esa letra *a* y mirarla dentro de un mes, mirar esta misma *a*. ¿Cómo la veré entonces? ¿Qué experimentaré y pensaré…? ¡Oh, Dios, qué bajas deben ser mis preocupaciones… actuales! Claro, esto, probablemente, es algo curioso… en su género… (¡Ja, ja, ja! ¿En qué estoy pensando?) Me estoy volviendo un niño, estoy fanfarroneando ante mí mismo. Bueno, ¿de qué me avergüenzo? ¡Uf! ¡Qué modo de empujar! Este gordo (debe ser un alemán) me ha dado un empujón. ¿Sabe a quien ha empujado? Esta mujer, con una criatura en brazos, pide limosna; es curioso, me cree más feliz que ella. ¿Y si le diera algo? Sería divertido. ¡Vaya! Aún me ha quedado una moneda de cinco kopeks en el bolsillo. ¿Cómo es posible? ¡Tómalos, tómalos… buena mujer!".

–¡Que Dios te bendiga! –se oyó que decía la voz quejumbrosa de la pordiosera.

Entró en la Plaza del Heno. Le resultaba desagradable, muy desagradable, encontrarse con la gente, pero iba hacia donde la muchedumbre era mayor. Habría dado un mundo entero para quedarse solo; mas él mismo sentía que no permanecería solo ni un minuto. Entre el gentío un borracho que armaba bulla: porfiaba en marcar unos pasos de danza, pero siempre se caía de lado. Se formó un círculo a su alrededor. Raskólnikov se abrió paso entre el gentío, se quedó mirando al borracho unos minutos y de pronto se echó a reír con risas breves y entrecortadas. Un momento después se había olvidado del borracho y no le veía a pesar de mirarlo. Por fin, se apartó de allí sin recordar siquiera dónde se encontraba; pero cuando llegó al centro de la plaza tuvo de pronto una sacudida y una nueva sensación se apoderó de su ser, de su cuerpo y de su mente.

Recordó de súbito las palabras de Sonia: "Vete a la encrucijada, inclínate ante la gente, besa la tierra, porque también ante ellas has pecado, y di en voz alta a todo el mundo: '¡Soy un asesino!'" al recordarlo, se estremeció de pies a cabeza. Y hasta tal punto le ahogaba la angustia sin salida y la alarma de los días pasados, sobre todo en las últimas horas, que se sumió al instante en aquella nueva y plena sensación. De pronto, como si fuera un ataque, la sensación se adueñó de él: se le encendió en el alma como una chispa y, de repente, le envolvió una llama. Raskólnikov se enterneció hondamente y las lágrimas le asomaron a los ojos. Allí mismo se dejó caer al suelo…

Se puso de rodillas en medio de la plaza, se inclinó hasta la tierra, sucia, la besó con fruición y gozo. Se levantó y se inclinó otra vez.

–¡Este sí que ha empinado el codo! –comentó a su lado un mozo.

La gente se echó a reír.

–Va en peregrinación a Jerusalén; se despide de sus hijos, de su patria, se inclina y saluda a todo el mundo, besa la capital, San Petersburgo, y su suelo –añadió un hombre un poco borracho, de los que se dedican a algún oficio mecánico.

–¡Es un mocito muy joven! –soltó un tercero.

–¡De familia noble! –observó alguien con grave voz.

–En estos tiempos no hay modo de distinguir a los nobles de los que no lo son.

Aquellas observaciones y comentarios contuvieron a Raskólnikov, y las palabras "soy un asesino", que quizá estaba a punto de volar de su lengua, le quedaron muertas en los labios. No obstante, soportó pacientemente las exclamaciones y, sin mirar a nadie, se fue directo por una callejuela hacia la oficina de policía. Por el camino pasó ante sus ojos como una visión, pero ello no le sorprendió; ya había presentido que debía ser así. Cuando, en la Plaza del Heno, se inclinó hasta tocar el suelo por segunda vez, hacia su izquierda vio a Sonia, a unos cincuenta pasos de distancia, que se escondía de él tras una de las barracas de madera de la plaza. Así, pues, le acompañaba en su calvario. En aquel instante, Raskólnikov sintió y comprendió de una vez para siempre que Sonia se le había unido para toda la vida y que le seguiría aunque fuera al otro extremo del mundo, adonde el destino le llevara. El corazón le dio un gran vuelco... Pero ya había llegado al sitio fatal...

Entró en el patio bastante animoso. Tenía que subir al tercer piso. "Por de pronto no hago más que subir", pensó. Tenía la impresión de que el minuto fatal estaba lejos, de que le quedaba mucho tiempo y de que aún podía cambiar de idea sobre muchas cosas.

Otra vez la misma suciedad, las cáscaras en la escalera de caracol, otra vez las puertas de las viviendas abiertas de par en par y otra vez las cocinas que desprendían tufo y mal olor. Raskólnikov no había estado allí desde entonces. Las piernas se le entumecían y se le doblaban, pero seguían moviéndose. Se detuvo un instante para recobrar el aliento, para adoptar una buena actitud, para entrar *como un hombre*. "¿Para qué? ¿Para qué?", pensó de pronto, al darse cuenta de su movimiento. "Si he de apurar hasta el fin este cáliz, ¿no da lo mismo que sea de una manera u otra? Cuanto más repulsivo, mejor". Por su imaginación pasó en ese momento la figura de

Iliá Petróvich Pólvora "Acaso es a él a quien he de presentarme? ¿Por qué
no a otro? ¿No sería mejor entregarme a Nikodim Fómich? Podría dar la
vuelta y dirigirme a la propia casa del inspector de policía. Por lo menos me
evitaría ciertas molestias… ¡No, no! ¡Me presentaré a Pólvora, a Pólvora!
De apurar el cáliz, que sea de una vez…".

Estremecido por una extraña sensación y casi sin conciencia de lo que
hacía, abrió la puerta de la oficina. Aquella vez había muy poca gente: un
portero y un hombre del pueblo. El ordenanza, tras su barrera, ni siquiera
levantó la vista. Raskólnikov pasó a la pieza siguiente. "Quizá aún es
posible que no diga nada", pensó. Un escribiente, con levita que no era de
uniforme, se estaba preparando para escribir. En un rincón había otro escribiente. Zamétov no estaba. Nikodim Fómich, naturalmente, tampoco.

–¿No hay nadie? –preguntó Raskólnikov, dirigiéndose a uno de los
escribientes.

–¿A quién quiere usted ver?

–¡Ah! Lo que es oírse, no se oye; lo que es verse, no se ve; pero el hálito
ruso, como se dice en el cuento… ¡lo he olvidado! ¡Cuánto bueno por aquí!
–gritó, de pronto, una voz conocida.

Raskólnikov se estremeció. Ante él se encontraba Pólvora, que acababa de salir del tercer aposento. "Es el destino –pensó Raskólnikov–. ¿Por
qué está aquí?".

–¿Viene usted a vernos? ¿Con qué motivo? –exclamó Iliá Petróvich,
que por lo visto se encontraba en un magnífico estado de ánimo, incluso un
poco excitado…. Si viene por algún asunto, aún es temprano. Yo mismo
estoy aquí por casualidad… Aunque me tiene a su disposición. Le confieso… ¿cómo?, ¿cómo? Perdone…

–Raskólnikov.

–¡Eso es, Raskólnikov! ¡No crea usted que le he olvidado! Le ruego
que no me considere tan… Rodión Ro… Ro… Rodiónich, ¿no?

–Rodión Románich.

–¡Sí, sí, sí! ¡Rodión Románich, Rodión Románich! Es lo que quería
decir. Hasta he preguntado por usted varias veces. Le confieso que, desde
entonces, he sentido vivamente haberme acalorado tanto con usted… Luego me explicaron… Me enteré de que es usted un joven literato, incluso un
sabio… y, por decirlo así, está dando los primeros pasos… ¡Oh, Señor!
¡Qué literato y qué sabio no ha empezado dando pasos originales! Tanto yo
como mi mujer sentimos gran estima por la literatura; ¡para mi mujer es una
pasión!… ¡Admiramos la literatura y el arte! Salvo la noble cuna, lo demás
puede adquirirse por medio del talento, del saber, de la inteligencia y del

genio. ¿Qué significa un sombrero? El sombrero es como una torta; lo compro en la tienda de Zimmermann; pero lo que hay debajo del sombrero, lo que el sombrero cubre, esto no lo compró... Le confieso que quería incluso ir a verle y darle explicaciones, pero pensé que quizá usted... Con todo, aún no le he preguntado si realmente le hace falta algo. Dicen que han venido a vivir con usted familiares suyos, ¿es cierto?

–Sí, mi madre y mi hermana.

–Hasta he tenido el honor y la dicha de conocer a su hermana, una persona muy instruida y encantadora. Le confieso que he sentido mucho haber llegado a tales extremos con usted. ¡Aquello fue un caso! En cuanto a la idea que entonces tuve, a consecuencia del desvanecimiento de usted, se ha aclarado sin dejar la menor duda. ¡Crueldad y fanatismo! Comprendo la indignación de usted. ¿Acaso cambia usted de alojamiento debido a la llegada de su familia?

–No, no he venido por nada importante... He entrado a preguntar... Creía encontrar aquí a Zamétov.

–¡Ah, sí! Ya sé que se han hecho ustedes amigos; he oído hablar de ello. Bueno, pero Zamétov no está aquí; no le encontrará usted. Sí, nos hemos quedado sin Alexandr Grigórievich. Desde ayer no figura aquí; se ha trasladado... y al marcharse ha reñido con todos... Incluso ha sido descortés... Es un joven ligero de cascos, nada más; había llegado a despertar ciertas esperanzas, pero intente usted hacer algo con nuestra brillante juventud... Dice que quiere presentarse a no sé qué exámenes, pero lo dice sólo por hablar y fanfarronear un poco; su examen no pasará de ahí. ¡No es como usted, por ejemplo, o como el señor Razumijin, amigo suyo! Ustedes siguen la carrera de la ciencia, y no hay fracaso capaz de desviarlos de su camino. Para ustedes los placeres de la vida, por decirlo así, *nihil est*. ¡Su vida es la del asceta, la del monje, la del anacoreta!... Para ustedes un libro, una pluma en la oreja, las investigaciones científicas... ¡He aquí donde reina su espíritu! Yo mismo, en parte... ¿Ha leído usted los relatos de Livingstone?

–No.

–Pues yo los he leído. Además ahora se ha extendido mucho el nihilismo, y es perfectamente natural. ¿En qué tiempos vivimos?, me permito preguntarle. Por lo demás, yo con usted... ¡Usted, claro, no es nihilista! ¡Responda sinceramente, con toda sinceridad!

–No...

–Mire, ¿sabe?, conmigo puede usted ser franco, no tenga ningún miedo, ¡como lo sería usted consigo mismo! Una cosa es el servicio, otra cosa es… ¿Ha creído usted que iba a decir la *amistad*? ¡No, no lo ha adivinado! No es la amistad, sino el sentimiento del ciudadano y del hombre, el sentimiento de humanidad y de amor hacia el Todopoderoso. Puedo ser persona oficial, puedo estar desempeñando un cargo, pero estoy obligado a sentirme siempre un ciudadano y hombre y a responder como tal… Usted ha hablado de Zamétov. Zamétov es capaz de armar escándalo al estilo francés en un establecimiento de mala reputación, ante un vaso de champaña o de vino del Don… ¡Así es su Zamétov! En cambio yo, por decirlo así, soy un hombre leal y de elevados sentimientos; además tengo cierta categoría, ocupo un determinado puesto, un cargo. Soy casado y padre de familia. Cumplo mi deber de ciudadano y de hombre. En cambio, ¿puede usted decirme quién es él? Me dirijo a usted como a un hombre ennoblecido por la instrucción. También se están multiplicando demasiado las comadronas.

Raskólnikov enarcó las cejas interrogativamente. Resonaban en sus oídos las palabras de Iliá Petróvich, que, por lo visto, se había levantado de la mesa hacía poco, como sonidos vacíos de sentido en su mayor parte. De todos modos, comprendía más o menos una parte; le miraba interrogador, sin saber en qué iba a terminar aquello.

—Me refiero a las jóvenes que llevan el pelo corto —prosiguió Iliá Petróvich, parlanchín—. Se me ha ocurrido llamarlas comadronas, y me parece que este nombre es completamente adecuado. ¡Je, je! Entran en la Academia, estudian anatomía. Dígame: si me enfermo, ¿voy a llamar a una doncella para que me cure? ¡Je, je!

Iliá Petróvich se reía, satisfecho de sus ocurrencias.

—Admitamos que el afán de saber no tiene límites; pero basta con instruirse. ¿A santo de qué abusar? ¿Por qué ofender a las personas nobles, como hace el canalla de Zamétov? ¿Puede usted decirme por qué ese hombre me ha ofendido? Tampoco puede imaginar cómo aumentan los suicidas. La gente gasta lo que tiene y luego se mata. Muchachas, mozos, viejos… Esta misma mañana nos han dado cuenta del suicidio de un señor que había llegado no hacía mucho. Nil Pávlich, ¡eh, Nil Pávlich! ¿Cómo se llamaba el *gentleman* que se ha pegado un tiro en la cabeza esta mañana en la Peterburgskaia?

—Svidrigáilov —respondió alguien, en el aposento inmediato, con voz ronca e indiferente.

Raskólnikov se estremeció.

—¡Svidrigáilov! ¡Svidrigáilov se ha pegado un tiro! —exclamó.

—¿Cómo? ¿Conocía usted a Svidrigáilov?

–Pues, sí… le conocía… No hacía mucho que había llegado…

–Eso es, no hacía mucho que había llegado. Había perdido a su mujer; era un hombre amigo de juergas, y de pronto se pega un tiro en condiciones tan escandalosas como no puede usted figurarse… En su cuaderno de notas ha dejado varias palabras escritas en las que dice que muere con pleno uso de razón y ruega que no se culpe a nadie de su muerte. Dicen que tenía dinero. ¿De qué le conocía usted?

–Le conocía… Mi hermana fue institutriz en su casa…

–¡Vaya, vaya!… Así, pues, puede usted decirnos algo de él. ¿Y usted no sospecha nada?

–Le vi ayer… tomando vino… Yo no sabía nada.

Raskólnikov tenía la impresión de que un gran peso le había caído encima y le oprimía.

–Otra vez parece que se vuelve usted pálido. Tenemos aquí un aire tan viciado…

–Sí, he de irme –balbuceó Raskólnikov–. Perdone que le haya molestado…

–Por favor, no diga eso. ¡Venga cuando quiera! Ha sido para mí una satisfacción el verle, y estaré contento de decir…

Iliá Petróvich le tendió la mano.

–Sólo quería… Me convenía ver a Zamétov…

–Lo comprendo, lo comprendo. Me ha causado una gran satisfacción su visita.

–También yo… estoy muy contento… Hasta la vista… –contestó Raskólnikov, sonriendo.

Salió tambaleándose. La cabeza le daba vueltas. No sabía si las piernas le sostenían. Empezó a bajar la escalera apoyándose con la mano derecha en la pared. Tuvo la impresión de que un portero, con un gran cuaderno bajo el brazo, le había empujado al encontrarse con él en la escalera, subiendo a la oficina. Le pareció que un perro ladraba en un piso inferior, que una mujer gritó y le arrojó un rodillo. Raskólnikov acabó de bajar la escalera y salió al patio. Allí, a pocos pasos del portalón, estaba Sonia, pálida como la muerte; le miraba de una manera extraña, muy extraña. Raskólnikov se detuvo ante ella. Una honda expresión de dolor, de tortura y desesperación se reflejó en el rostro de la joven. Sonia juntó las manos con asombro. En los labios de Raskólnikov se dibujó una sonrisa contrahecha, lamentable; permaneció unos instantes de pie, sonrió y volvió a subir la escalera, otra vez a la oficina.

Iliá Petróvich se había sentado a su mesa y estaba revolviendo unos papeles. Delante de él, de pie, se hallaba el mismo portero que al subir por la escalera, hacía un momento, había dado un empujón a Raskólnikov.

–¡Ah! ¡Otra vez, usted! ¿Se le ha olvidado algo?... Pero ¿qué le ocurre?

Raskólnikov, lívidos los labios, inmóvil la mirada, se le acercó lentamente, llegó hasta la misma mesa, apoyó en ella las manos, quiso decir algo, pero no pudo; sólo se oyeron unos sonidos ininteligibles.

–Usted está enfermo. ¡Una silla! ¡Siéntese en esta silla, siéntese! ¡Agua!

Raskólnikov se dejó caer en la silla, sin apartar la vista del rostro de Iliá Petróvich, que estaba desagradablemente sorprendido. Los dos permanecieron unos momentos mirándose y esperando.

Alguien acudió con un vaso de agua.

–Yo soy... –comenzó a decir Raskólnikov.

–Beba.

Raskólnikov rechazó el vaso con un gesto y, en voz baja, pausada, pero perfectamente inteligible, dijo:

–*Yo soy quien mató entonces con un hacha a la vieja viuda de un funcionario y a su hermana Lizaveta, y quien las robó.*

Iliá Petróvich se quedó con la boca abierta. De todas partes acudieron precipitadamente.

Raskólnikov repitió su confesión...

. . . .

EPÍLOGO

I

S iberia. A las orillas de un río ancho y desierto se eleva una ciudad, uno de los centros administrativos de Rusia; en la ciudad hay una fortaleza, en la fortaleza una prisión y en ella está desde hace nueve meses Rodión Romanovich Raskólnikov, condenado a trabajos forzados o de segunda categoría. Cerca de dieciocho meses han transcurrido desde el día que cometió el crimen.

El proceso no tuvo muchas dificultades. El culpable confirmó sus confesiones con tanta resolución como precisión y claridad, sin embrollar las circunstancias, sin atenuar el horror del hecho, sin velar los detalles, sin llegar a olvidar los más pequeños pormenores. Hizo un completo relato del crimen; aclaró el misterio de la *prenda* encontrada en las manos de la vieja; describió cómo había tomado las llaves del bolsillo de la usurera; lo mismo hizo con el cofre e indicó su contenido; explicó el asesinato de Lizaveta, hasta entonces punto oscuro para todos; refirió cómo Koj había ido a llamar a la puerta, etc. Por último, declaró el lugar donde se hallaban los objetos robados. En resumen, todo se aclaró. Lo que, entre otras cosas, admiraba más a los jueces, fue que el asesino, en lugar de aprovecharse de los despojos de su víctima, los enterrara bajo una piedra. Y todavía más increíble parecía que no hubiese abierto la bolsa, que ignorara su contenido. (Guardaba trescientos diecisiete rublos en papel y tres monedas de veinte kopeks.) Era duda generalizada el motivo por el cual el acusado mentía acerca de este punto, después de haber sido sincero en todos los demás. Todo aquello resultaba casi una insolencia.... Por fin algunos (en particular psicólogos) admitieron incluso la posibilidad de que realmente el acusado no hubiera mirado el contenido del portamonedas, de que no supiera lo que había en él y de que, ignorándolo, lo hubiera escondido debajo de la piedra; pero de esto infirieron que el crimen no pudo haberse ejecutado más que bajo el efecto de una locura pasajera, o sea de una enfermiza monomanía de asesinato y robo, sin ulteriores objetivos y cálculos interesados. Llegó entonces, y muy a tiempo, la novísima teoría de moda de la alienación temporal, teoría que con tanta frecuencia se intenta aplicar ahora a algunos criminales. Añádase a esto que el doctor Zosímov, los antiguos camaradas del acusado, su patrona y la criada, fueron muy precisos al declarar que Raskólnikov se encontraba desde hacía mucho tiempo en un estado de hipocondría. Todo ello contribuyó en gran medida a que se llegara a la conclusión de que Raskólnikov no se parecía en nada a un asesino corriente, a un bandido y a un ladrón, sino que había en su caso otra cosa. Con gran pena para quienes sostenían este punto de vista, el propio criminal casi no intentó defenderse; a las preguntas definitivas de qué pudo haberle inducido a matar y a robar, el mismo acusado contestó con claridad y ruda precisión que la causa de ello había sido su pésima situación, su miseria y su impotencia, su deseo de afianzar los primeros pasos de la carrera de su vida con ayuda por lo menos de los tres mil rublos que contaba hallar en casa de la víctima. Se había decidido a asesinar a consecuencia de su carácter frívolo y pusilánime, irritado, además, por las privaciones y los fracasos. En cuanto a las preguntas de qué le había movido a presentarse y a declararse culpable, contestó, sin ambages, que un sincero arrepentimiento. Todo aquello resultaba casi una insolencia…

La condena, sin embargo, resultó más benévola de lo que cabía esperar, teniendo en cuenta el crimen cometido y quizá precisamente porque el criminal no sólo no quiso justificarse, sino que incluso manifestó el deseo de acusarse a sí mismo. Fueron tomadas en consideración las circunstancias raras y especiales. No ofrecieron ninguna duda el estado enfermizo y de miseria del criminal antes de que cometiera su crimen. El que no se hubiera aprovechado de lo robado se interpretó, en parte, como efecto del arrepentimiento que empezó a producirse y, en parte, por el estado algo anormal de sus facultades mentales en el momento de cometer el crimen. La circunstancia del asesinato imprevisto de Lizaveta sirvió para ratificar la última conjetura: ¡un hombre comete dos asesinatos y al mismo tiempo se olvida de que la puerta está abierta! Finalmente, el hecho de que se hubiera presentado por sí mismo en el momento mismo en que la instrucción de la causa se había complicado de modo extraordinario, a consecuencia de la falsa autoacusación de un fanático descorazonado (Nikolái), cuando, además, no sólo no había indicios claros de quién era el verdadero criminal, sino que ni siquiera se sospechaba de él (Porfiri Petróvich mantuvo plenamente su palabra), todo ello contribuyó, en definitiva, a atenuar la severidad del veredicto.

De modo totalmente inesperado, se descubrieron, además, otras circunstancias que favorecieron en mucho al acusado. El exestudiante Razumijin llegó a encontrar datos, y presentó las pruebas de la autenticidad de los mismos, según los cuales, el criminal Raskólnikov, cuando estudiaba en la Universidad, con los últimos recursos que poseía ayudó a un estudiante camarada suyo, pobre y tísico, y lo mantuvo casi durante medio año. Cuando murió su camarada, Raskólnikov fue a ver al padre de su amigo muerto (viejo y débil, al que su hijo, desde los trece años de edad, había sostenido con su trabajo), se ocupó de él y lo colocó, por fin, en un hospital; cuando el viejo padre de su antiguo amigo murió, Raskólnikov tomó el entierro a su cargo. Aquellos datos ejercieron cierta influencia favorable sobre la decisión que afectaba al destino del criminal. Su propia expatrona, la madre de la difunta novia de Raskólnikov, la viuda de Zarnitsin, atestiguó, asimismo, que cuando vivían en la otra casa, en las Cinco Esquinas, durante un incendio, por la noche, Raskólnikov salvó de una vivienda, presa de las llamas, a dos pequeñuelos y por cumplir este acto sufrió varias quemaduras. El hecho fue cuidadosamente investigado y hubo numerosos testigos que confirmaron su veracidad. En una palabra, teniendo en cuenta que se había presentado por sí mismo, y algunas otras circunstancias atenuantes, el criminal fue condenado a trabajos forzados de segunda categoría sólo por un plazo de ocho años.

Al comenzar el proceso, la madre de Raskólnikov había caído enferma. Dunia y Razumijin lograron alejarla de Petersburgo durante todo el tiempo que duró el juicio. Razumijin eligió una población situada en la línea del ferrocarril, a poca distancia de Petersburgo, a fin de poder seguir con regularidad la marcha del proceso, y al mismo tiempo poder verse lo más a menudo posible con Avdotia Románovna. La enfermedad de Pulkeria Alexandróvna era muy extraña: una enfermedad nerviosa acompañada de alienación mental, parcial, si no completa. Cuando Dunia regresó de su última entrevista con su hermano, encontró a su madre completamente enferma, con fiebre y delirando. Aquella misma tarde se puso de acuerdo con Razumijin acerca de lo que debía responder a su madre cuando ésta le preguntara por el hermano, y para ello llegó incluso a inventar una historia sobre la partida de Raskólnikov hacia un punto lejano, en la frontera de Rusia, en cumplimiento de un encargo privado que, por fin, le iba a proporcionar dinero y notoriedad. Pero Dunia y Razumijin quedaron asombrados de que la propia Pulkeria Alexándrovna no preguntara nada, sobre el particular ni entonces ni posteriormente. Al contrario, contó una historia, inventada por ella, acerca de la marcha repentina del hijo; con lágrimas en los ojos explicaba que había acudido a despedirse de ella, y al contarlo aludía a que sólo ella conocía muchas circunstancias secretas y de gran importancia, y que Rodia tenía muchos y muy poderosos enemigos, hasta el punto de que se veía obligado a esconderse. Por lo que respecta a la futura carrera de Rodia, a la madre también le parecía que iba a ser brillante, sin duda alguna, cuando hubieran desaparecido ciertas circunstancias adversas; Pulkeria Alexándrovna aseguraba a Razumijin que su hijo Rodia incluso llegaría a ser, con el tiempo, un hombre de Estado, como lo probaban su artículo y sus brillantes dotes literarias. Leía sin cesar el artículo; a veces lo leía incluso en voz alta, casi dormía con él, y a pesar de todo, apenas preguntaba dónde se encontraba entonces Rodia, a despecho de que, por lo visto, evitaban hablar con ella de la cuestión, lo cual hubiera bastado para provocar su desconfianza. Por fin empezaron a temer el raro silencio de Pulkeria Alexándrovna sobre ciertas cuestiones. No se quejaba, por ejemplo, de no recibir cartas de él, mientras que antes, cuando estaban en su pequeña ciudad, casi no vivía más que con la esperanza de recibir, cuanto antes, carta de su Rodia bien amado. Esta última circunstancia resultaba demasiado inexplicable e inquietaba mucho a Dunia, que tuvo la idea de que su madre probablemente presentía que algo espantoso había ocurrido a su hijo y tenía miedo de preguntar por temor a enterarse de algo aún más terrible. En todo caso, Dunia veía con toda claridad que Pulkeria Alexándrovna no gozaba por completo del buen uso de su razón.

De todos modos, por dos veces, Pulkeria Alexándrovna llevó la conversación de tal manera que era imposible responderle sin referirse al sitio en que se encontraba entonces Rodia; las respuestas tuvieron que ser, forzosamente, insatisfactorias y sospechosas, y la madre se quedaba en extremo triste, taciturna y callada, y eso se prolongaba durante largo tiempo. Dunia vio, al fin, que era difícil mentir e inventar, y llegó a la conclusión definitiva de que acerca de determinados puntos lo mejor era no decir nada, pero cada vez resultaba más claro y evidente que la pobre madre sospechaba algo terrible. Dunia recordó, además, las palabras del hermano de que la madre la había oído delirar por la noche, la víspera del último día fatal, después de la escena que había tenido, Dunia, con Svidrigáilov: ¿no habría oído, entonces, alguna cosa concreta? A menudo, después de varios días e incluso semanas de mutismo sombrío y de silenciosas lágrimas, la enferma parecía animarse, se ponía histérica y, de repente, comenzaba a hablar en voz alta de su hijo, de sus esperanzas, del futuro... Sus fantasías a veces eran muy extrañas. Dunia y Razumijin procuraban distraerla, asentían a todo cuanto decía (quizá ella misma se daba cuenta de que sólo asentían para consolarla), mas Pulkeria Alexándrovna no dejaba de hablar...

A los cinco meses de haberse presentado el criminal, se dictó sentencia. Razumijin fue a verle a la cárcel, no bien se lo permitieron. Sonia también. Por fin llegó el momento de la separación; Dunia juró a su hermano que no sería eterna; también se lo juró Razumijin. Llevado por su imaginación juvenil y fogosa, éste se hizo el firme propósito de obtener, en la medida de lo posible, en el transcurso de los tres o cuatro años próximos, aunque sólo fuera el comienzo de una buena posición, ahorrar algún dinero y trasladarse a Siberia, donde el terreno es rico en todos sentidos y donde faltan brazos, personas y capitales; se establecerían en la misma ciudad en que estuviera Rodia y... juntos empezarían una nueva vida. Al despedirse, lloraban todos. Durante los últimos días, Raskólnikov estaba muy pensativo, preguntaba mucho por su madre y constantemente se preocupaba por ella, hasta con exceso, lo que inquietaba a Dunia. Al enterarse con detalle del estado en que se encontraba su madre, se puso muy sombrío. Con Sonia se mostraba siempre –difícil era saber por qué– muy poco comunicativo. Con ayuda del dinero que había dejado en su poder Svidrigáilov, Sonia hacía tiempo que se había preparado para seguir al grupo de deportados con que él sería enviado. De ello no había hablado nunca una palabra con Raskólnikov, pero ambos sabían que sería así. En la última de las despedidas, Raskólnikov acogió con extraña sonrisa las vehementes declaraciones de su hermana y de Razumijin acerca del futuro feliz de todos ellos, cuando saliera él de presidio, y pronosticó que la enfermedad de su madre pronto tendría un desenlace fatal. Al fin, Raskólnikov y Sonia partieron.

Dos meses más tarde, Dúniechka se casó con Razumijin. Su boda fue tranquila y triste. Entre los invitados se encontraban Porfiri Petróvich y Zosímov. Durante el último tiempo, Razumijin tenía el aspecto de la persona que ha adoptado una resolución firme. Dunia creía ciegamente que llevaría a cabo todos sus propósitos, y no podía no creerlo, pues se veía que aquel hombre poseía una voluntad de hierro. Por otra parte, Razumijin volvió a asistir a las clases de la Universidad, a fin de terminar sus estudios. A cada momento se ponían los dos a trazar planes para el futuro; ambos esta-

ban seguros de poder trasladarse a Siberia a los cinco años. Hasta entonces
confiaban en Sonia…

Con gran alegría concedió Pulkeria Alexándrovna la mano de su hija a
Razumijin; pero después de la boda aún se puso más triste y preocupada.
Para proporcionarle un momento de satisfacción, Razumijin le contó, entre
otras cosas, lo que había hecho Rodia con el estudiante y el padre tullido, y
el otro caso en que Rodia, el año anterior, se había quemado y hasta había
estado enfermo por haber salvado de la muerte a dos pequeñuelos. Las dos
noticias llevaron a un estado de entusiasta exaltación a Pulkeria Alexándrovna, que tenía ya el espíritu no poco conturbado. Constantemente hablaba de ello, incluso en la calle (aunque Dunia la acompañaba siempre).
En los carruajes públicos y en las tiendas, donde encontraba aunque sólo
fuese una persona dispuesta a escucharla, se ponía hablar de su hijo, del
artículo que su hijo había escrito, del modo que éste había ayudado a un
estudiante y había sufrido graves quemaduras por salvar a dos niños de un
incendio, y así por el estilo. Dunia no sabía cómo hacerla callar. Aparte del
peligro que representaba aquel estado de excitación morbosa, podía ocurrir que alguien recordara el nombre de Raskólnikov por el proceso habido
y hablara de ello. Pulkeria Alexándrovna se enteró incluso de la dirección
de la madre de los dos pequeñuelos salvados del incendio y quería ir a verla
a todo trance. Al fin su excitación alcanzó límites extremos. A veces comenzaba a llorar; a menudo tenía que guardar cama y solía delirar durante
los accesos de fiebre. Una mañana declaró sin rodeos que, según sus cálculos, pronto debía de llegar Rodia, pues recordaba que al despedirse de ella
le había dicho que a los nueve meses regresaría. Comenzó a preparar todo,
esperando la llegada del hijo; se puso a arreglar la habitación que le destinaba (la suya), a limpiar los mueles, a lavar cortinas y a poner otras nuevas, y
así por el estilo. Dunia se alarmó, pero no decía nada e incluso la ayudaba a
arreglar la habitación con vistas a la llegada del hermano. Después de un
día agitado, que pasó entre incesantes fantasías, sueños alegres y lágrimas,
Pulkeria Alexándrovna se sintió mal al anochecer y a la mañana siguiente,
devorada por la fiebre, deliraba. La fiebre no remitió y, a las dos semanas, la
enferma fallecía. Por las palabras que pronunció durante el delirio, podía
conjeturarse que sospechaba en mayor medida de lo que ellos creían cuál
había sido el terrible destino de su hijo.

Raskólnikov tardó mucho en enterarse de la muerte de su madre, a
pesar de que, desde su llegada a Siberia, sostuvo regularmente correspondencia con Petersburgo por mediación de Sonia, la cual escribía todos los
meses a nombre de Razumijin y todos los meses recibía carta de la capital.

Al principio, las cartas de Sonia parecían secas y poco satisfactorias a Dunia y a Razumijin, pero al fin consideraron los dos que no era posible escribir mejor, porque las cartas les proporcionaron una idea completa y exacta de la existencia de su desgraciado hermano. Las cartas de Sonia trataban de la realidad cotidiana y constituían una descripción simple y clara de cuanto era la vida de presidiario de Raskólnikov. Sonia no hablaba de las propias esperanzas, de sus planes para el futuro ni de sus sentimientos. En vez de intentar explicar el estado de ánimo de Raskólnikov y, en general, su mundo interior, se limitaba a relatar hechos, es decir, reproducía las palabras de él, daba noticia detallada del estado de salud del joven, de los deseos que Rodia había manifestado durante la entrevista, de lo que le había pedido, de lo que le había encargado, etc. Comunicaba las noticias con extraordinario detalle. Al final, aparecía como por sí misma y quedaba perfilada con precisión y claridad la imagen del desgraciado hermano; ahí no podía haber errores, pues todo se basaba en hechos reales.

Pero poca era la alegría que estas noticias podían proporcionar a Dunia y a su marido, sobre todo al principio. Sonia comunicaba sin cesar que Rodia estaba siempre taciturno, con pocas ganas de hablar y que casi no se interesaba por las noticias que ella le transmitía cada vez que recibía carta; escribía que, a veces, preguntaba por su madre; que cuando Sonia, por fin, al ver que Raskólnikov sospechaba la verdad, le dijo que su madre había muerto, ni siquiera esta noticia le causó, a Rodia, gran impresión; por lo menos, era lo que le había parecido y la había sorprendido a ella, a Sonia, a juzgar por el aspecto exterior de Rodia. Escribía, además, que, a pesar de que Rodia, por lo visto, estaba completamente metido en sí mismo, como si se aislara por completo de los demás, ante su nueva vida adoptaba una actitud muy franca y sencilla; que comprendía con claridad cuál era su situación, no esperaba nada mejor para un futuro próximo ni tenía frívolas ilusiones (cosa muy propia de quien se encontraba en una situación como la suya), y que casi no se sorprendía de lo que le rodeaba, pese a que su medio en nada se parecía al de antes. Escribía Sonia que Rodia gozaba de buena salud y que no rehuía el trabajo, si bien no mostraba entusiasmo por él. Casi se mostraba indiferente por la comida, pero era ésta tan mala, excepción hecha de los domingos y días de fiesta, que, por fin, aceptó de buen grado algo de dinero de ella, de Sonia, para poder comprar té todos los días; respecto a lo demás, pidió a Sonia que no se preocupara, y le aseguró que los cuidados que por él tenían le desagradaban. Comunicaba Sonia en otra carta que Rodia vivía en el penal con los demás presos en una celda común; ella no había visto el interior del edificio, pero suponía, no sin fundamento, que vivían apretados, en condiciones malas e insalubres; Rodia dormía sobre unas tablas cubiertas con una manta de fieltro y no quería nada más; vivía con tanto rigor como pobreza, no porque tuviera algún plan o alguna intención preconcebida, sino simplemente por despreocupación e indiferencia externa hacia su destino. Sonia escribió francamente que Rodia, sobre todo al principio, no sólo no se mostraba interesado por sus visitas, sino que casi le disgustaban; hablaba poco con ella y hasta la trataba con desconsideración, pero últimamente las visitas se habían convertido para él en una costumbre y casi en una necesidad, de modo que Rodia se puso muy triste cuando ella no pudo visitarle por haber estado enferma unos días. Le veía los días de fiesta a la puerta del presidio, o en el cuerpo de guardia, adonde le llamaban para que se entrevistase con ella unos minutos; los días laborables le veía en el sitio de trabajo, al que ella acudía, ya en los talleres, ya en el ladrillar o en los tinglados, a orillas del Irtish. De sí misma contó Sonia que había logrado adquirir en la ciudad algunas relaciones y protección; que se dedicaba a coser y, como en la ciudad casi no había modistas, se había hecho necesaria en muchas casas. Lo que no dijo fue que, gracias a ella, Raskólnikov gozaba de cierta protección de las autoridades, que era destinado a trabajos menos pesados, etc. Por fin llegó la noticia (Dunia había notado incluso cierta inquietud en las últimas cartas de Sonia) de que Rodia se mostraba arisco con todo el mundo, que los presidiarios no le querían, que se pasaba días enteros sin decir una palabra y se había quedado muy pálido. De pronto, en la última carta, Sonia escribió que Rodia estaba enfermo de gravedad y se hallaba en el hospital del presidio…

II

Hacía ya mucho tiempo que se sentía mal; pero lo que debilitó sus fuerzas no fue el cautiverio con sus horrores, ni el trabajo forzado, ni la pésima alimentación, ni su orgullo herido luego de verse con la cabeza rapada y vestido de harapos. ¿Qué le importaban aquellas tribulaciones y miserias? Lejos de ello, le era grata su obligación de trabajar: la fatiga física le procuraba algunas horas de sueño tranquilo. ¿Y qué significaba para él la pésima comida? En otro tiempo cuando estudiaba, ¡cuántas veces se habría considerado feliz con aquella alimentación! En cuanto a la ropa, era apropiada al trabajo y a la vida que llevaba, y en cuanto a los grillos ni siquiera sentía su peso. Quedaba solo la humillación de ir trasquilado al rapé y la de llevar el uniforme de presidiario. Pero ¿ante quién se iba a avergonzar? ¿Ante Sonia? Ella le respetaba. ¿Cómo iba a ruborizarse ante ella?

Sin embargo, hasta ante ella sentía vergüenza; y esa era la causa de que se presentara despectivo y huraño en sus relaciones con la joven. Pero aquella vergüenza no procedía ni de su rapada ni de sus grillos, sino de su orgullo, herido cruelmente. Raskólnikov sufría profundamente aquella herida. ¡Ah, qué feliz hubiera sido si hubiese podido acusarse a sí mismo! Lo habría podido soportar todo; ¡hasta la vergüenza y la deshonra! Pero aunque se examinaba muy severamente, su conciencia endurecida no hallaba en el pasado alguna falta espantosa: sólo se reprochaba el haber fracasado, cosa que podía ocurrirle a todo el mundo. Haberse perdido neciamente, y sin remedio, por una sentencia del destino ciego, era lo que le humillaba. El haberse obligado a someterse, a resignarse a lo absurdo de aquella sentencia, si quería encontrar alguna tranquilidad.

Inquietud sin objeto y sin fin en el momento actual, sacrificio constante y estéril en el futuro, era lo que se le ofrecía en la tierra. ¿Qué importaba que a los ocho años no tuviera él más que treinta y dos y aún pudiera empezar a vivir? ¿Para qué iba a vivir? ¿Adónde dirigir la vista? ¿A qué aspirar? ¿Vivir tan sólo para existir? Antes había estado dispuesto a dar mil veces su existencia por una idea, por una esperanza, incluso por una fantasía. La mera existencia siempre le había parecido poco; siempre quería algo más. Quizá tan sólo por la fuerza de sus deseos se había considerado entonces hombre al que se le permitía más que a otro.

Si, por lo menos, el destino le hubiese enviado el arrepentimiento, un arrepentimiento candente, que le hubiese hecho añicos el corazón, que le hubiese robado el sueño, un arrepentimiento que le hubiese torturado hasta el punto de hacerle desear el nudo corredizo y la profundidad de las aguas… ¡Cuánto se habría alegrado de semejante arrepentimiento! ¡Las lágrimas y los sufrimientos también son vida! Pero él no se arrepentía de su crimen.

Por lo menos hubiera podido irritarse contra su estupidez, del mismo modo que se había enfurecido antes por los lamentabilísimos y muy estúpidos actos que le condujeron al penal. Pero una vez en el penal, *en libertad,* al examinar de nuevo sus actos anteriores y meditar acerca de ellos, no le parecieron, ni mucho menos, tan estúpidos y repugnantes como antes, en aquel tiempo fatal.

"¿En qué, en qué mi idea era más estúpida que otros pensamientos y teorías que se acumulan como enjambres y chocan entre sí en el mundo, desde que el mundo existe? Basta sólo examinar la cuestión con mirada totalmente independiente, amplia y libre de las influencias cotidianas, y entonces, claro, mi idea ya no parece ni mucho menos tan… extraña. ¡Oh, escépticos y pensadores de perra gorda, por qué os detenéis a medio camino!".

"¿Por qué mi acción les parece tan vituperable? –se preguntaba–. ¿Porque es un crimen? ¿Qué significa la palabra crimen? Mi conciencia está tranquila. Naturalmente, he realizado un acto condenado por el código penal; naturalmente, he violado la letra de la ley y he vertido sangre; bueno, tomad mi cabeza por la letra de la ley y…, ¡basta! Naturalmente, en ese caso, incluso muchos bienhechores de la humanidad que no han obtenido el poder por herencia, sino que se han adueñado de él por sí mismos, deberían ser ejecutados al dar los primeros pasos. Pero esos hombres llegaron a donde se proponían llegar y por eso *tienen razón;* yo no he llegado y, por lo tanto, no tenía derecho a permitirme ese paso".

En ello era en lo único que reconocía su crimen: sólo en no haber llegado hasta donde se proponía y haberse denunciado a sí mismo.

Otro pensamiento le hacía sufrir. ¿Por qué no se mató entonces? ¿Por qué no se arrojó al río y prefirió entregarse a las autoridades? ¿Es posible que sea tan fuerte el deseo de vivir y que resulte tan difícil vencerlo? ¿No lo había vencido Svidrigáilov, que tanto miedo tenía a la muerte?

Se atormentaba haciéndose esta pregunta y no podía comprender que quizá ya entonces, cuando a la orilla del río pensaba arrojarse al agua, había presentido en sí y en sus convicciones un profundo error. No comprendía que ese presentimiento podía ser el anuncio de un futuro cambio en su existencia, de su futuro renacimiento y de una nueva concepción de la vida.

Estaba más inclinado a admitir que había obrado sólo movido por el torpe impulso del instinto, con el que no había podido romper y que no podía superar (por su debilidad e insignificancia). Contemplaba a sus camaradas de presidio y se quedaba asombrado: ¡cómo querían todos la vida, cómo la estimaban! Le parecía incluso que en el penal la apreciaban más aún que en libertad. ¡Cuán terribles eran los sufrimientos y las torturas que habían sufrido algunos de ellos, por ejemplo, los vagabundos! "¿Es posible que signifique tanto para ellos un rayo de sol, un espeso bosque, un manantial de agua fresca descubierto tres años antes en una ignorada espesura, en el que piensa el vagabundo como si se tratara de la mujer amada y al que ve en sueños, rodeado de verde hierba y un pájaro que canta en un arbusto?". A medida que los observaba, veía ejemplos aún más inexplicables.

En el presidio, en el medio que le rodeaba, no se daba cuenta, naturalmente, de muchas cosas, ni quería darse cuenta de ellas. Vivía como si estuviera con los ojos bajos: le resultaba repugnante e insoportable mirar. Pero al fin muchas cosas comenzaron a sorprenderle y, hasta cierto punto, a pesar suyo, comenzó a advertir lo que antes ni siquiera sospechara. En general, lo que comenzó a sorprenderle más que nada fue el abismo terrible e insalvable que se abría entre él y aquellas personas. Parecía que él y ellos pertenecían a naciones distintas. Se miraban con desconfianza y hostilidad recíprocas. Sabía cuáles eran las causas de semejante separación, las comprendía; pero nunca habría supuesto antes que fueran en realidad tan profundas y fuertes. En el penal había también polacos deportados por delitos políticos, que consideraban a los demás reclusos como a gente ignara y bárbara, a la que despreciaban con altanería. Raskólnikov no compartía este criterio. Veía con toda claridad que aquellos ignorantes, en muchas cosas, eran bastante más inteligentes que los mismos polacos. Había también rusos, un exoficial y dos seminaristas, que asimismo despreciaban excesivamente a aquellas personas. Raskólnikov advirtió igualmente su error.

En cuanto a él mismo, no le querían y todos le evitaban. Al fin, acabaron incluso odiándole. ¿Por qué? Raskólnikov no lo sabía. Le despreciaban, se burlaban de él y se reían de su crimen los que eran mucho más criminales que él.

–¡Eres un señorito! –le decían–. ¿Cómo se te ocurrió empuñar el hacha? Eso no es cosa de señoritos.

En la segunda semana de Cuaresma le llegó el turno de confesarse y comulgar junto con los demás presidiarios. Iban a la iglesia a rezar. Un día, y sin que él mismo supiera con qué motivo, tuvo una riña con los otros; todos se le echaron encima exasperados.

–¡Eres un ateo! ¡No crees en Dios! –le gritaban–. Habría que matarte.

Raskólnikov nunca había hablado con ellos de Dios ni de la religión, pero querían matarle por ateo. Callaba, no replicaba nada. Uno de los presidiarios iba a echársele encima con frenesí homicida; Raskólnikov le esperaba tranquilo y silencioso, sin pestañear, sin que le temblara un solo músculo del rostro. Uno de los soldados de la escolta tuvo tiempo de interponerse entre él y el asesino; si no, habría corrido la sangre.

Había otra cuestión que no sabía cómo explicarse. ¿Por qué todos querían tanto a Sonia? Ella nada hacía para ganarse la simpatía de los presidiarios; pocas veces tenían ocasión de encontrarse con la joven; la veían sólo de vez en cuando en el trabajo, cuando Sonia iba por un momento a visitarle. No obstante, todos la conocían, sabían que estaba allí *por él,* sabían cómo y dónde vivía. Sonia no les daba dinero; tampoco les prestaba ninguna ayuda especial. Sólo una vez, por Navidad, hizo un presente para todos los presos: les llevó empanadillas y bollos. Pero poco a poco, entre ellos y Sonia se establecieron relaciones más estrechas; ella les escribía las cartas para sus familiares y las echaba al correo. Cuando sus parientes iban a la ciudad para verlos, por indicación de los mismos presos, dejaban en manos de Sonia los objetos que les llevaban e incluso dinero. Las mujeres y las mancebas de los presos la conocían e iban a verla. Y cuando Sonia se presentaba en el tajo a visitar a Raskólnikov, o cuando se encontraba con un grupo de presos que se dirigían al trabajo, todos se quitaban el gorro y la saludaban, diciendo: "¡Sofía Semiónovna, tú eres nuestra madre, nuestra tierna y estimada madre!". Con tales palabras se dirigían aquellos rudos y vilipendiados presidiarios a la joven pequeñita y flacucha. Sonia les sonreía. Ellos se alegraban hasta de verla andar, volvían la cabeza para seguirla con la mirada y no se cansaban de elogiarla; la elogiaban hasta por ser tan pequeñita; no sabían de qué modo podían encomiarla más. A ella acudían incluso para que los curara si estaban enfermos.

Raskólnikov permaneció en el hospital los últimos días de Cuaresma y todas las semanas de Pascua. Ya convaleciente, recordó los sueños que había tenido mientras deliraba, atacado por la fiebre. Había creído ver, en su desvarío, que el mundo entero era víctima de una terrible peste que arrancaba de las profundidades del Asia y se extendía hacia Europa. Los seres humanos estaban condenados a perecer, excepto un número, muy reducido, de elegidos. Habían aparecido unas triquinas de tipo nuevo, seres microscópicos que se introducían en el cuerpo de las personas. Pero tales seres eran espíritus dotados de inteligencia y de voluntad. Las personas en cuyos cuerpos se infiltraban se volvían en seguida endemoniadas y locas. Pero nunca, nunca, los hombres se habían considerado tan lúcidos y tan seguros de que estaban en posesión de la verdad como los apestados. Nunca habían tenido tanta confianza en la infalibilidad de sus sentencias, en la firmeza de sus conclusiones científicas, de sus convicciones morales y religiosas. Poblados enteros, ciudades y pueblos, se contagiaban de aquella locura. Estaban alarmados, nadie comprendía a los demás; cada uno pensaba que él poseía la verdad y se atormentaba al mirar a los demás, se golpeaba el pecho, lloraba y se retorcía las manos. No sabían a quién juzgar ni cómo juzgarle; no podían ponerse de acuerdo sobre lo que era el mal y lo que era el bien. No sabían a quién acusar y a quién declarar inocente. Los hombres se mataban entre sí llevados por una rabia absurda. La gente se reunía formando ejércitos enteros para combatirse, pero una vez en marcha, los ejércitos empezaban a desgarrarse de pronto, se descomponían las filas, los combatientes se arrojaban unos contra otros, se degollaban, se pasaban a cuchillo, se mordían y se comían mutuamente. En las ciudades, se tocaba a rebato a diario: se convocaba a todo el mundo, pero quién convocaba y para qué eran cosas que nadie sabía, y todos estaban alarmados. Se abandonaban los oficios más corrientes, pues cada persona presentaba sus ideas, sus reformas, y no podían llegar a un acuerdo. Quedó paralizada la agricultura. En algún que otro lugar, la gente llegaba a reunirse, acordaba hacer algo y juraba no separarse, pero al instante comenzaba a ocuparse de algo completamente distinto de lo que acababa de proponer, empezaban a acusarse unos a otros, a pelearse y a matarse. Brotaron los incendios, apareció el hambre. Todos y todo perecía. El mal aumentaba, la peste seguía avanzando. Sólo podían salvarse contadas personas en el mundo; eran personas puras y elegidas, predestinadas a iniciar un nuevo género humano y una nueva vida, a renovar y purificar la tierra; pero nadie las veía en ningún sitio, nadie oía sus palabras ni sus voces.

Lo que atormentaba a Raskólnikov era que el absurdo desvarío resonara de manera tan triste y dolorosa en sus recuerdos y que transcurriera tanto tiempo sin que se borrara la huella de las febriles quimeras. Hacía más de una semana que había terminado la Pascua; los días eran tibios, claros, primaverales; en la sala del hospital del presidio, abrieron las ventanas (con rejas, bajo las cuales montaba la guardia un centinela). A Raskólnikov, durante su enfermedad, Sonia sólo había podido verle dos veces en el hospital; cada vez se debía pedir permiso y era muy difícil obtenerlo. Pero Sonia acudía con frecuencia al patio del hospital, bajo las ventanas, sobre todo al atardecer, a veces únicamente para permanecer allí unos momentos y mirar las ventanas, aunque fuera de lejos. Un día, a la caída de la tarde, Raskólnikov, casi totalmente restablecido, se quedó dormido; al despertarse, se acercó por casualidad a la ventana y de pronto vio a lo lejos, junto a la puerta del patio del hospital, a Sonia, que estaba de pie como si esperara. En aquel instante, Raskólnikov tuvo la impresión de que algo le atravesaba el corazón de parte a parte; se estremeció y se dio prisa a apartarse de la ventana. Al día siguiente, Sonia no se presentó; al otro, tampoco. Raskólnikov se dio cuenta de que la esperaba inquieto. Por fin le dieron de alta en el hospital. Al volver a la celda, supo por los otros presos que Sofía Semiónovna había caído enferma, no salía de casa y guardaba cama.

Raskólnikov estaba muy inquieto. Mandó recado para enterarse de cómo estaba Sonia. Pronto supo que la enfermedad no era grave. A su vez, Sonia, al saber que él le echaba tanto de menos y se preocupaba por ella, le envió unas líneas escritas a lápiz, y le informó que se sentía mucho mejor, que sólo estaba resfriada y que pronto, muy pronto, iría a verle en el trabajo. Cuando leyó esas líneas, notó Raskólnikov que el corazón le latía con violencia.

El día era claro y tibio. Por la mañana, temprano, a eso de las seis, Raskólnikov se dirigió al trabajo, a la orilla del río, donde habían construido, en un cobertizo, un horno para alabastro y donde trituraban la piedra. Habían sido mandados allí sólo tres presos. Uno de ellos, acompañado del soldado de escolta, volvió a la fortaleza en busca de un instrumento de trabajo; el otro comenzó a preparar la leña y a colocarla en el horno. Raskólnikov salió del local y se acercó a la orilla del río; se sentó en un montón de troncos y se puso a contemplar el anchuroso y desierto cauce. Desde la orilla, alta, se divisaba un amplio panorama. De la orilla opuesta, lejana, llegaba la melodía de una canción, apenas perceptible. En la estepa infinita, inundada de sol, se percibían, como puntitos negros, las tiendas de los nómadas. Allí estaba la libertad, allí vivían otras personas que en nada se parecían a los del lugar en que se hallaba Raskólnikov; allí era como si el tiempo se hubiese detenido, como si no hubiese pasado de la época de Abraham y de sus rebaños. Raskólnikov, sentado e inmóvil, no apartaba la mirada de la lejanía; su espíritu se sumía en un estado de ensueño y contemplación. No pensaba nada, pero se sentía inquieto y atormentado por una vaga impresión de nostalgia.

De pronto notó que Sonia estaba a su lado. Se había acercado en silencio y se sentó junto a él. Todavía era muy temprano; aún no se había suavizado el frío matinal. Sonia llevaba su pobre abrigo viejo y el pañuelo verde. En su rostro, pálido y enflaquecido, se notaban aún las huellas de la enfermedad. Le sonrió, amable y contenta, pero, como de costumbre, le tendió la mano con mucha timidez.

Sonia siempre le tendía la mano tímidamente, a veces ni siquiera lo hacía, como si tuviera miedo de que él la rechazara. Raskólnikov tomaba aquella mano siempre como si experimentara cierta repugnancia, siempre recibía a Sonia como a disgusto, y a veces callaba, obstinado, mientras duraba la visita de la joven. Algunos días, Sonia temblaba ante él y se iba con profunda amargura. Mas, entonces, sus manos permanecieron enlazadas; Raskólnikov lanzó una rápida mirada a Sonia y bajó la vista sin decir nada. Estaban solos, nadie los veía. El soldado de escolta, en aquel momento, se había alejado.

Ni el propio Raskólnikov supo cómo ocurrió aquello, pero de pronto tuvo la impresión de que algo se apoderaba de él y le arrojaba a los pies de Sonia. Raskólnikov lloraba y le abrazaba las rodillas. En el primer momento, la joven se asustó mucho, el rostro se le puso lívido. Se levantó y le miró, temblando, pero en seguida, en aquel mismo instante, lo comprendió todo. Los ojos se le iluminaron con una expresión de felicidad infinita: había comprendido, sin que le cupiera la menor duda, que él la quería, que la quería con un amor inmenso y que, al fin, el momento había llegado…

Querían hablar, pero no pudieron. Tenían los ojos llenos de lágrimas. Los dos estaban pálidos y flacos; pero en sus rostros enfermizos y pálidos resplandecía la aurora del futuro renovado, de un total renacimiento a la nueva vida. Los hizo renacer el amor; el corazón de uno contenía fuentes inagotables de vida para el corazón del otro.

Decidieron esperar y tener paciencia. Les faltaban aún siete años; hasta entonces, ¡cuántas torturas insoportables y cuánta felicidad sin fin! Pero Raskólnikov había resucitado, lo sabía, lo sentía plenamente con su ser renovado, y ¡Sonia no vivía más que por él!

Aquella misma noche, cerradas las puertas de la cárcel, Raskólnikov, echado en las tablas que le servían de cama, pensaba en ella. Le pareció incluso aquel día que todos los presidiarios, antes enemigos suyos, le miraban de otro modo. Él mismo les dirigió la palabra y le contestaron amablemente. Lo recordaba, tumbado en su camastro, y se decía que así tenía que ser: ¿Acaso no debía cambiar todo?

Pensaba en ella. Recordó de qué modo la había torturado constantemente y le había lacerado el corazón. Recordó su carita pálida, delgadita, pero esos recuerdos casi no le atormentaban: sabía con qué infinito amor la redimiría, entonces, de todos los sufrimientos.

¿Y qué significaban los sufrimientos, *todos* los sufrimientos del pasado? Todo, incluso su crimen, incluso la condena y la deportación, le pareció entonces, en aquel primer arrebato, algo externo, raro, como si se tratara de un hecho que no le hubiera ocurrido a él mismo. Por otra parte, aquella noche no podía pensar largo rato en una misma cosa, concentrar en algo su pensamiento; no habría podido resolver nada conscientemente, no experimentaba más que sensaciones. La dialéctica había cedido el lugar a la vida, y la conciencia debía elaborar algo completamente distinto.

Debajo de la almohada tenía el Evangelio. Lo tomó maquinalmente. El libro pertenecía a Sonia; era el mismo que había utilizado para leerle los versículos sobre la resurrección de Lázaro. Al comienzo de su vida de presidio, había creído Raskólnikov que Sonia le atormentaría hablándole de religión, del Evangelio, y que insistiría en hacérselo leer. Pero, con gran sorpresa suya, observó que Sonia ni una sola vez le hablaba de ello, que ni siquiera le ofrecía el libro. Fue él mismo quien se lo pidió poco antes de caer enfermo, y Sonia se lo entregó sin decir una palabra. Hasta entonces Raskólnikov no lo había abierto.

Tampoco en aquel momento lo abrió, pero una idea le cruzó por la mente: "¿Acaso sus convicciones pueden no ser ahora las mías? Por lo menos sus sentimientos, sus aspiraciones…".

También Sonia se sintió agitada aquel día, y por la noche incluso volvió a tener fiebre. Pero se sentía tan feliz, tanto, que casi se asustaba de su felicidad. ¡Siete años, *sólo* siete años! Al comienzo de la felicidad que los dos sentían, había momentos en que estaban dispuestos a considerar los siete años como si fuesen siete días. Raskólnikov ignoraba que la nueva vida no le sería dada gratuitamente, que aún le hacía falta comprarla a precio muy caro, pagar con ella una gran hazaña futura…

Pero aquí comienza una nueva historia, la historia de la gradual renovación de un hombre, de su gradual resurrección, del paso lento de un mundo al otro, a una realidad nueva, hasta entonces desconocida por completo. Podría constituir el tema de un nuevo relato, pero éste ya ha acabado.

FEDOR DOSTOYEVSKI

1821 - 1881

Nació en Moscú en 1821. En 1837 falleció su madre; en 1839 su padre fue asesinado por sus siervos. Cursó estudios de ingeniero militar, profesión que abandonó en 1844 para dedicarse a la literatura. Sus simpatías por el socialismo utópico le llevaron a la cárcel en 1849. El 22 de diciembre de este año se realizó el simulacro de su fusilamiento: Dostoyevski fue indultado cuando ya le estaba apuntando el piquete de ejecución. Se le conmutó la pena capital por cuatro años de trabajos forzados, que cumplió en Omsk, y la obligación de servir como soldado raso durante un tiempo indefinido. En 1859 pudo regresar a San Petersburgo. En 1862 realizó su primer viaje al extranjero. Su pasión por el juego le arruinó varias veces. En 1867, para escapar de los acreedores, salió de Rusia, permaneciendo cuatro años en Alemania e Italia. En 1874 fundó la revista *Diario de un escritor*, que redactaba él solo, y que apareció hasta su muerte, acaecida en San Petersburgo en 1881.